吉林大学哲学社会科学鼎新成果
培育计划结项成果

格兰维尔·威廉姆斯
刑法学教科书 Ⅲ

典型罪编

Glanville Williams
Textbook of
Criminal Law

[英] 丹尼斯·贝克 著
Dennis J. Baker

李立丰 译

法律出版社 LAW PRESS · CHINA | 北京

中文简体字版权专有权属法律出版社有限公司。

著作权合同登记号
图字：01-2019-7860

引得清流泛孤舟（译者序）

在此之前，我的书，无论著译，但凡有序，皆以“当学术沦为职业”为题，发几句过时且“无用”的牢骚，扯两行不满学者“入市”的闲篇。不知我者读了，大多嗤之以鼻：穷酸刻薄，一无是处。知我者读了，每每善意提醒：锋芒太过反易自伤。

岁月流转，年少不在。自己的学术职业化即便不能说失败，但也绝对算不上彻底。即便依旧伸不得手来，但迫于生活，于无人处总要拾得些牙慧以便苟活。于是，便有了这部译著。但作为自绝于学术职业化的“出局者”，再说这个命题似乎已无资格，于是，便有了这个新序言。

刑法已非显学，普通法法系刑法更是“非主流”的研究方向，相关研究在国内少人关注似属必然。“斗争”的语境，以及“平视”的角度，更让“西学东渐”作为一种研究范式，在主体性意识觉醒的中国日趋式微。就在这个特定的时空节点，一本享有盛誉的英国刑法教材和一个不算太差的中国刑法译者，宿命般地走到了一起。

作为普通法世界最为知名的刑法学教科书之一，本书原稿可谓鸿篇巨制，翻译过程中，结合中国读者的阅读习惯以及原书的编排体例，同时将原稿各章稍加编排，分别列入“犯罪论编”“抗辩论编”“典型罪编”三本规模适中的译著分侍读者，特此说明。

作为译者，可说的本就不多，但愿“引得清流泛孤舟”。

“生命有限的人类，在浩瀚深邃的语言之海上齐心协力，划桨前行。虽然忐忑不安，却也十分快乐。不想停下，为了更加迫近真理，希望一直乘着这艘船航行下去。”①

---

① ［日］三浦紫苑：《编舟记》，蒋葳译，上海文艺出版社 2015 年版，第 141 页。

目录

第 1 章　针对个人的非致死犯罪

人的身体和头脑，我对这二者极其尊重，就像紧身短袄的表面和紧身短袄的衬里——弄皱了一面，您就弄皱了另一面。

劳伦斯·斯蒂恩（Laurence Sterne）①

① The Life and Opinions of Tristram Shandy, Gentleman, (London: James Cochrane & Co. 1832). 相关译文参考了[英]斯特恩:《项狄传》,蒲隆译,上海译文出版社 2012 年版。——译者注

第1节 两种不同类型的攻击

1-001 本章和下一章关注所谓的“身体完整权”(the right to bodily integrity):由于故意或轻率对人造成的非致命伤害(或其他伤害威胁)。本章侧重于非性犯罪(或不一定是性犯罪),将反思此类犯罪所需要的故意或轻率的程度。最基本的罪行是殴打和攻击,但许多成文法,现在规定了这两种犯罪的加重犯。

殴打和攻击是普通法意义上的违法行为。① 1988年《刑事司法法》第39条规定:

“普通攻击及殴打即属简易犯,对任何犯有此类罪行者,可处不高于标准等级5级的罚金,或不超过6个月的监禁,或并科这两种刑罚。”

1988年《刑事司法法》第39条并没有创制任何新的犯罪,而只涉及管辖权、监禁和罚金等法定刑。从这个立法目的出发,可以认为《刑事司法法》依传统将攻击和殴打视为简易犯。既然是简易犯,就不存在未遂。攻击的概念涉及各种犯罪。其最简单的形式,即共同攻击(本节的主题),便适用简易程序加以处罚。在刑法或侵权法中,攻击及其相关犯罪中“殴打”的定义是相同的,但在侵权行为中,作为抗辩事由的合意,或被
358 害人同意的范围,可能比在犯罪行为中更加宽泛。② 所需要的主观要素是故意或主观轻率。③ 轻率的事例是,某人躺在地上,朝着周围的其他人随意踢踹。④ 该人也许不想伤害别人,但这样做无论如何是轻率的。⑤

1-002 单纯的过失,不足以满足攻击罪的犯意要求。⑥ 只有在现代,法院才会接受轻率攻击的概念,⑦而且肯定不认为可以将其适用于过失案件。⑧ 如果某人轻松自在地挥动伞,却没有想到可能有人在背后,如果打到人,责任(如果有的话)应该源于过失,而不是轻率;这是一种民事

---

① J. W. C. Turner, *Assault at Common Law*, in L. Radzinowicz and J. W. C. Turner, *The Modern Approach to Criminal Law*, (London: Macmillan & Co., 1945) at 344 *et seq*. Cf. *D. P. P. v. Taylor*[1992] Q. B. 645; *R. v. Ali*[2014] EWCA Crim. 2170.

② *Gorely v. Codd*[1967] 1 W. L. R. 19 at 25.

③ *R. v. Savage*[1992] 1 A. C. 699.

④ *D v. D. P. P.* [2005] EWHC 967.

⑤ *R. v. Venna*[1976] Q. B. 421. *Ackroyd v. Barett*(1894) 11 T. L. R. 115.

⑥ *Dominus R. v Gill & Al'*(1718) 1 Str. 190; cf. *R.* (*on the application of Jones*) *v. First—tier Tribunal*(*Social Entitlement Chamber* [2013] 2 A. C. 48.

⑦ John Comyns, *A Digest of the Laws of England*, (London: Printed for H. Woodfall and W. Strahan, 1762) Vol. Ⅱ at 275.

⑧ *R. v. Venna*[1976] Q. B. 421; *R. v. Spratt*[1990] 1 W. L. R. 1073; *R. v. Savage*[1992] 1 A. C. 699; *R. v. Ireland*[1997] Q. B. 114; *D. P. P. v. DA*(*A Child*) [2001] Crim. L. R. 140.

责任，而不是刑事责任。

某些抗辩，如同意、[1]自卫、行使公权、紧急避险和胁迫，在刑法中具有普遍的重要性，因此这里不做赘述，将在以后的章节中加以讨论。

通常的用法在确定"攻击"的含义时会造成一定的困难。从词源学上讲，这个词是由拉丁语 *ad-saltare*，即"扑将上去"组合而成的。在大众话语中，总是意味着身体攻击。说被告人攻击了被害人，就会在心里产生某个人攻击被害人的图像，即通过打击、推搡或捅刺，伤害别人。

然而，在中世纪，"攻击"和"殴打"这两个词被赋予了技术含义，并一直保留至今。[2] 后来有了定论，虽然攻击可以通过身体接触来实施，但并不必须这样做，因为展示暴力，从而使被害人的头脑中出现恐惧，便足矣。[3] 同样，"殴打"不需要实际的敲打，对被害人身体施加某种程度的力就足够了。向他人身上吐痰[4]和未经同意强行与人接吻，[5]都是暴力伤害 359
行为。[6]

1-003　所以攻击属于以殴打相威胁？

攻击可以由威胁殴打的行为组成。但不幸的是，法律专业人士继续使用"攻击"这个词，将其用作殴打的意思。

在法律解释和一般法律讨论中，"攻击"经常被解释为包括或指代殴打，例如，成文法用语中的"造成实际身体伤害的攻击"和"性攻击"。[7] 此外，"殴打"概念现在几乎已经不使用了，除非试图用"通过殴打来实施攻击"来充分表达自己的意思。如果某人谈论"殴打"，则会被认为很奇怪地使用了这个词。名词"殴打"从来没有给出可以接受的动词形式来描述该犯罪的成立范围；说被告人攻击了被害人，但是用"被告人殴打了被害人"或"被告人痛击了被害人"来描述被告人射击和刺伤被害人的行为，听起来十分过时，且具有一定的误导性。

由于这些解释和讨论，"攻击"概念必须被承认不仅包括在引起被害人恐惧的行为意义上的攻击，而且还包括以前所称的殴打。谈到以前的

---

① Dennis J. Baker, *Moral Limits of Consent as a Defence in the Criminal Law*, (2009) 12 New Crim. L. Rev. 93; Dennis J. Baker, *Should Unnecessary Harmful Nontherapeutic Cosmetic Surgery Be Criminalized*, (2014) 17 New Crim. L. Rev. 587.

② *R. v. Nelson*[2013] 1 W. L. R. 2861 at 2864 *per* Keith, J.

③ *R. v. St. George* (1840) 9 Car. & P. 483 at 490; *R. v. Ladyman*(1851) 15 J. P. 581.

④ *R. v. Cotesworth*(1704) 87 E. R. 928; *R. v. Smith*(1866) 176 E. R. 910; *Ray v. U. S.* (1990) 575 A. 2d 1196; *State v. Padilla* (1997) 123 N. M. 216 (1997); *Pursell v. Horn* (1838) 112 E. R. 966; *Leichtman v. WLW Jacor Communications, Inc.* (1994) 634 N. E. 2d 697.

⑤ *R. v. Dungey*(1864) 176 E. R. 485.

⑥ *Fagan v. Commissioner of Police of the Metropolis*[1969] 1 Q. B. 439 at 444F.

⑦ Section 3 of the *Sexual Offences Act* 2003.

“下流攻击”(indecent assault)这一法定罪行,戈达德法官表示:

“攻击可以在不接触人的情况下实施。人们总是认为攻击是对某人的打击,但事实却并非必须如此。攻击可由对某人的威胁或敌对行为构成。”[1]

上面最后一句中给出了攻击的事例,但应该注意的是,非敌对但不受欢迎的使用“强力”,也可能构成攻击。[2]

1-004 “攻击”的双重含义,造成了某种略显尴尬的语言环境。广义上的攻击是指殴打,或殴打的威胁,根据上下文或情况而定。亲吻睡美人在侵犯人身的意义上构成攻击,[3]虽然不是引起恐惧的攻击。[4] 如果受
360 到殴打的威胁是攻击,而殴打是攻击,攻击的威胁就是攻击!

最方便的解决办法,便是承认“攻击”是一种通用的表达方式,主要是指以特定形式非法干预他人。这种侵扰可以是身体攻击,即非法接触他人身体,也就是殴打;或者精神打击,易言之,威胁殴打意义上的攻击。如果上述概念可以被接受,就可以较为理智,而非充满矛盾地对其加以讨论;可以说精神攻击是以攻击他人肉体相威胁。由于身体攻击是目前法庭上最常见的攻击形式,所以通常简单地称其为“攻击”。

虽然这种表述可能有助于思维的清晰化,但并不意味着一般意义上的攻击是一种单一的犯罪。攻击罪包括精神攻击和身体攻击,两者是不同的违法行为,[5]无须同时并存。缺乏身体攻击的精神攻击的事例,就是以将来实施打击相威胁。缺乏精神攻击的事例是从背后给人一拳,或者给睡着的人[6]一掌(或者,如前所述,一个吻),这显然没有给别人造成事先的不安情绪。[7]

1-005 因此,严格地说,认为有“攻击和殴打”罪的一般印象是错误的,因为罪名不能包含两项罪行。但使用这种传统概念范畴定的一罪,应被认为仅是对殴打罪的认定。[8] 在“检察长诉泰勒与李特案”(*D. P. P. v. Taylor, Little*)[9]的合并上诉中,法院认为“攻击”和“殴打”仍然是独立的

---

① *R. v. Rolfe*(1952)36 Cr. App. R. 4 at 6.

② *Re*:*F*(*Mental Patient*:*Sterilisation*)[1990]2 A. C. 1 at 73 *per* Lord Goff. Cf. *R. v. Brown* [1994]1 A. C. 212.

③ *R. v. St. George*(1840)9 Car. & P. 483 at 490 *per* Baron Parke.

④ *Patterson v. State*(1989)385 S. E. 2d 311.

⑤ *R. v. Nelson*[2013]1 W. L. R. 2861;*R. v. Beasley*(1981)73 Cr. App. R. 44.

⑥ *R. v. Renshaw*(1844)2 Cox C. C. 285;*R. v. March*(1844)1 Car. & K. 496.

⑦ William Hawkins,*A Treatise of the Pleas of the Crown*,(London:His Majesty's Law Printers, 6th edn. 1777)at 586.

⑧ *Jones v. Sherwood*[1942]1 K. B. 127;*D. P. P. v. Taylor*[1992]Q. B. 645 at 653 *per* Mann L. J.

⑨ [1992]Q. B. 645.

罪行。因此，刑事公诉应该在这两个罪名中作出选择。如果事实涉及攻击而不是殴打，则应在检控书中添加其他指控罪名。在“女王诉尼尔森案”(*R. v. Nelson*)①中，被告人被控以痛击的方式攻击他人，但打偏了，所以没有打着，根本没有身体接触。基思法官(Keith, J.)②表示：

“正如我们所说，普通攻击罪是指被告人做了某种身体上的事情，使其他人担忧即将被攻击。因此，普通攻击罪的要素，便是攻击罪的被害人必须对被指控的攻击有所担心……由于普通攻击罪的构成要素不属于通过殴打实施的攻击罪的要素之一，因此，殴打型攻击指控不等于或不包括，无论是明示的还是默示的普通攻击的指控。因此，根据 1967 年《刑法法》第 6(3)条，陪审团不能判定被告人犯有普通攻击罪。当然，如果 361
公诉书中额外存在某项普通攻击的指控，结果可能会有所不同。也就是说，一旦被告人没有因为殴打而被宣判犯有攻击罪，陪审团就仍需判定其构成普通攻击罪。但是，法官根据第 6(3)条作出的其他罪名的判决，而不是通过起诉书中的附加罪名将普通攻击留给陪审团认定的做法，是不被允许的。”

即使在适用其他罪名的情况下，被告人也不能同时被定两项罪。“该原则不仅适用于可选罪名相互排斥的情况，而且也适用于较严重的犯罪必然包括较轻的备选罪名的情况。”③

1-006　任何威胁都属于精神攻击吗？

精神攻击是一种威胁，无论这种威胁是有意为之还是轻率为之，都会造成被害人对直接强力的恐惧。威胁可能是通过行为、口头④或书面语言⑤的方式实施，这将在稍后讨论。被害人担心的暴力，必须是对其身体实施的非法暴力，并且其必须相信自己即将遭遇这种暴力的打击。

可以看出，需要考虑两种不同的主观要件：被害人的精神状态和行为人的主观心态：

1. 被害人必须预料到被告人要对自己施加强力，⑥如果具有这种预期，则并不要求被害人必须产生恐惧⑦(用枪瞄准熟睡的人不构成攻击，

---

① [2013] 1 W. L. R. 2861.

② *R. v. Nelson* [2013] 1 W. L. R. 2861 at 2864.

③ *R. v. S* [2007] EWCA Crim. 2247 at para. 12 *per* Toulson L. J.

④ *R. v. Ireland* [1998] A. C. 147 at 166H *per* Lord Hope. Cf. *Chappell v. D. P. P.* (1989) 89 Cr. App. R. 82 with respect to section 5 of the *Public Order Act* 1986.

⑤ *R. v. Constanza* [1997] 2 Cr. App. R. 492.

⑥ *R. v. Renshaw* (1847) 3 Cox C. C. 285. Section 1 of the *Children and Young Persons Act* 1933.

⑦ *State v. McMahon* (2003) 81 P. 3d 508; *State v. LaMere* (1980) 621 P. 2d 462. Cf. *R. v. Lamb* [1967] 2 Q. B. 981; *State v. Morse* (2003) 117 Wash. App. 1030.

因为被害人无法预想到这种力量即将施加到自己的身上,如此一来,被害
362 人不知道潜在的打击,因此并无任何预期)。[①]

2.行为人必须有创造这种预期的意图,或者至少对此存在轻率心态。换言之,行为人知道自己正在做一件很可能使对方产生这种确信的事情,就足够了。

不需要打击;行为人只需要做若干事情,促使被害人相信,其会立即受到打击(或其他强力),除非自己做若干事情,如自卫反击或撤退来对其加以避免。行为人此时不在打击的距离范围内是无关紧要的,[②]但通常必须足够近,以便当时在那里施加暴力,而且行为人必须采取若干行动(例如,打电话故意不说话,[③]或说某些话)导致被害人感到恐惧。

1-007 有案件,触及相关法律的边界,被告人进入一座房子的花园,从一位女士的卧室的窗户往里看,想吓唬她。当她尖叫时,被告人便逃走了。法院判定,被告人犯下了攻击罪(因此,犯了为了非法目的而存在于他人封闭的住所之罪)。然而,被告人唯一的动作是前往现场,除非进入房间,否则他不可能伤害到被害人。[④] 最近,上议院进一步放宽了"即时性"的要求。看来,精神攻击现在指某种故意或轻率的威胁,这种威胁使被害人对"迫在眉睫"的暴力感到恐惧。在"女王诉波斯托案"(*R. v. Burstow*)[⑤]中,被告人曾与被害人存在感情关系,但被害人结束了这段关系。被告人不能接受被害人的决定,所以开始对被害人进行骚扰——多次给被害人打电话但不说话,诸如此类。据认定,这种不间断的无声电话,导致被害人患上了医学承认的精神疾病。

上议院不得不决定,拨打造成精神伤害的无声电话是否能够构成攻击。斯蒂恩大法官表示:

"这就引出了关键问题,即沉默的打电话者是否可能犯下攻击罪。在我看来,这个问题的答案是'取决于事实'。涉及陪审团管辖范围内的事实认定问题。毕竟,如果打电话的人以威胁的口气对接电话的女性说'我会在一两分钟内到你家门口',并且引发了被害人对即将发生的人身暴力的恐惧,被告人就没有理由不构成攻击罪。以沉默的打电话者为例,
363 他想通过沉默来引起恐惧,被害人也是这样理解的。被害人因无法弄清

---

① *U. S. v. Acosta-Sierra*(2012)690 F. 3d 1111;*R. v. St. George*(1840)173 E. R. 921.

② *Mortin v. Shoppee*(1828)172 E. R. 462;*Stephens v. Myers*(1830)172 E. R. 735.

③ *R. v. Ireland*[1998]A. C. 147 at 166H.

④ *Smith v. Superintendent of Working Police Station*[1983]Crim. L. R. 323;*R. v. Mostyn*(2004)145 A. Crim. R. 304. Cf. *R. v. Beach*(1912)7 Cr. App. R. 197. Query, *Smith v. Newsam*(1673)84 E. R. 728.

⑤ [1998]A. C. 147 at 162.

楚打电话者的意图,而感到苦恼与困扰。恐惧可能支配着情绪,她害怕打电话的人马上就要到她家门口了。作为法律问题,打电话的人可能犯了攻击罪:他是否犯了攻击罪,将取决于具体情况,特别是致电者的具有潜在威胁的电话对被害人的影响。"

根据斯蒂恩法官的说法,如果陪审团认定被害人担心在接到被告人无声的骚扰电话后几分钟内,被告人就会发动攻击(使用非法强力),被告人就可能被判攻击罪罪名成立。

1-008　但是,如果某人仅仅担心可能在不久的将来遭遇殴打,就不是在担心会立即面临殴打。"迫在眉睫"(imminent)是指可能在不久的将来发生而不是立即就会发生。在某些情况下,迫在眉睫意味着暴力事件将在几天之内发生。在其他情况下,可以分钟或者小时来评价所谓迫在眉睫。未来可能发生的事件,不可能在此时此地降临在被害人身上,即立即发生。斯蒂恩法官建议,"立即的"(immediate)这一概念,可以延伸到涵盖可能在不久的将来发生的事件。这种推理在概念上是有问题的。以在30分钟后施加暴力相威胁,不是威胁现在就要制造暴力。[①] 在美国联邦第九巡回上诉法院对"美利坚合众国诉阿克斯塔—西拉案"(*U. S. v. Acosta-Sierra*)[②]作出的判决中,尼尔森法官(Nelson, J.)建议对迫在眉睫的情况要求作出以下解释。

"要求反击应基于即将发生的人身伤害的威胁的理由,涉及普通法中的自卫理论。如果个人认为攻击迫在眉睫,采取防卫行动便是正当的……历史上,对[侵权行为]中的攻击提起诉讼的理由之一,是通过惩罚可能引发那些认为自己受到迫在眉睫的殴打威胁的人实施报复的行为,来维护'王国的和平'。"

如果回击针对的是来自未来的威胁,则是先发制人的行动,而不是防卫行动。在21世纪,规定紧迫性要求的目的是什么,还不清楚,但应该由议会而不是法院来对其加以取消。[③] 可以说,害怕在不久的将来可能会遭遇暴力给被害人带去的伤害,不亚于担心可能会立即面临暴力时其所受到的伤害,但法院的职责并不是扩展犯罪成立的范围。

"女王诉波斯托案"[④]应该被解释为要求被害人担心在接到无声电话[⑤]后两三分钟内(最多)遭到他人施加的暴力。20世纪90年代,移动

---

① *R. v. Knight*(1988)35 A. Crim. R. 314.

② (2012)690 F. 3d 1111 at 1122.

③ *R. v. Rimmington*[2006]1 A. C. 459.

④ [1998]A. C. 147 at 162.

⑤ *R. v. Gabriel*(2004)182 F. L. R. 102 at 114.

电话可能还没有普及(也就是波斯托等人正大肆骚扰被害人的时候),但现在已经随处可见。因此,认为无声电话(短信、电子邮件等)会使被害
364 人担心来电者可能会在一分钟内前来实施打击,也并不奇怪。毕竟,打电话的人可能已经在门口了! 通过打无声的电话而产生的潜在的身体暴力威胁可能构成攻击,前提是这会导致被害人害怕遭遇"立即"或"几乎立即"的身体暴力。

1-009 当某人接到无声的骚扰电话时,根本无法确定对方是否在距离自己很近的方便施加暴力的地方。在许多情况下,被害人只相信暴力可能在一两分钟内发生。上议院认为,相信暴力发生的可能性就足够了。被害人无法知道沉默的来电者是否在她家门口,或是否在某个距离以外。被害人也不可能确定哪通电话可能导致被告人对她施加非法强力。被害人无法区分某种立即暴力的默示威胁和其他这样的威胁。每次无声的呼叫都可能被视为以立即暴力相威胁。

如果被害人知道被告人是从海外或在合理距离内打电话来的,就不会担心对方会立即非法使用强力。[①] 她可能会害怕被告人在未来发动攻击,但这与畏惧迫在眉睫的攻击不同。如果很明显,攻击很可能发生在更遥远的未来(经过一段时间的拖延),攻击就既不是迫在眉睫的,也不是立即发生的。[②] 所以,如果甲在上午 11:00 打电话给乙,说:"我今天下午 2:00 出狱,之后会找到你,打你一顿。"这样还并未犯攻击罪(假设乙知道甲还在监狱里,并且还没有被释放)。

许多传统教科书将精神攻击定义为打击未遂,[③]但他们错了(所谓打击未遂,是指诸如被告人在被害人的背后向其丢石头,但未打中,且被害人未发觉这种殴打的尝试的情况。由于被害人没有意识到有人企图殴打,故并未感受到立即暴力的威胁)。精神攻击和身体攻击未遂是两种不同的犯罪。如果被告人握紧拳头威胁被害人,意图只是制造恐惧,就犯了精神攻击罪,然而(因为被告人不意图攻击)并不构成身体攻击罪的未遂。相反,如果被告人试图从后面攻击被害人,但未击中,则成立身体攻击罪未遂,然而,并不构成精神攻击罪(因为被害人并未感受到恐惧)。[④]
365 如前所述,普通攻击罪不具备未遂形态,因为其现在属于某种简易犯。

---

① *R. v. Knight*(1988)35 A. Crim. R. 314.

② *R. v. Gabriel*(2004)182 F. L. R. 102 at 117;*Slaveski v. State of Victoria & Ors*[2010] V. S. C. 441 at para. 238.

③ Hawkins,*op. cit. supra*,note 24 at 585;Edward H. East,*A Treatise of the Pleas of the Crown*,(London:printed by A. Strahan,Vol. I,1803) at 406.

④ *State v. Wilson* (1959)218 Or. 575;*State v. Garcias*(1984)679 P. 2d 1354;cf. *People v. Jones* (1990)443 Mich. 88. *R. v. Doiron*(1960)34 C. R. 188(Brit. Col.).

1-010　精神攻击和身体攻击未遂之间的混淆，导致出现了传统判例中的某些观点——即使行为人知道被害人认为枪已经上了子弹，但将未装子弹的枪指向这个被害人的行为，并不构成攻击。[①] 虽然传统法源互有冲突，[②]但现在已经确定这种行为是攻击。[③] 原因是罪犯故意在被害人心中引起恐惧，而这正是精神攻击。行为人相信自己能将威胁付诸实施，这种确信是攻击未遂的必备主观要件，但对精神攻击而言是选择要件。

如下所示，附条件的威胁，可能构成攻击。

第2节　言语攻击

1-011　为了构成精神攻击，被害人必须对立即发生的暴力心生畏惧。如果被告人用语言清楚地表明不意图立即攻击，即使其表现出侵略性，也不是攻击。在"图博维尔诉萨维奇案"（*Tuberville v. Savage*）[④]中：

"图博维尔和萨维奇互相争吵，图博维尔把手放在剑上，对萨维奇说：'如果今天不是有法官在镇上审理案件（assize-time），我才不会忍受你这样的话。'这些话表明图博维尔的威胁姿态纯属虚张声势；这些话非但没有威胁作用，反而是安慰。但是萨维奇向图博维尔猛冲过去，挖出了他的眼睛。图博维尔起诉要求损害赔偿；萨维奇则请求法院认定其所作所为是在自卫，因为他害怕受到攻击。法院认为，图博维尔并没有发动敌对行动，他的话默示他目前无意采取暴力行动。因此，萨维奇无权声称他在自卫。"

可以看出，本案没有明确提出原告人图博维尔是否犯下攻击罪的问题。如果他没有立即说出温柔的话语，以打消被告人一时的恐惧感，就很可能是在作出用手按剑的威胁性姿势时，实施了攻击。但是，不管是不是这样，他的话表明他现在无意成为攻击者。一旦对方说出这些话，被告人就不能声称他的报复行为是自卫。

附条件的威胁问题在"女王诉莱特案"（*R. v. Light*）[⑤]中再次出现。莱特用铁锹指着妻子的头，说："如果不是因为外面有警察，我就把你的

---

① *R. v. Everingham*（1949）66 W. N.（N. S. W.）122；*Commonwealth v. Howard*（1982）386 Mass 607；*R. v. Standley*（1996）90 A. Crim. R. 67.

② Glanville Williams, *Textbook of Criminal Law*,（London: Stevens & Sons, 1978）at 138 n. 16.

③ *Logdon v. D. P. P.*［1976］Crim. L. R. 121.

④ （1669）86 E. R. 684. *Commonwealth v. Eyre*（1815）1 Serg & R（Pa.）347；*State v. Crow*（1841）1 Ired. 37；*U. S. v. Gately*（1982）13 M. J. 757；*Watts v. United States*（1968）402 F2d 676.

⑤ （1857）169 E. R. 1029.

头劈开。”法官们在这是否构成刑事攻击的问题上意见不一,两份案件报告与法官们的说法并不完全一致。但从各种观点看来,这似乎是公平的推论,即检验的标准是这样的:莱特的言语是否足以抵消其行为的威胁
366 性,从而防止理性人感到恐惧?

1-012 似乎有理由认为,如果行为具有非常大的威胁性(如“女王诉莱特案”中的行为),说出的话表明其目前没有攻击意图的事实,在法律上并不一定能否定攻击的成立。如果某人把铁锹举到妻子头上的位置,后者很可能会感到十分害怕,恐惧会阻止妻子仔细听丈夫说的话,并平静地得出结论,即丈夫没有攻击的意图。即使人们听到并注意到了这些令人安心的话,也可能被该行为的威胁完全压倒。被害人很可能害怕攻击者会突然改变主意并发动攻击,尽管他所说的条件尚未得到满足。

1-013 某人对他人说:“安静点,不然我就把你的脑袋崩了。”然后用枪指着后者。这是攻击吗?

这种情况与“图博维尔诉萨维奇案”的情况明显不同,因为在该案中,行为人提到了被害人知道没有成就的外部条件(“如果今天不是有法官在镇上审理案件”)。因此,当时没有威胁。但如果这些话束缚了被害人的自由,就是攻击。[1]

在这些情况下,对以立即造成伤害相威胁的要求是有条件的:如果行为人要求对方在彼时彼地服从命令,胁迫的内容应是,一旦不服从,便立即对其施加强力。否则的话,一边拿枪指着对方,一边说“别动,交出钱包”的强盗就不会犯攻击罪——这是不可能接受的结论。被威胁的被害人意识到,如果要避免被枪击,就必须小心地调整自己的动作。即使决定遵守上述要求,被害人也不会打消被枪击的恐惧,因为当攻击者误解被害人时,也许会发生这种结果。除了该论点之外,有价值的规则应该是,不应允许他人以立即使用身体强力相威胁,来限制他人的行为,如果有谁企图这样做,将被判犯有攻击罪。[2]

1-014 假如没有举枪,是否可以单独通过言语来进行攻击?

大多数刑法和侵权法的法源通说一般认为,在没有伴随身体姿态的情况下,言语本身不能构成攻击;[3]但支持这种限制的司法判例却微乎其
367 微。通常来说,口头威胁可能不会引起人们对暴力迫在眉睫的担忧,但某

---

① *Read v. Coker*(1853)138 E. R. 1437;*Logdon v. D. P. P.* [1976] Crim. L. R. 121;*Rozsa v. Samuels*[1969]S. A. S. R. 205. Cf. *Genner v. Sparkes*(1704)91 E. R. 74. Glanville Williams,“Assault and Words,”[1957]Crim. L. R. 216 at 222-223;*Police v. Greaves*[1964]N. Z. L. R. 295. *Contra*,*Blake v. Barnard*(1840)173 E. R. 985.

② *R. v. Linsberg*(1905)69 J. P. 107.

③ *R. v. Springfield*(1969)53 Cr. App. R. 608 at 612.

些威胁显然可能会。如果行为人的话语本身能引起立即的忧虑，就没有理由要求其作出威胁性的身体姿态。

再拿强盗的案子来举例。假设某个拦路人恶名昭彰，而当他站在一辆马车前面，简单地说“要钱还是要命”时，根本无须费力拿出武器来表明自己的凶狠，因为他相信自己的威胁将会得到完全服从。没有确凿的理由怀疑这是一次精神攻击，该结论得到了中世纪和后来法源的支持①（无论如何，这名劫匪可能犯下非法监禁、抢劫未遂和勒索罪）。

另外的观点也得出了同样的结论，在“里德诉柯克案”（*Read v. Coker*）②这个案件中，被告人纠集了若干人聚集在被害人周围，他们卷起袖子，威胁说如果被害人不离开房舍，就“掐断他的脖子”。被害人离开后，起诉被告人犯有攻击罪并胜诉。实质上，该案中，攻击是通过语言进行的。从某种意义上说，除了语言，被告人和他的手下还从事了若干行为，因为他们把袖子卷了起来。可是，当若干人提议将某人逐出房舍时，他们根本没有必要先卷起袖子。这仅仅是传达威胁的传统方式，某种代替文字表达意图的手段。这种象征性的手势在逻辑上与话语是一样的，因为话语也具有象征意义。对后者附加而对前者不附加法律意义，是毫无实际价值的。

1-015　现在无可辩驳的是，单纯的言语表达就足以构成攻击罪。如果通过打无声的电话默示威胁就足够了，毋庸置疑，用语言表达的威胁也是足够的。在“女王诉康斯坦扎案”（*R. v. Constanza*）③中，观点之一便是，攻击不能单靠语言来实施。希曼法官（Schiemann, L. J.）说：

“我们拒绝这种意见。控方需要证明的是，上诉人心里有恐惧。是如何到达那里的，是通过看到某项行动还是听到一声威胁，这种威胁性话语是直接在申诉人面前说的还是通过电话表达的，以及是否通过书面文字引起了被害人的畏惧，无论是信件还是传真，如前所述都完全不具有相关性。”

1-016　智能手机发送的电子邮件有什么威胁？

这通常缺乏攻击所必需的立即性。此外，过去受到惩罚的攻击，总是涉及个人在场；这就是罗马法学家所说的“身体对身体”（*Corpore corpori*）。④ 例如，单纯的信件威胁可能是攻击，这是不可思议的；同样的

---

① *R. v. Wilson*［1955］1 W. L. R. 493 at 494.

② （1853）138 E. R. 1437.

③ ［1997］2 Cr. App. R. 492 at 495. *R. v. Ireland*［1998］A. C. 147 at 166H.

④ Richard A. Epstein, *Beyond Textualism: Why Originalist Theory Must Apply General Principles of Interpretation to Constitutional Law*, (2014) 37 Harv. J. L. & Pub. Pol'y 705 at 708.

情况也应适用于电子邮件威胁。但智能手机发送的电子邮件通常会通知接收者是从智能手机发送的,因此收件人可能会认为发送者就在她的门
368 口,随时准备发起攻击。如前所述,可能会出现若干案件,在这些案件中,法院可能愿意认定攻击。但检控方必须证明,被害人担心被告人在不久的将来会使用非法强力。如果被告人发电子邮件/短信/打电话给被害人,威胁说:"马上离开你的房子;炸弹将在30分钟内爆炸。"可能会产生与在场的行为人制造的胁迫相同的心理影响。尽管如此,也不应被视为攻击,因为离对攻击罪的传统认知距离太远。这种行为应被视为威胁杀人或不当使用电信网络的犯罪。①

第3节 强力的要求

1-017 最初有人认为,身体攻击需要对被害人的身体施加某种程度的"强力"。因此,给某人的咖啡下毒,致其生病,并不是身体攻击(殴打)②。如下所示,这是某项法定犯。③ 同样,某人从试图逮捕他的人手上挣脱,即使逮捕是合法的,也不构成身体攻击。④ 这是明显的脱逃罪,当然前提是逮捕已适当实施并且合法。⑤ 从别人手中夺走物品不是攻击,即使这样做时行为人怀有偷窃意图。⑥ 但是,推或打被害人很明显属于攻击;而且毫无疑问,如果行为人知道这会对被害人造成伤害或疼痛,即使是拉动物品,比如将耳环从她人耳垂上扯下来,也会是攻击。⑦

如前所述,在身体攻击中使用的"强力"可能非常轻微。⑧ 非法触碰就已足够。根据传统法谚,"法律不关注小事"(*de minimis non curat lex*),但这是非常具有误导性的概括。如果身体攻击是微不足道的,则法院可以给予绝对释放,⑨但即使如此,确定被告人已经犯下攻击罪可能仍具有重要意义。这赋予被攻击者在必要和合理的自卫中采取行动的权

---

① Section 16 of the *Offences against the Person Act* 1861; section 127 of the *Communications Act* 2003.

② *R. v. Hanson*(1849)175 E. R. 383; *R. v. Walkden*(1845)1 Cox C. C. 282.

③ Sections 23 and 24 of the *Offences against the Person Act* 1861.

④ *R. v. Sherriff*[1969] Crim. L. R. 260.

⑤ *R. v. Iqbal*[2011]1 Cr. App. R. 317.

⑥ *Ansell v. Thomas*[1974] Crim. L. R. 31; *P v. D. P. P.* [2013]1 Cr. App. R. 7.

⑦ *R. v. Lapier*(1784)168 E. R. 263; *State v. Ortega*(1992)113 N. M. 43; *Watson v. U. S.* (2009) 979 A. 2d 1254.

⑧ William Blackstone, *Commentaries on the Laws of England*, (Oxford: Clarendon Press, 1769) Vol. III at 120.

⑨ Section 44 of the *Offences against the Person Act* 1861.

利，如果攻击是由警察进行的，则意味着用于抵消攻击的防卫力量，不是 369
针对执法的警官实施的攻击——或者是因为自卫是合理合法的，或者在任何情况下，是因为警察在使用强力时并非在执行任务。

"普通的社交接触"（拍拍某人的肩膀以引起其注意）不是攻击。[①] 此规则可能基于社会交往的必要性。这项豁免只适用于非敌对行为，因为用霍尔特法官（Holt，C. J.）的话来说："基于愤怒，最轻程度的触碰他人都是殴打。"[②]

1-018 如果警察拉住我的胳膊，并说想和我交谈，这是身体攻击吗？

原则上是的。警察并不享有拘押他人接受讯问的一般权力，即使是那些有重大犯罪嫌疑的人也是如此。警察当然可以像你我一样向人们提问，但不能要求他们停下来接受讯问。[③] 如果被搭讪的人愿意回答问题，警员可以和他交谈，而不必把手放在其身上。如果对方不愿意的话，警官为了让其停下来听自己说话而用手拉住对方，应该算是攻击。

然而，有迹象表明，法院正在将其改为对警察更有利的规则。[④] 毫无疑问，警察仍然没有权力拘留他人进行讯问（除了逮捕权和某些搜查权）；[⑤]但有法院认为，如果在被如此搭讪的行人表示反对后，警察一再拍打其肩膀，则不构成攻击。[⑥] 如果被搭讪的人为了防止继续受到令自己讨厌的关注而攻击了这位警官，这将很重要。在刚刚提到的情况中，被搭讪的人被认为没有自卫权，因为在法律意义上，其并没有被搭讪。

法院没有说明为什么这名警官没有被视为实施了攻击。没有使用
"社交接触"概念，但类似的概念似乎是警官的唯一抗辩事由。[⑦] 然而，被 370

---

① *Coward v. Baddeley*（1859）157 E. R. 927；*Collins v. Wilcock*［1984］1 W. L. R. 1172.

② *Cole v. Turner*（1704）90 E. R. 958. *Wilson v. Pringle*［1987］Q. B. 237.

③ *Rice v. Connolly*［1966］2 Q. B. 414；*Kenlin v. Gardiner*［1967］2 Q. B. 510；*Ansell v. Swift*［1987］Crim. L. R. 194；*Collins v. Wilcock*［1984］1 W. L. R. 1172；*Cumberbatch v. Crown Prosecution Service*（2010）174 J. P. 149.

④ *McMillan v. Crown Prosecution Service*（2008）172 J. P. 485；*Weight v. Long*［1986］Crim. L. R. 746.

⑤ *R. v. Faraj*［2007］2 Cr. App. R. 25. *Gillan v. United Kingdom*（2010）28 B. H. R. C. 420. Section 60 of the *Criminal Justice and Public Order Act* 1994 and section 1 of the *Police and Criminal Evidence Act* 1984.

⑥ *Donnelly v. Jackman*［1970］1 W. L. R. 562；cf. *Ludlow v. Burgess*（1982）75 Cr. App. R. 227；*Wood v. D. P. P.*［2008］EWHC 1056.

⑦ *McMillan v. Crown Prosecution Service*（2008）172 J. P. 485；*Short v. Lovejoy*（1752）Bull. N. P. 16；*Coward v. Baddeley*（1859）157 E. R. 927. *Semple v. D. P. P.*［2010］2 All E. R. 353；*Nottinghamshire Healthcare NHS Trust v. RC*［2014］Med. L. R. 260；*R.*（*on the application of Muaza*）*v. Secretary of State for the Home Department*［2013］E. W. H. C. 3764；*Secretary of State for the Home Department v. Robb*［1995］Fam. 127.

授予权力的警官在别人肩膀上的非正式轻敲被如此描述是否恰当,显然极度存疑。也许判决本案的更好方式,应该是认定这个警官的行为(或意图采取的行为)是非法的,但是同时指出,当被担心的攻击如此微不足道的时候,除了用最温和的强力进行防卫外,任何自卫措施都是不合理的。然而,不断重复的轻微身体干扰也可能是非常恼人的。如果不允许公民以某种暴力对其作出回应,甚至认为其没有受到攻击(因而不能在法庭上就此得到法律救济),不受警察身体干预的权利将得不到有效保护。

1-019　攻击必须针对人身吗?如果某人穿的衣服受到攻击呢?

对被害人衣服实施的身体举动,如果使被害人感到疼痛,或担心自己的安全,肯定是攻击。[①] 更合适的观点是,这在任何情况下都是攻击,因为衣服与穿着者的关系非常密切,因此对其的攻击行为很可能被视为对穿着者的冒犯。[②] 攻击罪的基础是维护和平的法律愿望。[③]

1-020　必须直接施加强力吗?在半开的门上方放一桶水的开玩笑者如何处理?或者那个用停下来的车"撞"乘客的轻率司机呢?

传统法律规定,必须"直接"使用强力(在不存在介入的因果关系的情况下),就自主干预者而言,这仍然存在。更普遍的是,法院已经承认人们可以使用多种手段直接伤害他人。

普通法上的攻击罪源于传统法源中以令状发起的侵犯之诉,后者同时也产生出攻击这种侵权行为。一般来说,伤害(或伤害的威胁)必须是直接的和强制性的,然后才能进入侵犯令状的适用范围。允许有轻微的延迟或间接作用。如果被告人将狗放在人身上,或击打马使其把骑手甩落在地,[④]或把他人坐的椅子抽走,[⑤]则视为身体攻击。[⑥] 但是,根据传统
371 法源的说法,竖立障碍物导致他人摔倒不是非法侵犯,因而也不是攻击,因为这里的伤害太"间接",不属于犯罪。[⑦] 标准的解释是:如果有人把一根木头扔出窗外,打到路人身上,这是非法侵害,是身体攻击罪;但如果木

---

① *R. v. Day*(1845)1 Cox. C. C. 207;*R. v. Thomas*(1985)81 Cr. App. R. 331;*R. v. H*[2005]1 W. L. R. 2005.

② *Nash v. State*(2000)766 So. 2d 310.

③ William Oldnall Russell, *A Treatise on Crimes*, (Boston: Lilly & Watt, 1831) at 606; *Carter v. Com.* (2004)42 Va. App. 681 at 688.

④ *Murgatroyd v. Chief Constable of West Yorkshire Police*[2000] All E. R. (D)1742; *J. A. T. v. State*, 133 Ga. App. 922(1975). Cf. *R. v. Dixon*[1993] Crim. L. R. 579.

⑤ *Dodwell v. Burford*(1670)86 E. R. 703.

⑥ *Hopper v. Reeve*(1817)129 E. R. 278 *per* Gibbs C. J.

⑦ *Innes v. Wylie*(1844)174 E. R. 800.

头掉在公路上，路人被绊倒，这就不是攻击罪。[1] 把圆木扔到公路上时，行为人使用了强力，这没有任何影响，因为暴力不是直接针对被害人的。一般来说，这是正确的，除非在对被害人可能造成身体伤害方面，行为人存在故意或轻率。但是，如果某人只是站在原地，"完全被动得像一扇门或墙"，正如判例曾指出，这不是攻击，不管其出现在特定地点对他人而言有多么不方便；[2]但是如果被害人不知道其他出口存在，则这是非法监禁。

传统法律认为，利用别人的动能来制造其摔倒的结果，不可能是攻击。当某人在高速公路上绊倒在一根木头上时，冲力会使其摔倒，但即使行为人故意造成这种伤害，也不是攻击。因此，从逻辑上讲，在滑冰者面前破冰，[3]或者通过绊马索把摩托车手拉下车来，或者在火车即将到来前掀翻铁轨，[4]从而造成伤害，都不是攻击罪；你假设的撞上一辆停着的车，更不可能是攻击罪。当被害人看到前方的危险时，可能会非常害怕，但不会受到精神上的攻击；如果危险变成现实，根据历史原则，其也不会遭受到身体上的攻击。

1-021　其中若干行为相当于其他罪行，例如故意妨碍公路、铁路罪[5]或轻率驾驶。[6] 如果造成严重的人身伤害，根据 1861 年《侵害人身权法》第 18 条，就构成了某项罪行。但是，如果绊倒滑冰者的行为被认为不是殴打，并且伤害不严重，导致滑冰者遭受身体酸痛就不算犯罪。如果绊倒滑冰者的人在法庭受审，法官无疑会强烈倾向于扩展攻击罪的范围，法官大人可不喜欢让捣蛋鬼逍遥法外。

英国法源现在认为，间接因果关系足以使行为人成立身体攻击罪。在"女王诉克拉伦斯案"（*R. v. Clarence*）[7]中，两名法官认为，身体攻击可以由"为他人挖坑，使他人受伤的人"实施，其中一位法官声称，目前还将考虑针对"女王诉马丁案"（*R. v. Martin*）[8]的事实认定攻击罪成立。[9] 此外，根据现行法律，对被害人施以不舒服程度的光、热、电、气或气味，似

---

① *Scott v. Shepherd*(1773)96 E. R. 525.

② *Innes v. Wylie*(1844)174 E. R. 800 at 803 *per* Denman, C. J.

③ *Contra*, J. W. C. Turner, *Kenny's Outlines of Criminal Law*, (Cambridge: Cambridge University Press, 18th edn. 1926) at 209.

④ *R. v. Jolly*[1923] A. D. 176.

⑤ Section 137 of the *Highways Act* 1980. section 21 of the *Town Police Clauses Act* 1847.

⑥ Section 3 of the *Road Traffic Act* 1988.

⑦ (1888)22 Q. B. D. 23 at 36, 45(Wills and Stephen J. J.).

⑧ (1881-82)8 Q. B. D. 54.

⑨ *Fagan v. Commissioner of Police of the Metropolis*[1969] 1 Q. B. 439 at 444D.

372 乎可以构成攻击。[1] 也可以使用无辜的代理人直接施加强力。如果被告人抓住被害人甲的拳头,将其砸到被害人乙的脸上,那么被告人应对针对甲和乙的殴打负责。[2]

在假想的陷阱里,门上有一桶水,传统主义者会把被害人开门的行为,而不是恶作剧者设置陷阱的行为,看作其湿身的直接原因;但是由于被害人不知道情况,也无法预见后果,所以制造陷阱的人会被认为是造成伤害的原因。[3] 陷阱是被用来直接造成伤害的"手段"。[4]

1-022 如果某人创造了危险的情况,就有义务确保不会伤害其他人。在"检察长诉K案"(*D. P. P. v. K*)[5]中,被告人,15岁的男孩,从学校的化学实验室偷了浓硫酸。硫酸被装在试管里。他拿着这管硫酸液到盥洗室,听到脚步声,有些惊慌失措,顺手把硫酸倒进烘干机上翻的喷嘴里。当脚步声渐渐远去时,被告人回到了教室,在回去上课的路上丢掉了试管。辩护方称被告人曾意图回厕所去把烘干机里的硫酸洗掉。然而,在他清洗烘干机之前,某学生去厕所洗手。当其打开烘干机时,硫酸液喷到了他的脸上,留下了永久性的疤痕。被告人被指控违反1861年《侵害人身权法》第47条的规定,构成攻击并造成实际身体伤害。

分庭法院认为:"很明显,被告人很清楚自己制造了危险的局面,不可回避的推论是,被告人在返回厕所、清洗干净烘干机之前,决定冒着有人使用这台机器的风险,或者根本没考虑这种风险。"[6]

373 帕克法官总结:[7]

"被告人将危险物质倒入机器,就像他自己打开机器那样,真正地攻击了机器的下位用户。因此,在我看来,如果其犯下了相关的轻率行为,也会构成攻击罪。"

1-023 这是否意味着意外制造陷阱的人有责任警告其他人的潜在危险?

如果对他人构成威胁,并且有合理的机会提出警告,则行为人需要承

---

① *Leichtman v. WLW Jacor Communications*, *Inc.*, 634 N. E. 2d 697 (1994); J. W. C. Turner, *Russell on Crime*, (London: Stevens & Sons, 12th edn. 1964) at 652-653.

② *Short v. Lovejoy* (1752) Bull. N. P. 16 *coram* Lee, C. J., Isaac' Espinasse, *A Digest of the Law of Actions and Trials at Nisi Prius*, (Dublin: printed for E. Lynch *et al.*, 2nd edn. 1794) at 313.

③ *United States v. Guillette* (1976) 547 F. 2d 743.

④ *D. P. P. v. K* [1990] 1 W. L. R. 1067. *R. v. Roberts* (1972) 56 Cr. App. R. 95; *R. v. Halliday* (1889) 54 J. P. 312; *Haystead v. Chief Constable of Derbyshire* [2000] 2 Cr. App. R. 339; *Scott v. Shepherd* (1773) 96 E. R. 525; *Com. v. Parker* (1988) 522 N. E. 2d 2; *Com. v. Bianco* (1983) 388 Mass. 358; *Clark v. State* (2001) 783 So. 2d 967. *People v. Moore* (1888) 3 N. Y. S. 159.

⑤ [1990] 1 W. L. R. 1067.

⑥ *D. P. P. v. K* [1990] 1 W. L. R. 1067 at 1071.

⑦ *D. P. P. v. K* [1990] 1 W. L. R. 1067 at 1071 quoting *R. v. Clarence* (1888) 22 Q. B. D. 23 at 45.

担这种义务。不采取合理措施防止陷阱伤害他人,可能构成身体攻击。在"检察长诉桑塔·波姆德兹案"(*D. P. P. v. Santa-Bermudez*)中,被害人和其他警察被叫到"斯托克韦尔地铁站"(Stockwell Underground Station),在那里票贩子正在忙碌着。身着警察制服的被害人在售票机旁看到被告人显然是在兜售。被害人走近被告人,要求他陪自己去车站的办公室。并告诉被告人警方意图对其进行全身搜查。[1] 被害人让被告人把所有的口袋都翻出来,把里面的东西放在桌子上。被告人把他所有的口袋都掏空了,除了上衣上的两个小胸袋。这些口袋的衬里拔不出来。有警官问被告人这些口袋里有没有锋利的东西。他回答说:"没有。"警官用手指在口袋里摸了摸。当警官从口袋里抽出手指时,看到自己的中指指尖上插着一根皮下注射用针头。

分庭法院认定被告人负有责任,因为他没有透露隐藏在自己口袋里的危险的细节。虽是无意中造成了危险的局面,但他完全知道危险的存在。因此,有义务移除针头或警告警官。如果警察在搜查失去知觉的人的口袋以确定其身份时被针刺伤,则该失去知觉的人不应对攻击负责,因为他无法采取合理措施来揭示危险。如果危险情况导致被害人遭受实际身体伤害或严重身体伤害,则被告人需要根据 1861 年《侵害人身权法》第 20 条或第 47 条承担责任。[2]

第 4 节　法律中攻击罪的位置

1-024　精神攻击作为犯罪的恶性,仅仅在于其给被害人内心制造的恐惧或担忧。从历史上讲,立法目的旨在对这种错误给予补救的同时,为被害人提供某种手段,使其在不诉诸争斗的情况下维护自己的尊严和安全。但现在警方很少起诉精神攻击,甚至在没有造成重大伤害的情况下,很少起诉身体攻击。警方认为攻击是每天都会发生的事,不能过于为 375
之烦恼。[3]

警察最有可能对发生在公共场所的攻击提出检控,但即便如此,遭到

---

① Section 1 of the *Police and Criminal Evidence Act* 1984.

② *R. v. Dica*[2005]EWCA Crim. 2304;*R. v. Konzani*[2005]2 Cr. App. R. 141;*R. v. Golding*[2014]EWCA Crim. 889;*R. v. B*[2007]1 W. L. R. 1567. *Houghton v. Western Australia*[2006]163 A. Crim. R. 226;*R. v. Mwai*[1995]3 N. Z. L. R. 149;*State v. Gonzalez*(2003)796 N. E. 2d 12;*State v. Elliott*(1995)663 N. E. 2d 412.

③ the Law Commission in Consultation *Paper No* 217,*Reform of Offences against the Person*:*A Scoping Consultation Paper*(2014).

检控的一般也是带有侮辱性的行为，而不是攻击本身。① 被害人可能会提起自诉，但结果可能仅仅是攻击者被责令维持治安；如果被害人以任何方式促使被告人做这件事（事实经常如此），一般来说行为人可能会幸运地不受制裁。然而，相关立法仍然具有一定的重要性，因为攻击的概念已进入侵权法，也被纳入若干更严重的刑事犯罪中。

警察对攻击投诉的轻蔑态度，部分源自治安法官的不屑一顾。对攻击罪的指控只会被简易审理，②并且许多法院对此的司法态度都相当宽大。行为人无端攻击，重击被害人的脸，甚至可能打断了被害人的鼻子，往往会被处以不高的罚金，似乎对发泄攻击性情绪该当的报应来说微不足道。其他常见的后果是法院下达责令被告人守法的命令。将细小的案件视为浪费时间，治安法院的法官或书记官可就可能的结果向双方发出警告，以促进撤回诉讼。如果攻击是由有支付能力的人进行的，则最好建议被害人向民事法院提起诉讼并要求获得损害赔偿，数额很可能相当可观，而且会有额外的吸引力，即钱会直接进入被害人腰包。③

第 5 节　故意伤害：1861 年立法第 18 条

1-025　在研究个别罪行之前，值得考虑的是 1861 年《侵害人身权法》第 18、20、47 条规定的总体方案。相关违法犯罪行为关注的重点是造成的伤害结果，而不是引发伤害的方式，并根据各自的严重性和类型对危害结果进行分级。两级伤害分别是“严重身体伤害”（最严重的伤害类型）和“实际身体伤害”。低于实际人身伤害的伤害结果，将按普通攻击罪处理。至于伤害类型，该法第 18 条和第 20 条将“创伤”（wounding）列为某种特殊的伤害类型，予以刑事定罪。然而，最好只关注危害的严重性，而不是造成损害的类型。这方面的任何改革，都只应根据危害结果的严重性进行。这个领域的法律已经发展，从而避免试图列出引起或造成损害的所有方式。列明所有的可能性，如烧伤、割伤、骨折、截肢、失明
375 等，都是毫无意义的。创伤本身可能构成严重的身体伤害，但也可能构成较小的伤害。人身伤害行为的错误性可以通过并排放置两个位阶来衡量。这便是“危害位阶”和“罪过位阶”。④ 严重的错误包括的危害和罪

---

① Sections 4-5 of the *Public Order Act* 1986.

② Section 39 of the *Criminal Justice Act* 1988.

③ *Reynolds v. Comr. of Police*, (*The Times*, 21 May 1982).

④ Sir Anthony Bottoms, *Five Puzzles in von Hirsch's Theory of Punishment*, in Andrew Ashworth and Martin Wasik (ed.), Fundamentals of Sentencing Theory: Essays in Honour of Andrew von Hirsch, (Oxford: Clarendon Press, 1998) at 53 *et seq*.

过，位于“犯罪严重性位阶”的顶部。（见表1）

表1 犯罪严重性位阶

危害结果	罪过
1. 严重身体伤害（严重危害） （1861年《侵害人身权法》第18条至第20条）	1. 故意（1861年《侵害人身权法》第18条）
2. 实际身体伤害（非严重危害） （1861年《侵害人身权法》第47条）	2. 故意与轻率（1861年《侵害人身权法》第20条）
3. 轻微危害（不严重） （1988年《刑事司法法》第39条）	3. 实施普通攻击犯意要求的故意或轻率（第47条）

特定的伤害结果，很可能落在形象比喻的两个位阶之间。有许多变量需要考虑，以确定如何对某种特定的伤害结果加以分类。① 如后所述，对伤害进行分类并不是一门精确的科学。如果某项罪行规定，罪犯意图造成某种程度的伤害结果就应承担责任，对其而言，就不应为意外造成的比预期更严重的危害承担责任。同样，如果犯罪行为规定犯罪者应对某一特定等级的伤害具有轻率心态，则如果其对某些较轻的伤害具备轻率，就不应承担刑事责任。行为人的罪过应与严重性等级位阶上的相关损害相对应，除非相关立法的条文清楚地表明，低于该要求也是可以的。正如下面将要看到的，责任推定，意味着犯罪人的过错不必与其所造成的损害有关。推定责任扭曲了给攻击行为贴上犯罪标签的方式，因为其允许法院只关注“危害程度的位阶”。当法院认定某人负有推定责任时，忽略了过错位阶。这基本上意味 376
着无论罪犯是否意图造成那种程度的危害或预见到会造成那种危害结果，法院都要让罪犯对其所造成的任何伤害承担严格责任。

以下各节将要考察的，是1861年《侵害人身权法》第18条规定的严重罪行和第20、47条规定的中等罪行，以及若干侵害个人的轻微罪行。

1-026 合理的法律体系或许可以把对人的攻击（未导致死亡结果）分为三类。严重性较低的等级，主要包括不要求将人身伤害作为构成要素的攻击；这些都将在最后一节中加以考虑。其他极端情况，是故意（或轻率）造成严重伤害的犯罪。中间一级是中等严重程度的攻击，即故意或轻率地造成人身伤害（不一定严重）。

1861年立法中设置了像最后两个位阶一样的等级，但是对于仅仅具有中等危害性的犯罪，使用了不必要的复杂语言来加以表达。围绕该法的已决判例繁多庞杂，因而很难用更加清晰和令人满意的方式对该法加以表述。

---

① Dennis J. Baker, “Constitutionalizing the Harm Principle,” (2008) 27 *Crim. Just. Ethics* 3 at 17. Glanville Williams, “Force, Injury and Serious Injury,” (1990) 140 *N. L. J.* 1227.

刑法修订委员会建议简化法律的表述；[1]法律委员会也不止一次提出过类似的建议，[2]但在本书编撰时，依然没有任何修法迹象。

1861年《侵害人身权法》第18条修改后，[3]大体如下：

“凡以任何方式非法和恶意伤害他人或对他人造成[4]任何严重的身体伤害，故意对他人造成严重的身体伤害，或意图抵抗或阻止任何合法逮捕或拘留，均应……服监禁刑。”

1-027 上条法律规定，有两个行为要素，任何一个都可以以三种故意加以实施。将其分解后，可能的内容如下：

1. 恶意非法伤害他人：

(1)基于造成他人严重身体伤害的主观意图；

(2)基于抗拒对他人的合法拘捕的主观意图；

(3)基于防止合法拘捕他人的主观意图。

2. 恶意非法给他人造成严重伤害：

377 (1)基于造成他人严重伤害的主观意图；

(2)基于抗拒对他人的合法拘捕的主观意图；

(3)基于防止合法拘捕他人的主观意图。

在相关法律讨论中，上述条文被简明扼要地称为“故意伤害”罪，但这显然看起来并不全面，因为还存在其他可能性，即故意造成“严重的身体伤害”，通常英文缩写为“g. b. h.”，尽管在法庭上不会这样做。

1-028 什么是“创伤”？

对于“创伤”而言，必须划破皮肤（包括真皮和表皮），[5]而这并不等于严重的身体伤害。划痕不是创伤，[6]内部破裂也不是创伤。一般来说，严重的身体危害包括创伤，但不一定总是这样，例如，也可能是皮肤出现严重瘀青或大面积烧伤，或骨头被折断。

1-029 创伤不就是严重的身体伤害吗？

不总是这样。伤势可能会很轻，甚至不能算作实际的身体伤害。

---

① Criminal Law Revision Committee, *Offences Against the Person*, Fourteenth Report, (London: H. M. S. O., Cmnd. 7844, 1980) at paras. 149-157.

② Nicola Padfield, *Reform of Offences against the Person*, [2015] Crim. L. R. 175.

③ By the *Criminal Law Act* 1967, Sched. 3 Pt. Ⅲ.

④ *R. v. Brown*[1970] 1 Q. B. 105, cf. *D. P. P. v. Santa—Bermudez*(2004) 168 J. P. 373; *D. P. P. v. K*[1990] 1 W. L. R. 1067. *R. v. Clarence*(1888) 22 Q. B. D. 23 at 36.

⑤ *JJC(a Minor) v. Eisenhower*[1984] Q. B. 331. *R. v. M' Loughlin*(1838) 8 C. & P. 635; *R. v. Waltham*(1849) 13 J. P. 183.

⑥ *R. v. Morris*[2005] EWCA Crim. 609.

1-030　请回答，这是否意味着1861年《侵害人身权法》第18条只适用于本身严重到构成严重人身伤害的创伤？

质问所言极是。伤口是一种危害结果，不管其有多严重。但是，在实践中，除非伤害构成严重的身体伤害，检察官不太可能根据第18条起诉被告人。所以检察官在此问题上依然具有话语权。

1-031　严重的身体伤害的含义是否确定呢？

这句话的含义是指"真正严重的伤害"①，而该问题应由陪审团决定。② 上议院在著名的谋杀案，即"检察长诉史密斯案"③中设定了该解释，并被1861年《侵害人身权法》第18条所述罪行采用。④ 由于缺乏明确的定义，不同的陪审团可能采用不同的测试标准。 378

1-032　身体，单独来看，肯定与人的肉体有关；但是身体包括精神吗？

在"女王诉常福案"（*R. v. Chan-Fook*）⑤中，胡布豪斯法官（Hobhouse L. J.）表示："被害人的身体包括身体的所有部分，如器官、神经系统和大脑。因此，身体伤害可能是对身体任何部分的伤害，包括对其精神和其他能力负责的身体器官。"这种推理是完全合理的。和因为精神疾病而住院治疗的被害人相比，只需在手臂上戴上矫形石膏的被害人遭受的伤害可能更小。失去正常的精神功能可能会使被害人严重丧失能力。不涉及"公认的精神疾病"的心理伤害不会被视为严重的身体伤害。⑥ 精神疾病如果要被视为严重的身体伤害，也必须是严重的。如果被害人需要长期的精神治疗或丧失任意时间的正常生活能力，则应视为伤害达到了严重的程度。如果被害人因精神疾病住院1个月，显然失去了1个月正常生活的能力。假设被害人是法科学生，其生活会因为在两条腿上打了3个月的石膏，还是因为遭受了3个月的精神创伤而受阻？断腿并不能阻止继续学习和社交生活，但严重的精神创伤可能会严重影响这位学生的生活。

危害后果有多种形式，可以是经济上的、心理上的，也可以是身体上的。毁坏别人的财物可能会造成被害人经济上的损害，但不一定会对其造成身体上的伤害。而把某人活活烧死在其自己家里会产生上述两种效果。在侵犯人身权的犯罪方面，重点是对人的身体的损害或伤害。某人不仅会因为

---

① *R. v. Saunders*[1985] Crim. L. R. 230; *R. v. Janjua*[1999] 1 Cr. App. R. 91; *R. v. Akenhead* (1816) Holt N. P. 469.

② *R. v. Brown*[1998] Crim. L. R. 485 at 486.

③ [1961] A. C. 290 at 333-335 *per* Lord Kilmuir.

④ *R. v. Metharam*(1961) 45 Cr. App. R. 304.

⑤ [1994] 1 W. L. R. 689 at 695. Approved by *R. v. Ireland*[1998] A. C. 147. , *McLoughlin v. O' Brian*[1983] 1 A. C. 410 at 418.

⑥ *R. v. Dhaliwal*[2006] 2 Cr. App. R. 348. Cf. *R. v. Miller*[1954] 2 Q. B. 282.

腿被炸掉而受到伤害,还会因为半夜接到无声的骚扰电话被恐吓而受到伤害。不管所造成的伤害是心理上的还是生理上的,如果属于严重的身体伤害的概念范畴,则一定是严重的。

1-033 如何衡量严重性?

对此,只能提供若干粗略的标准。例如,美国《俄亥俄州刑法典》[R. C. § 2901.01(5)]对严重损害的定义如下:[①]

"针对人身的严重伤害,是指下列任何一种:

(a)通常需要接受住院治疗或长期精神治疗的精神疾病或严重状况;

(b)具有重大死亡危险的人身伤害;

(c)任何涉及部分或全部永久丧失能力的人身伤害,或涉及某些暂时丧失重要能力的人身伤害;

(d)任何涉及永久性毁容或涉及暂时性严重毁容的人身伤害;

(e)涉及急剧疼痛的,持续时间足以造成重大痛苦的身体伤害,或涉及
379 长期或顽固性疼痛的身体伤害。"

该定义有助于区分非严重精神疾病和严重精神疾病。即使精神科医生能在数周内治愈被害人,如精神疾病使其在这段时间内丧失了正常生活的能力,则仍应被归类为严重的身体伤害(如果被害人被迫住在精神病院,情况也会是这样)。

考虑损害的总体和长期累积效应,似乎是相当公平的。如果若干伤害的总和使被害人处于严重的状态,法院很可能将其视为严重身体伤害。如果被告人导致被害人长期患病,其累积影响可以帮助陪审团评估其严重性。[②] 如果被告人让被害人感染了需要长期治疗的慢性疾病,即使在短期内不会造成被害人的严重痛苦,依然构成严重的身体伤害。法院认为用艾滋病毒感染某人会对其造成严重的身体伤害。[③] 严重的暂时性丧失行为能力可能包括被害人的腿或胳膊骨折的情况,甚至可能包括严重到需要住院治疗的精神疾病。骨折或严重烧伤也包括在内,因为其会造成巨大的痛苦(然而,在较低的等级位阶,烧伤和骨折可能被视为实际的身体伤害)。永久性毁容的测试相当广泛,因为小伤口也可能留下永久性疤痕。法院认为,永久性毁容应足够到引起被害人感受到实质性压力的程度。显然,如果毁容很严重,就像给被害人留下明显疤痕一样,应该被视为严重身体伤害。

---

① *Baldwin's Ohio Revised Code Annotated*, Title XXIX. Crimes—Procedure; Chapter 2901.

② *R. v. Bollom* [2004] 2 Cr. App. R. 6; *R. v. Birmingham* [2002] EWCA Crim. 2608 at para. 11; *R. v. Grundy* [1989] Crim. L. R. 502. Cf. *R. v. Brown* [2005] EWCA Crim. 359.

③ *R. v. Dica* [2005] EWCA Crim. 2304; *R. v. Konzani* [2005] 2 Cr. App. R. 14; *R. v. Golding* [2014] EWCA Crim. 889; *R. v. B* [2007] 1 W. L. R. 1567. Margo Kaplan, "Sex—Positive Law," (2014) 89 *N. Y. U. L. Rev.* 89 at 91 *et passim*.

1-034 在头部或躯干造成深深的创伤无疑是严重的人身伤害,因为这明显危及生命,除非伤口位于耳朵或肩膀等非致死部位。但是,生命危险检验标准,虽然是对严重身体伤害的明确的积极检验,但并不是可靠的否定检验,因为,正如"检察长诉史密斯案"中所说的那样,伤害可能是严重的,尽管其确实不危及生命。例如,致盲或射中某人的腿将是非常严重的伤害,尽管没有死亡的危险。

王室检控署提供以下指示意见:

由陪审团决定伤害是否严重。然而,通常构成严重损害的事例包括:[①]

1. 导致永久性残疾或永久丧失感觉功能的伤害;
2. 造成永久性、可见面部重大缺陷的伤害;
3. 四肢或骨头(包括头骨)骨折或移位;
4. 多处骨折——颧骨、颌骨、肋骨等骨折;
5. 造成大量失血、通常需要输血的伤害;
6. 导致需要长期治疗或丧失能力的伤害,包括精神伤害; 380
7. 与造成实际人身伤害的攻击一样,适当的专家证据对于证明伤害至关重要。

有人建议,陪审团可以利用"严重"含义的不确定性,根据其他情况,例如挑衅程度(如果有的话),将损害视为严重或不严重。他们很可能会这样做,法官不必告诉陪审团不要这样做。但也不应该鼓励他们。[②] 理论上,不允许陪审团考虑挑衅(失控),因为伤害就是伤害,被告人造成伤害的动机不能改变其程度。此外,"失控"对于量刑法官而言,是减轻要素,因为其不是一般意义上的违法犯罪行为。

1-035 根据1861年《侵害人身权法》第18条,需要什么主观要素?

某项故意伤害或故意造成严重身体伤害的指控,显然需要行为人有实际意图,而不仅仅是明知有可能发生严重身体伤害。[③] 当然,作为事实问题,意图可以从行为中推断出来。法院也可能认为可以使用"间接故意"原则。如果某人意识到,从所有的实际目的来看,自己的行为都将不可避免地导致严重的身体伤害,就应该根据1861年《侵害人身权法》第18条承担责任。如果被告人预见到,把婴儿从楼梯上扔下,就将不可避免地(几乎是肯定的)给婴儿带来严重的身体伤害,根据该法第18条认定责任,何错之有?[④]

---

① C. P. S. Charging Standard-Offences Against The Person: *http://www.cps.gov.uk/legal/l_to_o/offences_against_the_person/#P48_1458.*

② *R. v. Hamilton*[1980]Crim. L. R. 441.

③ *R. v. Belfon*[1976]1 W. L. R. 741.

④ *R. v. Woollin*[1999]1 A. C. 82.

1-036 为什么不指控其犯有谋杀未遂？[①]

本书第 4 章第 3 节曾提出，间接故意应足以支持犯罪未遂的定罪，但该主张尚待司法检验。因此，“扔婴儿者”可能通过辩称没有（直接）意图杀死自己的婴儿来逃避谋杀未遂的定罪。如果被告人间接故意地造成其婴儿严重的身体伤害，如婴儿已全身瘫痪，根据 1861 年《侵害人身权法》第 18 条判处被告人无期徒刑也是适当的。

在前面我们提到过，某种公认的严重精神疾病构成严重的身体伤害。这可能是真的，但在实践中，很难证明（如果不是不可能的话）被告人意图让被害人精神错乱。在大多数情况下，被告人不会有这样的目的：行为人通常只是旨在恐吓被害人。也许可以证明行为人具有让被害人精神错乱的间接故意，但一般情况下，就精神疾病而言，即使是轻率，也很难得到证实。

法律中的“恶意”是指故意或主观轻率。[②] 关于造成严重身体伤害的故意，“轻率”概念是多余的，因为故意的要求意味着轻率是不够的。但就抵制
381 或防止逮捕的意图而言，这个词有一定的效果。假设被告人为了避免被被害人合法地加以逮捕，故意实施了具有重伤被害人的危险行为，而被害人实际上受伤或受重伤。[③] 被告人并不希望让被害人受伤，但根据本条规定，依然是有罪的，因为其对伤害结果具有主观恶意（主观上是轻率的），而且其意图拒捕[④]（即使行为人试图阻止的是对他人实施的逮捕，根据该节的法律规定，也会被认定有罪）。

1-037 是否需要被告人预见到自己故意阻止或抵制合法逮捕人的行为会导致严重身体伤害的结果？或者是否需要预见到轻微的伤害？

有人认为，被告人应该对自己造成的严重身体伤害结果具有轻率心态。法院利用推定责任和轻率两个理由，来对表面上需要故意的罪行作出有罪判决的做法，是错误的。[⑤] 此外，该罪行可判无期徒刑。

1-038 1861 年《侵害人身权法》第 18 条是否承认转移故意？

立法所选择的语言表述，显然旨在允许这样做。转移故意原则适用于普通法上的犯罪，如谋杀罪；但法院发现，除非该法有适当的框架，否则很难将其适用于成文法。1861 年《侵害人身权法》第 18 条是适当措辞的事例。重复了“任何人”（any person）的概念，即“人……伤害或造成他人严重身体伤害，并意图对人造成严重身体伤害”——而不是“该人”（*such* person）。立

---

① Cf. *R. v. Fallon*[1994] Crim. L. R. 519.

② *R. v. Cunningham*[1957] 2 Q. B. 396; *R. v. G*[2004] 1 A. C. 1034; *R. v. Savage*[1992] 1 A. C. 699. *B(A Child) v. DPP*[2000] 2 A. C. 428.

③ *R. v. Gillow*(1825) 168 E. R. 1195.

④ *R. v. Morrison*(1989) 89 Cr. App. R. 17; *R. v. Farrell*[1989] Crim. L. R. 376.

⑤ *R. v. Mowatt*[1968] 1 Q. B. 421.

法目的显然是表明，故意可以从预期的被害人转移到实际的被害人。[①]

第6节　《侵害人身权法》第20条

1-039　成文法中规定的此类中等程度的犯罪，通常被称为“非法伤害罪”和“造成实际身体伤害的身体攻击罪”，分别规定在《侵害人身权法》第20条和第47条。两者的处罚相同，都是5年监禁。[②] 382

《侵害人身权法》第20条有两个可供选择的行为要素：“非法和恶意伤害或对他人造成严重伤害。”该法第47条惩罚“造成实际身体伤害的攻击行为”。

这两个部分非常相似，研究得越多，看起来就越相似。最明显的区别在于攻击的结果。《侵害人身权法》第20条要求对人身造成创伤或严重伤害。《侵害人身权法》第47条只要求实际的身体伤害。每一处创伤（或几乎每一处伤口）都必须是实际的身体伤害，当然严重的身体伤害是实际身体伤害的加重形式，所以从这个角度来看，该法第47条的适用范围更广。

1-040　《侵害人身权法》第20条要求哪些主观要素？

如大家所知，《侵害人身权法》第20条中的“恶意”，是指行为必须是故意或轻率的，也就是说，行为人必须预见到有发生后果的可能；[③]恶意不包括对后果的无意过失。这显然来自“女王诉坎宁安案”（*R. v. Cunningham*）[④]，在这起有关投毒的案件中，刑事上诉法院认为，刑事法规中的“恶意”概念具有特殊含义，其意思是：

“或造成某类损害的实际意图，且损害业已发生；或对该类损害发生与否的轻率态度（被告人已预见该类损害可能会发生，但仍继续冒该类损害发生的风险）。”

顺便说一句，这段屡次被引述的著名判词表明，法官们认识到“实际意图”和“轻率”之间的含义差异，尽管使用形容词“实际的”不恰当地暗示了某种并非实际意图的刑事故意的可能性。该定义对于明确认识主观轻率的内涵也具有重要意义。上议院[⑤]已经肯定《侵害人身权法》第20条要求主观轻

---

① *R. v. Monger*[1973]Crim. L. R. 301；*R. v. Hewlett*(1858)175 E. R. 640；*R. v. Ryan*(1839)174 E. R. 266. Andrew Ashworth，“Transferred Malice and Punishment for Unforen Consequences，” in P. R. Glazebrook，*Reshaping the Criminal Law*：*Essays in Honour of Glanville Williams*，(London：Stevens & Sons，1978) at 84-85. *Mordica v. State*(1993)618 So. 2d 301；*People v. Eyman*(1991)222 Ill. App. 3d 1097；*Wieland v. State*(1994)643 A. 2d 446.

② *R. v. Cowdell*[1962]Crim. L. R. 262.

③ *R. v. Rushworth*(1992)95 Cr. App. R. 252.

④ [1957]2 Q. B. 396 at 399. *R. v. Brady*[2006]EWCA Crim. 2413.

⑤ *R. v. Savage*[1992]1 A. C. 699 at 751 *per* Lord Ackner.

383 率。更令人惊讶的是,上议院还认为,推定罪过足以支持依据《侵害人身权法》第20条作出的有罪判决。要认定该法第20条所规定的罪行,检控方只需证明"被告人有意或实际上预见到自己的行为会对他人造成人身伤害,哪怕只是轻微的伤害"。[①]

1-041 根据"女王诉萨维奇案"的说法,如果某人有意造成实际伤害,但意外造成了严重伤害,对于这种严重的危害结果,其行为既不是故意的,也不是轻率的,依然可以根据《侵害人身权法》第20条被定罪。

法院倾向于根据规制严重伤害结果的《侵害人身权法》第20条,作出比根据规制较轻伤害的该法第47条更为严厉的处罚,而犯意要求的逻辑意味着其应支配刑事责任的存在以及程度。在缺少针对严重人身伤害的故意或轻率的情况下,如果适用"女王诉坎宁安案"中的规则,则根据该法第20条定罪是不可能的;而这才是适当的规则。[②]

然而,在这方面,法院现在已经偏离了"女王诉坎宁安案"。"女王诉萨维奇案"[③]判定,尽管某人并不意图造成这种伤害,对其也不存在轻率的犯意,仍然可以被判处犯有恶意伤害或造成严重人身伤害的犯罪,虽然所谓"恶意"应该是"故意或轻率"的意思。根据"女王诉萨维奇案"[④],预见到某种轻微的身体伤害就已经足够了。这项判决的效果,便是确认低于充分犯意的,依据《侵害人身权法》第20条足以定罪。虽然被告人可因造成严重身体伤害而受到惩罚,但其所具有的犯意只需针对较轻程度的身体伤害即可。从这方面看,该犯罪可以归为不完全犯意犯罪。上议院承认,根据"女王诉坎宁安案"的规定,该条要求针对伤害的故意或主观轻率,但同时宣布,根据该法第20条,"特定类型的伤害"是指身体伤害,不一定是严重伤害。因此,尽管犯行涉及严重的人身伤害,但犯意可能涉及的是程度较轻的伤害:所需的犯意与所需的犯行不符。该条要求造成严重的身体伤害,并且行为人的主观方面应是故意或轻率,根据"女王诉坎宁安案"的说法,这就意味着针对"特定类型的伤害"有故意或轻率。在这种语境下,特定类型的伤害,肯定是指本条中提到的严重的人身伤害。

在"女王诉萨维奇案"中,上议院遵循了"女王诉莫瓦特案"(*R. v. Mowatt*)[⑤]的判例,尽管后者的判决受到了主流学者的合理批评。[⑥] 该解释可

---

① [1992] 1 A. C. 699 at 729 *et passim*.

② *R. v. G*[2004] 1 A. C. 1034.

③ [1992] 1 A. C. 699 approving *R. v. Mowatt*[1968] 1 Q. B. 421.

④ [1992] 1 A. C. 699 at 752.

⑤ [1968] 1 Q. B. 421.

⑥ Glanville Williams, *Textbook of Criminal Law*, (London: Stevens & Sons, 1978) at 189-190.

能会遭到反对，即违反了（美国《模范刑法典》和上议院都接受的）①规定，犯意的要求应被理解为适用于犯罪的所有客观要素。此外，适用《侵害人身权法》第 20 条的解释，不可避免地遇到了特殊困难。《侵害人身权法》第 20 条 384 规定了两项罪行，即非法和恶意伤害，以及非法和恶意造成严重身体伤害。莫瓦特被判非法和恶意伤害罪。该具体罪行没有提到一般的人身伤害或特别的严重人身伤害，而只提到伤害。看不出有什么理由根据可预见的身体伤害来决定主观要素。预见一定与伤害而非其他内容相关。

1-042　在"女王诉 K 案"（*R. v. K*）②中，斯蒂恩法官表示："有条普遍适用的宪法原则，这已得到充分的证实，即只要某一刑法条文对犯意保持沉默，就可以推定，为了实现议会的意志，必须用适当的文字加以解读，以达到要求犯意的目的。"如果某人接受，每项（重大）犯罪都默示要求某种主观要件的原则，这项犯罪需要某种针对本条所述的伤害程度的主观要素。法院不应将《侵害人身权法》第 20 条解释为半罪过犯罪和半严格责任犯罪。严格责任不应被用于构建更高程度的主观罪过。可以假设，根据该法第 20 条，作为立法机关的英国议会并不意图让行为人对不可预见的严重身体伤害承担严格责任，否则就一定会明确予以表示。③ 犯行与犯意的"对应原则"（the correspondence principle）体现在对犯意的推定中，因为推定意味着被告人不应根据该法第 20 条承担责任，除非其意图伤害或引起严重身体伤害，或预见到该可能性。

相反，④加德纳法官（Gardner）声称："幸运的是，该对应原则现在不是，也从来不是英国法律的某项原则。"加德纳认为，一旦某人犯罪（改变其规范地位），就应该对随后发生的后果承担严格责任。⑤ 这种理论将使得某人对即使是理性人也无法预见的后果承担责任。加德纳⑥坚信，格兰维尔·威廉 385 姆斯认为犯意的推定妨碍了对 1861 年立法⑦第 20、47 条的推定性解释，是错误的。

---

① *D. P. P. v. Morgan*［1976］A. C. 182.

②［2002］1 A. C. 462 at 477. *R. v. Tolson*（1889）23 Q. B. D. 168.

③ *R. v. Savage*［1992］1 A. C. 699 at 752.

④ John Gardner, *Offences and Defences*,（Oxford: Oxford University Press, 2007; *Wilson v. The Queen*（1992）174 C. L. R. 313 at 332.

⑤ Andrew Ashworth, "A Change of Normative Position: Determining the Contours of Culpability in Criminal Law,"（2008）11 *New Crim. L. Rev*. 232.

⑥ Gardner, *op. cit. supra*, note 156 at 41 n. 19. *State v. Brown*（2000）140 Wash. 2d 456 at 473–474. R. *v. Tolson*23 Q. B. D. 168 at 170.

⑦ Glanville Williams, *Textbook of Criminal Law*,（London: Steven & Sons, 2nd edn. 1983）at 189–192（and also at page 930; Glanville Williams, *Textbook of Criminal Law*,（London: Steven & Sons, 1st edn. 1978）at 157–159; 160–161.

威廉姆斯教授既没有曲解犯意的假设，也没有误解支持该推定的法源。威廉姆斯阐述了犯意推定对对应原则精确含义的价值。威廉姆斯正确地指出，某些违反对应原则的行为违反了犯意的推定。由于“女王诉莫瓦特案”并不要求被告人的犯意与其所造成的伤害结果相一致，因此有人反对本案将相当一部分严格责任引入据称依赖于证明被告人主观罪过的犯罪。一旦将犯意引入法定犯罪，在没有明确相反意图的情况下，应认定该犯意即支配整个犯罪。[①] 根据“检察长诉摩根案”[②]中上议院多数派的意见，如果犯罪要求犯意，则该犯意需要适用于包括情节在内的一切要素。毋庸置疑，针对犯罪所需的行为的具体后果，必须存在犯意。整体不仅指一切外在要素和有关情节，而且包括犯罪中所提到的被禁止的损害。对此，任何削减都将使某人对不可预见的后果承担严格责任，这将违反对于这些后果的犯意的推定。如果议会仅仅是因为行为人预见到自己这样做(改变规范地位)会造成若干轻微的伤害，就想让其对严重伤害承担严格责任，则应该在议会自己所设定的成文法中，明确表达这样的意图。

1-043 如果《侵害人身权法》第 20 条被改写为，“非法地、恶意地伤害或对他人造成严重的身体伤害者……都应承担责任”，无论其是否意图这样做，如果其预见到可能对他人造成某种身体伤害，该法第 20 条将满足对犯意
386 的推定。这样的立法将对严格责任要素发出公平的警告。

反对推定责任的另一论点是，这将最终导致不成比例的惩罚，以及不公平的标签。斯蒂恩法官认为，已经充分证实，推定犯意存在，属于某项宪法原则。如果这项原则可以与更为实质的宪法权利相联系，或者得到此类权利的背书，这种评估显然是完全合理的。[③] 所有严重罪行(可以被判处监禁刑的罪行)都需要与被禁止的伤害相对应[④]的主观要素，因为更低的要求，会侵犯行为人不得被不公正地加以定罪的宪法权利。[⑤]

1-044 “女王诉萨维奇案”是否受到 1967 年《刑事司法法》第 8 条的影响?

按理说应该受影响。恶意意味着故意或轻率:《刑事司法法》第 8 条实

---

① *State v. Brown*(2000)140 Wash. 2d 456 at 473-474; *Sweet v. Parsley*[1970] A. C. 132; *B*(*A Child*) *v. DPP*[2000]2 A. C. 428; *Crown Prosecution Service v. M*[2010]2 Cr. App. R. 33.

② [1976] A. C. 182; *R. v. K*[2002]1 A. C. 462.

③ *R. v. Secretary of State for the Home Department Ex p. Simms*[2000]2 A. C. 115 at 131.

④ *R. v. Mallett*[1972] Crim. L. R. 260; *R. v. Mitchell*[1983]2 W. L. R. 938.

⑤ Dennis J. Baker, *The Right Not to be Criminalized: Demarcating Criminal Law's Authority*, (Farnham: Ashgate Publishing, 2011) at Chap. 2. *United Kingdom v. Weeks*(1988)10 E. H. R. R. 293; *R. v. Lichniakde*[2003] 1 A. C. 903; *Boucherville v. Mauritius*[2008] 25 B. H. R. C. 433. Alan Brudner, “Imprisonment and Strict Liability,” (1990)40 *U. Toronto L. J.* 738.

际上规定,必须真正确定行为人存在故意或轻率。这似乎与从另外的较低层级的主观要件推断所需的犯意并不一致。

但该部分的法律规定存在漏洞,法院可以借此钻空子。本条仅涉及证明必要故意或轻率的方式,并没规定某一特定罪行的全部法律要件。因此,法官如果想要规避这一条文的适用,只能是放弃,无论是全部或部分,对于犯意的要求。这种情况,在目前的判例中已经发生。因此,可以得出结论,"女王诉萨维奇案"中的规则将被视为不受《刑事司法法》第 8 条的影响。

"刑法修订委员会"①很久以前就提出了对"女王诉莫瓦特案"确立的规则的法定撤销,但最终什么也没有发生。为了保护公众免受作恶者的伤害,该判例是不必要的,因为《侵害人身权法》第 47 条允许对造成实际身体伤害 387
的攻击定罪,即使伤害并不严重,因此该条规定的检控方的举证责任比《侵害人身权法》第 20 条轻。为在没有法律问题的情况下获得定罪,所需的一切,就是根据《侵害人身权法》第 47 条所述罪行检控。当检控方没有这样做时,法院通过扭曲法定恶意的公认含义,弥补漏洞。

1-045　进一步而言,被告人并不意图引起严重的身体伤害,但意图使他人受到严重惊吓,而且这样做的方式造成了伤害的危险,并实际上造成了重大伤害。难道不能根据《侵害人身权法》第 20 条追究这位所谓惊吓者的责任吗?

想要吓唬人的家伙,可能会被根据《侵害人身权法》第 47 条认定责任,如果轻率地造成伤害,将根据该法第 20 条承担责任,"女王诉萨维奇案"便是如此。但是,在纠正了先前的若干观点之后,现在的英国法院根据相关原则认为,在对于造成损害结果缺乏轻率心态的情况下,恐吓的意图,不足以让行为人承担该法第 20 条所规定的责任。

所以当猎场看守以为灌木丛里可能有偷猎者,于是朝那里开了一枪,希望把躲在那里的偷猎者"吓"出来,不相信有人在射程内,也没预见到造成直接身体伤害的可能性,但事实上却给躲在灌木丛里的人造成了严重的身体伤害,猎场看守针对根据《侵害人身权法》第 20 条的定罪的上诉,获得了支持。②

1-046　但猎场管理员肯定是轻率的。如果知道自己的妻子或女儿在灌木丛里,他还会朝灌木丛开枪吗?

在交叉诘问过程中,这是一个极好的问题。如治安法官发现猎场看守预见到打到人的可能性很小,就会认定其针对结果具有轻率的心态,因为如

---

①　Criminal Law Revision Committee, *Offences Against the Person*, Fourteenth Report, (London: H. M. S. O. , Cmnd. 7844, 1980) at para. 6.

②　*Flack v. Hunt*(1979) 70 Cr. App. R. 51, cf. *W(A Minor) v. Dolbey*(1989) 88 Cr. App. R. 1.

此一来,没有预见到风险将为其行为提供正当性。但上诉法院需要受到治安法官对事实认定的约束。

在本案之前,法官创造了另外形式的推定意图,认为恐吓的故意使被告人自动对因恐惧而造成的伤害负有责任,即使伤害不仅是无意的,而且甚至是无法预见的。[①] 刑法修订委员会建议,该规则应通过成文法予以撤销;虽然尚未出现相关成文法,但法院通过改造普通法(此次是朝着限制刑事责任的方向的努力)自行作出了改变。这代表了主观主义刑事责任观的小小的成功。可以认为,这些判决不再是与《侵害人身权法》第20条有关的法律规则。根据该法第20条,恐吓者只对伤害的故意或轻率负责。

1-047　这是不是说,如果被告人吓坏了被害人,导致后者在逃跑过程中弄伤了自己,被告人就不应该负责?

这样的恐吓者通常会犯下(精神的)攻击罪,和/或口头威胁罪。[②] 事实认定者通常能够推断出行为人对造成伤害是否有轻率心态,根据《侵害人身权法》第20条,这就已经足够。根据相关法源,在这种情况下恐吓者都可以
388 根据该法第47条被认定责任。[③] 但现在的法律是,恐吓的意图本身并不是造成伤害或造成严重身体伤害的犯意,这是根据该法第20条提出的指控。也不应该这样认为。刑法修订委员会同意该意见,建议绝不应仅仅因为恐吓者意图恐吓而判其承担加重攻击的责任。[④]

1-048　《侵害人身权法》第20条中的故意,可否转移?

是的,相关立法中并没有条文禁止转移故意。[⑤]

1-049　有一件事让我困惑。如果轻率造成精神伤害足以根据《侵害人身权法》第20条定罪,那是否意味着如果我抛弃了女朋友,同时我从过去的经历中知道,这将会使前女友精神崩溃,从而导致严重的精神伤害,我就需要承担责任?

"蛋皮脑壳规则"不能用来取代犯意的需求,但这不是问题所在,因为你明知女友存在的特殊情况。检控方必须证明你的行为是受伤的主要原因。如果这能够成立,你可能不得不提出紧急避险的抗辩事由。较小的罪恶是你有选择与谁交往的自由(这同样适用于教授被迫让其他参加竞争的博士生不及格,或者老板拒绝提拔某位雇员)。

---

① *R. v. Halliday*(1890) 54 J. P. 312. *R. v. Beech*(1912) 7 Cr. App. R. 197;*R. v. Lewis*[1970] Crim. L. R. 647;*Cartledge v. Allen*[1973] Crim. L. R. 530.

② Section 4 of the *Public Order Act* 1986.

③ *R. v. Roberts*(1972) 56 Cr. App. R. 95.

④ *Offences Against the Person*, Fourteenth Report, (London: H. M. S. O., Cmnd. 7844, 1980) at para. 6.

⑤ *R. v. Latimer*(1886) 17 Q. B. D. 359.

强迫甲与乙保持关系可能有防止乙精神崩溃或自杀的效果，但刑法不能用来迫使某人保持已经名存实亡的感情关系。由于专家证据表明你女友受伤的直接原因是其潜在的精神状况，所以也可以凭借因果关系规避责任。①

第7节　《侵害人身权法》第47条

1-050　关于严重人身伤害的不确定性，影响了《侵害人身权法》第47条中"实际人身伤害"的概念（警察概念范畴中的"a. b. h."）。这是愚蠢的表达——好像有某种对比的身体伤害，不是"实际"的！大概的意思是"不只是小事"。短暂的疼痛显然是不够的，但瘀伤就可以。② 但如果真的有身体上的损伤，根本不需要疼痛。如果坏蛋错误地剪掉了女性的头发，就将被根据该法第47条定罪，③没有必要证明被告人对被害人造成了人身伤害。如 389
果被告人使被害人遭受痛苦，即使没有造成伤害，也满足了人身伤害的要求。④ 如果被告人用电棍反复地电击被害人，被害人会感到疼痛，但不会造成身体伤害。不会受到身体损伤，但会受到伤害，因为这种行为会影响健康和舒适。⑤ 毫无疑问，这种行为是有害的，即使并没有对被害人造成身体伤害或损害。短暂的意识丧失被认为构成身体伤害，即使没有造成肉体伤害。⑥

相反，前面已经看到，只有心灵打击伤害了被害人，才符合犯罪构成要件。被告人事实上必须使被害人遭受公认的心理伤害。"实际"并不意味着只是身体上的而不是精神上的，因为它已经被规定包括精神上的伤害。在"女王诉常福案"⑦中，罗德法官表示：⑧

"因此，'实际身体伤害'概念可以包括精神伤害，但不包含单纯的情绪，如恐惧、苦恼或恐慌，也不涉及本身没有表现出某些公认的临床状况的主观心态。'主观心态'概念不是科学用语，在考虑是否造成精神损害时应避免使用；否则很可能在陪审团的头脑中造成某种印象，即纯粹的强烈情绪，如

---

① *Corr v. I. B. C. Vehicles Ltd.* [2008] 1 A. C. 884.

② *Taylor v. Granville* [1978] Crim. L. R. 482; *R. v. Christopher* [1981] Crim. L. R. 119.

③ *D. P. P. v. Smith* [2006] 1 W. L. R. 1571.

④ *R. v. Donovan* [1934] 2 K. B. 498.

⑤ *R. v. Donovan* [1934] 2 K. B. 498; *R. v. Miller* [1954] 2 Q. B. 282 at 292; *R. v. Brown* [1994] 1 A. C. 212.

⑥ *T v. D. P. P.* [2003] Crim. L. R. 622.

⑦ [1994] 1 W. L. R. 689 at 696. Approved by *R. v. Ireland* [1998] A. C. 147. *McLoughlin v. O'Brian* [1983] 1 A. C. 410 at 418.

⑧ [1998] A. C. 147. *R. v. Miller* [1954] 2 Q. B. 282.

极度恐惧或恐慌,可能构成实际的身体伤害。但事实肯定并非如此。同样地,法官也不应指示陪审团:造成歇斯底里和紧张状态的攻击是造成实际身体伤害的攻击。如果有证据表明攻击造成了某种精神伤害,法官应指示陪审团该伤害可构成实际的身体伤害;除非与本案的其他方面有关,否则就不应提及攻击时被害人的主观心态。还应考虑到第 47 条的加重攻击罪与普通攻击罪之间的关系。后者可以包括导致被害人对即将发生的非法暴力感到恐惧的行为……仅仅将被害人对这种非法暴力的担忧等同于实际身体伤害,别无其他,将有可能使加重身体伤害的定义成为空谈。"

这项判决显然有过度扩展犯罪成立范围的危险,但胡布豪斯法官谨慎地未将实际的身体伤害扩大到精神伤害。精神损害只有在构成"公认的心
390 理疾病"[①]时才被包括在内。公认的精神疾病毫无疑问应该属于实际的身体损害。[②] 如果精神损害与身体损害有关,则无须证明被害人患有某种公认的精神疾病。例如,脑震荡,显然是对身体的伤害,即使对头骨的伤害很小。如此一来,大脑会受到伤害,即使是暂时的。[③] 但"实际的身体伤害"这一短语肯定不应该是指微不足道的伤害。轻微的身体伤害不应被视为足够,除非有精神方面的证据表明存在公认的精神障碍。上述段落表明,法院将承认该限制。[④]

1-051 公诉指南建议,应根据《侵害人身权法》第 47 条起诉下列伤害:"打碎或打掉一颗或多颗牙;感觉功能的暂时丧失,可能包括失去意识;大面积或多处瘀伤;鼻骨骨折;轻微骨折;轻微但不只是表面的,可能需要医疗治疗的伤口(如缝针);恐惧、痛苦或恐慌等以上程度的精神损伤。"[⑤]

1-052 《侵害人身权法》第 47 条要求什么主观要素?

《侵害人身权法》第 47 条没有明确规定所需的主观要素,但假定攻击罪需要,如前所述,意图或轻率。主观上已经明知,为达此目的的轻率应被视为主观轻率。

上诉法院认为,恐吓的意图就足够了。在身体上或精神上攻击他人,以致他人试图逃跑,并遭受实际身体伤害,如果伤害是可合理预见的,但没有证据证明攻击者预见到了这种伤害,则构成《侵害人身权法》第 47 条规定的犯罪。[⑥] 当然,对于攻击,犯意是存在的,但对于伤害,不必有犯意。该罪是对加重情节,即造成人身伤害的过失犯罪。在"女王诉萨维奇案"中,阿克纳

① *R. v. D*[2006]2 Cr. App. R. 348 at 358 *per* Judge, P.

② *R. v. D*[2006]2 Cr. App. R. 348.

③ *T v. D. P. P.* [2003]Crim. L. R. 622.

④ *R. v. Maguire*(1982)146 J. N. P. 314.

⑤ *http://www. cps. gov. uk/legal/l_to_o/offences_against_the_person/#P48_1458.*

⑥ *R. v. Roberts*(1972)56 Cr. App. R. 95.

(Lord Ackner)法官表示:[①]

"'女王诉罗伯茨案'[②]的判决是正确的。如果可以证明存在攻击行为且攻击行为引发了实际人身伤害,则可宣告造成实际身体伤害的攻击的判决。控方没有义务证明被告人意图造成某种实际的人身伤害,或者对是否会导致这种伤害具有轻率的心态。" 391

1-053　诚然,相关法律是复杂的,但我不认为您充分认识到了这两个条文之间的区别。《侵害人身权法》第 20 条有明确的主观要素,该法第 47 条没有。英国议会很可能意图将该法第 47 条规定为使行为人对后果负严格责任的罪行。该法第 47 条默示了攻击的主观要素,但仅此而已。

解释一下为什么我不同意这个观点。假设成文法只是把造成实际身体伤害定为犯罪。如果某人接受宪法对犯意的推定,这种罪行就像《侵害人身权法》第 20 条中的罪行一样,需要某种关于伤害结果的主观要素。现在假设,与该法第 47 条的情况一样,成文法规定伤害必须由攻击造成。这减少了造成伤害的方式,但为什么要消除针对伤害的主观要素呢?

即使相关法源是错误的,以致《侵害人身权法》第 47 条载有某项完整的犯意规定,但作为某项一般原则,似乎很可能是,当攻击者对造成某一特定类型的人身伤害具有轻率心态时,即使造成了并非轻率行事的其他类型的人身伤害,也应根据该法第 47 条承担责任。这会把对主观要素的坚持推得太远,而不要求其应针对条文中规定的特定类型的人身伤害——实际身体伤害。因此,由于精神损害可以是身体损害,如果被告人造成精神损害,导致公认的心理疾病,则陪审团可以判定其是否针对这个程度的身体或精神损害具有故意或轻率心态。

第 8 节　攻击的要求

1-054　这两个条文之间存在差异,即《侵害人身权法》第 47 条表面上要求进行攻击,而该法第 20 条则没有。该法第 20 条只要求"造成伤害"。在通常的语言使用中,伤害可以在没有攻击的情况下造成(例如,投毒)。但法院认为这个问题并不简单。

在 1983 年[③]之前的一个多世纪里,人们一直认为《侵害人身权法》第 20 条也需要攻击行为。主要的法源,是刑事上诉法院在"女王诉克拉伦斯案"[④]

---

① *R. v. Savage*[1992]1 A. C. 699 at 742.

② (1972)56 Cr. App. R. 95.

③ *R. v. Wilson*[1983]1 W. L. R. 356.

④ (1888)22 Q. B. D. 23.

中的判决。

克拉伦斯曾将性病传染给妻子,根据《侵害人身权法》第 20 条被起诉。有人认为,他无罪,因为根据该条“造成伤害”只能是通过攻击之方式。“这个概念在我看来,”斯蒂芬法官表示(与其他三位法官意见一致),“是指直接给他人的肉体造成某种严重的身体伤害……我认为这些词默示着攻击和殴打,而伤害或严重的身体伤害是这种攻击和殴打的直接和明显的结果。”本
392 案中没有攻击,因为攻击的前提是未经同意,而本案中妻子已同意接触。

显然克拉伦斯没有伤害他的妻子。他的无知或错误针对的是行为的结果,而不是行为本身。指控克拉伦斯的罪状是他传播了疾病。某人能在不接触他人的情况下把疾病传染给他人吗?当提及管理有害物的法律之前,最好回到疾病本身。

1-055 为什么审理克拉伦斯案的法庭要求进行攻击?在我看来,克拉伦斯确实对他的妻子造成了实际身体伤害。手段是不是攻击,有什么关系?

很难说明理由。审理“女王诉克拉伦斯案”的法院部分地遵循了判例,部分地,也许,赋予了该概念以某种政策含义。

不知道是谁决定指控克拉伦斯犯罪,但该检控是史无前例的。数以百万计的男人和女性将性病传染给了配偶,而没有遭到起诉。也许“女王诉克拉伦斯案”的法庭只是不喜欢把婚床纳入刑法的想法。然而,如果某人故意传播严重有害的疾病,情况就不同了。① 传小病是一回事,故意传大病是另一回事。艾滋病毒携带者在发生性关系时应采取简单的预防措施,即使用预防药物。艾滋病毒携带者应该把情况告诉伴侣,这样他就可以决定是否要冒生命危险与其发生性关系。即使被害人同意染上严重有害的疾病,也不足以为被告人提供抗辩事由。②

如果“女王诉克拉伦斯案”是正确的(直到 1983 年,该判例一直被认为是代表现行法律),这两个条文都将要求攻击,前一条文明确地要求,另一条文通过使用“造成”概念,隐含地要求。该判决的结果是(事实上,在“女王诉克拉伦斯案”之前就是如此),攻击和《侵害人身权法》第 47 条所规定的罪行,在适用该法第 20 条被起诉时将全部被起诉。③ 然而,在“女王诉威尔逊案”(*R. v. Wilson*)④中,上诉法院惊人地推翻了该观点,认为其对该法第 20 条的解释过于狭隘。虽然该法第 20 条所规定的罪行可以通过攻击来实施,

---

① *R. v. Konzani*[2005]2 Cr. App. R. 14;*R. v. Dica*[2005]EWCA Crim. 2304.

② *R. v. Konzani*[2005]2 Cr. App. R. 14;*R. v. Brown*[1994]1 A. C. 212;Dennis J. Baker,“The Moral Limits of Consent as a Defence in the Criminal Law,”(2009)12 *New Crim. L. Rev.* 93.

③ *R. v. Taylor*(1869)1 C. C. R. 194;*R. v. Snewing*[1972]Crim. L. R. 267.

④ [1983]1 W. L. R. 356.

但也可以通过其他“故意的行为”来实施,尽管这种行为本身并不是对被害人的身体直接施加强力,从而使他遭受严重的身体伤害的行为。 393

1-056　“女王诉威尔逊案”[①]判决的长期优势在于,赋予此前长期备受质疑的早期判例,即“女王诉马丁案”[②]合法性。马丁是不时出现在判例选编报告中的不太讨喜的小丑之一。根据陪审团的特别判决,他将剧院里的灯光熄灭,“意图引起恐怖和警觉”,还在酒吧门上放了一根棍子,“恶意阻拦出口”。而“刑事上诉法院”则认为,根据《侵害人身权法》第 20 条马丁可被判处实施了恶意造成严重身体伤害的犯罪。

法院进一步认为,成文法中的“恶意”涵盖了意图恐吓的行为,在这方面,本案已不再是现行法律。以上讨论的最近的判例表明,根据《侵害人身权法》第 20 条,恐吓的意图是不够的。因此,陪审团应该考虑是否可以排除合理怀疑地确信,马丁不是有意造成人身伤害,就是轻率行事。如果预见到哪怕是一点点造成伤害的风险(他一定是已经预见到了),就会使其具有轻率心态。根据目前的观点,缺乏沿用该思路的法律指示意见,是法院作出有罪认定时存在的缺陷,但是,适用后来“女王诉克拉伦斯案”的判例,还会导致其他的更严重的缺陷。如前所述,在“女王诉克拉伦斯案”中,该法第 20 条被解释为要求进行攻击,而根据传统原则,“女王诉马丁案”中并不存在攻击。假设马丁意识到他正在制造的危险,所做的一切就是创设自己知道会引起恐慌的局面,然后让观众互相伤害。不能主张他直接对受伤的人施以强力,从而使他犯下攻击罪(如果还要体面地遵守法律规定)。所以他不应该根据该法第 20 条和第 47 条承担责任。

在“女王诉马丁案”中,法庭没有裁定马丁犯了攻击罪。法院只是认为这一条的构成要件不包括攻击。在“女王诉克拉伦斯案”中,威尔斯法官(Wills J.)认为,在“女王诉马丁案”中存在直接的暴力行为,因此是攻击。[③]但是在“女王诉克拉伦斯案”中,法院的其他法官并没有谈及该问题,而威尔斯法官的意见扩展了攻击和直接施加强力的概念,远远超出了对普遍的法律理解。如果马丁在观众互相伤害时犯了身体攻击罪,而观众看到人群蜂拥而至时感到害怕,就犯有精神攻击罪。但无法相信这样的恐惧能作为认定马丁犯了精神攻击罪的合适依据。

在“女王诉威尔逊案”[④]的上诉审理过程中,罗斯基尔法官(Lord

---

① [1984]A. C. 242.

② (1881)8 Q. B. D. 54.

③ 22 Q. B. D. 23 at 36.

④ [1984]A. C. 242.

Roskill)提出:①

"我很乐意接受……在没有实施攻击的情况下,可以造成违反第 20 条
394 的严重身体伤害。"

1-057 "造成"(inflict)简单来说是不是就是"导致"?②

这就是判例展开的方式。斯蒂恩法官提出:③"很明显,在 1861 年立法的情况下,这两个词的含义没有根本的分歧。"霍普法官认为:"在我看来,就所有实际目的而言,这两个词没有区别。"④

自愿性交不涉及攻击或非自愿殴打。同意使殴打合法,如果这样做没有造成实际人身伤害的话。被害人同意将原本是非法和不受欢迎的攻击和殴打转化为合法活动。非自愿性交是暴力强奸,而自愿性交是做爱。⑤ 像克拉伦斯这样的人会被定罪(即使没有非自愿的暴力参与性病的传播),⑥像马丁这样的人会被判刑(因为他让听众互相施加强力)。然而,根据《侵害人身权法》第 20 条作出的普通判例中,"强力"将以攻击的方式施加。

第 9 节 仇恨驱使的攻击

1-058 已颁布法律,增加对在攻击过程中对被害人的种族、宗教和/或性取向发表侮辱性评论的人的刑罚。在对引起公愤的行为作出更高的量刑时,需要谨慎行事,因为公愤可能导致不成比例和无原则的刑事定罪。恐怖分子⑦、恋童癖者⑧、种族主义者、同性恋者⑨和宗教仇恨者唤起强烈的公众情绪。已经颁布了法律,以打击那些因他人的性取向、种族、身体残疾和/或宗教而有动机攻击他人的人,但还有成百上千种动机与这些动机一样邪恶。为什么要挑出这些动机?约翰·史密斯爵士(Sir John Smith)在提到 1998 年《犯罪和脱序法》第 29 条时表示:

"令人遗憾的是,政府能够抽出时间来进行此类'政治正确的'但考虑不

---

① *R. v. Wilson*[1984]A. C. 242 at 260-261.

② [1998]A. C. 147 at 160. *D. P. P. v. K*[1990]1 W. L. R. 1067;*D. P. P. v. Santa-Bermudez*(2004)168 J. P. 373.

③ *R. v. Ireland*[1998]A. C. 147 at 155.

④ *R. v. Ireland*[1998]A. C. 147 at 160,164.

⑤ *R. v. B*[2007]1 Cr. App. R. 29.

⑥ *R. v. Konzani*[2005]2 Cr. App. R. 14;*R. v. Dica*[2005]EWCA Crim. 2304.

⑦ *A v. United Kingdom*(2009)49 E. H. R. R. 29.

⑧ Dennis J. Baker, "Punishment without a Crime: Is Preventive Detention Reconcilable with Justice,"(2009)34 *Austl. J. Leg. Phil.* 120.

⑨ *Former public schoolgirl Ruby Thomas grinned as she kicked gay man to death*,(London:*The Mirror*,17 December 2010).

周的立法,而经过深思熟虑的关于急需改革针对个人的非致命罪行的法律的提案,却仍未尘埃落定……所发生的一切是:被认为是'过时的、不明确的 395
和……现在急需改革的'法律因该过时立法的新的种族歧视版本而变得更加复杂。"[①]

立法初衷是好的,但这种罪恶不应被视为身体伤害罪,而应该被单独定为"仇恨罪"(hate crimes)。[②] 仇恨言论会对其攻击的对象造成严重的冒犯和心理困扰,这需要独立的刑法对策。如果仇恨言语所造成的伤害一般会比身体伤害行为造成的伤害小得多,则需要适当的犯罪标签和量刑。沃尔德伦(Waldron)认为,仇恨言论不仅会引起严重的冒犯和心理上的痛苦和恐惧,而且还会造成伤害结果。[③] 如果可以确定仇恨言论不仅是严重的冒犯,而且是有害的,监禁似乎是适当的刑罚。

应该关注的是对他人的身体伤害。需要考虑对人身伤害本身的适当的标签和惩罚。当伤害者有特定的邪恶动机时,实际的身体伤害会增加吗?看来不是。造成伤害的动机并不能减少或增加被告人的行为对身体的伤害。就统计风险而言,犯罪人的动机也不一定使其变得更危险或更不危险(数据显示,醉酒者犯了绝大多数的攻击罪。如果特定犯罪类别构成的统计风险是适用更重刑期的理由,醉酒罪犯应受到严厉惩罚)。[④]

1-059　一般来说,肆意伤害他人,都是出于对人性绝对而言的仇恨和不尊重。那些在攻击过程中发表仇视或攻击性言论的人犯了独立的错误,但发表这种言论的动机可能并不比其他若干沉默的动机差。[⑤] 1861 年《侵害人身权法》不应被用来对付仇恨言论。法院认为,就 1861 年成文法而言,心理痛苦本身并不构成损害。尽管仇恨言论本身通常不会导致严重身体伤害或实际身体伤害,[⑥]但足以证明为基于仇恨动机的攻击增加刑罚是正当的。[⑦] 396
加重攻击罪的刑期几乎翻倍,普通攻击罪的刑期可以翻 4 倍。实际上,这些量刑判决可以使这些加重犯与基本犯出现很大不同。

---

① J. C. Smith, Commentary on *D. P. P. v. Pal*[2000] Crim. L. R. 756 at 757.

② Dennis J. Baker and Lucy X. Zhao, "The Normativity of Using Prison to Control Hate Speech: The Hollowness of Waldron's Harm Theory," (2013) 16(4) *New Crim. L. Rev.* 621; Jeffrie G. Murphy, "Bias Crimes: What Do Haters Deserve," (1992) 11 *Criminal Justice Ethics* 20.

③ Jeremy Waldron, *The Harm in Hate Speech*, (Cambridge M. A.: Harvard University Press, 2012).

④ Byron Creese and Deborah Lader, *Hate Crimes, England and Wales*, 2013/14: Home Office Statistical Bulletin (London: Crown, 2014).

⑤ Dennis J. Baker and Lucy X. Zhao, "The Normativity of Using Prison to Control Hate Speech: The Hollowness of Waldron's Harm Theory," (2013) 16(4) *New Crim. L. Rev.* 621.

⑥ *R. v. D*[2006] 2 Cr. App. R. 348.

⑦ *R. v. O' Callaghan*[2005] 2 Cr. App. R. (S.) 83.

1-060 倘若被告人有双重行为动机呢？假设被告人受到其身边同性恋同事的猛烈攻击，被告人讨厌被害人，因为被告人是同性恋憎恶者。被告人使用必要和相称的强力挫败被害人的暴力攻击，但被告人的动机不仅仅是合法自卫，行为的另一部分原因是行为人厌恶被害人的可归因特征。

在美国的若干司法管辖区，上述被告人并不享有辩护权。[①] 然而，在英格兰和威尔士，被告人可以主张特定的抗辩事由，因为其主要动机是采取真正和必要的自卫行动，可以假定，从抗辩的角度出发，被告人一定会主张自己所使用的强力都与被害人构成的威胁成比例。因此，如果防卫的要素被证明，这项事实，即这样做部分是出于讨厌可归因于被害人的特定性格，并不足以使抗辩事由不成立。然而，如果存在独立的仇恨言论罪，在自卫时发表的仇恨言论都可能被视为独立的错误行为，进而被犯罪化。

1998 年《犯罪和脱序法》第 29 条规定：

(1)如存在下列情况，即属犯本条所规定的罪行——(a)犯 1861 年《侵害人身权法》第 20 条所规定的罪行(恶意伤害或严重身体伤害)；(b)犯该法第 47 条所规定的罪行(实际身体伤害)；或(c)普通攻击，为本节之目的而在种族或宗教方面加重处罚。[②]

(2)犯上述第(1)(a)或(b)款之罪行的人，须承担如下责任：(a)循简易程序定罪，不超过 6 个月的监禁或不超过法定最高限额的罚金或两者兼备；(b)循公诉程序定罪，监禁不超过 7 年或罚金或两者兼备。

(3)犯下属于第(1)(c)款之罪行的人，须承担如下责任：(a)循简易程序定罪，不超过 6 个月的监禁或不超过法定最高限额的罚金或两者兼备；
397 (b)循公诉程序定罪，监禁不超过 2 年或罚金或两者兼备。

1998 年《犯罪和脱序法》第 28(1)条规定：

“就下文第 29～32 条而言，如存在下列情况，则在种族或宗教意义上，构成该罪行的情节严重之情形——(a)在犯罪时、犯罪前或犯罪后，犯罪人基于被害人是某种族或宗教团体的成员(或推定成员)而对被害人表示敌视；或(b)犯罪的动机(全部或部分)是对某种族或宗教团体成员的敌意。”

如果罪犯对该人犯下某些罪行，并发表仇外或反宗教言论，可能会因为自己所怀有的仇恨思想，被判处 4 倍于以往的刑期(然而，实际上，刑罚不太可能增加太多)。如果被告人殴打其认为是犹太人的人，并“紧接着在之前或之后”向纳粹敬礼，则其对被害人的敌意可以被认为是基于“被害人是某民族或宗教团体的成员(或假定的成员)”。普通攻击的最高刑罚是 6 个月

---

① Stephen P. Garvey, *Self-Defense and the Mistaken Racist*, (2008) 11(1) New Crim. L. Rev. 119.

② Sections 39-41 of the *Anti-terrorism, Crime and Security Act* 2001.

监禁，但涉及敌对行为时，可能是 2 年，前提是敌意可能与种族或宗教有关。如属《侵害人身权法》第 20、47 条所规定的罪行，刑期可由 5 年延长至 7 年。对这类犯罪的仇恨方面进行某种惩罚是合理的，但需要制定覆盖范围更广的仇恨犯罪。这种罪行的实施应独立于旨在保护人身不受暴力侵害的罪行。

1-061　如果被告人和被害人是同族，如何处理？

在“检察长诉帕尔案”（*D. P. P. v. Pal*）①中，被告人男性攻击了其他与自己来自相同种族的男性，并称他为“舔白人……屁股的人”和“棕色英国人”。分庭法院认为，这种称呼并不表示种族敌意。很难理解为什么不。法院认为被告人的敌意纯粹源于他对被害人的厌恶，而不是对被害人的种族仇恨。② 这表明，额外刑罚的目的是惩罚行为人动机不良，而不是造成严重冒 398
犯。③ 但毫无疑问，肆意攻击人类的非法和负价值的动机都应该受到惩罚。

1-062　如果被告人不是出于种族或宗教仇恨的动机，而是为了激怒被害人而发表种族主义言论呢？

在“检察长诉伍德案”（*D. P. P. v. Wood*）④中，有人认为没有必要证明犯罪人“仅仅是出于，甚至主要是出于种族恶意的动机”。罪行包括可能具有种族中立性质的案件，但在这类案件中，根据被害人属于某族群，对被害人表现出敌意。⑤《犯罪和脱序法》第 28(a)条“涉及是否表现出种族敌意的客观观点，部分原因是其对被害人的影响，而与被告人的主观动机无关”。同时，该法第 28(b)条允许考虑被告人的主观动机。如果他能证明自己不是出于种族仇恨，而是出于激怒被害人的想法，就不用承担责任。⑥

1-063　仅仅提及被害人的国籍就足够了吗？如果把英裔澳大利亚人叫作“外国人”，让其滚回澳大利亚，该如何处理？

澳大利亚被害人是盎格鲁撒克逊白人并不重要。⑦ 只需提及被害人的

---

① [2000] Crim. L. R. 756.

② *D. P. P. v. Pal* [2000] Crim. L. R. 756; *R. v. White* [2001] 1 W. L. R. 1352. Amelia Hilland Lee Glendinning, “Politicians condemn Prince Harry over ‘racist’ remark,” (London: *The Guardian*, Sunday, 11 January 2009).

③ *Kendall v. South East Magistrates’ Court* [2008] EWHC 1848; *Norwood v. D. P. P.* [2003] Crim. L. R. 888. *Percy v. D. P. P.* [2002] A. C. D. 24.

④ [2002] EWHC 85 at para. 12; *D. P. P. v. M* [2004] 1 W. L. R. 2758; *D. P. P. v. Green* [2004] EWHC 1225.

⑤ *Jones v. D. P. P.* [2010] 3 All E. R. 1057.

⑥ *D. P. P. v. Pal* [2000] Crim. L. R. 756.

⑦ *Johnson v. D. P. P.* (2008) 105(10) L. S. G. 27; *D. P. P. v. Balham* [2004] EWHC 2990.

种族[①]、国籍[②]、移民身份[③]或宗教身份即可。必须证明因被害人的宗教、国籍、移民身份或种族,才对其表现出敌意。你的话本身不必无礼。如果有人提到他们的种族或国籍,大多数人不会感到被侮辱,但是如果有人因为他们的种族或国籍而对其进行诋毁,则他们会被深深地冒犯。

1-064 难道法律不会因此只保护信奉传统宗教的人吗?

宗教信徒按照规定的社会习俗生活。宗教自由权基本上保护了某种文
399 化实践,[④]允许人们按照文化的意识形态遵循一定的社会规范。某一宗教的信徒可能需要穿宗教服饰、罩袍,佩戴十字架、手镯、头巾等。一般来说,宗教自由权具有保护宗教人士进行与其宗教有关的某些社会仪式的权利的作用。[⑤] 在实践中,这些仪式和社会习俗受到了尊重,因为某人的宗教信仰在被表达出来之前是隐藏的。如果被展示出来,就应该受到言论自由权的保护。

1-065 这是否意味着,如果"裸体主义者",因为信仰裸体主义或只涂着防晒霜出现在裸体海滩而受到攻击,就可能会受《犯罪和脱序法》第 29 条保护?

如果宗教团体仅仅是文化团体,[⑥]从技术上讲,裸体主义者符合宗教团体的定义。裸体主义者也许可以轻松地证明,这种敌意是建立在其团体成
400 员身份基础上的,但可能很难让法庭承认裸体主义是宗教。裸体主义者是否会受到保护值得怀疑,但引发了对这些保护的局限性的批判性思考。

如果被告人因为被害人是裸体主义团体或其他亚文化团体的成员而对其恨之入骨,根据《犯罪和脱序法》第 29 条,对被害人的攻击不该当加重的刑罚。法院可能会对该条款进行解释,使其仅涵盖传统宗教。有些宗教与哲学(如儒学)存在明显的联系,而与神圣的规则无关,但肯定会在该法第 29 条中起作用(这些都是有争议的社会学和伦理学问题,在这本刑法学著作中无法得到充分解决)。

---

① *R. v. White*[2001]1 W. L. R. 1352. *Mandla v. Lee*[1983]2 A. C. 548.

② *R. v. Rogers*[2007]2 A. C. 62. In *D. P. P. v. M*[2004]1 W. L. R. 2758;*R.* (*on the application of Taffurelli*) *v. D. P. P.* [2004]EWHC 2791.

③ *Re Attorney-General's Reference*(*No.* 4 *of* 2004)[2005]1 W. L. R. 2810.

④ *R.* (*on the application of Watkins-Singh*) *v. Aberdare Girls' High School Governors*[2008]3 F. C. R. 203. R.

⑤ *U. S. v. Manneh*(2008)645 F. Supp. 2d 98. *R. v. Lee*[2006]3 N. Z. L. R. 42 at para. 69;*Hill v. State*(1956)88 So 2d 880;*R. v. John*[1974]1 W. L. R. 624;*R. v. Senior*[1899]1 Q. B. 283.

⑥ Ian Hacking, *The Social Construction of What*? (Cambridge Mass: Harvard University Press, 1999). *Pointon v. Police*[2012]N. Z. H. C. 3208 at para. 6. Section 14 of the *New Zealand Bill of Rights Act* 1990(*the Bill of Rights*).

1-066　这是否意味着，如果被害人信仰某宗教或来自某种族，那么他将自动获得《犯罪和脱序法》第 29 条的额外保护？

不。只有能够证明基于被害人是某族或宗教团体的成员，而表现出对被害人的敌意，攻击者才会根据《犯罪和脱序法》第 29 条承担责任。如果被告人对动机保密，被害人就不会得到比其他人更大的保护。如果攻击者是累犯，可能非常狡猾，根本不会让人知道其动机。

1-067　如果被告人在攻击被害人人身 20 分钟后发表了仇恨言论呢？

被告人将不负责任，因为其所发表的仇恨言论与攻击没有直接联系。[①]被告人必须在攻击期间或在攻击前后马上发表评论。那些在离开犯罪现场时发表评论的人也要承担责任。被告人已经完成攻击并离开现场，评论不具有立即性。然而，对于在攻击前发表评论的案件，法院可能会更加严格，尽管在攻击前，被告人的脑海中可能已经产生了仇恨情绪。[②]

1-068　种族主义者的评论是否必须有敌意？假设白人男性走近在俱乐部里和他调情的日本女性："嗨，我觉得日本女人非常有魅力；我想看看亲吻日本女人是什么感觉。我能吻你吗？"假设该女性并未感到冒犯，并且亲了他。

如果事实如此，此人实施了精神攻击罪，[③]可能会被判处最高 2 年的监禁刑，而不是 6 个月的刑期。然而，在假设的判例中，罪犯似乎并没有因为是种族团体的成员（或假定的成员）而表现出对被害人的敌意。毫无疑问，他的行为是出于种族动机，但很难证明他因为被害人的种族而对其怀有敌意。 401

1-069　从被害人的角度来看，1998 年《犯罪和脱序法》第 29 条似乎违反了刑法面前人人平等[④]以及罪刑相适应[⑤]等基本原则。难道不是所有被害人都有权根据刑法得到平等的保护和平等的报应吗？

就罪刑相适应原则或比例原则而言，这意味着某些被害人将获得更大的报应满足，并从比其他人更大的威慑中获益。就刑法的平等保护原则而言，由于仇恨言语中憎恶的成分不够，若干被害人被认为不该当太多的保护。例如，不包括讥笑某人肥胖的仇恨言论等。无论被害人的情况如何，在人身伤害相同的情况下，被告人都应受到同等的惩罚。再加上仇恨犯罪应该涵盖更一般仇恨言论。所有人都是平等的，都有权受到法律的平等保护。

---

① *Parry v. D. P. P.* [2005] A. C. D. 64.

② *R. v. Babbs* [2007] EWCA Crim. 2737.

③ *Lynch v. Com.* (1921) 131 Va. 762 (1921).

④ W. T. Blackstone, "On The Meaning and Justification of The Equality Principle," (1967) 77 (4) *Ethics* 239. In *Hunt v. Cromartie*, 526 U. S. 541 (1999).

⑤ Andrew von Hirsch, *Censure and Sanctions*, (Oxford: Clarendon Press, 1993).

攻击者的动机可能是对残疾人、妇女[①]、富人[②]、胖子、男女同性恋者、老人[③]等群体的仇恨。

假设被告人把硫酸倒进甲的眼睛,因为甲很胖,而且被告人讨厌胖人。假设这位被告人对乙做同样的事情,因为乙是美国人。同时假设甲和乙都因被害人的攻击终生失明。为什么和美国被害人相比,肥胖的被害人更不值得保护？被告人动机的邪恶性,并没有改变其对乙的伤害,也不意味着作为美国人的被害人比属于胖子的被害人更值得保护。此外,两名被害人都有权得到同样程度的回报,并有权平等地从更大刑罚的威慑中受益。

"社会对被害人的错误是认真对待,还是无缘无故地推诿,对被害人来说意义重大。如果看到对自己漠不关心的人逍遥法外,被害人就会认为社会对自己不在意。但如果让作恶的人认识到自己行为的错误,惨遭作恶的人就会看到自己的权利得到伸张,并确信社会是关心他的,即使被告人作为社会的成员没有这样做,并且当自己面对攻击和伤害时,社会也会维护自己

402 的权利。"[④]

社会是否像对待乙的失明一样认真对待甲的失明,这对甲来说一定意义重大。如果甲不是胖子的话,同样的道理也适用。如果某人仅仅因为攻击者不尊重其是人而受到伤害,其在人的尊严和价值方面受到的伤害,不亚于其因为自己是女同性恋者等而受到的攻击带来的这方面伤害。

1-070　如果被告人甲是基于性取向、种族或宗教等原因而攻击被害人乙,被告人丙攻击被害人丁仅仅是因为憎恨被害人丁是人类,则被告人甲比被告人丙更加邪恶吗？

很难如此判断。两人似乎都同样不尊重被害人的尊严。如果被告人故意造成甲(女同性恋者)和乙(美国女士)失明,因为在弄瞎时,行为人没有提到性取向,就认为被告人更尊重甲的人性和尊严,是矛盾的。与此类似,被告人对乙同样不尊重,不管其是否提到乙的国籍。故意使他人失明的人都不尊重这个人的尊严和人性。[⑤] 如果动物保护主义者对被害人造成的伤害和恐怖分子对被害人造成的伤害一样多,前者是否应该受到比恐怖分子更轻的惩罚？恐怖分子的动机是宗教仇恨,而动物保护主义者的动机是希望

---

① *People v. Santorelli*(1992)80 N. Y. 2d 875.

② Henry Rose, "The Poor as a Suspect Class under the Equal Protection Clause: An Open Constitutional Question," (2009) 34 *Nova L. Rev.* 407.

③ Sixth Report-*Shipman Inquiry*, (London: H. M. S. O. ,2005).

④ J. R. Lucas, *Responsibility*, (Oxford: Clarendon Press, 1993) at 104. Stephen P. Garvey, "Self-Defence and the Mistaken Racist," (2008) 11 *New Crim. L. Rev.* 119.

⑤ Dennis J. Baker, "The Harm Principle vs Kantian Criteria for Ensuring Fair, Principled and Just Criminalisation," (2008) 33 *Austl. J. Leg. Phil.* 66.

避免动物被用于实验，这要紧吗？如果他们都已经对同样数量的被害人造成了同等的伤害，很难理解为什么行为人比他人该当更多的惩罚。

如果仇恨言论没有造成身体或心理伤害，那么应根据1986年《公共秩序法》(the Public Order Act 1986)第4A条和第5条起诉被告人。该罪行旨在将冒犯性和仇恨性的言论定为犯罪；根据该法单独提出的指控，将允许法官对不法行为的心理困扰部分单独量刑。[①] 根据1861年成文法，对罪犯提出指控，控告可能造成的身体伤害，该做法也是合理的。

第10节　可允许的替代判决

1-071　上诉法院就"女王诉威尔逊案"[②]作出的判决的效力是，攻击达到《侵害人身权法》第47条所规定的罪行不再被包括在根据该法第20条提出的控罪之内。案件事实是，威尔逊开车时和行人发生了"误会"。这场误会对行人来说是不幸的，因为误会的结果是威尔逊打了他一拳，使他受了重伤。检控方根据该法第20条在公诉书中只提出某项控罪，威尔逊因而被起诉。法官指示陪审团，如果他们确信已经造成了实际的人身伤害，但仅此而已，就可以根据该法第47条将其定为一项包括在内的罪行；因此，陪审团这样认定。法官在作出指导时，忠实地遵循了1869年作出的有约束力的判例。403 后经上诉，上诉法院撤销了判决。法官正确地进行了审判；定罪是公正的，而且在判决时是符合法律的；但法官不是透视者，没有考虑到上诉法院首次发明的规则(如上所述)。

1-072　但陪审团认为威尔逊犯了造成实际身体伤害的攻击罪。因此，他们难道没有找到根据《侵害人身权法》第47条定罪所必需的所有要素？

问题不在于陪审团发现了什么，而在于检控方明确或隐含地指控了什么。所包括的罪行与明示控罪的关系，可被视为通往平台(所指控的罪行)的台阶(所包括的罪行)，必须通过安装在平台上的台阶才能到达平台，如果可以直接跳到平台上，这台阶不是包括之罪。由于上诉法庭认为，根据《侵害人身权法》第20条被控的罪行可在不加上台阶(证明攻击)的情况下予以证明，因此，有人认为该法第47条所规定的罪行并不被包括在内。

在上议院，罗斯基尔法官提出：[③]

"根据第20条提出的指控'明示或默示地包括'造成实际身体伤害的攻

---

① Dennis J. Baker, "Constitutionalizing the Harm Principle," 27 *Crim. Just. Ethics* 3.

② [1983] 1 W. L. R. 356.

③ *R. v. Wilson* [1984] A. C. 242 at 260-261; followed R. *v. White* [2014] EWCA Crim. 714; *R. v. Hassan* [2014] EWCA Crim. 2515; *R. v. Greatbanks* [2013] N. I. C. A. 70.

击的指控。如判例所示,如果'施加'可以包括'通过攻击施加',即使这样的指控不一定如此,我自己也不明白为什么根据对1967年《刑法法》[①]第6(3)条的公平解读,这些指控至少没默示地包括'通过攻击施加'。就选择的目的而言,这已经足够了,尽管我也认为,这也是可能的看法,即这些以前的指控明确包括其他指控……因此,在这些判例中,博学的法官和学者都正确地将根据第47条作出的有罪认定可能性留给陪审团。"

1967年《刑法法》第6(3)条规定,陪审团可根据1861年《侵害人身权法》第20条的规定,给被告人定罪,作为依据《侵害人身权法》第18条提出的指控的替代。[②] 正如刚才看到的,1967年《刑法法》第6(3)条意味着陪审团可以根据《侵害人身权法》第47条给被告人定罪,作为对《侵害人身权法》

404 第20条指控的替代。[③] 在对检控罪行的审判中,如果有明确的证据支持的话,明显和可行的替代判决都应该留给陪审团。当事人可能不想让陪审团作出判决,这项事实没有意义。[④]

第11节 防止骚扰

1-073 英国刑法中规定了许多骚扰罪。成文法规定,房东骚扰"住宅占用人"意图使其放弃租住,或意图使其无法行使作为房客的权利,即属犯罪。[⑤] 这不仅包括"出乎意料"(winking)地把房客关在外面,还包括用暴力威胁房客和其家人,或取消服务。[⑥]

骚扰合同债务人也是犯罪。[⑦] 如果过度频繁的还债要求是为了使债务人或其家庭成员或债务人全家遭受惊吓、痛苦或羞辱,就构成犯罪。尽管在拜访债务人时使用标有"讨债"字样的面包车无疑会招致惩罚,但在制定该法规时,法院对其进行了应有的限制。

1997年,英国议会又颁布了三项骚扰罪,以处理某些形式的个人骚扰。2012年,1997年《防止骚扰法》被修订为包括两项已知的跟踪犯罪。1997年

---

① Glanville Williams, "Alternative Elements and Included Offences," (1984) 43 *Cambridge L. J.* 290 at 299. for example, *R. v. Nelson*[2013] 1 W. L. R. 2861.

② *R. v. Mandair*[1995] 1 A. C. 208.

③ *R. v. Wilson*[1984] A. C. 242.

④ *R. v. Coutts*[2006] 1 W. L. R. 2154. *R. v. Griffiths*[2005] EWCA Crim. 237; *R. v. Swift*[1992] Crim. L. R. 48; *R. v. Savage*[1992] 1 A. C. 699.

⑤ Section 1 of the *Protection from Eviction Act* 1977. *R. v. Phekoo*[1981] 1 W. L. R. 1117; *West Wiltshire DC v. Snelgrove*(1998) 30 H. L. R. 57. Section 6(1) of the *Criminal Law Act* 1977. section 3 of the *Caravan Sites Act* 1968.

⑥ *Westminster City Council v. Peart*(1968) 19 P. & C. R. 736; *R. v. Abrol*[1972] Crim. L. R. 318.

⑦ Section 40 of the *Administration of Justice Act* 1970.

《防止骚扰法》第2条和第4条中的原罪旨在解决攻击罪的不足。[①] 此前有观点认为，攻击罪不适用于以将来使用的暴力相威胁。而攻击罪的问题是，只处理对人的威胁，而且只规制直接暴力的威胁。[②] 因此，以毁坏财物相威 405
胁的人不在法律打击的范围之内。攻击法也不包括其他形式的骚扰行为，例如某个安装有线电视摄像机以持续监视邻居的家伙。如果甲拍摄到了位于自家后院的乙，一定会侵犯乙的隐私。由于这可能会造成户主或其家庭成员的恐慌、痛苦或羞辱，法院很可能认为这是骚扰。这种行为不必与人身暴力威胁有关，只需要是某种形式的骚扰行为。如果被告人告诉自己的前女友他将在社交媒体"脸书"(Facebook)上公布裸照/视频(他们可能会在社交媒体上有很多共同的好友)[③]，因为不属于威胁立即使用暴力，因此不在攻击罪的打击范围之内。但他确实威胁要彻底羞辱自己的被害人。这种性质的一系列威胁(两个或两个以上的威胁)将构成骚扰，即使其并不适用攻击法。但是，最好根据2015年《刑事司法和法院法》(the Criminal Justice and Courts Act 2015)第33条起诉这种行为，该法规定："如果在(a)未经出现在照片或影片中的个人同意的情况下披露私人性照片或影片，以及(b)意图造成该人的痛苦，则公开该照片或短片的行为构成违法犯罪。"

1-074　同样，如果被告人给以前的情人寄去几十封乞求信，试图重修旧情，也可能构成骚扰；这些信可能不会直接威胁到对方(内容可能是好听的话，或者仅仅乞求免责)，但是反复地给不想收到信的人写信，可能会让这个人感到受到威胁或者被骚扰。[④]

1997年《防止骚扰法》第1条规定：

(1)不得从事——

(a)构成对他人的骚扰的行为；

(b)知道或应该知道构成对他人的骚扰的行为。

(1A)不得从事——

(a)涉及骚扰两人或多人的行为；

(b)知道或应该知道涉及骚扰这些人的行为；

(c)意图借以说服他人(不论是否属于上述范围)——

---

① Section 2A and 4A of the *Protection from Harassment Act* 1997. L. F. Lowenstein, "Stalking Phenomenon," (2000) 73 *Police J.* 153; Kenneth Campbell, "Stalking around the Main Issue," (1998) 8 *K. C. L. J.* 128; Ursula Smart, "The Stalking Phenomenon: Trends in European and International Stalking and Harassment Legislation," (2001) 9 *Eur. J. Crime Crim. L. & Crim Just.* 209.

② *R. v. Medley* [2009] EWCA Crim. 1604.

③ *King v. D. P. P.* [2001] A. C. D. 7; *R. v. Stender* [2004] 188 C. C. C. (3d) 514. Dennis J. Baker, "The Sense and Nonsense of Criminalising Transfers of Obscene Material," (2008) 26 *Sing. L. Rev.* 126.

④ Cf. *Crawford v. CPS* [2008] EWHC 148.

(i)不做其有权或必须做的事情;

(ii)做其没有义务做的事情的行为。

(2)就本条或第2A(2)(c)条的立法目的而言,如具备相同信息的理性人认为该行为过程相当于或涉及骚扰他人,则行为人也应知道该行为过程相当于或涉及骚扰他人。

406 (3)第(1)或(1A)款不适用于特定行为过程,如行为人证明——

(a)某项行为是为防止或侦查罪行而进行的;

(b)某项行为是根据成文法或法律规则进行的,或是为遵从他人根据成文法施加的条件或规定而进行的;

(c)在特定情况下追求该行为过程是合理的。

1997年《防止骚扰法》第2条规定:

(1)违反第1(1)或(1a)1条而进行某项行为,即属犯罪。

(2)某人犯本条所规定的罪行,经循简易程序定罪,可处监禁不超过6个月,或不超过标准额度第5级的罚金,或并科。

该罪行是简易犯。相关立法针对两种形式的伤害:1)骚扰本身造成的直接伤害(被告人反复干扰被害人的生活所造成的恐吓和烦扰);2)骚扰者变得乐此不疲时可能造成的更大伤害。患有类似强迫症的跟踪狂/尾行者,最终可能会强奸或谋杀被害人。只要犯罪还存在于人们的头脑中,就不应该受到刑罚惩罚,因为有些人常常会产生犯罪思想,而无意将其付诸实施。当采取某种措施来实现欲望时,情况就不同了。骚扰罪允许当某人开始骚扰他人时,对行为人在骚扰导致更严重的事情之前进行检查。规制骚扰行为的立法,不仅将已完成的伤害(恐吓和个人骚扰)定为犯罪,而且还允许警察在造成更大伤害之前介入。

1-075 根据1997年《防止骚扰法》第2条的规定:

(1)如——

(a)违反第1(1)条而进行某种行为过程;

(b)该行为过程相当于跟踪,即属犯罪。

(2)就第(1)(b)(以及第4A(1)(a))条而言,行为人的行为过程,如——

(a)相当于骚扰他人;

(b)所涉及的作为或不作为,是与跟踪有关的作为或不作为;

(c)行为人知道或应该知道该行为过程相当于骚扰他人,等同于跟踪他人。

(3)以下是在特定情况下与跟踪有关的作为或不作为的事例——

(a)跟踪某人;

(b)以某种方式联系或试图联系某人;

(c)发表声明或其他材料——

(i)与某人有关或看来与某人有关,或

(ii)看来源于某人

(d)监视他人使用互联网、电子邮件或其他形式的电子通信;

(e)在某个地方(无论公共或私人)闲逛;

(f)干扰他人拥有的财物;

(g)监视或窥探他人。

(4)某人犯本条所规定的罪行,经循简易程序定罪,可处监禁不超过 51 周,或不超过标准额度第 5 级的罚金,或并科。 407

1-076　如果威胁是杀害被害人的直接威胁,那么就属于 1861 年《侵害人身权法》第 16 条的范围。如果威胁不止一次,也可以根据 1997 年《防止骚扰法》第 4 条起诉。这些威胁可能是严重的,也可能是微不足道的。显然,如果威胁是严重的,单次威胁本身就是骚扰。但 1997 年立法并没有将一次威胁作为犯罪处理。威胁(或其他骚扰行为)必须至少重复一次才能构成行为过程。

该法将轻微的骚扰定为犯罪,只要其至少重复一次。显然,如果这种行为是非常轻微的,就需要重复多次,以满足"不合理"的要求。[1] 其他无害的骚扰,如果重复一次以上,也将属于该法的范围。例如,甲送红玫瑰不会伤害乙。送红玫瑰的行为几乎没有威胁性,但如果该妇女之前已经拒绝了寄件人的多次求婚,此类行为就可能存在压迫和恐吓之处。如果玫瑰是在接收者明确表示不感兴趣后再送的,收件方可能会开始担心自己的安全。[2] 寄送人的强迫行为意味着其可能精神不稳定,因为他显然无法对正常的社会默示作出合理反应。惊恐和痛苦的程度会根据具体情况,以及被害人过去与跟踪狂的经历等的变化而变化。该法旨在将数个加起来具有有害性的行为定为犯罪。

1-077　行为人就不能期待单独的行为会使被害人受到惊吓、痛苦或羞辱吗?

上诉法院试图通过以下段落解释骚扰的概念:[3]

"骚扰……就是'不断使他人受到干扰或恐吓的折磨'。这种行为在某

---

① *D. P. P. v. Hardy*(2009)173 J. P. 10.

② *King v. D. P. P.* [2001] A. C. D. 7.

③ *R. v. Curtis*[2010] 1 W. L. R. 2770 at 2777 citing Lord Phillips of Worth Matravers M. R. , with whom Jonathan Parker L. J. and Lord Mustill agreed, in *Thomas v. News Group Newspapers Ltd.* [2002] E. M. L. R. 78, paras. 29, 30.

种程度上必须是不可接受的,既要承担刑事责任,也必须是压迫性的。1997年立法第7条并不是要对骚扰下全面的定义。有许多可以预见的行为会使人惊慌失措,或给人造成心理痛苦,但这些行为不可能被描述为骚扰。在我看来,第7条处理的是由行为结果构成的犯罪要素,而不是产生这种效果的行为类型……该法并未试图界定能够构成骚扰的行为类型。然而,'骚扰'是具有普遍意义的词。描述了针对个人的行为,其目的是产生第7条所述的后果,并且具有压迫性和不合理性。跟踪的做法就是这种行为的主要事例。"

如果甲打电话给乙,表示"我下个月出狱后要强奸你",则不必重复威胁,就足以让被害人非常焦虑。如果强奸犯在被送进监狱前打电话给被强奸的被害人表示,他意图在获释后再次强奸,这显然会造成被害人不断害怕
408 获释的后果。尽管这是非常严重的威胁,可能会对被害人造成严重后果,但无论是攻击法还是骚扰法都不会涉及这种行为。如下文所述,单次性威胁并不构成行为过程。

1-078 上诉法院提供的解释在我看来系循环论证,看来治安法官可以决定骚扰是否属于犯罪行为。

法院将骚扰概念化的方式可能并不完美,但存在变化的不是概念,而是行为。尽管如此,还是有可能划出若干相当明确的法律界限。"恐吓"标准没有争议。反复恐吓他人是骚扰,应该定罪。[①] 就重复干扰而言,该定义也相当明确。某人不应该忍受反复的干扰,即使每次的干扰都是微不足道的。

干预不必是严重的,也不必针对特定的被害人。在"女王诉林德斯基案"(*R. v. Lindsky*)[②]中,被告人多次在自家后院裸体,惹恼了邻居。正是这种反复才使该行为成为犯罪。邻居对此感到害怕,不敢为年幼的孩子举办生日聚会,担心被告人会裸体出现在自家后院(这是非典型判例:因为他人在其自己的物业内穿着或脱衣服的习惯,而不想见到该人,这可能是对该人的偏见。现代标准支持对裸体主义者的歧视,但必须小心,因为同一申诉人可能很快就会开始声称受到骚扰,因为不得不看到邻居穿着比基尼晒日光浴,或者被迫撞见邻居身上有很多文身,或者邻居穿着罩袍)。

重点必须放在干扰的不正当性上。尽管看到赤身裸体者,本身并没有威胁,但当某人在自己的后院时,应该有不受这种非常亲密的信息影响的自

---

① *R. v. Curtis*[2010]1 W. L. R. 2770 at 2778. *Pratt v. D. P. P.* [2001]EWHC 483 at para. 10.

② [2009]EWCA Crim. 2721. Cf. the offence in section 42A of the *Criminal Justice and Police Act* 2001 *vis-à-vis* dwellings.

由。[1] 房主有权免于收到被告人的非常私人的信息，并按照当代主流社会标准抚养孩子。该行为本身可能没有威胁性或危害性，但妨碍了邻居的权利，使其不能安然独居以及选择如何养育自己的孩子。一次又一次的重复似乎需要刑法的回应。[2]

1-079　"在一定程度上可以承担刑事责任"标准是什么意思？

有理由认为，许多反复进行的细微干扰都需要刑法的回应，比如打几十个电话或寄送大量的骚扰信。[3] 如果要将在工作场所和邻里之间发生的日常纠纷类型定为刑事犯罪，应针对重复多次（多于两次）的行为。[4] 在生活中，人们不得不忍受一定的烦恼。只有在处理足够严重的骚扰形式时才应援引刑法。[5] 409

显然，如果每次干扰行为都足够严重，是否反复进行变得不再重要。如果这类干预不止一次发生，将其定为刑事犯罪似乎是公平的。以"女王诉刘易斯案"[6]为例，本案被告人对住在隔壁的一位女性被害人进行骚扰，行为包括：给被害人寄一张内容淫秽不堪的情人节贺卡；以被害人的名义给当地媒体发送引起争议的信件；安排征婚专栏里的求婚者与被害人联系；在当地公共汽车候车亭里展示提供性服务的海报，并留下了被害人的姓名和地址；伪造声称是被害人寄来的支票，并用其为被害人订购性用品。他人都不应该忍受这种反复的骚扰。这些类型的干预显然是为了给被害人造成严重的羞辱和痛苦。

简易犯的骚扰罪的核心问题是，设置的法网太宽，有可能使许多仅仅是让被害人感到不快的行为人成为罪犯。特别是会被用来解决本不应成为刑法事务的邻里纠纷。如果没有受过教育的人不止一次表现得非常粗鲁和不善于沟通，即使很明显对他人没有危险，被害人也可能会受到骚扰。在"詹姆斯诉检察长案"（*James v D. P. P*）[7]中，残疾被告人辱骂了给他打电话的被害人，而上诉法院维持了对骚扰的定罪。被告人想抱怨自己得到的护理质量差，但其这样做时表现得极为粗鲁。[8] 当然，社工适当的回应本来应该是挂断电话。起诉没受过教育、口齿不清以至于不会用有力但非侮辱性的语

---

① Dennis J. Baker, *The Right Not to be Criminalized: Demarcating Criminal Law's Authority*, (Farnham: Ashgate, 2011) at Chap. 6.

② Dennis J. Baker "The Impossibility of a Critically Objective Criminal Law," (2011) 56 (2) *McGill L. J.* 349.

③ *Ferguson v. British Gas Trading Ltd.* [2010] 1 W. L. R. 785.

④ *Kellett v. D. P. P.* [2001] EWHC Admin. 107.

⑤ *Ferguson v. British Gas Trading Ltd.* [2010] 1 W. L. R. 785.

⑥ *R. v. Lewis* [2003] EWCA Crim. 395.

⑦ [2009] EWHC 2925.

⑧ *James v D. P. P.* [2009] EWHC 2925 at para. 4.

410 言来维护自身权益的人,似乎是在浪费公帑。

1-080 另外一件本不应该闹上法庭的案件,是“女王(应琼斯的申请)诉贝德福德郡和贝德福德郡中部治安法院案”[*R.* (*on the application of Jones*) *v. Bedfordshire and Mid Bedfordshire Magistrates Court*][①]。在这起案件中,被告人因为辱骂他人,并威胁要把自己车库的门漆成难看的颜色,而被判犯有骚扰罪。当然,这种不法行为微不足道,不应属于刑法打击的范畴。骚扰法被用来解决愚蠢的邻里纠纷,而这些纠纷不涉及对他人的伤害。将邻居之间的不具威胁性的攻击性言论定为犯罪,是刑法的延伸,也是对自由的限制。人们在现实世界中,不得不忍受若干骂名和轻微的虐待。这种类型的刑事定罪可能会不成比例地抓到那些口齿不清、无法掩饰其对他人的辱骂的人。老练的语言滥用者更可能采取消极的攻击性行为。法律或许会为手脚不干净的人提供大肆攻击他人的武器。法律应该只给被害人提供盾牌,而不是盾牌和剑!

1-081 两个或两个以上的人是什么意思?

这项规定旨在涵盖可能因属于某一特定集体而受到骚扰的群体。这个集体的规模可能和家庭一样。假设被告人对邻居被害人表示:“我受够了你家狗的吠声,如果我再听到,就杀了它。”假设一周后被告人看到被害人的丈夫,重复了此前的威胁。在本案中,被告人威胁了被害人家庭的两名成员,而且这种威胁已经不止一次了,在其他条件不变的情况下,被告人可能需要为骚扰负责。“两人或两人以上”保护的对象是集体成员,例如使用动物进行研究的科学实验室的实验员或饲养用于研究的豚鼠的农场的雇员。[②]

动物保护人士把目标锁定在人的身上,试图使其停止做本有合法权利做的事情。判例事实显示,好战的动物保护人士进行了恶毒的骚扰活动,以说服豚鼠养殖户不要饲养豚鼠(“不要做有权或被要求做的事情”)。这场运动不仅针对作为被害人的农场主,也针对被害人的雇员和与农场有关的其他人。激进分子将被害人家人的遗体从坟墓中运走,开始了诽谤活动,声称他是恋童癖者,切断了农场的电力供应,并实施了其他各种刑事损害行为。这些积极分子得逞了,因为骚扰足以迫使这家人关闭农场。如果这些积极分子试图规劝员工不要为这种组织工作,他们今天瞄准这位员工,明天瞄准
411 那位员工,就足够了。毕竟,他们的目的是劝说来自同一群体的两个人不做本有权做的事情。控诉人应是紧密联系的可界定小组的成员,被告人的行

---

① [2010]3 All E. R. 1057. *State of N. J. v. Bazin* (1995) 912 F. Supp. 106.

② *EDO MBM Technology Ltd. v. Campaign to Smash EDO* [2005] EWHC 837; *Hall v. Save Newchurch Guinea Pigs* (*Campaign*) (2005) 102 (21) L. S. G. 33; *Astra Zeneca U. K. Ltd. v. Vincent* [2014] EWHC 1637; *Al Hamadani v. Al Khafaf* [2015] EWHC 38.

为应"明确地针对所有成员，尽管每次只有一人在场"。①

1-082　行为过程是什么意思？

被告人通过实施一系列骚扰行为而完成了行为过程。孤立的骚扰行为不是行为过程。实施两个或两个以上的行为，从客观来判断，只有一个目的：骚扰被害人。

1-083　如果激进分子甲在周一帮助激进分子乙对被害人进行了威胁，而甲在周五自己重复了威胁，该如何处理？

这将构成行为过程。甲将根据 2001 年《刑事司法和警察法》(the Criminal Justice and Police Act 2001)第 44 条添加的 1997 年立法第 7(3A)条承担责任。

1-084　如果刻薄的学生每年在戴维·卡梅伦(David Cameron)允许将大学学费提高到 9000 英镑的周年纪念日，给他发一封令人讨厌的批判信呢？1 年的差距重要吗？

原则上没有关系，但在实践中，这种情况可能很少发生。② 跟踪狂通常比这更顽固。在大多数情况下，1 年的间隔将阻止行为序列形成行为过程。在时间上远程连接的行为通常不足以构成行为过程。"过程"概念是指连续的行为模式。应该有一系列的行为，之间有若干暂时的和有目的联系。你假设的行为是连续的，而且目的明确且唯一，因此会形成行为过程。

另一极端是，行为可能在时间上非常接近，从而构成单一的行为。在"凯利诉检察长案"(*Kelly v. D. P. P.*)③中，被告人在 5 分钟内打了 3 个电话给他的前搭档。分庭法院认为，这些独立的致电构成行为过程。有人可能会表示，时间间隔如此小的一系列行为应该被视为骚扰。但从技术上讲，一系列的电话并不是连续的行为。将每次通话视为单独事件的合理理由是，被告人可以无限期地每隔一分钟重复 1 次通话。

1-085　需要各个行为完全一致吗？

不，但必须具有类似的性质(骚扰性质)。还必须涉及特定的骚扰过程。20 年前被告人跟踪过被害人，现在又开始这样做了，这是不够的。 412

假设被告人打电话给被害人，因为被害人停车位置不佳，导致其很难进入自己的车位，从而威胁要毁了被害人的车。假设被告人第一天打电话给道歉并撤回此前的威胁，表示："很抱歉昨天抱怨你的车停得离我的车道太近，并威胁要损坏车辆，昨天我有点醉了，很抱歉对你作出如此愚蠢的威

---

① *D. D. P. v. Dunn*[2001]1 Cr. App. R. 22. Cf. *D. P. P. v. Dziurzynski*[2002]A. C. D. 88.

② *Pratt v. D. P. P.*[2001]EWHC 483 at para. 10 *per* Latham, L. J. *Lau v. D. P. P.*[2000]1 F. L. R. 799 at 801. *D. P. P. v. Baker*(2005)169 J. P. N. 78.

③ [2003]A. C. D. 4.

胁。”被告人的行为是彼此联系的,而且是连续的,但并非都具有“骚扰”性质。第二个行为否定了第一个威胁行为,目的是让被害人安心。

1-086 严厉的老板会仅仅因为批评了员工的糟糕表现而背负上骚扰的罪名吗?如果老板下了很多命令呢?

如果这些命令和批评与雇员的工作职责有关,老板就不应承担责任。[①]但是,如果这种压迫性和批评性的评论是个人性质的,与老板在职责范围内下达命令没有关系,其可能会承担责任。

1-087 狗仔队的行为构成该罪吗?

议会尚未发现自己能够将记者的骚扰定为犯罪,但极端判例可能会被纳入该法的范围。然而,鉴于言论自由的价值,媒体报道的内容不应受到刑事法庭法官的审查。这些事情应该交给民法来处理。

1-088 需要什么主观要素?

被告人不必故意骚扰被害人。只需证明,处于其地位的理性人(掌握了所掌握的信息)会意识到行为过程会产生骚扰被害人的效果。被被害人拒绝了很多次的理性人,会不会意识到继续送玫瑰会成为骚扰?我想是的。如果是的话,被告人没有意识到这些,就并不重要。测试是客观的。因此,
413 被告人的精神疾病和其他特征将不予考虑。如果精神分裂症患者骚扰了被害人,认为自己的疾病使无法理解自己的行为等同于骚扰,这并不能成为抗辩事由。[②]

1-089 被告人证明自己的骚扰行为属于过失,是否可以作为抗辩事由?

在“弗格森诉英国天然气贸易有限公司案”[③]中,原告人根据1997年《防止骚扰法》第1条和第3条的规定,就骚扰侵权行为向民事法院提起诉讼。在弗格森女士转到其他天然气供应商之前,英国天然气公司一直为其供应天然气。原告人转到其他天然气供应商后的大约5个月内,收到了一系列计算机生成的账单和信件,要求其支付根本没有欠下的款项。这些信件还威胁要启动法律程序,并向信用评级机构报告。原告人写信给英国天然气公司,多次打电话告知其错误,但都无济于事。雅各布法官(Jacob L. J.)表示:“至少,英国天然气公司多次向前客户发送不合理的账单和恐吓信的行为具有足够的严重性,足以构成违反1997年《防止骚扰法》的骚扰,这是存疑的。”

---

① Cf. *Dowson v. Chief Constable of Northumbria* [2010] EWHC 2612; *Lipscombe v. Forestry Commission* [2008] EWHC 3342.

② *R. v. C*(2001) 165 J. P. N. 1019; *R. v. Pelham* [2007] EWCA Crim. 1321.

③ [2010] 1 W. L. R. 785.

法院还指出，本案适用刑事自诉。雅各布法官表示①："我认为对于控告方，比如贸易标准官员来说，这样做是完全合适的，即就符合本法规定的持续如此之久的行为及威胁提起刑事诉讼。"被告方辩称，该公司并非故意发出骚扰信，因为骚扰信是由电脑系统自动生成的。雅各布法官："值得注意的是，1997年的立法没有为'意外'骚扰提供抗辩事由。"②

1-090　1997年《防止骚扰法》第4条所设定的犯罪的立法目的是什么？

1997年《防止骚扰法》第4条规定了两可审理犯罪。③ 最高可判处监禁刑5年。该罪行特别针对使被害人害怕暴力的行为。该法第4条规定：

（1）某人的行为过程（至少两次行为）使他人担心会对他使用暴力，如果他知道或应该知道他的行为过程会使他人在每次这样的情况下产生上述恐惧，即属犯罪。

（2）就本条而言，如持有相同信息的理性人认为该行为过程会导致他人在当时的情况下害怕对他使用暴力，则行为人也应该知道该行为过程会导致他人在该情况下如此害怕。

（3）被控犯本条所规定的罪行的人如证明——

（a）其行为过程是为预防或侦查罪行而进行的 414

（b）其行为过程是根据成文法或法律规则进行的，或是为了遵从他人根据成文法所施加的条件或规定，或

（c）为保护自己或他人，或为保护自己或他人的财物，对其行为过程的追求是合理的，即为免责辩护。

同时，1997年《防止骚扰法》第4A条规定：

（1）行为人（甲）的行为过程——

（a）相当于跟踪，及

（b）或——

（i）使他人（乙）至少两次担心会对自己使用暴力，或

（ii）引起严重惊恐或困扰，从而对乙的日常活动有重大不利影响，如甲知道或者应当知道，自己的行为会使乙在上述情况下感到害怕，或者（视情况而定）会引起这种恐慌或苦恼，即属犯罪。

（2）就本条而言，如持有相同信息的理性人认为该行为过程会导致乙在当时的情况下害怕对他使用暴力，则甲应知道自己的行为过程会导致乙在该情况下非常害怕。

（3）就本条而言，如掌握相同信息的理性人认为该行为过程会引起乙严

---

① *Ferguson v. British Gas Trading Ltd.* [2010] 1 W. L. R. 785 at 791.

② *Ferguson v. British Gas Trading Ltd.* [2010] 1 W. L. R. 785 at 795.

③ *R. v. Curtis* [2010] 1 W. L. R. 2770 at 2775.

重的惊恐或困扰,则甲应知道自己的行为过程会引起乙的严重惊恐或困扰,而该严重的惊恐或困扰会对乙的日常活动产生重大的不利影响。

(4)如甲证明——

(a)其行为过程是为预防或侦查罪行而进行的

(b)其行为过程是根据成文法或法律规则进行的,或是为了遵从他人根据成文法则所施加的条件或规定,或

(c)为保护自己或他人,或为保护自己或他人的财物,对其行为过程的追求是合理的,即为免责抗辩。

1997年《防止骚扰法》第4条只涉及导致特定被害人害怕遭受暴力的骚扰。再次,必须满足行为过程要素。被告人必须导致被害人至少两次对暴力产生恐惧。这还不足以证明被害人的家人害怕暴力。被害人必须自己畏惧暴力。[①] 如前所述,没有必要证明被害人担心暴力会在不久的将来发生。由于不合理的暴力威胁本质上是骚扰,因此骚扰行为更容易确定。[②] 在自己的行为是否会引起被害人真正害怕暴力这个方面,行为人的主观心态应是过失或明知。

1-091　1997年《防止骚扰法》第4条要求哪些主观要素?

被告人不必故意使被害人担心会对其使用暴力。也不必轻率地让被害人担心暴力会对其不利。控方只需证明被告人本应知道自己的行为会导致
415 被害人害怕对其使用暴力。如果理性人会意识到这种行为会产生这样的效果,则被告人将承担责任。[③] 换言之,纯粹的过失,就足以使法院根据1997年《防止骚扰法》第4条对被告人定罪。这是令人反感的,因为这项罪行可判处5年以下监禁。

1-092　存在什么抗辩事由吗?

存在。根据1997年《防止骚扰法》第1(1)、1(2)条及第4条,如证明该行为是合理或合法的,或是旨在预防或侦查罪行,即为免责辩护。因此,已经监视房子两周的警官可以辩称,自己并不是想骚扰被害人,只是想阻止犯罪的发生。这位警官也许能证明被害人是一个臭名昭著的毒贩,有充分的理由让其受到监视。有必要表明,监视的目的是预防或侦查犯罪,而不是侵害有前科的罪犯。

从更宏观的角度来说,如果能够证明行为是合理的,则可以据此抗辩。如果媒体对腐败的政客发起了讨伐运动,应该能够辩称自己是在行使言论

---

① *Caurti v. D. P. P.* [2001] EWHC Admin. 867.

② *R. v. Henley* [2000] Crim. L. R. 582.

③ *R. v. C* (2001) 165 J. P. N. 1019; *R. v. Pelham* [2007] EWCA Crim. 1321; *Hayes v. Willoughby* [2013] 1 W. L. R 935.

自由的权利。[1] 在了解腐败方面存在公共利益。如果被害人能够证明媒体的报道没有公共价值，而且报道是过分的，例如被害人只是嫌疑犯而不是被定罪的罪犯，则抗辩不能成立。[2]

抗议者不仅根据《欧洲保护人权和基本自由公约》第 10 条享有言论自由权，而且根据该公约第 11 条享有、结社和集会自由权。这些是基本权利，只有在极端情况下才能被推翻。法院将权衡行为的合理性和被告人的基本人权。抗议者不能犯下刑事损害罪，然后伪装成行使自己基本权利的行 416
为。[3] 某人可以表达其对动物试验的反对，而不必对财物等造成刑事损害。[4] 动物保护主义者也没有必要对在此方面研究领先的大学反复进行炸弹威胁。和平抗议也可能引起骚扰，例如抗议者日复一日地站在科学实验室或农场外面，并且拿着标语牌，但如果是和平的，则法庭很可能会认为这是合理的。在民主国家，不鼓励暴力的和平言论不应被定为犯罪。在“海耶斯诉威洛比案”（*Hayes v. Willoughby*）[5]中，桑普森法官（Lord Sumption）表示：

“那些声称是为了预防或侦查犯罪而采取行动的人，可能在纯粹主观的层面上，对哪些行为是犯罪持有看法，而他们观念中的犯罪与现实无关，更不用说法律……这是不可能的：骚扰者头脑中的确信，即自己在侦查或预防犯罪（而该罪可能不存在），不管多么荒谬，都能为其坚持行为过程（法律认为该行为过程令被害人痛苦）提供正当性根据。需要若干控制机制，即使远远不能做到要求骚扰者证明其所谓的‘目的’在客观意义上是合理的。”

……

“如果要认定具有预防或侦查犯罪的目的，所谓的骚扰者必须对这件事有充分的考量，一定理性地考虑了默示犯罪可能性的根据，并判断可能构成骚扰的行为适合于预防或侦查犯罪。如果做了这些事，就具有了相关的目的。法院不会参照处于其地位的假定的理性人会形成的观点来检验被告人的结论。另一方面，如果被告人没有经历获得相关主观要件所必需的这些最低限度的心理过程，而只是自认为在预防或侦查犯罪的基础上继续行为，其实施的就是不合理的行为。如此一来，将产生两个后果。首先，法律根本不会认为其具有相关的合法目的，根本没有采取必要的措施来形成相关目的。其次，第 1(3)(a)条规定的所谓骚扰者的目的与构成骚扰的行为之间

---

① Cf. *Thomas v. News Group Newspapers Ltd.* [2002] E. M. L. R. 78; Dennis J. Baker, “The Moral Limits of Criminalizing Remote Harms,” (2007) 10 *New Crim. L. Rev.* 370.

② Caroline Gammell, “Joanna Yeates: police arrest architect’s landlord on suspicion of murder,” (London: *The Telegraph*: 11:55am GMT 30 December 2010).

③ *Howlett v. Holding* (2006) 150 S. J. L. B. 161; *D. P. P. v. Moseley* (*The Times*, 23 June 1999).

④ *R. v. Smith* [2013] 1 W. L. R. 1399.

⑤ [2013] 1 W. L. R. 935 at 943-944.

的因果联系将不存在。”

……

1-093 因此,如果行为人真的认为骚扰是预防犯罪的合理方式,如果这种信念是不合理的,或者如桑普森法官所言,是“非理性”的,这种信念也不会为其提供抗辩。

本罪还存在加重犯,旨在打击出于种族和宗教动机的骚扰。鉴于基于性动机跟踪的危险性,设定全新的跟踪罪变体,似乎是适当的。

第12节 投毒犯

1-094 投毒者通常以传统“波吉亚方式”行动,[1]即向酒杯中倒入毒药,然后在被害人毫无戒心地喝杯中的酒时,达到毒害被害人的效果。这不涉及攻击,[2]但属于1861年《侵害人身权法》规定的两项法定下毒罪之一。两者规定了恶意地给他人投毒或其他有害物或导致他人自己食用毒物或其他
417 有害物的行为。

1-095 如果被害人知道酒杯里有毒药,仍把它放在自己的唇边,如何处理?

如果被害人作出自主和完全知情的决定,喝下毒药,被告人将不承担1861年《侵害人身权法》第23条或第24条的刑事责任。[3] 如果被害人意图自杀,被告人可能会被判构成特定法定犯。[4]

“投放”(administrating)和“导致服用”(causing to be taken)这两个词,都意味着毒药必须真正进入被害人体内:向其食物中投放毒物,但被害人未吃,是不够的。[5] 即使毒药是不知情的被害人所服用的,依然存在“投放”。[6] 因此,一般来说,“投放”和“导致服用”是可转换的表达。但可能存在的微小区别是,如果毒药与被害人的皮肤有伤害性接触,[7]就存在投毒行为,尽管这可能不会导致毒药被“服用”。

---

① William Le Queux, *The Closed Book: Concerning the Secret of the Borgias*, (London: The Smart Set Pub. Co., 1904).

② *R. v. Hanson* (1849) 175 E. R. 383; *R. v. Walkden* (1845) 1 Cox C. C. 282.

③ *R. v. Kennedy* (*No.* 2) [2008] 1 A. C. 269, cf. *R. v. Harley* (1830) 172 E. R. 744.

④ Section 2 of the *Suicide Act* 1961. Cf. *Carter v. Canada* (*Attorney General*) [2015] S. C. C. 5.

⑤ *R. v. Walford* (1899) 34 L. Jo. 116; *R. v. Cadman* (1825) 168 E. R. 1206; *R. v. Gillard* (1988) 87 Cr. App. R. 189.

⑥ *R. v. Harley* (1830) 172 E. R. 744.

⑦ *R. v. Dones* [1987] Crim. L. R. 682; *R. v. Gillard* (1988) 87 Cr. App. R. 189.

1-096　什么是毒药或毒物?

在回答这个问题之前,需要考虑这两种罪行的更具体的特点。恶意地给他人投放有害物:

1. 因此危害该人的生命或对其造成①严重的身体伤害,可处 10 年监禁②(《侵害人身权法》第 23 条);

2. 意图伤害、折磨或烦扰该人,可处 5 年监禁(《侵害人身权法》第 24 条)。

一般区别在于,实际造成严重身体伤害,属于更严重的犯罪,当仅仅相当于造成伤害未遂时(尽管实际投放了毒药),只构成较轻的犯罪。较轻的 418
罪行并不要求实际造成损害。此外,如果犯罪仅仅是为了惹恼他人,则构成较轻罪行。

回到对什么有害的问题:如果药物危及生命,或造成《侵害人身权法》第 23 条所规定的严重身体伤害,毫无疑问,是有害的。如果投毒仅仅是为了让人感觉烦扰或不适(违反了该法第 24 条),对这个词的解释就更加困难。③现在,在"女王诉马库斯案"(*R. v. Marcus*)④中确定的规则赋予了这个词一般含义。在此之前,还没有明确确定"毒物"包括普通安眠药——如果行为人投放的目的是使被害人陷入不想要的睡眠,则普通安眠药系"毒药"。在"女王诉马库斯案"中,上诉法院宣布,如符合该法第 24 条规定之意图,物质就是有害的,即使仅仅是"可憎的(obnoxious)——讨厌的或不受欢迎的"。("讨厌的"这个词在字典里与"有害的"具有相同含义)所以,法院表示,投放正常剂量的安眠药也是下毒行为;法院表示,即使让毫无戒心的被害人喝下 1 瓶底部有蜗牛的姜汁啤酒,也将构成犯罪,因为在喝完姜汁啤酒后发现蜗牛,会引起饮酒者的反感。

1-097　我能先谈几句蜗牛吗?谢谢您。有害的并不意味着可憎,不管字典表示什么。品质极佳的羊排对素食者来说是令人讨厌的,但是如果有人让素食主义者吃,假装是巧妙的大豆调和物,很有可能对其身体有好处。1 只无毒的蜗牛并不是有害的。

法庭的最后一句话,也就是瓶里的蜗牛,当然超出了以前已经决定甚至建议的范围。不管"有害"有时是否意味着"可憎",这是基本常识,即字典只给出词语的近似同义词,也许同时会写明在不同上下文中可能拥有的不同

---

① *R. v. Dica*[2005]EWCA Crim. 2304;*R. v. Konzani*[2005]2 Cr. App. R. 14;*R. v. B*[2007]1 W. L. R. 1567.

② *R. v. White*[1910]2 K. B. 124.

③ *R. v. Hill*(1986)83 Cr. App. R. 386;*R. v. Gantz*[2005]1 Cr. App. R. (S.) 104.

④ [1981]1 W. L. R. 774.

含义。如果法院注意到目前的情况,就会发现,成文法不仅让“有害”替代“有毒”(强有力的概念),而且使之成为“破坏性”(也是有力的词)的同义词。有人会认为,在该条的语境下,“有毒”,至少含有“有毒”和“破坏性”的含义。如果是这样的话,加入了无害的腐烂蜗牛的姜汁酒,实际上是无毒的。

尽管如此,使其涵盖安眠药,并不是不可容忍的词义延伸,安眠药会导致不想要的无意识,从而影响身体(包括精神)功能。该观点,即无害的蜗牛溶液是无毒的,仅仅令酗酒者讨厌,似乎有些过于延展,而且其并不是在“女王诉马库斯案”开庭之前提出的。除非某种事物是有害的或干扰身体功能
419 (即使只是轻微和暂时的),否则不应该被认为是有毒的。

1-098 给戒酒者的柠檬水掺上几杯杜松子酒怎么样?

可以认为,社会对酒精的接受程度,使其无法在法律上被认为是有害的。但其干扰了身体功能,而这对于接受者来说显然是不受欢迎的。大体可以推定,这个问题将由陪审团自由裁量,将其变成临时立法者。

1-099 难道开玩笑的人不能主张,其认为杜松子酒对人类是福祉而不是有害的吗?

法院无疑会认为,如果被告人明知自己投放的是(或可能是)什么,并且知道该物有(或可能有)使陪审团发现其是有害的效果,就不能主张在自己看来效果是无害的。错误只是法律认识上的错误。

“人们通常认为,小剂量的毒药是药物,而大剂量的药物是毒药。”①但有时人们认为,即使是无害的量,公认的毒药也是有害的。② 这种观点总是存在一定困难的,现在似乎为“女王诉马库斯案”的一纸判词所否定,即必须考虑药物的数量。③ 若干公认的毒药在服用很小剂量时是无害的(甚至是有益的)。“肉毒杆菌毒素”(botox)是已知的最强大的神经毒素之一,是致命的毒药④,但小剂量注射是无害的。没听说过哪位上了年纪的名人死于注射肉毒杆菌。投放无害的小剂量公认毒药(就《侵害人身权法》第 24 条而言)等同于注水,而不应构成本条规定的犯罪(因为这会造成比实际身体伤害小的伤害,故被害人同意可以成为抗辩事由,见第 26 章)如果投放这种剂量的人认为是有害的,被告人就将因投毒未遂而被定罪。

1-100 但其并没有试图投毒,因为这还不是毒药。

但行为人心里认为是毒药。在 1981 年《刑事未遂法》颁布之前,当“不

---

① Alfred Swaine Taylor, *On Poisons, Relation to Medical Jurisprudence and Medicine*, (London: Churchill, 1848) at 2.

② *R. v. Hennah*(1877) 13 Cox C. C. 547; Field J. R. *v. Cramp*(1880) 5 Q. B. D. 307.

③ Cf. *R. v. Cato*[1976] 1 W. L. R. 110.

④ Stephen S. Arnon *et al.*, “Botulinum Toxin as a Biological Weapon: Medical and Public Health Management,” (2001) 285(8) *Journal of the American Medical Association* 1059.

能犯”规则占据主导地位时,该论点是成立的。但是,1981 年立法的目的,便是废除该规则。

较为棘手的中间判例是,潜在的投毒者投放了第一剂无害的但具有累积效应的毒药,其意图是用更多的剂量来跟进,以伤害被害人。如果首次的 420
剂量是无害的,投毒者的唯一犯罪似乎只能是未遂。[①]

不需要强调,有毒物质不一定是固态或液态的。煤气[②]和电[③]都是本条规定的有害的东西。

1-101　看来,即便不太可能导致死亡或严重身体伤害,某种药物可能根据法律依然是有害的。所以假设被告人投放了若干物质,且知道该物质因为具有催眠作用,从而是有害的。投放者不知道这可能会导致死亡或严重身体伤害的结果,但在不知情的情况下投放了过量的药物,因此导致严重身体伤害,其会因此根据《侵害人身权法》第 23 条承担责任吗?

人所共知,确定存在对应犯意的犯罪的构成要件存在很大难度。可以将《侵害人身权法》第 23 条理解为包括如下两个部分:

(1)非法或恶意地投放或使他人投放毒害或其他破坏性或有害的东西,或导致他人自行食用上述物;

(2)以致危及该人的生命,或以致对该人造成严重的身体伤害……

在这种解读中,恶意要求仅适用于(1)中的要素,同时(2)中的要素可以被解释为要求严格责任。[④] 但前几章所主张的解释原则是,在没有相反意思表示的情况下,应认为严重犯罪默示要求对所有客观要件适用犯意,而且毋庸置疑,犯罪的所有其他要件都应当适用犯意的法定要求,前提也是法律没有规定相反意图(本条法律未作说明)。不允许将法定犯罪一分为二,而只将主观要件的要求适用于恰好表达了该要求的那一半。该观点的法源在“女王诉史密斯案”(*R. v. Smith*)[⑤]和若干关于明知犯罪的判例(第 6 章第 3 节)中。不幸的是,有关《侵害人身权法》第 23 条的法源,处境艰难。

“女王诉坎宁安案”[⑥]最初被认为解决了与法定恶意犯罪有关的所有这些问题。

罗伊 · 坎宁安(Roy Cunningham)拧开了投币式煤气表,偷取了里面的钱,任由煤气从管子里逸出,导致睡在隔壁的女性窒息。刑事上诉法院认

---

① *R. v. White*[1910]2 K. B. 124.

② *R. v. Cunningham*[1957]2 Q. B. 396;*R. v. Gillard*(1988)87 Cr. App. R. 189.

③ *R. v. Donald*(1955)*The Times*(9 May 1955).

④ *R. v. K*[2002]1 A. C. 462;*B*(*A Child*)*v. D. P. P.* [2000]2 A. C. 428;*Crown Prosecution Service v. M*[2010]2 Cr. App. R. 33.

⑤ [1974]Q. B. 354. Madsen J. in *State v. Brown*,(2000)140 Wash. 2d 456 at 473-474.

⑥ [1957]2 Q. B. 396.

为,尽管坎宁安与犯罪活动有牵连,但在没有预见到有毒物质会被或可能会被吸食的情况下,根据《侵害人身权法》第 23 条规定,他并没有犯下恶意地
421 使他人吸食有毒物质的罪行。法院要求检控方提供证据,证明“被告人已经预见到可能会造成某种伤害,但仍然冒着这种风险……法定犯罪中的‘恶意’概念,要求行为人应预见后果”。

1-102 这句关于《侵害人身权法》第 23 条主观要件的司法意见,并不像乍看起来那样具体。法院提到的“某种伤害”和“后果”可能仅仅意味着将有害气体吸入体内的危害和后果。在这种解读中,法院只考虑了被告人的预见,即煤气(当然他知道有毒)可能被某人吸入,但没要求被告人预见,这种有毒物质会危及生命或可能造成严重身体伤害。但更自然的解读方式是,这两个要素:不仅仅涉及物质的有害性质及其吸入,还包括该法第 23 条规定的吸入这种物质给被害人造成的伤害和后果,即生命危险或严重身体伤害。

如果这是对“女王诉坎宁安案”的正确解释,不幸的是,该判例的影响已经被后来的“女王诉卡托案”(*R. v. Cato*)①削弱。

被害人提供海洛因和注射器,并邀请卡托给他“注射”。两人各拿 1 支注射器,按自己的喜好调配海洛因和水的混合物,然后由对方给自己注射。他们当晚这样注射了好几次,到了第二天早上被害人死了,有若干证据,据此陪审团可以(而且确实)推断死亡是服用药物的结果。根据《侵害人身权法》第 23 条卡托被判过失杀人罪,上诉后维持原判。

1-103 这是《侵害人身权法》第 23 条首次被适用于在被害人同意的情况下投放毒物。这项判决所依据的原则是,同意遭受死亡或严重身体伤害,是不得体的决定。

这样做显然存在相当大的困难。以前涉及本条的所有判例都与没有得到接受人同意的投毒行为有关。显然,同意不是谋杀的抗辩事由,也无法作为被告人导致同意人遭受实际身体伤害的抗辩事由。② 但是,毒品判例可以与行为人故意给同意人造成实际身体伤害或严重身体伤害的判例相区别。在这些情况下,致害者的目的是伤害被害人。在毒品判例中,造成伤害的人并不是为了造成伤害,而是为了帮助他的瘾君子同伴享受“注射”,死亡仅仅是他意图做的事情的副作用。死亡的风险是微小的,并不高,虽然毒品用量越大,风险越大。可以认为,沉溺于吸食海洛因的人,能预见到使用者的死亡只具有非常渺小的可能性。

即使接受了自愿用药,行为人仍可构成《侵害人身权法》第 23 条所述犯

---

① [1976]1 W. L. R. 110.

② *R. v. Brown*[1994]1 A. C. 212.

罪的原则,[①]问题依然是海洛因是否具有该法第 23 条所述的危险。海洛因成瘾涉及严重的生理和心理后果,[②]但“女王诉卡托案”中似乎没有证据表 422
明,除了造成或增加成瘾的长期危险外,单独剂量或小剂量连续注射必然是危险的。事实上,注射毒品确实危及(而且不仅仅是危及)被告人朋友的生命;但关于主观要素的观点仍然存在。根据该法第 23 条定罪,除了证明行为人具有注射毒品的意图之外,难道不需要证明行为人的其他主观心态吗?

本案的初审法官部分适用了“女王诉坎宁安案”,因为他要求陪审团查明被告人是否明知海洛因可能造成某些伤害(如果对该案的解释是正确的,这并不完全适用“女王诉坎宁安案”,而且如前所述,《侵害人身权法》第 23 条中的特定种类的伤害可能被认为是危及生命或引起严重身体伤害)。陪审团认为卡托对此明知(尽管没有证据)。上诉法院不仅确认定罪,而且认为没有必要就损害的预见作出法律指示。

1-104　法院将“女王诉坎宁安案”区别开来,不是说被告人可能没有意识到这些东西会被“投放”,而是说被害人的伤害是“间接”造成的,因为气体已经泄漏到邻近的房子或房子的一部分。

“如此一来,该行为完全是直接的,如果注射器被故意插入被害人体内(毫无疑问本案就属于这种情况),并且在他插入注射器的时候,上诉人知道注射器含有有毒物质,恶意之要求即被满足。”[③]

这是最糟糕的限制性区分,在这种区分中,先前判例中存在的偶然要素被视为决定判决走向的一部分,这样做只是为了无视先前的判例,尽管该要素没有逻辑上的相关性,而且先前的法院也对其并不重视。正如法律委员会在批评“女王诉卡托案”时指出的那样,这种区别意味着,如果卡托向他的朋友提供含有这种药物的杯子,[④]就不会被视为“恶意”,然而因为他注射了这种药物,所以是“恶意的”。[⑤] 这样的规则既词不达意,也没有道理。如果这个概念合适的话,唯一优点就是有助于维持有罪判决。

1-105　除了常识问题之外,还有法源反对该区别。《侵害人身权法》第 23 条,涵盖了投放毒物和导致被害人摄入毒物,表明立法目的包含直接和间

---

① *R. v. Evans*[2009]1 W. L. R. 1999;*R. v. Andrews*[2002]EWCA Crim. 3021.

② David Nutt *et al.*,“Drug Harms in the UK:A Multicriteria Decision Analysis,”(2010)376 *The Lancet* 1558;RobRoom,“The Dangerousness of Drugs,”(2006)101 *Addiction* 166;J. Neeleman & M. Farrell,“Fatal methadone and heroin overdoses:time trends in England and Wales,”(1997)51 *J. Epidemiol. Community Health* 435.

③ *R. v. Cato*[1976]1 W. L. R. 110 at 120.

④ *R. v. Hanson*(1849)175 E. R. 383.

⑤ The Law Commission of England and Wales, *Report on the Mental Element in Crime*, Law Commission Report No. 89,(London:H. M. S. O.,1978)at 15.

接因果关系,对两者不加以区分。此外,法院没有考虑“女王诉莫瓦特案”①
423 的判决。在本案中(应当记住,本案是根据该法第20条判决的),上诉法院认为,即使是对被害人的直接攻击,法定恶意也需要行为人意识到造成某种伤害的可能性。的确,在“女王诉莫瓦特案”中,法院对“女王诉坎宁安案”进行了必要的淡化处理,以确认莫瓦特的定罪,但这并没有完全排除预见问题,即使造成的损害是直接的。“女王诉卡托案”的判决不仅让“女王诉坎宁安案”判决的法律效力有所弱化,也减弱了“女王诉莫瓦特案”的影响力,法院所给出的“女王诉坎宁安案”的区分理由,并没有使“女王诉莫瓦特案”与众不同。“女王诉莫瓦特案”和“女王诉卡托案”都遭到了反对,即这两个案件将相当大程度的严格责任引入犯罪中,而该罪行据称依赖于“恶意”的证据,同时也将复杂性和人为性引入法律。

对现行法律存在若干怀疑。“女王诉卡托案”中法院本可以裁定,《侵害人身权法》第23条规定了对所涉危险负有严格责任的罪行,但其没有这样做。似乎满足于接受:如果有毒物质是被间接投放的,则“女王诉坎宁安案”要求被告人应该预见该法第23条的最后一部分所明确规定的危险。但是,当有害物质被直接投放时,这种预见是不被要求的。鉴于“女王诉卡托案”中推理的弱点,如果该问题点再次出现,其他法院也不太可能再遵循该判例。

1-106　假想某位工厂主,明知在人口稠密地区的自家工厂正喷出有毒的烟雾。如果有人遭受严重的身体伤害,是否可以根据《侵害人身权法》第23条对其定罪?

没什么不可以的。工厂主轻率地导致占用人吸入有毒物质。目前还没有出现这样的起诉,但环境保护主义者可能会提起诉讼。

1-107　根据《侵害人身权法》第23条,传播疾病是否构成犯罪?

“女王诉克拉伦斯案”②中,法院表示,“感染是中毒。这是[生物]毒药的应用”(斯蒂芬法官)。然而,似乎很有必要指出,微小细菌或病毒的传播是投放“有害的东西”。如果这种“有害物质”的广泛解读被接受,就意味着可以根据《侵害人身权法》第23条认定克拉伦斯有罪,前提是其在向妻子传播性病方面是轻率的。但是,如前所述,对传播这类轻微疾病提起诉讼,不是惯例。③

1-108　是否可以根据相关立法承认转移故意?

根据《侵害人身权法》第23条可以,但根据该法第24条不可以。奇怪

---

①　[1968]1 Q. B. 421; *R. v. Kennedy*(*No* 2)[2008]A. C. 269. Cf. *R. v. Evans*[2009]1 W. L. R. 1999.

②　(1888)22 Q. B. D. 23.

③　*R. v. Konzani*[2005]2 Cr. App. R. 14.

的一点可以阐述如下。假设被告人把有害的东西放进被害人甲的柠檬水中以实施伤害，而液体实际上是被被害人乙喝掉了，并因此遭受了严重的身体伤害。根据该法第 23 条，被告人构成犯罪，该条并不要求受伤的人就是被意图伤害的人。当某人恶意地将“有害的东西”给予“他人”（被害人乙），从而危及“该人”（被害人乙）的生命，或对“该人”（被害人乙）造成严重的身体伤害时，该条适用。这个公式符合上述事实。主观要素由“恶意”概念提供，但该概念应根据转移故意的普通法原则加以解释，只要这与立法的措辞不矛盾。因此，根据该法第 23 条，故意针对被害人甲并不重要。 424

对比根据《侵害人身权法》第 24 条得出的结果。假设在这个判例中，虽然被害人乙受到了伤害，但并不严重。该法第 23 条不适用，因为其中规定的影响没有发生，该法第 24 条不适用，因为要求恶意给“他人”（被害人乙）投放毒物，且意图伤害“该人”（被害人乙），而本案中并没有伤害被害人乙的故意。如果这与成文法的文字表述不一致，则不能适用转移故意原则。①

1–109　《侵害人身权法》第 24 条中的主观要素规定，是否产生了与该法第 23 条类似的问题？

《侵害人身权法》第 24 条适用于被告人以伤害、折磨或惹怒该人的故意，对其非法恶意地投放“[或]使他人投放或导致他人服用毒物或其他有破坏性或有害的东西”的行为。

1–110　假设我在汤里放了一些辣椒，准备在宴会上招待客人。假设我把辣椒放进汤里，因为知道姐姐会带男朋友来，而他不喜欢辣的食物。我也知道其他客人都喜欢吃辣椒，而且会非常喜欢这汤。根据《侵害人身权法》第 24 条我会对惹怒他的行为负责吗？

想惹恼其中一位客人的事实是不够的。是否真的使他烦恼也不重要。上议院认为：②“适用的检验标准是被告人是否有意对被害人的健康造成伤害。”辣椒可以致命，如果大剂量食用，肯定会造成伤害。③ 然而，问题是你投放小剂量辣椒的目的，是否是对你的客人造成危害或伤害。如果只是想用完全安全的辣椒汤来激怒某位客人，根据《侵害人身权法》第 24 条，将无须承担责任。 425

在“女王诉希尔案”（*R. v. Hill*）④中，恋童癖者给两个 11 岁和 13 岁的小男孩喂了减肥药。他告诉孩子们，这些药片会使其感到快乐。这些男孩受到

---

① Ashworth, *op. cit. supra*, note 141 at 85; *R. v. Monger*[1973] Crim. L. R. 301.

② *R. v. Hill*(1986) 83 Cr. App. R. 386.

③ Steve Bird, “Keen cook died after eating red-hot chilli sauce as a dare,” (London: *The Times*, 29 September 2008).

④ (1986) 83 Cr. App. R. 386.

减肥药片的伤害,因为服药导致男孩们呕吐和腹泻。格里菲斯(Griffiths)[①]法官表示:

"作为整体的总结陈词,法官应当始终宣读,法官应清楚地表明,陪审团只有在确信被告人有意伤害这些男孩,从而给他们投放药物,造成男孩们的身体伤害的情况下,才能定罪。这是正确的法律指示。事实上,被告人确实造成了若干人身伤害,而且有压倒性的证据表明这是他的意图。因此,我将同意上诉并恢复有罪判决。"

第13节 其他攻击与威胁

1-111 各种其他要素可能会影响对殴打和其他类似罪行是否适用法定最高刑。意图抢劫而实施的攻击是某项可检控的罪行,可能被判终身监禁刑。[②] 攻击行为还可以用其他罪名起诉,如为了实施淫邪行为,通过扼颈或使用氯仿等物质企图导致被害人窒息的法定犯。[③] 驾驶车辆进行的攻击通常被指控为交通肇事罪。对儿童的残忍行为可作为对该人的普通犯起诉,如殴打、过失杀人或谋杀。但是,经修正后,1933年《儿童和青年法》(the Children and Young Persons Act 1933)[④]第1条的特别规定也涵盖了这些,规定了残忍和故意不予照顾的罪行。[⑤] 在社会和医疗方面虐待儿童的行为,是非常重要的,但由于篇幅有限,这里无法考虑这些问题。也可能会提及虐待精神病院的病人的罪行。[⑥]

对扰乱公共秩序的其他罪行,可提出较轻的检控。可特别提及1953年《预防犯罪法》第1(1)条,该条规定在下列情况下的犯罪,既可公诉,亦可作为简易犯处理:

"缺乏法律正当性或合理解释而在公共场所随身携带攻击性武器者,即

426 属犯罪。"[⑦]

---

① *R. v. Hill*(1986)83 Cr. App. R. 386 at 390.

② Section 8(2)of the *Theft Act* 1968;sections 36-38 of the *Offences against the Person Act* 1861. Section also 32 of the *Commissioners for Revenue and Customs Act* 2005;sections 22-23 of the *U. K. Borders Act* 2007;section 57 of the *Courts Act* 2003.

③ Sections 21-22 of the *Offences against the Person Act* 1861.

④ Section 27 of the *Offences against the Person Act* 1861.

⑤ *R. v. Sheppard*[1981] A. C. 394; *R. v. D*[2008] EWCA Crim. 2360; Glanville Williams, "Recklessness Redefined,"(1981)40 *Cambridge L. J.* 252 at 257-258,266.

⑥ Section 127 of the *Mental Health Act* 1983. *R. v. Holmes*[1979]Crim. L. R. 52.

⑦ *R. v. Clancy*[2012]1 W. L. R. 2536;Section 139(1)of the *Criminal Justice Act* 1988.

该定义中使用的概念范畴本身是由该法和相当多的判例法①界定的。枪支立法管制枪支持有，并规定了若干与不当使用枪支有关的严重罪行。②一系列犯罪规制使用爆炸物以达到犯罪目的行为。2000年《邮政服务法》(the Postal Services Act 2000)第85条有某项关于危险物品邮寄的规定。铁路危及乘客的罪行有很多种；恶意阻止他人从沉船上逃生或阻止他人努力拯救从沉船上逃生的人的生命是犯罪。③

1-112　在攻击法之外，英国涉及威胁的成文法也显得支离破碎。在没有合法免责事由的情况下威胁杀害威胁对象或他人是犯罪，④可判处10年监禁；但这并不涉及折磨或致残的威胁，⑤如果仅仅是口头或书面威胁，一般来说根本不算犯罪(除非可能涉及精神攻击)。根据2003年《通信法》(the Communications Act 2003)第127条，通过公共电子通信进行的威胁是犯罪行为。1988年《恶意通讯法》第1条规定，发送冒犯信息，有意引起痛苦或焦虑的行为，是犯罪。根据1977年《刑法法》第51条，虚构炸弹的骗局构成犯罪。更毋庸讳言一系列旨在防止恐怖分子实施大规模谋杀的成文法了。1986年《公共秩序法》也有若干法定罪行，⑥处理各种形式的公共暴力，如第1条规定的"暴乱"(riot)、第2条规定的"暴力骚乱"(violent disorder)、第3条"聚众斗殴"(affray)、第4条"引起恐惧或暴力挑衅"(causing fear or provocation of violence)以及第5条规定的"引起骚扰、惊吓或困扰"(causing harassment, alarm or distress)。⑦

第14节　非法监禁

1-113　在这里总结很方便，尽管从狭义上讲，非法监禁不必涉及伤害。非法监禁是第三种传统意义上的侵犯人身罪，另外两种是攻击和殴打(精神和身体攻击)。这是普通法犯罪；但不同于若干普通法犯罪，因为没有法规

---

① *C*(A minor) *v. D. P. P.* [2001] EWHC Admin. 1093; *Bates v. Bulman* [1979] 1 W. L. R. 1190; *Bradley v. Moss* [1974] Crim. L. R. 430; *Copus v. D. P. P.* [1989] C. O. D. 428; *D. P. P. v. Gregson* (1993) 96 Cr. App. R. 240; *D. P. P. v. Hynde* [1998] 1 W. L. R. 1222; *D. P. P. v. Patterson* [2004] EWHC 2744; *R. v. Archbold* [2007] EWCA Crim. 2137; *R. v. Formosa* [1991] 2 Q. B. 1. *I v. D. P. P.* [2002] 1 A. C. 285.

② *Firearms Act* 1968.

③ Section 17 of the *Offences against the Person Act* 1861.

④ Section 16 of the *Offences against the Person Act* 1861. *R. v. Cousins* [1982] Q. B. 526.

⑤ Section 134 of the *Criminal Justice Act* 1988.

⑥ Clive Walker, *Terrorism and the Law*, (Oxford: O. U. P., 2011).

⑦ Peter Thornton *et al.*, *The Law of Public Order and Protest*, (Oxford: O. U. P. 2010).

427 对可能的惩罚设置上限。[1] 因此,可酌情处以监禁和罚金。对该罪行提起诉讼并不容易,因为只有在提起检控时才能受到惩罚。

1-114 什么是非法"监禁"?

这是非法拘禁某人的传统名称。通常涉及对身体施加强力,而这也相当于身体攻击。但是,如果某人非法将已经在房间里的人锁在里面,就会被处以非法监禁;这里并不涉及攻击。[2] 从逻辑上讲,这种行为不应被视为属于侵犯人身的概念,但却被这样规定。

1-115 非法监禁是否需要拘禁他人人身的行为?

非法监禁是对自由的完全限制,但可以在没有人身拘禁限制的情况下实施,例如强迫被害人去某个特定的地方。

凡警务人员(或其他人)意图实施逮捕,而被逮捕的人服从逮捕,即使只是用逮捕的字眼,也属法律上的监禁;如逮捕在法律上没有正当理由,则属非法监禁。原因是,如果逮捕者的要求得不到遵守,其会默示地威胁使用强力。[3] 同样,如果警官宣布若被害人不让渡某物,就将逮捕被害人,而被害人服从,这似乎是对该人自由的充分限制,构成监禁。[4] 原因还包括,作出这种威胁的官员是含蓄地表示,在他人遵守条件之前,不得离开。如果他人服从警官的要求,并在执行警官的要求时仍与其在一起,则威胁将成为监禁。或者,在没有正当理由或免责事由的情况下,提出要求,并默示威胁使用强力,可能是攻击。[5]

警察通过邀请嫌疑犯(或告诉他们)陪同自己到警察局接受讯问,来逃
428 避对其逮捕权的限制。法官们对这种做法保持沉默。嫌疑人基于自由意志同意去警察局并留在那里,应该能证明警方的行为合法。但是,普通人很可能会把穿制服的警察提出的请求,即使措辞礼貌,解释为由默示的强力威胁做后盾的命令。很可能有人会认为,如果警察使用含混不清的语言("我希望你和我去警局"),就是对嫌疑人自由的剥夺,只有根据逮捕法才能证明这是正当的。警察要么按照逮捕的法律要求缉拿罪犯,要么明确表示嫌疑人

---

① *R. v. Rahman*(1985) 81 Cr. App. R. 349; *R. v. Mahmood*[2013] EWCA Crim. 1770. John Lambert, "Kidnapping and False Imprisonment at Common Law," (1979) 10 *Cambrian L. Rev.* 20. Ferdinando Pulton, *De pace Regis et regni*, (London: Printed for the Companie of Stationers, 1610) at 12 *et seq*.

② *R. v. Linsberg*(1905) 69 J. P. 107; *Hunter v. Johnson*(1884) 13 Q. B. D. 225.

③ Glanville Williams, "Requisites of a Valid Arrest," [1954] Crim. L. R. 6 at 11-12.

④ *Grainger v. Hill*(1838) 132 E. R. 769 at 772-773; *People v. Scalisi*(1926) 154 N. E. 715 at 722; *Lindquist v. Friedman's, Inc.* (1937) 8 N. E. 2d 625 at 627; *Lopez v. Winchell's Donut House*(1984) 466 N. E. 2d 1309 at 1312; *Campbell v. AT&T Communications, Inc.* (1994) WL 380620.

⑤ Section 11 of the *Habeas Corpus Act* 1679(sending a prisoner out of England). *Rahmatullah v. Secretary of State for Defence*[2013] 1 A. C. 614.

没有法律义务和他们同往。

1-116　有判例认为，用欺骗手段使某人留在某个地方或去某个地方，是非法监禁（或至少是绑架①）。② 然而，被欺骗的人可以实施某种行为，不一定会被剥夺自由。③ 有判例规定，违背某人意愿的行为包括通过欺诈获得同意，④但如果指控的是非法监禁，欺诈还必须导致被害人被剥夺自由。

对非法监禁的检控方并不常见，因为民事诉讼中可获得的损害赔偿可能远远高于刑事处罚。⑤ 其他有效的民事补救措施是申请人身保护令，妨碍人身保护令程序的人都可能因藐视法庭罪被送进监狱。

1-117　“非法监禁”和“绑架”（kidnapping）有什么区别？

有称为“绑架”的普通法犯罪，⑥即未经某人同意而将其带走。⑦ 在“女王诉D案”（*R. v. D*）⑧中，上议院认为绑架罪包含四个要素： 429

（i）被害人被他人带走；

（ii）以强力⑨或欺诈手段；

（iii）未经被如此带走的人同意；及

（iv）无正当理由。

这本应是特别严重的非法监禁形式，但多年来，法院以熟悉的方式削弱了加重情节，因此，现在绑架罪唯一的特点是，这种监禁，相当于加重情节，必须涉及对被害人的隐匿或将其从想停留的地方带走。⑩ 这可能是通过强力或以强力相威胁（如前所述，法院已将其扩大到通过欺骗行为将其

---

① *R. v. Cort*［2004］1 Cr. App. R. 18；*R. v. D.*［1984］A. C. 778.

② *R. v. Hendy-Freegard*［2008］Q. B. 57 at 67.

③ *R. v. Hendy-Freegard*［2008］Q. B. 57 at 66.

④ *R. v. Wellard*［1978］1 W. L. R. 921；*R. v. Hopkins*（1842）174 E. R. 495. Cf. *Re H. M.*（*Vulnerable Adult：Abduction*）［2010］2 F. L. R. 1057；*R. v. Linekar*［1995］Q. B. 250.

⑤ *The Times*，20 January 1978. Jonathan Herring，“What's Wrong with Kidnapping？（2012）Crim. L. R. 343.

⑥ *R. v. Reid*［1973］Q. B. 299；*R. v. Baily*（1685）Comb. 10；*R. v. Swimmer*（1753）Say. 103；*R. v. Hibbert*（1865-72）L. R. 1 C. C. R. 184；*R. v. Prince* 1872-75）L. R. 2 C. C. R. 154. Cf. *Designy's Case*（1681）T. Raym. 474；B. W. Napier，“Detention Offences at Common Law，” in P. R. Glazebrook（ed.），*Reshaping the Criminal Law：Essays in Honour of Glanville Williams*，（London：Steven & Sons，1978）at 190 *et seq.*；Janet Olsen，“From Blackstone to Innis：A Judicial Search for a Definition of Kidnapping，”（1982）16 *Suffolk U. L. Rev.* 367.

⑦ William Blackstone，*Commentaries on the Laws of England*，（Oxford：Clarendon Press，1769）Vol. IV at 218-219；Edward Hyde East，*A Treatise of the Pleas of the Crown*，（London：printed by A. Strahan，1803）Vol. I.，at 428-430；Edward E. Deacon Edward，*A Digest of the Criminal Law of England*，（London：Printed by A. Strahan，1831），Vol. I，at 725-726.

⑧ ［1984］A. C. 778 at 801.

⑨ *R. v. Archer*［2011］EWCA Crim. 2252.

⑩ *R. v. Wellard*［1978］1 W. L. R. 921.

带走)。[①]

虽然绑架罪的最高刑罚与非法监禁相同,但绑架罪的宣告刑一般更为严厉;有可能适用“终身监禁”。

1-118 必须完全限制自由吗?假设存在一条逃生路线,但却令人感到较为困难或尴尬呢?男人骗自己的舞伴称开车送其回家,却将其带回自己的家。到达后,他拒绝开车送舞伴回家。该舞伴在被告人处过夜,因为回家要走很长的路,而且可能很危险。这算监禁吗?

把女性骗到错误的地方,可能会被判非法监禁或绑架。法院肯定会表示危险的逃跑路线不是逃跑路线。不知道法官是否会指示陪审团考虑脱逃带来的极大不便或困难。法官很可能会这样做。法庭可能会判定被告人绑架了舞伴,因为其“未经她同意就把舞伴带走了”——女方的同意因欺诈而无效。[②] 但除非带走与剥夺自由同时发生,否则指控必须是非法监禁。

对此案件,似乎可以设定法定的欺诈罪,以涵盖这种“被放逐”。既然这位参加舞会的家伙意图在开车送舞伴回家之前将其扣留,就应该为绑架负
430 责。他用欺诈手段把舞伴带走,并且看来在准备好之前不意图送其回家。如果你乘船把某女性带到你拥有的荒岛上,当其要求返回时断然拒绝,显然剥夺了她的自由。

绑架是严重的犯罪指控,因此不应将其扩大到通过强迫他人寻找其他交通工具回家而给他人带来不便的人。把某人困在希思罗机场不会剥夺其自由,因为有很多方便的方法可以离开。然而,当被告人使用欺诈手段使被害人滞留在某地时,如果其拒绝将被害人送回被自己带回来的地方,或者被害人无法找到合理方便的方法自行返回其他地方,被告人可能会为此承担责任。

1-119 带走必须与剥夺自由有关。在“女王诉阔特案”(*R. v. Cort*)[③]中,被告人把车停在公共汽车站,虚假地告诉在场的人公共汽车坏了。然后,他让排队的单身女子搭自己便车。被告人多次这样做。他的提议遭到大多数人的拒绝,但有两位女士却愚蠢地接受了搭车的邀请。第一个女士一上车就改变主意,要求下车。被告人同意其下车。第二个被他带到目的地。布克斯顿法官(Buxton L. J.)[④]认为,被告人绑架了这些女性,因为欺诈行为使其得以将被害人带走。换句话说,他未经这些女性同意就把其带走了。如果不是谎称公共汽车抛锚了,这些女性不会坐上被告人的车。的确,

---

① *R. v. Archer*[2011]EWCA Crim. 2252.

② *R. v. Cort*[2004]1 Cr. App. R. 18.

③ [2004]Q. B. 388.

④ *R. v. Cort*[2004]Q. B. 388 at 390.

第二个女士因此被带走了。但是,不清楚这两位女子是否被剥夺了自由。被告人没有阻止这些女性离开汽车,就第二个女士而言,他开车送她去了想去的地方(毫无疑问,他是在搞什么阴险的勾当,但还没有到真正剥夺女士自由的地步)。

在"女王诉亨迪·弗里加德案"(*R. v. Hendy-Freegard*)①中,菲利普斯法官(Lord Phillips C. J.)(当时的职务)表示:

"仅仅因为在某些情况下,司机可能有令人反感的别有用心的动机,便将绑架罪扩大到包括汽车司机无意违反乘客意愿扣留乘客,或无意将其带到希望去的目的地以外的地点的情况,看不出这样做的正当性。'女王诉阔特案'判决的结果似乎是,假的司机,如果将车辆伪装成有执照的出租车借此获得车费,将被判绑架罪。"

1-120 如果"剥夺自由"是犯罪的罪魁祸首,为什么要求涉及(或之前存在)"客观意义上带走"的行为?

在许多情况下,"带走"只是实际剥夺自由的附带条件。在其他情况下,带走将是与绑架或非法监禁无关的犯罪的附带行为。② 因此,该要求似乎不 431
必要地限制了绑架罪的范围。假设被告人进入被害人的住宅,并用枪抵在被害人身上。被告人是否构成"绑架"或"非法监禁"的较轻罪行?当然,答案是非法监禁,因为被告人并没有带走被害人。

这意味着绑架罪只适用于在场的人。在"女王诉亨迪·弗里加德案"③中,被告人(臭名昭著的欺诈犯)撒了许多谎来说服被害人去旅行。亨迪·弗里加德本来意图和被害人开车旅行,但由于种种原因没有和他们去。被告人用谎言把被害人送上了徒劳的旅行,但没有亲自把他们带到地方。被告人也没有强迫他们去该地。刑事法院的判决是:"即使在不陪同被害人的情况下,行为人也可以通过使被害人从某地转移到其他地方来实现'带走'的要素。"据认为,通过欺诈,在不与被害人同行的情况下,使其从某地转移到其他场所,不等于绑架。就判例的事实而言,这是正确的结果,因为被害人并不觉得自己受到了强迫的威胁。他们随意走动,仅仅是被愚弄了而已。

1-121 如果亨迪·弗里加德用威胁而不是欺诈手段让被害人开车去某个特定地点,结果会有所不同吗?

如果被告人对被害人表示:"开车去甲地,在那里等12个小时,否则我

---

① [2008]Q. B. 57 at 71;*R. v. Wellard*[1978]1 W. L. R. 921.

② *R. v. Dzokamshure*[2009]1 Cr. App. R. (S.)112;*R. v. Wellard*[1978]1 W. L. R. 92;*People v. Dugger*(1936)5 Cal. 2d 337(1936);*People v. Rangel*,(unreported,2010 WestLaw 5124954;Cal. App. 3 Dist. 16 December 2010);*People v. Martinez*(1999)20 Cal. 4th 225 at 232.

③ [2008]Q. B. 57 at 63.

就杀了你的母亲。”其将不承担绑架的责任，因为客观意义上不会把他们带走。这种类型的“胁迫”可能会迫使被害人亲自开车到某个特定的地点等待，但导致某人“把自己带走”并不等同于“把他带走”。尽管如此，相关界分非常薄弱，法院可能会认为，强迫他人把自己带走就够了。

法院如果不这样做，就会在法律上留下空白。以被迫卖淫的妇女为例。在许多情况下，皮条客能够强迫年轻妇女晚上待在妓院里，并且能够通过威胁她们的生命和其家人的生命，迫使其每晚返回。[①] 除了性犯罪和贩卖人口罪，[②]这里当然也有非法监禁。同样，如果病态嫉妒的男朋友告诉女朋友，在
432 其工作时不要离开家，就构成非法监禁。不难想象在某些案件中，被害人会被吓得不敢违抗威胁的人。然而，坏蛋只有在亲手把被害人带走的情况下才有可能构成绑架罪。

1-122 记得您之前告诉我，“非法监禁”罪并不要求被告人在“身体上”约束被害人。这是否意味着那些作出威胁、使被害人自己限制自己身体活动的人可能会被指控非法监禁而不是绑架？

对。此外，威胁的内容不必针对实际被监禁的人本身。如果被告人对被害人表示：“今天不要离开这间公寓，否则我就杀了你的母亲。”这种行为足以成立非法监禁。用来让被害人留在某个特定地点的胁迫可能“延伸到对他人的福利或安全的威胁”。[③]

在“女王诉加勒特案”（*R. v. Garrett*）[④]中，冯·杜萨法官（von Doussa J.）表示：

“作为法律主张，我不认为造成被害人违背意愿而被监禁的威胁必须是以对[实际被害人]施加人身暴力相威胁。可以以对他人实施暴力，甚至损害有价值的个人财物相威胁。我认为，被告人以对他人的安全立即施加暴力的人身威胁或以其他旨在导致该结果的直接恐吓行为，在违背被害人意愿的情况下，限制其自由，就足够了。[但是]如果被害人自愿而不是因为屈服于威胁，同意前往或留在被告人指定的某一地区，就不可能成立非法监禁。”

美国的许多司法管辖区都规定有刑事胁迫罪。例如，经修订的《华盛顿法典》（the Revised Code of Washington）第9A.36.070条规定：

（1）如利用威胁强迫或诱使某人从事其有合法权利放弃的行为或放弃

---

① *R. v. L*[2014] 1 All E. R. 113.

② Sections 4, 52 and 59A of the *Sexual Offences Act* 2003; section 4 of the *Asylum and Immigration (Treatment of Claimants, etc.) Act* 2004; section 71 of the *Coroners and Justice Act* 2009.

③ *R. v. Garrett*(1988) 50 S. A. S. R. 392 *per* King C. J., Jacobs and von Doussa, J. J. Cf. *R. v. Linsberg*(1905) 69 J. P. 107.

④ (1988) 50 S. A. S. R. 392 at 405. *Hunter v. Johnson*(1884) 13 Q. B. D. 225.

有权从事的行为,即构成胁迫罪。

(2)本条中的"威胁"是指:

(a)直接或间接传达立即对当时在场的他人使用强力的意图;或

(b)RCW 9A. 04. 110(25)(a)(b)(c)中定义的威胁。

(3)胁迫是严重的轻罪。[1]

鉴于勒索罪是财物罪,而且考虑到许多形式的胁迫都不会涉及非法监禁,一般胁迫罪在英格兰和威尔士可能并不受欢迎。 433

第15节　诱拐儿童

1-123　若干法定绑架罪旨在保障父母或监护人的监护权。1984年的《绑架儿童法》(the *Child Abduction Act* 1984)专门针对利用监护权之便绑架儿童的行为。然而,大规模移民使这成为21世纪的国际问题。[2] 在许多案件中,父母绑架其子女并将其带到自己的原籍国。

1984年《绑架儿童法》第1条将父母和监护人诱拐儿童的行为定为犯罪:

(1)除下文第(5)(8)款另有规定外,与16岁以下儿童有联系的人,如未经适当同意而将该儿童带出或送出联合王国,即属犯罪。

(2)就本条而言,他人与子女有关联,前提是——

(a)是该子女的父母;或

(b)如子女的父母在其出生时并无结婚,则有合理理由相信他是该子女的父亲;或

(c)是该子女的监护人;或

(ca)是该子女的特别监护人;或

(d)按居住令的规定与该儿童一起生活的人;或

(e)有该儿童的监护权。

(3)在本条中,"适当同意"就儿童而言,指——

---

① New York Penal Law 135. 60.

② Wibo van Rossum, "The Clash of Legal Cultures over the Best Interests of the Child Principle in Cases of International Parental Child Abduction," (2010) 6 *Utrecht L. Rev*. 33; Michael R. Walsh and Susan W. Savard, "International Child Abduction and the Hague Convention," (2006) 6 *Barry L. Rev*. 29 (2006); Peter McEleavy, "The New Child Abduction Regime in the European Union: Symbiotic Relationship or Forced Partnership," (2005) 1 *J. Priv. Int' l L*. 5; Mónica Herranz Ballesteros, "International Child Abduction in the European Union: The Solutions Incorporated by the Council Regulation," (2004) 34 *Rev. Gen*. 343. *Convention on the Civil Aspects of International Child Abduction* (Hague, 25 October 1980; T. S. 66(1986); Cm. 33); the *Child Abduction and Custody Act* 1985.

(a)以下各方的同意：

(i)该儿童的母亲；

(ii)该儿童的父亲(如他对该孩子负有父母责任的话)；

(iii)该儿童的监护人；

(iiia)该儿童的特别监护人；

(iv)按居住令的规定与该儿童一起生活的人；

(v)监护该儿童的人；或

(b)根据或凭借1989年《儿童法》第2部分的规定授予的法院许可；或

(c)如果他人监护该儿童，授予监护权的法院之许可。

带走型绑架儿童罪不被认为和绑架陌生人一样严重。[①] 这也许是因为只有与孩子有某种关系的人才能犯本罪。在大多数情况下，被告人是儿童的父母；因此，由于绑架儿童罪是非常严重的罪行，故只有在儿童受到父母
434 或陌生人威胁的严重情况下，才应将其作为最后手段。[②] 该罪行只适用于16岁以下的儿童。相关方包括法律认可的父母或监护人；或有合理理由相信其是被害人生父的男性。这也包括那些有孩子目前居住或接触令的人。[③]

1-124 带走孩子的人需要做什么才能取得接走孩子的同意？

需要获得《绑架儿童法》第1(3)条所列人员的许可。1984年《绑架儿童法》第2条将其他人绑架儿童定为犯罪：

(1)除下文第(3)款另有规定外，他人[下文第(2)款所述的人除外]，如无合法权限或合理理由而带走或扣留16岁以下的儿童——

(a)使其脱离有权合法控制该儿童的人的合法控制；或

(b)使其脱离有权对其进行合法控制的人的合法控制，即属犯罪。

(2)这些人是——

(a)如果当事儿童的父亲和母亲在其出生时彼此是结婚的，是该儿童的父亲和母亲；

(b)如果当事儿童的父亲和母亲在其出生时没有彼此结婚的，是该儿童的母亲；以及

(c)上文第1(2)(c)~(e)条所述的其他人。

(3)在就本条所规定的罪行而对人提起的法律程序中，如该人证明——

(a)如有关儿童的父母在其出生时并无结婚——

(i)该人是该儿童的父亲；或

(ii)该人在指控的罪行发生时相信，有合理理由证明他是孩子的父亲；或

---

① Section 5 of the *Child Abduction Act* 1984.

② *R. v. C*[1991]2 F. L. R. 252.

③ section 8(1) of the *Children Act* 1989.

(b)在指控的罪行发生时,他相信孩子已年满 16 岁,则成立抗辩事由。

本条将规制除被害人父母/监护人以外的绑架者。在“女王诉莱德里奇地方法院案”[*R.*(*Nicolaou*)*v Redbridge Magistrates' Court*][1]中,被告方辩称,不应签发国内逮捕令,因为其没有实施 1984 年立法第 1 条所规定的罪行:他在得到适当同意的情况下将儿子带出英国,且法律也不包括那些在同意期限届满时未能归还儿童的人。理查兹法官(Richards L. J.)[2]表示:“没有证据表明该立法的政策是将经同意将儿童从联合王国带走的人未能送还该儿童之行为定为刑事犯罪;我更喜欢的解释不会损害相关立法第 1 条在未经同意将儿童带走方面的效力,而我希望这是关注的焦点所在。”这起判例凸显了法律上的漏洞。理查兹法官反对律师的持续行为理论是正确的,因 435
为即使诱拐、非法监禁和绑架涉及持续行为,[3]被告人的行为也是合法的。被告人带着儿子离开英国,得到了适当的同意。合法的行为成为非法时不再继续。后来拒绝归还他的儿子,并不与先前合法地将他从联合王国带走相结合,以形成某项持续的行为。显然,被告人的不作为(他未能将儿子送回联合王国)并不构成持续的(双方同意的)带走或送出。

1-125 如果某成年人未经未成年人的父母允许,但经过了该未成年人的同意,擅自将其带走,这是不是更严重的“绑架罪”?

根据上议院在“女王诉 D 案”[4]中的判决,并非如此,但可能构成 1984 年《绑架儿童法》第 1 条和第 2 条中规定的绑架儿童罪。本条只适用于被害人是未满 16 岁的儿童之情形。第 1 条明确规定,同意必须来自父母或监护人。第 2 条没有明确规定谁可以给予同意,但该条旨在防止儿童脱离“合法控制该儿童的人”的控制。毋庸讳言,就本条而言,儿童的同意是无关紧要的。重点是有合法控制权的人是否已经同意了将孩子从其控制下带走。该法第 2 条第(3)款对儿童的同意是否可以提供合法的免责事由保持沉默,也支持了这个点。

在“女王诉李特案”(*R. v. Leather*)[5]中,恋童癖者在街上的不同场合拦住了若干孩子,谎称自己的自行车被偷了。每次被告人都设法让孩子们和他一起去找自行车。孩子都同意了,但这种同意肯定会因被告人的欺诈而无效。如果被告人说了实话,孩子们就不会同意陪他了。如果被告人表示:

---

① [2012]2 Cr. App. R. 290.

② *R.* (*Nicolaou*) *v. Redbridge Magistrates' Court*[2012]2 Cr. App. R. 290 at 298. *Re S.* (*Minors*)(*Abduction*:*Custody Rights*)[1991]2 A. C. 476.

③ *St. Clair v. Commonwealth*(2015)— S. W. 3d —,2015 WL 737567 at 9.

④ [1984]A. C. 778 at 809; *R. v. Hale*[1974] Q. B. 819, following *People of Ireland v. Edge* [1943]I. R. 115.

⑤ (1994)98 Cr. App. R. 179.

"我是危险的恋童癖者,你愿意陪我去树林里吗?"而不是:"你能帮我找到被
436 偷的自行车吗?"孩子们当时本不会陪他。无可争议的事实是:[①]

"在这三起事件中,上诉人当时都没有试图触摸儿童。孩子都表示上诉人并没有试图阻止他们离开。他们都觉得,如果愿意,随时都可以离开。毫无疑问,他们本可以离开,当然,判例似乎是在这个基础上进行的。"[②]

因此,根据证据,很难确定是绑架还是非法监禁。然而,根据 1984 年《绑架儿童法》第 2 条,如果儿童被"从具有合法控制权的人的合法控制下"带走,则可以提出指控。具有合法控制权的人可以是教师、护士、保姆、父母、祖父母等。

1-126 "带走"是否涉及"扣留"?

有人可能会表示,某人在被带走的瞬间就被拘留了。该款提到"带走"(takes)和"拘留"(detains)作为犯罪的替代方式。但是,没有必要在拘留行为之前采取带走的行动。如果父母把孩子留在他人的家里,这个人暂时有权控制孩子,但一旦父母撤销了许可,必须使孩子回到父母或监护人身边。如果被告人在父母要求归还孩子后将孩子留在家中,就属于《绑架儿童法》第 2 条适用的范围。[③] 这也将构成非法监禁。

在"把"孩子从合法控制者的控制下"带走"的情况下,只需证明被告人使这个孩子不在合法控制者的控制下,如果被告人说服被害人随其到某个地方,就可能发生这种情况。由于被告人通过"引导"孩子到那个地方而"把"孩子带到那个地方,就从孩子父母的控制中"移走"了被害人。如果父母仍然控制着孩子,他们会命令孩子不要和有恋童癖倾向的陌生人漫步到森林里。法院认为,"失控"并非指物理、空间或地理控制。这是正确的结论。[④] 一旦被告人导致孩子开始跟随其到偏僻的地方,就已经把孩子从有合法控制权的人的控制之下带走了。这正是议会在 1984 年颁布《绑架儿童法》第 2 条时意图针对的活动类型。

在上诉法庭上,欧文法官(Owen J.)表示:[⑤]

"有关儿童在被告人没有合法权限或合理理由的情况下,是否因被告人的某些行为而偏离其父母或当时有合法控制权的其他人同意其实施的活动,进而从事由被告人引起的某些活动?如果对这个问题的回答是'是'(一定是这个答案),陪审团可以认为,罪行已经得到证实。"

这有点宽泛,因为也会捕捉到若干网络活动,这些活动会使孩子偏离父
437 母的意愿,但显然后者不会被指控为绑架。更有力的检验也许是追问:孩子

---

① *R. v. Leather*(1994)98 Cr. App. R. 179.

② *R. v. Leather*(1994)98 Cr. App. R. 179 at 182.

③ *R. v. Norman*[2009]1 Cr. App. R. 192.

④ *R. v. Leather*(1994)98 Cr. App. R. 179 at 184.

⑤ *R. v. Leather*(1994)98 Cr. App. R. 179 at 184.

是否受到绑架者不合理和没有免责事由的控制，即孩子是否是从对其负责的人的实际监护中被引诱出来的？错误的核心是，不法分子未经同意就对孩子实施“短暂的身体监护”①，该错误在概念上与被告人利用互联网让孩子做父母不想让做的事情时所涉及的错误有很大不同，在后者的情况下孩子在自己的家，与被告人的距离非常安全。如果孩子被说服陪伴被告人，实际上是在被告人的“监护控制之下”。

1-127　《绑架儿童法》第 2 条要求什么主观要素？

首先，被告人事实上必须采取措施，使儿童脱离那些有合法控制权的人的控制。被告人的行为必须具有将儿童从合法控制者的控制中移开的效果或客观后果。这种结果可能发生，因为未经允许就拘留了孩子，或者是因为未经许可就让孩子陪着。至于主观要素，必须证明被告人是故意或轻率地造成了这种客观后果。在“福斯特诉检察长案”（*Foster v. D. P. P.*）中，皮彻福德法官②表示：“就我而言，第 2 条规定的绑架罪之犯意是故意或轻率地带走或监禁 16 岁以下的儿童，其效果或客观后果是将该儿童带走或拘禁，进而符合第 2(1)(a)或(b)条之规定。”

1-128　如果 17 岁的男人说服 15 岁的女孩和他去咖啡馆喝奶昔呢？③

如果在带去咖啡馆的时候，他真的相信孩子已满 16 岁，可以借此为其辩护。

上文《绑架儿童法》第 2 条第(3)款还提到了某项抗辩。只有绑架者能够证明他是孩子的父亲或有合理理由相信他是孩子的父亲，并且能够证明“他自己与有关孩子的母亲在该儿童出生时没有结婚”，这才适用。

第 16 节　合法拘留及逮捕

1-129　如果某人已被合法逮捕，警察可对其加以拘留。警察也可以在特定情况下拦截和搜查。④ 除此之外，和逮捕权不同，除非在某些极端必要

---

① Cf. *R. v. Norman*[2009]1 Cr. App. R. 192 at 199.

② [2005]1 W. L. R. 1400 at 1407.

③ *Foster v. D. P. P.* [2005]1 W. L. R. 1400 at 1402.

④ Section 60 of the *Criminal Justice and Public Order Act* 1994. sections 1 and 2 of the *Police and Criminal Evidence Act* 1984; *Bonner v. D. P. P.* [2005] A. C. D. 56; sections 43 and 47A of the *Terrorism Act* 2000; section 2 of the *Poaching Prevention Act* 1862, section 12 of the *Deer Act* 1991; section 139B of the *Criminal Justice Act* 1988; section 60 of the *Criminal Justice and Public Order Act* 1994; section 47 of the *Firearms Act* 1968; section 4 of the *Crossbows Act* 1987; section 7(2) of the *Sporting Events*(*Control of Alcohol etc.*)*Act* 1985; section 34B of the *Environmental Protection Act* 1990; section 23 of the *Misuse of Drugs Act* 1971; section163 of the *Customs and Excise Management Act* 1979; section 4 of the *Conservation of Seals Act* 1970; section 24B and 27 of the *Aviation Security Act* 1982; section 11 of the *Protection of Badgers Act* 1992; section 6 of the *Public Stores Act* 1875.

438 的情况下普通法不承认拘留权。[①] 如果警察可以通过宣传不需要逮捕而拘留来达到同样的目的,则法律和法官规定的行使逮捕权的程序将形同虚设。[②] 特别是,警察没有一般的权力拘押嫌疑人接受讯问而不对其加以逮捕(甚至在逮捕后,他们的讯问权力也应该受到限制)。

非法拘禁是"非法监禁"(false imprisonment),在实践中通常会涉及攻击;[③]嫌疑人拒绝停留或回答问题并不是妨碍警察履行职责。[④] 如果监禁是非法逮捕的结果,就将是非法的。几个世纪以来,逮捕法一直堪称"藏污纳垢之所"(augean stable),但相关法规的数量有所减少。逮捕可以凭借逮捕令,也可以缺乏逮捕令。警察有权凭逮捕令逮捕。逮捕令则从治安法官那里获得,治安法官发出逮捕令,需要面临若干规则限制。[⑤] 实际上,警察通常会想办法在没有搜查令的情况下继续自行其是。1984 年《警察和刑事证据法》(the Police and Criminal Evidence Act 1984)第 24 条规定:

(1)警员可不需要逮捕令逮捕——

(a)即将实施犯罪的人;

(b)正在实施犯罪的人;

(c)有合理理由怀疑即将实施犯罪的人;

439 (d)有合理理由怀疑正在实施犯罪的人。

(2)如警员有合理理由怀疑已实施某罪行,可不需要逮捕令而逮捕其有合理理由怀疑已犯该罪行的人。

(3)如已实施某项罪行,警员可不需要逮捕令而加以逮捕——

(a)犯该罪行的人;

(b)其有合理理由怀疑犯该罪行的人。

(4)但只有在警员有合理理由相信由于第(5)款所述的理由,有逮捕有关的人之必要时,方可行使第(1)(2)(3)款所赋予的简易逮捕权。

(5)理由是——

(a)使相关人士的姓名得以确定(如警察不知道或不能轻易确定该人的

---

① Section 136 - 137 of the *Mental Health Act* 1983; *Austin v. Commissioner of Police of the Metropolis*[2009] 1 A. C. 564; *R. (on the application of Laporte) v. Chief Constable of Gloucestershire* [2007] 2 A. C. 105; *O' Kelly v. Harvey*(1883) L. R. 14 Ir. 105; cf. *R. v. Faraj*[2007] 2 Cr. App. R. 25.

② *Rice v. Connolly*[1966] 2 Q. B. 414. In *Gillan v. United Kingdom*(2010) 50 E. H. R. R. 45; Article 8 of the *European Convention for the Protection of Human Rights and Fundamental Freedoms*, 4 November 1950, 213 U. N. T. S. 222.

③ *R. v. Governor of Brockhill Prison Ex p. Evans*(*No* 2) [2001] A. C. 19.

④ *Bentley v. Brudzinski* (1982) 75 Cr. App. R. 217; *Cumberbatch v. Crown Prosecution Service* (2010) 174 J. P. 149.

⑤ Section 1 of the *Magistrates Court Act* 1980. Cf. section 6 of the *Constables Protection Act* 1750; *Bell v. Chief Constable of Greater Manchester*[2005] EWCA Civ. 902.

姓名,或有合理理由怀疑该人提供的自身姓名是否为其真名);

(b)相应的该行为人的地址;

(c)防止有关的人——

(i)对他本人或他人造成人身伤害;

(ii)遭受人身伤害;

(iii)对财物造成损失或损害;

(iv)犯违反公众礼仪罪,除第(6)款另有规定外;或

(v)非法阻塞公路;

(d)保护儿童或其他易受伤害的人不受该人伤害;

(e)允许迅速有效地调查该罪行或该人的行为;

(f)防止因该人失踪而妨碍对该罪行的起诉。

(6)第(5)(c)(iv)条,只适用于不能合理地预期从事正常业务的公众人士会避开有关人员的情况。

1-130　警察什么时候有合理的理由怀疑某人应该被逮捕?

"合理的"这个形容词的本意是让公众放心,逮捕只会发生在有确凿理由之情况下,但在实践中,无论是治安法官还是高等法院都很少会认定警察感到的怀疑是不合理的。法院几乎一定会支持警方出于对破坏和平行为的合理担忧而进行逮捕的说法,因此一般来说,列出"合理"概念是没有作用的。①

尽管该问题还不清楚,但似乎:

1. "合理怀疑理由"的措辞不要求逮捕者具备定罪时所需的确定性。②

2. 某人在"合理怀疑"下实施抓捕,不必积极地认为被逮捕者有犯罪行为;③只要警方合理地认为有理由将嫌疑犯带到治安法官面前,这就足够了。④ 440

3. 执行逮捕的警官是否有产生合理怀疑的根据,是客观问题,取决于其当时所知事项。⑤ 需要考察理性人在同样的情况下,是否会像该警官一样,

---

① Cf. *R.* (*on the application of Hicks*) *v. Commissioner of Police of the Metropolis* [2014] 1 W. L. R. 2152; *Austin v. Commissioner of Police of the Metropolis* [2009] 1 A. C. 564. Andrew Ashworth, "Preventive Orders and the Rule of Law," in Dennis J. Baker and Jeremy Horder (Ed.) *Sanctity of Life and the Criminal Law*, (Cambridge: Cambridge University Press, 2013) at 45.

② *Buckley v. Chief Officer of Thames Valley* [2009] EWCA Civ. 356.

③ *O' Hara v. Chief Constable of The Royal Ulster Constabulary* [1997] A. C. 286 at 293; *Mohammed-Holgate v. Duke* [1984] A. C. 437 at 446.

④ *Al-Fayed v. Commissioner of Police of the Metropolis* (*No.* 3) (2004) 148 S. J. L. B. 1405; *Ricketts v. Cox* (1982) 74 Cr. App. R. 298.

⑤ *Alford v. Chief Constable of Cambridgeshire* [2009] EWCA Civ. 100; *Raissi v. Commissioner of Police of the Metropolis* [2009] Q. B. 564.

认为有必要实施逮捕。

当某人合理地怀疑某项罪行即将发生时,就有权逮捕,但应当有证据表明有合理的理由怀疑;应当提供自己怀疑的证据。[①] 实施逮捕者应在法庭上表示(正在调查的逮捕的有效性),他怀疑被告人当时即将实施罪行。[②]

1-131 以正确的“预感”实施逮捕。

有人可能强烈争辩称,如果成文法允许在犯罪即将发生时实施逮捕,而犯罪事实上已经发生,即使逮捕者的怀疑是不合理的,逮捕也是合法的。但这不是法律。逮捕者可能很难预测法院随后是否会认为自己的怀疑是合理的,但这个问题会被提出。如果没有合理的理由相信有必要逮捕,逮捕将是非法的。对这种说法的批评是,赋予逮捕权的法律这样做是为了在必要时将罪犯绳之以法。如果该目的已经实现,应当给予逮捕者有保留的表扬,而不应当仅仅因为其不准确地知道或相信事实而对其加以惩罚。所做的事客观意义上是合法的。[③] 然而,另外的说法更为激进。允许警察在没有审判证据和没有合理理由实施逮捕的情况下,浪费公民的时间,本身就是错误的。

1-132 无罪释放的义务。

当有合理的嫌疑而允许逮捕时,当然,一旦逮捕者意识到自己的怀疑是没有根据的,就必须释放嫌犯。[④]

1-133 在没有实施犯罪的情况下进行逮捕。

当警察行使这项权力时,不清楚他们逮捕的目的是什么。当然,如果嫌疑犯的行为已经达到了未遂阶段,警方可以因此逮捕。在指控出现之前,不
441 必考虑是否已达到该阶段的问题。即使嫌疑犯还没有达到犯罪未遂,警方在逮捕嫌疑人之后,也可以找到证据证明嫌疑人正在或曾经犯下若干罪行,例如“准备工具”[⑤]。他们可以指控另一罪行,或者只是警告嫌疑犯并释放。唯一的另外可能是把嫌疑犯带到治安法官面前,令其具结。[⑥] 除非嫌疑犯同意,否则不能令其具结;但如果嫌疑犯不同意,可以立即送进监狱。[⑦]

1-134 有效逮捕还有其他条件吗?

拟实施逮捕的警员或者其他人,不得仅仅向犯罪嫌疑人宣布逮捕。必

---

① *Siddiqui v. Swain*[1979]R. T. R. 454;*Chapman v. D. P. P.* (1989) 89 Cr. App. R . 190, 196-197;*Paul v. Chief Constable of Humberside*[2004]Po. L. R. 179 at para. 34-35.

② *Siddiqui v. Swain*[1979]R. T. R. 454.

③ *The Queen v. Dadson*(1850) 169 E. R. 407.

④ *Wiltshire v. Barrett*[1966]1 Q. B. 312.

⑤ Section 25 of the *Theft Act* 1968.

⑥ Section 1 of the *Justices of the Peace Act* 1361.

⑦ *Everett v. Ribbands*[1952]2 Q. B. 198; Glanville Williams, “Preventive Justice and the Rule of Law,” (1953) 16 *Mod. L. Rev.* 417 at 425.

须用清楚的语言:礼貌地要求嫌犯陪着去警察局是不够的。必须确保被逮捕者明白不再是自由人。[1]

如果嫌疑犯屈服,就会被逮捕。如果不认罪,直到逮捕者接触嫌疑人,告诉其已经被捕,才能实施逮捕。因此,如果嫌疑犯在被告知被捕后逃跑,警察必须在嫌疑人被合法逮捕前追捕并对其加以控制。[2] 如果无法控制,言语就足以使逮捕合法化。[3] 嫌犯在被捕前逃跑,本身并不是犯罪。[4] 但如果其在警察试图逮捕时逃跑,可能要承担"拒捕"的责任。如果在被捕后逃跑,就犯了脱逃罪,帮助的人都犯了劫出罪。[5] 如果在被捕后,只是拒绝与警官回警局,无疑构成妨碍警官履行职责的犯罪。[6]

在需要立即采取行动的情况下,逮捕者似乎可以立即使用强力拘留嫌疑犯;这种暴力在法律上是正当的,[7]但在逮捕者与被逮捕者进行适当沟通之前,逮捕程序似乎是不完整的。在逮捕嫌犯时,必须告知警方实质的指控。在著名的"克里斯蒂诉利钦斯基案"(*Christie v. Leachinsky*)[8]中,该规则被确立为普通法。要求逮捕者简要地告诉嫌疑人逮捕针对的行为(你杀死 442
了甲;你从爱马仕商店偷了手提包),除非在当时的情况下,这对嫌疑人来说是显而易见的,[9]或如在嫌疑人打架[10]或逃跑之情形下,与其沟通是不可行的。

1-135　如果逮捕是根据逮捕令进行的,常识表明,除此之外,逮捕者还应说明这项事实。成文法要求,应被逮捕人的要求,应根据实际情况尽快向其展示逮捕令;[11]显然,如果被告人未被告知其存在的话,可以要求查看。在判例中,法院在附带意见中表示,只要被告知逮捕针对的行为,某人就无权知道是否是基于逮捕令而被逮捕[12]的;但这不可能是正确的。

---

① *R. v. Inwood*[1973]1 W. L. R. 647.

② *R. v. Brosch*[1988]Crim. L. R. 743.

③ *Alderson v. Booth*[1969]2 Q. B. 216.

④ *Sekfali v. D. P. P*(2006)170 J. P. 393.

⑤ *R. v. Dhillon*[2006]1 W. L. R. 1535;*R. v. Montgomery*[2008]1 W. L. R. 636. *The King v. Burridge*(1734)93 E. R. 202;*Bensted's Case*(1640)79 E. R. 1101.

⑥ *Marsden v. Crown Prosecution Service*(2014)178 J. P. 497;*Sekfali v. D. P. P*(2006)170 J. P. 393.

⑦ Section 117 of the *Police and Criminal Evidence Act* 1984.

⑧ [1947]A. C. 573 applied by the Court of Appeal in *Taylor v. Chief Constable of Thames Valley* [2004]1 W. L. R. 3155 with reference to section 28(3) of *Police and Criminal Evidence Act* 1984. *Fox v. U. K.* (1991)13 E. H. R. R. 157.

⑨ Cf. *Waters v. Bigmore*[1981]R. T. R. 356.

⑩ *Blench v. D. P. P.* [2004]EWHC 2717;*D. P. P. v. Hawkins*(1989)88 Cr. App. R. 166.

⑪ Section 96(4) of the *Access to Justice Act* 1999. section 125 of the *Magistrates' Court Act* 1980.

⑫ *R. v. Kulynycz*[1971]1 Q. B. 367 at 372.

最初无效的逮捕可以随后(尽管不是追溯性的)合法化,例如,在被逮捕者到达警察局时告诉逮捕的理由。从那一刻起,嫌疑犯就被依法逮捕了,但仍然可以对以前的非法拘禁提出控诉。①

与逮捕有关的其他各种问题在本次讨论中被忽略,例如与进入物业进行逮捕的权利有关的问题(尽管在以下各节中顺便提到了)、将嫌疑人带到治安法官面前的义务、审讯、搜查、提取指纹,体检和鉴定程序。这些问题不属于本书的讨论范围。本节的目的是提供与非法监禁有关的合法拘留的基本细节(然而,这些对逮捕法的简要概述也为下文关于妨碍警官履行职务罪的讨论奠定了基础)在继续讨论之前,需要大致考虑其他几种形式的合法拘留。

1-136　某人可以在不被逮捕的情况下而被合法拘留吗?

对。"逮捕"概念通常用于犯罪逮捕。此外,法律赋予除犯罪或涉嫌犯罪外某些拘留的权力。② 例如,若干精神错乱的人可能会被送往医院;③根据过量酒精规定,要求司机提供样本的警官,在司机提供样本后,可以暂时对
443 其进行拘留;④警察可以暂时拘留人们,以搜查枪支⑤或非法药物⑥。1995 年《商船法》(the Merchant Shipping Act 1995)第 105 条规定:"联合王国船舶的船长如认为对船舶的安全或维持船舶上的良好秩序或纪律是必要或合宜的,可安排对船上他人加以限制。"

1-137　有自卫吗?

公民有权使用合理强力保卫其财物,而该强力可能包括扣押其(不合理地)认为是夜盗者的人。使用的强力不能过分,但被告人可以针对自己扣押的人是否是夜盗者存在不合理的认识错误。⑦ 如果防卫人真诚地相信自己所扣押的人是盗贼,扣押这样的人并不一定涉及不合理的使用强力。暴力是否不合理取决于事实。用极端的力量阻止嫌疑犯逃跑是不合理的,比如用猎枪把他的腿打断。财物的价值不足以证明这种极端侵犯他人价值的行为是正当的。

将这与下列案件事实相比,即被告人(非警官)逮捕被害人时误认为被

---

① *Lewis v. Chief Constable of South Wales*[1991]1 All E. R. 206;*Dawes v. D. P. P.* [1995]1 Cr. App. R. 65;*R. v. Kulynycz*[1971]1 Q. B. 367.

② Section 136 of the *Magistrates' Courts Act* 1980; section 12(2) of the *Contempt of Court Act* 1981; section 118 of the *County Courts Act* 1984.

③ Sections 135-137 of the *Mental Health Act* 1983.

④ Section 7 of the *Road Traffic Act* 1988. *D. P. P. v. Carey*[1970]A. C. 1072;*Scheiner v. D. P. P.* [2006]EWHC 1516.

⑤ Section 47 of the *Firearms Act* 1968.

⑥ Section 23(2(a) of the *Misuse of Drugs Act* 1971.

⑦ *R. v. Faraj*[2007]2 Cr. App. R. 25;*R. v. Morris*[2014]1 W. L. R. 16.

害人是两周前自己曾看到的砸毁当地公交候车亭的人。被告人无法采取行动保护财物,因为刑事损害发生在两周前。由于被告人正在根据 1984 年《警察和刑事证据法》第 24A 条进行逮捕,必须有合理的理由扣押嫌疑人。被告人可能会辩称自己拘留并逮捕了被害人,因为认为被害人犯了可公诉的罪行。被告人必须有合理的理由怀疑被害人违反该法第 24A(2)(b)条,实施了刑事犯罪,破坏了公共汽车候车亭。此外,被害人必须满足该法第 24A(4)条的要求。如果被告人声称,被害人会在警官"对其履行责任"之前逃走,则可能符合该法第 24A(2)(b)条之规定。同样,被告人必须有合理的理由相信被害人会在警察对其履行责任之前逃跑。如果证据表明被告人错误地认为被害人破坏了公共汽车候车亭,而这种误解是完全不合理的,对被告人的逮捕和拘留将是非法的。

第 17 节　攻击与意欲妨碍警察执行公务

1-138　根据 1996 年《警察法》(the Police Act 1996)第 89 条的规定,存在如下两项核心罪行: 444

(1)攻击履行职务的警员,或协助警员履行职务的人,即属犯罪,应循简易程序定罪……

(2)抗拒或故意妨碍警员执行其职责,或其他人协助警员执行其职责的,即属犯罪,应循简易程序定罪……

如果适用《警察法》第 89(1)条,被告人必须"攻击"履行职务的警员,或协助警员履行职务的其他人。该法第 89(2)条所述罪行的对象是那些为"抗拒"或"妨碍"警员履行职责而采取行动的主体。

此外,1861 年《侵害人身权法》第 38 条规定的罪行是,攻击"他人,意图抗拒或阻止因犯罪行为而合法逮捕或拘留其本人或他人"。如果被告人基于阻止自己或其他人受到合法逮捕的主观意图,实施了攻击或殴打的行为,[①]后罪就得以证明。[②]《侵害人身权法》第 38 条所规定的犯罪的特点是,如果行为人因非刑事不法行为,如破坏治安而拒捕,则该条不适用。[③] 如果逮捕事实上是合法的,[④]而被告人对逮捕的合法性的认识是错误的,就不能

---

① Section 38 of the *Offences against the Person Act* 1861.

② *R. v. Lee*[2001]1 Cr. App. R. 19.

③ *Davies v. Griffiths*[1937]2 All E. R. 67; *R. v. County of London Quarter Sessions Appeals Committee, Ex. p Metropolitan Police Comr.* [1948]1 K. B. 670; *Williamson v. Chief Constable of the West Midlands Police*[2004]1 W. L. R. 14. Cf. *Hewitt v. D. P. P.* [2002]EWHC 2801; Heidi Blake, "Naked Rambler Faces Life in Prison", (London: *The Telegraph*, 13 January 2010.)

④ *R. v. Fennell*[1971]1 Q. B. 428.

将其作为抗辩事由。下面,将集中讨论《警察法》第 89 条规定的罪行。

1-139 被告人不知道打的是警察,是否是对攻击警察的指控的很好的托词?

例如,被告人可以主张自己没有犯攻击罪,因为其发自内心[①]地认为必须自卫。[②] 但是,从攻击行为考虑,被告人可能不能辩称自己不知道攻击的
445 人是警察;[③]如果法院采取这种观点,本罪就将成为部分犯意犯罪。[④] 例如,如果被告人攻击了自己不知道是便衣侦探的人,即使无法知道所攻击的人的身份,根据部分犯意理论,也可能被判犯有 1996 年《警察法》规定的罪行。[⑤] 更合适的观点是,应该将本罪解释为完整犯意的犯罪。令人怀疑的是,至少到 1989 年为止,英国议会是否意图将这种严重罪行界定为部分犯意犯罪。由于相关立法对该问题没有作出规定,因此应认为其默示要求,犯意不仅应涵盖攻击行为,还应涉及被害人身份。

1-140 如果便衣侦探希望得到法律给予警官的特别保护,难道不应该出示自己的警官证吗?如果选择隐瞒身份,为什么被告人应该根据部分犯意(推定罪过)理论被定罪?

这条规则是以前提倡但现在普遍放弃的原则的残余,即实施道德错误行为或较轻罪行的意图,足以满足刑事定罪的罪过要求。[⑥] 与攻击警察相关的规则是不正常的,刑法修订委员会已建议废除该规则。[⑦]

1-141 "履行职责"是什么意思?这是否意味着警察必须正在当值?

问题是其是否在实施警官职权范围内可以合法做的事情。这位警官可能在值班,但其所作所为并非履行职责,因为其可能是在从事非法行动。

1-142 如果法院认为这名警官的行为超出了职责范围,因为该行为是非法的,我想,如果攻击这位警官的行为缺乏正当性,被告人仍然可以被判犯有普通攻击罪,是吗?

是的。

---

① *R. v. Williams*(1984)78 Cr. App. R. 276;*R. v. Beckford*[1988]A. C. 130;*R. v. Kimber*[1983]1 W. L. R. 1118. *Ashley v. Chief Constable of Sussex*[2008]1 A. C. 962 at 972. Cf. *R. v. Mark*[1961]Crim. L. R. 173.

② *Ansell v. Swift*[1987]Crim. L. R. 194;*Kenlin v. Gardiner*[1967]2 Q. B. 510;*Blackburn v. Bowering*[1994]1 W. L. R. 1324;*R. v. Fennell*[1971]1 Q. B. 428.

③ *R. v. Forbes*(1865)10 Cox C. C. 362;*R. v. Maxwell*(1909)2 Cr. App. R. 26;*R. v. K*[2002]1 A. C. 462;*State v. Brown*(2000)140 Wash. 2d 456 at 472.

④ *State v. Brown*,140 Wash. 2d 456 at 473-474(2000)*per* Madsen J.

⑤ *Lavin v. Albert*[1982]A. C. 546.

⑥ *R. v. Prince* (1875)2 C. C. R. 154.

⑦ Criminal Law Revision Committee,*Offences Against the Person*,Fourteenth Report,(London:H. M. S. O. ,Cmnd. 7844,1980)at para. 256.

1-143 提到警察的职责,难道不意味着警察必须做什么,而不仅仅是适合做什么吗?

法院赋予的含义,更接近后者,但含义更加宽泛。该短语的解释是指警察在逮捕、搜查、提问、设置警察陷阱、扣押证据、维护秩序、保护人民及其财物、预防和侦查犯罪①、指挥交通②等方面的职能,即警察作为警察所选择实施的合法行为。如此一来,对警察的干涉都可能被认为是妨碍。 446

逮捕不必最终导致定罪,但必须合法。③ 如果这名警官的行为是非法的,就不是在履行职责。例如,不得擅自闯入他人物业④或实施攻击。⑤ 如果警察亲自押送或拘留未被逮捕的人,实施的就是非法行为。⑥ 警官在逮捕嫌疑人或搜查嫌疑人住所时,必须遵循正确的程序。⑦ 如果官员以非法侵入者的身份进入某处房产,如果某个压倒一切的原因赋予其留下的权力,就将不再是非法侵入者。例如,如果其留在物业内或进入房舍的其他部分纯粹是为了防止迫在眉睫的破坏社会秩序之行为。⑧

1-144 假设被告人承认自己知道正在击打警察,但辩称自己不知道警察在履行职责呢?

警察的职责是什么,抽象地表示,这是法律问题。这被认为是刑法的一部分,公民不能主张不知道这部分法律,来为自己辩护。⑨

法律无知规则在该适用中非常严格,因为警察的法律权力(进入物业、扣押货物、干扰他人)在许多细节上受到怀疑,法院本身对这些细节也不确定。事实上,这种立场是,人都不能安全无忧地对警察使用强力,因为其不能或很少能够确定警察实际无权对其加以拘留、进入其所在物业或扣押的

---

① *Coffin v. Smith*(1980)71 Cr. App. R. 221;*Ludlow v. Burgess*[1971]Crim. L. R. 238;*Waterford v. Lynn*[1964]1 Q. B. 164.

② *Johnson v. Phillips*[1976]1 W. L. R. 65.

③ *Burrell v. Crown Prosecution Service*[2005]EWHC 786.

④ *Syed v. D. P. P.* [2010]1 Cr. App. R. 34;*Baker v. Crown Prosecution Service*(2009)173 J. P. 215;*Robson v. Hallett*[1967]2 Q. B. 939. *Semple v. D. P. P.* [2010]2 All E. R. 353;*Short v. Lovejoy*(1752)Bull. N. P. 16.

⑤ *Cumberbatch v. Crown Prosecution Service*(2010)174 J. P. 149.

⑥ *C v. D. P. P.* [2003]EWHC 2780;*Wood v. D. P. P.* [2008]EWHC 1056;cf. *McMillan v. Crown Prosecution Service*(2008)172 J. P. 485.

⑦ *Saliu v. D. P. P.* [2005]EWHC 2689;*McBean v. Parker*[1983]Crim. L. R. 399. *McLorie v. Oxford*[1982]Q. B. 1290. *O' Loughlin v. Chief Constable of Essex*[1998]1 W. L. R. 374. *Mullady v. D. P. P.* [1997]C. O. D. 422;*Edwards v. D. P. P.* (1993)97 Cr. App. R. 30.

⑧ *Lamb v. D. P. P.* (1990)154 J. P. N. 172. *McConnell v. Chief Constable of Greater Manchester*[1990]1 W. L. R. 364;*Friswell v. Chief Constable of Essex*[2004]EWHC 3009;*McQuade v. Chief Constable of Humberside*[2002]1 W. L. R. 1347.

⑨ *R. v. Bentley*(1850)4 Cox C. C. 406;*Agnew v. Johnson*(1877)13 Cox C. C. 625;*Gelberg v. Miller*[1961]1 W. L. R. 153. Cf. *McGrath v. Vipas*[1984]R. T. R. 58.

货物(警方声称自己有这种权力),或司法机关事后不会给予警方这种权力。
447 即使被告人提出了事实上的错误,如果事实如所相信的那样,该警官就是在其职责范围之外行事;[①]如果被告人从事了攻击该警官的犯罪,也几乎一定犯了攻击履行职责的警察的犯罪,这也是基于行为人攻击警官这个事实而作的推理。如果攻击是技术性的或轻微的,指控嫌疑人攻击警察,通常被认为是压迫嫌疑人的侦查手段。

1-145 如果警察误认为自己的行为是合法的呢?

警员是否在履行职责的问题是客观的。如果警察的行为实际上是非法的,错误的信念就不能使其行为在客观意义上是合法的。警察因误认为某人已被其他警官逮捕而对该人实施强制措施或强行押送该人,就不属于履行职责。[②]

1-146 《警察法》第89(1)条规定了哪些主观要素?

被告人必须被证明有攻击/殴打罪所必要的犯意。如果罪犯因为真诚地相信自己被暴徒攻击而攻击了警察,将缺乏攻击罪的犯意。罪犯缺乏必要的犯意,因为其不意图对警察使用非法强力,也不意图让警察担忧自己的非法暴力。罪犯只想保护自己免受真正认为是非法攻击的伤害。此外,并没有轻率行事,因为其真诚地相信警察是非法攻击者。但被告人不能使用不合理的武力。

1-147 如果某人违反《警察法》第89(2)条抗拒或妨碍警员执法,何时须负法律责任?

《警察法》第89(2)条有两个可供选择的行为要素,"抗拒"[③]或"妨碍"警员履行职责。事实上,罪犯必须妨碍、抗拒了警察,因为仅仅试图妨碍或抗拒警察是不够的。[④] 这项罪行以及在警员履行职务时对其加以"攻击"的罪行,已被法院发展成宛如铜墙铁壁般的密集法网,保护警察和法院的行动不受形式的干扰。

1-148 假设警察想讯问某人,不是因为是证人,就是因为可能是罪魁祸首,而此人拒绝与警方交谈,该人是否构成妨碍警察执行公务的犯罪?

不。除了某些逮捕和拘留的权力,警察不能强迫公民接受讯问,也没有
448 权力迫使人们回答问题。

---

① *R. v. Fennell*[1971]1 Q. B. 428. *R. v. Ball*(1990)90 Cr. App. R. 378.

② *Kerr v. D. P. P.* (1994)158 J. P. 1048;*Cumberbatch v. Crown Prosecution Service*(2010)174 J. P. 149;*Bentley v. Brudzinski*(1982)75 Cr. App. R. 217.

③ *R. v. Sherriff*[1969]Crim. L. R. 260.

④ *Bennett v. Bale*[1986]Crim. L. R. 404;*D. P. P. v. Glendinning*[2006]A. C. D. 21.

1-149　但警察的部分职责是调查犯罪。如果某人拒绝帮助他们调查，怎么能不是妨碍公务呢？

想给你的答案是：妨碍警察的意思是积极的阻挠，而不是没有为其提供帮助。令人遗憾的是，法院已经形成了不合作即妨碍的法律规则，而这种做法给出的并不是正确的法律答案。

很明显，当故意妨碍警员的罪行首次出现在成文法中时，其目的仅仅是处理人身阻挠或妨碍，事实上，苏格兰法官至今仍然这样解释。① 但英格兰的法官认为，障碍可以是非身体上的，这意味着他们能够控制一般全新行为领域。例如，有人认为，某人可以通过警告犯罪人警察来了来妨碍警察执行公务。② 因此，有人提出了问题，即是否可以因不作为而妨碍公务。

起初，法院判定不能，这在被误解的“赖斯诉康诺利案”（*Rice v. Connolly*）③中得到了充分的体现。该案中分庭法院得出了无可挑剔的结论，理由虽然有点瑕疵，但基本上是合理的。无懈可击的结论是，拒绝回答警察问题的公民不构成故意妨碍警察履行职责的罪行。④ 帕克法官判决的主体部分，包含了存在轻微瑕疵的理由，即犯罪需要意愿心态，这意味着对此将没有合法的免责事由；公民有合法的理由不回答问题，大概是因为“沉默权”⑤，对于此类论断的反对意见的根据，主要在于，首先，免责的问题与故意的心理状态无关。其次，不回答警察的问题不是妨碍公务的符合逻辑和正当的理由，不是公民有具体权利，而是必须把“妨碍”理解为积极的妨害，而不仅仅是不合作。如果要把普通人置于帮助警察的法律义务之下，就必须由议会通过专门立法；议会应说明在哪些方面应根据警察的要求帮助他们，并应提供适当的豁免，以及设定拒绝配合的适当惩罚。这项工作不应通过对妨碍罪的司法“解释”来完成，设立该罪显然只是为了防止主动妨碍公务。

1-150　公平而言，虽然帕克法官的出发点是错误的，但却得出了正确的结论，因为他表示：“虽然每个公民都有道德义务……协助警察，但没有这方面的法律义务。”因为不作为的概念，在缺乏作为的法定义务时其实毫无意义，所以人们可能会认为，应该由议会提供这些强加给人民的法律义务清单，而不是由法官在案件摆在他们面前时补上这些义务。事实上，议会规定 449
了若干不遵守警察命令的特定犯罪，⑥这似乎表明有必要制定具体的立法。

---

① *Curlett v. M' Kechnie*(1939) S. L. T. 11; *Carmichael v. Brannan*(1985) J. C. 82.

② *D. P. P. v. Glendinning*[2006] A. C. D. 21; *Betts v. Stevens*[1910] 1 K. B. 1; *Green v. Moore* [1982] Q. B. 1044. *Bastable v. Little*[1907] 1 K. B. 59.

③ [1966] 2 Q. B. 414.

④ Cf. *Dibble v. Ingleton*[1972] 1 Q. B. 480 at 488.

⑤ *Murray v. U. K.* (*Right to Silence*) (1996) 22 E. H. R. R. 29.

⑥ section 163 of the *Road Traffic Act* 1988.

该观点得到了下列事实的支持,即赋予警察权力涉及公民自由的敏感问题。法院普遍予以承认,从而继续确认,虽然警方取得犯罪证据是某项重要职能,但公民拒绝回答问题,不构成犯罪。[①]

到目前为止,一切都相当清楚。不幸的是,法院在支持警察行动的焦虑中使用了"赖斯诉康诺利案",得出的结果却恰好与帕克法官的结论相反。他们把句子断章取义,甚至没有正确阅读。帕克法官表示:"'妨碍'是指使警察更难履行职责的行为。"这并不意味着,正如有时所设想的那样,使其更难履行职责的行为都构成妨碍。一方面,帕克法官表示"行为",另一方面,他显然只谈到警察的合法活动。但现在的法院似乎认为,因为警察一定在做这样或那样的事情,所以这些事情一定是合法的。

以下判例表明,警察可以要求公民在两个重要的行动领域积极合作:预防犯罪和保护生命及财物,因此公民拒绝在这两个问题上帮助警方,将属于妨碍公务。

1-151 如果某人在示威中与他人聚集在一起致公路堵塞,并且在警察叫其继续前进时没有离开,就很可能会被指控妨碍公路,[②]或者,由于警察有责任清除公路上的障碍物,也可能被指控妨碍公务。[③] 当某人拥有阻碍高速公路的车的钥匙,并且拒绝把钥匙交给希望移动车的警察时,就会因为拒绝交出钥匙而妨害警察执行公务。[④] 同样,司机也可以被命令靠边停车,从而对其进行酒精呼吸测试。[⑤]

除了防止犯罪的权力外,警察还被法院赋予保护生命或财物的一般权力;在行使该权力时,警察甚至可以指示公民实施通常属于轻微犯罪的行为,如果对方拒绝,就可以以妨碍公务罪对其加以起诉。[⑥] 由于警察有责任
447 防止犯罪行为,特别是破坏社会秩序的行为,因此,如果合理地认为这是防止他人扰乱社会秩序的唯一方法,警察可以合法地要求某人停止挑衅(尽管是合法的)行为;如果被这样命令的人拒绝终止,就犯有妨碍公务罪。[⑦] 虽然,在理论上,警察应该拥有这种权力,似乎是正确的,但有时仅仅因为被告人在开会或分发小册子,警方就被允许以不可辩驳的脆弱理由声称他们担

---

① *Rice v. Connolly*[1966]2 Q. B. 414. Glanville Williams, "Evading Justice," [1975] Crim. L. R. 479 at 481 *et seq*. *R. v. George*[1981] Crim. L. R. 185. *Green v. D. P. P.* (1991) 155 J. P. 816. *Hills v. Ellis*[1983] Q. B. 680.

② Section 137 of the *Highways Act* 1980.

③ *Parkhurst v. Jarvis*(1910) 101 L. T. 946.

④ *Stunt v. Bolton*[1972] R. T. R. 435; *Liepens v. Spearman*[1986] R. T. R. 24.

⑤ Section 7 of the *Road Traffic Act* 1988.

⑥ *Johnson v. Phillips*[1976] 1 W. L. R. 65; *Stunt v. Bolton*[1972] R. T. R. 435; *Broome v. D. P. P.* [1974] A. C. 58; *Re Kavanagh*[1974] Q. B. 600; *Tynan v. Balmer*[1967] 1 Q. B. 91.

⑦ *Humphries v. Connor*(1864) 17 I. C. L. R. 1.

心社会秩序遭到破坏。[①]

警察可以采取行动防止即将发生的破坏社会秩序的行为，但前提是其必须清楚，打破社会秩序的行为几乎肯定会在不久的将来发生。在“女王(应拉波特的申请)诉格洛斯特郡警察局局长案”[*R.* (*on the application of Laporte*) *v. Chief Constable of Gloucestershire*][②]中，权利人是乘客，其乘坐的大客车从伦敦前往格洛斯特郡空军基地抗议示威。警察拦住了其乘坐的客车，押送回了伦敦。这辆客车是 3 辆载有 120 名抗议者的客车之一。没有证据表明，大多数抗议者除了以和平方式抗议外，还意图采取其他行动。宾厄姆法官表示：[③]

“仅仅认为破坏社会秩序具有某种真正的可能性，不足以成为采取行动的理由，而警察和公民都没有权力或义务根据自己面前的证据采取他们认为适当的措施。”

布朗法官(Lord Brown)则表示：“没有权力(或义务)采取预防性行动，除非能够使警员(或公民)合理地意识到实际破坏社会秩序的行为迫在眉睫(即将发生)。”[④]

1-152　自 1998 年《人权法》颁布以来，英国法院就一直认为，只有在绝对必要的情况下，警察才能够限制无辜旁观者的合法活动，以防止社会秩序遭到破坏。[⑤] 在“奥斯汀诉大都会警察局局长案”(*Austin v. Commissioner of Police of the Metropolis*)中，克拉克法官(当时的头衔还是爵士)表示：[⑥]

(i)在警察采取措施干扰或限制无辜的第三方合法行使权利之前，如果正在发生或合理地认为即将发生破坏社会秩序的行为，他们必须确保已采取一切其他可能的措施，以保证这种破坏或即将发生的破坏行为被排除，无辜的第三方的权利受到保护；

(ii)采取所有其他可能的措施包括(在可行的情况下)，但不限于，确保为处理破坏社会秩序的行为，已经作出适当的事先准备，因为不采取这些措施将使干涉无辜的第三方的权利丧失正当性或无法获得正当性；但是；

---

① *Duncan v. Jones*[1936]1 K. B. 218.

② [2007]2 A. C. 105. Cf. *R.* (*on the application of Hawkes*) *v. D. P. P.* [2005]EWHC 3046.

③ *R.* (*on the application of Laporte*) *v. Chief Constable of Gloucestershire*[2007]2 A. C. 105 at 131.

④ Quoting Profesor Glanville Williams in his 1954 article “Arrest for Breach of the Peace,” [1954]Crim L. R. 578, *R.* (*on the application of Laporte*) *v. Chief Constable of Gloucestershire*[2007]2 A. C. 105 at 151-152.

⑤ *Beatty v. Gillbanks*(1882)9 Q. B. D. 30；以及 *Redmond-Bate v. D. P. P.* (1999)163 J. P. 789; *R.* (*on the application of Laporte*) *v. Chief Constable of Gloucestershire*[2007]2 A. C. 105 at 155.

⑥ [2008]Q. B. 660 at 680-681. Cf. *R.* (*on the application of Miranda*) *v. Secretary of State for the Home Department* [2014]1 W. L. R. 3140.

(iii)当(且仅当)有合理的理由相信没有其他手段可以消除对社会秩序的破坏或即将破坏时,警察才可限制第三方合法行使其权利;

(iv)只有在真正极端和特殊的情况下才有理由进行紧急避险;

(v)所采取的行动必须是合理必要的且符合比例原则。

尽管如此,法院在其他方面却没有宽容。以两名警察试图在街上讯问两名男性的判例为例。两名男子中的一人开始辱骂并试图走开。他因妨碍警员履行职务而被定罪,上诉审维持原判,[①]但没有给出令人满意的理由。如果某人在被警察讯问时没有义务留下来(这是毋庸置疑的法律规定)[②],就不可能理解为什么他拒绝留下来,同时谩骂并威胁的行为,会使其犯下妨碍公务罪。无论被告人以什么相威胁,警察都无法合理地相信自己存在受到攻击的危险,因为他们知道,要结束该事件,就需要停止用不受欢迎的问题纠缠对方。该判决似乎是由若干混乱的想法造成的,即由于警察是在履行其执法的一般职责,因此有权干涉公民的自由,例如迫使停下来回答问题。事实上,只在法律所授予的合法权利和自由范围内,警察才能执行法律的一般"职责"。

在"塞克法利诉检察长案"(*Sekfali v. D. P. P.*)[③]中,在伦敦的服装店中3名被告人被发现行为可疑。商店的工作人员报了警。便衣侦探在嫌犯离开商店不久后,在附近的街上发现了他们。侦查人员走近嫌疑犯,表明自己的警察身份。当他们出示警官证时,3个嫌疑犯朝着不同的方向跑去,最后全部被捕。其中有人被发现携带了1件失盗的夹克,警方称是从店里拿走的。这些嫌疑人被控违反了1996年《警察法》第89(2)条,故意妨碍警察执行公务。他们的辩护律师争辩称,嫌疑人没有义务留下来或回答问题,因为他们没有被捕。法院认为,尽管他们没有义务回答问题或做其他事情来协助警察,但他们有义务留下:

"上诉人本来有权保持沉默,不回答警方提出的问题。如果他们没有被逮捕,他们本可以拒绝陪同警察去可能会被要求前往的特定地方。他们可以认为自己无意回答问题,毫无疑问,上诉人可以这样表示,因为他们当时
452 有自己想走的路,并且这样做不会让法院有权得出结论,即认定他们离开是意图妨碍警察和妨害警察执行公务。如果他们那样回答,警察就应该决定是否逮捕他们;但是他们逃跑了,因而治安法官发现他们这样做是为了避免被逮捕。这作为某项故意作为,被视为妨碍公务,违反了第89(2)条中列明

---

① *Ricketts v. Cox*(1982)74 Cr. App. R. 298. *Donnelly v. Jackman*[1970]1 W. L. R. 562;*Ledger v. D. P. P.* [1991]Crim. L. R. 439.

② *Rice v. Connolly*[1966]2 Q. B. 414;*Bentley v. Brudzinski*(1982)75 Cr. App. R. 217.

③ (2006)170 J. P. 393.

的罪行。"[①]

1-153　这意味着,即使警方无法在不逮捕嫌疑人的情况下限制其自由,[②]嫌疑人也必须待在原地,直到警方有合理机会决定是否对其加以逮捕。如果允许警察有权要求某人停留 10 分钟左右,法律就会被推到极限。[③] 如果警察不意图逮捕嫌疑犯,就根本不应该留置他。当警官提出问题时,离开并不等于妨碍,因为这位警官无权得到答案。如果警察想让步行者停止行走,就应该逮捕,如果他们有理由这样做的话。"塞克法利诉检察长案"的规则只应适用于警方意图逮捕,以及有明确证据表明罪犯因怀疑即将被捕而逃跑的案件。

1-154　如果警察能说服群众帮忙,以防止阻塞高速公路,他们能组织一大群路人清除街道上的瓦砾,并起诉拒不执行的人妨碍公务吗?

这些判决只涉及自身妨碍高速公路或(通过持有阻碍道路车辆的钥匙)处于特殊位置以阻止公路继续运转的人。显然,对于这个问题的答案是否定的。一般来说,警察要求公民配合以共同预防犯罪的权力,只有在针对那些作为煽动者或以其他方式参与犯罪的人时,才能获得承认。[④] 但根本不清楚法院的推理路线会被推进到什么程度;可能随时会有新的出发点。有许多判例支持的传统规则是,为了证明干预个人自由的正当性,警察必须援引具体的法律根据。对其而言,仅仅表明自己正在履行一般职责,是不够的。

特殊的问题是非法侵入私人土地和建筑物。人们一直认为,虽然警察有权进入物业以阻止破坏社会秩序或严重犯罪[⑤]的行为,但一般无权单纯为了取得过去犯罪的证据而进入此类地方;有判例证实了该观点的正确性,即当警官没有允许其进入物业搜查犯罪证据的搜查令时,拒绝其这样做,并不构成妨碍警察执行公务。[⑥] 同样,有人坚信,警官不能要求人们帮助其实施逮捕(除非有两个或两个以上的人在该警察在场的情况下破坏社会秩序);[⑦] 1861 年的判例证实了这个问题,该判例表明,如果物业使用人拒绝配合警方 453

---

① *Sekfali v. D. P. P*(2006) 170 J. P. 393 at para. 10.

② *R. v. Inwood*[1973]1 W. L. R. 647; *Pedro v. Diss*(1981) 72 Cr. App. R. 193.

③ Cf. *Lodwick v. Saunders*[1985]1 W. L. R. 382. *Leach v. D. P. P.* [1993] R. T. R. 161. *D. P. P. v. Hawkins*[1988]1 W. L. R. 1166.

④ *Sekfali v. D. P. P*(2006) 170 J. P. 393 at para. 10.

⑤ *Handcock v. Baker*(1800) 126 E. R. 1270; *Thomas v. Sawkins*[1935]2 K. B. 249; *McGowan v. Chief Constable of Kingston-upon-Hull*[1967] Crim. L. R. 34.

⑥ *Syce v. Harrison*[1980] Crim. L. R. 649; cf. *Chapman v. D. P. P.* (1989) 89 Cr. App. R. 190. 在 *R. (on the application of Rottman) v. Commissioner of Police of the Metropolis*[2002]2 A. C. 69. *Bhatti v. Croydon Magistrates' Court*[2010]3 All E. R. 671; *R. v. Commissioner of the City of London Police* [2009]1 W. L. R. 2091.

⑦ *R. v. Brown*(1841) 174 E. R. 522.

找到躲在他家里的罪犯,并不构成妨碍公务罪。这还是现行法律吗?答案是肯定的。房东阻止警方搜查其房客的财物,以获取证明该房客的有罪证据,是否构成妨碍公务?但似乎事实上,妨碍公务罪从来没有扩展至未能帮助警察实施逮捕或收集犯罪证据的人身上。

即使是"女王诉布朗案"(*R. v. Brown*)[①]这样的判例,也不太可能在21世纪得到遵循。如果允许警官呼吁无辜的旁观者帮助他们逮捕,以防止两个或两个以上的人在其面前破坏社会秩序,似乎就太过分了。鉴于现代警察部队拥有庞大的资源,将拒绝参与危险的警察工作的未经训练的公众予以定罪,显然是不适当的。似乎也没有必要让群众加入进来。[②] 与此相反,如果某人能够在自己的自由不受无理限制的情况下提供帮助,例如房东用钥匙打开房门,帮助警察从着火的建筑物中救人,而不给予协助,就应该承担责任。[③] 如果拒绝用钥匙开门来帮助急救人员,也可能会构成妨碍急救人员的法定罪行的简易犯。[④] 因此,显然,从决定警方可以要求公众提供何种
454
合作的角度出发,英国法院以不清楚和不系统的方式,对警察的职能进行了粗略的划分。[⑤]

1-155 《警察法》第89(1)条的主观要素与第89(2)条的主观要素不同吗?

你会记得,该款规定:"抗拒或意欲妨碍警员执行其职责的人。""意欲"概念只适用于妨碍。也许这意味着,某人可能要为轻率地反抗正在执行任务的警察而承担责任。然而,意欲要求应理解为,只有在被告人意图造成妨碍时,才能使其承担责任。[⑥] 被告人可能初衷甚好,但如果知道自己的行为会妨碍警察,就可能要负责任。表示"我知道我在阻碍或妨碍这位警官履行职责,但我有充分的理由这样做",是不能成为抗辩事由的。

意欲要求为被告人提供了其他好处。成立妨碍警察罪的意欲要求意味着,被告人对其妨碍者的官方身份出现的事实认识错误,可以作为抗辩事由;[⑦]但一如既往,法律错误(例如,关于警官的职责是什么)不能作为抗辩事由。

---

① (1841) 174 E. R. 522. *R. v. Atkinson*(1869) 11 Cox C. C. 330.

② *R. v. Brown* (1841) 174 E. R. 52; *R.* (*on the application of Laporte*) *v. Chief Constable of Gloucestershire*[2007] 2 A. C. 105 (Lord Rodger quotes the case at 132, but skirts the issue); and *Austin v. Commissioner of Police of the Metropolis*[2008] Q. B. 660 at 680-681.

③ Cf. *Lunt v. D. P. P.* [1993] C. O. D. 430.

④ sections 1 and 2 of the *Emergency Workers*(*Obstruction*) *Act* 2006.

⑤ *R. v. Green*(1861) 8 Cox C. C. 441.

⑥ *Hills v. Ellis*[1983] Q. B. 680; *Lewis v. Cox*[1985] Q. B. 509; *Smith v. Reynolds*[1986] Crim. L. R. 559; *Mauritius v. Hurnam*[2007] 1 W. L. R. 1582.

⑦ *Ostler v. Elliott*[1980] Crim. L. R. 584.

第 18 节　过失伤害

1-156　不存在过失致人受伤的一般罪行。在普通法中，唯一存在的这类犯罪，是过失杀人罪，而其要求发生死亡的结果（由于重大过失或以某些其他方式）。同样，不存在过失伤害的一般法定犯罪。但是针对那些在特定情况下过失造成伤害风险的人的规定，已经开始渗透进了成文法。其中最有名的是危险驾驶和粗心驾驶罪，但 1974 年《工作健康和安全等法》（the Health and Safety at Work etc. Act 1974）对此也有一般规定。

《工作健康和安全等法》第 2（1）条规定："每名雇主均有责任在合理切实可行范围内，确保其所有雇员的健康、安全及工作福利。"

《工作健康和安全等法》第 3（1）条规定："每名雇主均有责任在合理的切实可行范围内，确保其员工以外的人不会受到健康或安全方面的危险影响。" 455

上述规定远远超出了其简短标题的涵摄范围，如果工厂烟囱损害周围占用人的健康，则可以适用该条款。《工作健康和安全等法》第 4 条对与工作场所有关的人（包括对工作场所负有责任的雇员）规定了类似的广泛责任，以确保工作场所（以及工作场所内的装置或物质）安全且不会对健康造成危险。该法第 6 条规定，设计、制造、进口或供应在工作中使用的物品的人，有责任在合理切实可行的范围内，确保该物品的设计和建造在适当使用时是安全的，不会对健康造成危害；此外，还有若干需要进行测试和研究的附属规定，以及与供应工作所用物质有关的类似条款。

1-157　《工作健康和安全等法》第 7 条通过将一般义务延伸到雇员身上，彰显出此类立法中不寻常的缺乏偏见：

每位雇员在工作中承担如下职责：

（a）合理照顾本人及其他可能因其在工作中的作为或不作为而受影响的人的健康及安全；及

（b）就有关法条对其雇主或他人设定的责任或要求而言，在必要时需与雇主或他人合作，以使该责任或要求得以履行或遵从。

同时，《工作健康和安全等法》第 8 条还规定：

"不得故意或轻率地干扰或滥用根据有关法律条文为保障健康、安全或福利而提供的物品。"

《工作健康和安全等法》第 33 条（经修订）规定了处罚，不履行上述职责（或违反第 8 条）即为犯罪。该罪是两可审理犯罪。

这些规定，经常出现在工业立法大量存在的安全条款当中，不遵守这些规定就构成违法犯罪。此外,还有大量保护消费者和环境的法律,对此本书并未涉及。当某项活动涉及风险时,实施主体往往只限于那些具备资质的人——有专业资格或持有公共当局许可证者;缺乏资质的人采取此类行动就构成犯罪。例如,1968年《药品法》(the Medicines Act 1968)第78条和第84条规定,假扮药师构成犯罪;但是,即使其在非法执业过程中,因为过失导致许多人药物中毒,也只能处以罚金。

1-158 为什么不把这些详细的罪名改为概括性的一般罪名呢?如果存在重大过失杀人罪,不明白为什么不应该有重大过失致人伤害罪,或者准确来说,重大过失罪。责任不应取决于不确定的意外结果。

有些人基于在我看来没有说服力的逻辑理由主张这种观点。重大过失杀人罪的适用效果并不令人满意。即使该罪名被认为值得保留,即便立法
456 并未规制没有导致死亡的一般过失犯罪,也没有给司法实践带来不便。监狱里关押的坏人人数已经令人尴尬,没有必要再多关上很多不小心的错误行为人。如果要设置过失犯罪,最好是简易犯,最好适用罚金;这就是上面提到的几乎所有法定犯在实践中发挥作用的方式,即使其中大多数都可以
457 作为法律问题加以公诉审判。

第2章　性犯罪

因此，正如斯塔福德(Staunford)所言，最初，强奸面临严厉的惩罚，直到爱德华一世上台后，才似乎通过修改相关立法(*West.* 1. *Westm.* 2. 34. *cap.* 13.)，将该犯罪的法定刑减为两年监禁和罚金，但这意味着相关法律势必引发社会混乱，以致在次年议会运行期间，通过立法(*West.* 2. *cap.* 34)，爱德华一世又将强奸罪定为重罪。①

强奸罪的严重性不容否认。无论是在道德层面，还是在几乎完全蔑视女性被害人的人格完整和自主权，以及后者选择与谁建立亲密关系的特殊方面，强奸都极应受到谴责。除了杀人，这是对某人的终极侵犯。②

---

① Michael Dalton, *The Country Justice*, (London: Printed by William Rawlins *et al.*, 1697) at 359 citing William Staunford, *Les Plees del Coron*, (London: by Rychard Tottel, 1567).

② *Coker v. Georgia*(1977) 433 U. S. 584 at 597.

第1节 性犯罪的分类

2-001 把性犯罪作类型化表述,多少具有点误导性,因为其在种类上有重要的区别。其主要包括"性攻击"(sexual aggression)和"违反性禁忌"(breaches of sexual taboo)两大类。本书几乎只关注前者。

第一类,是对缺乏同意的被害人的伤害,而第二类无论被害人是否同意,都是非法的。由于"同意"的概念模棱两可,这种区别并不明确。成年人针对同意能力存在严重缺陷的人实施的不当行为,通常可以被归入其中一类,因为对于某些违法犯罪行为的立法目的来说,受保护人的同意并不会得到立法承认。① 如果被告人处于被信任的地位,而被害人年龄为16岁或17
458 岁,则法律认为被害人的同意无效,即使该同意在其他方面是有效的。② 就非常年轻的被害人而言,说其同意永远是不现实的。③

本章涉及的这些罪行的立法目的,旨在保护无辜者不受攻击者侵犯。2003年《性犯罪法》将第二类中许多更具争议性的犯罪,即同性恋犯罪(男性间的性骚扰和严重猥亵)合法化。④ 其他的不法行为似乎横跨两个类别,如"露阴"(indecent exposure)。⑤ 如果公开裸体行为发生在可以随意穿脱衣服的海滩上,就可能不会被认为藐视社会规范,但如果涉及暴露狂为了满足自己的性欲而向年轻姑娘裸露身体,就可能被认为是性攻击行为。

2-002 即使是一般的性犯罪也没有明确的划分,因为这种犯罪都可能是出于性动机。谋杀可能有公开或隐藏的性动机,从常见的嫉妒或想要摆脱性伴侣的愿望到罕见的"恋尸癖"(the necrophiliac)。⑥ "性虐狂"(sadism),作为性本能的扭曲,可能导致造成人身伤害的罪行。⑦ 在公共场所发生的,如公共厕所,成年人之间的彼此同意的性行为被定为犯罪,⑧因为

---

① Sections 38-41 of the *Sexual Offences Act* 2003.

② Sections 16-19 of the *Sexual Offences Act* 2003.

③ Dennis J. Baker, "Should Unnecessary Harmful Nontherapeutic Cosmetic Surgery Be Criminalized," (2014) 17 *New Crim. L. Rev*. 587; Mark J. Cherry, "Ignoring the Data and Endangering Children: Why the Mature Minor Standard for Medical Decision Making Must be Abandoned," (2013) 38 (3) *J. Med. Philos*. 315 at 323.

④ Sections 12 and 13 of the *Sexual Offences Act* 1957.

⑤ Section 66 of the *Sexual Offences Act* 2003. *R. v. Clark*(1883) 15 Cox C. C. 171.

⑥ *R. v. Coutts*[2007] 1 Cr. App. R. 60 at 78. *R. v. Van Beelen*(1973) 4 S. A. S. R. 353. *R. v. Best* [2012] N. S. W. S. C. 924. *R. v. Perini*(*No* 2) [2011] QCA 384. *People v. Jones*(2012) 54 Cal. 4th 1.

⑦ *R. v. Brown*[1994] 1 A. C. 212.

⑧ Section 71 of the *Sexual Offences Act* 2003.

必须确保公共空间可供所有人使用。① 如果在这里上演性接触行为，就没有人会想使用这些公共设施。② “兽交”（bestiality）对人类无害，但没有理由不将对动物的伤害定为犯罪。“乱伦”被作为犯罪进行规制，不仅因为其藐视 459 社会习俗，③而且因为有可能产生残疾儿童。④ 恋物癖者可能会偷性用品（比如从晾衣绳上偷走女性内衣）。

窥阴癖（偷窥狂）⑤随机地犯下的妨害社会行为一般都很轻微，不值得通过法律具体处理，但未经他人同意，使用设备记录他人的亲密时刻，则应被定为某种犯罪。⑥ 从被害人的角度来看，偷窥的应受谴责性在于自身隐私的丧失，而不是性攻击本身。⑦ 2015 年《刑事司法和法院法》第 33 条（在编写本书时尚未生效），旨在将制作导致隐私严重泄露的报复性色情制品的行为定为犯罪。但该规定只将不合理和非自愿披露定为犯罪。因此，如果被告人强迫被害人脱光衣服，满足个人私欲而拍摄照片，将不承担 2015 年《刑事司法和法院法》第 33 条规定的责任。⑧ 尽管根据 2003 年《性犯罪法》第 78 条，被告人的行为可能具有性的性质，但如果被告人用枪指着被害人，强迫 460 后者脱光衣服，而没有（身体上）接触，将不会根据 2003 年《性犯罪法》第 3 条承担责任。第 3 条要求被告人触摸被害人的身体：不包括被害人被迫自己抚摸自己的情况。被告人这样的行为可能会触犯 2003 年《性犯罪法》第 4 条（导致他人从事性活动），但该行为对被害人来说肯定不是性行为，即使对被告人来说是这样的。

---

① Dennis J. Baker “The Impossibility of a Critically Objective Criminal Law,” (2011) 56 (2) *McGill L. J.* 349; Joseph Raz, *Ethics in the Public Domain* (Oxford: Clarendon Press, 1995) at 162 *et seq*.

② Section 69 of the *Sexual Offences Act* 2003. Dennis J. Baker, *The Right Not to be Criminalized: Demarcating Criminal Law's Authority*, (Farnham: Ashgate Publishing, 2011) at 82-83; 158; Peter Singer, *Animal Liberation*, (London: Pimlico, 2nd edn. 1995). A. D. Harvey, “Bestiality in Late-Victorian England,” (2000) 21 (3) *Journal of Legal History* 85.

③ Tatjana Hornle, “Consensual Adult Incest: A Sex Offence,” (2014) 17 (1) *New Crim. L. Rev.* 76; Markus D. Dubber, “Policing Morality: Constitutional Law and the Criminalization of Incest,” (2011) 61 *U. Toronto L. J.* 737.

④ Sections 64 and 65 of the *Sexual Offences Act* 2003. Frances Gibb, “Rise in marriages between cousins ‘is putting children's health at risk’”, (London: *The Sunday Times*, 10 March 2010). Dennis J. Baker, “The Moral Limits of Criminalizing Remote Harms,” (2007) 10 *New Crim. L. Rev*. 370. Cf. Peter Bowsher, “Incest-Should Incest Between Consenting Adults be a Crime?” (2015) *Crim. L. R.* 208 discussing *Stubing v. Germany* [2013] 1 F. C. R. 107.

⑤ *R. v. Hamilton* [2008] Q. B. 224.

⑥ Section 67 of the *Sexual Offences Act* 2003.

⑦ *R. v. Hamilton* [2008] Q. B. 224. Dennis J. Baker, “The Sense and Nonsense of Criminalising Transfers of Obscene Material,” (2008) 26 *Sing. L. Rev*. 126.

⑧ *K Pak-Wo v. The Queen* [1980] H. K. L. R. 24.

基于“内政部”(the Home Office)[①]的建议,2003 年《性犯罪法》重新规定了性犯罪(除非有相反的表述或明确默示,本章所指,皆为该法)。该法创造了 70 多项新的罪行,但篇幅所限,无法在本书中对所有这些罪行进行详细研究。本章主要探讨涉及攻击的核心罪行。成年人犯罪、未成年人犯罪以及旨在保护精神病患者的犯罪之间有很大的重叠。本章将以成年人犯罪为例,阐述其核心原则。但是,如果未成年人犯罪和保护精神病患者的犯罪包含“煽动”等不同的概念,则本书将参照特定的犯罪详细讨论该概念。

核心罪行包括强奸(《性犯罪法》第 1 条)、插入式性攻击(《性犯罪法》第 2 条)、性攻击(《性犯罪法》第 3 条)和导致他人从事性活动(《性犯罪法》第 4 条)。本章还将探究这些罪行的儿童版本;以及旨在保护精神病患者的具体罪行。性犯罪的核心概念是“同意”。这里对此不加以详细讨论,因为下文对同意作了非常细致的介绍。对于许多非核心罪行,如暴露狂、公共厕所性行为、偷窥和乱伦,都没有进一步讨论。

第 2 节　强　奸

2-003　在英格兰和威尔士,强奸罪已至少有 1000 年的历史。[②] 强奸犯可被判处终身监禁。[③] 但直到 1976 年《性犯罪法(修正)》采纳了“检察长诉摩根案”[④]的判决,才对该罪作出法定定义。2003 年《性犯罪法》第 1 条则是对该罪行的最新立法表述。

第 1 条规定:

(1)下列情况下,行为人甲构成犯罪:

(a)故意用阴茎插入乙的阴道、肛门或口腔;

(b)乙不同意被插入,以及;甲不合理地相信乙对此同意。

(2)确信是否合理,须在考虑所有情况后确定,包括甲是否已采取措施
461 以确定乙方存在同意。

犯罪只能由男性实施,毕竟只有男性有阴茎。如果某人利用无辜的代

---

① Home Office, *Setting the Boundaries: Reforming the Law on Sex Offences*, (London: Home Office Communication Directorate, 2000).

② Andrew Horne, *The Mirrour of Justices*, (London: Imprinted for Matthew Walbanke, 1646) [(translated into English by W. H. of Gray's Inn) at Ch. Ⅱ., Sc. 21 *et passim*. The *Mirrour of Justices* was first published in 1328 in old French: the original manuscript is in the Parker Library, Corpus Christi College, Cambridge (manuscript identifier CCCC MS 258)].

③ Section 1(4) of the *Sexual Offences Act* 2003.

④ [19(76] A. C. 182.

理人实施强奸,则其不应被判强奸罪,因为该条的措辞似乎排除了这种适用。[①] 议会意图让控方根据《性犯罪法》第 4 条起诉此类案件。第 4 条规定了新的犯罪,即导致他人从事性活动。如果妇女协助或鼓励他人实施强奸,就可能会被判强奸罪。[②] 男性附属性器官不一定是原始的。如果被告人变性,就强奸罪而言,"他"的新性器官将被视为阴茎。[③] 同样,如果被害人以前是男性,但已经转变为妇女,根据该部分的法律规定,经手术构建的阴道将被视为阴道。[④] 被害人可以是男性也可以是女性,因为所有人都有肛门和嘴巴。

2-004　有两类人不受强奸法的约束。以前,丈夫被视为不能成为强奸的主体,但现在情况已经不同。[⑤] 对这个一般规则给出的传统理由,即妻子的同意始于结婚,不能撤销不能令人信服。[⑥] 这种对夫权的传统看法不符合现代平等标准。尽管如此,丈夫不应因法律改革前发生的婚内强奸行为而受到起诉。[⑦]

根据以前的法律,另一类不能被判犯有强奸罪的人是 14 岁以下的男孩,其原因是他们被无可争辩地认为没有进入青春期。[⑧] 1993 年《性犯罪法》第 462
1 条废除了该推定。因此,现在,只有 10 岁以下的儿童才能免于被判强奸罪。

最小限度的插入即满足插入的要求。[⑨] 性行为通常发生在阴道性交活动之中;但用阴茎插入被害人的嘴或肛门也是强奸。把嘴部包含在内,是强奸法的一大延伸。插入被害人的嘴不像插入阴道或肛门那样有害,因为插入前者不太可能造成身体伤害或传播危险的疾病。即便如此,将这类性侵犯称为强奸似乎并不是不公平的,尽管大多数非专业人士不会认为这是强奸行为。陪审团可以判定被告人有罪,即使不清楚他钻了哪个孔洞,但必须证明他插入身体某一腔穴。[⑩] 插入行为是持续的行为。如果被告人的初次

---

① *R. v. Cogan*[1976]Q. B. 217.

② *R. v. Ram*(1893)17 Cox C. C. 609;*Lord Baltimore*(1768)98 E. R. 136;*D. P. P. v. K*[1997]1 Cr. App. R. 36;cf. *R. v. Eldershaw*(1828)172 E. R. 472. section 8 of the *Accessories and Abettors Act* 1861. section 44 or 45 of the *Serious Crime Act* 2007.

③ *R. v. Harris and McGuinness*(1988)17 N. S. W. L. R. 158 at 192-193.

④ Section 79(3)of the *Sexual Offences Act* 2003.

⑤ *R. v. R.*[1992]A. C. 599.

⑥ Sir Matthew Hale,*The History of the Pleas of the Crown*,(London:Printed by E. and R. Nutt et al. ,1736)Vol. I at 629. *R. v. Clarence*(1889)22 Q. B. D. 23 at 51 *per* Hawkins,J.

⑦ *R. v. C*[2004]1 W. L. R. 209. Glanville Williams,"Rape is Rape,"(1992)142 *N. L. J.* 11.

⑧ *The King v. Groombridge*(1836)173 E. R. 256. Cf. *R. v. JOC*[2012]EWCA Crim. 2458.

⑨ *R. v. Dermody*[1956]I. R. 32;*R. v. Lines*(1844)174 E. R. 861;*R. v. Hughes*(1841)173 E. R. 1038;*R. v. Gammon*(1832)172 E. R. 994.

⑩ *R. v. K*[2009]1 Cr. App. R. 24.

插入是双方同意的,他只有在对方撤回同意后继续插入被害人,才会构成强奸。一旦对方撤销同意,男性行为人就必须撤回,否则就将面临强奸指控。[1]

必须证明,插入行为的对象是非自愿的。未经自诉人同意,将本来是做爱的行为转变为严重和暴力的错误行为。[2]

2-005 强奸罪的主观要件是什么?

在被害人不同意的情况下,被告人必须故意将性器官插入被害人。无须证明被告人在被害人不同意的情况下有意进行性交,只需证明插入行为是故意的,以及他对被害人是否同意存在过失。如果插入行为是不受意志支配的,例如被告人在行为时处于某种无意识的自动状态,则不能主张被告人故意插入被害人。[3] 同样,如果一对男女赤身裸体地在女性明确表示不介意赤身裸体拥抱和亲吻,但又不想性交的情况下滚床单,如果被告人兴奋的阴茎意外地摩擦到被害人的阴道,从而轻微地插入了被害人的身体,则被告
463 人不需要承担责任(这是非常奇特的事例,但提出了概念性的观点)。[4] 在这种看似不可能的情况下,被告人轻率地插入了被害人。男性行为人对女性是否同意不存在轻率(或过失),因为他知道不同意插入,也不意图插入。

2-006 这是否意味着,即使被告人不知道被害人不同意,也需要承担责任?

对。只需证明被告人没有合理的理由相信被害人是同意的。这需要考虑被告人是否有合理理由认为被害人同意,而不是考虑理性人会相信什么。这是关于被告人自己的确信是否存在有合理依据的问题。

在大多数情况下,被害人显然不同意。但在被害人没有提出抗议的情况下,被害人缺乏同意的能力,可能表现得并不明显。在"女王诉库珀案"(*R. v. Cooper*)[5]中,被害人给被告人口交时并未表示异议,因为其所处的精神失常状态,使她误认为,如果不遵守被告人的口交要求,自己就将受到伤害。但被告人没有威胁被害人,他只是要求其为自己口交。然而,被告人当时刚刚在精神病院见到了被害人,并被被害人告知其有精神健康问题,同时还被告知,其认为自己必须离开该地区,因为有人试图杀害她。事实如此,

---

① Section 79(2) of the *Act of* 2003. *Kaitamaki v. The Queen*[1985] A. C. 147; *R. v. Schaub*(1994) 138 S. J. L. B. 11. Cf. *State v. Baby* (2008) 946 A. 2d 463; *People v. Dancy* (2002) 124 Cal. Rptr. 2d 898; *State v. Bunyard*(2006) 133 P. 3d 14.

② Joan McGregor, "Force, Consent, and the Reasonable Woman," in Jules L. Coleman and Allen Buchanan, *In Harm's Way*: *Essays in Honour of Joel Feinberg*, (Cambridge: Cambridge University Press, 1994) at 233 *et passim*; John Gardner, *Offences and Defences*, (Oxford: O. U. P., 2007) at Chap. 1.

③ *R. v. Luedecke*[2008] 236 C. C. C. 3d 317.

④ *R.* (*on the application of F*) *v. D. P. P.* [2014] 2 W. L. R. 190.

⑤ [2009] 1 W. L. R. 1786.

被告人不能辩称他有合理理由相信被害人同意。被告人提出,帮助被害人摆脱她的假想敌。他带女性被害人去了他的朋友家,唆使被害人吸食可卡因。被告人在让被害人服用几剂可卡因后,把她困在浴室里,让其为自己口交。根据被告人所掌握的信息,他可以很容易地得出结论:被害人无法给予真正的同意[①]。

2-007 如果男人在没有意识到对方缺乏同意的能力的情况下,让有精神疾病的女性搭便车,并且和其发生了性关系,该如何处理?

普通的男性,即使明知所需精神损害程度的法律定义,在不知道具体做了什么诊断的情况下,也不可能在边缘状况中,分辨出精神能力受损的妇女和精神状态严重受损的妇女之间的区别。当电影院里的男人发现旁边有殷勤的女孩并且和其发生了性关系时(她的精神实际上已经严重受损)去认定这位男性的犯意,或者认定其不合理地没有发现这个女孩具有精神疾病,显然是富有争议的任务。

这些罪行对被告人的错误作了特别规定。被告人必须有合理的理由相信被害人没有受到精神损害,因此给予了真正的同意。如果被害人的外貌、举止、言语或一般行为方式表现出其处于精神失序状态,行为人将没有合理 464
的理由产生确信。从理性旁观者的角度来看,这种损害必须是显而易见的。如果错误是合理的,他将不负责任。

2-008 如果被告人自身的精神障碍导致其犯下了理性人不会犯的错误,如何处理?

2003年《性犯罪法》第1~4条中的罪行采用以下测试标准:

"确信是否合理,须在考虑所有情况后决定,包括甲是否已采取措施,以确定乙是否同意。"

假设被告人患有精神障碍,但知道与不能给予真正同意的精神受损者性交是错误的。假设他在公园里遇到了年轻的女性并和其建立起恋爱关系。几周后,他和那位年轻女士发生了性关系。但他并不知道,该女性因为心智严重受损,缺乏真正同意的精神能力。理性人会发现存在这种缺陷,但被告人因为自己的精神损害状态,对此无从察觉。

在事实与此类似的"女王诉马兹雅克案"(*R. v. Mrzljak*)[②]中,昆士兰最高法院承认,被告人的精神障碍导致"其无法评估在其看来申诉人没有抵抗就代表同意的这种同意,是否是出于被告人的认知能力受限所致"。如果有人把上诉人拉到一边,向他解释表示"他的性伴侣存在智力残疾,因此不了

---

① *R. v. A*[2014]1 W. L. R. 2469;*IM v. LM*[2014]2 F. C. R. 13. section 44 of the *Mental Capacity Act* 2005.

② [2005]152 A. Crim. R. 315. Cf. *R. v. A*[2014]1 W. L. R. 2469.

解自己所授权的行为的性质”,被告人就不会和其发生性关系。被告人无法获得会让他作出理性决定的社会线索,即合理判断被害人是否有足够的能力表示同意,这不仅是因为其自身的精神缺陷,还因为他的英语能力太差。精神障碍和英语不好使其无法像有充分理解能力且英语水平良好的人那样访问和评估现有信息。拥有同样有限信息的理性人也会犯同样的错误。“陪审团可能准备接受上诉人基于合理理由持有的诚实确信,而该确信对智商正常的英语母语人士来说,则属不合理。”

465 **2-009** 在“女王诉马兹雅克案”中,福尔摩斯法官(Holmes J.)表示:①

“成为认识错误之借口的不是残疾本身。事实上,该障碍导致被告人必须将确信建立在一套更为有限的相关信息之上,才是有重要意义的,正如影响被告人发展和检验其感知能力的其他外部情况很重要一样。陪审团不能孤立于信仰形成的情况和依赖的信息来评估信仰的合理性。”

被告人的错误是理性人在同样的情况下会犯的错误。“考虑所有情况”的意思是,法院将被要求考虑被告人是否有合理的理由相信。因此,被告人是否合理地确信被害人同意的问题,不仅取决于其精神能力,而且还取决于其他某些特征,如耳聋和失明。也可以考量被告人所主张的语言与被害人不同的事实,因为与被害人讲相同语言的理性人,将在他有相当好的机会通过与被害人交谈来评估被害人精神能力的情况下行事。② 这种做法似乎是公平的,因为行为人只能被期望实施掌握相同信息的理性人当时会采取的行动。某人将以不同的方式行事,这取决于他所掌握的情节信息。

英国议会在颁布 2003 年立法时就考虑到了这种解决方案。在下议院关于这项立法议案的常务委员会会议上,内政大臣表示:

“必须承认,在某些情况下,陪审团在考虑被告人是否合理地相信控诉人同意时,参考被告人的相关特征是公平的。这就是为什么合理性检验不排除这种可能性。在适当的情况下,如果被告人很年轻或有精神障碍,陪审团在考虑他对同意的确信是否合理时会考虑到这些方面。”③

2-010 在“女王诉 B 案”(*R. v. B(MA)*)中,休斯法官(Hughes L. J.)表示:④

“这意味着在某些情况下,被告人的人格或能力可能与他对同意的积极确信是否合理有关。可能会出现这样的情形,即这种确信的合理性取决于

---

① *R. v. Mrzljak*[2005]152 A. Crim. R. 315 at 334. *Daniels v. The Queen*(1989)1 W. A. R. 435 at 445. *Aubertin v. Western Australia*(2006)167 A. Crim. R. 1 at para. 29.

② *TS v. R.* [2008] EWCA Crim. 6. Elizabeth Nevins-Saunders, “Incomprehensible Crimes: Defendants with Mental Retardation Charged with Statutory Rape,”(2010)85 *N. Y. U. L. Rev*. 1067.

③ Hansard, H. C. Standing Committee B, 1st Sitting, 9 September 2003, col. 18.

④ [2013]1 Cr. App. R. 481 at 491-492.

被告人对微妙的社会信号的解读,而在这种境况下,被告人相关作为能力受损与其确信的合理性有关。"

在"女王诉A案"(*R. v. A*)[①]中,涉及罹患精神疾病的被告人和罹患精神疾病的被害人之间的性行为,马库法官(Macur L. J.)表示: 466

"这些事实以前都有记录,包括被告人与控诉人相比的相对残疾。先是指控他强奸,然后控告他性攻击的判决令人震惊。奈特小姐(Miss Knight)事后予以承认。之前被告人品行端正,我们认为,在告知应遵循的适当方针时,这项事实应该在整个事实情况中持有重大分量。但这与必须决定的问题貌似无关。"

因此,有人建议,在某些情况下,如果两个患有精神疾病的人都由于动物本能而从事性活动,[②]王室检控署应该拒绝对其提出指控。然而,在"女王诉A案"中,很难断定这就是简单的关涉动物本能的案件。

2-011 这是否意味着,罪犯只需要像其他罹患精神缺陷的人一样理性行事即可?法律允许法院将被告人的所有特质都赋予理性人吗?

行为人的性别不相关,年龄也不重要,除非被告人太不成熟,以至于他无法获取和评估理性人能够获取和评估的情况信息。理性人被蒙住眼睛或戴上耳塞,很可能会犯下本来不会犯的错误。同样,理性人,如果因为脑震荡或被下药而心智严重受损,也会犯若干正常状态下不会犯下的错误。

2-012 如果被告人的认知能力正常,但却傲慢地确信不自愿的女性是同意的呢?

他将承担强奸的责任。而其对自己行为合理性的主观评价无关紧要。必须出示有力的医学证据或其他证据,以解释为什么无法获取和评估理性人在当时的特定情况下能够获取和评估的信息。没有残疾的正常行为能力人不会使陪审团相信他的确信是合理的,因为他应该发现理性人都能察觉的事实。 467

2-013 那自我引发的认知障碍呢。假设男人因为喝得太多而错误地睡了别人的床,结果他与错误的女性发生了性关系,需要对强奸负责吗?

对。强奸罪是基本的故意犯罪,因此只需要罪过与妇女是否同意等情况相关。自愿迷醉造成的错误,无法免责。[③]

---

① [2014]1 W. L. R. 2469 at 2473;*IM v. LM*[2014]2 F. C. R. 13.

② *Gore v. State*(1904) 119 Ga. 418, 46 S. E. 671 at 673 *per* Cobb, J. At 672. *Molina v. Com.*(2006)624 S. E. 2d 83. *R. v. Fletcher*(1866)10 Cox C. C. 248;*R. v. Connolly*(1867)26 U. C. Q. B. 317. *Bradford v. State*(1972)477 SW2d 544.

③ *R. v. Fotheringham*(1989) 88 Cr. App. R. 206;*R. v. Woods*(1982) 74 Cr. App. R. 312;*R. v. Heard*[2008]Q. B. 43.

第3节 插入式性攻击

2-014 对于插入式性攻击,可判处终身监禁。[①] 制定所谓插入式性攻击罪,旨在涵盖非阴茎插入的行为。《性犯罪法》第2条规定:

(1)在下列情况下,行为人甲构成犯罪:

(a)故意用身体的一部分或其他东西插入他人乙的阴道或肛门

(b)插入是为了满足性目的

(c)乙不同意插入,以及

(d)甲不合理地确信乙对此同意

(2)确信是否合理,须在考虑所有情况后决定,包括甲已采取的用以确定乙是否同意的措施。

本罪可由男性或妇女实施,因为可以用身体部位或工具完成插入。除此之外,还将包含若干情况,特别是被告人实际使用自己的阴茎插入受害女性,但无法证明其使用的是阴茎而不是其他身体部位或物体时。因此,如果妇女在插入进行时处于昏迷状态,或在插入进行时被蒙住眼睛,因而无法提供确凿的证据,说明用什么东西插入,就可以援引该罪行(然而,如果证据显示被告人用阴茎插入了被害人,就应该被指控强奸。强奸是更严重的犯罪行为,因为阴茎插入会使被害人暴露在其他风险中,如艾滋病感染)。如果某人协助或鼓励他人插入被害人,可能会作为从犯承担责任。如果被害人以前是男人,现在已经变成了女性,根据该小节的规定,手术构建的阴道将被视为阴道。[②] 被害人可以是男性也可以是女性,因为所有人都有肛门。

最低程度的插入,[③]就可以满足插入要求。本节不将用非阴茎插入人的口腔定为刑事犯罪。如果被告人将手指伸进被害人的嘴里,将不得不根据第3条被指控性侵犯。如果他把手指伸进被害人嘴里的行为不是性行为,还
468 有可能会被指控犯有简单的攻击罪。插入行为是持续的行为。如果被告人的初次插入是双方同意的,在对方撤回同意后,如果被告人还在继续插入被害人,就属于实施了一次又一次的插入攻击。[④]

2-015 当同意因欺诈而失效时,同意是否被撤回?

假设某位放射科技师将超声传感器插入被害人的阴道,纯粹是为了诊断。如果在插入仪器后,他把仪器放在阴道里面的时间超过了必要的时间,

① Section 2(4) of the *Sexual Offences Act* 2003.

② Section 79(3) of the *Sexual Offences Act* 2003.

③ *R. v. Dermody*[1956]I. R. 32.

④ Section 79(2) of the2003 *Act*.

以寻求性满足，他的持续插入就缺乏被害人的同意。一旦目的改变，被害人的同意就失效了。被害人只同意用于医疗目的插入器械，因此，如果被告人的部分行为是为了寻求性满足，应承担插入式性攻击的责任。[①]

必须证明，插入行为是对方非自愿的。第 26 章讨论了同意的要求（应结合第 26 章第 1 节和第 9 节的内容阅读本章）。

2-016　插入式性攻击的主观要件是什么？

在被害人不同意的情况下，被告人必须故意插入被害人。无须证明被告人有意插入对此不同意的被害人，只需证明插入行为是故意的，且他对被害人是否同意存在过失。如果插入行为不受被告人意志支配，例如被告人在行为时处于自动状态，则无法主张被告人故意插入被害人。[②]

至于被告人何时会被认为合理地相信被害人是同意的，检验标准与强奸的检验是一样的。

第 4 节　性攻击

2-017　传统“下流攻击”假定存在一般意义上的攻击，并伴有性目的。由于法定语言中的“攻击”概念既指精神攻击，也指身体攻击，因此“下流攻击”可据此分为两类。读者或许仍会记得“攻击”的双重含义造成了有点尴尬的语言环境。广义上的攻击是指（1）殴打，或（2）威胁殴打，根据语境或情况而定。亲吻睡美人是侵犯人身型的攻击，而不是让人产生恐惧的攻击。[③]
在“女王诉罗尔夫案”（*R. v. Rolfe*）[④]中，戈达德法官代表法院作出了宣判： 469
“攻击可以在不接触被害人的情况下实施。人们总是认为攻击是对他人的打击，但这是不必要的。攻击可由对他人的威胁或敌对行为构成。”因此，有人认为，如果男性淫亵地暴露自己的身体，同时朝女子走去，并向其发出淫邪的暗示，则可被判下流攻击罪。然而，法院是否充分注意到精神攻击的被害人必须对身体攻击产生担忧的要求，可能会受到质疑。[⑤] 如果在法庭审理的判例中，该妇女只是对这种行为感到厌恶和烦恼，并且没有担心自己会被触摸，原则上，该案件不应被视为下流攻击，尽管现在可以被视为露阴的罪行。[⑥]

新的性攻击罪要求的不仅仅是精神上的侵犯，还规定必须有实际的身

---

① *R. v. Mobilio*［1991］1 V. R. 339；*R. v. Kumar*（2006）150 S. J. L. B. 1053.

② *R. v. Luedecke*［2008］236 C. C. C. 3d 317.

③ *R. v. Beaney*［2010］EWCA Crim. 2551.

④ （1952）36 Cr. App. R. 4 at 5.

⑤ *R. v. Hudson*［1966］1 Q. B. 448.

⑥ Section 66 of the *Sexual Offences Act* 2003.

体接触。这在法律上留下了空白。例如,假设被告人用枪指着被害人,让其脱光衣服,否则后者就有被枪击的危险。① 由于存在精神攻击,而且被告人的所作所为是出于性动机,因此被告人的行为可能会被传统下流攻击罪覆盖。然而,正如本章开头所指出的那样,新的犯罪行为要求身体接触,强迫他人脱衣进而裸露身体将无法适用《性犯罪法》第 3 条。如果仅仅脱光裸体本身就被视为性行为,这种行为可能会根据该法第 4 条加以惩罚。

2003 年《性犯罪法》第 3 条规定:

(1)在下列情况下,行为人甲构成犯罪:

(a)故意触摸他人乙

(b)触摸出于性目的

(c)乙不同意被触摸,及

(d)甲不合理地相信乙同意

(2)确信是否合理,须在考虑所有情况后决定,包括甲已采取的用以确定乙是否同意的措施。

攻击的概念并不要求被害人知道发生了什么。对熟睡的人或婴儿的不当干扰显然是攻击。这样的侵犯,如果具备性的性质,将是性侵犯。

2-018 这是不是说,性攻击只包括那些可能被认为是性殴打的行为?

对。针对那些以性方式"接触"他人的人。

2-019 "性"是什么意思?

470 触摸必须是"性的属性"。可以提出两个命题:

1. 如果攻击既不是被告人的意图,也不被他人理解为具有性目的,则攻击不具有性的属性。医生出于医疗原因对妇女进行私密部位的检查,并不构成性侵犯罪,因为这样做并非出于性动机,然而如果是性侵犯,女方的同意将无法作为抗辩事由,因为其只同意医学接触而不是性接触(第 26 章第 5 节)。

2. 被告人及被害人的主观要件不是性侵犯的唯一要素。似乎必须存在,在普通的观察者看来,具有性的属性的情况。

《性犯罪法》第 78 条规定:

如果理性人认为存在下列情况,则刺入、接触或其他行为具有性的属性:

(a)不论其情节或他人与之有关的目的为何,均因其性质而具有性的属性,或

(b)由于其性质,可能具有性的属性,而由于其情节或与之有关的其他

① *R. v. Lau Sai-wai*[1985]H. K. L. R. 423;*Lemon v. U. S.*(1989)564 A. 2d 1368. Cf. *State v. Hill*(2008)911 So. 2d 379.

人的目的(或两者兼而有之),具有性的属性。

《性犯罪法》第 78(a)条在许多情况下不适用,因为很少有行为可以被视为具备固有的性属性,即具有纯粹性刺激的性质。典型的、本身就可以被视为具有性属性的非插入猥亵,就是口交。口交除了提供性刺激之外,不太可能满足行为人的其他合法目的。因此,该法第 78 条(b)款将完成大部分工作。大多数行为都必须根据第 78(b)条进行评估,因为大多数行为可用于多种目的。

2-020　某人甚至可能为了非性目的亲吻他人的阴茎。[①] 想想男人可能会抚摸女性乳房的所有原因:1)作为双方同意的交易的一部分,为抚摸者和被抚摸者提供共同的性满足;2)进行合法的体检;3)为其化妆拍裸照;4)在乳房上文身;等等。《性犯罪法》第 78(b)条只规制上述第一种情况,而且前提是未经妇女同意。这些行为,如果不是为性目的,且得到被害人的同意,就是完全无害的行为。

在"林肯巡回法庭"(Lincoln Assizes)[②]审理的判例中,被告人有喜欢鞋子的恋物癖,并且试图从女孩的脚上脱下鞋子,该行为给了他变态的性满足。法院裁定这样做不构成下流攻击罪,因为并不存在针对该女孩的下流的情节。这是不太可能受到遵循的矫枉过纵判决。根据 2003 年的立法,如 471
果证明被告人为了寻求性满足而脱鞋,就将承担责任。[③] 这样做的性目的应当被加以证明,因为脱鞋的行为本质上不具有性的属性,也就是说,无法认为这样做具有性的本质。此外,如果被告人因为在鞋店工作而需要脱下被害人的鞋,以便帮助其试穿,这种情节无助于陪审团推断被告人的行为部分出于性目的。

除非被告人供认不讳,[④]否则检控方很难证明被告人的行为基于性目的。在"女王诉考特案"(*R. v. Court*)[⑤]中,被告人多次击打 12 岁女孩的短裤外侧的臀部位置。当警察讯问被告人为什么要打女孩的屁股时,他表示:"我不知道,或许是恋臀癖。"被告人试图排除上述供认的证据,但没有成功。这类证据根据《性犯罪法》第 78(b)条具有相关性,因为其属于能证明与性攻击"有关的人的目的"的证据。

2-021　《性犯罪法》第 78(a)和(b)条,[⑥]同时适用"理性人"标准。因此,如果理性人知道,由于触摸的性质或情况,抚摸具有性的属性,无论被告

---

① *State v. Kargar*(1996)679 A. 2d 8;*R. v. Davies*[2005]EWCA Crim. 3690.
② *R. v. George*[1956]*Crim. L. R.* 52. Cf. *R. v. Kumar*(2006)150 S. J. L. B. 1053.
③ *R. v. H*[2005]1 W. L. R. 2005 at 2008.
④ *R. v. Court*[1989]A. C. 28;cf. *R. v Ferriter*[2012]EWCA Crim. 2211.
⑤ [1989]A. C. 28.
⑥ *R. v. Grout*[2011]1 Cr. App. R. 472 at 480;*R. v. H*[2005]1 W. L. R. 2005 at 2008.

人的目的如何,接触都将被视为基于性目的。[①] “目的”在该法第78(b)条中提及,但这并不意味着被告人可以坚称其目的不具有性的属性。被告人须述明其触摸被害人的目的,而陪审团则须判定理性人是否会将被告人所说的目的视为性目的。只要被告人对此存在过失,就可以认定其符合该罪行的目的要件。

如果客观证据确凿,陪审团将能够推断被告人出于性目的。在“亚利桑那州诉夏波特案”(*State v. Chabot*)[②]中,被告人本来意图单独给女病人洗澡。当其他护士进入房间寻找被告人时,发现床周围的窗帘被拉上,被告人正站在病人身上,裤子拉链拉开,睾丸和勃起的阴茎暴露在外。患有器质性脑疾病的病人躺着,两腿呈V形体位,臀部露在外面。这类客观证据可以让陪审团合理推断,被告人当时已经处于性兴奋状态,即将对病人实施性侵犯或强奸。然而,在许多情况下,无法获得这类客观证据。前面提到的护士可能在给其他病人洗澡时对其产生过性幻想。理性人不会认为给病人洗澡是性行为。如果没有明显的迹象表明他有性目的,就无法因为做了取酬的工作而被起诉。问题是,像他这样的人可能会利用正当目的来掩饰性目的。
472 他给病人洗澡的目的可能是完成自己的工作,也可能是寻求性满足。对于这种头脑中萦绕不纯洁的思想的被告人,起诉起来将是很困难的。只有在证据使得陪审团确定他这样做不仅是为了完成自己的工作,而且是为了寻求性满足的情况下,才有可能对这种家伙定罪。[③]

在“女王诉库马尔案”(*R. v. Kumar*)[④]中,医生对年轻女子的乳房进行了检查。这项检查是必要的,而且是为了医疗目的而进行的。然而,医生过分抚摸病人的乳房,并用头用力按压病人的乳房长达5分钟。从进行检查的方式可以清楚地看出,他是在寻求某种性满足。如果他按照标准做法执行了手术,就不可能发现他的性目的。在许多情况下,被告人的性目的会被他的合法目的充分掩盖。

2-022 如果做乳房检查让医生产生了性兴奋的副作用,该如何处理?

如果医生检查病人乳房的唯一原因是需要提供医学诊断,就不应该对性攻击负责。这是假设医生所产生的性兴奋是其做医学上必须做的事情的副产品。必须证明他进行手术不是基于性动机。但如果医生在乳房检查做了一半的时候产生性兴奋,并为了寻求性满足继续做检查,就将承担性攻击的责任。一旦医生开始为性目的采取行动,病人的同意即失效,因为病人不

---

① Cf. *R. v. Ferriter*[2012]EWCA Crim 2211.

② 478 A2d 1136(1984).

③ *R. v. Kumar*(2006)150 S. J. L. B. 1053.

④ (2006)150 S. J. L. B. 1053.

同意性接触。检控方必须证明被告人继续进行该程序不仅是为了提供医疗服务,而且是为了寻求性满足。问题是,医生可能会在性兴奋时继续进行合法的体检,而没有其他人能察觉。[①] 不幸的是,在许多此类情况中,性攻击被伪装成合法的医疗程序,不会被发现。

2-023 这是否意味着不属于性行为的下流活动不在《性犯罪法》第3条的打击范围内?

对。恶心的行为并不总是性行为。如果某人呕吐并强迫他人吃他的呕吐物,这种行为肯定是下流的,但不属于《性犯罪法》第3条的适用范围。他的行为不具有性目的,也无法扩展想象进而认为这种行为具有性的属性。这种令人作呕的行为必须以非性目的攻击犯罪加以处理。在若干边缘判例中,欺人者会试图羞辱某人,强迫后者亲吻他的屁股等[②]私密部位。这些判例应该作为性攻击提交陪审团审理,因为理性的陪审团可能认为强迫某人亲吻屁股属于具备性属性的行为。 473

2-024 如果被告人没有真正触摸被害人,能是性侵犯吗?

第3条要求触摸。如果被告人触碰了被害人的衣服,就立法目的而言,[③]这将被视为触摸。这也足以证明被告人使用了某种工具或其他东西来触摸被害人。

假设一群大学生正在进行夏季野餐,突然,被告人发现被害人T恤里面什么也没穿。被告人决定往其身上泼桶水,使其上衣透明。他这样做是为了寻求性满足。这该如何处理?被告人将对性侵犯负责,即使他和被害人之间没有直接接触。水离开水桶并在半空移动,然后才落在被害人上衣上,[④]这并不重要,因为他行为的立即直接后果是水接触了被害人,并且属于为了性目的而触摸被害人。

2-025 《性犯罪法》第3条设定的犯罪的主观要件是什么?

被告人必须在被害人不同意的情况下,以具有性属性的方式故意触摸被害人。在被害人不同意的情况下,无须证明被告人有意触摸被害人,只需证明触摸行为是故意的,且他没有合理理由相信被害人同意。如果被告人在不由自主的状态下,以具有内在性满足的属性的方式接触某人,将无须承

---

① *R. v. Kumar*(2006)150 S. J. L. B. 1053;*Bhatt v. General Medical Council*[2011]EWHC 783(Admin).

② *R. v. Black*[1970]4 C. C. C. 251.

③ *R. v. H*[2005]1 W. L. R. 2005.

④ *R. v. Cotesworth*(1704)87 E. R. 928;*R. v. Smith*(1866)176 E. R. 910;*Ray v. U. S.*(1990)575 A. 2d 1196. *State v. Padilla*(1997)123 N. M. 216;*Pursell v. Horn*(1838)112 E. R. 966. *Leichtman v. WLW Jacor Communications, Inc.*(1994)634 N. E. 2d 697.

担《性犯罪法》第3条规定的责任。[①] 假设被告人在伦敦地铁里像沙丁鱼一样挤在两位美女中间。他可能会觉得这是一种性满足,但却没有犯罪,因为触摸是无意的(意外触摸不算在内)。假设被告人和被害人正在打沙滩排球,被告人绊倒在被害人身上,结果,他在有机会从被害人身上爬起来之前表现出性兴奋的迹象。这种意外触摸不足以使他对性攻击负责(如果他故意花了比必要的时间更长的时间从被害人身上离开,就另当别论了)。[②]

有若干附带意见表明,"触摸"要素只需要基本的犯罪故意。[③] 显然,这不是法律,未来的法院是否会这样认为,值得怀疑。这些说法是错误的,因
474 为相关犯罪的触摸要件,要求具体故意。在"女王诉赫德案"(*R. v. Heard*)[④]中,警察把受伤的男性送往医院,以便使其能接受创伤治疗。在警官等待其接受救治期间,当时已经喝得酩酊大醉的被告人,突然把手放在腹股沟上,开始具有性默示地跳舞。此后,他对其中一个警官拳打脚踢,解下裤子,用手握着阴茎,在警官大腿上摩擦。被逮捕后,在警察局接受讯问时,该男性表示:"我唯一能赚钱的方法,就是在'苏荷艺术区'(Soho)以包含性意味的方式晃臂跳舞,我以为对你们这样做可以逃脱惩罚,但显然不行。"

"女王诉赫德案"中,触摸要素是否只需要基本故意,并不是真正的问题,因为赫德故意脱掉裤子,把自己的私密部分扯出来放在警官的腿上。他的触摸行为不是轻率的、偶然的或无意的。结果他被判有罪,因为醉汉的故意仍然是故意。[⑤] 此外,理性的陪审团可以推断,如此一来,他在别人大腿上摩擦阴茎的行为是性行为。

2-026 既然证明理性人会知道警官不同意被别人用阴茎摩擦自己的腿部,就是足够的,就这个要素而言,醉酒是无关紧要的。[⑥] 理性人会意识到这是性行为,这就足够了(见第22章),正如如果被告人是清醒的,他将意识到的一样。至于清醒的被告人何时会被认为有理由相信被害人同意,相关法律规定与强奸罪是一样的。第26章讨论了同意的要求(《性犯罪法》第75条和第76条的推定适用于性攻击犯罪)。

---

① *R. v. Heard*[2008]Q. B. 43. *R. v. Luedecke*[2008]236 C. C. C. 3d 317.

② *R. v. Heard*[2008]Q. B. 43 at 51.

③ *R. v. Heard*[2008]Q. B. 43 at 55 *et passim*.

④ [2008]Q. B. 43.

⑤ Chap. 19. *R. v. Heard*[2008]Q. B. 43 at 49;*R. v. Kingston*[1995]2 A. C. 355.

⑥ *R. v. Fotheringham*(1989) 88 Cr. App. R. 206;*R. v. Woods*(1982) 74 Cr. App. R. 312;*R. v. Heard*[2008]Q. B. 43. *R. v. Kamki*[2013]EWCA Crim. 2335.

第5节 导致他人从事性活动

2-027 这种犯罪似乎针对的是那些使用胁迫或欺骗手段强迫他人进行性活动的情况。还包括将无辜的中介方用作实施强奸或以其他性方式侵犯他人的工具的案件。

《性犯罪法》第4条规定：

(1)行为人甲在下列情况下，构成犯罪——

(a)故意促使他人乙从事一项活动

(b)该项活动具有性属性

(c)乙不同意从事该项活动，以及

(d)甲不合理地相信乙同意。

(2)相信是否合理，须在考虑所有情况后决定，包括甲已采取的用以确定乙是否同意的措施。

(3)《性犯罪法》第75、76条适用于本条所述的罪行。

(4)犯本条所述罪行者，如所导致的活动涉及：

(a)插入乙的肛门或阴道

(b)用他人的阴茎插入乙的嘴部 475

(c)用乙的身体的一部分或乙用其东西插入某人的肛门或阴道，或

(d)用乙的阴茎插入他人的嘴部，则一经循公诉程序定罪，可处终身监禁。

(5)涉及第(4)款规定之外的情形，实施本条所述正犯，

(a)循简易程序定罪，可处不超过6个月的监禁或不超过法定最高限额的罚金，或并科

(b)循公诉程序定罪，可处不超过10年的监禁刑。

2-028 是不是骗子虚假承诺支付服务报酬，算是"导致"妓女与他进行性活动？根据《性犯罪法》第4条，他需要为没有付给妓女钱而承担责任吗？

如果这就是因果关系所要求的一切，显然该罪行的打击范围将是无限的。嫖客不承担责任，因为妓女同意性交。[①] 唯一不同意的，是嫖客不付款(见第26章第5节)。

---

① *R. v. Devonald*[2008]EWCA Crim. 527. *R. v. Bingham*[2013]2 Cr. App. R. 29 *per* Hallett, L. J. *R. v. Linekar*[1995]Q. B. 250; *R. v. Jheeta*[2008]1 W. L. R. 2582 at 2590. *Michael v. Western Australia*[2008]183 A. Crim. R. 348.

2-029 行为人怎么才能让别人做不想做的事？被害人的独立行为不会打破因果链吗？

没有什么比胁迫更能使某人做其不想做的事了。在本规定适用的情况下,同意问题与因果关系问题重叠。如果被告人控制了被害人的意志,强迫其进行性活动,就会“导致”其参与性活动。更重要的是,这种情况下缺乏被害人同意。

根据该部分的立法要求,因果关系意味着被告人必须做一些事情来支配被害人的意愿。当被告人向被害人提供金钱作为其卖淫的回报时,实际上为被害人提供了从事性活动的刺激,但并没有导致被害人从事这种活动。相反,当被告人走私妇女到英国并强迫她们卖淫时,就是在导致这些女性从事性活动。[1] 人口贩子[2]和皮条客把妇女偷运到这个国家,强迫她们卖淫,被用作性奴隶,顾客往往不知道他们正在与不同意的女性性交。这些主顾基本上被用作强奸的工具,这样妓院老板就可以赚钱了。[3] 这些妇女经常被告
476 知,如果不在妓院工作,她们在自己本国的家庭成员就将受到伤害。

在“女王诉唐案”(*R. v. Tang*)[4]中,澳大利亚高等法院维持了对强迫妇女在妓院工作的妓院老板的性奴罪判决。在本案中,妓院老板为5名泰国妇女获得了非法签证,并让她们在自己位于澳大利亚的妓院工作。这几位妇女成了妓院的“合同工”。被害人需要为唐给其申请的假签证支付4.2万澳元至4.5万澳元不等的费用。她们被迫每周在妓院工作6天,一周约为900名顾客提供性服务来偿还债务。被害人每次服务向客户收取的110澳元,全部由唐某控制。每服务1位客户,被害人所欠的“债务”便减少了50美元。唐还没收了控诉人的护照,并阻止他们离开自己的场所,直到负债全部付清为止。

2-030 这类行为将适用于《性犯罪法》第4条的立法规定。显然,在这件事上缺乏真正的同意。某人不会同意,在自己的护照被拿走、人身被监禁并被命令将收入全部上交的情况下与他人进行性交。妓院老板使这些妇女从事最为恶劣的性活动。她们不得不与成千上万的陌生人反复性交,除了冲抵非法和不公正的债务之外,没有回报。被害人更缺乏合理的逃跑方法。

给某人提供做某事的动机,与强迫或导致其做某事之间,存在根本区

---

① Sections 2,10,11 of the *Slave Trade Act* 1824. Art. 4 of the European Convention, *Siliadin v. France*(2006) 43 E. H. R. R. 16.

② Section 59A of the *Sexual Offences Act* 2003, *R. v. M*(*L*)[2011] 1 Cr. App. R. 135.

③ Michelle M. Dempsey, “Sex Trafficking and Criminalization in Defence of Feminist Abolitionism,”(2010) 158 *U. Pa. L. Rev*. 1729 at 1758 *et passim*.

④ (2008) 237 C. L. R. 1. *U. S. v. Townsend*(2013) 521 Fed. Appx. 904; *U. S. v. Clark*(2009) 582 F. 3d 607.

别。在“女王诉伯恩案”[1]这一无比恶劣的案件中，被告人强迫他的妻子与狗进行兽交。兽交是犯罪行为，但在当时，导致他人从事兽交并不是犯罪行为。[2] 妻子提出了胁迫这种抗辩事由，最终并没有受到指控。

在“亚利桑那州诉 B. H. 案”（*State v. B. H.*）[3]中，极端暴力的男性强迫他的妻子与自己 7 岁的儿子进行性活动。这名妇女患有受虐妇女综合征，同时知道如果不从，被告人会对其施加何种暴力。被告人用手搂住她的脖子，并用暴力威胁，命令其与这个小男孩发生性行为。因为缺乏真正的同意，因此可以适用《性犯罪法》第 4 条对其加以处罚。被告人不仅仅是给被害人提供了从事性活动的动机。被害人没有选择。

在“女王诉阿雅维案”（*R. v. Ayeva*）[4]中，被告人从后面拉住被害人，将她的手臂掰到背后，强迫其触摸他勃起的阴茎，并为自己手淫。这是被害人 477
在“身体上”被导致从事性活动的事例。被害人的手被用作工具，而没有采取自愿行动。

2-031　这是不是说，除非被害人的意志自由遭到压制，或者在身体上被迫参与性活动，否则因果关系的要求不会得到满足？

应当表明，被害人除了从事性活动之外别无选择。否则刺激措施都将被算进来。某人不会因为给刺客 100 万英镑的报酬就导致其实施刺杀行为，这样做只是给了刺客刺杀的动机。只有刺客才会导致自己去做，因为其意志并未遭到抑制，还有其他选择。大多数守法公民不会选择实施暗杀，即使是为了 100 万英镑（然而，如果有枪指着他们的头，他们可能会作出这种决定）。除非遭遇胁迫，刺客有自由作出自己的选择。在“女王诉德沃纳德案”（*R. v. Devonald*）[5]中，当时还是上诉法院法官的列维森（Leveson L. J.）在并不存在因果关系的情况下认定具备因果关系，因此错误地裁判被害人参与了非自愿的性活动。在本案中，被告人为被害人提供了在网络摄像头前进行自亵的鼓励。男性被告人通过伪装成化名“凯西”（Cassey）的 20 岁女性，刺激被害人在网络摄像头前自亵（手淫）。所谓凯西这个人，完全是被告人瞎编的，因为他想羞辱被害人（被告人希望借此报复对自己女儿始乱终弃的被害人）。因为网络空间之外不存在凯西其人，被害人的同意不因被告人冒充了被害人“认识”的人而无效。[6] 然而，列维森法官认为，被害人并不理解该行为的性质和目的，因此同意无效。这个认定是错误的，被害人意识到了

---

① （1952）36 Cr. App. R. 125. *R. v. H*[2008]EWCA Crim. 1202.

② Section 12（1）of the *Sexual Offences Act* 1956. section 69（2）of the *Sexual Offences Act* 2003.

③ *R. v. Basherdost*[2009]EWCA Crim. 2883.

④ [2010]2 Cr. App. R.（S.）22. *R. v. C*[2006]EWCA Crim. 3428.

⑤ [2008]EWCA Crim. 527.

⑥ Section 76（2）（b）of the *Sexual Offences Act* 2003.

自己在为他人进行性活动。他唯一不知道的是被告人怂恿他从事该行为的不可告人的动机。被告人的目的与性无关,只是为了自己的女儿对其加以报复。该论点在这本教科书的上一版中提出;幸运的是,从那时起,上诉法院采用了这样的推理方式。①

在这里不必进一步涉及同意问题,对其将在第26章中加以详细讨论。至于因果关系问题,很明显,被害人导致自己在网络摄像头前实施了性行为。被告人给被害人提供了鼓励;这种鼓励仅仅是:实施性活动进而满足年轻女子对性的好奇心。被害人自亵是因为他想通过在年轻女士面前展示自己的性感,获得刺激。诚然,他之所以这样做,是因为相信自己是在为年轻女士上演性表演,但他并没有被胁迫或被强迫(被导致)这样做。被害人作出这样的决定,是经过深思熟虑的风险:他选择冒险为任何年龄或任何性别的陌生人演出。他没有采取措施来确认网络那头的人的身份。据他所知,
478 对方可能是12岁的女孩或80岁的女性。

2-032 如果年轻的女士穿着比基尼去海滩,并不会导致变态在附近的沙丘上手淫。可能会无意中为性变态者提供从事性活动的动机,但不会导致变态者从事这种活动。即使这位年轻女士脱下比基尼上衣,意图挑逗海滩上的男人以性的方式行为,也无法主张是导致了后者这么做的。自慰者需要对自己的独立选择负责。同样,上面提到的案件中,德沃纳德也没有导致被害人自亵,而只是给了他鼓励或刺激。

显然,英国议会并不意图将纯粹的"鼓励"(encouragement)或"刺激"(incentivizing)定为犯罪,因为其颁布了特别的"煽动"(incitement)条款。煽动条款涵盖意志脆弱的被害人,仅仅是鼓励,就足以使这些被害人从事性活动。② 不应煽动儿童进行性活动,因为他们是孩子。煽动/教唆有行为能力的成年人进行性活动没有不法性,因为这样的人能够对此表示同意。

2-033 可以回到强迫卖淫案吗?我想知道与这些女士发生性关系的男人是否能被判犯有《性犯罪法》第1~4条所述的罪行。

无法。除非他们有合理的理由相信这些妇女并不同意。如果嫖客来到妓院,看到女子被枪顶着脑袋而被推进卧室,就可能有合理的理由相信该女子不会同意与自己发生性关系。如果如此一来他和该女子发生性关系,就可能会被认定构成强奸。

但故事并没有就此结束。目前英国议会已经颁布了某项更为严厉的规定。2003年《性犯罪法》第53A条规定:

---

① *R. v. Bingham*[2013]2 Cr. App. R. 29 *per* Hallett, L. J.

② Sections 8, 10, 17, 26, 31, 39, and 48 of the *Act of* 2003.

(1)行为人甲在下列情况下构成犯罪：

(a)支付或承诺支付妓女乙的性服务费用；

(b)第三人丙从事剥削行为，而这种行为可能诱使或鼓励乙提供性服务，甲最终为这项服务付款或承诺付款，以及

(c)丙为或期望为自己或其他人(甲或乙除外)谋取利益而从事该行为。

(2)以下事项无关紧要：

(a)在世界上何处提供性服务，以及是否提供这些服务；

(b)甲是否知道或应该知道丙从事性剥削行为。

(3)在下列情况下，丙的行为构成性剥削：

(a)丙使用强力、威胁(不论是否与暴力有关)或其他形式的胁迫，或；

(b)任何形式的欺骗。

这是某项严格责任犯罪，因为被告人不必知道妓女被迫卖淫的事实。该罪行似乎是朝着绝对禁止一切形式卖淫的方向迈出的一步。① 正如在第 3 479 章中看到的那样，在宪法上，成年人有权参与不伤害他人的双方自愿行为。绝对禁止是没有道理的，因为许多形式的卖淫都是成年卖淫者同意的，并不会侵害他人。

2-034 《性犯罪法》第 4 条设定的犯罪的主观要件是什么？

被告人必须故意使被害人在不同意的情况下进行性活动。证明被告人轻率地导致此人从事性活动，是不够的。必须证明，当被告人故意导致被害人从事性活动时，没有合理的理由相信对方对此表示同意。至于被告人是否会被认为合理地相信被害人同意，检验标准与强奸相同。见上面的讨论。第 26 章讨论了同意的要求(《性犯罪法》第 75 条和第 76 条的推定适用于导致他人从事性活动的犯罪)。

第 6 节　针对不满 13 岁的儿童实施的性犯罪

2-035　上述所有罪行均属于可对 13 岁以下儿童实施的具体罪行。《性犯罪法》第 5 条将强奸 13 岁以下的儿童规定为犯罪；第 6 条将对 13 岁以下的儿童实施插入式性攻击的行为规定为犯罪；第 7 条将性攻击 13 岁以下的儿童规定为犯罪；第 8 条将导致或唆使 13 岁以下的儿童进行性活动规定为犯罪。

强奸儿童与强奸成人犯罪在犯行方面完全相同，但被害人必须在 13 岁

---

① Dennis J. Baker, "The Moral Limits of Criminalizing Remote Harms," (2007) 10(3) *New Crim. L. Rev.* 370; Dennis J. Baker, "Collective Criminalization and the Constitutional Right to Endanger Others," (2009) 28(2) *Crim. Just. Ethics* 168.

以下。同样,对13岁以下儿童的插入式性攻击和其他性攻击罪行,与针对成年人的罪行相同。核心区别在于,这些犯罪认为13岁以下的儿童绝对无法同意。这是因为非常年幼的儿童缺乏理解这种行为的有害影响的精神能力,也不具备进行这种行为的身体能力(即他们的身体没有发育到能够从事这种活动的程度)。这些要素意味着他们不可能给予有效的同意(也就是说,可以抵消这种行为的错误性或危害性的那种同意)。当成年人对此表示同意时,会将本来是不正当和有害的行为转变为正当和无害的行为,但儿童的同意无法消除这种行为的身体伤害属性,也无法使其成为正当或正确的行为。英国议会还认为,人都不可能合理相信13岁以下的儿童已经年逾13周岁。因此,他人与事实上未满13岁的儿童发生性行为,即使他有合理理由
480 相信该儿童年龄较大,也被视为明知该儿童未满13岁。因此,不论被害人是否同意或被告人是否有合理理由相信被害人同意,也不论他是否有充分理由相信被害人超过13岁,只要犯下上述罪行,行为人就应承担责任。

2-036 对被害人年龄的严格责任,是否妨碍了自动症抗辩事由?或者这些罪行可以被称为部分严格责任罪?

如果罪犯在自动症状态下与未成年被害人发生性关系,将可以借此作为充分的抗辩事由,因为其行为是非基于自己意志的。犯罪需要自愿且故意的犯行。严格责任只针对本罪的情节要件。

2-037 大多数人对那些性剥削幼童的人几乎没有同情。但是,如果犯罪人也是同龄儿童,而且性行为被认为是双方自愿的,适用严格责任难道不过于严厉吗?

很难认为60岁的男人会合理地相信12岁的女孩已经超过13岁,但是12岁的男孩可能会合理地相信已经超过13岁。如果按照危害性原则,[①]未成年性交存在其固有的危害性,将未成年犯视为成年犯并无错。[②]未成年罪犯实施的插入行为与成年罪犯实施的插入行为在生理上并无不同:在生理上是完全相同的。如果健康的12岁女孩让13岁的男朋友切掉她的手指,不会仅仅因为他和同意的被害人年龄差不多,就认为行为是无害的。如果涉及13岁以下的人的自愿性行为在客观意义上是有害的,被告人的年龄无法使其在客观意义上是无害的。[③]如果行为实际上是有害的,无论罪犯的年龄

---

① *R. v. G.* [2009] 1 A. C. 92 at 110.

② Siji A. Moore, "Out of the Fire and Into the Frying Pan: Georgia Legislature's Attempt to Regulate Teen Sex Through the Criminal Justice System," (2009) 52 *Howard L. J.* 197; J. R. Spencer, "The *Sexual Offences Act* 2003: (2) Child and Family Offences," [2004] Crim. L. R. 347 at 355.

③ Dennis J. Baker, *The Right Not to be Criminalized: Demarcating Criminal Law's Authority*, (Farnham: Ashgate Publishing, 2011) at Chap. 6.

如何，都无法为这些年轻罪犯专门开发出抗辩事由。[①] 然而，可能会对年龄相仿的男孩加以“免责”，因为他的天真、不成熟和荷尔蒙旺盛分泌，可能意味着男孩在决定时，不完全知情和受到了约束。很小的男孩比有经验的成年人有更少的克制和判断力。

在涉及（推定的）未成年自愿性行为的案件中，其他问题是，在某些情况下，不可能查明教唆者的身份。在许多情况下，双方都将被视为某项或多项现有罪行的实施者。如果 12 岁的男孩和 12 岁的女孩发生性关系，该男孩将承担《性犯罪法》第 5 条规定的强奸责任。除此之外，还可根据该法第 7 条追究其对性侵犯 13 岁以下儿童的行为的责任。此外，他们都与 13 岁以下的 481 儿童进行性活动，这违反了 2003 年《性犯罪法》第 9 条。教唆者亦须根据该法第 8 条就导致或教唆 13 岁以下儿童进行性活动承担法律责任。

如果 12 岁的女孩对正在睡觉的 12 岁男朋友实施口交，后者醒来后没有告诉停止，他并不会因此被认定实施强奸，因为其没有故意用阴茎插入他人的阴道、肛门或嘴巴；也没有教唆或导致进行性活动。单纯的不作为并无法使男孩对需要他故意采取行动的罪行负责。12 岁的女友，将对该法第 7 条和第 8 条所述的罪行承担责任。

2-038 显然，王室检控署在指控这些罪行时必须运用很多常识。其所秉持的工作指导方针表明其会这样做，[②]但指导方针不是法律，并没有为年轻人提供法律豁免权。[③] 显然，刑事司法制度不应该用来规范叛逆青年的性发展。这类立法的理由是保护儿童不受年长青年的伤害，也不受成年恋童癖者和流浪汉的侵犯，然而，所打击的，却是天真的年轻人，而这些年轻人所做的，仅仅是发现生活的真相。

2-039 如果 15 岁和 16 岁的未成年人发生性关系，是否可以适用所谓被害人同意的抗辩事由。

如果未成年人接近 16 周岁，就不太可能成为成年人性剥削的对象，因此可以适用此类抗辩。进一步而言，性行为对 16 岁的未成年人来说，未必像对 13 岁这样的未成年人那样有害。

2-040 我注意到《性犯罪法》第 8 条所述罪行因为包括教唆罪，与该法第 4 条所述罪行有所不同。这是否意味着第 8 条包括两项独立的罪行？

对。[④]《性犯罪法》第 8 条设定了某项实质性犯罪，将那些导致 13 岁以

---

① *R. v. G.* [2009] 1 A. C. 92 at 110.

② *http://www. cps. gov. uk/legal/s_to_u/sexual_offences_unlawful_sexual_intercourse/#Code_for_Crown_Prosecutors.*

③ *R. v. G.* [2009] 1 A. C. 92.

④ *R. v. Grout* [2011] 1 Cr. App. R. 472 at 479–480; *R. v. Walker* [2006] EWCA Crim. 1907.

下儿童从事性活动的人加以犯罪化。该罪行的构成要件与该法第 4 条所载罪行相同。唯一的区别是,就同意和被害人的年龄而言,该法第 8 条设定了严格责任。这就导致行为人必须是故意的,“过失或轻率无法满足相关要求。”①

《性犯罪法》第 8 条还颁布了某项作为未完成罪的煽动罪。煽动罪的范围比导致型犯罪的成立范围更广,因为其无须完成。一旦被告人教唆被害人进行性活动,即构成早期犯罪。无论儿童是否从事性活动,被告人都将承
482 担责任。被告人必须故意②教唆 13 岁以下的儿童从事性活动,不一定是某个儿童。此外,被害人实际上不必低于 13 岁。③

2-041 这是否意味着,即便假设的 12 岁少年实际上是成年警官,被告人仍然负有责任?

如果被告人试图教唆他认为未满 13 岁的人进行性活动,就将承担责任。如果他不知道潜在被害人的年龄,就算被害人实际上已经超过 16 岁,也将不会对《性犯罪法》第 8 条所规定的罪行负责。④ 但是,如果他意图教唆未满 16 岁的人进行性活动,他可根据该法第 10 条承担责任。另一方面,如果被害人事实上未满 16 岁,如果可以证明他“不合理地相信”被害人为 16 岁或 16 岁以上,则被告人仍要对该法第 10 条所述罪行负责。如果所谓成年警官原来是 12 岁的女孩,行为人依然需要对年龄承担严格责任。

2-042 对年龄的严格责任是否意味着,如果行为人轻率地导致 13 岁以下的儿童从事性活动,就负有严格责任?

被告人只有在年龄和同意方面才负有严格责任。就教唆行为而言,被告人必须故意教唆 13 岁以下的儿童从事性活动。在附近有未成年人出没的一堵墙上涂鸦,敦促大家参加伦敦的裸体自行车比赛是不够的。如果信息旨在刺激 13 岁以下的青少年以发生性关系为目的和他联系,情况就不同了。⑤

如果某人在公共厕所的门后写了一条信息,请 13 岁以下的儿童为性交的目的与他联络,他已经实施了犯罪的实行行为。当然,建议本身可能是教唆,特别是对于那些如莎士比亚所说的“就会像猫儿舔牛奶似的贪馋不去”的人来说。只要他把信息写在墙上,教唆行为就完成了。⑥ 第 8 条并不要求

---

① *R. v. Grout*[2011]1 Cr. App. R. 472 at 479-480.

② *R. v. Grout*[2011]1 Cr. App. R. 472 at 479-480.

③ *R. v. Jones*[2008]Q. B. 460.

④ Dennis J. Baker, *Reinterpreting Complicity and Facilitation Offences*, (2015) at Chapter 4.

⑤ *R. v. Jones*[2008]Q. B. 460; cf. *Baney v. State*(2009)42 So. 3d 170.

⑥ 20. 2. *Invicta Plastics Ltd. v. Clare*[1976]R. T. R. 251; *R. v. Goldman*[2001]EWCA Crim. 1684; *R. v. Marlow*[1998]1 Cr. App. R. (S.)273.

被害人或被告人进行性活动；只是规定被告人故意教唆儿童这样做。是故意的教唆行为被定为犯罪，而不是实际的性行为。如果被告人确实与该儿童发生性行为，他将被指控犯有涵盖既遂犯罪的罪行之一。

在“女王诉琼斯案”[①]中，心智不正常的恋童癖者在公共厕所的门后写下涂鸦，寻找8~13岁的女孩进行性行为，并承诺给予报酬。他的信息要求对方通过给定的移动电话号码与他联系。事实如下： 483

记者露丝·卢姆莱（Ruth Lumley）女士乘坐火车前往布赖顿时，看到厕所门上有这种类型的涂鸦。这条信息是用黑色记号笔写的大写字母，记得最清楚的是：“招募8~13岁女孩滚床单。只接收短信[手机号码]。”卢姆莱女士给这个号码打了两次电话。(a)没有人接，但在30分钟内，收到了一条来自这个号码的短信：“男的还是女的，你多大？在哪里得知号码？短信回复。”(b)她回了一条短信：“女乘客，11岁。”(c)几分钟后，收到回复：“你准备好了？你是处女还是非处女，你读的学校？你住哪？我叫戴夫。怎么称呼？你在哪趟车看到的号码？短信回。”

2-043　记者将这些信息向警方报告，警方由此开始了秘密侦查行动。警察动用了伪装成12岁女孩的警官艾米。艾米（成年警官）回应被告人的广告，发了一条短信，介绍自己是艾米。还发短信表示在火车上看到了他的留言，自己正在度假。此外，明确问他是否真的会付钱。他在90分钟内发短信回来问多大了，在哪里度假。信息交流如下：

艾米：“嗨，我12岁。在布莱顿附近，你多大了。”

被告人：“我35，你的假期多长？你是处女？”

艾米：“我要在奶奶家住几个星期，是的。为什么？”

被告人：“周六5点半左右能到布莱顿码头吗？能穿漂亮的短裙吗？你曾经给别人舔过生殖器么？”

这种语言相当令人震惊（不仅在语法上如此），但将其放在这里是为了强调被告人只有一个想法。很明显，这种明确而直接地要求13岁以下的儿童从事性活动的行为，属于《性犯罪法》第8条的规制范围。被告人在教唆的时候即构成犯罪。《性犯罪法》第8条教唆罪是指鼓动13岁以下的儿童从事性活动，不论该儿童是否做了被敦促做的事（如果做了，被告人将成立其他罪行的既遂犯，如强奸儿童、插入13岁以下儿童、对13岁以下儿童的性侵犯等）。

由于这名警官实际上不是12岁的女孩，被告人辩称他不可能犯罪：

首先，如果被告人向12岁女孩发送了上述信息，就不会出现未遂问题。

---

① [2008] Q. B. 460.

他的短信意在劝说这名假定的12岁女孩从事性活动,如果他真的设法将这些短信发给12岁女孩(而不是成年警官),在收到这些短信后,教唆罪就已经完成了。

其次,有可能犯下教唆罪未遂。[①] 例如,如果被告人的短信由于某种技
484 术原因未能发送,可以认为他只是企图教唆13岁以下的儿童从事性活动。如果他寄出一封信,但由于被孩子的母亲发现并交给了警察,这封信永远不会抵达孩子,情况也是如此。如果教唆的话永远达不到预期的听众,被告人只能因教唆罪未遂而受到起诉。其他教唆未遂的事例是,被告人试图向13岁以下的儿童发送短信,但错误地将其发送给成年警官。被告人错误地试图教唆成年人,从而构成了教唆13岁以下的儿童与其进行性活动的未遂。

最后,声称试图做事实上不可能的事不得构成抗辩事由。[②]

2-044 除非被告人"意图"做不可能的事,否则不构成不能犯未遂。琼斯企图做不可能的事,因为他意图教唆13岁以下的女孩从事性活动。这是琼斯认为他在做的事,也是他故意做的事。对他的有罪判决得到了正确的支持。《性犯罪法》第8(2)条规定:"犯本条所述罪行者,如所导致或所教唆的活动涉及——(a)插入乙的肛门或阴道,(b)用他人的阴茎插入乙的嘴部,(c)用乙的身体的一部分或乙用其东西插入某人的肛门或阴道,或(d)用乙的阴茎插入别人的嘴巴,一经起诉定罪,可判处终身监禁。"如果这些客观行为并未完成,则可酌情减缓刑期。

如果琼斯没有针对特定年龄组,仅仅是想教唆成年的狂蜂浪蝶与他发生性关系,就不会对《性犯罪法》第8条的罪行负责。仅仅表明他过失地把未成年人暴露在其教唆的行为中是不够入罪的。

第7节 针对不满16岁的未成年人的性犯罪

2-045 有若干罪行是针对16岁以下儿童与成人之间的自愿性行为。由于16岁以下的儿童无法同意性活动,所以同意无法作为行为人的抗辩事由。英国议会认为16岁以下的儿童没有同意的能力。然而,针对16岁以下被害人的犯罪确实允许在年龄上出现合理的认识错误。核心罪行与上述涉及13岁以下儿童的罪行重叠。《性犯罪法》第9条规定,与16岁以下的儿童进行性活动是犯罪行为。同时,第10条规定,导致或教唆16岁以下儿童

---

① *R. v. Chelmsford Justices Ex p. Amos(JJ)*[1973]Crim. L. R. 437. section 1(4) of the *Criminal Attempts Act* 1981.

② *R. v. Shivpuri*[1987]A. C. 1;*R. v. Jones*[2008]Q. B. 460 at 473-474. Glanville Williams, "The Lords and Impossible Attempts, or *Quis Custodiet Ipsos Custodes*," (1986) 45 *Cambridge L. J.* 33.

进行性活动是犯罪行为。[①] 就这些犯罪而言,犯行与针对不满 13 岁以下被害人的犯行是相同的。 485

还有若干"性诱罪行"(grooming offences)。《性犯罪法》第 12 条规定,导致儿童观看性行为是犯罪行为。该法第 14 条将安排或协助犯儿童性罪行规定为犯罪,而该法第 15 条则将会见经诱惑而来的儿童规定为犯罪。[②]

针对 16 岁以下未成年人实施的性犯罪的主观要件是不同的,因为年龄上的合理错误可以用来否定犯意。如果孩子超过 13 岁而未满 16 岁,除非控方证明被告人不合理地相信孩子超过 16 岁,否则被告人不会被判有罪。这适用于《性犯罪法》第 9~12 条和第 15 条中规定的所有罪行。就第 9~12 条所规定的罪行而言,如被告人未满 18 岁,将获较轻刑罚。[③]

第 8 节　被认定为缺乏同意能力的被害人

2-046　某些犯罪规定,如果被告人因为所处的监管地位而对年龄在 16~17 岁的年轻人施加影响,应不可辩驳地推定未成年人缺乏同意。处于监管地位的人,如与年满 16 岁但未满 18 岁的人进行性活动(《性犯罪法》第 16 条);或致使或教唆该被害人实施性活动(《性犯罪法》第 17 条);或在该被害人在场的情况下开展性活动(《性犯罪法》第 18 条);或者导致这样的被害人观看性行为(《性犯罪法》第 19 条),即属犯罪。

检控方无须证明被告人真正滥用了监管关系,只需要证明被告人处于监管的地位即可。如果被告人处于监管地位,与相关年龄段的未成年人进行了合意性活动,就将被视为滥用权利。例如,教师处于监管地位,[④]因此如果他亲吻 17 岁的学生,就会构成犯罪。[⑤] 这项法律的延伸似乎基于被害人受到监护人/照顾者/老师的约束,因此无法给予真正的同意。必须无可争辩地推定被害人缺乏合意。

除此之外,法律规定,16 岁及 16 岁以上的人从事性活动缺乏危害性。如果他们进行双方同意的性活动没有害处,构成上述罪行,前提便是推定没有合意。显然,认定监管关系在所有情况下都否定同意,完全是虚构。法律 486
规定,即使同意可能有效,也应视为无效。言下之意,可能作出的同意表示,

---

① Section 9(2) and 10(1).

② Suzanne Ost, *Child Pornography and Sexual Grooming*, (Cambridge: Cambridge University Press, 2009).

③ Section 13 of the *Act of* 2003.

④ Sections 21-22 of the *Act of* 2003.

⑤ *R. v. Lamb* [2007] EWCA Crim. 1766; *R. v. Lister* [2006] 1 Cr. App. R. (S.) 69; *R. v. Healy* [2010] 1 Cr. App. R. (S.) 105; *R. v. Wilson* [2008] 1 Cr. App. R. (S.) 90.

都只因为存在不当影响而必将出现。事实是,在许多情况下,同意的确是真实的意思表示。从2003年相关立法的涵盖范围来看,这些罪行似乎没有必要。最好查明被害人是否确实同意,因为在真正同意的情况下,刑法不会发生作用。被告人和被害人之间存在监管关系,这项事实在性行为实际上是双方自愿的情况下没有额外意义。16岁的孩子可以拒绝救生治疗,可以同意堕胎,等等(见第26章第10节),因此在某些情况下,被禁止同意与成年人发生性行为有点前后不一。如果老师和18岁以下的学生有染,解雇似乎就足够了。

2-047 如果被告人合理地认为被害人年满18周岁,则不具备入罪所需要的主观要件。同样,被告人可能辩称,他不知道或不可能合理地被"期待知道他相对"被害人处于监管地位的情况,但在许多案件中,这不是问题。在前面脚注中引述的教师判例中,被告人知道他处于监管者的地位,而且被害人未满18岁。

2-048 被告人是教师,如果他与17岁的邻居发生性关系,是否需要对上述罪行之一承担责任?

不。除非邻居也是他的学生。如果没有在被告人所在的学校注册,这位老师将不成立罪行,因为没有监管关系。此外,如果老师设法和他的学生私奔,将可以借此作为抗辩事由。《性犯罪法》第23条规定:

(1)行为人甲对他人乙实施第16~19条所述罪行的任何行为,但在下列情况下,甲不构成犯罪——

(a)乙年满16岁,及

(b)甲和乙在行为时属于合法夫妻或同性伴侣。

(2)在上述犯罪的诉讼程序中,应由被告人证明犯罪行为发生时,他和乙之间缔结了合法婚姻或双方系同性伴侣。

如果老师和学生渐生情愫,只要老师在与学生结婚前没有让彼此的关系更进一步产生实质变化,就不必为上述罪行负责。目前尚不清楚为什么英国议会认为这样的未成年人能够同意与通过监管关系认识的人进行婚内性交,但无法在除此之外的其他情况下同意与这样的被告人发生性行为。

2003年《性犯罪法》第25~26条规定的家庭儿童性犯罪,也旨在保护因
487 与被告人的关系而易受伤害的儿童。除此之外,血亲之间的性关系严重挑战根深蒂固的反对乱伦的传统规范。①

① Dennis J. Baker, "Constitutionalizing the Harm Principle," (2008) 27 *Crim. Just. Ethics* 3 at 14-15.

第 9 节　次要参与者的抗辩事由

2-049　2003 年《性犯罪法》第 73 条规定：

（1）如为以下目的而行事，即不属协助、教唆或劝诱对儿童实施本条适用的罪行：

（a）保护儿童免于性传播疾病；

（b）保护儿童的人身安全；

（c）防止该儿童怀孕，或；

（d）通过提供建议促进儿童的情绪健康，而不是为了自己获得性满足；不是为了导致或鼓动实施下列罪行；导致儿童参与或鼓励其参与构成下列犯罪的活动。

（2）本条适用于：

（a）第 5~7 条所规定的罪行（针对 13 岁以下儿童的犯罪）；

（b）第 9 条所规定的罪行（与儿童实施的性活动）；

（c）第 13 条所规定的罪行，如果被害人已满 18 岁，即属第 9 条所规定的罪行；

（d）根据第 16、25、30、34、38 条对 16 岁以下的人所犯的罪行（性活动）。

（3）本条不影响其他成文法则或限制他人构成协助、教唆或劝诱本条所规定的罪行的情况的法律规则。

该规定的含义不言而喻。其立法目的旨在豁免提供相关建议以保护孩子的医生和其他专业人员。例如，卫生工作者可能会建议儿童使用预防措施，以确保其不会感染艾滋病毒。这符合上议院在相关判例中的具体意见。①

第 10 节　被害人精神失常

有许多犯罪行为，专门针对那些与患有精神疾病的人发生性关系的行为人。例如，2003 年《性犯罪法》第 30 条规定：

（1）在下列情况下，行为人甲构成犯罪：

（a）故意触摸他人乙，

（b）触摸具有性目的，

（c）乙因精神失常或与精神失常有关的理由而无法拒绝，及；

---

① *Gillick v. West Norfolk and Wisbech AHA*. [1986] A. C. 112.

(d)甲知道或可被合理地期待知道乙精神失常,而由于该精神失常或与该精神失常有关的理由,乙相当可能无法表示拒绝。

488 (2)在下列情况下,乙无法表示拒绝:

(a)没有能力选择是否同意触摸(不论是因为对正在进行的事情的性质或可合理预见的后果缺乏足够的了解,或是由于其他原因);

(b)无法将某项选择传达给甲。

(3)如果触摸行为涉及下列情况,那么甲构成本条所规定的罪行:

(a)用甲身体的某部分或其他物体插入乙的肛门或阴道;

(b)用甲的阴茎插入乙的嘴部;

(c)用乙的身体的某部分插入甲的肛门或阴道;

(d)用乙的阴茎插入甲的嘴部,一经循公诉程序定罪,可处终身监禁。

(4)除非适用第(3)款,否则犯下本条罪行的人:(a)循简易程序定罪,可处监禁不超过6个月,或罚金不超过法定上限或两者并科;(b)循公诉程序定罪,可处不超过14年监禁。

《性犯罪法》第30(3)条反映了该法第8条规制的针对13岁以下未成年人实施的罪行,因为如果性活动涉及后者所述的行为,将判处终身监禁刑。与该法第8(2)、9(2)、10(2)条一样,第30(3)条没有提到阴茎插入阴道。从技术上讲,第30(3)(a)条涵盖了阴茎插入,因为其规定"用甲身体的某部分插入乙的肛门或阴道"。如果甲是男人,阴茎就是甲身体的组成部分。尽管如此,涉及阳具插入的案件应根据第1条以强奸罪起诉。一旦将强奸从等式中剔除,就会发现第30条与该法第2~3条竞合。该法第31条规定,导致或教唆精神障碍者进行性活动是犯罪行为。第31条不仅与该法第4条重叠(导致1人未经同意而从事性活动),而且还规定了某项属于未完成罪的教唆罪,类似于在针对儿童实施的性犯罪中发现的教唆罪。

2-050 如果该行为(教唆除外)在该法其他条文中有规定,为什么要为精神疾病者规定特别罪行?当然,他们不应该被故意区别于该社会的其他成年公民。如果精神错乱者同意了,他们就是同意了。

毫无疑问,精神障碍者可能比普通人更容易受到伤害,但在急于保护他们的时候,必须格外小心,不要跳上家长主义的跑步机。法律应该尽其所能
489 允许这些人拥有尽可能多的性自由。如果精神失常的人仅仅是对"动物本能"作出反应,并不存在性剥削,①就没有理由援引刑法加以处理。②

---

① *R. v. Mrzljak*[2005]152 A. Crim. R. 315.

② *R. v. Morgan*[1970]V. R. 337;*Re F.*(*Mental Patient*:*Sterilisation*)[1990]2 A. C. 1;*Molina v. Com.*(2006)624 S. E. 2d 83;*R. v. Fletcher*(1866)10 Cox C. C. 248;*R. v. Connolly*(1867)26 U. C. Q. B. 317.

2-051　主观要件是否与《性犯罪法》第 1~4 条中的犯罪相同?

本条要求性行为都是故意的。如果被告人处于自动症等状态,将不承担责任,因为这种触摸缺乏意志性。根据《性犯罪法》第 30(1)(a)条,性行为必须涉及故意触摸。这一条款同样适用于该法第 30(3)(a)~(d)条所指的行为。

就精神障碍患者是否同意的错误而言,该罪行的主观要件是不同的。如你所知,《性犯罪法》第 30(1)(d)条规定:

"甲知道或可合理地被期待知道乙精神失常,而由于该精神失常或与该精神失常有关的理由,乙相当可能无法表示拒绝。"

如前所述,在《性犯罪法》第 1~4 条中对所规定的不法行为,使用了稍微不同的测试标准。这些部分的测试如下:

甲不合理地认为乙同意。

确信是否合理,应在考虑所有情况后确定,包括甲为确定乙是否同意而采取的措施。①

2-052　在这两种情况下,如果被告人对被害人是否同意存在过失,就将承担责任。然而,后一条规定提到"所有情况",如前所述,如果被告人因为也存在精神障碍,从而在被害人是否同意方面犯了错误,法院可以将此视为情况。陪审团将能够决定掌握类似信息,罹患类似疾病的理性人是否会犯同样的错误。令人吃惊的是,在《性犯罪法》第 30~33 条中设定的罪行,并没有作出这样的让步。在这些罪行中没有明确包括该迁就似乎很奇怪,因为在某些体制情况下,精神障碍患者更可能遇到其他患有类似疾病的患者,因此在这种情况下,同意的认识错误率可能更高。 490

如果你对 2003 年立法条款中的竞合和完全不必要的重复赘述不感到厌烦,下面再给你介绍更多的重复情况。《性犯罪法》第 34~37 条又规定了一系列罪行。这些罪行的目标是那些利用"引诱、威胁或欺骗"与精神障碍患者进行性活动的人。只需要考虑该法第 34 条的措辞,就可以了解这些罪行的运作方式。

《性犯罪法》第 34 条规定:

(1)在下列情况下,行为人甲构成犯罪:

(a)在他人乙同意的情况下故意触摸该人;

(b)触摸具有性目的;

(c)甲基于上述目的,通过提供或给予的引诱、威胁或多次练习的欺骗,导致乙同意;

---

① Subsections 1(1)(c) and 1(2); 2(1)(d) and 2(2); 3(1)(d) and 3(2); and 4(1)(d) and 4(2).

(d)乙患有精神障碍;

(e)甲知道或可被合理地预期知道乙精神失常。

(2)如果触摸行为涉及下列情况,那么甲构成本条所规定的罪行:

(a)用甲身体的某部分或其他物体插入乙的肛门或阴道;

(b)用甲的阴茎插入乙的嘴部;

(c)用乙身体的某部分插入甲的肛门或阴道;

(d)用乙的阴茎插入甲的嘴部,一经循公诉程序定罪,可被处终身监禁。

这些规定并不要求被告人知道被害人因精神障碍无法拒绝同意。被告人只需有合理的理由相信被害人患有精神错乱即可。如果理性人知道被害人精神失常,就可以满足该要素的要求。只要存在某种威胁、欺骗或劝诱,理性人会相信被害人的精神失常并没有阻止其给予真正的同意,变得并不重要。目前尚不清楚这类条款增加了什么内容。如果威胁、欺骗或劝诱否定了同意,为什么不指控被告人犯有《性犯罪法》第1~4条规定的罪行之一?或者这是另外的英国议会认为即使有同意,同意也无效的情况?如果威胁、欺骗或劝诱没有否定同意,则不应援引刑法。存在威胁或欺骗的事实足以使被害人的同意丧失效力,但这将取决于所涉及的威胁或欺骗的类型(见第26章)。至于劝诱,似乎已经包括在内,因为仅仅是劝诱,就可能足以使精神障碍患者从事性活动,而纯粹的劝诱不足以使无精神障碍患者从事性活动。但这个问题最好在同意要素认定的大框架下加以处理。

2-053 最后一组罪行值得一提。《性犯罪法》第38~41条中的罪行,将护理人员和患有某种精神障碍的成年人之间的自愿性关系定为刑事犯罪,根本不考虑后者的精神紊乱是否使其无法给予有效的同意。鉴于精神疾病在现代社会普遍存在,关注的焦点应该是,是否真的存在真诚"同意",
491 而不是监管关系。如果精神病医生和他美丽的病人发生了性关系,[①]只有在能够证明病人实际上并不同意时,医生才应该面对牢狱之灾。从技术上来讲,精神科医生属于护理人员,这项事实不应使他在得到真正同意的情况下承担严重罪行的责任。[②] 这些规定似乎过犹不及。所有成年公民都有权享有平等的性自由,不论其存在何种残疾。这些规定似乎认为,由他人照顾的精神障碍患者并非完全自主。重点应放在同意的质量上,而不是放在被害人与被告人关系的性质上。(成年人不应因彼此发生性关系而被定为刑事犯罪),仅仅因为被害人与被委托照料的人有性关系就认为没有同意,显然十分过分。这样就意味着患有精神错乱的病人没有被作为社群的正式成员

---

① Alex Spillius,"Catherine Zeta Jones 'received treatment for manic depression'," (London:*The Telegraph*,13 April 2011).

② Section 42 of the *Act of* 2003.

来被加以对待。精神障碍可以在很大程度上影响某人同意的质量,但在很多情况下可能根本不会影响。这些规定旨在保护弱势群体,但似乎也限制了他们的性自由。 492

493

第3章　谋　杀

在平淡无奇的生活纠葛里，谋杀案就像一条红线一样，贯穿在中间。咱们的责任就是要去揭露，把它从生活中清理出来，彻底地加以暴露。

亚瑟·柯南·道尔(Sir Arthur Conan Doyle)[①]

---

① *A Study of Scarlet*, (London: Ward, Lock & Co., 1888) at 65. 相关译文参考[英]柯南道尔：《血字的研究》，俞步凡译，上海社会科学院出版社2012年版。——译者注

第1节 谋杀罪的刑罚

3-001 将人杀死,无论是合法的还是非法的,都叫作"杀人",但这只是字面表达。不存在所谓"杀人罪"(homicide),普通法上的不法杀人犯罪,包括"谋杀罪"(murder)和"过失杀人罪"。法律还规定了其他形式的非法杀人:某些形式的过失杀人(责任能力降低①、失控②和自杀合意情况下出现的杀人)③、杀婴④和危险驾驶致人死亡。⑤

谋杀的经典定义来自曾任首席大法官的爱德华·库克爵士(Sir Edward Coke),尽管其传统的措辞需要仔细润色:

"谋杀是指行为人……在国王的和平统治下,怀着表现出来或法律所推定的事先恶意,非法杀害……自然状态下具有理性的生灵,导致受伤的人在1年零1天内因伤死亡。"⑥

"具有理性的生灵"(any reasonable creature)是指人(因残疾或重病受保护的人),"在自然状态下"⑦(*in rerum natura*)不包括未出生的孩子。但正 494
如将在第13章中看到的,如果胎儿出生为活体,就很有可能被包括在内。"在国王的和平统治下"(under the King's peace)⑧涵盖了领土范围内所有的人,除了在战争中阵亡的敌人。⑨

犯行仅仅是非法杀害他人。正如将在下一章中看到的,某人一旦"脑死亡"就可能被归类为死亡。⑩ 如果脑死亡的被害人正在使用生命支持设施,一旦医生将其关闭,通常就完成了谋杀或过失杀人的行为。⑪(下一章指出,医生将病人的生命维持设施撤离的行为,通常不会切断被告人的作为或不

---

① Section 2 of the *Homicide Act* 1957.

② Section 54 of the *Coroners and Justice Act* 2009.

③ Section 4 of the *Homicide Act* 1957.

④ Section 1 of the *Infanticide Act* 1938.

⑤ Sections 1 and 2B of the *Road Traffic Act* 1988.

⑥ Sir Edward Coke, *Institutes of the Laws of England*, (London: Printed for E. and R. Brooke, Pt III, 1797), Chap. 7, at 47. *R. v. Rowland*(1778) 2 Cowp. 830 at 831.

⑦ *Carter v. Canada*(*Attorney General*) [2015] S. C. C 5.

⑧ Matthew Hale, *The History of the Pleas of the Crown*, (London: Printed by E. and R. Nutt *et al.*, 1736) Vol. I at 433.

⑨ *The "Hoop"*-(*Cornelis, Master*) (1799) 1 C. Robinson 196 at 201; *Maria v. Hall*(1807) 1 Taunt 33; *Wells v. Williams*(1697) 91 E. R. 45; *R. v. Page*[1954] 1 Q. B. 170. *R. v. Sawyer*(1815) Russ. & Ry. 294. Michael Hirst, "Murder under the Queen's Peace," [2008] Crim. L. R. 541.

⑩ Eelco F. M. Wijdicks, "The Diagnosis of Brain Death," (2001) 344 *N. Engl. J. Med.* 1215. *Airedale NHS Trust v. Bland*[1993] A. C. 789, *per* Lords Keith, Goff, and Browne-Wilkinson; *Re A* (1992) 3 *Med. L. Rev.* 303.

⑪ *R. v. Malcherek*[1981] 1 W. L. R. 690 at 694.

作为与病人死亡之间的因果关系链条）（关于因果关系，请参阅第10章）。需要牢记的是，1年零1天的规则已经被废除了。[①] 因此，如果被告人导致被害人脑死亡，并且被害人已经靠呼吸机保持了3年以上的生命体征，只有在司法部部长批准的情况下，才能开始对谋杀或过失杀人的检控（生命何时开始、何时结束，以及生命延长的问题在接下来的两章中详细讨论）。

3-002 如果医生通过提供标准的止痛药来加速被害人的死亡呢？

加速死亡过程的行为，应该足以使之承担刑事责任，所以被告人通常不被允许主张被害人不久就会死亡之类的辩解。但在女王诉博德金·亚当斯案"（*R. v. Bodkin Adams*）[②]中，德夫林法官指示陪审团，当健康无法恢复时，医生"仍然有权采取一切适当和必要的措施来减轻疼痛和痛苦，即使采取的措施可能会意外地缩短生命的进程"。这段话作为整体似乎默示了这样的观点，即医生所做的一切，都是经过同意的医疗行为，不是法律上的原因。其在导致死亡方面起着非常小的作用，以致可以被排除在考虑之外。但很明显，这也是原因。

更令人满意的理由是紧急避险原则，德夫林法官也许在使用"必要的"概念时，参照了该原则。在损害肯定会发生的情况下（在合理的时间范围
495 内），[③]为了正当的目的，为了紧急避险，加速有害的结果，应该成为将紧急避险抗辩（视情况而定）扩大到医生的医疗行为正当性[④]的理由，因为这些人的所作所为不是为了杀人。[⑤] 医生只是在极为特殊的情况下，将死亡提前了非常短的时间。真正试图减轻病人痛苦的医生，知道这可能加速病人的死亡，但这样做是出于减轻病人巨大痛苦的需要。因此，应该认为医生的行为具有正当性。[⑥] 然而，如第4章所述，规范性动机只有在也被视为有效的法律理由时才起作用。既然必要性不是谋杀的一般抗辩事由，必要性的动机可能无法提供抗辩事由。[⑦]

如果疼痛缓解是绝对必要的，并且是根据标准医疗实践进行的，法院似

---

① Section 3(2) of the *Law Reform(Year and a Day Rule) Act* 1996.

② [1957] Crim. L. R. 365. Glanville Williams, *The Sanctity of Life and the Criminal Law*, (London: Faber, 1958), 289.

③ Michael S. Moore, "Counterfactual Dependence as an Independent, Non-Causal Desert-Determiner," (2009) 34 *Austl. J. Leg. Phil.* 1 at 5; *Re A(Conjoined Twins Surgical Separation)*, [2000] 4 All E. R. 961.

④ Andrew Ashworth, "Criminal Liability in a Medical Context: The Treatment of Good Intentions," in A. P. Simester and A. T. H. Smith, *Harm and Culpability*, (Oxford: Clarendon Press, 1996).

⑤ *R. v. Cox*(1992) 12 B. M. L. R. 38.

⑥ *Carter v. Canada(Attorney General)* [2015] S. C. C 5 at para. 126.

⑦ *Re A(Conjoined Twins Surgical Separation)*, [2000] 4 All E. R. 961; *R. (Nicklinson) and another v. Ministry of Justice and others* [2014] 3 W. L. R. 200 at 235*per*Lord Toulson, J. S. C.

乎认为，医生预见到治疗的副作用是加速病人死亡，是无关紧要的。[①] 可是，如果医生实施安乐死，并预料到这样做的副作用是病人将不再痛苦，显然无法借此作为抗辩事由。[②]

3-003　谋杀和过失杀人是如何区分的？

除了罪过要素和减轻情节之外，两者的要求是相同的。谋杀案一方面要求传统上被称为“事先恶意”（malice aforethought）的主观要件；另一方面要求行为人缺乏某些可减轻罪责的情节（如“失去控制”或“减少责任”），这些情节的存在，会将案件变成过失杀人。

在普通法形成时期，谋杀和过失杀人之间的区别，对被告人来说可谓性命攸关，因为除非获得官方缓刑，谋杀可以判处死刑，而被判过失杀人罪的人通常是可凭借所谓“牧师特权”（benefit of clergy）逃脱死刑；当“牧师特 496
权”被废除后，最高刑期改为终身监禁。谋杀罪的死刑一直延续到1965年，后来“法定刑”（mandatory sentence）修改为终身监禁。[③]

3-004　上面提到了终身监禁的法定刑。这是否意味着无论谋杀的情节如何，罪犯都必须被判处终身监禁？

是的，如果被告人被判谋杀罪。然而，例如，“失去控制”（loss of control）[④]和“减轻责任”（diminished responsibility）[⑤]是对谋杀的部分抗辩事由，可以借此将指控减轻为过失杀人。

3-005　但那不是过失杀人，而是谋杀。

在“丧失自制力”的情况下杀人，实际上是情节较轻的谋杀罪，但在法律上却被称为过失杀人。所谓过失杀人的罪名设置，在过去是为了规避死刑，现在是为了让法官有量刑的自由裁量权。

3-006　谋杀犯到底服多长的刑期？

在公众心目中有不可忽视的观念，即终身监禁就是在监狱里待一辈子，但大多数罪犯的实际服刑时间不超过15年。[⑥] 所有罪犯在申请假释前都必须服满最短刑期。在最低刑期结束前，罪犯将继续在监狱中服刑，直到获得假释为止。罪犯假释后，负责考察的部门将对其终生监督。如果有证据表明违反了公众利益，被假释者也可能会被押回监狱继续服终身监禁刑。

最低刑期将取决于谋杀的性质，但通常包括：

---

① Lord Goff's judgment in *Airedale N. H. S. Trust v. Bland*[1993]A. C. 789.

② *R. v. Cox*(1992)12 B. M. L. R. 38.

③ *Murder*(*Abolition of Death*)*Act* 1965(*Powers of Criminal Courts*(*Sentencing*)*Act* 2000) Section 36 of the *Crime and Disorder Act* 1998.

④ Sections 54 and 55 of the *Coroners and Justice Act* 2009.

⑤ Section 52 of the *Coroners and Justice Act* 2009.

⑥ *R. v. Oyediran*[2010]EWCA Crim. 2431.

终身,或;

30 年,或;

15 年。

2003 年《刑事司法法》第 269 条要求量刑法官在确定罪犯在获得假释前应服的最低刑期时,考虑该法附表 21 所载的准则。法官可以决定不遵守这些准则,但必须对此提供理由加以解释。准则建议:“终身监禁刑的起点是
497 一辈子,如果罪犯实施多项谋杀(谋杀两人或两人以上),且涉及“实质性预谋、绑架被害人、性行为或施虐狂行为、如果涉及绑架儿童或性动机或施虐狂动机的,则谋杀儿童、为促进政治、宗教、种族或意识形态事业(恐怖主义)而进行的谋杀,或正犯以前曾被判谋杀罪。”

如果罪犯犯下了多项谋杀案(或在某些情况下,犯下了一宗特殊性质的谋杀案),在谋杀案涉及下列要素时,最低刑期应为 30 年:

(a)警务人员或狱警在执行职务时被谋杀;

(b)使用火器或炸药的谋杀;

(c)为谋取利益而进行的谋杀(例如在抢劫或夜盗的过程中或为了使抢劫或夜盗顺利完成而进行的谋杀,为偿清债务而进行的谋杀,或预期因该宗死亡会获得利益而进行的谋杀);

(d)意图妨碍或干扰司法程序的谋杀;

(e)涉及性行为或施虐狂行为的谋杀;

(f)谋杀两人或多人;

(g)因性取向或种族或宗教原因而加重的谋杀。[①]

3-007 罹患精神疾病的罪犯呢?他们也必须被判终身监禁吗?

是的,如果被判谋杀罪的话,但他们不会被判犯下此类罪名。罹患精神疾病的被告人在适当情况下可以提出精神错乱抗辩,从而得到特别判决,或者提出责任减轻的抗辩,从而被判过失杀人罪。

3-008 为什么必须判处终身监禁?为什么法官没有自由裁量权?

可以给出几个答案。最明显的是,谋杀被认为是严重的罪行,必须受到严厉的惩罚。过去对谋杀的刑罚是绝对确定的死刑;现在,用奇怪的语言来说,是强制性的“无期”刑罚。

更现实的是,该强制性法定刑是为了废除死刑而达成的政治妥协。[②] 拒绝给予法官自由裁量权的次要原因(但完全无法令人信服)是希望将谋杀与过失杀人分开。对于过失杀人,法官有自由裁量权,可判处罪犯任何期限的

---

① Schedule 21 of the *Criminal Justice Act* 2003.

② D. A. Thomas,“Form and Function in the Criminal Law,” in P. R. Glazebrook(ed.)*Reshaping the Criminal Law:Essays in Honour of Glanville Williams*,(London:Stevens & Sons,1978)at 25-29.

监禁(当然包括终身监禁);但另一方面,法官可将被告人从监禁中解救出来:例如,仅对其处以罚金或缓刑,或(姑且可以认为)准予释放。为了区别于过失杀人,谋杀罪的终身监禁法定刑显然是权宜之计,如果无法令人满意的话(事实上,这两项罪行本可以同时保留,而不必在量刑权上作区分)。

然而,其他原因是,人们认为法官被允许对谋杀犯处以低于"终身刑"的刑罚可能是不安全的——法官可能低估了谋杀犯给社会带来的危险(这显然是不准确的,因为如果凶手患有精神障碍,并得到减轻责任的判决,法官 498
在量刑方面享有完全的自由裁量权。精神错乱的杀手通常比其他杀手更危险、更难预测)。[1]

第2节 杀人故意

3-009 谋杀的主观要件是"事先恶意"[2],但这种术语如果不是扯淡,也很过时。谋杀不需要恶意或预谋。安乐死可以是谋杀;如果杀人的意图是瞬间产生的,这种杀人也可以是谋杀。无论何时,只要存在以下情况,法律就认为存在预先考虑的恶意:

企图非法杀人,[3]或;

意图造成严重身体伤害,[4]或;

非法杀人或造成严重身体伤害的间接故意。

本书便宜行事,主要适用"故意"和"间接故意",而不是"事先恶意"。先从研究故意开始。自1967年《刑事司法法》第8条颁布以来,法院放弃了在"检察长诉史密斯案"[5]中表达的完全"客观"的故意概念。正如此前所看到的,更的合理的,也是主流司法观点所支持的,故意现在具有其自然含义。作为一般规则,其自然含义无须向陪审团解释:

"金科玉律应该是,在指示陪审团对特定故意犯罪所必需的主观要件进行判决时,除非法官确信,基于事实,并考虑到案件在证据和论据上呈交陪审团的方式,必须作出进一步的解释或阐述,以避免误解,否则应避免对故

---

① Dennis J. Baker, "Punishment Without a Crime: Is Preventive Detention Reconcilable with Justice," (2009) 34 *Austl. J. Leg. Phil.* 120.

② James Fitzjames Stephen, *A History of the Criminal Law of England*, (London: Macmillan, 1883) Vol. III, at 40-58; Anne F. Noyes, "Early Development of the Term Malice Aforethought and Origins of Express Malice," (1945) 34 *Ky. L. J.* 145.

③ *R. v. Vickers* [1957] 2 Q. B. 664.

④ *R. v Cunningham* [1982] A. C. 566. R. A. Duff, "Implied and Constructive Malice in Murder," (1979) 95 *L. Q. Rev.* 418.

⑤ [1961] A. C. 290.

意的含义进行阐述或解释,并将其交给陪审团利用其理性来决定行为时被
499 告人是否有必要的故意。"①

第3节 故意造成严重身体伤害

3-010 谋杀需要杀人,所以通常的原则应该是,谋杀的主观要件应针对死亡,而不是死亡以外的伤害结果。但法律却另有规定。即使被告人不意图杀害被害人,只要其意图造成严重的人身伤害,也可以借此证明谋杀的主观要件成立。

谋杀未遂的指控要求存在杀人故意,杀人故意无法通过证明具备造成他严重身体伤害的故意来加以认定。② 当某人故意造成他人严重身体伤害时,无法以谋杀未遂罪定罪,但如果被害人因此而死亡,却可以对其根据谋杀罪定罪,这似乎是值得注意的。对于谋杀未遂的指控,陪审团必须区分杀人故意和伤害故意,后者不足以支撑谋杀未遂。对未遂的指控总是要求证明有达到被禁止的结果的故意;在谋杀的语境下,被禁止的结果是他人的死亡,必须有这样的故意。

3-011 为什么故意造成严重的身体伤害就足以满足谋杀罪的犯意要求?

这种形式的推定故意是更为宏大的推定故意理论的"残余"。③ 关于推定故意的历史观点可能有助于理解。谋杀立法一直都有,但只有名字没有变。以前,谋杀罪中存在"推定恶意"原则,大大扩大了犯罪范围。"推定"概念被法律人用来指"虚构的"或"非实际的";意味着其正在超出自然意义。在不法行为过程中,无论何时(无论多么意外)发生杀人,都会认定推定的恶意。④ 库克在詹姆斯一世统治时期撰写的判词,被认为是那个时代的法源,给出了有力的事例:

"就好像甲意图在乙的公园里偷猎梅花鹿一样,他向鹿射箭,但因为走了眼,杀死了藏在灌木丛里的男孩,这是谋杀,因为这种行为是违法的,虽然甲无意伤害这个男孩,也不知道他的存在。"⑤

被告人被"推定"故意造成死亡后果,因为其是在实施其他犯罪时造成死亡结果的。这条规则,属于典型的野蛮的迂腐古代普通法,令人无法接

---

① *R. v. Moloney*[1985]A. C. 905 at 926 *per* Lord Bridge.

② *R. v. Donovan*(1850)Cox. C. C. 399;*R. v. Grimwood*[1962]2 Q. B. 621.

③ D. A. Stroud,"Constructive Murder and Drunkeness,"(1920)36 *L. Q. Rev*. 268;

④ Criminal Law Commission, Sixth Report, *Parl. Papers* x 16,(London:1841). J. M. Kaye, "Early History of Murder and Manslaughter,"(1967)83 *L. Q. R*. 365 at 383 *et seq*.

⑤ Coke, *op. cit. supra*, note 8 at 57.

受。司法判决将其局限于严重“重罪”(如抢劫、强奸和纵火)过程中杀人,或在拒捕或逃避羁押过程中杀人。但是,即使是在这种遭到削弱的形式下,理性人也无法接受推定恶意的学说,以至于其最终被1957年《杀人法》(the 500
Homicide Act 1957)第1条废除:

(1)在实施其他罪行的过程中或在其他罪行的推进过程中杀害他人,除非该杀人行为基于的事先恶意与在非实施其他罪行的过程中或非在其他罪行的推进过程中实施的杀人行为构成谋杀所需要的事先(明示或默示的)恶意相同,否则该杀人行为不构成谋杀。

(2)就前款而言,在抗拒司法人员的过程中或为了抗拒司法人员,或在抗拒或避免或阻止合法逮捕的过程中或为抗拒或避免或阻止合法逮捕,或在逃离(或帮助逃离)合法羁押过程中或为了逃避(或帮助逃避)合法羁押,或在营救(或帮助营救)处于合法羁押状态的人的过程中或为了营救(或帮助营救)处于合法羁押状态的人而进行的杀人,须视为在犯其他罪的过程中或为完成其他犯罪而进行的杀人。

在普通法中,现在还存在其他形式的事先恶意:主要是故意造成严重身体伤害但结果致人死亡的情况。[①] 法律问题是,这种形式的故意(恶意)是否被1957年《杀人法》第1条废除。在“女王诉维克斯案”(*R. v. Vickers*)[②]中,上诉法院认为并非如此;造成严重身体伤害并非第1条中的“其他罪行”。人们可能认为,该决定与第1条背道而驰,在“哈雅姆诉检察长案”[③]中,法官们对此表达了不一致的意见。黑尔斯沙姆大法官和狄尔霍恩(Dilhorne)法官认为,“女王诉维克斯案”的判决是正确的。迪普洛克法官和基尔布兰登(Kilbrandon)法官认为这是错误的:除非被告人意识到自己的行为可能危及生命,否则造成严重身体伤害的故意不足以构成谋杀罪所需要的犯意。克罗斯法官承认,很难理解该学说,因为作为大法官,此前还从没有“不得不与该晦涩难懂的、技术性很强的法律分支作斗争”。[④] 因此,他不走寻常路,即在作出相反判决之前,推定“女王诉维克斯案”的结论是正确的;结果,他实际上站在了黑尔斯沙姆和狄尔霍恩法官一边。

3-012 这就产生了关于判例理论的令人费解的问题:法官是否有权在没有具体判决之前,便假定法律的内容,并将其作为判断的基础。无论理论上的答案是什么,很明显,就谋杀罪而言,“推定故意”的“残余”形式仍然适

① *Errington's Case*(1838)2 Lewin 217;*Halloway's Case*(1628)79 E. R. 715.

② [1957]2 Q. B. 664.

③ [1975]A. C. 55.

④ *Hyam v. D. P. P.* [1975]A. C. 55 at 96.

用。其在现代法律中的继续存在,得到了"女王诉坎宁安案"①和最近的"女王诉拉赫曼案"(*R. v. Rahman*)②的重申。在"女王诉坎宁安案"中,埃德蒙·戴维斯法官指出了该规则值得讨论的另一方面,即该规则认为某人犯有
501 谋杀罪,尽管他故意造成的伤害不太可能引发死亡:

"我觉得非常奇怪,如果某人的死亡是由于行为人故意打断其手臂而导致的,其就可以被判谋杀罪,因为这种侵害行为虽然无疑涉及'真正严重的伤害',因此,要求严惩,但在大多数情况下不太可能杀死人。"③

3-013 因为"严重伤害"都会造成此类结果,所以被告人不必故意造成在其看来可能导致死亡的伤害。

没错。英国法院对"严重人身伤害"的定义与加重攻击罪中该用语的含义相同,其意思是"真正严重的伤害,无论是否可能造成死亡"。"女王诉坎宁安案"④重申了该规则。什么是真正严重的人身伤害,是陪审团需要解决的问题。在实践中,具备这种形式的犯意的行为人造成死亡通常被视为过失杀人,除非被告人从事的是某项邪恶的勾当。

3-014 如果行为人故意刺伤被害人而没有意识到被害人是血友病患者,并且这导致被害人流血而死,会因此被判谋杀罪吗?

除非故意造成严重的身体伤害,否则不应承担谋杀的责任。如果不知道被害人的特殊敏感性,就不可能故意引发严重身体伤害。如果行为人知道被害人是血友病患者,并且相信针扎会导致大出血而造成严重伤害,而被害人流血致死,行为人就可能会被判谋杀。在后种情况下,意图造成严重的身体伤害,这与企图切开正常体质的人的大动脉造成大出血没有区别。重点必须放在故意伤害上,而不是用来达到目的的手段。如果被告人故意且蓄意利用被害人的特殊敏感性,这种手段似乎并不太恶毒,但其意图造成的伤害可能是十分邪恶的。同样值得注意的是,"蛋皮脑壳规则"无法代替犯意要求。因此,该规则在刑法中的适用范围是有限的,因为其只适用于其他构成犯罪的要件被证明的情况。如果某人不意图造成 90 岁老人的严重伤害,就不可能因为推搡老人致其摔倒、头部受伤和死亡而被判谋杀。在这样的案件中,指控将是推定的过失杀人,而不是谋杀。

---

① [1982] A. C. 566; *R. v. Rahman* [2009] 1 A. C. 129 at 145.

② [2009] 1 A. C. 129 at 144 *per* Lord Bingham; at 156 *per* Lord Roger; and at 160 *per* Lord Brown.

③ [1982] A. C. 566 at 582-583.

④ [1982] A. C. 566. *R. v. Bollom* [2004] 2 Cr. App. R. 6; *R. v. Janjua* [1999] 1 Cr. App. R. 91.

3-015 这种残存下来的推定故意,是否会让检控方享有过多的自由裁量权?

对该规则的更为严肃的反对意见便是,其留给检控方过多的自由裁量权。① 在实践中,基于这种形式的犯意造成死亡通常被视为过失杀人,除非被告人从事的是邪恶的勾当。父母造成子女严重身体伤害,导致其死亡的,通常仅以过失杀人罪起诉,②如果定罪是谋杀罪,量刑法官很可能会设定相 502
当低的最低刑期。或者法官可以避免将谋杀问题留给陪审团处理。③ 如果根据2004年《家庭暴力、犯罪和被害人法》(the Domestic Violence, Crime and Victims Act 2004)第5条,被告人因允许或造成其子女死亡而被定罪,可能会被判6年以下的监禁。④ 因此,"女王诉坎宁安案"中确立的规则仅仅是,如果行为人既在该规则适用范围内,又在选择检察官、法官和陪审团时不走运,就可能被判谋杀罪。

尽管持有这些反对意见,该规则还是得到了刑法修订委员会的同意,但为其设定了重要的限制条件,即该规则应限于被告人知道自己的行为涉及致人死亡危险的案件。⑤ 这条规则的观点是,当某人射击或刺伤他人时,如果行为足够严重并导致死亡的结果,判谋杀罪就是正当的,即使行为人的意图只是想让被偷窃者失去抵抗能力,在抢劫后逃跑时摆脱追捕者,或是为了报复而残害某人,或阻止他人发出警报。人的身体是脆弱的,如果某人表现出对他人造成严重伤害的意愿,从而导致的死亡,与故意杀人者相比,行为人的可责性并无太大区别,故法律不作区分是正确的⑥(如果严重的人身伤害是指故意使被害人濒临死亡的行为,该论点将更加有力)。

还有观点认为,如果法律不这样规定,真正的故意杀人者,将被鼓励提出虚假的抗辩事由,以期欺骗陪审团。但这是不令人信服的,因为对于谋杀未遂的指控,陪审团必须区分虚假和真实的抗辩事由,或缺乏杀人故意。

3-016 然而,核心反对意见仍然成立。鉴于刑罚是强制性的终身监

---

① Carolyn B. Ramsey, "Homicide on Holiday, Prosecutorial Discretion, Popular Culture, and the Boundaries of the Criminal Law," (2003) 54 *Hastings L. J.* 1641.

② *R. v. Henderson*[2010] 2 Cr. App. R. 24; *R. v. Ikram*[2009] 1 W. L. R. 1419. *Fisher v. State* (1999) 128 Md. App. 79; *Simpkins v. State*(1991) 596 A. 2d 655; *Duley v. State*(1983) 467 A. 2d 776; *Moore v. State*(1972) 291 A. 2d 73.

③ *R. v. Oyediran*[2010] EWCA Crim. 2431. 在 *R. v. Essilfie*[2009] 2 Cr. App. R. (S.) 11.

④ *R. v. V*[2010] 2 Cr. App. R. (S.) 108.

⑤ Criminal Law Revision Committee, *Offences Against the Person*, Fourteenth Report, (London: H. M. S. O., Cmnd. 7844, 1980) at para. 31.

⑥ *R. v. Rahman*[2009] 1 A. C. 129 at 153.

禁,援引推定故意原则是不可接受的。最近,法律委员会建议将谋杀分为两类:①

1.1 级谋杀应包括:

503 (1)故意杀人;

(2)明知自己的行为有造成死亡的严重危险,依然基于造成重伤的故意而实施的杀人行为。

2.2 级谋杀应包括:

(1)故意造成严重伤害的杀害;

(2)明知自己的行为有造成死亡的严重危险,依然基于造成伤害、恐惧或伤害危险的故意而实施的杀人行为;

(3)明知自己的行为有造成死亡的严重危险,依然基于造成重伤的故意而实施了杀人行为,但提起[失去控制]、减轻责任或根据自杀协定杀人等抗辩。

法律委员会建议维持1级谋杀的强制性终身监禁,并提倡为2级谋杀引入终身监禁的法定最高刑,同时赋予法官自由裁量权。这将在导致绝对确定的终身监禁刑的案件中,清除推定责任带来的弊端。然而,政府的反应仅仅是,改革挑衅和减少责任等部分抗辩事由。鉴于此后政府更迭,以及修订《杀人法》属于政治雷区,在可以预见的未来,不太可能看到进一步的变动。

第4节 间接故意

3-017 以前人们对某种程度的冒险行为是否足以构成谋杀心存疑虑;有关该问题的案件很少。然而,上议院在“女王诉伍林案”②中给出了肯定的答复。上议院已经明确表示,至少“间接故意”才会起作用。先前的判例认为轻率是足够的。先是“检察长诉史密斯案”③,然后又是“哈雅姆诉检察长案”④;就此问题而言,这两个判例都不再具有约束力。

哈雅姆太太怀着对乙太太的恶意,在凌晨时分往乙太太的信箱里倒了半加仑汽油,并将其点着。乙太太的两个女儿死于火灾。哈雅姆被控谋杀。她的辩解是,点火只是为了吓唬乙太太,好让她离开。法官的指示如下:“控方必须排除合理怀疑地证明,被告人故意杀害或严重伤害已故女孩的母亲

---

① Law Commission, *Murder, Manslaughter and Infanticide*, Report 304, (London: H. M. S. O., 2006) at paras. 9.5 and 9.6.

② *R. v. Woollin*[1999]1 A. C. 82 at 96-97.

③ [1961]A. C. 290.

④ [1975]A. C. 55.

乙女士。如果你们确信当被告人放火烧房子时,明知这极有可能导致死亡或严重的人身伤害,控方就已经证实了必要的故意。被告人的动机是不是如其所言,吓唬乙太太,并不重要。”

可以看出,该法律指示意见,从要求导致特定后果的故意开始,但接着表示,哈雅姆明知后果极有可能发生,在法律上等同于引发这种后果的故意。法官没有必要这样使用语言。他本可以认为哈雅姆是谋杀罪,如果故意导致死亡,或严重的身体伤害,或知道这样的后果是极有可能发生的。在 504
上议院,5 位法官中的 3 名确认哈雅姆的谋杀罪名成立,上议院 5 名法官都同意,如果某人因为有意识地承担一定程度的死亡风险而导致死亡,就可能犯谋杀罪。对于该确切的法律规则,与会者表达了不同的意见。

3-018 我认为故意冒险杀人的人犯过失杀人罪。如果认定他们犯有谋杀罪,如何区分这两种罪行?

把这当作修辞问题,是反对更为宽泛谋杀观点的最重要的论据。所有人都认为,轻率[①]或重大过失的人冒险并造成致命事故是过失杀人罪,而不是谋杀。如果轻率足以满足谋杀的犯意要求,这样的人将被判谋杀罪。既然结论是荒谬的,前提一定是错误的,因此无法理性地认为轻率就足以构成谋杀。冒险谋杀实际上是奥威尔式“矛盾思维”的事例;这是适用于那些被认为具备该当性的人的原则,但从来没有被考虑过打击那些不应该判处谋杀罪的人。冒险杀人显然是过失杀人罪,而不是谋杀法需要考虑的范畴。

杀害孩子并不是哈雅姆夫人的直接故意,也无法主张这是在更广泛意义上的故意。我们不相信,他们的死与所期望的后果不可分割。如果哈雅姆太太围着房子浇洒汽油,并在点火前把门窗都堵住,陪审团可能会认定,其一定预见到,几乎可以肯定占用人会被杀害。

只有间接故意(或极端主观轻率),才是谋杀罪的替代犯意。[②]

3-019 如本书第 4 章所述,存在两种实质性的故意理论:

(1)直接故意。当被告人意图杀害被害人时,这种故意就会发挥作用。当证据表明被告人的目的或意图是杀害被害人时,这就得到了满足。

(2)间接故意。当被告人预见到被害人的死亡实际上是其行为的必然结果时,就产生了间接的故意。 505

---

① *R. v. Lidar*[2000]4 Archbold News 3, CA. *R. v. Pike*[1961] Crim. L. R. 547; *Gray v. Barr*[1971]2 Q. B. 554 at 557.

② *R. v. Woollin*[1999]1 A. C. 82.

在“女王诉伍林案”[①]中,上议院采纳了兰恩法官[②]对间接故意的表述[③]:

“(1)如果指控的罪名是谋杀,并且在少数情况下,简单的法律指示意见是不够的,则应指示陪审团,除非能够确信,由于被告人的行为,死亡或严重的人身伤害实际上是确定的(排除不可预见的介入要素),而且被告人认识到情况就是这样,否则无权推断被告人存在必要的故意。”[④]

斯蒂恩法官对兰恩法官针对该原则的表示加以限定,他认为:“他在(1)中使用的‘推断’概念,可能会降低标准指示意见的清晰度。我会用‘认定’来加以代替。”

间接故意是犯罪故意的独立形式,可以用来满足谋杀罪的罪过要求。尽管间接故意的证据可以用来推断间接故意或直接故意,但这不是纯粹的证据规则,[⑤]除非清楚地表明没有直接故意。

3-020　仅仅是间接地故意造成“严重的身体伤害”就够了吗?

对。如果被告人明知,只要实施甲行为(把婴儿从窗户扔出去),乙结果(婴儿会受到严重伤害)实际上肯定会发生,当被告人从3楼将婴儿扔出去,导致后者死亡时,就将承担谋杀责任。在被告人知道孩子几乎肯定会受到严重伤害的情况下,还选择将婴儿扔出去,在法律上就是间接故意伤害婴儿。

如果陪审团根据证据确信被告人认为,如果把婴儿扔到房间另一边,事实上一定会遭受严重的身体伤害,则陪审团必须“认定”被告人间接故意杀害婴儿。可以争辩的是,间接故意在推定谋杀中不起作用,但从理论上讲,如果间接故意是谋杀罪的其他实质性罪过形式,就无法对其加以区分。[⑥]

第5节　转移故意

3-021　“转移故意原则”适用于谋杀,早期的事例便是“阿格尼斯·戈尔案”(*Agnes Gore's Case*)[⑦]。阿格尼斯·戈尔是个女谋杀犯,但事情的发展远超你的想象。她把老鼠药和丈夫的药混在一起。丈夫吃了药,病情突

---

① *R. v. Woollin*[1999]1 A. C. 82 at 96-97.

② *R. v. Nedrick*[1986]1 W. L. R. 1025. *R. v. Hancock*[1986]A. C. 455;*R. v. Moloney*[1985]A. C. 905. Cf. *Hyam v. D. P. P.*[1975]A. C. 55.

③ [1986]1 W. L. R. 1025. *R. v. Hancock*[1986]A. C. 455;*R. v. Moloney*[1985]A. C. 905. Cf. *Hyam v. D. P. P.*[1975]A. C. 55.

④ *R. v. Woollin*[1999]1 A. C. 82 at 96-97.

⑤ Glanville Williams,“The Mens Rea for Murder:Leave it Alone,”(1989)105 *L. Q. R.* 387-388.

⑥ Law Commission,*Murder*,*Manslaughter and Infanticide*,Report 304,(London:H. M. S. O.,2006)at para. 9. 5.

⑦ (1611)9 Co. Rep. 81.

然恶化,于是怀疑是药的问题。他的药剂师为了证明没有问题,自己吞下了若干,不久就死了。阿格尼丝被判谋杀了药剂师,因为“法律将谋杀故意与由此引发的事件联系起来”。 506

在“桑德斯和弓箭手案”(*Sanders and Archer*)①中,转移故意的形式略有不同,福斯特法官宛如戏剧般的报告如下:

“桑德斯意图杀死他的妻子,根据某弓箭手的建议,把毒药掺进了烤苹果里,交给妻子吃。她吃了一小部分,将剩下的给了他们的孩子。桑德斯在这可怕的时刻,虽然试图去救那孩子,但意识到他自己内心的邪恶目的,并且不愿意让他的妻子见证,于是就停了下来,站在一旁,看见他深爱的婴儿吃了毒药,孩子不久就死了。桑德斯谋杀了那孩子,该有罪判决没有多大争议。”

如果桑德斯的妻子在桑德斯不在时,在他不知情的情况下把毒苹果递给了孩子,桑德斯也同样有罪。但如果妻子知道苹果是有毒的,并且在他不在的时候把苹果递给了婴儿,目的是让桑德斯为孩子的死感到后悔,桑德斯就不会构成谋杀孩子的犯罪,因为导致孩子死亡结果的直接原因,将是妻子的有意识行为(然而,桑德斯可能仍然犯谋杀妻子未遂的罪行),弓箭手对上述事实的责任将在谈到共犯时讨论。

3-022 如果被告人开枪意图杀了被害人的狗,却打到了被害人,他会被判谋杀吗?

不,因为他不想杀人。

3-023 这是否意味着,如果被告人刺伤怀孕的被害人,意图将她杀死,如果因此导致腹中的胎儿死亡,并不对其构成谋杀罪?

简短的回答是肯定的。② 无法援引转移故意原则,因为这只适用于被告人故意犯特定罪,且实施该罪的行为(尽管被害人不同)的情况。如果被告人意图杀死母亲,并因此杀死未出生的胎儿而导致流产,就不是谋杀胎儿,因为胎儿无法成为谋杀罪的被害人。在法律上,胎儿不被视为人。

然而,一旦胎儿“出生为活体”,就会变成人。观点认为,未出生的胎儿和相应的出生为活体的婴儿是相同的人。③ 如果“出生为活体”规则意味着胎儿从被刺时起就可以被视为人,以被刺致其死亡时胎儿是人(出生为活体)为基础,只需要将被告人杀死孕妇的故意转移到出生为活体的婴儿身上。也就是说,从某人到他人。如果接受该观念,如果被告人刺伤了被害

---

① Sir Michael Foster, *Crown Law*, (London: Printed by W. Strahan and M. Woodfall, 1776) at 371.

② *Attorney-General's Reference* (No. 3 *of* 1994) [1998] A. C. 245.

③ *State v. Courchesne* (2010) 296 Conn. 622 at 678-679.

人,并且这导致了“出生为活体”的婴儿死亡,被告人就可能会被判谋杀[1](关
507 于该理论的更充分的讨论,见第16章)。然而,上议院认为不可能成立谋杀,[2]因为这将涉及将被告人杀死怀孕母亲的故意转移到胎儿身上,然后再从胎儿身上转移到“出生为活体”的婴儿身上。这将涉及从某人(怀孕的母亲),到非人(胎儿),然后回到某人(出生为活体的婴儿)。正如刚才看到的,如果相应的胎儿和生下来的活婴儿被认为是连续的人,情况就不是这样了,这就似乎是“出生为活体”规则所规定的内容。然而,如果胎儿异常早产(无法存活),则仅仅因为成功地出生并发出几声喘息就认为是人,显然太过苛刻。在密苏里州的案件中,男性因杀害怀孕3个月的妇女的胎儿而被定谋杀罪,因为在该州,人的生命被认为从受孕开始。[3] 胎儿通常在6个月妊娠期后就可以存活,因此“出生为活体”规则不应适用于无法独立存活的胎儿。根据相关资料,[4]穆斯塔尔法官(Lord Mustill)似乎受到了事实的影响,即这个出生为活体的婴儿异常早产。

如果行为人只是想消灭胎儿,可能会被指控犯有其他罪行,如堕胎罪,[5]但堕胎罪显然不属于针对该人的罪行。[6]

第6节 误认为被害人已死将其伤害

3-024 谋杀罪的犯行是导致他人死亡的作为(或不作为),问题在于,主观要件是否在行为人实施致死行为时必须存在。

假设被告人用刀对被害人实施了一系列伤害行为,意图杀死被害人。医学上的证据显示,最后一刀捅死了被害人,但当时被告人相当确定被害人已经死亡,捅最后一刀只是为了确保达成目的。很明显,行为人犯了谋杀罪,因为当其实施最后一击时,具备有条件的杀人故意——如果被害人还活
508 着,就将其杀死的故意。

---

① *Trespasse and Assault v. Sims*(1600)75 E. R. 1075;*R. v. West*(1848)2 Car. & K. 784 at 786,788;*R. v. Kwok Chak Ming*[1963] H. K. L. R. 226;*State v. Courchesne*(2010)296 Conn. 622 at 678-679.

② *Attorney-General's Reference*(*No.* 3 *of* 1994),[1998] A. C. 245.

③ *Bailey v. State*(2005)191 S. W. 3d 52;*Lawrence v. State*(2006)211 S. W. 3d 883 at 891.

④ *Attorney-General's Reference*(*No.* 3 *of* 1994),[1998] A. C. 245.

⑤ Section 58 of the *Offences against the Person Act* 1861(abortion);and section 1 of the *Infant Life*(*Preservation*)*Act* 1929(child destruction).

⑥ *Commonwealth v. Morris*(2004)142 S. W. 3d 654.

3-025　假设在实施杀人行为的时候，被告人由衷认为被害人已经死亡。被告人捅了被害人，意图杀死对方，并相信自己已经将其杀死，之后将被害人扔下悬崖，或扔进河里，从而毁尸灭迹，但医学证据显示，被害人是被摔死或淹死的，这是否构成谋杀？

尽管相关法源尚不存在这个方面的精确规定，但可以肯定的是，对于被告人的行为，应当进行整体评价，从而认定其构成谋杀罪。

抽象的原则很难表述，但其会大体这样运行。某人可以对他人采取两种行为。(1)使被害人处于让行为人误认为其已经死亡的状态的不法行为；如果被害人立即死亡，那本来就构成了谋杀。(2)导致被害人死亡的处置尸体行为；如果行为人在掩藏所谓的尸体时，知道被害人还活着，则行为人将犯有谋杀罪。当这些条件得到满足时，这个行为人就犯下了谋杀罪。

3-026　没有问题吗？通常情况下，被告人的行为和他的犯意在时间上是并存的。在目前的情况下，被告人作出立即导致死亡的行为(将尸体扔下悬崖)之前就已经有了犯意；但当其实施这种行为时，行为人并没有杀人的犯意。在一般情况下，如果行为人认为自己正在处理一具尸体并将其销毁，即使假定的尸体还活着，也因为没有杀人的意图，不构成谋杀罪。为什么行为人先前和未遂的杀人故意会具有意义？

法院驳回了这种论点。在这些类型的特殊案件中，不坚持犯意与犯行的共时性原则的正当性完全在于政策性考量。在许多情况下，被告人有杀人的故意，导致被害人处于无意识和无助的状态，并认为自己已经杀了人。因此，时间上交织进来的处置行为没有被充分消除，不足以保证严格适用犯意与犯行的共时性原则。当被告人导致被害人失去知觉和孤立无援时，就使得被害人处于无法作出反应或采取行动来拯救自己的情况。被害人的死最终是由被告人为了掩饰或隐瞒自己的谋杀的行为所导致的。[①] 509

---

① *R. v. Church*[1966]1 Q. B. 59；，*R. v. Moore*[1975]Crim. L. R. 229；*R v Hallett*[1969]S. A. S. R. 141.

第4章　过失杀人

民事律师认为，犯罪市场有些低端。银行家和房地产开发商被认为是比猥亵者或小偷更受欢迎的客户，或者至少当他们坐在等候区里时，能给人留下更好的印象。然而，虽然民法几乎总是与金钱有关，但刑法则涉及更重要的问题，如生命、爱情和人的自由。

约翰·莫迪默尔(John Mortimer)①

① *Clinging to the Wreckage:A Part of Life*,(London:Weidenfeld & Nicolson,1982).

第 1 节　过失杀人的类型

4-001　死亡并不总是降临到人间的最坏的邪恶，但大多认为情况如此。因此，除了谋杀以外的各种非法杀人，都归为严重的过失杀人罪。

过失杀人罪的构成要件应当与谋杀罪的构成要件相同，但省去了针对杀人的间接故意或者实际故意的要求。事实上，这两种罪行还有一点不同，即传统定义中没有规定的某些谋杀的例外（丧失自我控制、减少责任、相约自杀、杀婴[①]）可将罪行减轻为过失杀人。其他罪行也将非法杀人[②]定为刑事罪，例如违反 1988 年《道路交通法》第 1 条的危险驾驶致人死亡，以及违反 510
1988 年《道路交通法》[③]第 2B 条的粗心或不注意驾驶造成他人的死亡。过失杀人分为两类：

1. 自愿实施的过失杀人包括：

（i）被告人基于谋杀所要求的罪过心态杀害了被害人，但成功地提出了“失去控制”[④]部分抗辩事由。

（ii）被告人基于谋杀所要求的罪过心态杀害了被害人，但成功地提出了“减轻责任”[⑤]部分抗辩事由。

（iii）被害人甲与被害人乙相约自杀，1957 年《杀人法》第 4 条规定：“（1）某人依据两人之间的自杀协定行事，杀死彼此中的一人，或者和第三方一道杀死他人，则该行为应是过失杀人，而不是谋杀。”

“失去控制”“减少责任”“相约自杀”是可以针对谋杀指控提出的法定抗辩事由，但不一定使被告人获得无罪开释。如果陪审团接受某项或多项抗辩，他们将根据法官的法律指示意见，作出过失杀人的判决（与往常一样，这被视为谋杀罪所包含的犯罪）。这种形式的过失杀人，被称为“自愿实施的过失杀人”（voluntary manslaughter），因为被告人故意实施了杀人行为，或以其他方式具有谋杀罪的主观要件。法官对过失杀人的量刑通常有一般自由裁量权。由于自愿实施的过失杀人取决于被告人成功地提出相关部分抗辩事由，因此本章对此不作讨论。失去控制和责任减少的部分抗辩事由，将

---

① Section 1 of the *Infanticide Act* 1938.

② *R.* (*on the application of Wilkinson*) *v. HM Coroner for Greater Manchester South District* [2013] C. P. Rep. 5 at paras. 70–71. *Attorney General's Reference No.* 134 *of* 2004 [2005] 2 Cr. App. R. (S.) 47; *Brown v. The Queen* [2006] 1 A. C. 1.

③ Section 3A of the *Road Traffic Act* 1988; *R. v. Hughes* [2013] 1 W. L. R. 2461; *R. v. Clayton* [2014] E. W. C. A. Crim. 123.

④ Sections 54 and 55 of the *Coroners and Justice Act* 2009.

⑤ Section 2 of the *Homicide Act* 1957.

在本书的其他章节讨论。

2. 非自愿的过失杀人罪包括:

i. 重大过失杀人;

ii. 推定过失杀人(又称实施非法危险行为所导致的过失杀人);

iii. 主观轻率过失杀人;[①]以及

iv. 法人实施的过失杀人(corporate manslaughter)。[②]

本章的重点是,重大过失导致的过失杀人罪以及推定过失杀人(又称实
511 施非法危险行为所导致的过失杀人)。法人实施的过失杀人将单独讨论,因为涉及"集体责任"(collective responsibility)问题。本书第 9 章阐述了集体责任理论,过失杀人的集体(或法人/实体)责任问题也是如此。

4-002 过失杀人是谋杀罪固有的替代罪名。该犯罪的所有要素都应该包含在谋杀罪的指控中,因此陪审团根据对谋杀罪的检控,可以认定过失杀人罪成立,因为其是包括在谋杀罪内的罪行。该理论是错误的,因为仅仅证明杀人故意以外的所有谋杀罪要素都存在,便判定过失杀人罪成立,是不够充分的;但该错误理论的结果显然简便易行,而且得到了成文法的确认。[③]

如果陪审团作出宽大的判决,法官在量刑时必然会对其中所隐含的事实观点予以采纳。法官必须假定事实不能证明谋杀的判决是正当的,尽管在其看来,这些事实足以证明。在通常的事件过程中,这意味着法官必须从轻处罚。但是,在责任减轻的具体情况下,可以判处终身监禁。法官可以以被告人精神不稳定为由,以过失杀人罪判处被告人终身监禁(与谋杀罪相同)。仅仅指出惩罚性或威慑性的考虑,无法证明后一量刑是合理的。[④]

4-003 法官必须告诉陪审团他们有从轻处理的选择吗?

法官不必这样做,甚至可以通过积极地指示陪审团这是谋杀案或根本不是谋杀案,从而试图阻止陪审团作出宽大的折中判决。[⑤] 用一句老生常谈的话来说,可能会"孤注一掷"(neck or nothing)。但如果法官这样做,就必须确保没有事实可以证明陪审团有理由作出过失杀人的判决。[⑥] 特别是,如果证据表明可能存在"失去控制"或"责任减少"的情况,则法官必须指示陪

---

① *R. v. Lidar*[2000]4 Archbold News 3, CA. *R. v. Pike*[1961]Crim. L. R. 547; *Gray v. Barr*[1971]2 Q. B. 554 at 557. Cf. *Patel v. The Queen*(2012)247 C. L. R. 531.

② Section 1 of the *Corporate Manslaughter and Corporate Homicide Act* 2007.

③ Section 6(2) of the *Criminal Law Act* 1967. 在 *D. P. P. v. Daley*[1980]A. C. 23.

④ Dennis J. Baker, "Punishment without a Crime: Is Preventive Detention Reconcilable with Justice," (2009) 34 *Austl. J. Leg. Phil*. 120.

⑤ *R. v. Nuttall*[1968]Crim. L. R. 173.

⑥ *Mensah v. The King*[1946]A. C. 83; *Rumping v. D. P. P.* [1964]A. C. 814 at 820-822; *R. v. Singh*[1962]A. C. 188 at 195. *R. v. Weston*[1966]Crim. L. R. 512. It was said by the High Court of Australia in *Beavan v. The Queen*(1954)92 C. L. R. 660 at 662.

审团,即使在抗辩尚未成立的情况下也可以作出过失杀人的判决。[①] 在“女王诉考茨案”(*R. v. Coutts*)[②]中,上议院认为:“法官应对陪审团就过失杀人 512
进行指导,只要……从合理的证据角度来看,这是可行的问题,如果法官不作出指示,将构成法律上的重大误导。”

4-004　假设本案不是谋杀案,究竟必须证明什么才能使杀人构成过失杀人?

如上所述,法律承认两种形式的过失杀人,自愿和非自愿,尽管陪审团的判决没有区分这两种形式。

自愿性过失杀人是指由于已经提到的减轻情节(失去控制,减少责任,相约自杀)而降格为过失杀人的谋杀行为。

非自愿过失杀人,即本章的主题,是指没有(或不需要)杀人或造成严重身体伤害的故意(意志)的形式(“非自愿”的特殊含义)。其存在两个分类,各位将在本章看到,这两个亚种彰显出普通法之恶。本来可以给它们起没有争议的名字,因为法院已经明确地解决了其中的罪过要素;在本书中,第一类将被称为“重大过失杀人罪”,尽管“重大过失”的概念会带来争议。另一类,便是“推定过失杀人”。

第2节　重大过失杀人罪:积极的行为

4-005　这种形式的过失杀人,要求检控方证明被告人是由于作为或不作为造成的死亡,在这两种情况下,被告人都相当于违反注意义务的所谓“客观轻率”(在特殊意义上)。

人总是需要承担谨慎行事的义务,不可因为自身积极的过失行为而导致他人死亡,如此一来,在实践中,对相关义务要求,不会出现太大争议。[③]罪犯甚至有义务在进行危险的犯罪活动时,不危及一起实施犯罪的同案犯的生命。[④] “违背道德之对价,不生诉权”(*ex turpi causa non oritur actio*)[⑤],这项准则的意思是,“民法”的过失通常不承认“共同犯罪人之间因存在共犯关系,所以互负照料义务”。的确,可以用民法意义上过失的一般原则,来决

---

① *R. v. Greenwood*(1857)7 Cox C. C. 404;*R. v. Taylor*(1857)169 E. R. 1011.

② [2006]1 W. L. R. 2154 at 2189.

③ *R. v. Doherty*(1887)16 Cox C. C. 306;*R. v. Willoughby*[2005]1 W. L. R. 1880;*R. v. Litchfield*[1998]Crim. L. R. 507.

④ *R. v. Willoughby*[2005]1 W. L. R. 1880.

⑤ *Bowry v. Bennet*(1808)1 Camp. 348;*Benedict Winchcombe v. The Bishop of Winchester and one Richard Pulleston*(1616)Hob. 166.

定被告人是否违反了对被害人承担的义务,[①]但这并不意味着民事上的技术规则可以用来篡夺刑法的理念。如果有冲突,以刑法为准。因此,某人有义务在共同犯罪过程中不因其过失致其共犯死亡,民法上的义务豁免不属于
513 刑法上的免责事由,因此不适用。

"因此,为什么民法和刑法的做法存在这种区别?答案是,导致民事法院拒绝当事人诉求的公共政策考量,可能导致法院对刑事犯罪作出完全不同的考量。刑法具有保护公民的功能,规定国家有义务审判侵犯公民生命权、身体权、物权的人。刑事司法很可能在民事法庭因自己截然不同的职能而退出的时刻选择介入。撤销民事救济与刑法是否作为公共政策适用无关。刑法上的义务关系,不应仅仅因为不成立民法上的义务关系就被认定为不成立。刑法有自己的公共政策目标,这可能需要对涉及刑法的问题采取不同的做法。"[②]

4-006 第11章讨论了因果关系问题。因此,在这里只需要研究罪过要件即可。过失杀人案件通常涉及不作为。在第10章中,详细介绍了引起法律注意义务的关系和先前行为(造成危险情况、自愿提供照顾等)的类别。这里的重点,将放在在什么情况下,违反注意义务引起刑事责任而不是民事责任。

经典的定义,出现在"女王诉贝特曼案"(*R. v. Bateman*)[③]中,赫瓦特法官(Lord Hewart C. J.)表示:

"上述意见涉及民事责任。为了支持对过失杀人罪的起诉,检控方必须证明……被告人的过失或无能引发的不仅仅是赔偿问题,而且还表现出其对他人生命和安全的漠视,构成危害国家罪和应受惩罚的行为。"

4-007 这不是循环定义吗?

的确,这个定义体现的只是过失杀人罪所必需的过失必须是犯罪性质的——这是从一开始就知道的事实。定义并没有说明被告人是否一定意识到该风险,尽管也许该要求应当从提及"无视他人的生命和安全"来理解;但某人无法无视自己不知道的风险。相对薄弱的反对意见是,上述结论的措辞,错误地暗示陪审团应该考虑是否应该适用刑罚。这不是他们的职责。过失杀人罪的定罪可能在法律上是正当的,即使法官之后同意释放被告人。[④]

无论对"女王诉贝特曼案"所下定义有何看法,从那以后,这个定义就经

---

① *R. v. Adomako*[1995]1 A. C. 171 at 187 *per* Lord MacKay.

② *R. v. Wacker*[2003]Q. B. 1207 at 1216-1217 *per* Kay, L. J.

③ (1927) 19 Cr. App. R. 8 at 13.

④ *Andrews v. D. P. P.* [1937] A. C. 576.

常得到法院判例的采信。当然,并非所有法官对其都严格遵守。有些只是告诉陪审团,必须存在高度过失,或必须是“重大过失”或“刑事过失”,其他法官则明确要求被告人具备他们所说的轻率(没有解释),或某种主观要件。在 20 世纪 30 年代,有观点认为“轻率”这个概念很好,可以用来解释所要求的罪过,但赞成这个概念的判例很难令人满意。有时陪审团被指示轻率行事,但对其含义却只能自行揣摩。威杰里法官(Lord Widgery C. J.)表示, 514
“毕竟轻率是非常简单的英语单词,其意义众所周知,而且普遍使用。”①有时陪审员被特别告知,他们必须认定被告人存在轻率的主观心态,不够谨慎显然不足以证明犯罪成立。有时,罪过要素被用高度凝练的语言描述,以至于读者或听者对是客观的还是主观的有疑问,从法官描述的一部分来看,是主观的,从另一部分来看,罪过要素又是客观的。法官显然没有意识到自己正在两种选择之间挣扎。②

“女王诉兰姆案”(*R. v. Lamb*)③,即所谓“左轮手枪案”,可以作为法官在先前判例中语言不精确的其他例证。上诉时对本案的讨论大多涉及推定过失杀人的法律,这将为下文所述,但也有若干评论是基于过失的杀人罪的。法院普遍规定,犯意现在是过失杀人的重要因素,并继续指出:

“当指控的要点是被告人存在刑事过失时——通常被称为轻率——陪审团必须考虑被告人的主观要素,这包括他是否认为自己所做的事情安全的问题。当然,在本案中,如果法律指示意见适当,陪审团将完全自由地裁定被告人有罪,因为他们认为被告人形成不存在危险的看法,属于刑事过失。但法官有权要求陪审团考虑到这个事实,即被告人已经无可争议地形成了这种观点,而且有专家证据表明这是可以理解的想法”(本案的法律指示以前存在错误,导致最终有罪判决被撤销)。

4-008 这到底是怎么回事?最初提到的犯意和考虑被告人的想法表明,法院有主观的测试考虑。然后这种判决思路似乎被否决了,因为法院认为,尽管被告人认为自己所做的是安全的,仍然可以构成过失杀人罪。为什么陪审团被要求调查后一个问题呢?沿着这个方向继续前进,他们应该考虑到这个方面。他们的确考量到了,但这并不足以抵消过失的证据。④ 到底是为何目的而考虑呢?其他判决更为宽容,至少在语言上是这样的。

---

① *R. v. Cato*[1976]1 W. L. R. 110 at 119C.

② Glanville Williams, *Textbook of Criminal Law*, (London: Stevens & Sons, 1st edn. 1978) at 225 *et seq.*, *Andrews v. D. P. P.* [1937] A. C. 576 at 583.

③ [1967]2 Q. B. 981 at 990.

④ *State v. Reed* (2005) 120 P. 3d 447 at 464-467 *per* Bosson, C. J.; *State v. Boyce*(1998)718 A. 2d 1097; *State v. Tanguay*(1990)574 A. 2d 1359; *People v. Roe*(1989)74 N. Y. 2d 20.

以“女王诉卡托案”[①]为例,吸毒者死于被告人为其注射的海洛因。法官指示陪审团,导致死亡的行为是“重大过失,换言之,轻率”,被告人就构成过失杀人。[②] 表面上,该判断标准类似于“女王诉兰姆案”。上诉法院维持了过失杀人罪的判决。有人可能会认为,法官想向陪审团传达的意思是,重大过
515 失就足够定罪了。但上诉法院似乎将该指示意见的含义作了相反理解:所要求的重大过失必须涉及主观轻率,因此必须证明被告人明知注射海洛因可能导致死亡或严重的身体伤害。被告人在举证时曾表示,自己不知道注射海洛因会导致死亡或严重的人身伤害,对此,法院评论道:“当然,在决定上诉人是否轻率行事时,如果认为被告人不知道注射毒品的可能后果,则必须对该案件事实予以考虑。”显然,法庭的观点是,尽管被告人否认,但陪审团已经接受了相关指导,可以自由裁量被告人意识到了所指明的危险。

这是对相关问题非常随意的处理方式。海洛因是死者自己提供的,注射器也是死者自己提供的,如此一来,很难看出被告人对特殊危险,除了产生瘾癖的危险之外,存在轻率心态。如果允许陪审团在没有证明主观心态的证据的情况下定罪,要求精神状态的法律规则,就会形同虚设。

4-009 法学理论是一回事,司法现实是另一回事。一般来说,出现认识偏差的错误,没有因吸毒而影响自己的判断,也没有采取明显危险的行为的人,不会被判犯有过失杀人罪:通常连对其检控都不是惯例。但如果被告人吸食毒品(以及酒精)并杀人,就很可能被检控和定罪,并可能受到严厉刑罚(“迷醉”一章)。

“女王诉阿多马科”[③],已经澄清了以前的做法。在本案中,上议院明确表示,严重过失杀人所需的罪过是客观过失。所要求的客观过失必须涉及重大过失,因此必须证明,对于处于该正犯地位的理性人来说,死亡风险(对针对死亡后果的过失的关注,导致了法律适用范围的缩小)是极其显而易见的。

在“女王诉阿都马克案”中,被告人是麻醉师,负责为眼部手术进行麻醉。在手术后期,阿都马克成为负责病人的医生。病人因注射药物而丧失知觉,医生为其插入气管导管,使病人能够借助机械呼吸。手术过程中,这个输氧导管断开。因此,病人的氧气供应停止,这导致病人死于心脏骤停。被告人没有注意管子断了,也没有采取补救措施。他在检测仪的警报响起时意识到出了问题,这台机器当时正被用来监测病人的血压。专家证人证明,这种警报通常在断开管子 4 分钟后响起。当警报响起时,被告人通过检

---

① [1976]1 W. L. R. 110.

② [1976]1 W. L. R. 110 at 114 at 115.

③ [1995]1 A. C. 171 at 187 *per* Lord Mackay.

查设备和注射阿托品来刺激病人的心跳,但他没有检查导管连接。证据显示管子已经断开了大约11分钟。被告人被判犯有过失杀人罪,因为他未能 516
履行职责,采取适当措施保护病人的生命。法院认定,他因重大过失,未能保护病人的生命,因为理性的麻醉师会意识到病人的生命处于严重危险之中,并会立即检查气管导管的连接。

4-010 上议院表示,重大过失杀人的判决,需在满足以下条件时作出:①

1. 被告人对被害人承担注意义务(就积极作为而言,这没有争议,因为所有人都有义务不从事不合理和不正当地危及他人生命的行为)。例如,仅仅为了吓唬人而向拥挤的广场开枪是没有道理的。因此,如果被告人在人群密集的广场上向人们开枪,不小心杀死了某人,就很难辩称自己没有义务不肆意地危害广场上的人的生命。

a. 不作为:被告人是否有义务防止被害人的死亡是法律问题,因此,这是由法官决定的问题。②

2. 被告人违反了其对被害人承担的注意义务。

a. "过失犯的一般原则适用于确定被告人是否违反了对死亡被害人的注意义务。"③

3. 违反义务致被害人死亡。

a. 在"不作为"的情况下,死亡将由客观要素或他人的行为引起;被告人应为未能采取行动防止这些独立事件或人员造成被害人的死亡承担责任。④

4. 如果行为人违反义务致被害人死亡(或被告人不合理地不采取积极措施,以致未能阻止某事或某人致被害人死亡),则"陪审团必须继续考虑是否应将这种违反义务的行为定性为重大过失……"。⑤

4-011 这是表示由陪审团决定过失手术是否构成犯罪吗?

不。有几种方法可以限制陪审团的自由裁量权。

首先,重大过失杀人罪的犯行,是导致特定结果,即人的死亡的作为或不作为。⑥ 其必然结果是,重大过失必须针对的是死亡的结果。这是因为犯罪的罪过要件应当与禁止结果有关,在本案中,禁止结果是死亡。在"女王

---

① *R. v. Adomako*[1995]1 A. C. 171 at 187 *per* Lord MacKay.

② *R. v. Evans*[2009]1 W. L. R. 1999 at 2009-2011. Cf. *R. v. Willoughby*[2005]1 W. L. R. 1880. Jonathan Herring and Elaine Palser, "The Duty of Care in Gross Negligence Manslaughter"[2007]Crim. L. R. 24.

③ *R. v. Adomako*[1995]1 A. C. 171 at 187 *per* Lord MacKay.

④ *R. v. Evans*[2009]1 W. L. R. 1999.

⑤ *R. v. Adomako*[1995]1 A. C. 171 at 187 *per* Lord MacKay.

⑥ *R. v. Misra*[2005]1 Cr. App. R. 328.

诉米莎拉案”(*R. v. Misra*)①中,法官表示:

“本院认为,在涉及风险问题的地方,‘女王诉阿都马克案’表明,而且现在已经清楚地确定,其与死亡风险有关,而且对身体伤害或健康伤害的风险还不足够。简言之,在被告人对其负有注意义务的个人的生命制造危险的情况下,犯罪要求存在重大过失。借此,才能有助于保护人的生命权。”

陪审团并不认定过失杀人罪的实行行为是否是致人死亡的作为或不作为,因为这是法律问题。陪审团只是决定该作为或不作为是否确实导致了被害人死亡。在不作为的情况下,陪审团必须认定,被告人在有义务阻止其他事件(或个人)造成被害人死亡时,事实上没有防止其他事件(或个人)导致被害人死亡。

其次,被告人是否有义务采取行动保护被害人的生命,这是法律问题。

4-012 最后,过失要件是重大过失。再强调一遍,这是法律问题。陪审团不决定犯罪是否需要主观轻率或客观轻率,或是否应该是重大过失或纯粹过失。法律很明确:要求有重大过失。“因此,经过适当的分析,陪审团并不是在某种无原则的基础上判断是否应该对特定被告人定罪。应由陪审团解决的问题,不是被告人的过失是否严重,也不在于是否是某项罪行,而是他的行为是否系重大过失,因而是否构成犯罪。这不是法律问题,而是事实问题,由个案的事实决定。”②

如果专家或其他证据清楚地表明,特定被告人的行为方式,不同于理性人,基于自己的技能和训练会采取的行动方式,陪审团通常会接受,这些事实证明,被告人存在重大过失,而不仅仅是过失。针对罪过要素,确实允许陪审团行使一定的自由裁量权,因为陪审团必须判定事实是否表明,被告人客观意义上有可能导致被害人的死亡。陪审团只是根据事实来决定,对于拥有与被告人相同的技能和训练的理性人来说,死亡的风险是否显而易见。

的确,陪审团可以根据专家或其他证据作出自己的价值判断。法治涉及价值判断,价值判断一般不适用犯意原则。例如,在过失问题上,被告人
518 所为是“过失行为”,还是“合理行为”,涉及陪审团(当然也包括治安法官)作出的价值判断,而被告人是否知道自己存在过失的问题并不具有控制力。同样,如果陪审团认为被告人的反应不成比例,即使被告人认为较为适当,也不得适用所谓正当防卫抗辩;如果陪审团认定被告人想做的事情是不正当的,即使其本人认为是正当的,也不得适用所谓紧急避险抗辩。然而,如果法官认为没有理性的陪审团会判有罪,就应该指示陪审团对被告人无罪释放。刚才给出的事例,都是介于事实问题和法律问题之间的价值判断。

---

① [2005] 1 Cr. App. R. 328 at 344.

② *R. v. Misra* [2005] 1 Cr. App. R. 328 at 348.

与法律问题一样,被告人没有预见到法院的判决,无法成为免责事由。

4-013　阿都马克没有注意到气管导管断开,是否存在重大过失?看来是这样。理性的麻醉师难道不会意识到病人的生命处于严重危险之中吗?

毫无疑问,理性的麻醉师会注意到管子已经脱落,因为警报响起。理性的麻醉师应该在听到警报后,立即检查气管导管的连接,因为这是麻醉师接受过的训练要求他去做的。陪审团认定的,并非被告人的行为是否具有犯罪性,而是证据是否表明被告人实施了重大过失杀人罪。

4-014　"严重"是否意味着死亡风险必须是高概率的?

对。即使是理性人,也可能不会发现存在较低风险的事情。① 被告人未能意识到被害人生命所冒的高风险的不合理性,将通过询问受过培训的理性专业人员是否会注意到他人生命面临的高风险来确定。空姐或空少会在起飞前检查自己所服务的飞机的燃料供应吗?不会,但理性的飞行员会这样做,因为其所接受的训练,要求在起飞前检查燃油表。② 理性的医生会检查自己将要注射给病人的危险药物的剂量吗?一定会的。③

根据"重大过失"的理论,过失程度很高,也就是说,严重偏离理性人的谨慎标准,才能被判过失杀人罪,即使被告人没有自觉地承担不正常的风险。作为法律问题,行为人只有在理性人能够预见到,如果他像被告人那样 519
行事,很有可能会杀死被害人的情况下,才会犯下重大过失杀人罪。

第3节　不作为杀人:作为义务

根据过错要件的不同,不作为致人死亡可以认定为谋杀罪④或过失杀人罪。⑤ 实际上,此类指控很少被提出,并且即使谋杀指控在技术上能够成立,也几乎总是以过失杀人罪的罪名出现。

如果像欧洲大陆许多国家那样,英国也设定有法定义务,要求向处于紧急危险中的特定类别的人提供帮助,就可以预期,惩罚将相对较轻,这反映了杀人和放任死亡之间的道德差异。禁止杀戮是社会最迫切的要求,而为

---

① *R. v. Salmon*(1880-81)L. R. 6 Q. B. D. 79.

② *R. v. Taylor*(1983)9 A. Crim. R. 358;*R. v. Pace*(2008)187 A. Crim. R. 205.

③ *R. v. Johnson*[2009]2 Cr. App. R. 28;*R. v. Yaqoob*[2005]EWCA Crim. 2169 and *R. v. Misra*[2005]1 Cr. App. R. 21. *Contra*, Oliver Quick, "Medical Killing: Need for a Special Offence," in C. M. V. Clarkson and Sally Cunningham, (eds.) *Criminal Liability for Non—Aggressive Death*, (London: Ashgate Publishing, 2008).

④ *R. v. Gibbins*(1919)13 Cr. App. R. 134.

⑤ William Wilson, "Murder by Omission: Some Observations on a Mismatch between the General and Special Parts," (2010) 13(1) *New Criminal Law Review* 1.

了普遍的安全,很少需要刑法的干预来促进对遇险者的帮助。除了抚养孩子外,很少有病人没有亲属和熟人的必要帮助,至少在向社会服务当局通报其困境的程度上是这样。

再者,故意杀人者,因其罪过及行为的危害性而犯下被认为非常错误的罪行,而某人也可能因自身缺乏能力①或自私②,而不是出于恶意③疏于照顾儿童或残疾者。后者的危害性不小,但行为人的道德可责性却低了许多。例如,当房客生病时,其所遭受的痛苦,并不是房东所导致的,房东可能只是没有想办法应对而已。然而,法院将杀人罪扩大到这些不作为,同时使此类犯罪受到与其他凶杀案件同样严苛的对待,却没有引起已习惯于该规则的法律界的抗议。④

法院首先认为,为无助者采取行动的义务是由地位引起的。如果某人根据《新济贫法》(the Poor Law),承担抚养无法照顾自己的人的义务,⑤则未履行这种义务,导致此人死亡,就成立过失杀人罪。这条规则适用于夫之于
520 妻及父母之于未成年的子女。⑥

4-015 根据《新济贫法》,忽视妻子和孩子的行为构成过失杀人吗?

不,该法只是确定了他们的经济责任。当然,法官们真正在做的是,把道德(或者也许是报应本能)变成法律;⑦但他们对此承认很谨慎,更倾向于为结论找到某种法律依据,即使该结论在逻辑上不是很能说得通。

一旦救命义务的概念被确立为过失杀人罪的定罪基础,就有可能扩大义务的范围。因此,合同也可规定类似的义务,例如,雇主将雇员或学徒领进其家中。⑧ 雇主被视为默示承诺,如果他人丧失行为能力或无法脱离其控制,则为其提供基本生活保障。19 世纪下半叶,义务外延扩大到自愿担负的使命,如被告人将年幼的儿童或精神病人领进其家中。⑨ 借此,被告人明示

---

① *R. v. Stone and Dobinson*[1977]Q. B. 354;*R. v. Evans*[2009]1 W. L. R. 1999.

② *R. v. Nursing*[2013]1 W. L. R. 1031 at 1037.

③ *R. v. Johnston*(2007)173 A. Crim. R. 540.

④ Dennis J. Baker,"Omissions Liability for Homicide Offences:Reconciling *R. v. Kennedy* with *R. v. Evans*,"(2010)74 *J. Crim. L.* 310. Cf. wilful neglect offences in sections 20-21 *Criminal Justice and Courts Act* 2015.

⑤ *R. v. Ryland*(1865-72)L. R. 1 C. C. R. 99.

⑥ *R. v. Shephard*(1862)9 Cox C. C. 123;*R. v. Russell*[1933]V. L. R. 59;*R. v. Bubb*(1859)4 Cox C. C. 455.

⑦ *R. v. O' Connor*[1908]2 K. B. 26;*R. v. Senior*(1899)1 Q. B. 283.

⑧ *R. v. Smith*(1837)8 Car. & P. 153;*R. v. Smith*(1826)172 E. R. 203;*R. v. Lowe*(1850)3 Car. & K. 123. *R. v. D. P. P. Ex p. Jones*[2000]I. R. L. R. 373;*R. v. Clothier*[2004]EWCA Crim. 2629.

⑨ *R. v. Instan*[1893]1 Q. B. 450. ,*R. v. Bonnyman*(1943)28 Cr. App. R. 131.

或默示地向被其所接收到的人的亲属或以前的监护人作出了承诺。①

下一步是将责任扩大到没有承诺照顾被收留者的情况。如此一来,必须注意到“承诺/保证”概念的含混不清,可能意味着承诺做某事或实际做某事。如果被告人收留了弃婴,如菲尔丁(Fielding)小说中的汤姆·琼斯(Tom Jones)②,可能被告人并没有向任何人作出承诺,但仍然可以认为其“承担”了对孩子的照顾,因为被告人实际上已经将照顾义务揽在身上。这种模棱两可,作为法律延伸的借口,可以在“女王诉斯通案”(*R. v. Stone*)③中窥见一斑。

4-016 两名被告人,分别是斯通,67岁的男性,智力“低于平均值”,部分耳聋,几乎失明,和他的夫人多宾森夫人(Mrs. Dobinson),43岁,同样行为能力低下,有些智障。斯通的妹妹范妮(Fanny)来和这对夫妇住在一起,范妮患神经性厌食症(极度不愿意吃的病症),变得非常虚弱,并且拒绝透露医生的名字(因为害怕被“抛弃”)。被告们试图找到医生,走了很长一段路(他们无法使用电话),但没有成功。他们还尽力找寻其他医生,也无果,但他们没有采取其他措施,甚至没有向曾经探望斯通智障儿子的社工提及这个问题。与此同时,范妮一直躺在床上,只吃“饼干和汽水”。去世时,由于缺乏护理,情况严重恶化。两名被告人被判过失杀人罪,他们的定罪在上诉审中得到维持。这位老人被判了12个月的监禁,“如果这样做至少 521
是为了表达公众对这种行为的不赞成的态度的话”。多宾森夫人被宣告了缓刑。

上诉法院关于量刑判决所承载的功能的看法,非常值得商榷,在司法方面,没有充分考虑到斯通智力低下,以及他在妹妹拒绝接受治疗的情况下表现出来的明显绝望感。事实是这个问题对他来说有些力有不逮。坚持必须照顾无助的残疾人的原则虽然很重要,但对那些能力不足,以及不想强迫他人接受服侍的人表现出宽容,也不会造成重大的公共伤害;④而斯通同时具备上述两类特征。⑤ 但是,在这里关心的不是法院缺乏对人性的理解,而是法院据之认为已经确立了注意义务的原则。用以下文字表示:

“不管范妮是不是房客,都是上诉人斯通的血亲;范妮住在他家;多宾森太太已经承担了为她清洗身体的责任,并按照她的要求把食物带给她……

---

① P. R. Glazebrook, “Criminal Omissions: The Duty Requirement in Offences against the Person,” (1960) 76 *L. Q. R.* 386; George P. Fletcher, *Rethinking Criminal Law*, (Boston: Little, Brown, 1978) at 611-634.

② Henry Fielding, *The History of Tom Jones, a Foundling*, (London: Andrew Millar, 1749).

③ [1977] Q. B. 354.

④ *R. v. Nursing* [2013] 1 W. L. R. 1031 at 1037.

⑤ *Aintree University Hospitals NHS Foundation Trust v. James* [2014] A. C. 591.

所有这些都是陪审团在认定照顾范妮的必要义务是否被承担时有权考虑的问题。"①

关于范妮是斯通的血亲的评论当然是无关紧要的。如果斯通妹妹没有住在他的屋檐下,他就不必对他成年的妹妹负责,相反,可以肯定,即使范妮不是他的妹妹,斯通也会被视为对他屋檐下的范妮负责。②

4-017　我仍然不明白被告人是如何对范妮负有责任的。

法院在判例中发现了认定责任的语言表述,因此设法以某种方式将其适用于本案事实,但其实并不令人信服。如果你认为当你允许你妹妹(或者其他人)和你生活时,就默示地承诺如果她生病了,你会提供必要的帮助,那仅仅是"法律的构建",即法律推定。法院不妨表示一下规则的现实,也就是
522 说,如此一来,房屋的主人必须采取合理的措施。③ 一般来说,这条规则是合理的④(然而,从法律的观点来看,法官本应让陪审团来决定斯通是否有责任的问题,这是很奇怪的。如果这件事是通过法律解决的,仅仅从范妮在斯通家丧失行为能力这项事实就可以得出结论,法官可以而且应该明确就此问题对陪审团作出指示)。

4-018　好吧:房主必须照顾在其家中生病的人。但多宾森太太呢?那不是她的房子。"承担了"给范妮洗身体的责任这句话的意思是,因为确实试图给范妮清洁身体,因而承担了这项责任。但承担该义务只是因为试图履行自己强加给自己的义务,而不是因为答应范妮或其他人履行该义务。假如在范妮卧床后,多宾森太太没有为范妮做事,会被无罪释放吗?

上诉法院对该案的判决使法律相当模糊。显然,法院正在寻求若干事实,这些事实似乎可以被视为"承担照顾范妮的责任"的表现。正如你所表明的那样,基于多宾森太太试图给范妮洗身体和送食物的事实,认定这种责任的承担,意味着,如果多宾森太太没有做出这样的努力,就不会承担责任。但是,认为自愿开始帮助他人的人是因为自愿帮助这项事实而担负了继续帮助的义务,即使与在没有提供帮助的情况下的地位相比,给予帮助(至少表示)没有损害他人,是违反常理的。看起来,法院似乎偶然想到了模棱两可的短语,并正在从中得出不可接受的结论。

认为多宾森夫人(与范妮没有血缘关系)负有责任的唯一合理理由是,她是这个家庭的成年成员,而范妮在这个家里生病了,因此与房主斯通负有

---

① *R. v. Stone*[1977]Q. B. 354 at 361.

② *R. v. Sinclair*(1998)148 *N. L. J.* 1353. Cf. *R. v. Khan*[1998]Crim. L. R. 830.

③ Dennis J. Baker, *The Right Not to be Criminalized*: *Demarcating Criminal Law's Authority*, (Farnham:Ashgate Publishing,2011) at Chap. 2.

④ Dennis J. Baker, *The Right Not to be Criminalized*: *Demarcating Criminal Law's Authority*, (Farnham:Ashgate Publishing,2011) at Chap. 2.

同样的责任(无论是什么)。这将是一项可以接受的规则[①](但将违反义务的行为视为过失杀人这样严重的罪行是很严厉的)。[②] 没有理由把责任限制在屋主身上。如果房东突然在自己的房子里发病,为什么不应该为其利益而对房客施加责任,就像为房客之利益而对房东施加义务一样？但是,如果斯通和多宾森夫人作为家庭成员在法律上是平等的,很难证明他们在刑罚问题上的区别是正当的。鉴于前述事实,多宾森夫人似乎是两个被告人中更具能力者,因此更应负责任。 523

然而,"女王诉辛克莱案"(*R. v. Sinclair*)[③]的判决清楚地表明,屋主没有义务为最终在其家里陷入危险的人寻求帮助。[④] "女王诉斯通案"可以与"女王诉辛克莱案"区别开来,因为"女王诉斯通案"的被害人在斯通的房子里住了[⑤]很长一段时间。"女王诉辛克莱案"中的被害人是临时访客,他只在房东的房子里待了1天。在该案中,辛克莱(瘾君子)和他的朋友科尔曼在下午3点左右去了约翰逊和史密斯的公寓,目的是从史密斯那里买美沙酮。约翰逊和史密斯也是瘾君子。在约翰逊的公寓辛克莱和科尔曼各自为自己注射了他们获得的美沙酮。注射后10分钟内科尔曼就失去知觉。他再也没有苏醒,第2天早上死亡。科尔曼服药过量后不久,约翰逊准备了盐水,给他注射,希望能让他恢复过来。约翰逊这样做后,死者开始咳嗽、口齿不清,但仍处于昏迷状态。约翰逊和史密斯随后离开公寓前往伦敦购买更多毒品,大约5小时后才返回。他们不在的时候,辛克莱和科尔曼待在公寓里,但还有许多人也去过这里。罗斯法官(Rose L. J.)表示:

"证据显示,(辛克莱)是死者多年的密友,两人几乎像兄弟一样生活在一起。是辛克莱为死者支付毒资,并为他提供了第一剂美沙酮,且帮助他获得了第二剂美沙酮。他知道死者不是瘾君子。辛克莱在死者整个昏迷期间都和他待在一起,而且在相当长的一段时间里,是唯一和被害人待在一起的人。根据这些证据,在该案的判决材料中,陪审团经适当的指示,可以认定辛克莱需要对死者承担法律上的照顾义务。因此,法官在这方面把辛克莱的案子交给陪审团审理是正确的。"

4-019 不应仅仅因为辛克莱是科尔曼的朋友,就认为应承担义务。这

---

① Section 5(1)(d)(ii) of the *Domestic Violence, Crime and Victims Act* 2004. *R. v Owen*[2009] EWCA Crim. 2259 at para. 8. *R. v. Hopkinson*[2014] 1 Cr. App. R. 22; *R. v. Ikram*[2009] 1 W. L. R. 1419; *R. v. Khan*[2009] 1 W. L. R. 2036.

② Dennis J. Baker, "Omissions Liability for Homicide Offenses: Reconciling *R. v. Kennedy* with *R. v. Evans*," (2010) 74 *J. Crim. L.* 310. *R. v. Finlay*[1996] 17 O. T. C. 237.

③ (1998) 148 *N. L. J.* 1353.

④ *R. v. Sinclair*(1998) 148 *N. L. J.* 1353.

⑤ *R. v. Bubb* (1850) 14 J. P. 562.

项义务也无法建立在辛克莱和科尔曼已经做了 18 个月的室友的事实上;否则每个大学生都会对室友承担这样的责任。即使他们是兄弟,也无法仅仅因为存在亲属关系就认为某人有义务照顾其他自由的成年人。时间的论据
524 也无法令人信服:辛克莱确实比约翰逊和史密斯多出现了几个小时,但后者在关键时间点均在场。在约翰逊和史密斯去购买更多的美沙酮之前,科尔曼显然处于危险之中。此外,约翰逊试图让科尔曼苏醒,并给他注射了盐水,试图救他。仅仅因为约翰逊在 6 小时内在场并提供帮助,而不是 12 小时内在场并提供帮助,就认为他没有自愿承担照顾义务,这是荒谬的。辛克莱可能和科尔曼做了 18 个月的室友,但没有照顾他 18 个月。事实上,在当晚之前,辛克莱从来没有关心过被害人。辛克莱可能认识科尔曼很多年了,但已经多年不关心他了。在服药过量之前,辛克莱一直没有照顾过被害人。科尔曼在服药过量之前是非常健康(自主)的成年人。辛克莱的照顾持续了数小时,而不是数天、数周、数月或数年。辛克莱做的唯一那件约翰逊没有做的事,就是支付购买毒品的钱。

"女王诉辛克莱案"的判决是不合理的。最近,上诉法院避开了该判决。在"女王诉埃文斯案"①中,上诉法院尝试了新的方法。"埃文斯案"与"辛克莱案"事实类似。最核心的区别是埃文斯给妹妹提供了毒品(辛克莱没有向科尔曼提供毒品,只是支付了史密斯卖给科尔曼的毒品的价款)。在"女王诉埃文斯案"中,罗德大法官(Lord Judge C. J.)决定不适用"自愿承担责任"原则。相反,他扩展了"女王诉米勒案"②创制的学说。

"女王诉埃文斯案"对该原则的延伸(就过失杀人而言)是:

被害人自己已经做了若干事情,将自己的生命置于危险之中,被告人对被害人的这种自我伤害行为有所加功,则被告人有责任采取措施保护被害人的生命。

4-020 "女王诉埃文斯案"中,罗德大法官的判决没有得到法源的支
525 持,但除非最高法院另有决定,否则将具有约束力。这里应当关心的是"女王诉埃文斯案"中,法院认定已经确立了注意义务时所依据的原则。你会记得米勒丢了点着的香烟,不小心引起了火灾。上议院认为,由于扔下香烟的行为是造成大楼损坏的直接原因,所以米勒有义务寻求帮助。如果米勒递给了甲点燃的香烟,而甲不小心用其点燃了建筑物,而米勒袖手旁观,眼睁睁看着大楼着火,就不会为过失杀人负责。从甲直接引发火灾起,就开始负有责任了。同样,埃文斯也只是给妹妹提供了毒品。是妹妹直接把毒品注射到自己的手臂上,对其生命健康造成了危险。"女王诉埃文斯案"的判决

① [2009]1 W. L. R. 1999.

② [1983]2 A. C. 161.

是站不住脚的：仅仅因为促进了被害人的自主（自我伤害）冒险行为，就要追究行为人过失杀人罪的责任，违反了刑法谦抑性的原则。如果埃文斯直接把毒品注射到被害人身上，需要另当别论。毫无疑问，如果行为人向他人提供毒品，并在一旁看着他死去，应该受到刑罚，但绝对不是过失杀人。

不作为过失杀人仍然是英国法律否定"法无明文不处罚原则"的主要领域之一。① 然而，当刑法修订委员会讨论针对相关犯罪问题时，大多数人反对为谋杀和过失杀人法的目的成文法定的作为义务，而宁愿让法院在个案中判定是否有法律义务。② "该观点的主要原因，"该委员会表示，"是普通法的界限没有明确标示，而且很难以法定形式对作为义务加以规定。"如果英国刑法修订委员会的顶级法学家都认为法律很难表述清晰，这个世界上，发现和绝食的亲戚待在一起的斯通和多宾森夫人有什么希望在起诉前确定他们的法律地位？难道给多宾森太太的建议是：绝对不要为病人做事？委员会不仅对现行法律中认定过失杀人的标准表示满意，甚至建议应委托法院设立类似的巡回委员会，对某些其他不符合杀人罪的罪行设定积极的作为义务。

最近，法律委员会建议将重大过失杀人罪定义为：③

（1）行为人因为自己的行为导致他人死亡；

（2）其行为将导致死亡的风险……对于处于其地位的理性人来说是显而易见的；

（3）能够在关键时刻意识到风险；

（4）行为远远低于如此一来可以合理预期的标准…… 526

第 4 节　不作为中的因果关系

4-021　还有问题似乎需要回答。假设斯通给范妮叫了医生。如果范妮仍然拒绝食物和治疗，医生会如何处理？病人会被强制喂食吗？

后来有人指出，心智健全的成年人在生病时不得接受强制医疗。④ 未经其个人同意，未经法律授权，以强力干涉该人，即为攻击行为；除在有限情况

---

① *R. v. Rimmington*［2006］1 A. C. 459. *Burns v. The Queen*（2012）246 C. L. R. 334.

② Criminal Law Revision Committee, *Offences Against the Person*, Fourteenth Report,（London：H. M. S. O. ,Cmnd. 7844,1980）at para. 256.

③ Law Commission, *Murder, Manslaughter and Infanticide*, Report 304,（London：H. M. S. O. , 2006）at para. 3. 60.

④ *Secretary of State for the Home Department v. Robb*［1995］2 W. L. R. 722；*Re JR18's Application for Judicial Review*［2008］M. H. L. R. 50. *Re C*（*Adult：Refusal of Medical Treatment*）［1994］1 W. L. R. 290；*R.*（*on the application of Burke*）*v. General Medical Council*［2006］Q. B. 273；*St George's Healthcare NHS Trust v. S*［1999］Fam. 26.

下外,连父母都无权干涉。[①] 这种免于服从强制处遇的自由,有时被称为公民的自决权。如果存在这样的权利,当配偶或其他人在患者不愿意接受治疗的时候不为其寻医问药,结果患者死亡时,就无法构成过失杀人罪,因为法律没有规定实施违法行为的作为义务。

这里存在复杂的要素。对于被怀疑患有精神障碍或无行为能力的人,根据法定授权,可以将其送至医院或其他地方。[②] 如果范妮想死在肮脏的家里,如果被告人准备任由其去死,被告人没有行使强制送医权的行为,不应该对他们不利。此外,即使范妮被送进了收容所,收容所也无权强迫进食。[③] 所以无法保证该举动会救范妮的命(这是其他反对定罪的论点:某人无法因为不作为而被判过失杀人罪,除非可以毫无疑问地证明所采取的行动本可以挽救假定的被害人的生命)。换言之,必须证明被告人不仅有义务采取行动,而且如果不这样做,可能会导致因果力上的区别。必须有证据支持这种说法。也许,有证据表明范妮曾在其他场合得到过医疗救助,但一直拒绝接受,就足够了。这些证据将证明,继续寻求帮助不会对因果关系产生影响。[④]

同样,如果"女王诉埃文斯案"中的妹妹在吸毒过量的几分钟内(或即刻)死亡,埃文斯将不承担责任,因为其不采取行动,不会对不可避免的结局造成影响。你救不了已经死了的人。在"女王诉埃文斯案"中,被害人通过自我注射导致自己死亡,但埃文斯负有责任,因为没有采取措施"消除"被害
527 人自我注射已经造成的后果。埃文斯的妹妹快死了,但埃文斯有机会阻止死因的发展。所要做的就是及时求助。如果这样做了,就不会违反义务。如果证据显示埃文斯的妹妹当场死亡或在救护车到达之前就已经死亡,埃文斯可以通过证明无论自己作为还是不作为,伤害都会发生,来反驳因果关系的证明。同样,也能证明自己没有不合理地违反自己的作为义务。

4-022 在"女王诉阿多马科案"中,很明显,如果麻醉师重新连接了气管导管,病人本会活下来。阿多马科没有造成病人的死亡。他甚至没有把气管导管插入病人体内,因为他只参与了手术的下半部分。这根管子是其他麻醉师早些时候插进去的。阿多马科也没有拔出管子。病人的死亡是由于管子断开引起的,而不是由于阿多马科的不作为。然而,如果阿多马科检测到了导管断裂,几乎可以肯定病人还活着。他没有积极采取适当措施,试

---

① *Aintree University Hospitals NHS Foundation Trust v. James*[2014]A. C. 591.

② Section 3 of the *Mental Health Act* 1983. *Mental Health Act* 2007. For an overview, Neil Allen, "The Bournewood Gap(as amended?)," (2010) *Med. L. Rev*. 78. *J v. Foundation Trust*[2010]Fam. 70.

③ Cf. *R. v. Nursing*[2013]1 W. L. R. 1031 at 1037.

④ *R. v. Dalloway*(1847)2 Cox C. C. 273. *Com. v. Williams*, 1 A. 2d 812(1938); *King v. Commonwealth*, 6 Va. App. 351(1988); *People v. Mulcahy*, 318 Ill. 332(1925). Cf. *R. v. Williams*[2011]1 W. L. R. 588.

图消除其他事件造成的后果。阿多马科有责任阻止管子断开导致病人死亡,正是没有这样做,才使他负有因果责任。

尽管如此,不作为并不总是涉及被告人未能消除其他事件造成的后果。在某些情况下,被告人的不作为会导致死亡。例如,如果站长忘了拨动道岔,[①]导致列车脱轨,站长的不作为就是脱轨的直接原因。如果站长忘了关上吊杆门,从而使一辆汽车与迎面而来的火车相撞,结论也是如此。[②] 不作为是造成伤害的原因;如果作为义务者履行了义务,就不会存在伤害产生的条件(敞开的闸门)。相反,如果不是站长让门开着,就不会发生碰撞。开着的大门和开动的汽车、列车是发生碰撞的必要条件。这些案件不涉及被告人有义务逆转已经发生的损害,而是有义务采取预防措施防止危害发生。这足以构成过失杀人罪。

第5节　推定过失杀人:客观危险行为与蛋皮脑壳规则

4-023　这里面临更多的技术细节,但首先是历史记录的解释问题。[③]

曾有人认为,杀人虽然不是故意的,但如果发生在不法行为实行过程中,就是谋杀;[④]因此,试图偷鸡时的意外杀人也是谋杀。该推定谋杀原则在 528
一段时间内受到司法判决和法规的限制;逐步摆脱谋杀原则的地区同时自动被推定过失杀人原则控制。谋杀变成了过失杀人。因此,几个世纪以来,根据法律推定,在不法行为过程中的杀人,至少成立过失杀人,乃是不言而喻的准则。

正如法官们不断减少推定谋杀的法律一样,他们也逐渐削减了推定过

---

① *State v. O' Brien*,3 Vroom 169(1867).

② *R. v. Pittwood*(1902)19 T. L. R. 37;*R. v. Smith*(1869)11 Cox C. C. 210;*R. v. Benge*(1865) 176 E. R. 665.

③ E. M. Bingham,“Homicide by Any Unlawful Act,”(1962)1(5)*Tasmanian University L. R.* 670;J. M. Kaye,“The Early History of Murder and Manslaughter,” 83(3)*L. Q. R.* 365-395;and 569-601;Richard J. Buxton,“By Any Unlawful Act,”(1066)82(2)*L. Q. R.* 174O;O. C. M. Davis,“Constructive Homicide,”(1938)2 *J. Crim. L.* 451.

④ Sir William Oldnall Russell,*A Treatise on Crimes and Indictable Misdemeanours*,(Philadelphia: P. H. Nicklin and T. Johnson,Vol. I,1831)at 59. Michael Dalton,*The Country Justice*,(London:Printed by William Rawlins et al.,1697)at 342 *et seq.* Stephen [James Fitzjames Stephen,*A History of the Criminal Law of England*(London:Macmillan,1883)Vol. Ⅲ,at 57-58] [Edward Coke,*The Institutes of the Laws of England*:*Third Part*,(London:W. Lee,1648)at 56]. William Staunford,*Les Plees del Coron*,(London:by Rychard Tottel,1567)at 21;cf. William Lambarde,*Eirenarcha*,(London:Printed by Ralph Newbery,1588)at 243-244. R. *v. Keate*(1702)Comb. 406 at 409.

失杀人的法律。[1] 现行法律中存在若干明确的规定和若干悬而未决的疑问。可以总结如下。相关准则的适用条件包括：

必须有作为(不作为是不够的)；

根据某些规则,作为具有非法属性；

具有危险性；

死亡必须是不法行为的直接后果。

对于准则的适用,可以举两个事例。

在“检察长诉纽伯里案”(*D. P. P. v. Newbury*)[2]中,两个15岁的男孩把一块铺路石从铁路桥推到了迎面而来的火车的轨道上。辩护方的理由是,他们只意图使石头撞上驾驶室或车厢的车顶,在那里可能会造成若干损害,但不会造成人员伤亡(报告中没有提到该辩词)。不幸的是,石头穿过驾驶室的窗户,杀死了里面的警卫。初审法官以推定过失杀人罪的罪名指示陪

529 审团;陪审团作出有罪判决,而该有罪定谳得到了上议院的确认。

4-024 枢密院在被告人向逃跑的被害人扔石头的案件中遵循了该判例。被害人跑的时候绊了一跤,后来被发现已经死了,死亡很有可能是摔伤造成的,而不是被石头击中造成的。法官在总结时表示:“如果有充分理由判定某人通过暴力或暴力威胁在他人的头脑中造成对生命或肢体的危险性,从而遭受痛苦或([并]?)试图逃走,在试图逃走的过程中,被害人死亡,造成这种精神状态的人至少犯了过失杀人罪。”陪审团以过失杀人罪定罪,上诉时维持原判。[3]

在这两种情况下,推定过失杀人法都为定罪提供了捷径,但在这两起案件中,如此定罪都没有社会必要。在“检察长诉纽伯里案”中,这两个少年犯下了“危害铁路上的人的安全”的法定罪行(过失或严格责任)。[4] 除此之外,陪审团很可能在判决中认定构成重大过失,以重大过失杀人罪对本案被告人定罪。如果两被告人当时预见到了石头可能导致某人死亡的话,甚至可能被认定具备主观轻率。如果控方不以过失杀人罪起诉,而是以故意危害生命或轻率对待这种危险的损害财物罪起诉,定罪的可能性更大。[5] 但并非所有推定过失杀人案都像刚才提到的这两个案件那样严重。

几十年前,推定过失杀人法的适用非常严格。被告人会因为自己所不

---

① Glanville Williams, “Constructive Manslaughter,” [1957] Crim. L. R. 293; W. T. Westling, “Manslaughter by Unlawful Act: The Constructive Crime Which Serves No Constructive Purpose,” (1973-76) 7 *Sydney L. Rev*. 211.

② [1977] A. C. 500.

③ *D. P. P. v. Daley* [1980] A. C. 237.

④ Section 34 of the *Offences against the Person Act* 1861.

⑤ Section 1 of the *Criminal Damage Act* 1971.

知道的被害人的某种异常敏感性而被定罪，尽管如果不存在这种敏感性，就不会出现死亡的后果。[①] 虽然被告人的意图只是吓唬或开涉及轻微身体接触的愚蠢玩笑，但轻微的身体攻击甚至仅仅是精神攻击一旦导致死亡，就可能构成过失杀人。攻击也可能是针对第三方的。

4-025　现在，法院普遍认为，至少在造成损害的风险方面必须有主观罪过。[②] 这条现代规则源于"女王诉丘吉案"[③]，本案中，上诉法院认为： 530

"造成他人死亡的不法行为，无法仅仅因为是不法行为，就导致过失杀人判决。要使这种裁判不可改变地遵循下去，所有清醒和理性人必须不可避免地会认识到，该不法行为会使他人至少承受由此造成的某种伤害的风险，尽管这种损害并不严重。"

上议院在"检察长诉纽伯里案"中承认了该说法的正确性。补充表示，被告人不必知道这种行为是危险的。尽管这必须被接受，但问题仍然是必须存在可能涉及主观要件的不法行为。不幸的是，正如将在下一节看到的那样，该要求被萨蒙法官（Lord Salmon）误解和模糊了。

上诉法院的声明中提到"某种伤害"，大概是指 1861 年《侵害人身权法》第 47 条中的"实际身体伤害"。

4-026　但这可能是非常小的伤害：例如，仅仅是擦伤。[④] 今天的法律是否比你以前说的那些糟糕日子的立法有了很大的改进？

改进不多。但推定过失杀人的全部意义在于，其是由只可能造成轻微伤害的不法行为引起的。如果该行为有可能导致严重身体伤害或死亡，行为人必然会犯下轻率的过失杀人罪，[⑤]如此一来，就不需要推定过失杀人的原则。

相关法律规则的潜在严重性的事例，便是"女王诉塔沃斯案"（*R. v. Towers*）[⑥]，在该案中，被告人殴打了正在哺乳婴儿的女孩。女孩尖叫起来，这吓得婴儿脸色发黑，抽搐而死。托尔斯被判针对婴儿构成过失杀人罪。[⑦]

---

① *R. v. Dawson*（1985）81 Cr. App. R. 150 *per* Watkins, L. J.；*R. v. Watson*［1989］1 W. L. R. 684 at 686；*R. v. Carey*［2006］EWCA Crim. 17；*R. v. Church*［1966］1 Q. B. 59 at 70 *per* Edmund-Davies, J. approved by the House of Lords in *D. P. P. v Newbury*［1977］A. C. 500. *R. v. Creighton*［1993］3 S. C. R. 3 at 45. Cf. *R. v. Mawgridge*（1706）Kel. 119；*R. v. Martin*（1832）5 Car. & P. 128；*R. v. Plumer*（1844）1 Car. & K. 600；*R. v. Murton*（1862）3 F. & F. 492；*R. v. Hayward*（1908）21 Cox C. C. 692.

② *R. v. Mawgridge*（1706）Kel. 119 at 131 *per* Holt, C. J.

③ ［1966］1 Q. B. 59 at 70. *R. v. Carey*［2006］EWCA Crim. 17.

④ *R. v. Jones*［1981］Crim. L. R. 119；*Taylor v. Granville*［1978］Crim. L. R. 482.

⑤ *Hyam v. D. P. P.*［1975］A. C. 55. ）*R. v. Woollin*［1999］1 A. C. 82. *R. v. Lidar*［2000］4 Archbold News 3, CA. *R. v. Pike*［1961］Crim. L. R. 547；*Gray v. Barr*［1971］2 Q. B. 554 at 557.

⑥ （1874）12 Cox C. C. 530.

⑦ *R. v. Bruce*（1847）2 Cox C. C. 262；*Re Heigho*, 18 Idaho 566（1910）；*R. v. Mitchell*［1983］2 W. L. R. 938.

想必所有清醒的理性人都会认识到,攻击抱着婴儿的女孩可能会导致其摔倒并伤害婴儿;如果是这样,像塔沃斯这样的人仍然可能被判过失杀人罪,即使婴儿的特定死亡方式是无法合理预见的。法官都没有解释,基于何种公正或政策,如果某人实施了轻微的攻击行为,却因被害人的不明弱点而被判处过失杀人罪。可以认为,法官们发明的推定过失杀人概念,现在已经成为普遍适用的法律秩序的组成部分,法官对此无权改变(刑法之于法院就如本国领土之于军国主义国家:属于总是可以扩张但绝对无法割让的存
531 在)。

4-027 "所有清醒的理性人必须不可避免地会认识到,不法行为会使他人至少承受某种伤害的风险。"这是过失测试吗?

这是关于不法行为客观危险性的评价问题,而不是犯意或过失是否可以代替罪过的问题。因此,涉及的是犯行要件,而不是罪过要件。这句话的大致意思是:考虑一下你认识的负责任和细心的人。他们都会认为该行为具有可预见的造成某种伤害的危险吗?如果你认为他们的意见可能存在分歧,就不构成推定过失杀人罪。(但是,你当然听不到实际的人的意见。还有,这个测试是在自问自答,有点儿回避正题,因为如果想象中你正在咨询的朋友中有少数人报告称,他们认为这种行为并不危险,你可能会将其排除考虑,认为他们属于不清醒和不理性人!)

4-028 如果理性人没有预见到严重伤害(如死亡)的可能性,这种结果能否起到作用?例如,某人在理性人不可能预见到死亡可能性的情况下被吓死。

不法行为在客观意义上必须是危险的,因为其有造成某种伤害的危险。不必因为会造成客观的死亡风险,才具有危险性。如果不法行为导致被害人死亡,根据推定责任理论,在极端情况下,根据"蛋皮脑壳规则",结果应归责于攻击者。[①] 然而,"蛋皮脑壳规则"有其局限性。无法代替犯罪的犯行与犯意要件,只适用于特定犯罪的基本犯行和犯意要件确定之后。假设被告人的不法行为在客观意义上并不危险,不会给被害人带来"某种伤害,尽管并不是严重伤害"的风险。例如,50 岁的被告人威胁称,如果被害人(25 岁)不交出钱包,就会赤手空拳地打他的屁股。被害人的心脏很虚弱,打屁股的威胁足以使他死于心脏骤停。"蛋皮脑壳规则"无法用来将被告人的不法行为转化为过失杀人,因为其威胁本身在客观意义上并不危险。

同样,推定过失杀人和转移故意原则也不应被扩展到这样的地步:如果被告人攻击了被害人甲,而被害人乙,仅仅是旁观者,在目睹被害人甲的遭

---

① *R. v. M*[2013]1 W. L. R. 1083; *R. v. Towers*(1874) 12 Cox C. C. 530; *R. v. Dugal*(1874) 4 Que. L. R. 350(Can.).

遇时，显然是因为恐惧或震惊而死，被告人就针对被害人乙犯下了过失杀人罪。如果被告人在预见到自己的威胁可能导致被害人心脏病发作的情况下胁迫和恐吓被害人，将对由此造成的伤害或死亡负责。[①] 532

在"女王诉道森案"[②]中，若干人试图抢劫由 60 岁的服务员负责的加油站。劫匪逃跑后，这位服务员因心脏病发作死亡。上诉法院撤销了对被告人过失杀人的定罪，因为他们的威胁在客观意义上并不危险，所以被告人没有犯下非法危险行为过失杀人罪的行为要件。理性人不会认为仅仅威胁看上去健康的 60 岁老人，就造成了生命威胁或其他伤害的风险，尽管不是严重的伤害。即使他们事实上导致了被害人心脏病发作，即使他们具有必要的抢劫犯意，但这种行为在客观意义上并不危险。[③]

在"女王诉沃森案"[④]，87 岁的男性在被窃 90 分钟后死于心脏病发作。上诉法院认为，如果某人营造情绪障碍，并在得知自己所恐吓的被害人年老虚弱后继续制造情绪困扰，便被视为可以合理地预见，被害人可能会心脏病发作。[⑤] 在"女王诉沃森案"中，被告人在开始夜盗时并不知道被害人的脆弱性，但他们虐待老人，留在他家中，并且在得知老人的年龄和脆弱性后继续威胁。被告人得以逃避法律制裁，因为被害人是在夜盗 90 分钟后才心脏病发作。上诉法院认为，时间的延迟意味着，不清楚夜盗事实上是否导致了被害人心脏病发作，因为这可能是警察和修窗人到达老人家时造成的额外干扰所致。该案的被告人犯下了客观意义上危险的不法行为，因而具有推定过失杀人罪的必要犯罪情节。这些被告人的夜盗行为是危险的，因为理性人可以预见到，夜盗可能会给 87 岁的老人带来某种伤害，即使伤害不严重。这是客观意义上危险的行为，被告人有不法行为（夜盗）的必要犯意，但事实上的因果关系被认为是不存在的。[⑥] 由于因果关系不成立，被告人被释放了：但不法行为过失杀人罪的所有其他要素都存在（就因果关系而言，该决 533
定似乎也很宽容，因为有足够的证据可供陪审团推定，非法危险行为是被害

---

① *R. v. Dawson*(1985) 81 Cr. App. R. 150 *per* Watkins, L. J.; *R. v. Watson*[1989] 1 W. L. R. 684 at 686; *R. v. Carey*[2006] EWCA Crim. 17.

② (1985) 81 Cr. App. R. 150. Cf. *R. v. M*[2013] 1 W. L. R. 1083; *People v. Hiraldo*(1998) 676 N. Y. S. 2d 775; and *Todd v. State*(1992) 594 So. 2d 802.

③ *R. v. Ireland*[1998] A. C. 147.

④ [1989] 1 W. L. R. 684. Cf. *R. v. M*[2013] 1 W. L. R. 1083. 在 *People v. Aponte*(1949) 69 N. Y. 2d 342.

⑤ *R. v. Watson*[1989] 1 W. L. R. 684 at 686. Cf. *R. v. Carey*[2006] EWCA Crim. 17; cf. *R. v. Hayward*(1908) 21 Cox C. C. 692.

⑥ Cf. *In Matter of Anthony M*, 63 N. Y. 2d 270(1984). *Schlossman v. State*(1995) 105 Md. App. 277. *Baraka v. Com.* (2006) 194 S. W. 3d 313 at 317; *Terry v. Associated Stone Co.* (1960) 334 S. W. 2d 926 at 928; *State v. Shaw*(1996) 260 Kan. 396; *State v. Washington*(1990) 581 A. 2d 103; *State v. Spates*(1978) 176 Conn. 227 at 235.

人死亡的主要原因)。

4-029 如果甲抓伤了甲不知道是血友病患者的乙,结果乙流血致死,甲会对其承担过失杀人的责任吗?

如果甲知道乙是血友病患者,将承担刑事责任,因为抓挠血友病患者在客观意义上是危险行为。[①] 但如果甲无法知道乙的特殊敏感度(存在所谓的"蛋皮脑壳规则"[②]),就只有在可以合理预见某种伤害的情况下才对推定过失杀人负责。[③] 危险性测试是客观的。如果理性人不知道乙的特殊体质,还会不会预见到乙会受到伤害?答案当然是否定的。根据事实,划伤本身可能会被陪审团认为是某种伤害,尽管并不是严重伤害。如果是这样,客观危险性要求就被满足了。[④] "蛋皮脑壳规则"的适用范围有限,推定责任足以使此类案件被判定为过失杀人罪。[⑤]

在澳大利亚,只有在理性人能够预见到不法行为可能导致严重伤害时,被告人才负有责任。[⑥] 法律委员会建议过失杀人应包括[⑦]:

(1)因重大过失置人于死地(基于重大过失的过失杀人罪);或

(2)杀人:

(a)通过犯下被告人意图造成伤害的罪行;

(b)通过实施被告人明知涉及造成某种伤害的严重风险的犯罪行为(实

534 施犯罪行为而导致的过失杀人)。

根据这项提议,任何伤害的主观预见都可以。假设被告人认为甲诽谤了自己,动手打了甲,甲因此摔倒,死了。[⑧] 假设被告人也意识到殴打甲会造成某种伤害。根据法律委员会提出的建议,被告人的境况不会比现行法律规定的好多少。

第6节 不法行为

4-030 推定过失杀人原则的其他主要限制是,只适用于被告人犯下不法行为,而不包括纯粹过失行为的情况。过失即使构成特定法定犯罪,也不

---

① *U. S. v. Velazquez*(2001)246 F. 3d 204 at 215;*United States v. Livoti*(1998)22 F. Supp. 2d 235 where D choked V who suffered from asthma.

② *R. v. Blaue*[1975]1 W. L. R. 1411.

③ *R. v. Dawson*(1985)81 Cr. App. R. 150.

④ *R. v. Mallett*[1972]Crim. L. R. 260.

⑤ *State v. Frazier*(1936)339 Mo. 966(1936);*R. v. Creighton*[1993]3 S. C. R. 3 at para. 25.

⑥ *Wilson v. The Queen*(1992)174 C. L. R. 313;*D. P. P. v. Singleton*(2010)V. S. C. 428.

⑦ Law Commission, *Murder, Manslaughter and Infanticide*, Report 304, (London: H. M. S. O., 2006) at para. 9. 9.

⑧ *R. v. Mallett*[1972]Crim. L. R. 260.

是推定过失杀人意义上的不法行为。上议院在"安德鲁斯诉检察长案"(*Andrews v. D. P. P.*)[①]中确立了上述限制。

据此认为,仅仅是某人犯了危险驾驶罪,并因此杀害了他人,并不构成过失杀人罪。危险驾驶,虽然是法律为保护生命而设立的过失犯罪,但并不一定意味着其所必需的过失与严重过失杀人罪所需的过失程度相同;而不应使法定犯罪委员会为推定过失杀人罪的指控打下基础。

过失不足以构成推定过失杀人罪的一般主张,也在此前提到的"女王诉兰姆案"[②]中得到了说明。因为兰姆知道朋友把这件事当作笑话,所以当他用枪指着朋友并扣动扳机的时候,并没有犯下攻击朋友的罪行,也没有实施不法行为。该行为是过失行为,但过失行为在作出时并不构成犯罪,然而如果该过失行为造成损害,则引发侵权责任。上诉法院对此表示赞同,认为这是兰姆不犯有推定过失杀人罪的决定性理由。萨克斯法官(The Sachs L. J.)表示:[③]

检控方承认,没有相关证据可以向陪审团提交,以证明存在任何形式的攻击。检控方也不认为被告人的行为是基于其他刑事意义上的非法理由。事实上,在法律上无法提出这样的意见:例如,如果由于发射装置或弹药有缺陷,扣动扳机没有效果,被告人就不会犯罪……不幸的是[原审法官]在'女王诉丘吉案'[④]判决中,在'非法'概念的含义上犯了错误……原审法官认为,左轮手枪的指向和扳机的扣动本身可能是非法的,即使被告人没有试图警告或故意伤害被害人。" 535

4-031 原审法官这样做是错误的。萨蒙法官严重误解了这种做法,他在"检察长诉纽伯里案"[⑤]中表达了上议院的意见:

"在过失杀人案中,总存在罪责心态。除绝对责任罪外,其他犯罪也都是如此。犯罪心理通常取决于被告人的故意。有些犯罪有时需要特定的故意……其他犯罪只需要所谓的基本故意,即实施构成犯罪的行为的故意。过失杀人就是这种罪行……'女王诉兰姆案'当然不是相反的法源……被告人已被定罪,但上诉时他的定罪被撤销,因为他很幸运,'学识颇深'的原审法官在对陪审团进行指导时犯了一系列严重的错误。"

如果这意味着根据适当的指示意见,[⑥]兰姆本可以被判犯有过失杀人

---

① [1937]A. C. 576 at 585.

② [1967]2 Q. B. 981.

③ *R. v. Lamb*[1967]2 Q. B. 981 at 985 *per* Sachs L. J.

④ [1966]1 Q. B. 59 at 70.

⑤ [1977]A. C. 500 at 509B.

⑥ *State v. Reed* (2005) 120 P. 3d 447 at 464-467 *per* Bosson, C. J.; *State v. Boyce*(1998) 718 A. 2d 1097; *State v. Tanguay*(1990) 574 A. 2d 1359; *People v. Roe*(1989) 74 N. Y. 2d 20.

罪,那也许是真的,但无关紧要。兰姆没有受到指控,也没有被判过失杀人罪,尽管结果是灾难性的(根据每项过失杀人的指控,被告人都导致了灾难性的后果,因为被告人已经造成了他人的死亡;仅仅是这个事实不能将侵权过失变成重大过失)。然而,萨蒙法官主要是在推定过失杀人的情况下发言,显然,他错误地认为,根据适当的法律指示意见,兰姆的定罪将得到支持,因为他实施了非法行为。萨蒙法官和其他赞同他的法官对这个案件的记忆也许正在逐渐消失;如果他们重新阅读卷宗的开头部分,本可以改正错误。(该部分准确地概括了该判决:"如果不证明故意,就不可能证实有人攻
536 击,进而就不可能根据第一个理由[实施了不法行为]确定过失杀人。")此外,不需要法源来支持过失行为并不是过失杀人的不法行为的观点。如果是的话,推定过失杀人实际上会吞噬重大过失杀人罪,而所有人都同意二者是不同的概念。

4-032 萨蒙法官对基本故意犯罪概念的使用,也是混乱的。"故意实施构成犯罪的行为"一语的误导性质可以用事例来说明。当司机"故意"以法院认为危险的某种方式驾驶时,在某种意义上,就有"实施构成犯罪的行为的故意",但如果危险驾驶导致死亡,并不构成推定过失杀人罪。这个司机故意作出了不法行为,这种结论违背了对相关概念的一般理解。司机的罪行是过失行为,不是故意的。① 因此,可以认为(在逼仄和误导的意义上),有意实施构成犯罪的行为,并不一定足以构成过失杀人罪。萨蒙法官被"基本故意犯罪"混淆了视线,他在自愿迷醉的判例中发现了该表述。彼时,其被创制成只能称为法律骗局的东西,旨在给迷醉者定罪并规避1967年《刑事司法法》第8条的规定。为此目的,法院表示,殴打是基本故意犯罪,在这种犯罪中,迷醉者被定罪所需的全部条件,是故意实施构成犯罪的行为。认为这是唯一可以从"女王诉兰姆案"中发现的攻击罪的犯意,是错误的。假设有一刻兰姆想吓唬朋友,并用枪指着他。想象一下(与案件事实相反),他的朋友害怕兰姆会开枪打他,尽管兰姆既不意图这样做,也不知道他的朋友会认为这件事一点也不有趣。基于这样的事实,他不会犯攻击罪,也没有实施不法行为,因为他缺乏故意。故意实施构成犯罪的行为,不足以构成攻击罪。所需要的是进一步的故意,以恐吓或引起与被害人的接触。

现在的观点是,某项行为如果不满足所有不法性的要求,就不构成推定过失杀人罪的不法行为。除非被告人有该较轻罪行所需的必要罪过,否则其行为不是该较轻罪行的不法行为。上议院的法官在"检察长诉纽伯里案"②中宣布,被告人不必知道他的行为是非法的;枢密院在随后的场合对此

---

① *Attorney-General's Reference*(*No*. 4 *of* 2000)[2001]2 Cr. App. R. 22.

② [1977]A. C. 500 at 507A.

加以重复了，使其更加重要。[1] 但是为什么大法官不愿意表示这是谜思。除了极少数例外，控方永远不需要证明被告人知道法律，也没有必要在这两个案件中表示该基本规则。在"检察长诉纽伯里案"中的声明无法理解为排除了事实上的错误。兰姆没有犯下攻击罪，因此也没有构成推定过失杀人罪，因为他尽管开枪打死了自己的朋友，但相信手里的左轮手枪不会走火。对于推定过失杀人，被告人不必知道自己的行为是非法的，但客观意义上必须是不法的；事实错误否定了所需的故意，也否定了推定过失杀人。

"不法行为"规则的限制条件是，侵权行为（民事错误）不是推定过失杀人意义上的不法行为。推定过失杀人规则可以在发生死亡结果的情况下将轻微犯罪转化为过失杀人罪，但无法将侵权行为转化为过失杀人罪。有陈 537
年老案正好关乎这一点："女王诉富兰克林案"（*R. v. Franklin*）[2]。尽管这只是由年资较轻的陪席法官作出的判决，但已得到广泛认可。

4-033　富兰克林从码头的点心摊上拿起大箱子，肆意扔进海里；箱子撞到了下面的游泳者，造成死亡。检控方极力主张，富兰克林因不法行为致人死亡，不论过失程度如何，都犯有过失杀人罪。菲尔德法官（Field J.）表示："某人对他人犯下民事错误的事实，不应该被当作是刑事案件中的必要前提……我对推定犯罪深恶痛绝。"因此，他仅以过失为由将案件交由陪审团审理（菲尔德法官并没有明确指出，富兰克林大概也犯有盗窃箱子的犯罪；但无疑认为，这项侵犯财物罪同样无关紧要）。

"女王诉富兰克林案"得到了"女王诉兰姆案"的支持，上诉法院在该案中，谨慎地没有简单谈论不法行为，而是讨论了"从刑事意义上讲是非法的"行为，这是值得称赞的。适用这样的表述，证明法院显然拒绝仅仅从民事责任的角度来看行为是否具有违法性。[3] 虽然可能很感激"女王诉兰姆案"中清晰的推理，但遗憾的是，法院选择了上述委婉的用语，而不是放弃"不法行为"的说法，转而使用"犯罪"的表述。

4-034　在"检察长诉纽伯里案"中，哪里是不法行为或犯罪？男孩的行为因为过失，也因为涉及对火车的损害侵权（或者，认为是对火车的刑事损害）而具备违法性。

值得注意的是，上议院的大法官们并没有努力查明这些男孩的不法行为。萨蒙法官只是说："被告人的律师没有也确实无法辩称上诉人的行为是

---

① *D. P. P. v. Daley*［1980］A. C. 237.

② （1883）15 Cox C. C. 163. *R. v. Criminal Injuries Compensation Board, Ex parte Webb*［1986］Q. B. 184 at 188.

③ *R. v. Lamb*［1967］2 Q. B. 981 at 988D.

合法的。"[①]当然,这是不合法的(如果这是本案涉及唯一的问题的话);他们的行为破坏了火车。但无法认为大法官的意思是要推翻"女王诉富兰克林案"的效力,无视既定的意见。同样,也无法认为他们意图悄无声息地背离早先"安德鲁斯诉检察长案"的判决(这是在辩论中提到的,但在萨蒙法官的发言中没有提到)。

然而,对于"检察长诉纽伯里案"的判决,存在其他可能的解释。这些男孩意图吓唬火车上的列车员和乘客,或者轻率地恐吓或伤害他们;陪审团显然可以据此判定他们犯有攻击罪。由于不曾公开向陪审团作过的类似法律指示意见,不知道法官是否按这些条款发布指示。显然,不应该让陪审团在没有被告人诉法律的情况下,认定被告人的行为是非法的。

另外的判例,可以作为在认定不法行为方面的宽松司法的典型事例。这便是现在大家都知道的"女王诉卡托案"[②]。被告人给被害人注射了海洛
538 因,被害人因过量用药而死,被告人被判违反1861《侵害人身权法》第23条,构成过失杀人罪和注射有害物质罪。法官将过失杀人罪的指控留给陪审团,理由有两个:(1)死亡是由于卡托的"轻率或重大过失"造成的;(2)是由于注射海洛因造成的,正如卡托所知,海洛因可能对接受注射者造成伤害。在对定罪提出上诉时,上诉方辩称,注射海洛因不是推定过失杀人意义上的不法行为。持有或供应海洛因是法定罪行,但卡托没有向死者供应,因为他从死者那里收到海洛因,并且明确以替他注射为目的。[③] 检控方必须证明,为他人注射海洛因是犯罪行为。法院认为,危及他人生命的注射毒品行为构成1861《侵害人身权法》第23条规定的注射有害物质罪,被注射的人的同意无法作为抗辩事由。法院补充表示,"被告人实施的给被害人注射海洛因的行为以及持有海洛因的行为",无论如何,都属不法。

4-035 在下文关于同意和警察圈套的一章中,将讨论认为被害人的同意不是第23条的抗辩事由的规则是否正当的问题。[④] 这个现代推定过失杀人罪的判决所体现的严重困难,涉及法院的第二个理由(鉴于第一个理由,关于1861年《侵害人身权法》[⑤]第23条的第二个理由对于该判决没有必要)。法院承认,没有注射海洛因的法定罪行。即使卡托的暂时持有被认为足以构成法定持有罪,但杀死被害人的并不是他的持有行为。因此,法院若

---

① *D. P. P. v. Newbury*[1977]A. C. 500 at 507A.

② [1976]1 W. L. R. 110.

③ *R. v. Harris*[1968]1 W. L. R. 769. *R. v. Maginnis*[1987]A. C. 303.

④ Dennis J. Baker, "Moral Limits of Consent as a Defence in the Criminal Law," (2009) 12 *New Crim. L. Rev.* 93.

⑤ *R. v. Andrews*[2002]EWCA Crim. 3021.

想认定注射海洛因是非法的，只能适用普通法。[1] 这起案件有争议，因为注射海洛因不是犯罪。从技术上讲，被害人只不过是自我伤害者；如果不是让被告帮自己注射含有（危险的）致幻性毒品的针剂更容易，他本会自己注射。 539

4-036 刑法意义上的不作为可以成为“不法行为”吗？

根据相关法源，答案是否定的。[2] 在“女王诉罗威案”（*R. v. Lowe*）[3]案中，上诉法院拒绝遵循“女王诉悉尼尔案”（*R. v. Senior*）[4]的先例，认为父母犯有有意忽视儿童的法定罪行，导致儿童死亡，这项事实并不当然导致父母的行为构成过失杀人罪。这样的人仅仅是出于过失大意，才没有履行父母的职责，在此意义上，上述判词似乎是合理的，因为法律可能会施加低义务标准，要求被告人实施积极的行为（并伴以处罚，如罚金），而这些不应自动转化为过失杀人罪的更严格的默示法律义务（更重要的是，重大过失杀人现在要求的是对死亡后果，而不仅仅是伤害的严重过失。当被告人有义务采取行动，并且当理性人可以合理预见，该特定的不作为很可能会导致被害人的死亡原因没有被阻止，而有合理机会在事情发展轨道上阻止该原因时，该规定适用）。

然而，在被告人有义务采取行动而故意不采取行动的情况下，很难作出区分。如果某人故意不采取积极措施来对抗或防止被害人死亡，并且有义务采取这种措施，从构成要件上讲，其就实施了非法和危险的不作为（行为），因此似乎属于不法危险行为学说的范围。[5] 如果不作为是故意的，而被告人意图通过不履行义务产生特定后果，例如父母因为想让孩子死，坐在旁边看着自己的孩子溺死在水坑里，就不需要参考非法危险行为理论，因为可以直接提出谋杀指控。[6]

4-037 万一被告人自卫时打了被害人甲，不小心杀了他，如何处理？

如果符合自卫的条件，被告人的行为在法律上将被认为是正当的。

4-038 如果非法地为人堕胎者意外杀死了自己的病人，属于推定的过失杀人吗？

如果为人堕胎者向受害女性提供了堕胎药，[7]导致其死亡，可根据“女王

---

① *R. v. Kennedy*（*No.* 2）［2008］1 A. C. 269 at 274 *per* Lord Bingham；*R. v. Dias*［2002］2 Cr. App. R. 96 at 99.

② *R. v. Khan*［1998］Crim. L. R. 830.

③ ［1973］Q. B. 702.

④ ［1899］1 Q. B. 283.

⑤ *R. v. Sheppard*［1981］A. C. 394.

⑥ *R. v. Gibbons*（1919）13 Cr. App. R. 134.

⑦ *R. v. Gaylor*（1857）Dears. & B. 288. section 58 of the *Offences against the Person Act* 1861. *R. v. Creamer*［1966］1 Q. B. 72；*R. v. Buck*（1960）44 Cr. App. R. 213. Cf. *R.*（*on the application of Smeaton*）*v. Secretary of State for Health*［2002］2 F. L. R. 146.

诉肯尼迪案"[1]的规则,为自己提出抗辩,以免受过失杀人罪的指控。该规则是,自主、自由和知情的行为打破了帮助、鼓励和自我实施之间的因果关系链条。但在更常见的情况下,替人堕胎者使用工具杀死了这名妇女,因此被判过失杀人罪,这是不正常的。

堕胎一度是重罪,所以如果堕胎导致病人死亡,就会自动被视为谋杀。议会排除了这种情况的适用。[2] 但即使是过失杀人的定罪也是违反原则的,因为为人堕胎者对妇女没有实施犯罪行为。[3] 堕胎(实际上是杀害胎儿)不是杀人,因为在法律上胎儿不是人。认为如果妇女意外死亡,故意终止该妇女的妊娠就变成了对其实施的过失杀人,多少有些牵强。

4-039 有些人认为,杀死成熟的胎儿和杀死婴儿在道德上没有区别。

这里不是在辩论道德问题,而是在讨论法律问题。自库克大法官的时代以来,人们一直认为,非法杀人(谋杀或过失杀人)是指杀害"具有理性的生灵",生灵"意味着"出生为活体。[4] 许多法源证明了谋杀和过失杀人存在的限制。所以,在堕胎中,当然没有针对人犯罪的故意。

无法援引转移故意原则,因为这只适用于被告人故意犯某特定罪行,并实施了该犯罪的实行行为的情况(尽管被害人不同)。在本案中,被告人意图为他人堕胎;除此之外,[5]所做的还包括杀害妇女;但杀害妇女在某些情况下是另外的犯罪,即谋杀或过失杀人,而不是堕胎罪。

法官们试图解释这项法律,并提出堕胎不管做得多么仔细,总是会给人带来相当大的风险;[6]但这可能是错误的。终止妊娠的手术在非熟练的人手上是危险的,但在技艺高超的医生手上,则与其他手术一样安全;[7]而且,如果娴熟的外科医生非法操作,且运气不好导致死亡,偶尔会被认定推定过失杀人罪。如果打胎手术操作者存在重大过失,因而杀死了患者,可能会因此被判过失杀人罪。另外,现行堕胎法本身是非常严厉的。在21世纪,人工流产司空见惯,经过官方认证的诊所随处可见,在实践中,根据传统堕胎法提起诉讼的情况可能很少。[8]

---

① [2008]1 A. C. 269.

② Section 1(1) of the *Homicide Act* 1957.

③ *R. v. Brown*[1994]1 A. C. 212.

④ *C v. S*[1988]Q. B. 135.

⑤ *R. v. Gaylor*(1857) Dears. & B. 288.

⑥ *R. v. Buck*(1960) 44 Cr. App. R. 213.

⑦ Dennis J. Baker, "Should Unnecessary Harmful Nontherapeutic Cosmetic Surgery Be Criminalized?," (2014) 17(4) *New Crim. L. R.* 587-630.

⑧ Andrew Grubb, "Abortion Law in England: The Medicalization of a Crime," (1990) 18 *The Journal of Law, Medicine & Ethics* 146; Kristina Swift and Michelle Robson, "Why Doctors Need not fear Prosecution for Gender-related Abortions," (2012) 76(4) *J. Crim. L.* 348.

4-040　对于推定的过失杀人，有什么可表示的吗？为什么仅仅因为有人死了，就要加重刑罚？

可以作出某种回答。杀人引起公众的注意，与犯罪相适应的刑罚可能会影响一般威慑力，使其他碰巧没有致人死亡的罪犯更容易被放过。但反其道而行之的观点更有力：刑罚体系不应像彩票一样依靠偶然性加以管理。

早在 1901 年就起草了处罚备忘录的法官们一致认为，在殴打致死的过失杀人案件中，刑罚适用只应考虑可能合理预期的因攻击造成的伤害。① 合乎逻辑的结论是，指控推定过失杀人是没有意义的：检控方不妨指控攻击罪或其他较轻的罪行。若干关于过失杀人的判决似乎接受了 1901 年提出的原则；但在其他案件中，即使是近乎意外的案件，处罚有时也很严厉，显然是因为不同的法官对量刑和刑事政策持有不同的意见。②

看来，将不得不在更长的时间内忍受法律中这一乏味、不必要和不公正的部分。刑法修订委员会很久以前就建议废除推定过失杀人罪，理由是"罪犯的罪过与不幸的结果相差太远"。③ 如上所述，最近，法律委员会提出了介于两者之间的建议，但是，政府对法律委员会关于杀人罪的建议的反应，仅仅是改革受挑衅和责任减轻这两部分抗辩事由。

第 7 节　误以活体为尸体致人死亡

4-041　在谋杀罪一节，已经讨论过行为人在处理所谓的尸体时将人杀死的相关问题。类似的争议，在过失杀人中再次出现。尽管凶手几乎肯定不会因为"认为是尸体"的主张而逃脱过失杀人罪的指控，但人们援引了不同的法律理论来证明该结果的正当性。

第一种理论是，凶手对被害人的攻击以及随后对尸体的处置是一系列举动，陪审团可以将其视为单一行为。该涉及谋杀和过失杀人的原则在"女王诉丘吉案"④中得到适用。此前已经看到，该规则的制定，至少在谋杀方面，是不合逻辑的，因为存在自相矛盾之处。然而，在过失杀人方面，法院赞同并引用了"如果最初的杀人行为是过失杀人，以后销毁假想的尸体也应该

---

① Richard M. Jackson, *Enforcing the Law*, (London: Macmillan, 1967) at 5. Andrew von Hirsch, *Censure and Sanctions*, (Oxford: Oxford University Press, 1993); Dennis J. Baker, *The Right Not to be Criminalized: Demarcating Criminal Law's Authority*, (Farnham: Ashgate, 2011) at Chap. 2.

② Andrew Ashworth, *Sentencing and Criminal Justice*, (Cambridge: Cambridge University Press, 2010).

③ Criminal Law Revision Committee, *Offences Against the Person*, Fourteenth Report, (London: H. M. S. O., Cmnd. 7844, 1980) at para. 120.

④ [1966] 1 Q. B. 59; *R. v. Le Brun* [1992] Q. B. 61.

542 是过失杀人”的观点。[①] 这是正确的,也符合政策的要求。与法院的明显意见相反,并不涉及要求陪审团决定是否存在“一系列行为”这一形而上学的问题的必要性。

检控方采纳了第二种思路。[②] 这是检控方无法证明死亡是由攻击还是“处置”行为引起的尴尬案件,上诉法院认为陪审团应该被问两个问题。(1)死者的伤害是由被告人的非法且危险的故意行为造成的吗?(2)被告人对被其误认为尸体的人的处理是否构成重大刑事过失?如果两个答案都是肯定的,被告人一定成立过失杀人罪,因为无论死亡是直接由(1)中的攻击所致,还是由(2)中的行为所致,被告人都构成过失杀人罪。[③]

4-042 如果遵循基于第二种思路的判决,似乎即使被告人没有犯下导致被害人失去意识的行为,法院也可以认定针对假定的尸体实施的处置行为成立过失杀人罪。过失杀人不需要主观轻率,这项事实也支持该决定。检控方指导文件中的判例,对被告人的宽容程度略高于在一开始所述的“女王诉丘吉案”中赞同的原则,因为与“女王诉丘吉案”不同,该判例要求陪审团认定被告人对尸体的处理存在重大过失。可以想象,陪审团可能会拒绝作出该判决,如此一来,该规则将宣布犯过失杀人罪的被告人无罪(过失杀人罪的结果很少有人会赞成)。想把昏迷的妻子拖回家的勒布伦是否存在严重过失?[④] “女王诉丘吉案”则更明确,因为理性人会认为,如果其并不具备医学上的资格证明这个人是否还活着,就把一具失去知觉的肉体扔进河里,属于严重过失。

检控书中所述原则的其他困难是,如果事实不能清晰地证明死亡原因,而且被告人有谋杀故意,则无法成功地对该原则进行适用。例如,被告人以谋杀的故意攻击被害人。相信被害人已经死了的被告人,把假想的尸体扔进河里。无法确定是哪种行为导致了死亡。在被控谋杀罪时,任何某种“方式”都行不通,把假定的尸体扔进河里,无法构成谋杀罪。如果要被判谋杀罪,一定是因为存在恶意。谋杀的唯一可行规则认为,如此一来,行为和主
543 观心态不必同时存在;如果这是谋杀的规则,就没有理由不应成为过失杀人的规则。可以注意到,法院并没有否认可以在这些条款中说明该规则,而只是认为可以在不涉及该问题的情况下判决被诉至法院的案件。这样做使法律受到不必要的怀疑。

---

① [1966]1 Q. B. 59 at 71 quoting Glanville Williams, *Criminal Law*: *The General Part*, (London: Stevens & Sons, 2nd edn. 1961) at 174.

② *Attorney-General's Reference*(No. 4 of 1980). [1981]1 W. L. R. 705.

③ *R. v. Boreman*[2000]2 Cr. App. R. 17.

④ *R. v. Le Brun*[1992]Q. B. 61.

第8节 杀人及生命的延长

4-043 通常,不能在未经病人同意的情况下治疗病人;因此,如果垂死的病人要求不采取措施延长生命,[①]就必须遵从其意愿,因此,人们承担不得忽视该要求的法律义务。[②] 核心的例外是,被害人缺乏精神能力,且接受治疗对其最有利。[③]

4-044 假设濒死的病人失去知觉,无法表达愿望,该如何处理?

原则上,如果主治医师认为医疗没有实际价值,且放弃救治符合患者的最大利益,则有权放弃治疗。申言之,关键是医生绝对不可积极地杀死病人。[④] 但医生不一定要永远为拯救病人的生命而苦苦挣扎。[⑤] 医生在这方面的责任是作出合理的努力,应考虑到习惯做法和期望,特别是要预期考虑病人会因进一步的医治而获得的利益。医生不需要也不应该把注意力集中在单纯的(人工呼吸)心跳上。如此一来,区分作为和不作为、杀害和任由死亡在法律上具有重要意义。

假设脑损伤的病人正在使用呼吸机(呼吸器);病人处于昏迷状态,但是该机器让病人的心肺保持机械运转。许多医生认为没有康复的机会,所以直接负责该病人的医师"拔掉插头"。大家普遍认为,在病人毫无疑问已经脑死亡的特殊情况下,医生有权这样做。[⑥] 这与如果医生继续治疗病人,将使其处于某种危险之中,而其本来不会受到这种危险的情况明显不同。

在特殊情况下,允许医疗团队撤回生命支持设施,可能是有理由的(也就是说,如果过去了多年,或者数月,[⑦]医学证据表明,在可预见的未来,无论是病人的病情还是医疗实践的进展都不可能改变结果),该例外情况就是, 544

---

① *NHS Foundation v. X*[2014]EWHC 35(COP);*Re B*(*Consent to Treatment*:*Capacity*)[2002] Fam. Law 423.

② *R.*(*on the application of Burke*) *v. General Medical Council*[2006] Q. B. 273; *St George's Healthcare NHS Trust v. S*[1999] Fam. 26; *Bolton Hospitals NHS Trust v. O*[2003] 1 F. L. R. 824; *Winnipeg Child and Family Services*(*Northwest Area*) *v. G*[1997]3 B. H. R. C. 611(Can. Sup. Ct.).

③ *Aintree University Hospitals NHS Foundation Trust v. James*[2014]A. C. 591.

④ *A*(*Children*)(*Conjoined Twins*:*Medical Treatment*)(*No.* 1)[2001] 2 W. L. R. 480. Erick Rakowski,"Taking and Saving Lives,"(1993)93 *Colum. L. Rev.* 1063.

⑤ *Airedale NHS Trust v. Bland*[1993]A. C. 789;*Re OT*[2009]EWHC 633(Fam.).

⑥ *Airedale NHS Trust v. Bland*[1993]A. C. 789;*Re B*(*Consent to Treatment*:*Capacity*)[2002] Fam. Law 423.

⑦ Sigrid Fry-Revere *et al.*,"Death:A New Legal Perspective,"(2010)27 *J. Contemp. Health L. & Pol'y* 1.

病人的脑死亡显然是无法逆转的。[①] 核心的理由是病人已经死了:在这种观点下,停止供氧并不会将其杀死。

4-045 死亡时间问题在各种情况下都很重要:

1. 物权。尸体无法拥有财物,也无法继承财物。假设甲是老妇人,在遗嘱中给乙留下了很多钱。乙处于昏迷状态,脑电图读数很低,但乙的亲戚一直确保乙靠呼吸机维持生命,因为他们想要甲的钱。甲一死,呼吸机就被关闭,然后把乙埋掉。诡计会成功吗?甲死时,乙被认为还活着,这样当机器关闭时,乙的家人就可以通过乙获得财物?或者脑电波呈现直线状态的病人已经死了,所以乙无法继承财物?

2. 接受移植。[②] 供体器官最好在新鲜的时候使用:在生命支持系统被移除之前,是否允许取出脑死亡的"捐赠者"的器官?[③] 摘取供体器官的手术无法合法地在活着的病人身上进行(如果该人无法在取下器官的情况下存活),但是(根据条件)[④]可以在死去的病人身上进行;病人是存活还是死亡的?

3. 医生关闭机器的责任。如果生命被认为已经终结,医生可以免于责任,因为尸体是无法被杀死的。

4. 攻击者将病人带到这种生命攸关的阶段的责任。在关闭呼吸机时,行凶者造成死亡的行为,构成谋杀罪还是过失杀人罪?还是撤下呼吸机导致病人死亡?如果攻击者用呼吸机让被害人"活着",以避免被判谋杀或过失杀人罪,这个问题将以其他形式出现。当被害人的心脏还在跳动的时候,是否还能定罪?

以前,法律的态度是,死亡可以留给医生来证明,但随着科学的进步,问题变得复杂,疑难开始出现。过去人们认为死亡发生在心脏停止跳动的时
545 候,但法国人注意到,当贵族或罪犯被斩首时,死囚的心脏在头被砍掉后持续运作了几秒钟。这个时候,囚犯是否还活着?以心脏死亡来定义死亡显然是可疑的。

随着医术的提高,疑点也随之增加。在开胸手术中,病人的心脏暂时停

---

① Tracy L. Isaacs, "Moral Theory and Action Theory, Killing and Letting Die," (1995) 32 *Am. Phil. Q.* 355; Roni Rosenberg, "Between Killing and Letting Die in Criminal Jurisprudence," (2014) 34 *N. Ill. U. L. Rev.* 391.

② *State v. Matthews*(1986) 353 SE2d 444. Alexandra K. Glazier, "Brain Dead Patient was Kept Alive and Other Disturbing Misconceptions; A Call for Amendments to the Uniform Anatomical Gift Act," (2001) 9 *Kan. J. L. &Pub. Pol'y* 640; Steve P. Calandrillo, "Cash for Kidneys-Utilizing Incentives to End America's Organ Shortage," (2004) 13 *Geo. Mason L. Rev.* 69.

③ Kenneth E. Wood *et al.*, "Care of the Potential Organ Donor," (2004) 351 *N. Engl. J. Med.* 2730, cf. Markus Weber *et al.*, "Kidney Transplantation from Donors without a Heartbeat," (2002) 347 *N. Engl. J. Med.* 248.

④ Section 33 of the *Human Tissue Act* 2004.

止跳动，但并不认为患者已经死亡。相反，当昏迷不醒、救治无望的病人使用呼吸机维持呼吸时，会被认为已经死了吗？人们已经开始认识到，某人的逝去，就像人的创造一样，是连续的过程，没有科学上可以确定的死亡时刻。身体的不同部位在不同的时间死亡（心脏和大脑活动停止后，皮肤会存活一段时间，头发还会继续再生长两天）。因此，对人类死亡时间的确定属于评估活动，这是命名问题，而主要不是科学问题。

4-046　谁来命名？不一定是医生。把生与死仅仅当作医学问题，这个错误一直存在。[①] 当然，在定义死亡时，法官会非常关注医学的现状和医生的意见，以及选择此定义而不是彼定义的实际后果。[②] 此外，医生必须通过提供专家证据来适用法律定义。[③] 但事实仍然是，虽然死亡的诊断是医学上的，但定义必须是法律上的。法律保护生者，不再保护死者（无论如何，以同样的方式）；两者之间的界限只能由法律划定。

医生们现在已经下定决心赞成脑死亡而不是心脏死亡。英国皇家医学院及其院系会议已经决定，当诊断出不可逆转的脑损伤，并且通过测试确定脑干中没有重要的中枢仍在工作时，病人将被视为死亡，然而作出停止人工支持决定的应该是两个医生。[④] 现在法院已对此加以接受。[⑤] 546

这个表态对器官移植很重要。这将鼓励医生在病人还靠呼吸机维持呼吸时取出肾脏，从而增加器官有效移植的可能性。如果病人没有死，做这件事的外科医生将被判攻击罪。法律从未将心脏死亡定为唯一相关的时间点，因为以前为了实际目的不可能区分心脏死亡和脑死亡。现在这个问题已经成为实际问题，法院已经采纳了以脑死亡为标准的死亡定义。[⑥]

4-047　这是不是说，因为脑死亡的病人已经死了，所以医生不需要为撤离他的生命支持设备承担刑事责任？

关闭机器的这个医生不会导致该病人死亡，死者死于被告人导致的脑死亡。

---

① *Chard v. Chard*[1955]3 W. L. R. 954. section 184 of the *Law of Property Act* 1925.

② *Barrett v. Coroner's Court of South Australia*(2011)108 S. A. S. R. 568.

③ *Hawkins v. DeKalb Medical Center, Inc.* (2011)721 S. E. 2d 131at 218.

④ Academy of Medical Royal Colleges, *A Code of Practice for the Diagnosis and Confirmation of Death*, (London: 2008); Conference of Medical Royal Colleges and their Faculties in the United Kingdom, "The Permanent Vegetative State," (1996)30 *Journal of the Royal College of Physicians* 119; *Airedale NHS Trust v. Bland*[1993] A. C. 789, *per* Lords Keith, Goff, and Browne-Wilkinson, *obiter dicta*.

⑤ *Airedale NHS Trust v. Bland*[1993]A. C. 789.

⑥ *R. v. Malcherek*[1981]1 W. L. R. 690 at 694; *Airedale NHS Trust v. Bland*[1993]A. C. 789; *Re A*(1992)3 *Med. L. Rev.* 303. This is also the case in nearly every state in the United States. for example, *Com. v. Davido*(2014)106 A. 3d 611; *State v. Patterson*(2006)367 S. C. 219; *State v. Guess*(1997)692 A. 2d 849.

该论点在物权和器官移植方面没有帮助,但却是保护医生不因停掉呼吸机而承担责任的方式。“女王诉马尔切雷克案”①的判决支持此类看法,在该案中,原审法官拒绝要求陪审团认定医生撤下病人的呼吸机是否影响被告人的谋杀责任。上诉法院同样拒绝听取控方的证据,即医生没有按照核准的医疗做法行事。

法律没有理由不采纳这种论点,以促进有益的结果。脑死亡,如果可以确诊,很可能从立法目的角度,被视为死亡的标志。因此,从故意和目的角度来看,没有人可以通过给尸体提供氧气来获得法律上的好处。即使脑死亡无法成立,但所有恢复意识的努力都失败了,医生在特殊情况下也有权在合理的手术过程中关闭呼吸器;他们不应仅仅因为无法逆转被告人造成的后果而承担责任。脑死亡理论,实际上属于机械应用科学标准的做法。但在其他情况下,由医生、父母②或病人(如果清醒的话)③来决定被害人的生命是否还有其价值。

4-048 这是否意味着,如果病人“脑死亡”,当医生关掉呼吸机的时候,并没有决定被害人应该死?

对。但如果病人只是处于“持续植物人状态”呢?尚未遭受脑干死亡的病人可能处于深度昏迷状态,脑损伤不可逆转,这意味着其将处于持续的植
547 物人状态。如果没有得到人工支持,医生可能什么也不做,只需要不给其药物治疗或静脉营养即可。如果使用呼吸机,医生最终会将其关掉。一般的观点是,无法通过主张病人已经死亡来为此种做法提供正当性,尽管有些人会将死亡的概念扩展到所有不可恢复的昏迷个体。④

如果病人一直处于植物人状态,其不仅在法律上,而且在医学上也都保持活着的状态。这是医务人员、法官和律师应该谨慎行事的领域。在确定什么是死亡时,功利主义的考虑(如空出病床),永远不应该被计算在内,因为这样的观点可能会让那些并非处于脑死亡状态的人被赋予死亡的判定。在税收高、医疗资源丰富的富裕国家,每年结束几百人的生命以腾出重症监护室的功利收益是微不足道的。生命权不应被腾出病床的功利考量打败。

---

① [1981]1 W. L. R. 690 at 694.

② (*A Child*)(*Medical Treatment*:*Declaration*),*Re Family Division*[2006]2 F. L. R. 883;*Re Baby D*(*No* 2)(2011)258 F. L. R. 290(Aust.).

③ *State v. Pelham*(1998)746 A. 2d 557. [*People v. Velez*(1993)602 N. Y. S. 2d 798].

④ P. D. G. Skegg,“Irreversibly Comatose Individuals:Alive or Dead,”(1974)33 *Cambridge L. J.* 130. Peter Singer,*Rethinking Life and Death*:*The Collapse of Our Traditional Ethics*,(Oxford:Oxford University Press,1995).

近些年,法院[1]一直倾向于同意同意医生有权结束植物人状态[2]下的生命。通常的理由是,这符合病人的最大利益,[3]但这是抽象而有争议的理由,因为很难看出使某人丧失所有生的希望对其利益有什么好处。[4] 等待一段时间,万一好转呢,这也可能符合患者的利益。这些都是棘手的道德问题,本书无法解决。[5] 一般来说,医生不应该被允许结束没有脑死亡的人的生 547
命。在特殊情况下,民事法庭可以准许医生撤除生命支持设施。然而,如果患者家属坚持认为不应撤离对其生命支持,民事法院不应允许医生关闭该病人的生命维持器械。如果病人还活着(不是脑死亡),他本人及其家属就有权要求继续治疗。如果没有治愈希望,而且这个人一直处于昏迷状态,家人可能会在寻求适当的医疗建议后决定,继续靠机器维持生命不再符合病人的最大利益。如此一来,医院应该在撤除病人的生命支持之前,向法院申请声明。

4-049　显然,如果病人脑死亡,停止治疗不会改变什么:只是结束了生命的幻象;也就是说,这样做结束了使得身体其他部分能够显示正常生命迹象的人工呼吸。当然,这里存在微妙差别,但必须在某个地方划定界限。如果某人是脑死亡,所处的状态并不比被直接杀死的人好。被告人导致被害人脑死亡实际上等同于将其杀死,因为被告人剥夺了被害人的大脑。

4-050　如果完全"清醒"的病人要求撤离生命支持设施,该如何处理?[6] **被害人完全知情,选择撤销治疗,这个决定难道不会打破行凶者制造的因果链吗?**

答案是否定的。[7] 没有脑死亡,尚有意识的被害人被撤除生命支持设施,不足以免除被告人的刑事责任。依靠生命维持设备生存的人,要没有生命维持设施,就濒临死亡。因此如果死者生前拒绝进一步治疗,被告人必须对其已经引发的后果承担责任。因果链条不会被打破,因为被害人没有接受进一步治疗,并不是导致死亡的原因。被害人正在走向死亡,是因为遭遇

---

① *A Hospital v. W*[2007]EWHC 425(Fam.);*Trust A v. M*[2005]EWHC 807(Fam.).

② Eelco F. M. Wijdicks,"The Diagnosis of Brain Death,"(2001)344 *N. Engl. J. Med.* 1215.

③ *Airedale NHS Trust v. Bland*[1993]A. C. 789.

④ John Keown,"Restoring Moral and Intellectual Shape to the Law after Bland,"(1997)113 *L. Q. R.* 481. Quoted with approval by Ward J. in *Re A(Children)(Conjoined Twins:Surgical Separation)*[2001]Fam. 147 at 187.

⑤ Glanville Williams,*The Sanctity of Life and the Criminal Law*,(London:Faber,1958);Ronald Dworkin,*Life's Dominion:An Argument About Abortion and Euthanasia*,(London:Harper Collins,1993).

⑥ *Re B(Consent to Treatment:Capacity)*[2002]Fam. Law 423.

⑦ *R. v. Blaue*[1975]1 W. L. R. 1411. Cf. *People v. Velez*(1993)602 N. Y. S. 2d 798;*State v. Pelham*(1998)746 A. 2d 557.

了枪杀、刺伤、车祸等。被害人拒绝(未)接受进一步治疗,仅仅是没有再冒一次险,试图防止被告人给其造成的伤害将其杀死。

被害人不会仅仅因为自己已经决定不再值得试图撤销或终止被告人的行为所造成的后果而打破因果关系链。与“女王诉布劳案”[1]中对被害人造成的伤害不同,通常对那些长期依靠生命维持设备呼吸的人造成的伤害是
549 不可逆转的。如果布劳的被害人接受了输血,很有可能会阻止布劳对其造成的伤害导致其死亡。如果被害人有能力拒绝进一步治疗,这个决定就不会由医生来做。[2]

5-051 难道无法简单地表示,当病人处于不可逆转的昏迷状态时,关掉呼吸机的医生不犯谋杀罪,因为其并没有实施杀人行为,而只是决定不再尝试使病人苏醒,来避开对死亡的准确认定吗?

这是解决一开始提到的问题的可能办法。即使病人没有脑干死亡,但仍然不可逆转地一直处于昏迷状态,也能为医生提供抗辩事由。理由在于,停止呼吸机实质上不是行为,而是停止挣扎的不作为。而且这种不作为并不是医生的失职行为导致的,因为医生没有义务在无望的情况下继续坚持下去。

更合适的观点似乎是接受关掉机器是积极的作为,但不是导致病人脑死亡的作为。这种结果在医生作为之前已经造成。关掉机器,仅仅是阻止给尸体换气的动作。这样做的作用是关闭身体其他部分,而所谓的身体,也只是在机械意义上运作而已。当然,最大的困难涉及那些病人永久昏迷,但没有脑死亡的情况。在这种案件中,民事法院只有在特殊情况下才有可能准许医生撤除生命支持。如果民事法庭已经同意,被告人应该对其造成的后果承担责任。就因果关系而言,医生与“女王诉布劳案”的被害人处于类似的法律地位,唯一的不同,便是医生尽了一切努力阻止被告人的伤害造成
550 被害人死亡。

---

① [1975]1 W. L. R. 1411.

② *R. v. Blaue*[1975]1 W. L. R. 1411;*Re B*(*Consent to Treatment*:*Capacity*)[2002]Fam. Law 423.

第 5 章　杀害胎儿与新生儿

人很难讲述人的生活起源，谁能知道自己从何而来呢？

约翰·弥尔顿[①]

---

① John Milton, *Paradise Lost*, (London: Peter Parker, 1667), Book 3. 原文如此，但疑似笔误，应该出自《失乐园》(第 8 卷)，相关译文参见[英]约翰·弥尔顿：《失乐园》，朱维之译，上海译文出版社 1984 年版。——译者注

第1节 杀人与新生儿

5-001 保护新生儿和胎儿的法律在司法实践中并不常见,但其却对产科医生具有重要意义,并且属于事关哲学乃至人类福祉的问题。同样,这个主题也容易产生道德观点的强烈分歧。

杀人的定义要求被害人必须是在自然状态下,或"在世"状态,这意味其必须"出生时是活体"。① 虽然造成"胎儿"(foetus)死亡的伤害行为一般不等于杀人,但存在奇怪的规则,借此可以认定,如果胎儿在子宫内受伤,随后又出生为活体,②但因产前损伤而死亡,根据犯意要素的不同,构成谋杀③或
552 过失杀人。④

5-002 生命究竟什么时候开始?

出生和活产这两项要求必须分开考虑。出生的规则很简单:孩子完全脱离母体。如果要把孩子看作是出生的,孩子的任何部分都不能留在母亲的身体里。即使是在故意扼杀胎儿时,如果只有头部娩出,也不是谋杀。⑤婴儿"如果出生后,就作为活体婴儿存在,也就是说,依靠自己肺部独立呼吸,而不通过母亲或与母亲的联系来获得自己的生命或能量",就属于出生时为活体。⑥

出生的问题在过去曾引起过混乱,因为关于"独立存在"的问题,存在许

---

① *C v. S*[1988]Q. B. 135.

② Clarke D. Forsythe, "Homicide of the Unborn Child: The Born Alive Rule and Other Legal Anachronisms," (1987) 21 *Val. U. L. Rev*. 563.

③ *Trespasse and Assault v. Sims* (1600) Gould. 176; cf. *Attorney-General's Reference* (*No*. 3 *of* 1994) [1998] A. C. 245. Edward Coke, *Institutes of the Laws of England*, (London: Printed by M. Flesher, for W. Lee, and D. Pakeman, Pt. Ⅲ, 1648) at 48. *R. v. West* (1848) 2 Car. & K. 784 at 786, 788; *R. v. Kwok Chak Ming* [1963] H. K. L. R. 226 *per* Jennings, J. *R. v Tait* [1990] 1 Q. B. 290. William Blackstone, *Commentaries on the Laws of England*, (Oxford: Clarendon Press, 1769) Vol. Ⅳ at 198; William Hawkins, *A Treatise of the Pleas of the Crown*, (London: Printed by E and R Nutt, et al, 1734), Vol. I, Chap. 31, Sect. 16; Edward Hyde East, *A Treatise of the Pleas of the Crown*, (London: printed by A. Strahan, 1803) Vol. I., at 227; J. W. C. Turner, Russell on Crime, (London: Stevens and Sons, 1958) Vol. I at 453. *Per contra*. Matthew Hale, *The History of the Pleas of the Crown*, (London: Printed by E. and R. Nutt *et al*., 1736) Vol. I at 433 citing a 1327 case as reported in the Year Books, Y. B. Mich. 1 Edw. 3, f. 23, pl. 18 (1327). Anthony Fitzherbert, *La Graunde Abridgement*, (London: Tottel, 3rd edn. 1565) at folio 251, pl. 146. William Staunford, *Les Plees del Coron*, (London: by Rychard Tottel, 1567) at 21; Michael Dalton, *The Country Justice*, (London: Printed by William Rawlins *et al*., 1697) at 332.

④ *Attorney-General's Reference* (*No*. 3 *of* 1994) [1998] A. C. 245.

⑤ *R. v. Enoch* (1833) 5 Car. & P. 539.

⑥ *Rance v. Mid-Downs Health Authority* [1991] 1 Q. B. 587 at 621 *per* Brooke J.; *R v Handley* (1874) 13 Cox C. C. 79.

多争论。根据后面要谈的内容,现在的法律解决问题是,如果孩子完全出生(如上面定义的那样)且活着,就被认为出生时为活体,对于后者的测试,采取心脏功能标准。孩子与母亲相连的脐带在被告人杀害孩子时并没有被切断,这并不重要。[①] 孩子也不需要首次喘息,[②]因为这可能在出生后极短的一段时间内不会发生。若干法源规定,孩子必须有独立于母亲的循环,但这个命题是基于对生物学的误解,因为"独立循环"出生前便存在。几个月来,胎 553
儿一直有独立于母体的循环,胚胎心脏维持着胎儿的血流,而胎儿的血流与母体的血液没有直接的联系。这两条血流被一层薄薄的膜隔开,氧气和营养物质通过这层膜传递给胎儿,废物则返回母亲。当孩子出生时,如果不呼吸,胎儿的存活就依赖于脐带,血液通过脐带双向流动,只要脐带以这种方式脉动,孩子的生命就依赖于母亲。[③]

5-003　这是否意味着,如果被告人朝孕妇的后脑勺开枪,导致孩子出生时死亡,他可能要承担两个杀人罪的责任?

不。婴儿必须出生为活体,但如果其后来死于还是胎儿时被行为人造成的伤害,被告人就将承担责任。[④] 如果被告人导致婴儿出生时死亡,就无法对杀人罪负责。如果婴儿出生时是"脑死亡"的,出生时是活着的吗?如果某人在导致被害人"脑死亡"时,被判谋杀或过失杀人罪,但他导致婴儿出生时"脑死亡",却无法避免,谋杀或过失杀人罪的认定产生异常情况。[⑤] "出生时为活体"规则由来已久,相关法源显示,如果婴儿出生时有独立的心跳,无论多么短暂,[⑥]都属于出生时为活体。[⑦] 然而,如果婴儿出生时脑死亡,即"脑电图"(EEG)显示没有大脑活动,法院很可能认为他出生时已经死亡。[⑧]

就出生时为活体规则而言,脑电图平波可能不是决定性的(脑电图不太可能在婴儿完全分娩前进行,且在进行脑电图测试前,婴儿就有可能失去生

---

① *R. v. Reeves*(1839) 173 E. R. 724; *R. v. Poulton*(1832) 172 E. R. 997.

② *R. v. Brain*(1834) 172 E. R. 1272.

③ Glanville Williams, *The Sanctity of Life and the Criminal Law*, (London: Faber, 1958) at 19–23.

④ *Attorney-General's Reference*(*No.* 3 *of* 1994) [1998] A. C. 245 at 263. *State v. Courchesne*, 296 Conn. 622 at 678–679(2010).

⑤ *R. v. Malcherek*[1981] 1 W. L. R. 690 at 694.

⑥ *Brock v. Kellock*(1861) 66 E. R. 322; *State v. Courchesne*, 296 Conn. 622(2010).

⑦ *R. v. Iby*(2005) 154 A. Crim. R. 55.

⑧ Eelco F. M. Wijdicks, "The Diagnosis of Brain Death," (2001) 344 *N. Engl. J. Med.* 1215. Academy of Medical Royal Colleges, *A Code of Practice for the Diagnosis and Confirmation of Death*, (London: 2008); Conference of Medical Royal Colleges and their Faculties in the United Kingdom, "The Permanent Vegetative State," (1996) 30 *Journal of the Royal College of Physicians* 119; *Airedale NHS Trust v. Bland*[1993] A. C. 789 *per* Lords Keith, Goff, and Browne-Wilkinson, *obiter dicta*.

命①)。在"女王诉艾比案"(*R. v. Iby*)②中,专家证人表示:"脑电图无法测量皮层下或脑干中的皮质下结构。斯塔克(Stack)博士表达了观点,尽管是以试探性的方式,即心跳和血液循环的出现表明脑干的某些部分正在发挥作
554 用。还有证据表明,在脑电图出现平波后,22%的儿童会存活下来。"如果确定被害人没有表现出大脑活动,因此出生时是脑死亡,就不太可能有其他生命迹象。如果婴儿出生时已经死亡,并且靠呼吸机维持体征,除非能证明婴儿在接受生命维持设施救治之前是独立存活的,否则被告人将不承担责任。

5-004 假设被告人用1支高破坏力的枪朝自己怀孕的女朋友腹部开了6枪,意图杀死胎儿。假设他成功了,但女友腹中的孩子生下来时还活着,可3天内就死了。他要为双重谋杀负责吗?

他可能要为双重谋杀负责,但那要看你对出生为活体规则的解释。就上议院而言,出生为活体规则无法回溯性地使胎儿成为人,因此这类案件很可能被视为谋杀和过失杀人,而不是谋杀和谋杀。③

基于类似的事实,④上议院主张不可能将被告人杀死孕妇甲的故意转移到胎儿乙身上,然后转移到出生为活体婴儿乙身上。传统法源明确表示有可能这样做,但上议院认为"重罪谋杀"规则在以前的案件中起到了相当大的作用。根据现在已被废除的重罪谋杀规则,如果某人在实施重罪时杀害了他人,将被判谋杀罪。罗素引用库克的经典事例来总结该规则:"每当某项非法行为,即自然犯行为,被用来实现重罪意图而引发了死亡结果,那就是谋杀:就好像甲朝乙的家禽开枪,企图偷取家禽,而不小心杀死了某人,甲可以根据偷窃家禽的重罪故意构成谋杀。"⑤因此,如果被告人非法刺伤了被害人甲的腹部,从而导致了出生为活体的被害人乙的死亡,就犯了谋杀罪。

根据重罪谋杀规则,没有必要证明被告人意图杀死人,因此,在不将被告人杀死被害人甲(孕妇)的故意转移到被害人乙(胎儿)然后转移到被害人丙(出生的活婴儿)的情况下,也可以维持定罪。检控方所要做的就是,证明被告人的非法行为导致了某人的死亡。由于婴儿出生时是活着的,因此当被告人的非法(重罪)行为导致其死亡时,其是自然人,故被告人可能会被判谋杀罪。被告人在对胎儿造成伤害时有必要的意图,因为他有重罪的意图,而且由于他的非法(重罪)行为与出生为活体的婴儿死亡之间有充分的因果

---

① *People v. Hall*, 557 NYS(2d) 879(1990).

② (2005) 154 A. Crim. R. 55. Cf. *State v. Cornelius*(1989) 448 N. W. 2d 434.

③ *Attorney-General's Reference*(*No.* 3 *of* 1994) [1998] A. C. 245.

④ *Attorney-General's Reference*(*No.* 3 *of* 1994) [1998] A. C. 245.

⑤ Sir William Oldnall Russell, *A Treatise on Crimes and Indictable Misdemeanours*, (Philadelphia: P. H. Nicklin and T. Johnson, Vol. I, 1831) at 59. Cf. Sir James Fitzjames Stephen, *A History of the Criminal Law of England*, (Macmillan & Co, Vol. III, 1883) at 57 *et seq*.

关系,他可以被判谋杀罪。产前损伤是出生时为活体的新生儿死亡的直接原因,而该新生儿是人。

5-005　在检控方的相关参考资料[①]中,上议院援引了推定过失杀人原则,因为重罪谋杀的推定责任形式[②]不再满足谋杀罪的犯意要求。一旦被告人的非法行为导致他人死亡,则非法行为过失杀人罪的犯行即告完成。出 555
生为活体的婴儿是人,所以如果被告人导致婴儿死亡,就实施了完整的犯行。接下来的问题是被告人是否有过失杀人的必要犯意。在检控方的上述参考资料中,被告人刺伤了他的女朋友,从而导致女友出生为活体的婴儿死亡,因此显然具有非法行为过失杀人的必要犯意。此外,他的不法行为是出生为活体的婴儿死亡的实质性和直接性的原因。穆斯塔尔法官表示[③]:

“犯行与犯意必须一致。法律对导致死亡的连续行为或连续原因链的处理,与对其最初发端的处理一样。这条……规则的发展,将出生前的行为和意图与出生后为活体的婴儿的死亡联系在一起,考虑到胎儿无法成为杀人罪的对象,这种发展会造成更多的法律紧张状态。然而,如果有可能把这种情况解释为被告人的犯意指向不是胎儿,而是人类,一旦出现类似的情况时,就不需要人为拟制……

“因此,在目前这样的案件中,一旦查明原因,即使攻击者(不可能是本案这种情况)不知道该妇女怀孕,只要证明是暴力攻击,过失杀人的责任就会自动确定。在更一般的范围内,该主张涉及,在可以预见不法行为可能会伤害他人的情况下,行为人实施了该不法行为,导致了他人死亡,就可以认定成立过失杀人罪;即使处于行为人地位的理性人,无法预料到此行为对象处于行为引发的潜在风险范围内,结论依传统如此。这是强有力的学说,因为可以坚定地认为,其承认一般恶意的概念(无论对死亡结果是否存在故意或可以预见,不法行为人必须承受由此造成的死亡后果的责任)。[④]”

上议院认为非自愿过失杀人的论证方法更为可行,因为不要求检控方证明被告人意图杀死被害人(出生为活体的婴儿)。相反,只需要证明被告人因为自己的非法行为导致了被害人的死亡即可。

正如霍普法官所言:

“由于被告人意图实施[某项非法危险行为],因此不论最终被害人是谁,都可以确认过失杀人罪的犯意所需的所有要件全部成立。行为人行为时,受害婴儿在母亲肚子里,出生为活体,然后死于当时的刺伤,这项事实是

① Attorney-General's Reference(No. 3 of 1994), [1998] A. C. 245 at 261.

② Section 1 of the *Homicide Act* 1957.

③ *Attorney-General's Reference*(*No.* 3 *of* 1994) [1998] A. C. 245 at 261.

④ [1998] A. C. 245 at 263-64.

过失杀人罪所需要的以孩子的死亡为终了标志的全部犯行要素。一旦所有其他要素都得到满足,本案的问题就变成了简单的因果关系判断问题。”

5-006 被告人会因意图杀害胎儿而被判谋杀罪吗?[①]

这可能取决于胎儿和出生为活体的婴儿是否被视为相同的人。从技术上讲,被告人只意图杀害胎儿或堕胎。根据检控方的参考意见,[②]穆斯塔尔
556 法官似乎已经接受,如果被告人故意杀死的是胎儿而不是母亲,在胎儿出生为活体时,被告人就应当承担谋杀罪的责任(因为胎儿和生下来的活体婴儿被认为是相同的人,所以犯意和犯行出现了耦合)。

在你的假设中,被告人不希望伤害胎儿,而是想让胎儿作为活体出生,然后死去!杀害胎儿并不是杀人!(犯罪的故意无法转移到不同类型的犯罪之上)。[③] 胎儿本身不是人,所以除非认为出生为活体的婴儿与攻击对象(胎儿)是同一人,否则被告人无法被追究谋杀责任。杀死胎儿本身并不是谋杀,但出生为活体的胎儿从在子宫里被攻击的那一刻起,就可以被视为人,因为其出生时为活体。在美国,许多法院认为,出生为活体规则使得人们有可能相信,出生时为活体的胎儿在子宫中受到攻击的那一刻,就属于人。从技术上来讲,被害人在出生前可能不是人,但死后才是人。因为胎儿和出生时为活体的婴儿是同一被害人,所以可以将他们看作同一主体(如果采用这种方法,就不会出现双重的转移故意问题:被告人杀死孕妇的故意直接转移给被害人,即“持续作为人”存在的胎儿/出生为活体的婴儿)。

5-007 将故意从此“人”转移到彼“人”是可行的,但根据出生时为活体的规则,认为胎儿和出生时为活体的婴儿是相同的人,这现实吗?

上议院[④]认为,被告人杀死孕妇的故意,无法直接转移到出生为活体的婴儿身上,因为这将涉及被告人杀死孕妇的故意转移到非人身上(胎儿:故意杀害胎儿,属于另一罪行,可能构成堕胎罪或消灭儿童罪的犯行,但这不属于故意杀人行为)再转移到出生为活体的婴儿(人)身上。如果把胎儿和生下来的活体婴儿看作连续的人的生命,就不会出现双重转移问题。

在美国,若干司法管辖区支持在被告人导致出生为活体的婴儿死亡的案件中,认定被告人成立谋杀罪。在许多司法管辖区,法院都可以在不援引重罪谋杀规则的情况下做到这一点。法院没有适用重罪谋杀规则,而只是简单地认为,“出生为活体规则”意味着出生时为活体的婴儿从在子宫中受伤的那一刻起就是“人”。转移故意原则可以适用于犯罪故意仅仅是从某人

---

① *R. v. Virgo*(1988)10 Cr. App. R. 427.

② *Attorney-General's Reference*(*No.* 3 *of* 1994),[1998]A. C. 245 at 261.

③ *The Queen v. Pembliton*(1872-75)L. R. 2 C. C. R. 119.

④ *Attorney-General's Reference*(*No.* 3 *of* 1994)[1998]A. C. 245.

(怀孕的母亲)转移到他人(出生为活体的婴儿)的情况。因此,如果胎儿和出生为活体的婴儿构成相同的人,就有可能将被告人杀死被害人甲(母亲)的故意转移到被害人乙(出生为活体的婴儿)身上。没有必要将被告人杀死孕妇甲的故意转移到胎儿乙,然后转移到出生的活体婴儿丙身上,因为乙和丙是一体的。[①] 因此,如果被告人意图杀死甲,并且在这样做的时候杀死了丙(甲的出生为活体的婴儿),就需要对谋杀婴儿负责,因为其意图杀死 557
"人",事实上也杀死了人(出生为活体的婴儿)。如果他杀死了母亲和出生为活体的婴儿,可能要承担双重谋杀的责任。

由于上议院在"出生时为活体"规则下,没有将未出生的胎儿和出生的婴儿视为"一体",因此无法援引转移故意学说。[②] 但是,如果根据出生为活体规则,将未出生的胎儿和出生为活体的婴儿"视为"相同的人,则可以依据转移故意原则,认定那些企图杀害孕妇的人构成谋杀婴儿的犯罪,前提是婴儿在出生时为活体。如果出生时不是活体,就无法判决构成杀人罪,因为胎儿不是人。

5-008　美国康涅狄格州最高法院在长达近 200 页的判决书中彻底审查了该问题,并得出结论:[③]

"如果胎儿在子宫内受了伤,但出生时是活体,然后死于在子宫时所受的伤,则出生为活体规则的作用,便是使胎儿成为杀人或过失杀人所针对的人。换言之,在这种特定的实际情况下,胎儿被视为和其他人一样的人……也就是说,由于出生为活体的胎儿属于杀人行为所针对的人,故转移故意原则就应适用于出生为活体的胎儿,就如同适用于其他人一样。"

上议院并未将被告人的故意从母亲转移到胎儿(非人)再到出生为活体的婴儿(人)身上的做法视为是正确的。但是,如果采用美国普通法对出生为活体规则的解释,就没有必要将故意从某人转移到物再转移到他人身上,因为出生时为活体的婴儿在整个过程中是同一人,而不是两个人,也不是物和人。这便是出生为活体规则中所界定的相同的人的概念。

如果被告人意图杀死孕妇,并且间接故意地杀害腹中的胎儿,在随后胎

---

① *State v. Courchesne* (2010) 296 Conn. 622. *U. S. v. Spencer* (2008) 839 F. 2d 1341 (2008); *People v. Taylor*, (2004) 119 Cal. App. 4th 628; *Ranger v. State*, 249 Ga. 315 (1982); *People v. Hall* (1987) 134 Misc. 2d. 515; *People v. Bolar* (1982) 109 Ill. App. 3d 384; *Jones v. Commonwealth* (1992) 830 S. W. 2d 877, 880; *Williams v. State* (1989) 316 Md. 677; *State v. Anderson* (1975) 135 N. J. Super. 423; *People v. Hall* (1990) 557 N. Y. S. 2d 879 (1990); *Cuellar v. State* (1997) 957 S. W. 2d 134; *State v. Cornelius* (1989) 152 Wis. 2d 272; *State v. Cotton* (2000) 197 Ariz. 584.

② *Attorney-General's Reference* (*No.* 3 *of* 1994) [1998] A. C. 245.

③ *State v. Courchesne*, 296 Conn. 622 at 720 (2010). *Attorney-General's Reference* (*No.* 3 *of* 1994) [1998] A. C. 245 at 265 *per* Lord Mustill.

儿出生为活体的情况下,推定在被告人试图杀害胎儿时,胎儿是出生为活体的婴儿,这又有什么错呢？反复向孕妇发射子弹,意图将其杀死,同时又暗中意图消灭腹中的胎儿,这在可责性上与连续向背后负着婴儿的妇女开枪无异。意图杀女性,同时对杀死背上的孩子具有间接故意,这和意图杀这名妇女,同时对消灭其腹中的胎儿存在间接故意,没有太大区别。就胎儿/婴儿而言,这种观点假设,事实支持间接故意的成立(如果被告人无法知道该妇女怀孕,或者背上绑着孩子,就只能再次适用推定过失杀人)。推定过失
558 杀人主张,当被告人无意造成他人死亡时,应对过失杀人罪负责。在通常情况下,造成的死亡结果,和被告人实际意图造成的后果,没有可比性。[1] 相反,那些刺伤和枪杀明显怀孕的妇女的人,要为企图或间接故意造成的后果承担责任。他们的有罪定谳,几乎没有推定的色彩。

5-009 如果被告人向怀孕的被害人甲的腹部扫射了 20 枪,难道就无法认为他间接故意同时杀死被害人甲和出生为活体的婴儿吗？

你的论点只有在能证明被告人预见到,出生为活体的婴儿的死亡是向女友子宫区域发射 20 发子弹的行为的事实上的必然结果(除非有若干不可预见的介入要素)的情况下才具有说服力。陪审团将不得不认定被告人“已经意识到了相关情况,他们必须在考虑所有证据的基础上作出决定”。[2]

5-010 该想法存在的问题是:如果被告人向被害人的下腹发射 20 发子弹,几乎可以肯定当时会杀死胎儿。如果被告人认为胎儿在子宫内被杀死几乎是肯定的,就不会相信胎儿会在出生后是活体然后才死去实际上是必然的。因此,他对杀害胎儿,而不是生来就活着的婴儿,存在间接故意？

值得注意的是,对于这位孕妇,目前还没有类似的认定。如果被告人为了杀害[3]胎儿而多次向孕妇的子宫位置开枪,并且胎儿出生后还活着,随后死亡,被告人将对造成胎儿死亡的结果负责。[4] 此外,如果被告人认识到枪伤非常严重,以致女朋友的死亡实际上可以被预见(除非若干不可预见的要素介入),也将承担谋杀的刑事责任。显然,后者可以被视为事实上的必然,因而是可以预见的。

然而,如果胎儿极端早产(脱离母体无法存活),仅仅因为好不容易产出母体之外并发出几声喘息,就认为是人,显然有些过于苛刻。在美国密苏里州的案件中,男性因杀害怀孕 3 个月的妇女腹中的胎儿而被定谋杀罪,因为

---

① *R. v. Mitchell*[1983]2 W. L. R. 938.

② *R. v. Woollin*[1999]1 A. C. 82.

③ *R. v. Virgo*(1988)10 Cr. App. R. 427.

④ Lord Mustill's comments in *Attorney-General's Reference*(*No.* 3 *of* 1994)[1998]A. C. 245 at 261.

在该州,人的生命被认为是从受孕开始的。胎儿通常在母体孕育 6 个月后就可以存活,因此出生为活体规则,[①]不应适用于脱离母体无法生存的胎儿。在检方的参考资料[②]中,穆斯塔尔法官似乎受到了事实的影响,即本案出生为活体的婴儿异常早产。 559

5-011　如果孕妇自杀,由此造成的伤害导致出生为活体的婴儿死亡呢?[③]

如此一来,尽管自杀不是犯罪,但如果被告人意图杀死某人(自己),却意外杀死他人,法院很可能对此援引转移恶意学说,即便企图自杀并不是犯罪。然而,如果最终提起公诉,被告人更有可能被视为基于轻率或重大过失的过失杀人罪。

然而,如果孕妇开枪自杀的直接目的是消灭腹中的胎儿,可能需要对 1929 年《婴儿生命(保护)法》[the *Infant Life*(*Preservation*)*Act* 1929]第 1 条的罪行负责。也有可能证明,该孕妇相信开枪自杀几乎肯定会导致胎儿立即死亡。在"佛罗里达州诉艾希礼案"(*State v. Ashley*)[④]中,"艾希礼搞到了一把枪并开枪自杀。被紧急送往医院,接受了手术,并活了下来。被子弹击中手腕的胎儿在手术中被取出,15 天后因发育不成熟而死亡"。如果艾希礼向腹部开枪,陪审团可能会推断其对杀死胎儿以及杀死自己有直接故意。但是,如果其意图立即杀死自己和胎儿,就很难证明其意图杀死自己和出生为活体的婴儿。被告人显然无法预见婴儿出生时为活体,然后由于自己的攻击而死去。

5-012　导致出生为活体的婴儿死亡的人会被判堕胎罪吗?

显然不会:只有当胎儿在子宫中被杀死或被导致早产时才构成堕胎罪。堕胎罪不适用于胎儿在分娩过程中离开子宫时对其所从事的行为。这里所涉及的罪名是消灭儿童。胎儿(或未出生的孩子)不是法律意义上的人,因此无法(例如)拥有自己的财物;但其存在在某些方面被法律承认。胎儿出生为活体即成为法律意义上的人。

5-013　"出生时为活体"规则似乎太狭隘了:被告人开枪,子弹射穿了子宫,被害人刚好怀孕 8 个半月,因此子弹杀死了其腹中的胎儿,仅仅因为被告人杀害的是子宫里的胎儿,就可以让被告人逃避谋杀或过失杀人的责任。而其他被告人可能会非常背运,因为虽然行为完全相同,但他的被害人出生时为活体。不是吗?

堕胎适用于针对在子宫内的胎儿实施的行为。把那些故意刺伤或枪杀

---

① *Bailey v. State*(2005)191 S. W. 3d 52;*Lawrence v. State*(2006)211 S. W. 3d 883 at 891.

② *Attorney-General's Reference*(*No.* 3 *of* 1994),[1998]A. C. 245.

③ *State v. Ashley*(1997)701 So. 2d 338.

④ (1997)701 So. 2d 338.

妇女的人仅仅视为为他人堕胎者似乎不妥。此外,还不确定的是,这些被告人是否总是具备足够的犯意,以符合《侵害人身权法》第58条的规定。如果可以证明被告人对促使被害人流产存在间接故意(陪审团很可能认定,被告人预见到了在腹部捅女性几刀,或冲后脑勺开几枪,会引发流产的实际上确
560 定的结果)①,就可以根据该法第58条处罚该被告人。② 值得注意的是,该法第58条规定了终身监禁。可以认为,如果被告人使用枪或刀,严重伤害或杀害明显怀孕的妇女,就一定对使用这种手段来促使流产存在间接故意。

但是,如果英国议会将杀害胎儿或消灭腹中儿童的行为视为杀人,就必须颁布某项新的罪行。可以出台特别条款,明确规定,从谋杀和过失杀人的立法目的来看,可以存活的胎儿和出生为活体的婴儿,都属于法律意义上的人。设立出生为活体规则的目的是,"防止错误指控的危险,因此法律[假定]每个新生儿生来都是死体,直到医学证据或其他证据证明情况相反"。③ 在早期,死产是很常见的,并且因为没有人确切知道胎儿是否在子宫里还活着,或者是否有可能出生时为活体,所以杀害在子宫里的胎儿不是杀人。医事科学的最新进展,促使(美国)许多州法院背离了出生为活体规则,转而采用"能够存活规则"(Rule of Viability),据此无论出生时是否为活体,能够存活的胎儿都可以成为凶杀案的被害人。正因如此,美国有38个司法区制定了杀害胎儿法。大多数州的杀害胎儿法都认为可以存活的胎儿是人,因此能够成为杀人罪的被害人。④ 有几个州把杀害胎儿视为加重攻击行为,而不是杀人。⑤ 在其他州,即使是无法存活的胎儿也受到保护(然而,就谋杀罪和过失杀人罪而言,人的范围,不应扩大到包括不可存活的胎儿)。⑥

第2节 消灭儿童罪

5-014 如果胎儿在出生过程中被故意杀害,行为人理所当然应构成"堕胎罪"(the offence of abortion)。但据认为,该罪行不适用于针对部分脱离母体的胎儿所作的行为。因此,1929年《婴儿生命(保护)法》规定了其他

① *State v. Latour*,886 A. 2d 404(2005);*State v. Cotton*,197 Ariz. at 584(2000).

② *R. v. Bond*[1906]2 K. B. 389.

③ Alfred S. Taylor,*Medical Jurisprudence*,(Philadelphia:Blanchard & Lea,7th edn. 1861)at 411.

④ *State v. Courchesne*,296 Conn. 622 at 688-689(2010). *McCarty v. State*,41 P. 3d 981(2002). *Meadows v. State*,(1987)722 SW2d 584(1987);*State v. Beale*,376 SE2d 1(1989);*Hollis v. Commonwealth*,652 SW2d 61(1983).

⑤ *State v. Courchesne*,296 Conn. 622 at 690(2010).

⑥ *State v. Courchesne*,296 Conn. 622 at 690(2010).

所谓“消灭儿童罪”(offence of child destruction)的犯罪,可判处终身监禁(如同堕胎)。唯一需要该法处理的情况,是婴儿在被部分产出母体体外后被杀害;但被赋予更一般范围,与堕胎罪重叠。该犯罪包括:[①] 561

有意消灭能够在出生时为活体的孩子的生命,在其独立于母亲而存在之前,故意导致其死去的行为。

这项立法本应涵盖妊娠期的最后一部分,即儿童能够在出生时为活体的时期,对此,尽管可能是误导性的,往往被称为“生存期”(viability)[②]。为了更准确地确定该时期,该法规定了假设,即在怀孕 28 周即 7 整月后,胎儿便能够在出生时为活体。该法明确指出,除非证明该行为并非出于维护母亲生命的善意,否则不得认定有罪。这使“穿颅术”(craniotomy)之类的手术合法化,旨在减少足月胎儿的体积,为了挽救母亲的生命而故意牺牲胎儿。母亲的利益优先。[③]

5-015　假设新生婴儿被发现死亡。难道检控方不觉得很难证明婴儿是不是遇害,如果是,是在出生前还是出生后被杀的吗?

1929 年相关立法对此没有帮助。这无法使陪审团准确判断在犯罪行为发生时孩子是否完全娩出且独立存活,因为当孩子完全脱离母体且存活(独立于母亲而存在)时,消灭儿童的罪行就不适用了,转而适用谋杀罪。不过,起诉书和陪审团将在两者之间作出选择。

5-016　如果消灭儿童的相关刑事立法无助于解决证据问题,真的不明白为什么还会通过这部法。

因为人们认为堕胎无法在孩子出生的过程中进行。这纯粹是技术上的困难:通过立法规定直到孩子完全脱离母体,都可成立堕胎罪,显然更为简单。

第 3 节　隐瞒婴儿出生罪

5-017　非法杀婴案件举证困难,导致立法机关选择性介入。规定为了隐瞒婴儿出生而对婴儿尸体进行秘密处置的行为是犯罪,并可判处两年监禁刑。[④] 这项立法的公正性令人怀疑,因为当妇女生下了私生子,而孩子不 562

---

① Section 1 of the1929 *Act*.

② *C. v. S.* [1988] Q. B. 135];*Rance v. Mid-Downs Health Authority*[1991]1 Q. B. 587 at 621 *per* Brooke J. (Civil Division).

③ *St George's Healthcare NHS Trust v. S*[1999]Fam. 26;*Vo v. France*(2005)40 E. H. R. R. 12.

④ Section 60 of the *Offences against the Person Act* 1861;*R. v. Kersey*(1909)1 Cr. App. R. 260. D. Seaborne Davies, "Child-Killing in English Law-Part I," (1937) 1 *Mod. L. Rev.* 203; Stanley B. Atkinson, "Life Birth and Live-Birth," (1901)20 *L. Q. Rev.* 134; P. H. Winfield, "The Unborn Child," (1944)8 *Cambridge L. J.* 76. *R. v. Holt*(1937)2 *J. Crim. L.* 69. *R. v. Mortimer*(1938)3 *J. Crim. L.* 39; *R. v. English*(1968)52 Cr. App. R. 119.

久后就去世,这位妇女可能希望隐瞒孩子出生的事实,这样做的理由,并不表明对其死亡负有责任。例如,这位女性可能是英国社会中极端保守的某个亚文化族群的成员。由于存在其他相关立法,因此不需要制定该法规来确保出生信息的公开。

不过,这项立法规定,确实存在若干优点:

"拒绝将孩子的遗体纳入国家的监管和调查制度,实际上阻挠了公权力机关判定是否存在与儿童有关……无论是在死者出生之前还是之后的其他刑事犯罪的能力。无法找到死亡婴儿的尸体,或者只能在出生后很长时间才能接触到腐烂的尸体,这事实上削弱了政府代表整个社会确定孩子是否出生为死体,或活体,以及死因的能力。意图掩盖已然的出生事实,而处理孩子肉身的动机(除了谋杀)当然总是存在的,可能是因为害怕或不知道该做什么,由于羞耻或尴尬,或者无力负担葬礼,等等。及时对死婴进行尸检,可能会发现非自然死亡的迹象。如果情况表明死者的母亲是死亡的责任方,而死亡时间被确定为出生后不久,则适当的指控可能是杀婴罪,而不是谋杀或过失杀人。由于母亲的精神障碍和否认杀害其子女的自述,往往难以确保其提出适当的抗辩事由。对于这样的被告人提出重罪指控并判处重刑,并不符合公众利益,而这些罪行应被适当地保留,以适用于出于压力或仅仅是不愿意照顾不想要的婴儿的动机而实施的蓄意杀人。"①

第4节　堕　胎

5-018　"堕胎"(abortion)或"流产"(miscarriage)可能是自然发生的,如此一来,与刑法无关;也可能是故意为之,而这就属于严重的罪行。② 就立法目的而言,堕胎是指杀死胎儿:故意消灭子宫内的胎儿,或有意导致胎儿死亡的引产。医生在无意造成孩子死亡的情况下,为他人实施人工流产并不构成犯罪;即使意外造成死亡,也不需要承担刑事责任。

5-019　为什么一直提到胎儿?承认在谈论杀死未出生的孩子,是不是更好?

有语言学的价值,也有哲学的意义。普通的语言是不确定的:人们过去常表示孕妇"怀了孩子",但这个孕妇可能会表示还没有孩子。是"正在迈向家庭",而不是已经有了家庭。把成熟的胎儿称为"未出生的孩子"是很自然

---

① *R. v. Levkovic*[2008]235 C. C. C. (3d)417 at paras. 143-144. Mark Jackson(ed.) *Infanticide: Historical Perspectives on Child Murder and Concealment*, 1550-2000, (London: Ash gate Publishing, 2002).

② Section 58 of the *Offences against the Person Act* 1861.

的，但是用这种方式来指称微小的受精卵是很奇怪的。 563

哲学争论是，胎儿和出生的孩子之间是否存在道德地位的差异。女性一般只会分阶段地将胚胎视为独立于自身的实体。大多数人都同意，胎儿在发育的某个阶段拥有或应该拥有权利，但不是出生时为活体的孩子的全部权利。[1] 本书对此问题的探讨，基本上到此为止，用“胎儿”这个词来形容出生前的受孕产物就足够了。胎儿不是法律意义上的人，因此无法（例如）拥有自己的财物；但其存在在某些方面在法律上是公认的。

为早期教会所接受，并一直传至中世纪的普遍公认的古老信仰是，灵魂在受孕后的某个时间进入人类胎儿；这被称为“中途付生”（mediate animation）理论，因为“付生”应该发生在孕期的某个中间时点。普通法吸收了该理论，并将付生的时间定在胎动，即胎儿在子宫内颤动时，这通常在妊娠中期（第 20 周）发生，尽管没有固定的时间点。普通法中，在胎动之前的堕胎，并不是犯罪（尽管有被教会法庭惩罚的记录）[2]；即使在胎动之后，堕胎也不是谋杀，因为没有“理性的生灵”参与，但这是常见的轻罪，行为人被认为杀死了人，或已经拥有灵魂的可能的人。因此，普通法区分了胎儿和儿童的道德地位，对前者的保护程度较低。

5-020　人们对该主题的思考是混乱的，部分原因是“付生”概念可能指“生命”（animus）或“早期灵魂”（anima）的进入。没有人能证明“灵魂”何时或是否进入；但表示胎儿只有在胎动时才有生命是明显的错误。罗马教会从来没有把胎动的时间视为灵魂进入的决定性要素，在 19 世纪，大多数天主教神学家都支持即时付生理论，即人类灵魂在受孕时启动。新教神学几乎没有关注这个问题，[3]但对逻辑或假定逻辑的主张足以导致普通法走向僵 564
化。根据 1803 年的某项法律规定，即使在胎动之前试图促成流产，也是可以在普通法庭上进行审判的罪行。[4]

---

① Allen W. Wood “Kant on Duties Regarding Nonrational Nature,”(1998) 72 *Proceedings of the Aristotelian Society* 189; Onora O' Neill, “Kant on Duties Regarding Nonrational Nature,” (1998) 72 *Proceedings of the Aristotelian Society* 211; Glanville Williams, “Fetus and the Right to Life,” (1994) 53 *Cambridge L. J.* 71; Elizabeth Harman, “Creation Ethics: the Moral Status of Early Foetuses and the Ethics of Abortion,” (1999) 28 *Philosophy and Public Affairs* 310; Robert J. Araujo, “Abortion, Ethics, and the Common Good: Who Are We-What Do We Want-How Do We Get There,” (1993) 76 *Marq. L. Rev.* 701; John Keown, “Back to the Future of Abortion Law: Roe's Rejection of America's History and Traditions,” (2007) 22 *Issues L. & Med.* 3; Bonnie Steinbock, *Life Before Birth: The Moral and Legal Status of Embryos and Foetuses*, (New York: Oxford University Press, 1992).

② Williams, *op. cit. supra*, note 12 at 139 *et seq.*; Anthony N. Cabot, “History of Abortion Law,” (1980) 1980 *Ariz. St. L. J.* 73 at 85 *et seq.*

③ *Human Reproduction*, (London: British Council of Churches, 1962) at 44.

④ John Keown, *Abortion, Doctors and the Law: Some Aspects of the Legal Regulation of Abortion in England from* 1803 *to* 1982, (Cambridge: Cambridge University Press, 1988).

奇怪的是,法律并没有将堕胎本身定为犯罪;被犯罪化处理的,是故意促成(导致)流产的行为。现依据1861年《侵害人身权法》第58条:

"孕妇,基于让自己流产的目的,自行非法服用有毒或其他有害物质的行为,或基于类似的意图,非法对自己使用工具或其他手段的行为,以及其他人,基于让妇女流产的目的,非法给妇女,无论有无身孕,服用或导致其自行服用有毒或其他有害物质的行为,或基于类似的意图,非法对其使用工具或其他手段的行为,将构成重罪,并该当终身监禁。

可以看出,该法涉及两种情况。首先,该法涵盖了基于堕胎故意对自己使用堕胎手段的孕妇。尽管此类表述仍然存在于法律文本当中,但还没有妇女因为自己实施堕胎而受到起诉,也许是因为很难让陪审团判定妇女在极度痛苦状态下实施的行为有罪,而且即便被定罪,被告人将很可能仅仅会得到名义上的判决。不起诉的另一充分理由是(无论是否对警方来说也是如此),自行手术流产或吞食毒药堕胎的妇女往往会给自己造成伤害,需要医疗护理;通过施加刑罚,会阻止其寻求医疗救治,所以这种做法,殊不可取。

5-021 其次,其他人基于类似故意非法对女性使用堕胎手段,无论该妇女是否怀孕。去找非法堕胎者的孕妇,也将成为从犯,但实际上此类人员没有受到指控。在法律上,故意使用特定手段,便是本条规定的全部犯罪。据推测,这项法律的起草初衷是,希望借此避免检控方不得不证明被告人的行为导致了堕胎的结果。

法律规定中的手段是"有毒或其他有害物质"[①]和"工具"。该条法律不局限于这两种情况,其还被认为可以适用于用手[②]实施的人工流产。在服用药物的情况下,法官坚持认为药物本身必须是有害的,才属于本法律规定中的"有害物质":普通剂量无害,过量服用才有害的药物,在无害的剂量内,将
565 是无害的。

5-022 避孕和堕胎的界限到底在哪里?[③]

以前人们认为精子和卵子的融合是生命诞生的关键,但现在人们认识到,该观点已无法成立,出于立法目的,受孕必须最早从精子着床开始。这项立法不具体。堕胎一节没有明确提到受孕;只提到"流产"。因此,没有什么可以阻止法院在解释"流产"概念时,考虑到习惯和核准的节育做法。

受精后,受精卵在输卵管中停留3天,然后下降到子宫,在受精后的第10天左右,附着在子宫壁上("着床"或"营巢")。被普遍使用的"紧急避孕

---

① *R. v. Spicer*(1955)39 Cr. App. R. 189.

② *R. v. Hollis*(1873)28 L. T. 455.

③ *R. (on the application of Smeaton) v. Secretary of State for Health*[2002] A. C. D. 70.

药”,通俗地表示是事后避孕药,通过破坏囊胚(发育中的受精卵)或阻止其植入子宫壁而发挥作用。因此,如果受孕是指受精,事后服用的紧急避孕药应该命名为受精后避孕而不是避孕药。所谓口服避孕药也可能以这种方式起作用,因为有证据表明,该药既可以抑制排卵,也可以阻止受精卵着床或长时间着床。这当然是性交后雌激素和孕激素的作用机制,这些物质(所谓的事后避孕药)如果在性交后72小时内使用,就有效。[①]

如果这些节育方法是人工流产,显然就是非法的,除非其是在医院或根据1967年《堕胎法》(the *Abortion Act* 1967)注册的疗养院的两名医生提出具体意见后,由医师在上述地点实施的。但是,使用事后避孕药的人,没人会认为这样做是非法的,或者受1967年《堕胎法》的约束。维护现行医疗行为合法性(使事后药是避孕药而不是堕胎药)的唯一途径,是规定为了法律的目的,怀孕直到着床才完成。论证的思路是,这种药丸的设计是为了抑制着床,因此不是堕胎药。法律上的理由是,堕胎一节的“流产”概念是指着床囊胚的滑落。[②]

5-023　此类观点将维护一般医疗实践的合法性,因此将为眼前的问题提供部分解决办法。但是,节育方法对反堕胎的论点——受精的时刻有某种神奇或神圣的东西,带来了必须受到法律充分保护的新“人”——产生了毁灭性的影响。如果所有堕胎都是谋杀,必须承认,用反堕胎人士的话表示,每天有成千上万的数不过来的人被广泛接受的节育器和避孕药所屠杀(目前还不清楚在哪里安置这些人,也不清楚如何养活他们:印度可以被用来作为总人口过多的危险事例[③])。那些不愿意谴责这种节育方式的人,无法一直主张从受精的那一刻起禁止堕胎。

即使确定自着床起禁止人工流产,也证实了目前正在开发的凝胶和前列腺素制剂的合法性,这些药品在着床后的早期阶段将胎儿排出体外。解释“流产”概念的理由之一是,为了在这个问题上有更多的回旋余地。“流产”可以解读为当胎儿长出了一定程度上可识别的人体组织时,使其夭折。特别是,那些基于对灵魂的虔诚信仰而反对堕胎的人,可能会对这个事实印

---

① *R.* (*on the application of Smeaton*) *v. Secretary of State for Health*[2002] A. C. D. 70.

② *R.* (*on the application of Smeaton*) *v. Secretary of State for Health*[2002] A. C. D. 70.

③ Thomas R. Malthus, *An Essay on the Principle of Population*, (London: J. Johnson, 1807). Frank W. Elwell, *A Commentary on Malthus's* 1798 *Essay on Population as Social Theory*, (Lewiston, NY: Edwin Mellen Press, 2001); L. T. Evans, *Feeding the Ten Billion - Plants and Population Growth*, (Cambridge, UK: Cambridge University Press, 1998); and Antony Trewavas, "Malthus Foiled Again and Again," *Nature* 418(2002): 668; Lester R. Brown, *Outgrowing the Earth: The Food Security Challenge in an Age of Falling Water Tables and Rising Temperatures*, (New York: W. W. Norton, 2005); John J. Ray, *Conservatism as Heresy*, (Sydney: A. N. Z. Book Co., 1974).

象深刻:直到怀孕两周后,仍然难以确定受精卵是否会变成双胞胎(或5胞胎),而不是1胞胎。由于神学从未考虑过灵魂的分裂,这意味着灵魂在受孕后至少两周内无法进入身体。所以这个论点回到"中途付生"理论。

法院针对这个问题最近作出了判决,分庭法院在"女王诉卫生事务大臣案"(*R. v. Secretary of State for Health*)[①]中被要求认定事后服用的紧急避孕药是否属于堕胎药。在本案中,公诉方要求法院判定:

(i)让女性服用"罗威尼尔"(Levonelle)[事后紧急避孕药]意图使其终止妊娠,违反了1861年《侵害人身权法》第58条,构成犯罪;

(ii)提供"罗威尼尔",故意让病人将其用于类似目的,即属1861年《侵害人身权法》第59条所规定的罪行。

5-024 问题是,事后服用的紧急避孕药是否会导致1861年《侵害人身权法》第58、59条所指的"流产"。控诉方试图主张,"罗威尼尔"不是避孕药具,而是堕胎药,因此只能按照1967年《堕胎法》规定的程序加以提供。这部《堕胎法》要求两名医生诚实确信地证明符合该法规定的条件。如果没有根据1967年《堕胎法》规定的条件开具"堕胎药",则"明知他人的目的是……使用……故意促使妇女流产"而提供"堕胎药"是刑事犯罪。[②] 此外,服用堕胎药也可能是犯罪,前提是该行为旨在导致"流产"。[③] 如果事后服用的药物是堕胎药,而不是避孕药具,药剂师配药就是犯罪。如果允许药剂师在不需要处方的情况下销售此类药物,就会使妇女在周末、公共假日和更普
567 遍的情况下更容易获得此类避孕药具。难道没有"压倒性的强有力的理由说明为什么提供紧急避孕药比让更多的妇女处于可能需要堕胎的境地更好"吗?[④]

在冗长的判决中,门贝法官(Munby J.)研究了该问题,并得出结论:[⑤]

"威廉姆斯教授……在其《刑法教科书》(1983年)第2版中指出,没有理由[不为'流产'概念的解释提供更大的余地];这显然是正确的……我得出的结论是,应该对第58条该部分采取更狭义的解释,并且我认为在这一条的语境下,'流产'概念与自然排出妊娠物有关。根据无可辩驳的证据,我进一步坚信,在受精卵着床于子宫中之前,而且直到第28天周期的第20天,甚至极有可能下周期结束后,都不可能处于"怀孕"状态。

---

① [2002] A. C. D. 70.

② Section 59 of the *Offences against the Person Act* 1861.

③ Section 58 of the *Offences against the Person Act* 1861. *R. v. Catt* [2014] 1 Cr. App. R. (S.) 35.

④ *R. (on the application of Smeaton) v. Secretary of State for Health* [2002] A. C. D. 70 at paras. 71, 136.

⑤ *R. (on the application of Smeaton) v. Secretary of State for Health* [2002] A. C. D. 70 at paras. 249-250.

"……

"作为语言问题,'流产'概念是以先前的受孕为前提的。如果没有真正的受孕,就不可能有流产(或其普遍接受的同义词,堕胎)。着床前没有真正的受孕。从理论上讲,当胚胎在输卵管或子宫中自由漂浮时,可能会发生妊娠。然而,更为自然的意义不仅涉及女性身体中的存在和与之互动,而且还涉及真正意义上的付生,如只有着床时才会发生的付生。"①

由于法院宣布事后服用的紧急避孕药(及类似产品)是避孕药具而不是堕胎药,因此供应此类产品不构成犯罪。在最初的 20 天内防止着床的产品似乎都包括在内。

5-025　堕胎者会被判处终身监禁?

从未对其判处过该类最高刑期。实际上,6 年是最长的,即使对于职业堕胎者来说也是如此。许多人的刑期短得多,有些人仅仅被处罚金。21 世纪合法堕胎的出现意味着这类起诉几乎绝迹。

5-026　什么时候堕胎才被医学界认为是妥当的?②

1929 年,议会认为有必要通过某项保护母亲生命的条款来限定规制消灭儿童的成文法,但却没有在堕胎部分添加类似的例外规定。1861 年(通过作为某项综合措施的《侵害人身权法》时),医学科学还不足以使终止妊娠变得安全,因此该法对治疗性(医疗性)流产也不例外。 568

随着技术的提高,在紧急医疗情况下进行手术成为医疗实践,而该做法的合法性在"女王诉伯恩案"的戏剧性情节下得以确立。

某位著名妇科医生为多次被强奸而怀孕的 14 岁女孩实施流产。他以健康为由为自己的行为辩护,并在麦克纳格滕作出的有利法律指示意见下被无罪释放。这位法官将其法律指示意见建立在"非法"概念在法律规定中的存在,他认为这种表述表示某些终止妊娠是合法的。这本身并不是坚实的基础,但他也提到价值的抉择或两恶相权——这通常被称为紧急避险规则。他表示:"在子宫中未出生的孩子无法被消灭,除非消灭这个孩子是为了保护母亲更宝贵的生命。"③

5-027　稍作扩展:女性是充分进化的人,对疼痛和焦虑敏感;深受家人的爱戴,孩子和丈夫的幸福都取决于她。考虑女性生命和健康远比关心早期胎儿的生命和健康重要得多,因为后者只代表尚未完全形成、感觉不到疼

---

① *R.* (*on the application of Smeaton*) *v. Secretary of State for Health*[2002] A. C. D. 70 at para. 353.

② Andrew Grubb, "Abortion Law in England: The Medicalization of a Crime," (1990) 18 *The Journal of Law, Medicine & Ethics* 146; Kristina Swift and Michelle Robson, "Why Doctors Need not fear Prosecution for Gender-related Abortions," (2012) 76(4) *J. Crim. L.* 348.

③ [1938] 3 All E. R. 615 at 620.

痛、无法在子宫外生活、尚未进入人类社会的未来的孩子。

伯恩的无罪释放,并没有立即导致医学堕胎的大量增加。医学界普遍持敌对态度,悲剧案件不断发生。12 岁的女孩,遭遇父亲强奸后怀孕,被拒绝堕胎。① 为 12 岁以上的准妈妈开设了专门的寄宿学校,以便其在照顾孩子的同时继续上课。被强奸的妇女、被情人或丈夫遗弃的女子、生活在贫困的大家庭中不堪重负的母亲,也未能进行药物流产。伦敦的"自由派"医院和纽卡斯尔的医院相对自由地进行了堕胎手术,哈雷街上可以轻易买到堕胎药;但一般情况下,大多数妇女只能求助于挥舞着针头、注射器或红榆木棒的"黑市堕胎者",或是为了高额费用而非法操作的熟练手术者。有些不愿成为母亲的怀孕女性选择适用危险的方法对待自己,偶尔还有人选择自杀。② 虽然非法堕胎每年有数千起,但定罪相对较少(每年不到 100 起),这主要是因为寻求堕胎者帮助的妇女不愿意把他供出,但部分原因是警察本
569 身往往不把堕胎视为真正的犯罪。③

唯一被法律有效阻止的人是医生,只有医生才能安全地进行手术。这个问题在所有以无条件禁止堕胎开始的基督教国家都很普遍。与此同时,人们开始认识到这些罪恶,认为妇女有权控制自己的生育。但是反对堕胎的是强大的宗教游说团体,其基础是"生命的圣洁"。1967 年《堕胎法》便是某项折中措施,没有承认自由主义者和女权主义者的所有要求,但实质上实现了法律的自由化。在英格兰和苏格兰,这取代了判例法,包括"女王诉伯恩案"。

1967 年《堕胎法》第 1 条规定:

(1)除本条另有规定外,如果两名注册医生真诚确信,存在如下根据,则登记在册的医学执业人员④实施的终止妊娠⑤不属有关堕胎的法律所规定的罪行:

(a)妊娠未超过第 24 周,继续妊娠将涉及对孕妇或其家庭的现有儿童的身体或心理健康造成伤害的风险,且该风险大于终止妊娠的风险;

(b)终止妊娠是必要的,以防止对孕妇的身心健康造成严重的永久损害;

(c)继续妊娠对孕妇生命的风险大于终止妊娠;

(d)如果该儿童出生,将有很大的风险遭受严重的身体残疾或精神异常。

---

① *B*(*Wardship*:*Abortion*)[1991]2 F. L. R. 426.

② Glanville Williams, *Textbook of Criminal Law*, (London: Stevens & Sons, 1983) at 296.

③ Ben Whitaker, *The Police*, (London: Penguin Books, 1964) at 36-37.

④ *Royal College of Nursing v. DHSS*[1981] A. C. 800.

⑤ *Royal College of Nursing v. DHSS*[1981] A. C. 800.

(2)在决定继续怀孕是否会涉及本条第(1)款(a)或(b)项所述的损害健康的危险时,可考虑孕妇的实际或可合理预见的情况。

(3)除本条第(4)款另有规定外,终止妊娠的手术必须在内政大臣以他在 2006 年《国家卫生服务法》(the *National Health Service Act* 2006)或 1978 年《国家卫生服务(苏格兰)法》[the *National Health Service*(*Scotland*)*Act* 1978]的职能为目的所授权的医院中进行,或在归属于初级保健信托或国家卫生服务信托或国家卫生服务基金会的医院,以及国务大臣为本条之目的同意的其他场所中进行。

(4)本条第(3)款及第(1)款中与两名注册医生的意见有关的部分,不适用于注册医生真诚地认为终止妊娠是拯救孕妇生命或防止对孕妇的身心健康造成严重的永久性伤害的必要手段的情况。 570

第 5 节　胎儿的理由

5-028　堕胎的原因[《堕胎法》第 1(1)(b)条]不需要广泛考虑。由于优生原因,堕胎有时是合理的,[①]但事实上,堕胎对改善人类质量的加功微乎其微。因为胎儿有缺陷而堕胎,该理由涉及父母的福利,他们的生活很可能因为必须抚养有严重缺陷的孩子而受到损害,也许其次是考虑到公共财政。[②] 这就是这部《堕胎法》背后的哲学,以下事实证明了这种看法,即只允许在孩子将来出生时有严重残疾的情况下终止妊娠,而不允许在孩子只是携带不受欢迎的基因的情况下流产。

虽然该法所承认的健康理由仅仅是对"女王诉伯恩案"中法官的态度进行的详述,即在两种利益冲突的情况下,成人的健康应优先于将来出生为活体的婴儿的相应利益,但胎儿的理由标志着新的变化。胎儿的消灭不一定符合自己的利益(医生不需要判断生命对胚胎而言是否是负担),而是为了父母或整个社会的幸福,当然,堕胎应该应母亲的要求进行。

尽管是否应该仅仅为了给孕妇提供方便而允许堕胎的争论仍在继续,但事实上,该问题已得到解决,因为基于对心理健康的考量(防止对孕妇的心理健康造成损害)可以随时进行堕胎——这似乎使得被需要的堕胎成了为孕妇提供方便的手段。[③] 撇开这一点,胎儿本身的原因几乎是普遍接受的。但值得注意的是,持这种观点的人都会认为,胎儿的道德地位与儿童不

---

① *Jepson v. Chief Constable of West Mercia*[2003]EWHC 3318.

② Martin Beckford,"Baroness Deech:risks of cousin marriage not discussed for fear of offending muslims,"(London:*The Telegraph*,23 March 2010).

③ Abortion Statistics,England and Wales:2008(*Statistical Bulletin*:Department of Health,2009).

同。毕竟,不允许因为儿童存在严重残疾而将其杀害。

第6节 健康的理由

5-029 健康的理由可以细分,因为健康包括孕妇的健康以及其家庭中已有的孩子的健康。

5-030 如果妊娠是以存在损害健康的风险为理由被终止的,这种风险必须达到何种程度,才能为堕胎提供正当性?

没有必要证明母亲有遭受身体伤害的危险,因为精神伤害的危险是足够的。当堕胎法提交上议院审议时,这个问题被给予了很多关注。形容词"重大的""严重的"和"实质的"都曾被考虑,但立法者们最终采纳了帕克大
571 法官(Lord Parker)的建议(在狄尔霍恩大法官缺席的情况下,帕克大法官提出了该观点,前者算是法律放宽的强有力反对者),并且该观点最终在《堕胎法》中得以体现,即继续妊娠可能会带来的伤害必须大于人工流产会带来的危险。帕克法官在谈到他的修正案时表示,医生的决定是通过风险比较后得出的,只有在继续妊娠的风险大于终止的风险的情况下,才能依据该法进行抗辩。他表示,如果这是检验标准,把风险表示成是"严重的"或"实质性的"是没有必要的、错误的。

在采取该行动时,若干反对自由堕胎的人可能被来自己方的宣传误导。他们反对堕胎的做法,普遍认为堕胎是危险的手术,在这种见解下,这个方案是限制性的方案。即便如此,这种方案对限制主义者来说仍有一定的优势,因为没有人知道要多久才能减少手术的危险,从而扩大其合法性。但无论如何,即使在1967年,认为该手术特别危险的假设也是错误的,至少在终止妊娠发生在受孕后不久的情况下是这样。东欧的数字表明,在"第一妊娠期"(trimester)(怀孕的前3个月)内进行的手术比正常分娩安全得多(至少从道德的角度来看)。

因此,该法的措辞表明,现在由医院自行决定是否进行早期妊娠流产,因为如果医生得出结论,如数字所确凿显示的,①早期妊娠流产的一般死亡风险低于孕产妇死亡率,并且进一步认为②发病风险不影响一般结论,即堕胎更安全,③而且相信孕妇的情况也不会对将统计结论应用于其所处的个案产生影响,医生就有权在没有找到更具体的堕胎理由的情况下终止早孕。

---

① Abortion Statistics, England and Wales: 2008 (*Statistical Bulletin*: Department of Health, 2009).

② Glanville Williams, "Offences and Defences," (1982) 2 *Legal Stud*. 233.

③ Betty Sarvis and Hyman Rodman, *The Abortion Controversy*, (New York: Columbia University Press, 1973).

尽管该论点没有在法庭上公开，并且法官们无疑会极为谨慎地看待，但没有合乎逻辑的答案。与继续妊娠相关的风险，必须是决定不终止妊娠所产生的风险之一，这样他们才能计算出“大于终止妊娠的风险”；如果这些风险本身大于终止妊娠的风险；从逻辑上讲，就不需要再追问其他问题。[1] 572

5-031　但这意味着可以按需堕胎，这并不是议会立法的目的。所以该法不应该这样解释。

有人会如此认为。相反的观点是，议会有意识地勉强接受了对堕胎的合法性进行的某种测试；这种测试为许多人所接受，法院应根据其措辞对其加以适用。法院不应猜测议会是否犯了若干事实上的错误，以及如果议会没有犯这个错误，会如何安排《堕胎法》中的措辞。

大多数医生接受上述论点，并认为只要孕妇处于妊娠早期，该法就能使其以困难和痛苦为理由为她们终止妊娠。在过去的 5 年中，英格兰和威尔士总计出现了近 100 万例堕胎。[2] 然而，少数医生不赞成堕胎，因此主张对该法作限制解释；所以在英国不同地区，该法的适用仍存在些许差异。

5-032　在确定妇女是否怀孕之前，医生能很早就采取行动吗？

没有理由无法这样做：医生可能会认为，如果妇女怀孕了，继续怀孕是不好的，进而实施流产手术。在早期诊断妊娠可能是不确定的情况下，这对犯意认定而言变得很重要。当然，有人反对堕胎手术的合法性，他们可能认为只有在妇女事实上怀孕的情况下，《堕胎法》才能使流产手术合法，因为本法假定“终止妊娠”。但这会忽略 1861 年《侵害人身权法》第 58 条所规定的犯罪所需的犯意。正是出于这种考虑，英国法律官员在 1979 年表示，犯意重建的做法是合法的。

尽管该条规定，使用手段意图促使事实上没有怀孕的妇女流产是犯罪行为，但这显然假定被告人相信该妇女曾经或可能有过孩子。现在正在考虑的医生的态度就属于这种情况。如果该妇女有孩子，被告人所做的将导致流产，根据《堕胎法》，这是合法的。如果这个女性没有孩子，就无法称为堕胎。要么不是堕胎，要么是合法堕胎。医生的故意是除合法堕胎外不进行堕胎，因此无法合理地认为其所实施的是犯罪行为。

5-033　什么是“孕妇的心理健康”？

从狭义解释角度来讲，这可能要求医生害怕病人会患上通常所说的精神疾病，不管是精神病还是严重的神经机能失调。这可能包括抑郁性精神病；英国医学协会早就认识到，由于“反应性抑郁”，也就是患者发现自己处

---

① *R. v. Smith*[1973]1 W. L. R. 1510.

② the Abortion Statistics, England and Wales: 2005, 2006, 2007, 2008, and 2009 (*Statistical Bulletins*: Department of Health).

于极度绝望的状态,医生可能会建议终止妊娠。[①] 如果问题是精神疾病,自
573 然的做法应当是打电话给精神病医生,即一位精神疾病专家。

但是“心理健康”有更一般的含义。世界卫生组织提出的健康定义是:“身体、精神和社会关系完全健康的状态,而不仅仅是没有疾病或虚弱。”持这种广泛观点的妇科医生并不坚持精神病学的观点,而是愿意根据自己对该病例的看法采取行动,这也得到了家庭医生的支持。

5-034　医生能考虑到这个女性有自杀的危险吗?

自杀的严重威胁显然可以被考虑在内,因为这表明了抑郁症的严重程度。

5-035　医生能否考虑不是在怀孕期间,而是在孩子出生后必须抚养孩子对妇女健康造成的风险?

《堕胎法》的措辞默示了两种答案。该法提到“对孕妇健康造成损害的风险”,人们可能会争辩称,当孩子出生时,妇女不再怀孕。此外,必须是“持续妊娠”造成了这种风险,认为母亲不得不抚养孩子的负担是“持续妊娠”的结果,也许有点奇怪,但并非不可能。

另一方面,该法中有两条线索合理地表明,英国议会的立法意图,倾向于对其加以扩张解释。

刚才引用的词是关于妇女的健康和其家庭现有儿童的健康。如果某人考虑到现有儿童的健康(正如法所允许的那样),只有在孕育新的家庭成员的时候才能做到《堕胎法》这是不合逻辑的。立法机关作如此规定,其考量明显是,现有的孩子可能会受到额外的孩子出生的不利影响,不得不由已经负担过重的母亲抚养长大。

《堕胎法》第(1)(2)(1)条规定,“可考虑孕妇的实际或可合理预见的情况”。这并不像人们有时认为的那样,是终止妊娠的纯粹“社会”理由,因为这与健康问题有关。不允许仅仅因为孕妇或其丈夫会失去工作而进行手术。尽管如此,法律条文明确规定,健康问题应得到广泛考虑。如果医生只考虑怀孕的时间,命令其展望妇女未来的境况是没有多大意义的。因此,很明显,该法是为了解决母亲负担过重的问题。

5-036　《堕胎法》允许出于对家庭现有子女的考量而终止妊娠。怎么能让现有孩子的健康受到母亲生育其他孩子的影响?

有时作出这种判断可能是合理的。想想“问题家庭”的母亲吧,生活在贫困之中,有一大群孩子。事实上的情人,即孩子的父亲进过监狱,现在又被捕了。现有的孩子少人照顾,经常逃学。现在又怀孕了。可以确定地预测,如果允许分娩的话,现有的孩子的健康状况可能会受到不良影响。在实践

---

① [1968]1 *B. M. J.* 171.

中，以这种理由终止妊娠的医生，通常会将其作为对妇女健康的额外补偿。

5-037　医生能考虑到家庭的贫困吗？

不允许直接考量。但如果妇女的贫困，因家庭成员的增加而加剧，因而很可能影响到自己或其他孩子的健康，就可以考量。

第7节　《堕胎法》的限制

5-038　《堕胎法》没有规定以怀孕是强奸的结果为由终止妊娠。从人的角度来说，这是有力的论据，但该提议在议会中遭到了抵制。一般采取的立场是，堕胎是不道德的，除非是出于健康或优生的理由。此外，许多医生反对表示，他们无法确定是否发生了强奸（这并不是反对允许医生在他认为事实清楚的情况下——对已查明的强奸犯提出指控的情况下——采取行动的理由）。然而，所有人都同意，强奸的事实可能影响医生援引健康理由的决定。事实上，医生们被鼓励扩展他们的专业意识，以使所谓的道德原则得以保留。

5-039　如果该女性未满可以同意性交的年龄如何处理？

这和强奸案差不多。没有具体的法律规定。但医生在判断继续怀孕对该女性的心理健康可能产生的影响时，可以考虑年龄尚小的要素。在此方面，该法可能会再次招致医生的某种程度的仁慈伪善，因为在这些情况下终止妊娠的真正理由可能是社会的，而不是医学的。

《堕胎法》不允许以儿童不受欢迎为理由终止妊娠——因为妇女使用了在特定情况下失败的避孕方法，才孕育了该胎儿。再强调一次，母亲曾被判殴打婴儿罪不是终止妊娠的理由。孩子出生后很可能被残忍地忽视或虐待，该法对于这项事实不予考虑。与胎儿有关的唯一理由是严重残疾。

5-040　《堕胎法》是否削弱了"女王诉伯恩案"提供的抗辩事由？

该判例规定了不适用于普通法抗辩的两个程序性限制：

1. 治疗必须在国家卫生服务系统医院或其他经同意的诊所/医院进行。这些机构受到检查和严格控制。

2. 两名注册医生[①]必须真诚地认为相关个案属《堕胎法》第1条所指的范围。

对该意见的合理性没有争议，不过，某些极不合理的意见可能被认为不是善意形成的。提供治疗的医生不必是给出所需意见的人之一，尽管可能是。也不要求两个或其中一个医生是顾问，妇科医生通常在很大程度上依

① Section 3 of the *Act of* 1967.

575 赖于该妇女的全科医生对其与怀孕有关的精神状况的意见。在适当的情况下,医生似乎有理由暗中采纳另一医生的判断;他自己对这个病例的贡献在于对同事经验的了解。由于该法的措词有缺陷,两名医生必须都真诚善意地采取行动,才能属于其措词所给予的保护范围。但是,如果两名医生中只有一人善意行事,则可以通过主张一般性的犯意原则加以抗辩。只要医生确信他的搭档在善意行事,就不具备犯罪所需要的故意。

如《堕胎法》第1(4)条所述,这两项程序性保障措施不适用于严重的紧急情况(即使在紧急情况下,终止妊娠也必须由医生执行)。

5-041 《堕胎法》起草人显然认为,由于规定了紧急情况,普通法完全没有必要,因此《堕胎法》第5(2)条规定:"就有关堕胎的法律而言,除非得到本法第1条的授权,否则故意导致妇女流产的行为都是非法的。"这推翻了"女王诉伯恩案"的判决理由之一,当然这是为了消除该决定,以防止规避程序。然而,完全取消紧急避险的抗辩事由(如果这是该款所作的),是否明智,值得商榷。

《堕胎法》的其他程序规定涉及通知(第2条)。不遵守这一条款即构成简易犯罪。遵守不是该法规定的对堕胎指控的抗辩条件。

5-042 根据《堕胎法》,在怀孕的阶段都可以合法堕胎吗?

《堕胎法》第5(1)条规定:

按照本法规定终止妊娠的注册医生不构成1929年《婴儿生命(保护)法》所定的罪行。

以前,该法将不以保护孕妇生命为目的摧毁能够出生时为活体的儿童定为犯罪,该法还创制出假设,即怀孕28周的胎儿,就可以被认为在出生时能够为活体。自1990年颁布《人类受精和胚胎学法》(the *Human Fertilisation and Embryology Act* 1990)以来,该限制已被取消。就1929年法律规定而言,如果医生在符合堕胎法规定的条件的情况下,流产了能够出生为活体的胎儿,则他不再构成该罪行。

第8节 提供堕胎工具

一方面为了制止堕胎,另一方面为了防止希望堕胎的妇女危害自己,法律规定,知道将被故意用于导致流产,仍非法为其提供或获取有毒物质、器
576 具或"物品",无论该妇女是否怀孕,都属于犯罪行为。[①] 然而,获取用于堕胎

① Section 59 of the *Offences against the Person Act* 1861. *R. v. Titley*(1880)14 Cox C. C. 502. *R. v. Hillman*(1863)Le. & Ca. 343, *sed quaere*. *R. v. Mills*[1963]1 Q. B. 522. *R. v. Turner*(1910)4 Cr. App. R. 203. *R. v. Marlow*(1965)49 Cr. App. R. 49.

的物品并不等同于实现堕胎，前者由 1861 年《侵害人身权法》第 59 条负责，后者由第 58 条规制。① 物品并不包括"堕胎行为"——通过医生打胎，并不属于提供或获得用于堕胎的物品。

在"女王诉 A 案"②中，来自巴基斯坦的年轻女子与年龄比大一倍的男性举办了包办婚姻。女子怀孕后，丈夫诱骗她去诊所做据称是例行手术的流产手术。她不会讲英语，所以丈夫充当翻译，并说服工作人员相信妻子想堕胎。在堕胎进行之前，诊所负责人请能讲乌尔都语的护士和自诉人谈话。当自诉人得知真相后，非常不安，声称相信自己正在做小手术来治愈血液中的问题。她拒绝堕胎，逃到了亲戚所在的布里斯托尔。随后，生下了孩子，并申请了留在英国的居留权。

被告人面对的指控是，他非法获得了"物品"，即在诊所的外科手术，且"知道这个手术是为了非法导致自诉人流产"。还可以认为："如果'物品'这个词只倾向于描述物体或物质，而不是程序，被告人一定已经获得了手术器械——如果手术进行的话，这些器械一定可以用来执行流产程序。"

5-043　上诉法院表示：③

"第 59 条，简言之，涉及获取或供应用于非法流产的物品……即使起诉书是正确的，根据本案事实，也不会构成违反第 59 条的罪行。上诉人显然没有提供或取得毒物、其他有害物品或工具。认识到该问题，被上诉人被迫辩称，上诉人提供或获得了第 59 条第二次出现的'物品'，即预期的医疗或手术程序。然而，如前所述，'物品'这个词与'工具'并列，'工具'概念在前，'物品'概念紧随其后，这表明'物品'必须是某种物质或物体，而不是诸如没有物理存在的医疗程序之类的东西。通过比较 1861 年《侵害人身权法》第 59 条和第 58 条，该结论得到了加强。后者规定，除另有规定，故意非法'使用工具或其他手段'导致妇女流产，即为犯罪。将第 58 条在'工具'概念之后使用的'手段'概念，与第 59 条在'工具'概念之后立即加入的'物品'概念进行比较和对比。'手段'概念，可能很容易包含外科手术或为获得外科 577
手术而作出的努力，但这并不意味着，第 58 条本应适合于该特殊案件的相应情节。"

根据《侵害人身权法》第 58 条，对于被告人无法提起检控，因为他没有进行堕胎，医生也没有。他会因为堕胎未遂而被起诉吗？不，因为他只是想鼓励医生这么做。他也不是 1861 年《从犯和教唆犯法》下的从犯，因为医生

---

① *R. v. A*[2010]EWCA Crim. 1949.

② [2010]EWCA Crim. 1949.

③ *R. v. A.*[2010]EWCA Crim. 1949 at paras. 10-14. Cf. *R. v. Magira*[2009]1 Cr. App. R.（S.）390.

没有实施流产手术。[①] 此外,如果医生是合法和诚实行事的,他就不可能导致或鼓励终止妊娠(但诊所可能因过失未能确定患者的完全知情同意而被起诉)。然而,被告人可能被判犯有违反2007年《严重犯罪法》第44条和第47(5)(iii)条的未完成罪。他鼓励医生对不同意打胎的妇女进行堕胎。医生是无辜的代理人,因为他们确信该自诉人意思表示真实。但被告人具备《侵害人身权法》第58条定罪的必要罪过。此外,无论医生是否实施或试图
578 实施堕胎,该未完成罪都可适用。

① Cf. *R. v. Sockett*(1908) 1 Cr. App. R. 101. *R. v. Whitchurch*(1890) 24 Q. B. D. 420.

第 6 章　盗　窃

所有权与法律同生共死。①

杰罗米·边沁

① John Bowring(ed.),*The Works of Jeremy Bentham*,(Edinburgh:William Tait,1838)at 307. 相关汉译参见[英]边沁:《道德与立法原理导论》,时殷弘译,商务印书馆 2000 年版,第 216 页。——译者注

第1节 财物犯罪的种类

6-001 有关财物的罪行可按不同方式划分。大多数是取财型犯罪,主要是所谓"有悖诚信犯罪"(offence of dishonesty),但也有非取财型的破坏性犯罪。有悖诚信犯罪不一定与财物有关(例如,一个人可能为了避免坐牢而作伪证),但绝大多数都与财物有关。一些有悖诚信犯罪集中于侵害利益,另一些则集中于被告人的行为。本章将讨论盗窃问题。以下章节将讨论欺诈、勒索、夜盗、收受赃物。下列行为可能构成犯罪:

· 有悖诚信地侵占他人的财物;或

· 临时占用他人的财物。

第2节 盗窃:历史

6-002 普通法陷入了一场关于"盗窃罪"(theft),也就是所谓"侵财罪"(larceny)[①]的讨论。基本上,这一罪行被认为是未经他人同意,从他人手中取走财物。其不包括占有者"侵吞"(misappropriation)财物(人不能取走其已经占有的东西),也不包括(至少在最本原形式上)盗取"名义账户"(a notional account)[②]余额。

然而,占有人不能偷窃的主张,却面临狡猾规则的侵蚀。例如,仆人(雇员)虽然手里拿着主人的物品,但却不被认为占有该物品。他只是保管该物,而主人保留对该物的占有。所以仆人或雇员有悖诚信的侵吞意味着,其取走了主人"占有"的财物,因此构成盗窃罪。该规则的人为性表现在,如果1228 不法之徒从仆人那里偷了这个东西,仆人就被视为占有该财物。检方可以将财物"置于仆人手中"。因此,仆人既可能成立占有,又可能不成立占有:如果问题是他是否从主人那里偷了东西,就不是占有;如果问题是陌生人从他那里偷了主人的东西,就是占有。设立这两个互相矛盾的规则,仅仅是为了确保对不法行为人的定罪。但是,法律以这种前后矛盾方式的实际必要性表明,其运行所依据的前提,便是社会的缺陷与不足。

即使是堪称波澜壮阔的司法实践也被认为不足以弥补普通法的缺陷。

---

① Wayne R. LaFave, *Substantive Criminal Law* (West Publishing, Vol. Ⅲ 2003) at 55 et seq. See also the *Theft Act* 1969 for Northern Ireland.

② "名义账户"(A Notional Account),特指养老保险制度中的所谓"虚账户",虽然个人的缴费也记入个人账户,但缴费资金依然采用现收现付的方式用于支付当前退休者的养老金,个人账户中的积累只是名义上的。——译者注

必须创设繁杂法定犯——“虚构事实骗取财物罪”(obtaining by false pretences)、“挪用罪”(embezzlement)、“受托人盗窃罪”(larceny by bailee)、“欺诈性侵占罪”(fraudulent conversion)“骗取贷款罪”(obtaining credit by fraud)、“伪造账目罪”(false accounting),以及若干简易程序罪行。

6-003 1968年《盗窃法》主要是根据“刑法修订委员会”的建议,重新制定的[1](本章所有提及的内容均指本法,除非有相反的表述或明确暗示)。《盗窃法》摒弃了拉丁文 larceny 一词,改用传统英文概念 theft,并明确规定我们可以将“偷窃”(steal)用作动词。盗窃不再局限于取走具体有形物。《盗窃法》删除了上一段中特别提到的所有罪行,用一系列较简单的罪行取而代之,其中最主要的是盗窃罪。盗窃罪将旧法中的盗窃罪、挪用罪和欺诈性侵占罪都包括在内,而“欺诈罪”(deception)则取代了“骗取贷款罪”“虚构事实骗取财物罪”等。

盗窃罪的全新定义的一个作用,便是废除了占有人不能偷窃的规则。因此,如今没有必要迂腐地宣称仆人或雇员只对雇主的物品成立保管,而非占有。在旧法中,这一主张的目的是使仆人或雇员能够被定罪。既然其不再为这个目的所需要,完全可以承认仆人或雇员的占有。但传统观点很可能会继续存在,而且在某些情况下(尽管不再涉及盗窃罪),即律师认为有必要断言,将物品委托给雇员的雇主并未放弃对该物品的占有,仍可能出现。

第3节 盗窃的定义

6-004 1968年《盗窃法》所规定的盗窃罪,其目的是充分发挥人类智慧,尽可能避免技术性的问题。但情况并非如此。在解释上出现了一些麻烦的问题。不过,几乎所有常识上被认为是小偷的人现在都可以成立本法
的盗窃。[2] 如果说《盗窃法》偏离了常识,那主要是因为其把一些常人可能喜 1229
欢用其他名称,如背信、欺诈或欺骗来称呼的有悖诚信行为纳入盗窃的概念当中,如果说《盗窃法》有时难以适用,那主要是因为其必须在物权法的背景下运行,而物权法本身就很复杂。

《盗窃法》第1(1)条规定了盗窃的定义:

“基于永久剥夺他人财物的故意,有悖诚信地取得属于他人的财物,则构成盗窃罪;‘小偷’和‘偷窃’应作相应的解读。”

---

① the C. L. R. C., *Eighth Report: Theft and Related Offences*, (London: Cmnd. 2977, 1966).

② *R. v. Hinks*[2001]2 A. C. 241.

6-005 这是否意味着,不能从非所有权人的占有人,比如租用人或借用人那里盗窃财物?

根据检方的自主判断,不论是从所有权人或是占有人处偷窃,小偷都可以被控犯有盗窃罪。自古以来,法律在一定程度上混淆了占有和所有的概念,因为传统上,法律认为占有人就是所有人。所有权人可以对抗第三方,除非第三方拥有比其更优越的可占有该物的权利。换句话说,法律保护占有人免受不法行为人的侵害,就好像占有人是所有权人一样。《盗窃法》第5(1)条对此作了表述:

"财物应视为属于对其拥有或加以控制的任何人,或对其拥有任何所有者的权利或利益(不属于仅因转让或授予利益的协议而产生的衡平法利益)的人。"

这一条款的作用是,检方在提起公诉时,可以将财物"置于所有权人或仅仅是占有人的对象手上"。

6-006 财物可以置于从未占有过该财物的所有权人手上吗?

可以。如果甲将货物卖给乙,并将所有权转移给乙,而货物在交付给乙之前被盗,则该财物可以被认为在甲(现在只是占有人),或乙(尚未占有的所有权人)手中。这里,你可能会注意到,"property"一词有两种含义。有时是指有形的财物(家具等),有时是指物权,或所有权。如果说"这个家具的物权在我身上",我的意思是,所有权人就是我——我就是财物的主人(property 一词的双重含义,既指有形之物,又指所有权,是切斯特顿(G. K. Chesterton)的名言——小偷尊重财物;他们只是希望财物成为他们的财物,
1230 这样他们才会更完美地尊重它——的基础。盗贼尊重的不是所有权)。[①]

6-007 假设甲借了5英镑给乙,当乙拿着5英镑离开的时候,有人把它偷走了。这算不算是窃债的行为?

不是,因为借款人依然欠着出借人的钱。小偷只是偷了借款人的钱。小偷并没有从出借人那里偷到什么,因为钱在"借"给借款人后,就变成了借款人的。从法律上讲,借物和借钱是有区别的。如果我向你"借"一辆自行车,你答应了,你仍将是自行车的所有人,而我只能获得对自行车的占有;在法律上,我将是一个受托人。但是,如果我向你"借"钱,你答应了,我将获得你交给我的纸币和硬币的所有权。这是因为你并不指望我把特定的那张钱或那枚硬币还给你(像律师所说的那样);你只是享有要求我偿还等额金钱的"债权"。

---

① G. K. Chesterton, *The Man Who Was Thursday – A Nightmare*, (Bristol: Arrowsmith, 1908) at 32.

6-008 但债权人肯定能从债务人那里收回银行贷款吗?

债权人可以提起诉讼,请求法院判决还钱。但是,债权人不能随便走进债务人的房子,拿走抽屉里的钱,或者电视机,以抵债权。债权人并不拥有债务人的任何财物。如果判决仍未履行,他可以申请法院的法警对债务人的财物进行征收执行,必要时变卖其家具以履行判决。而在借出自行车的情况下,出借人仍然拥有该自行车的所有权。

6-009 《盗窃法》第5(1)条中关于衡平法益的内容指的是什么?

现如今,不要再纠缠于该条款中括号内的文字了。对此,只需要说,物权通常存在于法律意义上;也就是说,其得到了传统普通法法院的承认。这就是法律上的财物,或者不存在复杂法律关系的财物。但物权也可以基于信托关系存在于衡平法中;这是以前的"大法官法院"(Court of Chancery)[①]的发明。[②] 换句话说,财物的法定所有权可以归于受托人,受托人以信托方式为受益人持有财物;受益人是衡平法上的所有权人,可以说他拥有衡平法上的所有权(以上是对这一立场的简化说明,但对我们的目的来说已经足够)受托人或受益人都可以在起诉书中被指定为财物的"所有"者;对此并不存在问题。

6-010 如果起诉书将财物置于错误的主体名下如何处理?

可喜的是,这种错误通常是无害的。只要显而易见存在盗窃他人物品的行为,起诉书上写错了物主的名字并不重要,除非情况异乎寻常,而且起诉书提到错误的物主已经误导了被告人的辩护。通常情况下,原审法院可 1231
以根据申请,准许修改检控书或起诉书,即使没有作出修改,上诉审也会维持有罪判决以纠正所有权错误。对检察官来说,财物所有权问题属于"无意义的抗辩"(immaterial averment)。[③]

6-011 什么是"侵占"(appropriation)[④]?

侵占一词,是比以前盗窃罪所要求的"取得"(Taking)更宽泛的术语。为了使其含义更加明确,1968年《盗窃法》第3(1)条规定,"任何将所有权人的权利据为己有(assume)的行为都构成侵占"。

---

① "大法官法院"(Court of Chancery),是指英国15世纪开始建立的隶属于大法官的衡平法法院,用以向当事人提供某些不能从普通法法院获得的法律救济;它成为高等法院的大法官庭。大法官法院或衡平法法院在英联邦的某些地区和美国的一些州仍然作为一个独立的审判系统保留着——译者注。

② R. P. Meagher et al., *Meagher, Gummow and Lehane, Equity: Doctrines and Remedies*, (Sydney, LexisNexis, 2002).

③ *Pike v. Morrison*[1981]Crim. L. R. 492; *Etim v. Hatfield*[1975]Crim. L. R. 234; *R. v. Gregory*[1972]W. L. R. 991.

④ 相关译法参见[英]戴维·M. 沃克:《牛津法律大词典》,李双元等译,法律出版社2003年版,第64页。——译者注

6-012 虽然您认为上述条款将侵占的含义解释清楚了，但我还远远没有弄清楚。此条款的意思是说，窃贼“推定”物主享有权利吗？

不。盗贼将财物归属于他自己，换句话说，他将对方的权利据为己有，或者取得了本来属于物权所有者的权利。

6-013 但是，盗窃并不能改变所有权。所有权人仍然拥有自己的全部权利。那么，小偷怎么将这些权利据为己有呢？

必须将该条理解为，小偷将物主应得的一些好处据为己有，如对该物的占有等。简言之，“侵占”是指对权利的篡夺。这不一定要导致占有或所有权的取得，只涉及对所有权人权利的任何形式的干涉。

关于量刑的问题，盗窃罪的最高刑期是7年监禁，[①]但这只是针对极度严重的案件，一般的罪犯，尤其是初犯，可望得到从宽处理。盗窃是两可审案件，绝大多数指控都是简易审判。在下文中，我们会经常把陪审团说成是事实审判者，但在文意容许的情况下，这种说法还包括了在简易程序中的治安法官。

第4节 盗窃的犯行要素

6-014 盗窃罪的犯行可以在五个命题下讨论：

1. 必须存在财物。
2. 该财物必须属于他人。
3. 行为人必须将财物占为己有。
4. 所有权人在欺诈、威胁和不正当影响的诱使下同意放弃财物的所有权并不重要。
5. 但是，在其他案件中，如果侵占行为在民法上是合法的，那么该行为
1232 能在多大程度上构成盗窃罪是值得商榷的。

第5节 财物与盗窃

6-015 必须存在财物，这是盗窃法明确的独立要求。我的小儿子是“属于”我的，受我的控制；但根据盗窃法的规定，他无法被偷，因为他不是财物。雇员在工作期间将时间花在个人社交媒体上，可以说是对雇主的时间和设备的有悖诚信行为，[②]但他不是偷，因为时间不是财物（然而他可能会因

---

① Section 176 of *the Anti-social Behaviour, Crime and Policing Act* 2014.

② *Chappell v. United States*, 270 F. 2d. 274 (9th Cir. 1959). *U. S. v. Lewis*, 938 F. Supp. 683 (1996); *U. S. v. Delano*, 55 F. 3d 720 (1995).

为不称职而被解雇)。除了诗的破格,不可能从别人那里偷取他的美名,因为美名也不是财物。因此,财物的概念,是盗窃法中的重要概念。它是民法上的概念,所以,盗窃法的范围直接取决于民法。

起诉书对被控被盗的财物进行了说明,但只是笼统的说明。以下是一个例子:

罪行说明

盗窃罪,违反了1968年《盗窃法》第1条;

罪行详情

甲于____年____月____日盗窃了属于某公司的400件衬衫。

几乎所有盗窃罪起诉都是以向治安法官提交起诉书(information)开始的,这与检控有点类似(只是起诉书中没有罪状,且不能有多个罪名)。盗窃罪可以通过两种方式进行审判,因此,如果被告人同意的话,他可以被根据起诉书进行简易程序审判,而不是被正式移交庭审。①

6-016 在上面的例子中,不需要对每一件衬衫单独指控一个罪名吗?

如果许多物品一起被盗,甚至在一个连续的行为过程中在一段时间内被盗,以至于无法辨别每一次的盗窃行为,可将所有盗窃行为列入一项罪名。如果单独的盗窃行为是可以识别的,法院可以将其视为"连续盗窃"。如果盗窃案发生在不同的地方(即使只是在百货公司的不同部门,在同一场合),那么分案起诉比较安全。②

6-017 假设只能证明100件衬衫被偷了呢?

可以根据起诉书(或检控书)认定被告人对被控财物的一部分——他被证明偷的那部分——成立盗窃罪。没有必要修改起诉书。 1233

6-018 假设检方起诉的对象是店长,他的库存减少了400件衬衫。而店长对缺货的原因解释得含糊其词,显然是有悖诚信的。他的罪名是偷窃衬衫,还是盗取销售收益?

最稳妥的做法是指控他盗窃财物。实际上,陪审团或治安法官会强烈地倾向于认为经理在店内以他应该卖出的价格卖出了衬衫,并判定他犯有对商店放钱抽屉里的钱的盗窃罪,因为他很有可能就是这样做的。③

6-019 难道就不能以盗窃罪起诉被告人,而对财物只字不提吗?

法院将根据被告人的申请,要求修改此种起诉书(或检控书),以说明财物。起诉书不需要说明纸币的序号或衬衫的品牌,但必须大致说明指控被盗的物品。

---

① Archbold: *Criminal Pleading, Evidence & Practice* (London: Sweet & Maxwell, 2012).

② *R. v. Wilson* (1979) 69 Cr. App. R. 83; *R. v. Fyffe* [1992] Crim. L. R. 442.

③ *Machent v. Quinn* [1970] All E. R. 255.

6-020 "财物"一词包括哪些内容?

1968年《盗窃法》第4(1)条对盗窃罪中财物的定义为:

财物包括金钱和所有其他财物,即不动产和个人财物,包括"权利动产"(Things in action)和其他无形资产。

6-021 不动产和个人财物有什么区别?

"不动产"(real property),又称 reality,是指自由保有土地。而"个人财物"(personal property),又称 personalty,是指所有其他财物,包括租赁土地、"动产"(movables),又称 chattels,以及货币。

6-022 可以盗窃没有价值的物品吗?

在普通法中,盗窃的物品必须具有一定价值,但对该规则的解释是,除了在完全人为的应用中,否则几乎没有任何作用。总之,《盗窃法》中并没有重复这条规则。比如说,可以盗窃没有商业价值的纸片,因为有很多纸片,即使没有市场价值,但人们还是想留着。如果物品被视为一文不值,就像用
1234 过的火柴棒,检方就不能证明存在有悖诚信的行为。

6-023 可以盗窃尸体或者人体的一部分,例如头发吗?

传统规则是,尸体上没有物权,因此尸体被认为是不可盗窃的(除非在尸体上花费了劳力,例如将其变成解剖学上的骨架)。[①] 同样的规则也适用于盗窃。[②] 在一些情况下,法律也允许占有,但不允许完全拥有,如为了验尸[③]和葬礼[④]。尽管尸体不能被盗,但在普通法和成文法中有很多与尸体有关的罪行,如使用尸体寻衅滋事[⑤],阻止遗体下葬或不埋葬尸体[⑥],非法将尸体从坟墓里挖出[⑦],将尸体用于奸淫[⑧]和色情目的[⑨]等。就本书而言,只需牢记几乎任何非法处置或干扰人类遗体的行为都是犯罪即可。[⑩]

如果不法分子实施了剪掉某位女孩头发的错误行为,可能会被控对该人的犯罪。[⑪] 如果在别人为被害人的利益为其剪掉头发后,不法行为人有悖

---

① *Doodeward v. Spence*(1908)6 C. L. R. 406. Section 32(9)(c) of the Human Tissue Act 2004; and sections 5,6 and 9 of the Anatomy Act 1984.

② *R. v. Kelly*[1999]Q. B. 621. *Dobson v. North Tyneside Health Authority*[1997]1 W. L. R. 596.

③ *A v. Leeds Teaching Hospitals NHS Trust* [2005]Q. B. 506.

④ *Dobson v. North Tyneside Health Authority*[1997]1 W. L. R. 596.

⑤ *R. v. Clark*(1883)15 Cox C. C. 171; *R. v. Price*(1884)12 Q. B. D. 247.

⑥ *R. v. Hunter*[1973]3 W. L. R. 374; *R. v. Pedder*(2000)2 Cr. App. R. 36; *R. v. Whiteley* [2000] All E. R. 1888. *The King v. Soleguard*(1738)95 E. R. 376.

⑦ *R. v. Jacobson* (1880)14 Cox C. C. 522. *Re St Mary, Sledmere*[2007]2 All E. R. 75.

⑧ Section 70 of the Sexual Offence Act 2003.

⑨ Section 63(1),(7) of the Criminal Justice and Immigration Act 2008.

⑩ *The King v. Cundick* (1822)171 E. R. 900; *R. v. Stephenson*(1884)13 Q. B. D. 331; *R. v. Le Grand, Townsend and Cooper*[1983]Crim. L. R. 626.

⑪ *D. P. P. v. Smith*[2006]1 W. L. R. 1571.

诚信地将这些头发拿走,将被指控为盗窃罪。[①] 因为自然人在身体的某部分被切断或以其他方式分离后[②],仍被视为对其成立拥有。

上议院在"女王诉边沁案"(*R. v. Bentham*)[③]中认为:"未被割断的手或手指是人身的一部分。因此,人不能对其享有所有权……根据定义,被拥有的东西必须是物。人的手或手指不是物。如果在本法中将其视为财物,法院理论上可以作出判决,剥夺罪犯对其的权利,并将其收归警方所有。" 1235

根据《盗窃法》第4条的规定,留在人身上的身体组成部分不构成财物,但从活人身上取出组织和其他可移植材料的行为,可能会被更具体的犯罪所规制。[④] 鉴于人可以将自己的尸体捐出用于医学研究,而医学研究中心又可以为研究目的占有和控制尸体,承认尸体是财物似乎是合适的。患有某种罕见病症的人的尸体,对于科研小组来说,难道不是极有价值的吗?[⑤] 身体组成部分和尸体财产化[⑥]及商业化引发的深刻伦理问题,本书无法充分探讨。[⑦] 在某些情况下,刑事定罪是必要的,但在许多其他情况下,私法监管就足够了。目前只需牢记,就1968年《盗窃法》第4条而言,某些排出的体液和被切下的身体部位属于财物。 1236

第6节 有形财产

6-024 本节的标题是"有形财产"(corporeal property),包括土地以及动产。普通法以不言自明的逻辑论证了,不存在偷窃土地的行为。在偷窃包括偷取并拿走的时代,土地不能偷窃是自不待言的。但法院(据说是为了

---

① *R. v. Rothery*(1976)Cr. App. R. 231;*R. v. Welsh*[1974]R. T. R. 478.

② *Yearworth v. North Bristol NHS Trust*[2009]3 W. L. R. 118.

③ [2005]1 W. L. R. 1057 at 1060. "Dominus membrorum suorum nemo videtur:no one is to be regarded as the owner of his own limbs":id. at 1061.

④ Section 33 of the Human Tissue Act 2004. Sections 1-12,14 and 57 of the Human Tissue Act 2004.

⑤ Charlotte H. Harrison,"Neither Moore Nor the Market:Alternative Models for Compensating Contributors of Human Tissue,"(2002)28 *Am. J. L. & Med.* 77.

⑥ James E. Penner,*The Idea of Property in Law*,(Oxford:Clarendon Press,1997).

⑦ J. W. Harris,"Who Owns My Body?"(1996)Oxford J. *Legal Stud.* 55;Loane Skene,"Arguments Against People Legally 'Owning Their Own Bodies,Body Parts,and Tissue'",(2002)2 *Macquarie L. J.* 165;Rosalind Atherton,"Claims on the Deceased:The Corpse as Property,"(2000)7 *J. L. & Med.* 361;Prue Vines,"The Sacred and the Profane:The Role of Property Concepts in Disputes about Post-Mortem Examination,"(2007)*Sydney L. Rev.* 255;Michele Goodwin,"Empires of the Flesh:Tissue and Organ Taboos,"(2009)*Ala. L. Rev.* 1219;Gloria J. Banks,"Legal and Ethical Safeguards:Protection of Society's Most Vulnerable Participants in a Commercialised Organ Transplantation System,"(1995)21 *Am. J. L. & Med.* 45.

限制死刑)更进一步认为,土地的一部分(砂石、生长的木材、建筑物)即使被割断运走也不属于盗窃。

土地不能偷窃的基本规则,面对新法的冲击得以生存。《申命记》宣读了对有悖诚信者的诅咒,“挪移邻舍地界的,必受咒诅”①。尽管在新屋规划建设过程中,此类有悖诚信的做法并不罕见,但《盗窃法》的制定者们决定不以此为鉴。英国法律对越界者最大的诅咒,就是让其承担非法侵入的民事责任。在占用了作为不义之财的土地 12 年后,他将以“擅自占用空置物业者”(squatter)的身份取得土地的所有权。② 如果你把意大利油漆工卡拉瓦乔(Caravaggio)的传世名作《圣保罗的皈依》(*Conversion of Saint Paul*)从“人民圣母教堂”(the Chapel Santa Maria Del Popolo)里拿出来并细心呵护 12 年,是不会得到所有权的,那么为什么会得到别人不动产的所有权呢?

一般来说,偷盗土地的行为会涉及欺诈、虚假表示、伪造房产证等。③ 因此,最好是以欺诈罪来处理。法律对“擅自占用空置物业者”的仁慈,是为了帮助解决有争议的权利主张,尤其是在地契上往往模糊不清的地界问题。④ 认为应该授予在边界地带割草或播种了 12 年的占有者对这片土地的所有权,便可轻而易举地解决争议。如果“擅自占用空置物业者”即使取得了土地的业权,却依然可以被控盗窃土地的罪名,这是否是不正常的?但这一论点是有缺陷的。“擅自占用空置物业者”在随着时间的流逝取得物权前,没有理由不受盗窃法规制。当“擅自占用空置物业者”取得物权时,情况自然会有所不同。实际上,起诉的期限为 12 年。鉴于英格兰和威尔士在公共住房、住房补贴和福利方面提供了大力支持,要求那些支付税款以维持这些福利的人,让他们的产权受制于胜者为王制度的不安全感,似乎是不合理的。
1237 为什么要为自己花钱买来的权利进行民事诉讼?⑤

6-025 派遣警察以偷窃罪起诉“擅自占用空置物业者”显然容易得多,而且很可能起到更大的威慑作用。由于这一解决方案没有被采纳,《盗窃法》形成的令人不愉快的结果是,在刑法中延续了土地和动产之间的陈旧区

---

① George Adam Smith, *The Book of Deuteronomy*, (Cambridge: University Press, revised edition, 1918) at 305.

② *JA Pye (Oxford) Ltd. v. Graham* [2003] 1 A. C. 419; *Ashe v. National Westminster Bank Plc.* [2008] 1 W. L. R. 710. See also Michael J. Goodman, "Adverse Possession of Land—Morality and Motive," (1970) 33 *Mod. L. Rev.* 281. *Cf. Callan v. Superior Court in and For San Mateo County*, 204 Cal. App. 2d 652 (1962); *American Law Institute: Model Penal Code* (1985), § 223.0(6).

③ See *Sylvan Lake Golf & Tennis Club Ltd. v. Performance Industries Ltd.* (2002) S. C. C. 19.

④ *Chan Wai Lam v. The Queen* [1981] Crim. L. R.

⑤ Helen Pidd, "Exodus across London as 120 evicted squatters move into homes for veterans," (London: *The Guardian*, Thursday 28 August 2008). See Jon Swaine, "Squatters move into 4. 5m Hampstead Mansion," (London: *The Telegraph*, 10 April 2009).

别。“擅自占用空置物业者”并没有从事欺诈行为,因此不会根据2006年《欺诈法》被逮捕。

《盗窃法》第4(2)条对盗窃罪的范围进行了限制,但对其施加了若干重要条件,省略了若干烦琐规定,其内容如下:

“除下列情况外,任何人不成立偷窃土地,或构成偷窃土地并被他或按他指示与土地分离的东西:

“(a)受托人,以背信的方式占有受托土地;或

“(b)不占有土地者,通过使构成土地一部分的任何东西与土地分离对其加以侵占;或

“(c)根据租约占有土地者,侵占其上的任何固定物。”

如果受托人将其代为保管的不动产出售,则构成盗窃罪。就《盗窃法》目的而言,这是土地并不构成财物的规则的例外。同样,如果受托人将土地以低于市场价值的价格出售(也许是卖给了同伙或亲属),则可能构成盗窃罪。这类案件尚未提交法院进行审理。

“擅自占用空置物业者”在其占有的土地上发现了动产,虽然该动产不是土地本身的一部分,也不是土地上的建筑物,但仍然可以对其以盗窃罪定罪。以下通过对动产的说明,解释相关法律的细则:可移动的大篷车①、风吹落的苹果②、一堆粪便。所有这些都是个人财物,“擅自占用空置物业者”取走它们就有构成盗窃罪的危险。接着列举部分不动产:在固定墙墩上的大篷车、长在树上的苹果③、农场的大门④以及散落在土地各处的粪便。⑤ 其可以被侵入者从土地上分割下来并偷走,但“擅自占用空置物业者”对其不能成立盗窃,因为其占有这片土地。“擅自占用空置物业者”可能会挖一部分土地并将其拿走,即拿走长在树上的苹果或固定在土地上的动产,比如人工搭建的棚屋等。

然而,可以认为,“擅自占用空置物业者”也只不过是非法侵入者,只有在其12年的居住期满后,才成立合法占有(和享有所有权)。如果是这样的话,他将会被视为与其他非法占用者一样,如果他对上述“不动产”实施了盗窃,也要承担相应的法律责任。⑥ 构成土地一部分的事物,成为土地的一部

① *Billing v. Pill*[1954]1 Q. B. 70. Cf. *Wessex Reserve Forces & Cadets Association v. White*[2005]3 E. G. L. R. 127.

② *R. v. Friend*(1931)22 Cr. App. R. 130.

③ *The Queen v. Foley*(1889)17 Cox C. C. 142.

④ *R. v. Skujins*[1956]Crim. L. R. 266.

⑤ Edward Abbott Parry, *My Own Way*, (London: Cassell and Company, 1932) at 250.

⑥ *R. v. Edwards*[1978]Crim. L. R. 49.

分,因此是不动产。[①] 同样地,把固定着的大篷车这样的建筑物拿走也是犯罪行为,因为这将构成刑事意义上的破坏财物。

6-026　那么,房客可能偷走什么呢?

一桶土,[②]因为其不是固定物,而是土地的一部分。这一例外情况,似乎是为了保护进行景观美化和其他装修的租户。在立法目的上,《盗窃法》第4(2)(c)条只保护租约的持有人,而不是他的家人和朋友。如果农场的租户允许从城里来的朋友挖一些表土给他在城里的花园所用,这位朋友就要承担盗窃罪的责任。该承租人也可能是从犯,这要看他的罪责程度。如果租户拿走了没有附着在土地上的动产,对其将按正常的方式定罪。如果其取
1238 走了明显附着在土地上的动产,他将受到该法第4(2)(c)条的约束。该条对附着在土地上的动产和构成土地一部分的动产作了区分。确切地说,固定物何时构成土地的一部分是一个程度问题,但一般最开始关注的问题,永远都是有关物品是否因人为干预而附着在土地上。如果租客要把门从建筑物、栅栏等处拆掉,就该当《盗窃法》第4(2)(c)条的惩罚。该条并不适用于"擅自占用空置物业者"[③],因为他们不是租户,所以如果他们不是非法侵入者(就"擅自占用空置物业者"而言,这一点仍不清楚),他们就比租户或路人有更多的权利处理属于他人的财物。

6-027　如果租户想卖掉一个古董门把手,但又没有试图去切断它,如何处理?

他仍然可能承担赔偿责任,因为该款并不要求分离。

6-028　偷摘野生花草是盗窃吗?

答案需要参见《盗窃法》第4(3)条。只有当采摘野生蘑菇、花、果实或叶子是为了获取报酬或销售或其他商业目的,才属于盗窃。商业目的可能
1239 包括定期在周末的市场摊位上出售野生蘑菇的情况。但是,这不应该规制偶尔为之的卖家,比如小老太太为邻居多摘了几朵蘑菇而得到了报酬。值得注意的是,如果一个人从事种植野生蘑菇或花卉的商业活动,那么从他的地盘上摘取花卉或蘑菇就是盗窃。由于现代人对保护野生植物的兴趣,因此制定了一项法规,规定无合理理由将任何野生植物连根拔起,一般来说都是犯罪行为。[④] 这并不适用于单纯的采摘花卉,但一些濒临灭绝的稀有品种

---

① *Elitestone v. Ltd. Morris*[1997]All E. R. 513; *Chelsea Yacht and Boat Club Ltd. v. Pope* [2001] 2 All E. R. 409.

② *R. v. Bleasdale*(1848)175 E. R. 321.

③ *Gray v. Taylor* [1998] 1 W. L. R. 1093; *Camden LBC v. Shortlife Community Housing Ltd.* (1993) 25 H. L. R. 330.

④ Section 13 of the *Wildlife and Countryside Act* 1981.

是禁止采摘的。因此,要小心采摘本法所列植物。① 如果采摘者明显破坏了植物的其他部分(如笨手笨脚地扯掉树枝),也可能构成刑事损害罪。公园和自然保护区的一些附则规定,采摘园区内的任何东西都是犯罪。②

6-029 那偷猎呢?

几万年来,人类一直在从事狩猎活动,即使在农业兴起后,打猎仍然是贵族的爱好,就像偷猎是农民的爱好一样。尽管特权阶层渴望保护自己的野味,但由于野生动物不被视为财物,所以盗窃法并不适用。③

《盗窃法》的规定,一开始似乎是大胆地否定了这一规则,但很快又故态重萌。其第4(4)条规定:

"野生动物,不论是否经过驯养,均应视为财物;但任何人不能偷窃未被驯养也未被圈养的野生动物,或任何此类动物的尸体,除非该动物已被他人或以他人的名义据为己所有,且此后未被遗失或遗弃,或他人正在将其据为己所有。"

这意味着,偷猎者并不构成盗窃,尽管他的行为根据《狩猎法》和《偷猎法》(the *Poaching Acts*)④等传统法属于犯罪。虽然野生动物仍然活着,但其上不可能有绝对意义的所有权。从广义上讲,动物是"野生的"(ferae naturae)的还是"驯化的"(mansuetae naturae),是一个法律问题。在"克雷斯维尔诉检察长案"(*Cresswell v. D. P. P.*)⑤中,法院认为,野生动物一旦被杀死,就成为被杀死时所在土地的所有者的财物,除非所有者将狩猎权授予他人。

在以下三种情况下,活的野生动物上有适格的所有权: 1240

"通过劳作而获得对野生动物的适格所有权"(per industriam):"野生动物成为对其加以捕获、驯养或放养者的财物,直至其恢复自然自由且无意返回为止。"

"通过虚弱状态及位置对野生动物产生的适格所有权"(ratione impotentiae et loci):"土地所有者对在其土地上出生的幼畜有合格的权利,直到它们能够飞翔或奔跑为止。"

"在土地上设置的相关权利"(ratione soli and ratione privilegii):"如果土地所有者保留了在其土地上猎捕、捕获和杀害野生动物的专属权利,那么当野生动物在其土地上时,其就对它们拥有适格的所有权,但如果他将猎

---

① Sch. 8 of *the Wildlife and Countryside* Act 1981.

② Section 20 of *the National Parks and Access to Countryside Act* 1949.

③ *R. v. Howlett*[1968]Crim. L. R. 222.

④ *Night Poaching Act* 1828; Game Act 1831 as amended by *the Game Laws*(Amendment) Act 1960; *Poaching Prevention Act* 1862; *Salmon and Freshwater Fisheries Act* 1975; *Deer Act* 1991.

⑤ *Cresswell v. D. P. P.* [2006]EWHC 3379(Admin).

捕、捕获或杀害野生动物的权利授予他人,则受让人拥有适格的所有权。"

6-030 虽然法官们认为,动物在野生状态下不属于财物,但他们不允许偷猎者从这一规则中受益,因为偷猎者的行为太过粗暴,带着别人射杀的动物离开。一旦动物死亡,根据法律规则,就会被认为归射手(如果他没有放弃追逐的话),或者(他放弃追逐)土地所有者所有和占有。[①]《偷猎法》的目的是保护有猎杀野生动物权利的人。其他立法的目的是保护濒危野生动物物种,所以其将杀害特定受保护物种等定为犯罪。[②] 持有这些动物并意图出售的,不论是否是已被射杀的动物,都属于犯罪。

窃取或杀害野生动物的人不构成盗窃罪,除非动物已被收归或正在被收归[③]他人所有。[④] 如果失去了对野生动物的占有,那么原占有者将不再拥有这一财物的所有权,因此,盗窃也将无从谈起。[⑤] 如果一个人杀了几只松鸡后,却发现有陌生人把松鸡捡起来装进自己的车内,他不仅有权取回,[⑥]还有权要求以盗窃罪起诉偷窃者。同样,如果被告人决定从被害人的鹧鸪养殖场拿走一些鹧鸪,也要承担盗窃罪的责任,[⑦]因为这些所谓的野生动物的养殖已经被作为商业的一部分。有可能对属于动物园或养殖场[⑧]的野生动物,或者被他人据为己有的野生动物(如养殖的蜜蜂,或者可辨认的、定期放
1241 养的赛鸽,宠物蛇等)成立盗窃。[⑨]

6-031 能偷出管子里的东西——比如煤气和水,或者电线里的东西——比如电么?

家庭燃气属于个人财物,[⑩]因此,如果户主以欺诈的方式修改煤气表,白白烧了燃气,就构成了盗窃燃气的行为。只有当燃气表能准确记录所用的燃气数量时,他才有权使用燃气。电(像燃气一样)在科学上并不被认为是有形物,而是能量的形式。骑车的人扶着货车的车尾,虽然侵占了能源,但并不构成盗窃,所以侵占电不被视为盗窃罪。[⑪] 为了解决电这类物质被有悖诚信使用、浪费或侵占的问题,《盗窃法》第 13 条,设定了专门的犯罪,旁注

---

① *Blades v. Higgs*(1865)11 H. L. Cas. 621. *Yanner v. Eaton*(1999)201 C. L. R. 351.

② *the Wildlife and Countryside Act* 1981.

③ *Cresswell v. D. P. P.* [2006] EWHC 3379(Admin). Cf. *The King v. Stride and Millard*[1908] 1 K. B. 617.

④ *R. v. Howlett*[1968] Crim. L. R. 222.

⑤ *Kearry v. Pattinson*[1939] 1 K. B. 471; *R. v. Petch*(1878)14 Cox C. C. 116.

⑥ *Blades v. Higgs*(1865)11 H. L. Cas. 621.

⑦ *R. v. Shears*(1980)2 Cr. App. R. 223; *Hamps v. Darby*[1948] 2 All E. R. 474; *R. v. Cory*(1864) 10 Cox C. C. 23.

⑧ *R. v. Shears*(1980)2 Cr. App. R. 223.

⑨ *Blades v. Higgs*(1865)11 H. L. Cas. 621.

⑩ *R. v. White*(1853)3 Car. & K. 363; *R. v. Firth*(1869) L. R. 1 C. C. R. 172.

⑪ *Low v. Blease*[1975] Crim. L. R. 513.

中使用的名称是"抽电"(abstracting of electricity)。这并不是很贴切,因为非法使用的电回到了发电厂,①虽然电压降低了。但其确实被抽走了。抽用在现实生活中指的是使用或消耗。如果被告人不交电费就用电,无论其是否篡改电表,根据该法第13条的规定,其都应承担责任。② 被告人可能只是因为电表有问题而获得免费电力,也可能是"擅自占用空置物业者"决定使用他人空置的度假屋内的电力,但无意付费。根据该法第13条被定罪,被告人还必须是有悖诚信的。③ 付款意图只是陪审团在决定被告人的可责性时,会连同任何其他相关因素一并考虑的因素。④

6-032 小偷会不会因为按了别人的车的启动按钮,就被根据关于"抽电"的规定指控?很可能不会,但在技术上有可能。

严格来说,根据《盗窃法》第13条的规定,一个人如果用完了别人手电筒、电动汽车里的电,就可以被判盗窃罪。电动汽车越来越普遍,无疑在几年内将成为道路上的主流汽车类型。而偷车贼可能不仅要承担偷车的责任,还要承担盗窃汽车大容量蓄电池中储存的电能的责任。毫无疑问,给这种类型的汽车电池充电,很可能相当昂贵。但检控方很可能满足于指控被告人盗窃汽车本身的罪名。若干传统判例把偷盗汽车和油箱里的汽油作为盗窃两种不同的东西来处理。⑤

当某人使用固定线路打国际电话时,是否也可以因"抽电"被判处盗窃罪?一部电话所使用的电量是最微不足道的。将这种使用电话的行为定为刑事犯罪似乎是矫枉过正,因为还有其他的罪行更适合处理非法使用他人电话的人。⑥ 同样地,如果一个人非法从电脑中提取信息(价值百万英镑的 1242
商业秘密),他可以根据《盗窃法》第13条被控有悖诚信地使用电,除非他获得使用电脑的授权。但是,被害人不会太担心用电的小成本,相反,他担心的是他的商业秘密。该不法行为最严重的部分是窃取机密信息,所以,该盗窃行为应该直接被定罪。另外,也可以根据1990年《滥用计算机法》第2条⑦对被告人提出指控,该条规定未经授权使用计算机为犯罪行为。

管道或其他容器中的水⑧是财物,虽然从水龙头取水被起诉的可能性很

---

① Cf. *Clinton v. Cahill*[1998]N. I. 200.

② *R. v. McCreadie*, *Tune*(1993)96 Cr. App. R. 143. *R. v. Harrison*[2001]All E. R. 42. section 31 of the Electricity Act 1989 as amended by the Utilities Act 2000.

③ *R. v. Ghosh*[1982]Q. B. 1053. Cf. *Boggeln v. Williams*(1978)67 Cr. App. R. 50 at 54.

④ Cf. *Boggeln v. Williams*(1978)67 Cr. App. R. 50 at 54.

⑤ *R. v. Williams*[1962]1 W. L. R. 1268.

⑥ *R. v. Nadig*(1993)14 Cr. App. R. 49. section 297(1)of the *Copyright and Designs Act* 1988. Cf. *R. v. Allen*[1985]1 W. L. R. 50 *vis-à-vis*.

⑦ Section 1 of the Computer Misuse Act 1990.

⑧ *Ferens v. O' Brien*(1883)11 Q. B. D. 21.

小。池塘、湖泊或水库中的土地上的积水,被视为土地的组成部分,与一般土地一样,不属于盗窃的对象。渗漏水是无主的,属于“无主物”(res nullius),因此(除了即将提到的法律规定外),任何土地所有者都可以随意提取。当水在确定的河道(如溪流或河流)中流动时,河岸所有者的取水权是有限的,但如果他超过了他的权利,《盗窃法》第4(2)条可能使他免于被控盗窃,即使他的侵占行为对较低的河岸所有者来说是侵权行为。除某些例外情况外,未经河道管理机构许可,从河道管理区的任何水源地取水是犯罪行为。①

第7节 无形财物

6-033 《盗窃法》第4(1)条提到,“权利动产和其他无形财物”属于盗窃的对象。“权利动产”,古称“诉讼中的物”(choses in action),是指只能通过提起诉讼而不能通过占有来强制执行的权利;在可以买卖的意义上,其属
1243 于“物权”。② 最明显的权利动产是债权人对债务的受偿权。股份、专利、版权和商标也曾被称为权利动产,但英国立法机关已将专利从权利动产概念中删除,然而,专利仍然是无形财物(intangible property),另称“无形财物”(incorporeal property)。③

6-034 如果我从网上非法下载电影,会被警察找麻烦吗?

侵犯版权或商标不属于盗窃行为。但是,盗版或任何其他侵犯版权④或商标的行为⑤都是犯罪行为。版权和专利实际上被用来将盗窃“信息”或至少是对特定(无形财物)信息的控制权的行为定罪,如新飞机的设计、最新大片的内容等。如果这些侵权行为都不属于盗窃,为什么该法规定权利动产是盗窃罪意义上的财物?从理论上讲,这些权利可以被盗窃,但只有在整个著作权或商标被侵占的情况下才成立盗窃,比如著作权受托人为了自己的利益而错误地将其出售这种极不可能发生的情况。“专利”不是权利动产,而是无形财物。⑥

6-035 这是否意味着可以随意窃取机密信息?⑦

一般来说,根据《盗窃法》第4条的规定,保密信息不构成财物。⑧ 如果

---

① Section 24 of the Water Resources Act 1991.

② *Attorney-General of Hong Kong v. Chan Nai-Keung*[1987]1 W. L. R. 1339.

③ Section 30(1) of the Patents Act 1977.

④ Sections 107-109,198 of the Copyright,Designs and Patents Act 1988.

⑤ Section 92 of the Trade Marks Act 1994.

⑥ Section 30 of the *Patents Act* 1977. *Chan Man-sin. v. The Queen*[1988]1 W. L. R. 196.

⑦ the Data Protection Act 1998.

⑧ *Oxford v. Moss*(1979)68 Cr. App. R. 183.

你能拿到有价值的商业机密,或者是大学的试卷,把里面的内容背下来,为自己谋取利益,说不定就能逍遥法外。盗窃罪这部法律不会妨碍你的行为。没有任何专门的立法来阻止这种现代形式的商业盗版行为,是荒谬和可耻的。根据1911年《官方保密法》(the *Official Secrets Act* 1911)第1条,[①]摘录或泄露官方秘密是犯罪行为;但作为国家的"利维坦"并不太在意保护其统治对象的秘密和无比宝贵的专门知识。

《盗窃法》并没有将个人[②]复制或记忆机密信息的行为定为犯罪,但这种行为可能会触犯其他具体犯罪,如著作权罪、商标罪、专利罪、欺诈罪、滥用计算机罪等。法律委员会[③]从商业秘密的角度审议了这种情况,并得出结 1244
论,不能将机密信息纳入《盗窃法》的范围,因为"如果有人违反保密规定,强迫原持有人分享但不忘记其秘密,很难看得出有任何剥夺的问题"。

6-036 您是不是认为,如果被害人不小心把她的数码相机(内有自己的裸照)落在出租车后座上,出租车司机将照片下载到自己的手机上,不构成盗窃罪?[④]

是的,如果遵循"牛津诉莫斯案"(*Oxford v. Moss*)[⑤]的判决。控制重要机密信息(无形财物)的权利是类似于版权的物权,但英国法院没有对其加以承认。支持对《盗窃法》第4条进行这种狭义解读的唯一法源,是"牛津诉摩斯案"[⑥]的分庭审理判决。在该案中,利物浦大学的某工程系学生偷了考卷,并将其复印后归还。法院认为,秘密信息不属于财物。

"牛津诉莫斯案"中的结论与其他主要的普通法管辖区不一致。工业秘密和商业秘密往往具有巨大的价值,可被合法买卖,在某些目的上被视为财物。在"卡朋特诉美利坚合众国案"(*Carpenter v. United States*)[⑦]中,美国联邦最高法院正确地认为,尽管被害人"没有遭受金钱损失,但被害人被剥夺了对信息的排他性使用权足以成为定罪理由,因为排他性是商业信息的一个重要方面"。在本案中,被害人并没有失去有形物,而是失去了对自己的商业信息的专属权利。被告人对其信息的使用剥夺了其随心所欲地使用其财物的能力。

---

① the Official Secrets Act 1989.

② *Scott v. Commissioner of Police of the Metropolis*[1975]A. C. 819.

③ Law Commission, Consultation Paper 150, *Legislating the Criminal Code*: *Misuse of Trade Secrets*, (London: H. M. S. O., 1997) at 7.

④ Dennis J. Baker, "The Sense and Nonsense of Criminalizing Transfers of Obscene Material," (2008) 26 Sing. L. Rev. 126. *State v. Nelson*, 842 A. 2d(2004).

⑤ (1979) 68 Cr. (1979) 68 Cr. App. R. 183. R. 183. Hein Wolswijk, "Theft: Taking a Virtual Object in Runescape," (2012) 76(6) *J. Crim. L.* 459.

⑥ (1979) 68 Cr. App. R. 183.

⑦ 484 U. S. 19, at 27(1987).

民事法院将对违反与具有商业价值的机密信息有关的保密协议或合同的行为判处禁令或损害赔偿。[①] 此外,在西方社会中拥有某些私密信息的保
1245 密权无疑非常重要。[②]

6-037 言论自由必须与隐私权相平衡。公众无权获取他人的隐私信息,例如他人在更衣室里穿衣的照片。我们不希望记者因揭露公众有兴趣知道的秘密而被定罪。摄影师是否应该因为在公共海滩上拍摄袒胸明星的照片而被判盗窃罪?人们希望不会。很显然,这将引起言论自由问题。然而,一般来说,应援引刑法的情况是相当明显的。如果盗窃行为涉及密码、门钥匙、商业秘密、敏感或私密信息(被害人的裸体照片或其医疗记录)[③],那么刑法应提供适当形式的保护。

在大多数情况下,有关信息显然是值得保护的。在"新泽西州诉尼尔森案"(*State v. Nelson*)[④]中,一名商人在其客户的卧室地板上发现了客户的裸体照片。他偷偷拿走了这些照片,并将照片扫描到他的电脑中,然后再归还。法院认为,他剥夺了所有权人"选择谁可以查看"这些照片的权利。当某人获得对他人财产(甚至是数字图像等无形财物)的控制权时,他剥夺了所有权人控制和排他使用该财物的权利。一般人都有自己财物被尊重的权利,如果说保密信息是财物,那么所有权人就有权维持其秘密状态。一旦公开,其所有价值就会耗尽。但在"新泽西州诉尼尔森案"中,被告人过错行为的控诉要旨不是盗窃,因为被害人实际是为了防止侵犯隐私。因此,需要侵犯隐私权的特点犯罪。

在"德瑞姆诉怀俄明州案"(*Dreiman v. State*)[⑤]中,被告人进入其前女友的住所,拿走了她的房子和汽车钥匙,并对其加以复制,然后将原件放回她的住所。被告人辩称,他不可能犯盗窃罪,因为他没有盗窃钥匙的具体意图,即他在复制钥匙后归还了这些物品。法院认为:

"复制钥匙相当于从她身上拿走了一些东西,剥夺了她独占拖车房和汽车的权利。未经授权复制他人的钥匙,会降低原始钥匙的价值——把不受欢迎者挡在门外……因此,尽管物权人保留对原始财物的所有权,但当复制
1246 的钥匙被他人保留时,就是对所有权的剥夺。"

---

① John T. Cross, "Protecting Confidential Information Under the Criminal Law of Theft and Fraud," (1991) 11 *Oxford J. Legal Stud.* 264. John C. Coffee, "Hush! The Criminal Status of Confidential Information After McNally and Carpenter and the Enduring Problem of Over-criminalisation," (1988) *Am. Crim. L. Rev.* 121.

② Dennis J. Baker, *The Right Not to be Criminalized: Demarcating Criminal Law's Authority*, (Farnham: Ashgate Publishing, 2011) at Chap. 6.

③ Dennis J. Baker "The Impossibility of a Critically Objective Criminal Law," (2011) 56(2) *McGill L. J.* 349.

④ 842 A. 2d 83(2004).

⑤ 825 P. 2d 758(1992) at 761.

6-038　在"加利福尼亚州诉郭案"(*People v. Kwok*)①中,被告人与被害人交朋友,假装修被害人的门锁,但却把门锁拆开并带到锁匠那里,让人配了一把钥匙。9天后,他进了被害人的家,并对其进行了殴打。他被指控犯有一系列罪行,包括盗窃罪。被告人辩称,他临时拿走门锁的行为不是盗窃,因为没有证据表明他意图永久剥夺被害人的任何财物。即使英国法院不承认机密信息为财物,如下文所述,这种行为也会被1968年《盗窃法》第6条规制,因为门锁是在无价值的状态下被归还的。被告人只是借了几个小时的门锁,让锁匠研究其内部,以获得制作模板钥匙所需的信息。他实际上是在窃取机密信息,以便仿造备用钥匙。所窃取的是无形的信息,而不是有形的钥匙。法院的结论是,为获得这类信息而借用锁具,侵犯了被害人的物权,因为这些信息被用来剥夺了物权人对其财物(住宅)的专属控制权。法院在下面这段话中总结了将这种盗窃行为定为犯罪的理由:②

"物的所有权,是指一人或多人对物的排他占有和使用权……所有权称为物权。因此,财物是指人排他占有和使用的物。自然人住宅的钥匙显然是他的财物……上诉人未经授权占有(配制的)钥匙,损害了(被害人)的所有权,即其独占权和排他使用权。之所以如此,是因为房主对其房屋钥匙的……财物利益不仅是维持对有形物——钥匙的占有的权利,还包括控制钥匙所有权所赋予的无形利益的权利,即控制进入自己(所有的)住宅的能力。法院曾表示,'物权'一词是'包罗万象的,包括每一项无形利益和能够使主体对物加以占有和处分的特权'……未经授权复制'借来的钥匙',就像未经授权复制商业秘密③或计算机数据一样,破坏了'能够控制进入住宅的无形利益和特权',这与直接盗取钥匙本身无异。"

当被告人未经物权人同意复制钥匙、门锁或照片时,其行为涉及对物权人权利的侵犯。如果侵占的概念涉及物权人明确或默示授权的行为,④则更涉及未经物权人明确或默示授权的行为。⑤ 1247

信息可能是有价值的,因为它的公布可能会给所有权人带来羞辱和痛苦,或者因为其是其他有形财物的保障。在后一情况下,信息类似于"有价值的保障"。有价值的保障概念通常指的是商业单据,⑥如支票,⑦可以保障

---

① 63 Cal. App. (4th) 1236(1998) at 1251.

② *People v. Kwok*, 63 Cal. App. (4th) 1236(1998) at 1251.

③ *Williams v. Superior Court* 81 Cal. App. 3d 330(1978); *People v. Gopal*, 171 Cal. App. 3d 524 (1985).

④ *D. P. P. v. Gomez* [1993] A. C. 442.

⑤ *R. v. Morris* [1984] A. C. 320 at 33.

⑥ *R. v. Kassim* [1992] 1 A. C. 9; section 20 of the *Theft Act* 1968.

⑦ *Parsons v. The Queen* (1999) 195 C. L. R. 619 at 633-634. *Aliter*, *R. v. Preddy* [1996] A. C. 815 at 836-837. Cf. *R. v. Perry* (1845) 174 E. R. 1008.

更多的有形财物的安全;但也可以包括门钥匙、密码等。① 美国法院认为,银行账户的“个人识别码”(Personal Identification Number, PIN),是盗窃罪中的财物,因为它是无形财物。个人识别码或支票与有形财物(现金)的控制和保护有着内在的联系。当某人窃取支票或个人识别码时,实际上剥夺了相关银行账户中资金的所有者使用和控制这些资金的专属权利。

6-039 正如美国一家法院所言:“可以合理地认为,密码是财物,因为它意味着有权使用该密码并通过该密码存取相关银行账户中的资金。”②作为财物形式,人可以拥有它,也可以失去它,如果因为他人的侵占而丢失,则构成盗窃。被盗取的无形财物(密码)或有形财物(支票、门钥匙)是有价值的,因为其可以用来保障其他形式的财物,如被害人的银行资金或私人住宅等。③ 希望最高法院在重新审议这个问题时,能仿效澳大利亚高等法院的意见,承认支票等有价值的保障是财物。④

在其他案件中,窃取他人的个人“信息”将构成身份盗窃罪。窃取“身份”和通过偷瞄信用卡⑤窃取信息,与复制他人房屋钥匙或办公楼密码(信息)没有太大区别,因为其结果是窃取了有价值的保障,从而使主人丧失了
1248 对自己更多有形财物的排他控制。一般而言,美国法院认为,就盗窃法而言,信息确实构成财物。⑥ 这样的解释,可以让那些决定偷试卷的可恶学生得到处理。毕竟,2006 年《欺诈法》⑦可能会适用于身份盗窃行为,但那些偷偷复制试卷的人可能不一定属于该法的管辖范围。

2006 年《欺诈法》第 6 条将持有可能用于欺诈的“物品”定为刑事犯罪。如果被告人站在被害人身后,当被害人输入办公室密码时记住密码,然后利用密码进入被害人的办公室,从而窃取被害人的电脑,那么他可能会被判第 6 条所规定的犯罪。这将取决于该信息是否被用来实施欺诈而不是盗窃。

---

① *People v. Kozlowski*, 96 Cal. App. (4th) 853 at 867 (2002).

② *People v. Kozlowski*, 96 Cal. App. (4th) 853.

③ J. C. Smith, "Obtaining Cheques by Deception," [1997] *Crim. L. R.* 396 at 400. Cf. *R. v. Kasim* [1992] 1 A. C. 9. *R. v. King* [1992] Q. B. 20; *Nolan v. Governor of Holloway Prison* [2003] EWHC 2709.

④ *Parsons v. The Queen* (1999) 195 C. L. R. 619 at 633-634. *R. v. Preddy* [1996] A. C. 815 at 836-837.

⑤ the Australian Model Criminal Code, *Credit Card Skimming Offences*, (Canberra: 2006) at Chap. 3.

⑥ *United States v. Girard*, 601 F. 2d. 69 (1969); *United State v. Jones*, 677 F. Supp. 238 (1988); *People v. Gopal*, 171 Cal. App. 3d 524 (1985); *People v. Parker*, 217 Cal. App. 2d 422 (1963); *People v. Dolbeer*, 214 Cal. App. 2d 619 (1963); *Williams v. Superior Court*, 81 Cal. App. 3d 330 (1978).

⑦ Untited States 18 U. S. C. A. § 1028 (a) 7. *Flores-Figueroa v. U. S.*, 129 S. Ct. 1886 (2009). Wis. Stat. Ann. § 943. 201 (2) discussed in *State v. Baron*, 754 N. W. 2d. 175 (2008); *State v. Lis*, 751 N. W. 2d. 891 (2008). South Australia: *Criminal Law Consolidation (Identity Theft) Amendment Act* 2004 (S. A.).

法院很可能以盗窃罪为主,因为欺骗机器的行为并不直接以获得收益或造成损失为目的。盗窃似乎是事后独立的行为。如果被告人用他人的个人识别码从“自动取款机”(ATM)上取钱,法院可能会认为,被告人在输入被盗但正确的个人识别码时,对机器进行了“虚假表示”,其直接目的是获取收益或造成损失。毕竟,他的直接目的是让机器发钱,而他明知自己无权取钱。

6-040 诸如密码等保密信息可被解释为可用于实施欺诈的“物品”[①],即骗取机器[②](自动取款机)发钱(此外,小偷还需要窃取相应银行卡),但仍有一个问题,即记住这些信息是否足够。存储在内存中的数据是“物品”吗?是否需要以有形的方式存储才构成物品?没有理由要求将其写在纸上或存放在移动电话中等,但必须有明确的证据证明被告人持有这些信息(抓到被告人使用这些信息就足以证明他持有这些资料)。银行记录和闭路电视监控录像也可能证明他在某一日期使用了该密码,但如果他使用了该密码,他就会受2006年《欺诈法》的一般条款所规制。然而,如果他误用他人个人识别码,以实现不涉及欺诈的目的,他就不会被《欺诈法》规制。承认机密信息为盗窃罪的财物,将填补这一空白。

将盗窃敏感信息的行为排除在盗窃法之外是没有合理依据的。窃取百万美元的商业机密或试卷的人,与普通的商店行窃者或非法下载音乐的小气鬼一样,都应受到刑事谴责。计算机和信息时代产生了一系列新的财物形式,也产生了新的侵占方式,但基本原则没有变。1968年《盗窃法》第4条 1249
的措辞中没有任何内容阻止法律适用于这些新的财物形式。

第8节 偷取支票和票据

6-041 针对支票,可能有三种形式的盗窃行为:盗窃支票这张纸、[③]盗窃权利动产和盗窃支票的收益。银行账户持有人,有权提取其中的钱。银行持有资金,但对账户持有人负担清偿其账户余额的债务。根据1968年《盗窃法》第4条的规定,债务是属于账户持有人的财物。认为被告人盗窃的是权利动产,是指他盗窃了被害人通过诉讼向第三方(如银行)追回财物的权利。“女王诉科恩案”(*R. v. Kohn*)[④]是对前两种形式提出成功指控的适例。科恩是公司董事,为自己的利益向第三方开出公司支票。他被判盗窃

---

① Section 8 of the *Fraud Act* 2006.

② Section 8 of the *Fraud Act* 2006.

③ *People v. Carter*, 394 Ill. 403(1946); *State v. Romero*, 146 Mont. 77(1965); *Davenport v. State*, 127 Tex. Crim. 552(1934).

④ (1979) 69 Cr. (1979) 69 Cr. App. R. 95. R. 95. Cf. *Chan Man-sin v. The Queen*[1988] 1 W. L. R. 196; *R. v. Jack*[2002] 148 A. C. T. R. 1.

了作为纸片的支票，当他把支票寄给收款人时，盗窃行为就已经发生；银行账户是否透支并不对其行为产生影响。他还被判盗窃权利动产，即银行欠公司的银行账户债务。

后一类型的盗窃行为的定罪取决于证据，即该账户未透支，或者支票在约定的透支额度范围内。[①] 而且只有在银行兑现支票时盗窃行为才会发生。关于第二点的分析似乎是，银行欠客户债；这种债务，即权利动产——向银行提起诉讼追回账户余额的权利，在银行兑现支票时被消灭（或至少减少了支票的价值），且这种消灭被视为对客户权利动产（银行欠客户的债务）的侵占。
1250 或者，被告人可以通过收款人兑现支票或取得支票上存款余额的行为被认为侵占了那部分账户余额，因为他造成了收款人持有支票。

出票人（被害人）被骗写了一张"以收款人（被告人）为受益人的支票，并将支票交给他。该支票因此构成（被告人）的权利动产，他可以对（被害人）出票人强制执行"[②]。被告人并不是仅仅通过收到支票就能获得被害人的权利动产。这张支票产生了一个新的，属于被告人的权利动产，使被告人有权就支票上的金额提起诉讼。被害人对于银行的权利动产一直以来都是这样的：根据他的银行账户的余额而定。被告人必须采取进一步的措施，而不仅仅是收到支票。支票是新的权利动产，是由出票人（受骗的被害人）开出以被告人为受益人的支票而产生的。权利动产是为被告人设立的（它指明被告人有权就支票的金额提起诉讼），并且属于被告人。然而，当被告人兑现、存入支票（利用其不正当的权利动产）导致出票人银行账户余额减少时，他侵占了被害人的独立权利动产，即银行欠被害人的债务。在"女王诉杜鲁案"（*R. v. Duru*）[③]中，法院错误地认为，仅仅是诱使出票人开出以被告人为收款人的支票，就构成对他的权利动产的侵占，而不管被告人是否将支票兑现或存入银行。在"女王诉普雷迪案"（*R. v. Preddy*）[④]中，上议院推翻了"女王诉杜鲁案"，并认为：

"问题的关键在于，当收款人从出票人处取得支票时，支票所代表的权利动产就已经存在，因此从未属于出票人。权利动产存在的时候，就属于收款人，因此不可能存在以欺骗手段取得属于他人的财物的问题。"[⑤]

6-042 在"女王诉威廉姆斯案"（*R. v. Williams*）[⑥]中，被告人有悖诚信地多收了一些年长和弱势客户的建筑工程费。他在兑现他们出具的支票

---

① *R. v. Navvabi*（1986）83 Cr. App. R. 271. Cf. *R. v. Christou*（1971）115 S. J. 687.

② *R. v. Preddy*［1996］A. C. 815 at 835.

③ ［1974］1 W. L. R. 2.

④ ［1996］A. C. 815.

⑤ ［1996］A. C. 815 at 818.

⑥ （2001）1 Cr. App. R. 23. *R. v. Hilton*（1997）2 Cr. App. R. 445.

时,偷取了属于他们的权利动产(因为支票上填写的金额超过了他应该得到的金额)。[①] 被告人将支票存入他自己的银行账户,从而减少了被害人的账户余额,这属于《盗窃法》第1条规定的侵占。如果威廉姆斯的老年客户通过电子转账(现在大多数人都是用借记卡和网上电子转账支付,因为支票正在逐渐被淘汰),或者直接将支票存入他账户的方式付款,那么就不存在盗窃的刑事责任。

在"女王诉普雷迪案"中,被害人被骗将自己的资金以电子方式转入被告人的银行账户,这导致被害人账户余额所代表的权利动产被消灭,或至少减少了其流转价值,同时在被告人账户中产生了新的权利动产。法院认为, 1251
被告人没有取得被害人的权利动产,因此,被告人没有取得属于他人的财物。如果被害人在开具支票后,将其存入被告人账户,就是将属于被告人的支票存入被告人账户,同时也造成了自己账户余额的减少。被害人通过到被告人银行将自己开出的支票存入其账户,被害人消灭了自己的权利动产。同时,被害人为被告人创造了新的权利动产,而此新权利动产从来就不属于被害人,这实际上与"女王诉普雷迪案"中的电子转账无异。在被告人侵占被害人的权利动产,而不是被害人侵占自己的权利动产时,盗窃便已发生。如果被告人主动进行电子转账,或者拿了被害人的支票并将其存入自己的账户,从而使被害人账户中的资金减少,则发生了侵占行为。[②]

6-043 支票被扒手或小偷偷走了该如何处理?

小偷可以被控从出票人(银行账户持有人)或拥有支票的其他人处偷取作为一张纸(票面价值×英镑[③])的支票。窃贼一经定罪,可根据情节轻重予以处罚,如果他已将支票兑现,这当然是重要情节。另外,如果他将支票兑现了(无论是在银行还是从他人处获取现金),他可以被判偷窃现金罪或欺诈罪。

然而,在最近的若干案件中,法院错误地认为,就《盗窃法》第4条而言,支票本身不是财物。在"女王诉普雷迪案"[④]中,戈夫(Goff)大法官在附带意见中指出,当被告人意图将支票单兑现、存入银行时,支票单不属于被盗,因为"收款人不可能有永久剥夺出票人支票单的意图,在其出示支票要求付款时,支票将通过其银行退还给出票人"。[⑤] 在"女王诉格拉姆案"(*R. v. Graham*)[⑥]中上诉法院采纳了戈夫大法官的附带说明,作为对法律的解释而

---

① *D. P. P. v. Gomez*[1993]A. C. 442.

② *R. v. Hilton*[1997]2 Cr. App. R. 445. *R. v. Briggs*[2004]1 Cr. App. R. 451 at 455.

③ Goode, *op. cit. infra note* 377, at 377 n. 69.

④ [1996]A. C. 815.

⑤ *R. v. Preddy*[1996]A. C. 815 at 836-837.

⑥ (1997)1 Cr. App. R. 302, followed by *R. v. Clark*[2002]1 Cr. App. R. 14.

适用。澳大利亚高等法院则放弃了戈夫大法官对法律的解释,①并正确地指出,在实践中,银行几乎从不向出票人退还支票单。此外,该法院认为,支票是"有价值的保障",因为"客户向银行开出的支票包含了出票人对银行的命令,即要求承兑人向符合法定条件的持票人付款,以减少出票人账户余额,因此其价值超出了其作为纸张的价值"。② 该法院的结论是:"退还给出票人银行的纸条已不再是有价担保。相反,它已成为有价担保的记录。"③它
1252 是赋予持票人(被告人)使用出票人(被害人)资金的权利的票据。之所以如此,是因为出票人对支票的财产利益不仅是维持占有有形物——支票单——的权利,而且是控制支票单所有权所赋予的无形利益的权利,即控制对其资金的使用权。

第 9 节　对所有权的保护

6-044　由于盗窃的对象只能是属于他人的财物,因此,不能从既不是民法上财物所有人,也不是民法上财物占有人的人那里盗窃。

一些适例如下:

被害人借给被告人钱。随后,被告人有悖诚信地决定不予偿还。由于这笔钱的物权在钱被借给被告人时已转移给了借款人,因此,他对现在属于自己的钱没有犯盗窃罪(或其他任何罪行)。

被告人在被害人的餐厅消费了一餐饭菜。在他吃饭时,食物的物权必然会转移到他的身上。其后,他有悖诚信地决定不买单,趁服务员不注意时溜走了。根据 1978 年《盗窃法》第 3 条的规定,他不构成盗窃罪,但触犯了法定的逃单罪(the offence of making off without paying)。

司机加满汽油。司机和加油站工作人员之间没有说过财物的转移,但他们的意图一定是,汽油的物权在汽油进入汽车油箱时转移。汽油和食物似乎是特殊的情况,因为从其性质上看,财物的消费方式可以相当明确地表明,当允许顾客将汽油加进油箱或将食物放进肚子里时,被害人意图将所有权转移。④ 这是因为加油站的老板不会考虑如果不给钱就把车里的油抽走,毕竟这不可能的。同样地,有悖诚信的顾客吃进大肚子里的食物,也不可能完好无损地被还给餐厅! 所以,如果在加油站工作人员背对着他的时候,司

---

① *Parsons v. The Queen*(1999)195 C. L. R. 619 at 633-634.

② *Parsons v. The Queen*(1999)195 C. L. R. 619 at 633-634.

③ *Parsons v. The Queen*(1999)195 C. L. R. 619 at 634.

④ Cf. *Hufsteler v. State*, 63 So. 2d 730(1953)(U. S.). *Davies v. Leighton*(1979)68 Cr. App. R. 4. *Lucis v. Cashmarts*[1969]2 Q. B. 400; *Pharmaceutical Society of Great Britain v. Boots Cash Chemists*(*Southern*)*Ltd.* [1952]2 Q. B. 795.

机突然产生了有悖诚信的想法,不给钱就开车走了,他并没有偷油的行为,因为那是他的汽油。① 他犯有逃单罪,还可能被根据2006年《欺诈法》指控欺诈罪。

6-045 但假设是自助加油站,被告人加油时没有加油站工作人员在一旁看着。汽油的所有权还会转给被告人吗?

是的,安装自助加油泵是向司机提出要约,让司机自己加油。司机接受了这一要约,从而与加油站老板签订了合同。根据这个合同,汽油的所有权将转移到他手中。 1253

6-046 假设用餐者和司机在用餐或加油时就意图不付钱呢?

他将因谎称自己会支付餐费或汽油费而被定罪,法律根据是2006年《欺诈法》第2条。在这些情况下,他们何时可以被定盗窃罪,将于下文,即第32章第9节讨论。上述例子(对于已决定判例效力的总结)显示,同意购买货物的人,不能因为他在获得所有权和占有后对相关财物作出的任何行为而构成盗窃罪。如果所有权或占有尚未转移,就可以犯盗窃罪(本章第19节,将考虑可撤销所有权的转移所带来的问题,第21节将研究1968年《盗窃法》第5(4)条所确立的对于他人所有权的拟制)。

对物的占有可以各种方式转移,但主要是通过实物交付。物的所有权也可以各种方式转移,但主要是通过出售或以转移所有权为目的的交付。例如,赠与,一般是通过交付的方式进行的(虽然也可以通过其他方式,如契约等)。货物的合法物权(所有权)可以在不转移对货物的占有的情况下转移。如前所述,可以通过出售的方式转移。根据1979年《货物销售法》(the *Sale of Goods Act* 1979)第17条,特定或已确定的货物的所有权在有意转让时,根据销售合同转让。该法第18条规定了某些规则,以确定当事人的意图,除非出现不同的意图。该条规定的规则如下:②

“如果在可交付状态下存在无条件的特定货物销售合同,货物的所有权将在合同订立时转移给买受人,而付款时间或交货时间是否推迟并不重要。”

因此,如果我在商店里选了一台电视机,卖家承诺明天交货,并在适当的时候向我结算,那么,如果他有悖诚信地把它卖给了别人(因为货源不足,他现在可以卖到一个更好的价格),他就犯了盗窃罪。根据合同,这套东西成了我的财物,虽然还在他的店里,但仍然是我的财物。《货物销售法》对这

---

① *Corcoran v. Whent*[1977] Crim. L. R. 52; *Edwards v. Ddin*[1976] 1 W. L. R. 942; 在 *R. v. McHugh*(1977) 64 Cr. App. R. 92.

② *R.* (*on the application of Valpak Ltd.*) *v. Environment Agency*[2002] EWHC 1510(Admin.). A. G. Guest, *Benjamin's Sale of Goods*, (London: Sweet & Maxwell, 7th edn. 2009) Chap. 5.

些情况有确切的表述。在约定出售的财物的所有权流转前,销售合同是买卖合意(agreement to sell)。但是在所有权转移的神秘瞬间,买卖合意变成了"销售合同"(sale)。[①] 在刚才提到的电视机的例子中,销售合同从一开始就是"销售合同",而从来不存在销售合意。如果我因为电视机有问题而解
1254 除合同,退货后,卖家可以将其维修,再卖给别人。[②]

6-047 假设我给了邻居钱,让他帮忙买1辆二手车给我,他买了车后,又马上屈服于诱惑,为了自己的有悖诚信的目的,把车卖了。他是否偷了我的车?

是的。代理人应该被认为是中转管道,将物的权利和义务从委托人手中传递给第三方,再从第三方手中传递回委托人。当他买了车后,财物(所有权)直接从卖家手中传给了作为交易中未公开的委托人。[③] 与代理商的擅自销售相反:如果店主在柜台后面安排了助手,则顾客买了东西后付款,钱一到助理的手就成了老板的钱。[④] 所以,如果助理把它装进口袋,他就是从雇主那里盗窃。

6-048 假设有位顾客在店里选了1台相机,说要带着相机走。售货员已经包装好了,并开出了账单,正期待着得到付款,这时,顾客拿着相机跑了出去,消失了。这到底是顾客的偷窃行为,还是"逃单"?

在这种普通商店交易中,法院不难根据《货物销售法》第17条认定,店主并不意图在买家付款或明确赊购之前转移物权(所有权)。[⑤] 摄像机仍然是店主的财物,顾客从店主那里盗窃了该财物。

6-049 如果有心机的销售人员未经我同意就给我寄来色情光碟,希望我出钱买下,我可以把它放在火上烧毁吗?

你将因此成为"非自愿的受托人"(involuntary bailee),因为你根本不是受托人。真正的受托人(借用人、租用人、修理人等)在物主同意的情况
1255 下从物主那里获得了暂时的占有。从技术上讲,你会受到盗窃罪的法律制裁;但如果你只是处置了令人尴尬的物品,并坦诚相告,不太可能被认为是

---

① Section 2 of the Sale of Goods Act 1979.

② *R. v. Walker*[1984]Crim. L. R. 112.

③ *Attorney-General of Hong Kong v. Reid*[1994]1 A. C. 324.

④ *FHR European Ventures LLP v. Cedar Capital Partners LLC*[2014]3 W. L. R. 535. *Attorney-General of Hong Kong v. Reid*[1994]1 A. C. 324; *Tesco Stores Ltd. v. Pook*[2004]I. R. L. R. 618. Cf. *Powell v. MacRae*[1977]Crim. L. R. 571. William Gummow, "Bribes and Constructive Trusts," (2015) 131(1)L. Q. R. 21.

⑤ *R. v. Slowly*(1873) 12 Cox C. C. 269; *R. v. Edmundson*(1912) 8 Cr. App. R. 107. *Martin v. Puttick*[1968]2 Q. B. 82. *R. v. Stephens*(1910) 4 Cr. App. R. 52. *Davies v. Leighton*(1979) 68 Cr. App. R. 4. Cf. *D. P. P. v. Gomez*[1993]A. C. 442.

有悖诚信。[1]

6-050 我想请教关于拾得遗失物的人的问题。有悖诚信条款,即 1968 年《盗窃法》第 2 条规定,如果认为通过采取合理措施无法找到失主,一般不属于有悖诚信。假设拾得者对自己说,“我知道怎么找到失主,但我想他一定是把这个东西丢弃了,所以我就自己留着吧”,该怎么办?

如果他不认为自己有悖诚信的话,不成立盗窃罪。但当然,陪审团可能会拒绝相信他真的是这样认为的。[2] 陪审团的意见可能取决于物品的价值。物主在丢失一定价值的物品时,并不会因为放弃寻找或放弃找到的希望而抛弃该物品。遗失物仍然是原物主的,几乎每个人都会意识到这个事实。民法上存在关于拾得人在他人土地上拾得物品的权利规则,这些规则可以影响到盗窃法,但具体内容可能要去侵权行为法和物权法中寻找。但是在这里,可以提及一条规则:对于他人物业的非法侵入者对其在那里发现的任何东西都没有权利。[3] 如果没有任何其他权利人主张,土地所有者享有相关物品的物权;[4]如果被告人是受邀的客人,被告人不属于闯入者。在“帕克诉英国航空公司董事会案”(*Parker v. British Airways Board*)[5]中,原告人在英国航空公司的休息室里发现了一个被遗弃的手镯,于是上交。当他交出手镯时,他告诉委员会,如果失主不认领,他希望手镯被送还给自己。上诉法院认为,“只有被告公司能够证明其作为占有人对休息室内的所有物品行使控制权的明显意图,即在原告人发现手镯之前,该手镯由被告人占有,才能使原告人的权利转移。因此,如果被告人在公共场所发现‘不受控制的’财物,并将其发现的情况通知占有人,他的主张可能具有优先权。确切地说,控制人必须做什么才能表明其控制权,这一点并不清楚。但如果该物被埋在土地里或以其他方式附着在不动产上,一般应视为由土地所有人占有和控制。”[6] 1256

6-051 很显然,我不会因为把贵重的手镯丢失在公共场所而对其加以遗弃,但是,将垃圾丢在垃圾桶里,肯定是遗弃吗?

垃圾归户主所有,直到放在街上供人捡拾为止。根据“威廉姆斯诉菲利普斯案”(*Williams v. Phillips*)[7],法院认为,一旦垃圾箱内的垃圾的所有权转

---

① the Unsolicited Goods and Services Act 1971.

② *R. v. Small*(1988)86 Cr App. R. 170.

③ *R. v. Roston*[2003]EWCA Crim. 2206. See also *R. v. Rowe*(1859)Bell C. C. 93. *R. v. Thurborn*(1849)1 Den. 387.

④ *Hibbert v. McKiernan*[1948]2 K. B. 142.

⑤ [1982]Q. B. 100. See also *R. v. Woodman*[1974]Q. B. 754.

⑥ *Elwes v. Briggs Gas Co.* (1886)33 Ch. D. 562;*Moffatt v. Kazana*[1969]2 W. L. R. 71.

⑦ *Williams v. Phillips*(1957)41 Cr. App. R. 5.

移给负责处理垃圾的公司,垃圾箱内的垃圾就不会出现所谓被遗弃的现象。户主意图将垃圾交给公司妥善处理。在本案中,作为被告人的清洁工因从其雇主的垃圾车中取走垃圾而犯了盗窃罪。这是因为该车内垃圾的所有权已转移到了垃圾处理公司。如果该清洁工不当班,然后发现有用的物品与垃圾一起被遗弃在街上,他有权以捡拾者的身份将其拿走。

如果某人在公共交通工具或出租车上发现物品而不上交,则构成某些法定犯罪。如果有人发现了流浪狗而没有将其交给警方,也属于犯罪。[①] 此外,还有法律对 300 年以上并且由 10%以上的贵金属组成的废弃宝物作出了规定。[②] 那么,如果我找到有价值的"铅"十字架,我就可以免受宝藏条款的限制?看来是的,因为铅不是贵重金属。[③]

6-052 假设"小偷"被发现从女子的手提包里偷东西,但该女子随机消失在人群中,无法追踪。起诉书会怎么写?

起诉书会把物权置于无名氏身上。[④] 不知道失主的姓名甚至身份的事实,从来不会妨碍对盗窃罪的指控。然而,即使可能无法确定被害人的具体身份,也必须证明有人被盗窃的事实。虽然可以通过间接证据证明盗窃罪,但仅存在怀疑是不够的。一如既往,必须在排除合理怀疑的情况下证明该罪行。

"午夜的诺恩"[⑤]嫌疑如此之大,以至达到了证明标准。某警员在凌晨 12 时 30 分看到诺恩背着一捆东西,在看到警员时,诺恩令人怀疑地把这捆东西移到了另一只手臂上。当被问及拿的是什么东西时,诺恩拿出用男子雨衣包裹的垫子,说是自己母亲的东西。警员指出那件雨衣是男人的,诺恩
1257 回答:"那又怎样?为什么我母亲不能穿男人的雨衣?"这时,两块茶巾从诺恩的大衣下掉了出来。其中一条上面有价签。当问他从哪里弄来的,他回答:"是在地上捡到的。"这些避重就轻的答复,被认为构成了成立相关犯罪所需要的证据,并且对身份不明者的盗窃罪被维持。在该案中,盗窃嫌疑相当大,构成对盗窃罪的合理确信。如果不存在如此强烈的推论,检方就无法作出有罪的指控。

---

① Sections 3 and 4 of the Dogs Act 1906, and section 150(1) of the Environmental Protection Act 1990.

② *Crown Estate Commissioners v. Roberts*[2008]4 All E. R. 828, see also section 29 of the Corners and Justice Act 2009.

③ *Enfield L. B. C. v. Mahoney*[1983]2 All E. R. 901.

④ *Hibbert v. McKiernan*[1948]2 K. B. 142; *Pike v. Morrison*[1981]Crim. L. R. 492.

⑤ *Noon v. Smith*[1964]1 W. L. R. 1450. See also *Sturrock v. D. P. P.* [1996] R. T. R. 216; *R. v. Burton*(1854) Dears 282; *R. v. Joiner*(1910)4 Cr. App. R. 64; *R. v. Fuschillo*[1940]2 All E. R. 489; *R. v. Korniak*(1983)76 Cr. App. R. 145.

6-053 夫妻一方(或民事伴侣)能否偷窃对方的东西?

以前的盗窃法不适用于夫妻之间,但《盗窃法》第30(1)、(4)条[①]现在对夫妻没有例外规定。但是,用刑法来处理夫妻双方侵占家庭物品的小事显然是不明智的。夫妻双方通常形成共同基金,可能并不清楚谁是谁的;而管理家庭的妻子/丈夫可能会觉得在道义上有权得到在法律上属于另一方的物品。[②] 通常情况下,很难证明有悖诚信。因此,作为保障措施,在这种情况下提起控诉,一般需要得到检察长的同意。[③]

第10节 对占有的保护

6-054 法律不仅保护所有权人,而且保护占有者。即使是对某物有临时控制权的人,如文员对其办公室电脑的临时控制权,就起诉而言,也被视为拥有"物权"。在法律上,雇主不仅拥有计算机的所有权,而且还对其成立占有;雇员只有"保管权"或"控制权",但在对抗不法行为人时,这种保管权等同于所有权。在指控盗窃罪时,物权既可以被视为归雇主所有,也可以被视为归雇员所有。

6-055 可以在不知道特定物品存在的情况下持有它吗?

可以,起码从盗窃法的角度而言。[④] 古董柜子的持有者,持有秘密抽屉里的贵重物品,尽管他不知道这些物品的存在。该持有者还具有对抗第三方的权利。所以,如果侵入者或修理者发现了上述贵重物品,有悖诚信地拿走了这些贵重物品,就会构成对原持有者的偷窃罪。如果柜子的主人将其卖掉,一般认为他不意图出售这些隐藏的物品,所以他仍然有权对这些物品享有对抗买方的权利。当然,买家也要遵守同样的规则;如果能找到他的卖家,他必须将物品交出,如此向前追溯,直至物品回到最初对其加以藏匿的人;但举证困难往往会使所有权无法追溯到如此之远。买主如果保留了自己发现的物品,一般不可能被判盗窃罪,因为他可以很容易地辩称他认为自己有权得到这些物品。但是,如果他接受了法律建议,比如说被告知物权并 1258
非他的,那么他很可能会被定罪。

6-056 如果某人有1台投币式燃气表,然后有悖诚信地把自己投进去的钱币拿出来,他构成盗窃钱币还是燃气的犯罪?

构成前者。如果电表是由英国天然气公司提供的,而行为人从电表中

---

① the Civil Partnership Act 2004 c. 33 Sch. 27.

② Cf. *Roberts v. Western Australia*[2005]189 F. L. R. 147.

③ *R. v. Withers*[1975]Crim. L. R. 647.

④ Cf. *R. v. Woodman*[1974]Q. B. 754.

偷钱。只要硬币一被塞入电表,就变成了供气公司的财物,而这是协议双方的本意。[1] 同样的道理,从停车计时器里取硬币的人偷了停车计时器所有人的钱,而使用停车计时器的人都知道,在向计时器投币的时候,他们是把钱转给了安装这些仪器的地方当局。[2]

类似的规则可称为"容器规则"(the container rule),适用于不在店内的雇员从陌生人那里收到东西的情况。有时,他是以雇员的身份还是以个人身份收受物品,可能存疑,因此,如果他的行为有悖诚信,可能会出现这样的问题:他究竟是从雇主那里偷东西还是从陌生人那里偷东西。如果雇员在侵占前将东西放入雇主的容器中,这个问题就很容易解答;在这种情况下,将东西放入雇主的容器中(在法律上,该容器是由雇主占有的,雇员本人仅有管理权),就可以推定将物权转移给了雇主,同时,物品也成了雇主的财物。[3] 如果垃圾工将垃圾放入雇主的垃圾车中,[4]并与雇主约定,从垃圾中拾取的利润(用白话说就是"垃圾中有用或可出售的物品")应由雇主(公司)和垃圾工分享,垃圾就归公司所有。如果被告人有悖诚信地侵占垃圾车中的垃圾,则可能构成盗窃罪。循环利用的出现,意味着现在垃圾回收是一门大生意。还可能存在隐私和身份盗窃问题,但不应以这种间接危害[5]为由,将无辜的拾荒者与骗子的独立不法行为联系起来。

6-057 您之前告诉过我,我在法律上是不能声称拥有宝藏的所有权的。如果我带着金属探测器去海边,在沙滩上发现了一块新的"万国牌"(IWC)高级手表,如何处理?

你可能要承担盗窃罪的责任。这又引起了进一步的所有权和控制权问题。寻宝者通常是保管人,但土地的所有者或合法占有人拥有土地上的所有物或附属物。在"韦弗利市议会诉弗莱彻案"(*Waverley BC v. Fletcher*)[6]
1259
中,被告人带着金属探测器去了公园,进行了一番探矿。他发现了一枚胸针。有人认为这不是宝藏,所以被告人认为他拥有所有权。该公园属于韦弗利市议会,因此其也以自己拥有胸针被发现时所在的土地为由,声称自己拥有所有权。上诉法院认为:"如果物品是在土地上发现的或附着在土地上的,该土地的所有人或合法占有人对该物品的所有权比发现者更有优势,而如果物品没有附着在土地上,只有在发现者对该土地行使了明显的控制权,

---

① *Martin v. Marsh*[1955]Crim. L. R. 781.

② Cf. *R. v. Krasniqi*[2008]EWCA Crim. 2257;*R. v. Rachis*[2009]EWCA Crim. 2809.

③ *R. v. Mallison*(1902)66 J. P. 503.

④ *Williams v. Phillips*(1957)41 Cr. App. R. 5.

⑤ Dennis J. Baker, "The Moral Limits of Criminalizing Remote Harms," (2007) 10(3) *New Criminal Law Review* 371.

⑥ [1996]Q. B. 334.

以至表明有意控制该土地和在该土地上发现的任何物品时，该土地的所有人或合法占有人才比发现者有优势。公园属于公众场所，与此无关，因为挖掘行为属于非法侵入。人们无权到处挖掘公园。但是，在沙滩上挖沙子，很难构成非法侵入行为。否则，孩子每次挖沙建城堡，都会成为非法侵入者。除非沙滩上的主管部门表示有意控制任何遗失在沙滩的财物，否则你有权把你发现的东西拿走。”

第11节　受托人及公司董事

6-058　正如我们所看到的，即使是财物的受托人（法律上的所有权人），如果有悖诚信地侵占财物，意图损害受益人的衡平法利益，也可以构成盗窃财物。虽然他是财物的合法所有权人，但他不是受益人——衡平法上的所有人。因此，在一般情况下，根据《盗窃法》第5(1)条的一般原则，受托人将被判盗窃罪。有时，如在慈善信托的情况下，没有衡平法上的所有人，因此需要有特别规定，将案件纳入盗窃罪法网。该法第5(2)条规定：

“如果财物受信托的制约，其所属的人应被视为包括有权执行该信托的任何人，并且导致该信托失败的意图应相应地被视为剥夺拥有该权利的任何人的财物的意图。”

如果信托财物被第三方窃取，起诉书可将财物归于受托人（法律上的所有人）或受益人（所有人）。如果信托财物被受托人窃取，则起诉书将把财物归于受益人或其他有权执行信托的人（在慈善信托的情况下，是总检察长）。① 1260

我们已经看到，不支付债务或不履行合同，即使是有悖诚信地不履行合同，本身并不构成盗窃。被害人必须（一般而言）拥有某种被侵犯的财产权（物权），而不仅仅是针对特定人的权利（债权）。然而，衡平法模糊了财物和合同之间的界限。在普通法上被视为单纯的债务人的人，在衡平法上可能是金钱的推定受托人，对于盗窃法来说，这种区别是至关重要的。如果被告人是被害人的资金的推定受托人，那么如果被告人有悖诚信地侵占资金，他就犯了盗窃罪。我们将在本章第14节来对此加以讨论。

6-059　《盗窃法》第5(1)条将“仅因转让或授予权益的协议而产生的衡平法权益”排除在所有权权益之外。这并不适用民法上的规则，即当某人签订了出卖土地的合同，即使法律上的转让没有发生，但买受人自合同签订

---

① *Morice v. Bishop of Durham*(1809)34 E. R. 1046. *Charities Act* 1993. Cf. *R. v. Dyke*[2002]1 Cr. App. R. 30. In *Parker v. The Queen*(1997)186 C. L. R. 494. *Adamson v. O' Brien*[2008]N. T. S. C. 8.

之时起就被视为对土地享有衡平法上的权益。物权人(卖方)成为他的受托人,但该条规定,从《盗窃法》的目的出发,这种信托应被无视。理由是,如果所有权人错误地将土地转让给他人,其行为实质上违反了将土地卖给第一买受人的合同,且认为第一买受人受盗窃法保护是不正确的。

“在女王诉桑德斯案”(*R. v. Sanders*)①中,被取消资格的大律师作为已故者的遗产执行人,从中拿走了10万英镑。该被告人拿走了属于叔叔遗产的钱。他辩称,他没有偷取属于他人的财物,因为第二份遗嘱将他列为受益人。值得注意的是,被告人在取走钱财后才发现第二份遗嘱。被告人之所以被定罪,是因为遗嘱产生了信托,授权遗嘱执行人以特定方式处理属于“死者的财物”。该特定方式应符合已经认证的遗嘱中的指示。当被告人发现有后来的遗嘱时,他依法必须回到遗嘱法院,要求其更改信托条款,以便财物在为了遗嘱中指定的人的利益的状态下被持有。但是,除非且直到他这样做,否则信托一直是由遗嘱法院设立的那个信托。②

在“女王诉克劳斯公司案”[*R. v. Clowes*(*No.* 2)]③中,被告人被判盗窃罪。被告人说服许多投资者向他们控制的一家公司投资数百万英镑。他们提供的投资小册子上写道:“投资者的支票将支付给本集团的国际客户账户,所有收到的钱都存入指定的客户账户,客户是本集团代表他们购买的所有证券的受益所有人,而本集团被全权授权代表投资者决定购买和出售英国政府股票。”投资者的钱没有多少存入指定的客户账户,用于购买金边债
1261 券的就更少了。被告人将投资者的钱与自己的钱混为一谈,并提取大笔资金用于个人用途。上诉法院认为,从整体上理解,小册子和投资组合的投资条款表明,该集团以信托方式从投资者处获得资金,将其投资于股票。被告人未获授权将资金用于个人利益。

“小册子中提到的投资计划的性质是投资和管理英国政府证券,以获得资本收益,该集团作为投资于该集团的资金的受托人,应且仅应以此为目的。没有提到任何其他投资形式。”④

6-060 公司董事可以从自己供职的有限公司偷窃吗?

是的,除非拿走财物的行为是出于合法的公司目的,并符合相关的公司法和公司章程或规章。⑤ 独任董事如果同意公司将资金供他私人使用,就很

① [2003]EWCA Crim. 3079.

② *R. v. Sanders*[2003]EWCA Crim. 3079.

③ [1994]2 All E. R. 316.

④ *R. v. Clowes*(*No.* 2)[1994]2 All E. R. 316.

⑤ *Macleod v. The Queen* [2003]214 C. L. R. 230 at 264.

难声称公司同意或他的行为是符合诚信原则的。[①] 董事必须为公司的利益而不是自己的利益行事。[②]

在“麦克里德诉女王案”(*Macleod v. The Queen*)[③]中,澳大利亚高等法院认为,有限私人公司的一人董事代表该公司同意其本人提取200万美元用于个人用途,是无关紧要的。数千名投资者向该公司投入资金。投资者的契约要求该公司以信托方式持有所投资的资金用于制作电影。该契约还要求该公司必须“将投资资金存入信托账户,并允许公司将资金投资于1925年《受托人法》(the *Trustee Act* 1925)授权的任何计息或贴现证券”。

在筹集的资金中,71.8万美元被用于电影制作,但超过200万美元被麦克里德用于个人目的。这约占从投资者那里筹集到的全部资金的1/3。法院认为,唯一受益股东的同意不能构成公司的同意,从而否定了对欺诈的指控。本案与“检察长诉戈麦斯案”(*D. P. P. v. Gomez*)不同的是,后一案件中被告人使用欺诈手段取得同意,而前一案件的公司根本没有同意。麦克里德得到的唯一同意是他自己的同意,而不是公司的同意。毕竟,董事和他所代表的独立法律实体之间存在至关重要的区别。“如此行事的自然人对公司具有实际控制权,并不意味着他就是公司,也不意味着在他的行为和公司应为的合法行为之间不能有所区别。”[④]

尽管相关公司法规定了董事的一般义务,但在本案中,有一份契约明确规定了公司对其投资者的合法义务。公司作为虚构的法律实体,不能在身体上或精神上同意任何事情,但代表公司同意的董事只能同意正当权限之内的交易。在本案中,权限内交易包括被告人同意公司将资金投资于“1925年《受托人法》授权的任何计息或贴现证券或电影制作。[⑤] 被告人拿走的钱“甚至不是公司的收益,而是根据一份非常明确的契约的投资款”。[⑥] 该公司是投资人的受托人,因此,一人董事不能代表公司同意该公司违反其作为受托人的法律义务。该公司承担明确的信托义务,被告人提出公司可以授权它自己盗窃它自己的资金,或违反它对投资者的义务是荒谬的。在英国,类似被告人那样有悖诚信的侵占行为也会被《盗窃法》第5条含摄,因为涉案

---

① *R.* (*on the application of A*) *v. Snaresbrook Crown Court* [2001] EWHC Admin. 456; *Re Attorney-General's Reference*(*No.* 2 *of* 1982) [1984] 2 W. L. R. 447.

② *D. P. P. v. Gomez*[1993] A. C. 442 at 496-97 *per* Lord Browne-Wilkinson.

③ [2003] 214 C. L. R. 230. *R. v. Aylen*(1987) 49 S. A. S. R. 254.

④ Section 41 of the Companies Act 2006. *Attorney-General Reference*(*No.* 1 *of* 1985) (1985) 41 S. A. S. R. 147 at 154. *R. v. Philippou*(1989) 89 Cr. App. R. 290.

⑤ *Macleod v. The Queen*[2003] 214 C. L. R. 230 at 263.

⑥ *Macleod v. The Queen*[2003] 214 C. L. R. 230 at 262 *per* Callinan .

款项并不属于相关公司的收益。[1]

6-061 如果我是私人有限公司的唯一投资者,并且没有以信托或其他方式接受过其他人的资金,那么我肯定应该被允许自由使用该公司的资金吗?

不应在违反与公司交易相关的民法规定的情况下,染指公司款项。公司缴纳的税率较低,而且本身就有借贷能力,所以可能会涉及税务或债权人的问题。注册有限公司的人设立了新的法人。一对夫妇(也许是丈夫和妻
1263 子)可能会把自己变成一家私人公司,将他们的部分资产转移到该公司。这对夫妇可能都是董事,但如果他们未经董事会适当授权,动用了公司财产,在特定情况下,可能会被判处盗窃公司财物。如果一个做生意的人仅仅是和丈夫合伙,她和他一起偷了自己的财物是不可能的,[2]即使他们的行为是为了欺骗债权人。只是因为公司本身是法人,所以才会产生偷盗私人有限公司财物的可能性。如果公司没有为其他投资者持有信托财物(而董事是唯一的股东),则董事可能会声称,他只是拿了他有权拿的东西(他自己投资的资金),因此并非有悖诚信。[3] 如果侵占的目的是欺骗债权人[4]或税务局,情况就不同了。在大多数情况下,债权人将对可识别的财物享有衡平法或法律上的抵押权。

综上所述,如果董事们通过决议,将公司资产以低于市场价值的价格出售给亲属,以欺骗股东或债权人,[5]董事可能犯了盗窃或欺诈罪,因为财物属于公司且他们的行为有悖诚信。董事们代表公司同意该交易是越权行为,因此不能认为公司同意了。[6] 公司不是自然人,不能讲道理,也不能改变自己的想法,所以公司的授权存在法律限制。法律限制在相关公司法中,[7]在公司章程或规章中,有时在信托契约中规定。任何公司章程或规章的起草都不会授权对公司本身进行欺诈。在法律上,公司不可能同意这种交易。[8]董事以公司的名义给予的任何允许公司资金被以违背公司合法目的的方式使用的同意,都不是公司的真正同意。对于欺诈性侵占公司财物的董事,法院不难对其定罪。根据事实,他们可以根据2006年《欺诈法》或2006年《公

---

① *R. v. Clowes*(*No.* 2)[1994]2 All E. R. 316.

② Cf. section 9 of the Fraud Act 2006.

③ Section 2(1)(b) of the Theft Act 1968.

④ Sections 206-211 of the Insolvency Act 1986.

⑤ Cf. *D. M. Cannane v. J. Cannane Pty. Ltd.* (*In Liquidation*)(1998) 192 C. L. R. 557.

⑥ *R. v. Clowes*(*No.* 2)[1994]2 All E. R. 316; *Macleod v. The Queen*[2003]214 C. L. R. 230 at 263.

⑦ Sections 171-177 of the Companies Act 2006.

⑧ *Macleod v. The Queen*[2003]214 C. L. R. 230 at 263 *per* Callinan J.

司法》第993条被控欺诈。其也可能被控共谋欺诈公司。与指控盗窃罪相比,欺诈罪的指控更为可取。

巡回法官的判决错误地认为,董事可以代表公司对公司的欺诈行为作出同意的意思表示。[①] 在"女王诉皮尔博格案"(*R. v. Pearlberg*)中,公司的董事们根据他们自己在董事会会议上通过的决议授权,将公司的部分银行账户余额转给自己供私人目的使用。法院裁定,盗窃罪指控诉由不成立。董事们有公司(拥有这些账户)的授权,所以他们的行为不能构成盗窃罪。 1264
董事是唯一的股东,但如果有其他股东,结果应该是一样的,因为拥有公司财物的是公司,而不是股东。如果认定董事不为公司的利益而行事是超越了他们的权力范围(未经公司的真正同意),就可以取得不同的法律结果,不难看出法官为什么没有得出这一结论。

许多非公司组织都是没有法人资格的:大多数俱乐部、社团和协会,甚至是注册的工会和友好协会。这些组织的财物都记在受托人的名下,如果受托人侵占了财物,就犯了盗窃罪。

第12节　盗窃及其后的占有者

6-062　当物品被盗,并一手一手传递给他人时,每个新的持有者都可能构成偷窃,但必须遵守财物法的某些原则和《盗窃法》第3(2)条的规定:

"如果财物或财物上的权利或利益被有对价地转让给或意图有对价地转让给善意行事的人,则此人后来权利的取得(其认为其自己取得了权利),不会由于转让人所有权存在的任何缺陷,而构成盗窃财物。"

作出该规定的原因是,议会同意刑法修订委员会的看法,认为仅仅因为在发现所有权有缺陷后,无辜购买者未放弃自己所购买的东西,便将其定为盗窃罪,未免太过苛刻。

该法的主要规定如下。可以用若干假设来加以说明:

1. 被告人甲拿走了被害人的东西,比如把被害人的车从停车场里偷了出来,然后把它处理给被告人乙。被告人甲犯了盗窃罪,没有得到该物的所有权;因此,他没有将该物的所有权转给被告人乙,尽管被告人乙善意地从他那里买车。"善意第三人取得所有权不完整的物品,该善意第三人不得对抗原所有人"(*Nemo dat quod non habet*)——人不能给出自己没有得到的东西:

(a)如果被告人乙在收车时明知故犯,则因该侵占行为构成盗窃罪,[②]以

---

① *R. v. Pearlberg*[1982]Crim. L. R. 829.

② *Stapylton v. O' Callaghan*[1973]2 All E. R. 782;*R. v. Devall*[1984]Crim. L. R. 428.

及处理盗赃物罪。

(b)如果被告人乙在收车时不知道相关事实,除非其将购车的价款给了
1265 被告人甲,否则他仍然可以因知道事实后的行为而构成盗窃罪。如果他善意地支付了该车的价款(不知道有盗窃行为),[①]那么《盗窃法》第3(2)条保护他在保留该物品时免于被控盗窃罪。

2. 被告人甲以欺诈手段取得被害人的东西。这是2006年《欺诈法》规定的犯罪行为,至少有时也属于盗窃罪(见下文讨论)。如果被害人因被欺诈而意图将车的物权转给被告人甲,被告人甲将获得该财物,尽管他所获得的所有权可因欺诈行为而无效。[②] 也就是说,在被害人按照一定的规则撤销交易之前,被告人甲将成为该车所有者:

(a)如果被告人甲然后把物卖给了被告人乙,而被告人乙知道该物是被有悖诚信地获得的,被告人乙只得到了被告人甲所拥有的所有权——可撤销的所有权。同样地,被告人乙与被告人甲之间不存在有悖诚信的问题。被害人不再拥有该物,他有权撤销与被告人甲的交易,但撤销权不是所有权。被告人乙的唯一罪名是处理盗赃物(虽然理论上这是比盗窃罪本身更严重的罪名)。

(b)如果被告人甲把东西交给被告人乙,而被告人乙在不知情的情况下收下,则被告人乙不构成犯罪。

在(a)和(b)的情况下,即使被害人随后撤销了与被告人甲的交易,也不会追溯性地使被告人乙成为小偷。但是,被告人乙必须在得知被害人的撤销行为后,立即将该物返还给他,否则,他就会实施侵占行为,构成盗窃罪:

(c)如果被告人甲将该物卖给被告人乙,而后者在不知情的情况下拿走了该物,那么被告人乙作为善意的购买者,获得了完全有效的所有权。这是因为,只要第三人权利出现,所有权人相当脆弱的撤销与骗子被告人甲之间交易的权利就会终止。即使被告人乙在得知事实后仍持有该物,也不构成犯罪,因为该财物不再"属于他人"。

6-063 假设,是"善意第三人取得所有权不完整的物品,该善意第三人不得对抗原所有人"规则的例外。还有其他各种例外,其中有两个特别值得注意:

1. 如果受托人违反信托,将信托财物出售给不知道受托人违反信托的事实而取走信托财物的人(如果受托人的行为有悖诚信,则构成盗窃罪),后
1266 者取得无瑕疵的所有权。

2. 如果钱被盗,钱币和纸币最初仍属于被盗的被害人。但如果小偷把

---

① *R. v. Wheeler*(1991)92 Cr. App. R. 279.

② *D. P. P. v. Gomez*[1993] A. C. 442.

钱花了,收钱人善意收下,收钱人就取得了钱的所有权(因为钱是“可转让”的)。

因此,如果第一种情况下的受托人的买主,或第二种情况下善意收钱并支付对价的人,后来知道他所得到的东西的来源有问题,仍可免于被控盗窃或处理盗赃物罪。对于善意第三人的保护并不是基于《盗窃法》第3(2)条,而是基于当他发现真相后决定持有该财物时,该财物不是属于他人的财物。这是他的财物,他有权保留该财物。

第13节 所有权人盗窃

6-064 货物的所有权人自己也可以实施偷窃。例如,他可以从共有人处偷窃,但在动产共有的情况下,可能难以认定一个所有权人的何种使用行为是对另一个所有权人的有悖诚信行为。[①]

过去认为,所有权人可以从非所有权人但对货物有权益的占有人,如典当行(质押权人)等处盗窃;[②]而该规则同样源于《盗窃法》第5(1)条。该规则的意思是,物主可以从未付款的卖家那里偷取自己的货物。再考虑一下被害人卖给被告人电视机的假设。在这种情况下,即使销售合同明确约定应立即交付货物,卖方仍有卖方留置权(在价款支付前有权保留货物)。[③] 如果买方不支付价款,卖方可以(在发出通知后)转售货物,从所获价款中扣除前买方所欠货款,并起诉前买方要求其弥补亏损。[④] 可见,卖方“留置权”(lien)是实质性的利益,尽管买方在技术上是所有权人,但买方为了逃避留置权而不老实地拿走留置物的行为将属于盗窃。

现在必须请读者诸君考虑根据《盗窃法》判决的一个最特别的判例,即“女王诉特纳案”[*R. v. Turner*(*No.* 2)]。[⑤] 要理解该案件,就必须知道,当物 1267
品被交给修理者修理时,修理者有权留置该物品,直至修理费用被付清为

---

① *R. v. Bonner*[1970]1 W. L. R. 838.

② *Rose v. Matt*[1951]1 K. B. 810.

③ Section 41 of the Sale of Goods Act 1979.

④ *State v. Ecford* (2007) 239 S. W. 3d 125 (Mo. Ct. App. E. D. 2007).; *General Motors Acceptance Corp. v. D. C. Wrecker Service*(2007)647 S. E. 2d 861;*General Motors Acceptance Corp. v. Silva*(1931)295 P 810;*General Motors Acceptance Corp. v. Farkos*(1987)520 N. Y. S. 2d 27;*Toyota Motor Credit Corp. v. North Shore Collision*,(2011)796 N. W. 2d 832;*State v. Smith*(1984)684 S. W. 2d 576;*Poole v. McKeen*(1983)654 S. W. 2d 362. *National Union Fire Ins. Co. of Pittsburgh*, *Pa. v. Eland Motor Car Co.* ,*Inc.* (1995)85 N. Y. 2d 725;*Daimler Trust and Daimler Title Company v. SG Autobody LLC*(2013)977 N. Y. S. 2d 129. Cf. *Pelkey v. Dan's City Used Cars*, *Inc.* (2012)44 A. 3d 480.

⑤ [1971]1 W. L. R. 901.

止。这就是修理工的留置权。① 物权所有人不能说:"把我的财物还给我,我改天再给你付账。"比如,这条规定适用于汽修工。

6-065 您是否认为,如果我在出行的时候修车,因为修车的范围比我预期的要大得多,不能马上交钱,修车的人就可以不还给我车,直到我交钱为止?

修理者可能会通情达理地接受支票,但他没有义务这样做。你的理智的做法应该是提前得到一个预估价,没有你的允许,不能超标。

6-066 如果物权人对维修费的金额有异议如何处理?

他必须报出他认为自己真正欠下的钱。如果他对维修费的评估是正确的,即便自己的报价被拒绝,他仍然可以放心地开车走人(前提是他的车能被他开走),他也可以起诉对方非法留置,要求赔偿损失。

6-067 如果物权人报价低呢?

他不应该带着相关物品走人,虽然如果他不知道留置权的事,就不会犯盗窃罪,因为他会认为自己有合法的权利从修车人处取走车。② 以"女王诉特纳案"为例,案情如下:特纳将车留在修车厂修理,在修理完毕后偷偷将车开走,没有付账。③ 事实充分表明了有悖诚信的意图。尽管法官指示陪审
1268 团,不必关心任何留置权问题,但他还是被判偷车罪。事实上,该车修理者享有留置权,故此,虽然车是自己的,但特纳将车开走的行为明显存在错误。他拥有这辆车的所有权,但修理者对装在车上的零件享有留置权。因此,如果法官就留置权的问题向陪审团作出指示,假设特纳知道留置权的存在,那么他肯定会被判犯有盗窃罪。④ 但是,法官告诉陪审团,他们不需要注意任何留置权的问题。

6-068 法官为何对留置权视而不见?

法官们强烈地倾向于尽可能地将民法问题排除在《盗窃法》之外。这种努力不可能完全成功,因为《盗窃法》规定,占有的财物必须是"属于他人的财物",正如我们已经大量看到的那样,这就把民法中关于财物的规则(及其问题)引入刑法。在法官排除了民事规则的情况下,结果是在刑法中引入混乱、不确定和不正常的内容。

法官实际上指示陪审团,财物的所有人可以对自愿受托人犯盗窃罪。因此,我们必须假设特纳的车辆修理商已明确同意不行使留置权。在这种

---

① *Tappenden v. Artus*[1964]2 Q. B. 185. Cf. *Xu v. Council of the Law Society of N. S. W.* (2009) 236 F. L. R. 480.

② *R. v. Kelly*[1998]3 All E. R. 741 at 750.

③ Section 11 of the Fraud Act 2006.

④ *Gardner v. Le Fevre*(1914)180 Mich. 219 at 223.

情况下，该修车服务提供者是自愿受托人。如果物权所有者有权随时收回自己的财物，[1]他的行为怎么可能是犯罪？然而，他不仅被定罪，上诉法院也维持了原判。法院认为，唯一的问题是：修车人是否成立占有，以及车主是否在主观上有悖诚信的情况下，将车从修车人处开走？如果是，那就属于盗窃罪。其他问题都不重要。这说明，盗窃罪可以具有不同于一般意义上既遂犯的犯行。很难相信该判决代表了法律。

此判决面临下列反对意见：

a. 假定修车人是自愿受托人，那么只要车主要求归还车辆，就可以立即确定终止委托。因此，受托人对该财物没有实质性的利益：无权在任何时间内违背车主意志保留该财物。在这种情况下，如果说特纳有意永久地剥夺受托人的财物，是非常技术性的。受托人没有足够的利益来使该说法实质上是真实的。受托人没有被剥夺，因为他没有被剥夺的利益。所有人要求他的自愿受托人返还该物品，是完全合法的；即使所有权人忽略了要求的形式要件，但除了在最技术性的意义层面之外，受托人仍然没有被剥夺他对其拥有可以对抗所有权人的权利的任何物品。 1269

b. 如果受托是自愿的，很难认为特纳驾车离去是对受托人物权的有悖诚信行为。根据《盗窃法》第2(1)条，他很可能会认为自己有权剥夺他人的财物。在技术上，他很可能是错了，因为他应该发出通知以结束委托，而受托者则有责任立即归还该物品。但一般人不大可能知道这一点，即使是律师也不一定知道。如果他在财物权利(包括占有人的权利，因为占有人保管该物)方面不存在有悖诚信的话，特纳有悖诚信地试图逃避支付受托金的行为不应该使他犯盗窃罪。

c. 如果受托是自愿的，那么特纳并不意图在任何情况下侵占这辆车，除非在最技术性的意义上。这辆车已经是他的了，实质上只有他才有权拥有它。

d. 最后，如果一个人有权利做其所做的事情，就不应该被认定为盗窃罪。

6-069 看来，如果在以后的案件中对上述反对意见进行辩论，如果再次出现这个问题，“女王诉特纳案”就可能不被采纳。当然，该判决并不妨碍巡回法官在“女王诉梅雷迪斯案”(*R. v. Meredith*)中走另一条路。[2] 不可否认，其法律效力远低于“女王诉特纳案”，但从好的意义上说，判决质量要好得多。梅雷迪斯将车停在路上，警方根据法定权力将其拖走。根据当时有效的法规，车主来取车时，警方无权扣留该车，但如果车主的车辆造成了交

---

① Cf. *Carmichael v. Black*[1992]S. L. T. 897 at 900.

② [1973]Crim. L. R. 253.

通阻塞,除非他宁愿面对阻挠交通罪的起诉,否则必须支付一笔费用。梅雷迪斯去警局取车,但警局人多,所以他干脆把车开出了院子。巡回法官裁定,对其不能认定为偷车罪,因为警方无权扣留该车辆。然而,警察无疑是占有这辆车的,从对"女王诉特纳案"的字面理解来看,无论如何,如果他的行为被认为是"有悖诚信的",那么他的行为应该被定罪。即使法定权力允许警方扣留车辆,明智的做法是不要把偷窃与违反缴纳泊车罚金的法律义务混为一谈。如果警方获授权扣留车辆,以强迫车主缴纳罚金,而车主决定不缴纳罚金便将车辆取走,那么后者本身便应被视为罪行。即使"女王诉特纳案"不大可能被采纳,但物主有悖诚信地从租用人手中取回物品,或许也可以被认定为盗窃罪。但这是个难点,而且还没有定论。

第 14 节　以特定方式处理的财物

1270 **6-070** 《盗窃法》第 5(3)条规定了一项通常相当难以适用的规则:

"如果某人从他人处或为他人接收财物,并有义务以特定方式保留和处理该财物或其收益,则该财物或收益应(对其不利地)视为属于该他人。"

6-071 《盗窃法》第 5(3)条中的"义务"是什么意思?是法律义务还是道德义务?

英国立法机关没有就道德义务本身进行立法的习惯;而英国立法机关在没有明确说明其含义的情况下就这样做是不可想象的。因此,"义务"是指法律义务,是民法规定的义务;这种观点有充分的依据。① 必须存在法律义务,即使不需要是可强制执行的。② 由法官解释民法并向陪审团作出指示,由陪审团认定相关事实。

《盗窃法》第 5(3)条是对财物法若干规则所依据的原则的简明表述。③ 如果某人从他人处或为他人接收财物,并对他人负有保留和处理该财物或其收益的义务(如果该款规定的是"保留或处理",显然更为合适),该财物或收益一般来说在法律上或衡平法上确实属于该他人。④ 如果接收人有悖诚信地侵占财物,则构成盗窃"属于他人"的财物,因为该他人在《盗窃法》第 5(1)条范围内拥有"所有权权利或利益"。在这一点上,该法第 5(3)条是多余的。第 5(3)条与第 5(1)条相比,优点只是不需要法庭认定被害人是否拥

① *R. v. Dubar*[1995]1 Cr. App. R. 280. *R. v. Hayes*(1977)64 Cr. App. R. 82. *R. v. Dubar. R. v. Mainwaring*(1982)74 Cr. App. R. 99 at 107;*R. v. Cording*[1983]Crim. L. R. 175.

② *R. v. Meech*[1974]Q. B. 549.

③ *Cooper v. PRG Powerhouse Ltd.* [2008]EWHC 498(Ch.)at para. 18.

④ *R. v. Arnold* [1997]4 All E. R. 1.

有衡平法权益。第5(3)条还使得检察官规避了当被害人以电子转账方式为被告人设立权利动产时产生的民法障碍。在"女王诉普雷迪案"中,第5(3)条没有任何帮助,[①]因为该笔贷款被用于预期目的,即购买某处房产。[②] 前面说过,财物的概念是盗窃法中的重要概念。它是民法上的概念,所以盗窃法的范围直接取决于民法的范围。但在特殊情况下,也可以让刑法横行无忌, 1271
以实现正义。第5(3)条和第5(4)条中的推定条款,是最能说明刑法"大行其道"的适例。[③]

《盗窃法》第5(3)条并不要求"取得(接收)财物"涉及侵占他人财物。它涵盖了那些无害地取得财物,然后将其占为己有的人。权利动产可能是为被告人设立的,并说明它是为被告人设立的("由被告人接收"),但要用于特定目的。同样,权利动产可能是为被告人误设的。只有当被告人挥霍以他将为了特定目的而使用为基础而为他设立的权利动产时,才发生盗窃罪意义上的侵占。该条仅要求被害人(或其代理人)导致被告人接收财物(例如,被害人以电子转账方式通过减少自己在银行的权利动产,为被告人创造了权利动产,从而导致被告人接收财物)。银行是否起了介入作用,与此无关。被告人的权利动产从被告人知道它是为有限使用目的而设定的开始,属于1968年《盗窃法》第1条意义上的他人。[④]

6-072 对《盗窃法》第5(3)条和第5(4)条中的推定条款的这种解读符合尊重财物的思想。这两款都使用了"该财物或收益应(对他不利地)视为属于[被害人]"等字样。第5(4)条使用了"得到"一词,而第5(3)条使用了"接收"一词,这并没有什么区别,因为在这两种情况下,被告人都是接收或得到了权利动产。当"女王诉普雷迪案"的问题出现时,新产生的权利动产("财物")被视为属于被害人,因为被告人为某特定目的而接收了该财物。实际上,电子转账对被害人的影响与他提取现金并交付给被告人的情况相同,而且推定条款充分防止了被告人依靠民法的技术性规定来逃避法律制裁。

将《盗窃法》第5(3)条进行拆分,可以看出它规定了两种情况:从他人处接收财物,以及为他人接收财物。在前一情况下,如果被害人为某特定目的将动产或金钱转移给被告人,作为一般原则,被害人将被视为保留合法的或至少衡平法上的所有权;而这两种形式的所有权都受到盗窃法的保护。

---

① [1996] A. C. 815 at 835.

② *Klineberg v. Marsden*[1999] 1 Cr. App. R. 427 at 431. Cf. *Re Holmes*[2005] 1 Cr. App. R. 16.

③ *Klineberg v. Marsden*[1999] 1 Cr. App. R. 427 at 432-433, Kay J. (in the Court of Appeal, Rose L. J. and Baker J. concurring). D. Ormerod & D. H. Williams, *Smith's Law of Theft*, (Oxford: O. U. P., 2007) at para. 2. 226.

④ *Klineberg v. Marsden*[1999] 1 Cr. App. R. 427 at 432.

例如,被害人给了被告人(做工的油漆工)100 英镑,让他为被害人要他做的一些工作买油漆。陪审团(或治安法官)必须裁定,协议是油漆工应该把这笔款项(或代表这笔款项的款项:见后文)用于购买油漆,还是协议是这笔款项是给被告人的一般预支,他可以随意花费(如果他愿意,可以花在海边度假上),或许稍后用未赚到的钱购买油漆。如果陪审团认定前者是双方达成的共识,并以油漆工有悖诚信地侵占了钱财为由判定他犯有盗窃罪,那么该判决也将在上诉时得到维持。

6-073 这是从他人处收到钱的例子,收款人对付款人承担以特定方式
1272 处理这笔钱的义务。此类其他适例,可能是根据将钱用于买车[①]或支付水电费[②]等的协议收到钱。该款所设想的第二种情况涉及三方当事人,即被告人因为以被害人从第三方处收到钱或其他财物。购房人(第三方)向被告人(房地产经纪人)支付了购房保证金,被告人在代理权限内代理其委托人(作为卖房人的被害人)收取了这笔钱。如果被告人有悖诚信地侵占了这笔钱,陪审团可以判定他从被害人那里偷窃了钱财。被告人是因为被害人才收取了钱财,且对被害人承担以特定方式处理这笔钱,即为被害人的利益而处理这笔钱的义务。1979 年《地产中介法》(the *Estate Agents Act* 1979)表明了法律对于这种情况的立场,即当地产中介人收到钱时,他就基于信托拥有了这笔钱。当然,在尊重意思自治的情况下,一个人可以在英国立法机关的任何法案之外以信托的方式接受金钱。

将地产代理与旅行代理做比较,后者是以预付票款的方式收取客户的款项。这里的合理解释可能是,旅行代理人有权将这笔钱视为普通的业务收入,而其自身只是承担着为客户购买机票的合同义务。在这种情况下,不能认为旅行代理人有义务以特定方式保留和处理该财物。[③] 然而,如果存在明确的协议,旅行代理人可能要承担此种义务。在"德国诉库马尔案"[*Germany v. Kumar*(*No.* 1)][④]中,旅行代理人将其基于信托持有的机票销售收益侵占。旅行代理人与机票销售方"就销售机票所得款项商定了信托关系,即在扣除佣金后,这些款项将在下个月 15 日之前正式入账,并通过直接转账的方式转入"。[⑤] 法院认为:"该信托的条款已充分表明,库马尔有义务在某一日期前支付款项,如果不这样做,检方可对被告人提出盗窃罪的指
1273 控。"同样,如果被告人为某慈善机构筹款,他将对这笔钱或其收益负有义

① *R. v. Dubar*[1995]1 Cr. App. R. 280.

② *Davidge v. Burnett*[1984]Crim. L. R. 297.

③ *R. v. Hall*[1973]Q. B. 126.

④ [2000]Crim. L. R. 504.

⑤ *Germany v. Kumar*(1999) Case No:CO/1786/98(Queen's Bench Division Divisional Court). Cf. *D. P. P. v. Huskinson*(1988)20 H. L. R. 562.

务,因为他有义务将其转交给该慈善机构。①

6-074　《盗窃法》第5(3)条一口气提到了"财物或其收益",好像这两者几乎是一样的。这反映了民法上的某些规则。普通法和衡平法都允许将财物的"后续"作为其收益(交换物)。再以油漆工的假设为例。如果当时的协议是让他把那100英镑花在油漆上,如果他这样做了,那么他买的油漆就属于他的雇主,是给他的钱的"收益"。如果他给妻子买了大衣,而不是给雇主买了油漆,那大衣就属于雇主:交换物的错误并不重要。如果油漆工不是马上需要油漆,那么他把钱打入他的银行账户并没有错,只要他保持账户余额不少于100英镑,最后再把"这笔钱"(类似的钱)取出来买油漆。

法律和衡平规则对资金的"后续"或"流转"作出了规定。在此讨论盗窃罪的法律问题时,不需要对其加以考虑。在此也不讨论可能产生的若干法律和实际问题。②

第15节　利用他人财物收益

6-075　如果是法律而不是付款人或其他转让人的意图确定了被害人接收金钱或其他财物的权利,就可能出现盗窃问题。《盗窃法》第5(3)条并没有说明该条是否适用于下列情况,即当移交财物的人不知道法律要求收受人必须为他人持有财物时,是否"为他人"接收财物。但显然,答案是肯定的。在《盗窃法》之前,措辞类似的立法就是如此规定的。③

对旧法规定的"为他人"一语的范围的限制,不应成为《盗窃法》的限制。以前认为,如果雇员不适当地使用雇主的财物来赚钱(例如,将拖拉机出租),并保留了收益,则他不构成侵吞收益罪,因为根据现已废止的《侵吞罪法》,他不是"为"他的雇主收取收益。尽管他在合同法和侵权法中对其雇主负有损害赔偿责任,但收益是他的。雇主因他违反合同或侵权而对他提起的损害赔偿诉讼是债权之诉,而不是返还被告手中属于原告的财物之诉。 1274
无疑,损害赔偿金的数额将使雇员的利润化为乌有;然而,从法律上讲,他赚的钱从来都不是雇主的财物。④

即使检方的参考资料⑤对于《盗窃法》第5(3)条中"为他人"概念的解读

---

① *R. v. Wain*[1995]2 Cr. App. R. 660.

② Glanville Williams, *Textbook of Criminal Law*, (London: Stevens & Sons, 1st edn., 1978) at 709-720.

③ *R. v. Grubb*[1915]2 K. B. 683.

④ *Attorney-General's Reference*(*No.* 1 *of* 1985)[1986]Q. B. 491; *R. v. Cullum*(1873) LR 2 C. C. R. 28. Cf. *R. v. Arnold*[1997]4 All E. R. 1.

⑤ [1986]Q. B. 491.

是决定性的,其显然没有涵盖所有的意外情况。必须时刻记住该法第5(1)条,该条解释说,从拥有“任何财产权利或利益”的人那里偷窃是盗窃行为。现在,虽然基于我们所考虑的事实,法院将雇员的非法收入视为他的收入,但衡平法法院(也就是说,所有行使衡平法管辖权的法院)形成了广泛的推定信托理论,即不是明确设立的信托,而是由衡平法根据公平正义而施加的信托。担任受托人职务的人(如雇员),如果未经授权使用属于他负有信托义务的另一人的财物并从中获益,则成为收益的推定受托人。[1] 法院将允许他就他所做的工作(如果不在他与雇主的雇佣合同范围内)和他为赚取利润而提供的材料,获得公平的报酬,但剩余收益在衡平法上属于财物的所有者。[2] 有悖诚信地侵占这笔余额的行为相当于偷窃。[3]

6-076 在检方的参考资料中,[4]被告人通过在他为一家啤酒商管理的酒馆内销售自己的啤酒而秘密收益。上诉法院认为,秘密销售的收益“不是基于经理人身份为啤酒商收取的,而是为他自己收取的,这是他私人经营的结果”。[5] 上诉法院不愿意将推定信托引入盗窃罪的法律中。兰恩大法官基本上断言,不应该施加推定信托,因为告诉被告人当使用他人的财物来赚取钱财时,是在以信托方式持有钱财,而他要对偷窃这些钱财的行为负责,这种想法“非常含混不清,与普通人对什么是偷窃的理解相去甚远,因此不应构成偷窃”。[6] 该法官还说,由于经理人没有保存任何关于其欺骗行为的记录,因此也很难确定其非法收益。[7] 上述推理并不令人信服。没有必要为盗
1275 窃罪的目的去辨认所有利润。[8] 如果能证明被告人在某一时间点上有两个来自竞争对手的空啤酒桶,而他通常是以每品脱2英镑的价格出售这些桶里的啤酒,那么他就偷了一笔可辨认的钱。他可能卖出了许多自己的啤酒,但不需要确定他的所有非法利润,只需要证明他偷了一些东西就可以了。

上诉法院的依据部分在于“利斯特诉斯塔布斯案”(*Lister v. Stubbs*)的判决。[9] 该案判决认为,秘密收益者只需将其雇主作为债务人向其雇主交代

---

① *Zobory v. Federal Commissioner of Taxation*(1995)129 A. L. R. 484.

② *Boardman v. Phipps*[1967]2 A. C. 46.

③ *R. v. Shadrokh-Cigari*[1988]Crim. L. R. 465. *Attorney-General of Hong Kong v. Reid*[1994]1 A. C. 324;*Attorney-General v. Blake*[2001]1 A. C. 268.

④ [1986]Q. B. 491. Cf. *FHR European Ventures LLP v. Cedar Capital Partners LLC*[2014]3 W. L. R. 535.

⑤ *R. v. Cooke*[1986]A. C. 909.

⑥ Attorney-General's Reference(No. 1 of 1985)[1986]Q. B. 491 at 507.

⑦ *Re Diplock*, *Diplock v. Wintle*[1948]Ch. 465 at 521;*Ministry of Health v. Simpson*[1951]A. C. 251;*Clark v. Cutland*[2004]1 W. L. R. 783.

⑧ *Warman International Ltd. v. Dwyer*(1995)182 C. L. R. 544 at 561-562.

⑨ (1890)L. R. 45 Ch. D. 1.

即可。这与现代的衡平法和信托法是无法调和的。① 此外,法院还将推定信托的概念引入盗窃法中。② 例如,在“泽博瑞诉联邦税务局局长案”(*Zobory v. Federal Commissioner of Taxation*)③中,雇员秘密侵占了雇主100万美元的资金,并将其为了自己的利益而投资。他的投资给他带来了13.0709万美元的利息收入。澳大利亚联邦法院承认这笔利润是根据推定信托持有的,而雇员供职的公司是该信托的受益人。

把偷窃价值1000英镑货物的商店窃贼送进监狱,而把用雇主的钱赚了大笔利润的人丢给民事法院来处理,这是不协调的。如果泽博瑞损失了所有的钱,被宣布破产,民事法院将无法提供救济。这种类型的大型欺诈显然是刑法的业务。显然,立法机关将这种行为视为犯罪。2006年《欺诈法》第4条的目的是防止受托人为了个人利益而滥用受托人的信托地位。

6-077 推定信托的其他例子是,代理人为委托人进行谈判时,对方向代理人行贿。检方显然要做的是指控该代理人犯有贪污罪④或欺诈罪,因为指控盗窃罪有困难。民法上较好的观点是,代理人成为贿赂的推定受托 1276
人,⑤因此,如果有悖诚信,可以对其成立盗窃罪。法院已接受该论点。在“香港律政司诉里德案”(*Attorney-General of Hong Kong v. Reid*)⑥中,被告人是检察官,长期以来多次受贿。法院认为,他处于受托关系中,因此对其雇主负有受托义务。他拿走贿赂,违反了该义务,因此代表贿赂的财物是基于推定信托为其雇主保管的。⑦ 因此,那些从雇主的财物中获益的人现在属于基于信托持有这些财物。

然而,还有一个例子涉及商业秘密。上面说过,商业秘密不被承认为盗窃法上的财物。但非法使用商业秘密的人有时可能会被视为利润的推定受托人,在此类案件中,在满足其他条件的情况下,他可能会犯盗窃利用商业

① *Attorney-General of Hong Kong v. Reid*[1994]1 A. C. 324 is to be preferred to *Lister v. Stubbs*(1890)L. R. 45 Ch. D. 1. *Dyson Technology Ltd. v. Curtis*[2010]EWHC 3289;*Tesco Stores Ltd. v. Pook*[2004]I. R. L. R. 618;cf. *Sinclair Investments(UK)Ltd. v. Versailles Trade Finance Ltd.*[2010]EWHC 1614(Ch).

② *Westdeutsche Landesbank Girozentrale v. Islington LBC*[1996]A. C. 669 at 717;*R. v. Shadrokh-Cigari*[1988]Crim. L. R. 465. *National Grid Electricity Transmission Plc. v. McKenzie*[2009]EWHC 1817(Ch).

③ (1995)129 A. L. R. 484. *Agip(Africa)Ltd. v. Jackson*[1990]Ch. 265 at 289-291;*Black v. S Freedman & Co.*(1910)12 C. L. R. 105 at 110.

④ *Wheatley v. Commissioner of Police of the British Virgin Islands*[2006]1 W. L. R. 1683.

⑤ *Reading v. Attorney-General*[1951]A. C. 507;*National Grid Electricity Transmission Plc. v. McKenzie*[2009]EWHC 1817(Ch). Cf. *Powell v. MacRae*[1977]Crim. L. R. 571.

⑥ [1994]1 A. C. 324.

⑦ *FHR European Ventures LLP v. Cedar Capital Partners LLC*[2014]3 W. L. R. 535. William Gummow,“Bribes and Constructive Trusts,”(2015)131(1)L. Q. R. 21.

秘密而取得的收益的犯罪。

6-078 但是,啤酒商并不知道已经赚取了这部分利润。

这并不重要。人可以拥有财物,尽管他不知道。在这些情况下,实际的困难在于确定有悖诚信。不能指望雇员知道公平的规则,他很可能认为自己用雇主的财物赚取的钱是自己的,特别是在他贡献了自己的财物、劳动或技能的情况下。雇员明知自己实施了侵犯雇主的民事过错行为,并不等同于明知自己侵占了雇主的财物,或明知自己有义务为雇主的利益处理收益。即使雇员背叛了自己的内疚感,如对雇主就此事说谎,这也可以归结为明知自己有民事过错,而不是明知自己有盗窃行为。因此,除非该雇员在侵占收益之前寻求法律意见,否则他可能会成功地以自己不是有悖诚信为由进行
1277 抗辩。故意违约不一定是有悖诚信的盗窃。

6-079 但是,这个立场靠谱吗?这位员工在被起诉和交叉诘问时说:"我知道自己的所作所为其实并不老实,也不应该这样做。我知道如果被发现的话,我就会惹上若干法律上的麻烦。但我对老板没有任何伤害,我当然也没有想到我赚的钱是属于他的。"当然,他应该被算作有悖诚信。他没有做任何努力去了解法律规定。他隐瞒了自己的所作所为,因为他知道如果真相大白于天下,他很可能要被迫吐出所获收益。他不知道债务和信托的区别,这无关紧要。很少有外行人知道。如果认为盗窃法对信托关系的适用取决于对这种区别的了解,就会使该法失去效力。

你的观点是有道理的。但反对的理由是,如前所述,盗窃的对象必须是属于他人的财物,如果被告人没有意识到所得收益属于他人,或者没有意识到他承担《盗窃法》第5(3)条所规定的义务,就不具备盗窃罪的犯意。违约行为本身一般不构成犯罪。如果被告人认为自己只是违约,就缺乏犯意。在实践中,除非雇主在不当行为发生前或非法所得在雇员银行账户里时,就雇员的地位警告过该雇员;否则,盗窃罪的指控很可能不会成功。

不过,在很多情况下,要证明被告人有悖诚信并不难。为了自己的利益将雇主资金拿去秘密投资,显然是有悖诚信的。同样地,购买餐厅或酒馆及其中设备的成本,涉及大量的投资,大多数人都会意识到,用他人的大量投资来赚取利润,且以他人的利益为代价,是有悖诚信的。[①]

第16节 非占有人的侵占行为

6-080 窃贼必须侵占相关财物。在普通法中,盗窃是指未经他人同意

---

① Cf. *D. P. P. v. Gohill*[2007]EWHC 239(Admin.).

拿走他人占有的物品。这在社会层面上主要有两个方面的不足。

它只限于盗窃有形的东西;因此,如果某人有悖诚信地将他人银行账户余额转到自己账户上,他不构成盗窃罪。你不能窃取像银行对客户的债务这样的无形物,因为你不能"拿走"。

禁止"拿走"的禁令并不影响已经占有该物的人,如借用人、租用人等;他们不能"拿走"他们已经占有的东西,所以他们不能偷盗,即使他们带着它逃走。或者说,律师们是这样推理的。盗窃罪的法律被零碎地延伸到这类情况,但这只是拟制的修修补补。 1278

刑法修订委员会在开始对法律进行雄心勃勃的重塑时,需要一个新词来表达新的盗窃罪的基本行为方式。侵权行为法中有个概念叫"将财物转为己用"(Converting property to one's own use),但委员会认为"转为"一词对陪审团来说并不容易理解,这可能会使他们认为必须将财物转化为其他东西。因此,委员会选择了"侵占"一词来表达同样的想法。

侵占可以通过非法占有或其他方式发生。一般意义上的侵占的本质是,它涉及以表明剥夺所有权人所有物的意图的方式控制财物。上诉法院在"女王诉莫里斯案"(*R. v. Morris*)中批准的《简编牛津英语词典》中的定义是,"据为己有或据为他有"。[①] 换句话说,这是具有实际效果(尽管不一定是法律效果)的行为,使他人的财物具有属于你的性质。我们可以称其为普通含义或字典上的含义。从这个意义上说,以剥夺他人财物为目的,非法吃别人的饭菜、骑走别人的车、将别人的车交给他人,或把别人的钱花掉,显然是侵占行为。

6-081 您的意思当然是说,这些都是未经物权人同意的行为。

我希望是这个意思,但可惜不是。1968年的《盗窃法》并没有规定物权人必须不同意。如果我要求借你的自行车,然后把它骑走,秘密计划把它卖掉,我在拿车的时候就构成了侵占,尽管我是在你同意的情况下拿的。旧法认为,虽然盗窃罪是未经物主同意取走物主财物,但这意味着"未经车主的完全自由同意"。一些因欺诈或错误而造成的不完全同意,并不影响对盗窃罪的定罪。在刚才的例子中,假设借车人虚假陈述以取得借用自行车的许可;因为借车人意图偷车,所以从他借车的那一刻起,他就犯了盗窃罪;法律推定车主根本不同意被告人占有自行车。为了避免任何拟制,刑法修订委员会决定在盗窃罪的主要定义中不谈及物权所有者同意的问题。这意味着双方合意的馈赠行为可能会被《盗窃法》含摄。[②]

---

① [1983]2 W. L. R. 768.

② *R. v. Hinks*[2001]2 A. C. 241.

6-082 您是说基于剥夺他人自行车的故意骑车走人,是侵占行为。侵占行为究竟在什么时候发生?当小偷开始骑车的时候?

最迟是小偷刚刚将手放在自行车上的时候。刑法修订委员会意识到侵
1279 占的概念可能会在这样的边缘案件中引起问题,因此决定在一般的字典意义之外,赋予该词以更具体的含义。我们已经了解《盗窃法》第3(1)条的部分内容,其全文如下:

"对所有权人的权利的任何篡夺都构成侵占,这包括在没有偷窃财物的情况下(无论是否是无辜的)取得该财物,后来通过以物主身份保留或处理该财物而对该财物的权利的任何篡夺。"

我们可以将此称为广义上的侵占。该款中的权利篡夺是指对权利的僭取。因此,侵占的定义包括做只有所有权人可以合法地做或授权做的任何与财物有关的事情。有学者认为,即使是单一的权利篡夺也足够了。在"女王诉莫里斯案"中,被告人从一家自助商店的货架上取下了若干物品,并在这些物品上贴上了他从价格较低的物品上撕下的价格标签。在结账时,他支付了较低的价格。然后,他被逮捕了。

莫里斯在经过收银台后带着这些物品离开,借此他使这些物品脱离了所有权人的控制,根据字典的解释,有人可能认为当他使这些物品脱离店主的控制时,他侵占了这些物品。上诉法院认为,在较早的时间点,即顾客有悖诚信地将物品从货架上移走,意图偷窃,或调换价格标签时,就构成了广义上的侵占。将物品从货架上移走是侵占(移动物品是所有权的权利之一),而调换标签(不论是在移走之前还是之后)是侵占(移走)有悖诚信的证据。如果陪审团不相信在从架子上移走时,莫里斯的意图是有悖诚信的,那么《盗窃法》第3(1)条的第二部分就会发生作用:莫里斯在没有偷取物品的情况下拿到该物品,后来调换标签是以物主身份对该物品加以处理的行为,因此存在侵占行为。

6-083 不过,莫里斯换标签的时候,他并没有意图从现在开始剥夺物权人的所有权。他只是准备在通过收银台的时候再去剥夺物权。

你的论点显然没有向法院提出;但可以推测,法院在面对这个问题时,应该会说意图可能与未来有关。小偷不需要将他的广义上的侵占行为计划成是剥夺所有权人的行为,只要该行为是他为剥夺所有权而意图实施的行为的一部分就足够了。当莫里斯在超市货架旁实施不当行为时,他的意图是剥夺物主的所有权,尽管他要到后来经过收银台时才会得到占有(所以实际上是剥夺了物主的权利)。超市同意别人从货架上拿东西,所以即使是广义上,也肯定不可能是侵占。我们不得不说,篡夺物主的权利是侵占。但
1280 是,莫里斯把物品从货架上拿下来的时候,他得到了物主的默示同意,所以

并不是篡夺了物主的权利,他只是按照物主允许的方式来处理。上议院审理时,也持这种观点。①

“如果假设诚实的顾客从货架上取走货物放在手推车里,然后带到收银台支付正确的价格,我看不出这些行为涉及购物者对超市权利的任何篡夺。就第 3(1)条而言,我认为侵占,并不涉及经所有权人明文或默示授权的行为,而是对该等权利的不利干扰或侵占。当诚实的购物者如我刚才所描述的那样行事时,他是在超市所有权人的默示授权下,将商品从货架上取下,放进手推车,带到收银台,并在那里支付正确的价格,这时,商品的所有权就会首次转移到购物者手中。正是在超市所有权人的同意下,无论是明示还是默示的同意,购物者才会采取这些行为,从而至少获得对货物的控制,即使不是实际所有,在稍后的阶段,在收银台支付适当的金额后,获得货物的所以权。”

上议院认为更换商品价签是侵占,因为这不当干预或篡夺了物主权利之一。侵占并不要求取得所有权人的全部权利;相反,干涉就足够了。在“女王诉莫里斯案”②中,法院认为,调换价签是侵占,因为这是未经授权的行为,且僭取了所有权人的权利。只有所有权人有权决定是否对自己的财物进行折价。如果偷换标签者在没有被发现的情况下离开店面,他在没有支付全额货款的情况下将商品拿走,也会构成侵占,因为这也涉及购物者对超市享有的物权的篡夺。但是,由于只偷了一件商品,所以只能构成一个盗窃行为。其行为过程:调换标签、结账时出示商品、以较低的价格拿走商品离开店内,可能是数个侵占行为,但都指向一个盗窃行为。可能在一次盗窃过程中,有数次侵占,也可能有数次侵占不同商品的行为,每一次都构成单独的盗窃,③但同一财物不可能连续被盗窃。

6-084 您是不是说,如果我只是把一双鞋的标签调换了一下,想以更低的价格买到,即使我改变了主意,把它放回店里的货架上,也是偷窃罪?如果我租了一辆车,本来不意图还车,但两分钟后又改变主意,那又如何?

至于从商店的货架上拿走货物,至少构成盗窃未遂,因为你篡夺了货主的一项权利,毕竟你没有任何权利调换标签。此外,你调换标签的目的是永久地剥夺货主的全价。 1281

租车的情况就比较复杂了,因为你是在租车协议下得到车主的同意,你

---

① *R. v. Morris*[1984]A. C. 320 at 331 *per* Lord Roskill in *obiter dictum*. *Aliter*, *D. P. P. v. Gomez* [1993]A. C. 442.

② *R. v. Morris*[1984]A. C. 320 at 331 *per* Lord Roskill.

③ *R. v. Atakpu*[1994]A. C. 69 at 79, Glanville Williams, “Appropriations: A Single or Continuous Act,”[1978]Crim. L. R. 69. *R. v. Skipp*[1975]Crim. L. R. 114.

没有超出授权的范围,因为你把车还给了车主。尽管如此,你还是犯了盗窃罪。任何同意都会因为你的欺诈行为而失效,而你在占有时就已经存在欺诈行为。关于这一点的主要案例,通常都涉及欺诈,而且欺诈行为提供了明显的证据,证明了被告人最初占有汽车时的不良意图。在这些案件中,法院认为,由于被告人在占有该车时具有永久剥夺车主权利的故意,因此侵占行为在被告人占有该车时就发生了。

还有若干与此判旨不同的较早判例,但实际上都已经被"检察长诉戈麦斯案"推翻。例如,在"女王诉赫科克案"(*R. v. Hircock*)中,在达成租购协议后,被告人提供了一个假名,以取得汽车的所有权,因为他的真实姓名被列入了黑名单,因此如果他说了真话,就不会取得汽车的所有权。被告人在14日后将车卖掉。法院认为,最初对该车的占有是以欺骗手段取得的,只有在14天后被告人卖车时才发生了侵占。本案现在已被2006年《欺诈法》涵盖,但如果检察官不力,将其指控为盗窃罪,则从被告人占有汽车的那一刻起,侵占行为就会被视为已完成,因为他从那一刻起就有盗窃罪的犯意。

6-085 在"女王诉阿塔普案"(*R. v. Atakpu*)中,被告人使用欺诈手段(伪造护照和证件),在德国和比利时获得对租车的占有。他们在进入英国的边境被海关扣留,他们的假证件被没收。法院要解决的问题是确定汽车被盗的行为,是在德国/比利时还是在英国发生。由于被告人使用伪造的文件来取得对汽车的占有(有悖诚信的行为),从证据中可以推断,他们从取得财物的那一刻起就意图永久地剥夺车主的权利。上诉法院认为,被告人在德国和比利时从占有汽车的那一刻起,就已经实施了侵占行为,因为他们从那一刻起就有了犯意。盗窃罪是在侵占行为发生时发生的。如果实施了欺骗或欺诈行为,所有权人可能不会立即意识到侵占。如果财物因欺诈性表示而转移到某人手中,尽管财物的转移是在所有权人同意的情况下发生的,但成立侵占。

在实践中,不可能证明司机何时形成犯意。在"女王诉阿塔普案"中,这一障碍被克服了,因为有明显的欺诈证据(欺诈性文件等),证明被告人在首次占有汽车时就有盗窃的犯意。在"女王诉弗里奇案中"(*R. v. Fritschy*),被告人被要求从英国的金银商处收集一些克鲁格朗硬币,然后带去瑞士。他
1282 收集了这些钱币,但并没有将其交付给主人。法院裁定,在英格兰并没有侵占,因为没有证据显示被告人在到瑞士之前,在被害人所赋予的权利之外行事。有人认为,弗里奇在英国首次占有货物时是否具有盗窃罪的犯意并不重要。在这种情况下,在被告人的行为超出了物主所赋予的权限之前,警方是不可能采取行动的,因为无法确定他何时形成盗窃犯意(被告人形成永久剥夺被害人的财物的意图的时间点一般只有被告人才知道)。

与“女王诉阿塔普案”和“女王诉赫科克案”不同的是,在“女王诉弗里奇案”中没有任何欺诈的证据。我们不知道弗里奇拿到硬币时,是怎么想的。他离开英国时,很可能是意图做正确的事情。他的坏心思可能是在到达瑞士后形成的。如果没有被告人在占有时有悖诚信的证据,那么只有后来的处置行为才能证明被告人的有悖诚信意图,因而陪审团可以推断,如果被告人在占有时不意图侵占货物,那么他在处置货物时,他侵占了货物。

6-086 在“女王诉莫里斯案”中,上议院扩大了盗窃罪的犯罪行为的定义,认为任何对所有权人权利的篡夺都足以满足盗窃罪的犯罪行为要求。一旦购物者调换标签,意图永久地剥夺商店的全价财物,无论调换标签者是否改变主意,决定将商品放回货架上,盗窃的行为(侵占)即告完成。“女王诉莫里斯案”规定的唯一限制是,“经所有权人明确或默示授权”的行为,不对所有权人的权利造成不利干扰或侵占,因此不构成盗窃罪的侵占行为。然而,上议院在“检察长诉戈麦斯案”中取消了这一限定,这意味着即使是经授权的行为,如从商店的货架上移走货物,如果移走者具有盗窃罪的犯意,也构成盗窃罪的犯行。

仅仅将货物从货架上移走,算不上是未遂,更不用说盗窃罪既遂。当然,适用同意限制是区分单纯的思想犯与未遂和已完成的获取的合理方法。同意的规定意味着,盗窃罪犯行要求被告人做更多的事,而不单是在物主的同意下触碰货物。只要被告人在被害人的同意下取得了被害人的财物,思想犯就不应该被视为犯罪既遂。

假设卧底警察在某高端酒类零售商店门口听到被告人正在计划进入店内盗窃一瓶1998年的“奔富牌”(Benford)高级葡萄酒。被告人进去拿起一瓶酒看了看,但又改变了主意,把它放回去。当他走向出口时,他被警察逮
捕了。 1283

被告人除了偷酒的想法外,并没有做过多的事情,他甚至没有尝试过超越店主的权限行事。酒瓶摆在货架上,以便顾客拿起酒瓶,看一下酒标上的注释。如果被告人把一瓶酒放在大衣口袋里,然后再放回去,那就属于擅自处理酒的行为。在后一情况下,被告人至少已经试图侵占该酒,而且按照“女王诉莫里斯案”中的分析,被告人已经侵占这瓶酒。① 但根据“检察长诉戈麦斯案”,从被告人首次拿起酒瓶的那一刻起,犯罪行为就已经既遂了。

6-087 在“检察长诉戈麦斯案”中,上议院适用了“劳伦斯诉大都会警

---

① Andrew Ashworth, "Taking the Consequences," at 107; R. A. Duff, "Acting, Trying, and Criminal Liability", and Richard H. S. Tur, "Subjectivism and Objectivism: Towards Synthesis", all in Shute *et al*. (eds) *Action and Value in Criminal Law*, (Oxford: Clarendon Press, 1993). Simon Gardner, "Appropriation in Theft: The Last Word," (1993) 109 *L. Q. R.* 194.

察局局长案”设立的规则。[①] “检察长诉戈麦斯案”和“劳伦斯诉大都会警察局局长案”都是欺诈案件,但都被错误地作为盗窃案起诉。英国刑事上诉制度的一个特点是,上级法院无权改变错误的控诉罪名,因此,如果控方提出错误的控罪,可选择的方法是将被控犯罪扩大,以涵盖涉案事实,或是无罪释放。在上述案件中上级法院都将理论延伸到极限,以达到定罪的目的,因为被告人显然应该被定罪。这两起案件都不存在司法不公的情况,因为被告人都利用欺诈行为“获取”了属于他人的财物。[②]

在“检察长诉戈麦斯案”[③]中,被告人是商店的副店长,有顾客想用两张盗来的支票购买商品。被告人知道这些支票是偷来的,于是欺骗店长批准销售以将被盗支票兑换成商品。他被控违反1968年《盗窃法》第1(1)条,构成盗窃罪。被告人辩称,自己根据客户与商店之间的合同销售了货物。在此情况下,没有侵占属于他人的财物的行为。上议院认为:“经货物所有人明确或默示授权或同意的行为,可构成对货物的侵占。”[④]在“检察长诉戈麦斯案”中,上议院推翻了若干采取比较理智的做法的判决,认为在被告人开
1284 始在所有权人的许可之外行事之前,不存在该法第3(1)条规定的侵占。法院之所以对该案作出这样的判决,是因为认为自己受上议院在“女王诉劳伦斯案”中的判决的约束。[⑤] 但该案本身比较特殊,因为“欺诈”使持有人取得的所有权无效。欺诈行为使“检察长诉戈麦斯案”“劳伦斯案”中的同意无效,因此可以认为,关于侵占通常是对所有权人权利的不利(未经同意/未经授权)僭取的一般要求与这些案件的事实是一致的。如果劳伦斯对被害人说:“尽管你只欠我56便士,但我可以从你的钱包里拿6英镑作为出租车费吗?”答案将是“不”。同样地,如果戈麦斯对他的经理说:“你能接受我的同伙用偷来的支票支付吗?这样他就可以带着贵重的货物离开店面,而不需要真正付钱。”经理会说:“不。”

6-088 同意的要求有什么好处?

在“女王诉莫纳汉案”(*R. v. Monaghan*)[⑥]中,超市的收银员拿了顾客的货款,把钱放进了收银台,但没有按确认键(所以没有记录)。她有悖诚信地

---

① [1972] A. C. 626.

② P. R. Glazebrook, “The Thief or Swindler: Who Cares?” (1991) 50 *Cambridge L. J.* 389. Cf. Stephen Shute and Jeremy Horder, “Thieving and Deceiving: What is the Difference”, (1993) 56 *Mod. L. Rev.* 548; C. M. V. Clarkson, “Theft and Fair Labelling,” (1993) 56 *Mod. L. Rev.* 554. Dennis J. Baker, “Constitutionalizing the Harm Principle”, (2008) 27 *Crim. Just. Ethics* 3 at 17-22.

③ [1993] A. C. 442.

④ *D. P. P. v. Gomez* [1993] A. C. 442.

⑤ [1970] 3 W. L. R. 1103.

⑥ [1979] Crim. L. R. 673.

想把钱拿出来留着,但在如此行事之前,她被逮捕了。人们会以为法律的介入太早,但上诉法院维持盗窃罪的定罪,理由是莫纳汉把钱放在收费箱内的时候,她就犯了该罪。为了理论争议的目的,假设钱柜里没有其他钱(这是不可能发生的情况),从法律的角度来看,很难理解把钱放进钱柜是侵占行为。按照字典上的含义,莫纳汉并没有将钱款篡夺;她当时并没有将钱据为己有。这也不属于《盗窃法》第3(1)条范围内的侵占,因为莫纳汉并没有通过将钱放入公司收款机,篡夺所有者的权利。

有人回答说,可以支持有罪判决,因为莫纳汉没有被授权将顾客的钱存入收款机,除非她按了确认键。但这种看待雇主意图的方式十分奇怪。他肯定宁愿把钱放进收银台,即使是不正常的,也不愿意不把钱放进去。无论如何,钱是属于公司的,而收款机是莫纳汉应该放进钱的地方。她没有把现 1285
金记入收款机的事实,是指控她做假账,①而不是指控她盗窃的依据。法院现在认为,人在做其被授权甚至应该做的事情时,也可能构成盗窃罪。这是危险和无原则的规则,因为它使盗窃罪的认定不取决于被告人做了什么错事,而只取决于他的心态。"女王诉莫纳汉案"中存在关于被告人有悖诚信意图的证据,但在没有证据证明某项客观上的违法行为的情况下,犯意的证据不应该是定罪的充分证据。未按规定按确认键,或按工作要求将钱放入钱柜的事实,不能合理地被视为侵吞钱财。

如果现实的假设是,在收银机还有其他钱,那么这项判决就更难作出了。在该案中,莫纳汉的意图不是要拿走从顾客那里收到的特定纸币和硬币,而是拿走相当于该价值的任何纸币和硬币。鉴于此,控方必须面对另一个难题,即意图的证明(我们认为同样难以克服)。莫纳汉对她放入收银机的特定纸币和硬币不成立盗窃罪,因为她不但没有取走这些纸币和硬币,而且不一定有取走这些纸币和硬币的意图。这些纸币或硬币只是她日后想从中偷取的一笔钱的一部分。认为莫纳汉既偷了钱柜里那部分无法辨认的钱,也无助于控方的论点。不存在侵占不可辨认的部分钱款的情况。

6-089 让我给读者诸君讲另外的情况,或者说更极端的情况。这往往是一个说下去的好办法。"我采取了极端的做法,"爱丽丝含泪回答道,"我那位优秀的女家庭教师总是说,有疑问时,就想想极端的情况。而我当时就有疑问。"假设欧米诺公爵的②管家向这位女佣提议,两个人应该远赴澳大利亚一起寻找更有价值的新生活。"我已经找到了公爵老爷的保险箱的钥匙,"他说,"这样,我就能把所有的现金和首饰都取出来,老爷的银子,你能

---

① Section 17 of the Theft Act 1968.

② Anthony Trollope's, *The Pallisers: The Six Famous Parliamentary Novels* (London: Coward, McCann & Geoghegan, 1974).

拿多少就拿多少。”有人偷听到了这段对话,这位管家被抓了。难道他已经犯了偷公爵银子的盗窃罪?管家已经同意银子被拿走了,既然只有公爵(亲自或通过其授权的代理人)才能合法地允许银子被人拿走,那么管家已经篡夺了主人的权利。但当然,认为管家已经偷了银子的结论是荒谬的。而“检察长诉戈麦斯案”甚至不需要未经授权的行为。[①]

上议院最近作出的判决,几乎完全免除了既遂犯罪所需的犯行要求。仅仅是在店主的允许下从货架上拿起物品,并不构成盗窃罪的犯罪行为。
1286 这也是免去同意要求所导致的核心缺点。在“艾迪诉尼曼案”(*Eddy v. Niman*)中,[②]被告人和朋友在醉酒状态下进入大型超市,意图偷窃商品。他们将若干商品放在店家提供的手推车上,但在到达收银台前就将商品遗弃。法院以被告人没有《盗窃法》第1(1)条规定的侵占为由,驳回了盗窃罪的指控。法院认为,“犯罪行为”应是“与所有者权利不一致的公开行为”,仅仅将货物放入商店提供的容器中并不是与所有者权利不一致的公开行为。但是,这不是法律所规定的内容。无独有偶,篡夺物权人的任何单一权利都构成“女王诉莫里斯案”中的侵占行为。根据现行法律,在理论上不可能将准备行为与实际未遂,以及实际未遂与既遂的盗窃区别开来。如果将既遂盗窃限定在未经所有权人真正同意而篡夺了所有权人的权利的情况下,就有可能以被告人的实际过错程度来分级定罪处罚。既遂的盗窃肯定要涉及实际取得:占有,所有权(即使是可撤销的),或者被害人权利动产的减少,等等。

6-090 我想,如果邮差非法开了1封信,然后把信冲进厕所以掩盖自己的行为,应该是盗窃吧?

当然。《盗窃法》第1(2)条规定:

“侵占是为了获得财物,还是为了小偷自身的其他利益,并不重要。”摧毁一个东西而不占有它是否是盗窃,这值得怀疑。这不是一般意义上的侵占:安放爆炸装置的行为人并没有侵占他所爆破的财物。然而,《盗窃法》第3(1)条是强制性的;属于该条规定的任何行为都是侵占;而破坏财物当然是财物所有人的权利之一。在实践中,检验盗窃法的范围是没有意义的;对破坏而不侵占的行为的合理指控是刑事损害。

6-091 私自放飞他人的虎皮鹦鹉是盗窃吗?

这很可能是刑事损害或破坏行为,但没有理由不以盗窃罪起诉。对此,《盗窃法》第3(1)条是有价值的,放弃是物主的权利之一。擅自放走气体等,也应该是盗窃罪。

---

① Cf. *R. v. Pitham, Hehl*(1976)65 Cr. App. R. 45.

② (1981)73 Cr. App. R. 237.

第17节 占有人的侵占

6-092 如果一个人基于盗窃的意图接受对他人财物的占有,似乎是侵占行为。如果是善意地接受了财物,则在随后首次出现有悖诚信的错误侵占时,构成盗窃。如果在此之前属于善意的占有人非法地签订了出售物品的合同并交付物品,或将其送人,或将其销毁,则构成侵占。如果以保留为 1287
目的,将他人物品藏匿起来,则是侵占行为。占有人告诉物主该物品已经遗失,构成侵占;占有人拒绝归还物主,或者否认物主的所有权——告知物主他不会归还的另一种方式,都构成侵占。这些传统的侵占型侵权行为(现归入非法侵扰货物一类),都可以实现盗窃意图,都被视为《盗窃法》第3(1)条广义上的侵占。如果受托人保管受托物的权利终结,就算是使用该物品,也足以成立侵占。

6-093 假设物品的租购人有悖诚信地出售物品,这属于违约将物品据为己有,还是盗窃?

假设存在犯意,就是盗窃。租购人是租赁者,是受托人;在他支付所有到期的款项之前,不会成为车主。在通常的汽车租购合同中,汽车经销商将汽车卖给租购公司,该金融公司将汽车租给租购人。这是由租购人在汽车经销商办公室签署的单据来完成的。所以答案是,如果租购人明知法律规定,仍将汽车交付给自己非法出售汽车交易的相对方,那么他就构成了针对该金融公司,即车主的盗窃罪。

6-094 如果没有实际交付呢?

如果受托人已经订立了出售受托物品的合同,但不意图交付该物品,而只是欺诈第三人,并意图将物品返还给物主,则不能成立盗窃罪,因为他不意图永久剥夺物主的权利。[①] 但如果只有在交付物品后才能从第三方处收到付款,则很容易证明他有剥夺的意图。在这种情况下,根据“女王诉皮瑟姆案”(*R. v. Pitham*)[②]的授权,他将被认定盗窃罪。[③] 即使这一判例被认定存在错误,上述受托人也可能因为《盗窃法》第3(1)条第二部分而被判盗窃罪,因为他已经“取得”了该物品,并且此后(可能被同意)通过以物主身份处理该物品篡夺了对该物品的权利。然而,人们仍然可能会质疑,仅仅是出售的要约,甚至是无法转移物权或者没有实际交付的出售,[④]就可以被恰如其

---

① *R. v. Fernandes*(1996) 1 Cr. App. R. 175 at 188 *per* Auld L. J.

② (1976) 65 Cr. App. R. 45.

③ *Rogers v. Arnott*[1960] 2 Q. B. 244.

④ *Attorney-General of Hong Kong v. Nai-Keung* [1987] 1 W. L. R. 1339.

1288 分地称为该款范围内的“处理”。受托人的行为看起来更像是未完成罪:企图以欺诈手段获取金钱,或(如果购买者知道事实)共谋欺诈或盗窃,或盗窃未遂。如前所述,提供物品出售的非所有权人甚至不构成侵权行为;他不被视为已将物品转为己用,因为他既没有转移占有,也没有转移物权。

6-095 对于占有人来说,仅仅是保留物品而不归还,是否可以构成侵占?

可能构成。该问题可能在下列情况中出现:(1)受托人在受托期过后或在其占有权结束后保留物品;(2)最初善意占有物品的其他人,在意识到谁是物品的所有权人后保留物品。[1] 法院认为,《盗窃法》第3(1)条的立法目的是将“以物主身份保留”的错误行为作为盗窃处理。[2] 这并没有解决义务问题。假设某人有意识地通过积极的行为取得了对他人财物的占有,如果保留的权利终止,就可以认为他有义务归还财物,当他在合理的时间内没有归还财物,就构成盗窃罪。如果不是有意识地通过积极行为取得对他人财物的占有,这个问题就比较困难。例如,有人可能通过邮局寄给我一份珍贵的文件,而我没有权利得到它,当我打开包裹时,认识到自己没有权利得到它。如果我把它放在壁炉上销毁,我是否犯了盗窃罪?如果我没有做任何事情让我自己承担起义务,我是否有积极的责任来激励自己?根据相关法源,你的保留行为可能构成盗窃。此外,从“检察长诉戈麦斯案”来看,受托人只需形成有悖诚信的意图,就构成盗窃罪,即使他还没有开始受托之外的行为,结论也是如此。

6-096 行为人对同一被盗物品可以连续多次行使所有权人的权利。难道每次都在实施盗窃吗?

一般来说,答案是否定的。《盗窃法》认为侵占是事件,例如,该法第3(1)条规定,只有在占有人没有偷窃该物的情况下,以所有权人身份保留或处理该物才构成盗窃罪中的侵占。[3] 按照常理,小偷的每次使用不算重新偷东西;因此,唯一可靠的规则是,对同一小偷而言,第一次偷窃的侵占,也是最后一次(盗窃犯的朋友如果借了被盗物品,可以自己构成盗窃)。但是,小偷不应该为了自己的利益,纯粹把这个规则当作技术性的抗辩,坚称自己被
1289 控的侵占行为存在不准确之处——“不,我不是周二偷的,我是周一偷的。”认为指控准确的侵占行为(就像所有权一样)是不重要的,如果没有任何事情取决于它,似乎是有道理的。例如,有时,偷窃行为是通过有悖诚信地占

---

① *D. D. P. v. Gomez*[1993]A. C. 442 at 475. Cf. *Walters v. Lunt*(1951)35 Cr. App. R. 94.

② *Scholefield v. Greater Manchester Police*(2000)CO/2386/1999 [Q. B. D.(Divisional Court)]. *Broom v. Crowther*,(1984)148 J. P. 592.

③ *R. v. Atakpu*[1994]Q. B. 69 at 79. *R. v. Stringer*[1992]94 Cr. App. R. 13.

有财物，还是通过后来对财物实施错误行为而构成，存在疑问；[①]依据后一种错误行为指控盗窃罪，一般而言，被告人是通过取得财物而偷窃不应成为抗辩理由。

当提出纯技术性的侵占问题时，法官可能会认为修改起诉书是明智之举；但除非被告人或其他人是否有罪取决于盗窃性侵占的具体行为方式，否则修改是不必要的。在上面提到的案件中，如果侵占的时间对定罪有重大影响，就可能出现问题。读者诸君应该已经了解到了上诉法院处理这些问题的方式。他们会在具体案件中将侵占的定义为存在有悖诚信。这不是法律规则，而是关于法院在实际中可能如何行事的建议。

盗窃行为的准确时间，标志着盗窃的从犯和处理盗赃物者之间的分界线。要成为犯罪的从犯，就必须在犯罪行为完成之前实施行为；人无法成为事后实施的行为的从犯。相反，要成为处理盗赃物者，就必须"在盗窃过程以外的情况下处理盗赃物"。[②] 该短语的目的是防止实际的小偷及其帮手因处理刚刚偷来的物品而被定处理盗赃物罪；因此，该短语应合理地理解为"偷窃之后"。但实践中可能发生的事情，将用假设的方式来说明。

6-097 案例 A。假设窃贼进入某栋无人居住的房屋，将贵重物品装入一辆面包车。然后，他们叫来一名同伙（此人至今未曾参与过该案），请他将面包车开到一个藏身之处，将赃物存放起来。他照做了。如果该同案犯被判处理罪，上诉法院很可能会正确地支持定罪，理由是在他到达之前就已经完成了侵占行为，因此，他的行为不是在盗窃过程中实施的，即使该行为是在盗窃现场和盗窃后不久就开始实施的。[③]

案例 B。事实与前述相同，但该同伙作为盗窃的从犯被定罪。上诉法院很可能再次维持原判，这次的理由是：该被告人介入时侵占行为尚未完成。[④]

为了对前后不一致的指控进行辩护，法院可以对这一问题进行推敲，称"是否、何时和由谁侵占财物的问题由陪审团根据案件的情况来决定"。[⑤] 1290

在抢劫罪中，侵占的时间问题也是很重要的，因为该罪要求在"盗窃前或盗窃时"立即使用暴力或威胁。[⑥] 法规中的这些措辞是为了免除对盗窃后使用武力的窃贼的抢劫罪指控，即使他在盗窃后立即使用武力。但如果小

---

① *R. v. Fritschy*[1985]Crim. L. R. 745；*R. v. Hircock*(1978)67 Cr. App. R. 278.

② Section 22(1) of the Theft Act 1968.

③ *R. v. Pitham*，*Hehl*(1976)65 Cr. App. R. 45.

④ Cf. the *dictum* in *R. v. Hale*(1979)68 Cr. App. R. 415 quoted with approval in *R. v. Gregory*(1983)77 Cr. App. R. 41.

⑤ *R. v. Gregory*(1983)77 Cr. App. R. 41 at 46 quoted with approval in *R. v. Atakpu*[1994]Q. B. 69 at 78.

⑥ Section 8(1) of the *Theft Act* 1968.

偷在偷窃后立即对被害人使用暴力,或许是为了防止他发出警报,如果他被裁定为抢劫罪,上诉法院会以偷窃的时间有一定的持续性为由,维持定罪,如"女王诉黑尔案"(*R. v. Hale*)[①]。该案可得到其他案件的引用,[②]因为法院认为,盗窃行为在侵占行为完成后仍在继续。而论者们对何谓侵占的疑惑也因此加深。

第 18 节 侵占和违法性

6-098 前面关于盗窃法的讨论,将其最复杂的一些问题抛到了一边。这些问题涉及盗窃和通过欺诈而获得财物的交叉领域,以及通过欺诈获得财物和非通过欺诈获得财物之间的区别。还涉及根据《盗窃法》,盗窃行为是否需要是非法行为,而不仅仅是犯罪行为的基本问题。[③] 在本节中,我们将研究两种主要情况。(1)被告人在其有悖诚信的侵占行为之前取得货物的所有权。(2)被告人在侵占的同时取得所有权。在(1)的情况下,被告人一般不构成盗窃罪;在(2)的情况下,被告人可以犯盗窃罪。

第 19 节 被告人在侵占前取得所有权

6-099 更准确地说明上文已经提出的规则:如果行为人在被指控的侵占行为发生之前已经获得财物的所有权,则根据 1968 年《盗窃法》第 1(1)条的一般规定,不可能存在盗窃行为。[④] 这源于盗窃对象必须是"属于他人的财物"的规则。假设被害人把一件古董卖给被告人,事后发现自己犯了很大的错误,因为它的价值远远超过了他的想象。他马上去找被告人,告诉他这
1291 个错误,但被告人拒绝把东西还给他。被告人并非有悖诚信,因为他有权保留他的物美价廉的物品,但在任何情况下,陪审团不能只因为他们认为正直的人会把东西归还给卖方(对或错),而将被告人定为盗窃罪。这东西现在是属于被告人的,所以被害人不能偷偷拿回来。

当被告人只获得了可撤销的所有权时,情况是一样的。可撤销的所有权是指可以由对方当事人选择撤销的所有权,但在原所有权人行使撤销权之前,它仍然是产权(所有权、物权)。被告人从被害人处买了一台价值不菲

---

① (1979)68 Cr. App. R. 415.

② *R. v. Vinall*,[2012]1 Cr. App. R. 400 at 406,Pitchford,L. J. *R. v. Smartt*[2004]EWCA Crim. 2072 at para. 24;and in *R. v. Atakpu*[1994]Q. B. 69 at 78.

③ Glanville Williams,"Theft,Consent and Illegality",[1977]*Crim. L. R.* 127;Glanville Williams,"Theft,Consent and Illegality:Some Problems",[1977]*Crim. L. R.* 327.

④ Sections 5(3)and 5(4)of the Theft Act 1968.

的机器，被害人以被告人的保证为由，让她赊账（被告人说她有一份政府合同，即将收到一笔大额的预付款，所以一个月内就可以结账）。被告人在说出这番话时是善意的，但事实证明她被误导了，政府合同还没有完成。被害人与被告人签订的机械买卖合同，因被告人无过错的错误陈述而可撤销（被害人享有撤销权），但不因错误而无效。因此，根据合同的约定，可撤销的所有权转移给被告人，而在被告人发现真相后，以及在被害人宣告合同无效之前，被告人不归还的行为不构成第1(1)条的偷窃，即使被告人被认为是有悖诚信地行事，因为机器是她的。民法上不再认为其属于被害人，即使被害人可以通过行使撤销权使合同无效而将其取回。

当一个人根据可撤销的合同出售了货物，并有效地宣告合同无效时，该财物归其所有。因此，如果买主此后有悖诚信地侵占该货物（如明知合同已被宣告无效且他应将货物返还，仍将该货物出售），其行为可构成盗窃。虽然在可撤销的合同下，可撤销的所有权可以转移，但在无效的合同下，任何所有权都不能转移。当只有无效的表面合同，以及存在真实但可撤销的合同时，合同法就会对此问题加以规定，在此不详细研究。

第20节 通过欺诈、威胁或不正当影响取得所有权

"他们视欺诈为比偷盗更严重的犯罪，欺诈者很少有不被判处死刑的。他们认为一般人只要有点常识，小心谨慎，提高警惕，自己的东西就不会被偷。但手段高明的欺骗会令诚实的人防不胜防。人们永远需要进行买卖，必须要凭信用交易。如果纵容欺诈，不去制裁它，诚实的生意人就会吃亏，流氓无赖就会得势。"①

6-100 作家斯威夫特将盗窃视为偷窃或暴力罪。但他所生活的那个时代的立场是，盗窃罪是比以虚构真相的方式骗取财物更严重的罪行；因此，法官们总是准备好限缩法律的适用，在这两种罪行之间创造了一定的重叠，结果是欺诈（以虚构事实的方式骗取财物）②有时可作为盗窃罪处罚。不幸的是，1968年《盗窃法》或许延续了，甚至扩大了这种重合。通过欺诈手段获得某物的人，只要满足盗窃的其他要求，即使他获得了该物的可撤销所有权，也属于偷窃。至少上议院在"劳伦斯诉大都会警察局局长案"③和"检察 1292

---

① Jonathan Swift, *The Adventures of Captain Gulliver*, (London: Osborne & Griffin, 1785) at 50. 中译本参见［英］乔纳森·斯威夫特：《格列佛游记》，杨昊成译，译林出版社2012年版相关部分。——译者注

② 30 Geo. II, c. 24 § 1(1757).

③ [1971] A. C. 626.

长诉戈麦斯案”[①]中已经作出了类似裁决。在“女王诉欣克斯案”(*R. v. Hinks*)[②]中,上议院更进一步认为,如果陪审团裁定被告人做了有悖诚信的事情影响被害人作出馈赠的决定,那么接受该礼物(不可撤销的所有权)就是盗窃。

在“女王诉劳伦斯案”中,一位刚到维多利亚车站的意大利学生要求出租车司机劳伦斯送他去意大利中心。劳伦斯说,车费很贵。事实上,正确的车费大约是 10 先令 6 便士(10s. 6d)[③]。这名学生上了出租车,并提出车费为 1 英镑;劳伦斯接受了该报价,但又从这名学生打开的钱包里拿走了 6 英镑,这名学生没有提出反对。劳伦斯被判犯有盗窃“约 6 英镑”的罪名,上诉法院和上议院先后维持了有罪判决。

关于盗窃罪和欺诈罪之间的重叠,以及“劳伦斯案”的判决对这种重叠的影响,存在两种意见。该意见认为,通过欺诈手段有悖诚信地获得对金钱或其他财物的占有(但不是所有权),并意图对其加以保留,构成盗窃罪和以欺诈手段获得财物罪。[④] 可以对两种罪行中任一种提出控诉,或对两者同时提出指控,并获得对其中一项罪行的定罪。[⑤] 可以认为,即使这两种罪行以这种方式重叠,但在实践中,检方最好根据 2006 年《欺诈法》而不是《盗窃法》提出指控。首先,欺诈罪的控罪可让被告人更能知道其被指控的内容,因为详情会说明其被指控的欺诈行为(这在盗窃罪的控罪中是不会有的)。此外,以欺诈罪为控罪,可让法官更清楚地指示陪审团要认定的事实要素,将围绕侵占的神秘感从案件中清除出去。

6-101 如果骗子通过欺诈获得所有权,就会产生不同的意见。如果骗子欺骗他人(比如说)卖给她一件物品,被害人意图将该物品的所有权转移给她,那么骗子就获得了所有权,尽管这种欺骗导致这只是可撤销的所有权。他可以被指控为欺诈罪,但根据限制性盗窃论的观点,其不属于盗窃罪,因为骗子没有取得所有权。根据非限制性盗窃论的观点,检方再一次可以选择以盗窃罪起诉他,即使他没有所有权。可见,后一种理论使盗窃罪完全涵盖了欺诈罪(除某些细微的地方外,最主要的是盗窃罪不适用于土地等
1293 不动产)。

在两种意见中,限制性盗窃论(由史密斯教授提出),[⑥]就学说的明确性

---

① *D. P. P. v. Gomez*[1993]A. C. 442.

② *R. v. Hinks*[2001]2 A. C. 241.

③ 10s. 6d;0. 525 英镑。12 便士为 1 先令,20 先令为 1 英镑——要不要注释一下?

④ *R. v. Hinks*[2001]2 A. C. 241.

⑤ *R. v. Hircock*(1978)67 Cr. App. R. 278.

⑥ Glanville Williams,“Theft and Voidable Title”,[1981]*Crim. L. R.* 666 and J. C. Smith[1981] *Crim. L. R.* 679.

而言,更占优势,[1]但从《盗窃法》的文字中很难(我认为不可能)看出上述论点的迹象。因此,上议院在“劳伦斯诉大都会警察局局长案”和“检察长诉戈麦斯案”中再次驳回了该意见。[2] 辩护人的论点是,既然劳伦斯已经获得了学生的钱的所有权(无论所有权是无瑕疵的还是因欺诈而可撤销),那么这笔钱并不“属于他人”;钱属于劳伦斯,所以不能被劳伦斯偷。法院方面提出了有力的答复:

“《盗窃法》第15条所规定的以欺骗手段获取财物的罪行也包含‘属于他人’等字样。任何人如果以欺骗手段有悖诚信地取得属于他人的财物,且意图永远剥夺他人的财物,即属于该罪。第1(1)条和第15(1)条中的‘属于他人’一词,其含义不过是在侵占或取得财物时,该财物属于他人……对于上诉人的该论点,简单的回答是,他侵占的钱包里的钱属于他人,即来自意大利的那位学生。”此论点令人信服,但史密斯却对其加以回避,提出了不同的观点。他认为,该问题不取决于法院所引用的段落,而是取决于侵占的含义。在史密斯看来,如果某人获得了某事的全部所有权利益,就不属于对他人财物的侵占。

6-102 但是,没有什么是比获得他人财物的全部所有权利益更严重的侵占了。如果仅仅占有他人的财物就构成了侵占(如你所说,大家都同意),同时获得占有和所有权,就更应该是侵占。同样,当某人取得他人财物的可撤销所有权时,之所以构成侵占,只是因为在欺诈者取得占有和(可撤销的)所有权时,该财物属于他人所有。

我想,斯密斯会回答说,侵占的意义在于,某人把某物据为己有,而该物品不仅在占有时属于他人,而且继续属于他人。一旦该物不再属于他人,成为占有者的财物,占有者就不再侵占该物,因为此后,他作为所有者持有该物。史密斯如是说。传统的盗窃法,对以欺诈手段取得控制或占有的案件和以欺诈手段取得占有和所有权的案件作了区分。前者意义上的偷窃罪包括“女王诉阿塔克普案”之类的案件。[3] 在该案中,被告人使用欺诈手段,如假护照和文件获得对租车的占有(而不是所有权),因为车主并不意图转让所有权。“检察长诉戈麦斯案”属于前者范畴,即以虚假借口取得财物,依据 1294
是车主有意转移所有权,而且事实上戈麦斯确实转移了可撤销的所有权。

然而,在“检察长诉戈麦斯案”中,显然存在侵占行为,被告人的单方面行为使其及其同伙获得了对电器商品的占有、控制和可撤销的所有权。侵

---

① George P. Fletcher, *Rethinking Criminal Law*, (Boston: Little, Brown, 1978) at 29.

② Cf. the dissenting judgment of Lord Lowry in *D. P. P. v. Gomez* [1993] A. C. 442.

③ [1993] 3 W. L. R. 812。*King v. Pear*(1779) 168 E. R. 208. *R. v. Thistle*(1849) 3 Cox C. C. 573; *Tunnard's Case*(1729) 2 East P. C. 687.

占与可撤销所有权的转让同时进行。该所有权是有缺陷的,因为它是在被害人错误地认为被告人提供了正确的对价以换取货物的情况下被授予的。可以认为,在这种情况下,卖方在支票结清前并不意图将所有权转移,但这并没有什么区别,因为在这种情况下,所有权的转移是与侵占同时进行的。[①]当物权人被骗交出货物以换取假支票时,他可能会允许被告人拿走这些货物,但"在被告人没有提供建筑协会[或银行]开出的有效汇票以支付价款的情况下,他实际上并没有同意被告人成为物权人"。[②] 这构成了《盗窃法》第1(1)条规定的侵占。[③] 由于所有权存在瑕疵,被害人可以向被告人追索其财物,但在第三人善意支付对价并取得了财物的情况下,将无法追索。[④]

6-103 但在讨论侵占时,您表达了这样的观点:未经被害人授权,将被害人的所有权转给第三人,是侵占,你引用了侵权行为法中的侵占作为类比。如果是这样的话,那么自己取得被害人的所有权一定是侵占。史密斯的说法如果成立,就意味着这两种情况下都不存在侵占。

是的,我们的讨论还没有结束,但现在必须更仔细地研究"女王诉劳伦斯案"的事实。劳伦斯与学生之间的交易,需要从法律上进行分析。有两种解释的可能。

第一种解释是,这是一起以欺骗手段获取财物的案件(现在属于2006年《欺诈法》中规定的未完成罪),法院认为可以对劳伦斯认定盗窃罪,而不是以前的欺诈罪。欺诈罪的成立显而易见。劳伦斯撒了谎,他明知路程很近,却谎称路途遥远。他还隐晦地表示,他所索要和收取的车费是这段路程的标准车费。在整个西方世界的城镇中,出租车的车费都是由法律规定的,或者说是由固定的收费标准来规定的;而不能每次都习惯性地自由议价(在伦敦,出租车费就是由法律规定的)。就现在所说的意见而言,货币的所有权在劳伦斯拿货币的时候就转移给了他,因为学生对此表示愿意(相信这笔
1295 钱代表正确的车费)。然而,劳伦斯因为他的欺诈行为,只得到了这笔钱的可撤销所有权。他被定盗窃罪,但他本可以被定以欺骗方式取得财物罪(而根据现行法律,他可以被定罪为欺诈罪)。这意味着坚持了非限制性盗窃论,据此同时存在两项罪名。法院方面认为有必要强调,盗窃罪的新定义与

---

① Cf. *Hufsteler v. State*, 63 So. 2d 730(1953). *English v. State*, 80 Fla. 70(1920). Cf. *People v. Norman*, 85 N. Y. 2d 609(1995); *Braswell v. State*, 389 P. 2d 998(1964).

② *Dobson v. General Accident Fire and Life Assurance Corporation Plc.* [1990] 1 Q. B. 274 at 289 *per* Bingham L. J.

③ *Dobson v. General Accident Fire and Life Assurance Corporation Plc.* [1990] 1 Q. B. 274 at 289 *per* Bingham L. J. *D. P. P. v. Gomez*[1993] A. C. 442.

④ *R. v. Wheeler*(1990) 92 Cr. App. R. 279; *R. v. Walker*[1984] Crim. L. R. 112; *R. v. Bloxham* [1983] 1 A. C. 109; *Shogun Finance v. Hudson*[2003] UKHL 62. Cf. section 24A of the *Theft Act* 1968.

旧定义不同,并不要求盗窃行为必须未经占有人同意而作出。

第二种解释则否定了“女王诉劳伦斯案”的实际判决支持非限制性盗窃论。根据这种观点,学生并没有对多收的车费给予任何同意,因此没有给劳伦斯对多收的车费的任何权利,哪怕是可撤销的所有权。由此可见,劳伦斯被裁定犯有盗窃罪并没有什么大惊小怪之处。(1)上诉法院的意见书中说,受欺骗的学生同意出租车司机取得他的金钱,这一点并不成立;以及(2)意见书中所表达的疑问,这笔款的物权是否已转移至劳伦斯:支持了这种解释。

6-104 我无法理解其中的疑惑。这名学生允许劳伦斯从自己打开的钱包里拿出钱,然后接受了出租车的服务。所以,他一定是同意了,一定是转移了自己财物的所有权。

史密斯认为可以得出不同的结论,他是这样论证的。这位学生默示授权劳伦斯从钱包里自己取钱,但没有进一步的默示。当劳伦斯挑出(并侵占)6英镑时,他就犯了盗窃罪,因为那是超过了正当车费的钱(他应得到1英镑,其余部分超过了正当车费)。诚然,这名学生当时同意劳伦斯保留这笔钱,但在这一阶段,他已经犯了盗窃罪。因此,劳伦斯的盗窃行为属于未经同意而取走金钱。

我不认为劳伦斯在取钱的时候,确实侵占了这些纸币。他是暂时拿出来,以证明他想要的数额。如果学生反对的话,劳伦斯就会把钱还给他,要么走人,要么讨价还价。劳伦斯并没有将拿到6英镑视为最终结果,也没有侵占这笔钱,直到学生接受了这一情况,并允许劳伦斯开车送他。就在这时,侵占行为发生了,而且是在学生默示同意的情况下发生的,尽管学生基于对正确车费的认识错误而给予了同意。这笔钱的所有权转移到了劳伦斯手中,同时成立盗窃。

在我看来,你的分析似乎是正确的,但重要的问题是,上议院是怎么想的。出于某种原因,上议院法官不相信该学生同意劳伦斯拿走6英镑,但他们没有解释他们怀疑的理由。他们不可能认为劳伦斯是像扒手或强盗一样拿了钱,所以史密斯的理论(虽然我认为在法律上是有缺陷的)似乎是他们心中唯一可能的解释。然而,在“检察长诉戈麦斯案”中[①]显然存在被害人的 1296
同意。被害人明明知道自己交付的是什么物品(贵重的电器),却被骗相信用于付款的支票是有效的。说“如果我知道这些支票是假的,就不会同意被告人拿走货物”是一回事,但说“我不同意被告人拿货,他拿了货就跑路了”是另一回事。

---

① [1991]1 W. L. R. 1334.

6-105 在“女王诉劳伦斯案”中,法官们并不认为物权已经转移;但他们认为,即使物权确实转移了,劳伦斯也可以被判盗窃罪,因为在他侵占财物时,该财物并不属于他,他侵占了他人的财物。他们毕竟是这么说的。因此,该判决仍然是关于盗窃罪的一般意义上的权威观点,而这种解读也得到了“检察长诉戈麦斯案”中多数派上议院法官意见的支持。

现在要提出我自己的观点。如果能促使法院在 1968 年《盗窃法》第 1(1)条的解释结论中加入关于非法性的默示要求,那么这种情况就会得到避免。未经某人的同意而侵占他的财物是非法的;在以欺诈、胁迫(或不正当影响)[①]等手段取得(“有瑕疵的”)同意的情况下侵占财物也是非法的。[②] 因此,“检察长诉戈麦斯案”和“女王诉劳伦斯案”中的制度设计是正确的。但我想说的是,必须要体现出一定的违法性;这也是为什么在假设的未披露情况下,不应该认定成立盗窃罪。这笔钱不是非法取得的。这项建议与上述两个判例的判决并不矛盾,因为在该等案件中,上诉法官认定,要么是未取得被害人的同意而拿走财物,要么是通过欺骗获得被害人的同意而拿走此物,二者都具有违法性。

我所说的“违法性”,是指民法上关于物权的违法性。侵占可能相当于某种轻微刑事犯罪的事实,不应该使其成为盗窃罪。假设伦敦某出租车司机对某准乘客说:“别跟我提车费价目表。除非你给我 6 英镑,否则我不会载你。”那位乘客同意了,并付了钱。天色已晚,没有其他出租车可搭乘了。虽然没有欺骗行为,但陪审团可能会认为出租车司机利用乘客处于不利谈判地位的优势,是有悖诚信的行为;因此,从宽泛的法律角度看,出租车司机可能会被判盗窃罪。但如果基于这样的考虑而认定盗窃罪是错误的;而且,不能因为超标的车费违反了出租车收费标准,就把出租车司机的有悖诚信行为转化为更严重的盗窃罪。

6-106 您的建议可能与“劳伦斯案”和“检察长诉戈麦斯案”并不矛盾,但与《盗窃法》第 1(1)条的规定呢?该条不要求非法性。

我认为,尽管第 1(1)条没有明文规定,但在某些方面它可以被理解为暗
1297 示了违法性要求。我们将在适当的时候再谈这个问题。考虑一下乘客在交易开始时交给劳伦斯的 1 英镑纸币。假设该学生并不确定他是否会获得找零,但他意图将 1 英镑的所有权传给劳伦斯,且该意图取决于找零的问题。

6-107 这不是说 1 英镑的纸币变成了劳伦斯的财物,所以他就不能偷了吗?

如果应该找零的话,则该乘客意图接受零钱,而实际上应该找零。将他

---

① *Allcard v. Skinner* (1887) L. R. 36; *Pesticcio v. Huet*[2004] W. T. L. R. 699.

② *Louth v. Diprose*(1991) 175 C. L. R. 621.

转移财物的意图理解为受制于一个隐含条件,而这个条件没有得到满足,所以财物没有转移,这不是没有道理的。这就好比卖报人(在过去人们可以信任彼此的年代)留下一堆报纸和一个罐子来收钱。他默示同意交付一份报纸,但前提是,在罐子里放了适当的钱(同样,在"检察长戈麦斯案"中,经理同意将电器产品交给顾客保管,但前提是,已经为该商品付了钱)。乘客同意劳伦斯保管该张钞票,但前提是,对方会在未来给自己找零。在传统盗窃法中,有几项判例认为,欺诈者如果没有提供预期的找零,就犯了盗窃罪。所以,劳伦斯本可以以盗窃1英镑纸币的部分价值,即代表他应该找的零钱的那部分价值而被正确定罪。

6-108 假设不是通过欺诈,而是通过威胁获得财物的呢?

毫无疑问,通过威胁获得财物是盗窃。对此存在两个完全不同于"检察长诉戈麦斯案"宽泛规则的原因。首先,胁迫可以使表面上的同意彻底无效,并且阻止财产转移而不仅是使同意可撤销。其次,为了使抢劫罪有意义,应当认为基于胁迫而侵占是盗窃。

6-109 我非常赞同您提出的非法性要求,因为这使得"劳伦斯案"与"女王诉莫里斯案"确立的同意要求相一致。但在"女王诉欣克斯案"中,被告人诈骗了智力障碍者被害人6万英镑。上议院认为,这样做没有违反民法。她显然是因为获得了民法上的有效赠与而被投入监狱。我对于此案事实的解读使我相信她是个诈骗犯。

"女王诉欣克斯案"的事实是,欣克斯女士(38岁妇女)与被害人(不理解自己的财产的智力障碍者男子)交朋友,并说服他将自己的存款交给她。没有显而易见的欺诈,因为被害人同意取出现金并将其交给行为人,但被害人是限制行为能力人,因而不理解他给她的是钱。因为被告人知道被害人有智力障碍,不能充分理解赠与的性质,所以她有悖诚信地取得了这些钱财。

上议院认为,"侵占"是中性词,包含了对物主权利的任何取得……从不再保留任何所有权利益或恢复或收回财物中任何所有权利益的权利的人那里获得不可撤销的财物所有权,即可构成对该财物的"侵占"。[①] 不当影响会使这种赠与在衡平法上可撤销,但在明知智力障碍者一旦获得更多的信息或者更聪明,就不会作出这种赠与决定的情况下,被动接受赠与的,不属于盗窃!但是,如果被告人主动追求赠与,并采用谎言、虚假表示等欺骗性收受手段,使赠与人作出对她有利的赠与,那么她的不当影响就涉及欺诈行 1298
为,被害人的同意可能会被宣布无效。可以认为,欣克斯没有取得不可撤销

---

① *R. v. Hinks*[2001]2 A. C. 241. Cf. *R. v. Cording*[1983]Crim. L. R. 175.

的所有权,因为她利用不正当影响取得了赠与。她的不正当影响事实上是否使被害人的同意失效?必须证明该赠与不是在被害人真正同意的情况下发生的。如果能证明被害人不明白自己在做什么,就属于上面提到的情况,因为他根本不知道自己是在赠送自己的全部流动资产。

6-110 您之前告诉我,非法性要求只是规定了确定盗窃的必要条件,而不是充分条件。显然,并不是每个非法取得他人财物的行为都是盗窃。

欺诈[①]和胁迫显然可以导致被害人同意无效,但当不当影响涉及压力、影响和欺诈时,可能也会产生此种效果。这在很大程度上取决于案件事实。在"女王诉欣克斯案"中,上议院显然忽略了欣克斯的受赠行为在民法上的明显违法性。欣克斯并不仅仅是接受了过于慷慨的赠与,她还采取了积极的措施,让被害人作出了赠与的决定。如果被害人认定欣克斯是自己的好朋友,想把他的大部分财物都给她,那么只要赠与发生"在自由和充分知情的情况下",该赠与就是有效的。被害人在没有了解自己的财务状况和未来需求,也没有得到独立的建议的情况下,就将自己的大部分钱赠与了被告人。如果考虑到这个问题,该赠与行为在民法上是无效的,因为欣克斯利用信任关系影响被害人赠与财产,而被害人也没有自由考虑自己所做的事情的实际影响。自然人不能同意他不理解的事情!在这些不正当影响的案件中,大多数情况下,受赠者都会有有悖诚信的行为。

6-111 但是,有悖诚信就足够了吗?

不,如果你没有做任何影响捐赠者的事情,有悖诚信地接受慷慨的礼物并不是盗窃。如果欣克斯没有对被害人施加任何压力,以让他把钱送她,那么就不能认为她的行为是欺诈或胁迫。无法因为被动接受傻瓜的慷慨馈赠而成为骗子。被动接受这种礼物也不是胁迫。然而,被动接受你有一定影
1299 响力的限制行为能力人的礼物,可能是民事法院负责处理的事情。[②] 在特殊情况下,也可能适用《盗窃法》第5(4)条。另外的办法可能是说:"欣克斯女士,这笔钱是误给你的,你现在有义务归还,否则将面临根据第5(4)条提起的盗窃罪指控。"但欣克斯采取了积极的措施,她并没有被动地坐视不管,接受合法有效的赠与。相反,事实表明,她积极追求被害人的金钱,并影响了后者的赠与决定。被害人的同意存在缺陷,欣克斯没有获得有效的所有权。根据上述违法性要件,欣克斯的行为构成盗窃罪。如果民事法院在"欣克斯案"的事实基础上认定不存在民法上的违法性,那么就无法说她的行为构成盗窃罪。人如果没有实施欺诈、胁迫或产生不正当影响的行为,并取得赠与

---

① *Shogun Finance Ltd. v. Hudson*[2004]1 A. C. 919 at 931;Glanville Williams,"Mistake As To Party in the Law of Contract"(1945)23 *Canadian Bar Review* 271 at 291-292.

② *Hammond v. Osborn*[2002]W. T. L. R. 1125.

财物的不可撤销的所有权，就不可能是小偷。由于事后并没有任何不合法的情况出现，令赠与无效，所以该赠与是有效的。持不同意见的少数派法官指出：[①]

"如果没有明确的证据证明被告人的某些行为至少包括欺诈、明显的有悖诚信、不当影响或对所谓的捐赠者的行为能力不足知情，则不大可能提出盗窃罪的指控。这就是本案中检方最初起诉上诉人的依据。在此基础上，向陪审团解释第5条和第2(1)条的相关部分，以及'篡夺所有权人的权利'一语的效力，是没有困难的。如果依据不那么具体，而且有可能是向被告人有效地赠送了相关物品或金钱，那么根据第2条、第3条以及第5条，对控方理由的分析就会崩塌，并且仅凭陪审团对被告人行为表示不认可，以及陪审团推定被告人明知陪审员和其他正派的普通人都会认为他是在有悖诚信地行事，并不足以让陪审团定罪。盗窃罪是有悖诚信的罪行，但有悖诚信并不是犯罪的唯一要素。"

如果某60岁律师事务所合伙人看上了某21岁美女实习律师，并送了包括一套豪宅在内的大礼，那么她收下这些礼物会不会构成盗窃？与普通被害人不同的是，我们很难认为该合伙人不了解自己的财务状况，也不知道礼物的昂贵。[②] 想象一下，实习生知道对方完全被她迷住了，想和自己结婚，但她决定不透露自己无意和他结婚。相反，她对他很好，因为她知道这可能会带来更多的礼物。这种有悖诚信的被动收受，必然无法使实习生成为小偷么？实习律师没有主动追求礼物，甚至也没有要求送礼。根据目前的盗窃法，陪审团将有自由裁量权来决定其是否构成盗窃罪。 1300

第21节 关于违法性要求的论点

6–112 我不明白您为什么要大费周章地为欣克斯的定罪辩解，她显然是个流氓，而上议院的大多数人都告诉您，只需要指出她的有悖诚信即可。上议院已经说得很清楚了，被害人的同意和赠与在民法上的合法与否，都是无关紧要的。

违法性要求的好处是，让"劳伦斯案""检察长诉戈麦斯案"和"女王诉欣克斯案"与"女王诉莫里斯案"相互协调。[③] 这些案件可能被解释为独特的个案，部分原因是这些案件都被错误地指控为盗窃案，在这些案件中，被害人的同意因欺诈、胁迫和不当影响而失效。从事前的角度来看，是存在被害人

---

① *R. v. Hinks*[2001]2 A. C. 241 at 276.

② *Louth v. Diprose*(1991)175 C. L. R. 621.

③ *R. v. Baruday*[1984]V. R. 685.

同意的,但从事后的角度来看,是不存在被害人同意的。如果是这样的话,关于侵占是对所有权人物权的非合意篡夺的一般主张仍然可以适用。①

"检察长诉戈麦斯案"和"女王诉欣克斯案"扩大了法律的适用范围,从而使侵占涵盖了对属于他人的财物的任何处理(无论是合法的、合意的还是其他的)。这些判决令人震惊的影响是,如果基于永久剥夺他人财物的意图,侵犯他人财物,就可能被认定为盗窃罪,而不需要证明任何其他因素。这可能意味着,获得完全有效的财物所有权的人,由于在给予他所有权的交易中的一些有悖诚信行为,可以被认定为盗窃罪;因此,这项规则将使民法(认为合同和由此产生的所有权是有效和可执行的)和刑法(认为交易有犯罪嫌疑)之间出现分歧。

我们已经看到,当某人实施了《盗窃法》第3(1)条扩大意义上的侵占行为(对物主权利的任何篡夺)时,这种情况就发生了。某超市的顾客从货架上取下一件物品,该物品仍然是超市的财物,而与该物品有关的该行为是合法的(在民法意义上),因为物主同意,而且行为人并没有立即剥夺物主财物的意图。但该行为却被视为盗窃罪意义上的侵占。这完全是不正常的,法院在这一点上走错了路。当刑法修订委员会非常不明智地投票表决从该法第1(1)条中删除非法性和没有物主同意的规定时,我认为委员会并没有想过,法院将因此而以宽泛的有悖诚信概念取代关于盗窃定义的严格规则。

6-113 现在要考虑的另外的令人不安的可能性是,法院可以宣布某项行为为侵占,尽管该行为不仅合法,而且实际上将所有权转移给了被告
1301 人——要么是完全有效的所有权,要么是无效的所有权。将有悖诚信作为盗窃罪的几乎唯一成立要求,会使有悖诚信的概念变得更为重要,而这是此概念不能承受之重。规定有悖诚信,意在限制对表面上看起来像盗窃的行为的责任。刑法修订委员会建议将其作为对先前"无权利主张"一语含义的更好表达。在普通交易中,如买一串香蕉,人们并不认为有悖诚信是使其免于被判盗窃罪的唯一要素。如果实际上只把有悖诚信的行为规定为某犯罪的犯行,就违反了刑事禁止的适当通知原则(公平警告)。有悖诚信的概念太过模糊,不足以作为行为指南。作为对表面上错误的行为的责任的限制,有悖诚信的概念可能是可以接受的(尽管即使在这里,我们也觉得有问题),但它不足以作为描述被禁止行为的手段。

香蕉的销售不太可能出现问题,但艺术品的销售可能会出现问题。

假设被告人在某家古董店花5英镑买了一幅旧的素描。他对达芬奇作了专门的研究,知道这幅素描是他的作品,他也知道这幅素描价值数万英

---

① *R. v. Cort* [2004] Q. B. 388; *R. v. Green* [2002] EWCA Crim. 1501; *R. v. Devonald* [2008] EWCA Crim. 527; *R. v. Jheeta* (2008) 1 W. L. R. 2582; *R. v. Elbekkay* [2004] Crim. L. R. 163.

镑。庄家当然不知道。被告人得意洋洋地拿着素描走了。

6-114 无法想象的是,在针对盗窃罪的控罪上,陪审团被指示判定他们认为被告人是否诚实。无疑,他们会认为被告人是诚实的,但不应由他们作出该决定。在法律上,被告人有权依靠自身具备的特殊知识收益。这也是在古玩店和二手书店里翻箱倒柜的乐趣之一。被告人购买素描的合同是有效的,被告人取得了完全有效的所有权。如果古董商拒绝交付该素描,被告人可以起诉他,以取得该素描。如果被告人在收到素描后就可以被判盗窃罪,那就太荒谬了。而如果民事法庭在注意到《盗窃法》后,认为应修订契约法,即在其中加入禁止有悖诚信的模糊禁止令,那就几乎同样荒谬了。同样,如果"弱智"被害人出乎欣克斯的意料,突然赠给她6万英镑作为礼物,感谢她给他的盆栽浇水,而没有受到她的任何鼓励和影响(但是,她在想:"真是个老傻瓜,我真不敢相信我的运气,他把他的大部分流动资产都给了我。")。她在这种情况下接受礼物可能是不道德的,甚至有点有悖诚信,但不属于盗窃。如果让陪审团使用其酌情权来评估她接受礼物是否有悖诚信,并最终决定是否应被定为盗窃,那是错误的。

虽然《盗窃法》第1(1)条并没有把没有得到所有权人的同意作为盗窃罪的要素,但无法想象经被害人充分同意的行为成立盗窃罪。假设被害人要求被告人帮他卖1匹马。被告人按照他的指示卖掉了这匹马,暗地里意图将所得收入入账。被告人卖马的行为是否构成盗窃马匹罪?(假设他还没拿到货款就被逮捕了。)从字面上看,他取得了物权人的权利(因为他被允许行使这些权利),并且他存在有悖诚信的想法,但他的行为是合法的,在这种情况下,肯定不构成盗窃罪。

有几种方法可以修改《盗窃法》,使法律立场更加明确,但对该法进行司法修正的最大希望是已经提出的方法:暗示盗窃行为必须具有民事违法性。 1302
实现这一目标的方法是由法院认定有悖诚信即意味着违法。[①] 在"女王诉劳伦斯案"中,上诉法院似乎已有这样的想法。

"当然,如果财物的所有人真正同意他人侵占财物,根据第1(1)条,盗窃罪的指控肯定不成立。然而,这并不是因为在新的盗窃罪定义中必须隐含'未经同意'一词。只是因为如果有这样的真正同意,有悖诚信的要素便不能成立。然而,如果表面上的同意是由有悖诚信行为造成的,那么第1(1)条的措辞中没有任何内容可以使这种表面上的同意作为抗辩理由。"[②]

这段话用词不多,但如果把最后一句中的"有悖诚信"改为"欺骗"或"欺诈",就会变得很有帮助。因欺诈或胁迫行为而产生的同意是有缺陷的。在

① *The Queen v. Macleod*[2003]214 C. L. R. 230 at 264 *per* Callinan J.

② *Lawrence v. Commissioner of Police of the Metropolis*[1970]3 W. L. R. 1103 at 1107.

购买达芬奇素描一案中,陪审团应审议的问题不应该是买方是否犯有有悖诚信罪,而应该是他是否犯有欺诈罪;根据上述事实,陪审团无法发现任何欺诈的证据。如果不存在欺诈行为,因此如果卖方存在"真正的同意",那么正如法院所说,"有悖诚信的基本要素不成立"。上诉法院的口述建立了可以称为客观诚信的概念,这不是取决于被告人的心态,而是取决于法律立场。如果被告人从"真实同意"的人那里取得了财物,这大概意味着被告人取得了有效的财物所有权。根据民法上的合法行为,取得有效的所有权,所以他在客观上是诚实的(从事后的角度看,没有违法性使被害人的同意无效),至于其可能没有意识到自己得到了有效的物权,可能在主观上有悖诚信,并不会让结果有什么区别。

6-115 在"女王诉欣克斯案"中,法院表示:"鉴于陪审团的结论,人们有权认为,上诉人的行为应构成盗窃罪,这是唯一可用的指控。因此,我认为,民法与刑法之间的紧张关系并不是'女王诉劳伦斯案'和'检察长诉戈麦斯案'中所说的背离法律的理由。"但适当的分析表明,在这些案件中,民法和刑法之间并不存在紧张关系。所有这些案件都涉及有瑕疵的同意,因此在民法上都是可撤销的交易。因此,这三个案件都可以与违法性要求相协调。如果民法与刑法有冲突,则应以刑法为准。例如,《盗窃法》第5(3)条和第5(4)条是为了应对从字面意义上适用民法来处理某些问题而产生的不
1303 公正,但其他冲突可能很少发生。

第22节 因转让人的错误而取得财物

6-116 我们看到,自"检察长诉戈麦斯案"以来,必须接受以欺诈手段取得可撤销的财物所有权可以成立盗窃;同样的规则必须适用于以胁迫和涉及明显欺诈的不正当影响手段取得财物,假设这使得所有权可撤销(如果所有权不成立,则更有理由这样认为)。就"检察长诉戈麦斯案"这一法源而言,没有必要进一步扩大其适用范围。某人如果以其他理由取得可撤销的所有权,不应因此而被判盗窃罪,因为这些理由在大多数情况下与有悖诚信的概念相去甚远,而民法又太不稳定,因此不宜制定这样的规则。例如,合同和所有权是可以因转让人的无过错错误意思表示而可撤销的。这些削弱性因素有时会使合同无效,在这种情况下,财物所有权不转移,受让人可以构成对该物的盗窃罪;但有时只使合同可撤销。理想的规则是,在后者情况下,满足《盗窃法》第5(4)条的规定,才能构成盗窃罪(欺诈、胁迫和不正当影响除外),或在合同被撤销后,有悖诚信地对物权加以篡夺。法院曾经准备采取这种立场,但现在的迹象表明,情况正好相反。下面的讨论将集中在

因错误导致的无效问题上。

财物转让人的错误是否影响财物的流转,要视情况而定。首先,可能对合同或财物的流转没有影响,如上文中的达芬奇素描那个拟制案例。其次,可能使合同无效,阻止任何财物的流转,如被害人以销售方式将货物寄给被告人,误认为被告人是实际购买人。这种对当事人身份的认识错误,如果被告人知情,一般会阻止被告人取得财物的所有权,如果他有悖诚信地侵占财物,则构成盗窃罪。最后,有可能出现中间情形,即被害人的过错不至于使合同自始无效,但仍足以使合同可撤销。具体情况,这里不需要探究,因为这是合同法的问题;但可以举个例子来对其加以说明。某家商店的顾客在明知因错误导致收取的价格低于卖方计划的价格的情况下,购买了货物并付款。买方很可能获得了货物的所有权,但只是可撤销的所有权。[①] 购买者是否犯了偷窃罪?这个问题在"考尔诉汉普郡警长案"(*Kaur v. Chief Constable of Hampshire*)[②]中出现了。

考尔在某家商店标价为6.99英镑的货架上挑选了1双鞋。其中1只鞋的价格标签上写着4.99英镑,另一只鞋标价为6.99英镑。她拿着这双鞋去找收银员,但没有隐瞒价格标签,当被要求支付较低的价格时,她如实付了钱。然后,她在离开店铺时被逮捕。尽管法官们认定考尔知道4.99英镑的 1304
价格不正确,但分庭法院认定她的盗窃罪名不成立。

6-117 她怎么会知道这不是正确的价格呢?

大概是因为其他同类的鞋子都标着6.99英镑吧。

6-118 同样地,这只是小事,我不明白考尔是怎么被起诉的。她没有有悖诚信。在超市里,当顾客对价格存在疑惑或疑问时,收银员或主管一般都会给顾客让利,考尔并没有做任何有悖诚信的事情,不同价签不是她造成的。

显然,考尔被逮捕是因为她被怀疑调换了标签。上诉中的论点认为考尔是有悖诚信的,仅就法律问题进行了论证。每个有悖诚信的人都善于将有悖诚信合理化或对其加以纵容,考尔可能75%是诚实的,因为她没有篡改价格标签,也没有试图隐瞒。完全诚实的人,像你或我,会向收银员指出标签的差异之处,并告诉她这双鞋摆放在6.99英镑的货架上。然而事实是,绝大多数购物者都没有达到这样的诚信标准。如果不涉及说谎,他们相当愿意从大公司的错误中收益。此外,并没有很大的社会需求要把盗窃法扩展至这些诚实的边缘样态。正如法院在作出判决时所说:"法庭应该明确的是,如果认定盗窃罪会使法律概念面临问题,而且一般人不会认为该行为是

---

① [1981] Crim. L. R. 674-676.

② [1981] 1 W. L. R. 578.

盗窃罪,那么法庭就不应该认定盗窃罪成立。”

然而,判处考尔有罪的裁判官一定认为她有悖诚信,也许是因为他们没有就诚实问题展开辩论。在上诉中也没有就此加以辩论。诚实是事实问题,如果被告人希望就该问题提出上诉,则应该向刑事法院提起上诉,因为刑事法院可以考虑事实和法律问题。这起上诉是向分庭法院提出的,这意味着它只涉及法律问题,即鞋子的所有权问题。

法院认为,销售合同并不因出纳员的错误而无效,因为出纳员的错误并不是根本性错误;因此,根据合同规定,财物归考尔所有。她以这种方式获得所有权并不是盗窃。“当她付款后从收银员那里拿了鞋回家时,她当然享有所有权人的权利。”但这种取得财物的行为不是盗窃,大概是因为这不是对属于他人的财物的侵占。该合同不能因欺诈行为而可撤销,因为没有欺诈行为。如果因卖方的错误而可撤销,“当被告人拿起鞋走人时,该合同显然未被撤销”。[1] 考尔在占有货物之前在收银台购买了货物,从而获得了所有权;当她这样占有该货物时,这些货物是她的货物(从而转移占有),因此,
1305 不构成盗窃罪。

6-119 为什么考尔在收银台付款后,虽然没有立即取得货物的所有权,但通过付款取得货物的所有权不属于侵占?那时候这些商品是属于超市的,考尔肯定是通过取得商品的所有权而侵占了这些商品。

考尔获得的要么是完全有效的所有权,要么是因收银员错误而可撤销的所有权。但可撤销的所有权也是所有权,取得这种所有权的人取得物主的权利,即使他直到后来才拥有该物品。这种基于《盗窃法》第 1 条和第 3 条字面含义的推理方式(认为第 1 条无法解读出非法性要求),表明考尔实施了盗窃行为。

“考尔诉汉普郡警长案”,可以从一个方面来解释,并与“检察长诉戈麦斯案”加以区别。戈麦斯获取电器产品的行为是非法的,因为他实施了欺诈行为(或者,根据对事实的另外解释,这是不合法的,因为如果经理被告知用于支付货款的支票是伪造的,他就不会同意戈麦斯购买商店的商品),而考尔得到了出纳员的同意,并且正如法院所认定的那样,她在收取鞋子时没有使用欺骗手段,也没有实施非法行为。即使她对鞋子的所有权因收银员的错误而被认定为可撤销,但已经有人提出,有悖诚信地取得可撤销的财物所有权,不一定要认定为盗窃罪。如果所有权的瑕疵不是由使用非法手段造成的(而非法手段应限于欺诈、胁迫,或许还有更极端的情况,即涉及欺诈或胁迫的不当影响),那么获得所有权是合法行为,因此(根据这里提出的论

---

① *Kaur v. Chief Constable of Hampshire*[1981]1 W. L. R. 578 at 583G.

点)，从理性的角度看，不可能是盗窃。考尔案的实际判决符合这一原则，值得欢迎。

如果被告人的行为仅因《盗窃法》第 3(1) 条的规定是侵占，或如“考尔诉汉普郡警长案”那样同意没有因涉及上述狭义的非法因素而失效，则不属于侵占。因此，考尔被裁定不犯盗窃罪是正确的，因为她对财物的占有并不违法。可惜的是，“检察长诉戈麦斯案”和“女王诉欣克斯案”的判决都不能说是现在适用的法律。法院现在似乎倾向于认为，无论是否得到所有权人的真正同意，凡是可被称为该法的条款范围内侵占的任何行为都属于侵占，即使所指控的侵占是获得对有关财物的完全有效所有权的行为。

第 23 节　存在恢复原状义务的情况

6-120　本章中的若干一般性建议，后来被《盗窃法》第 5(4) 条修改：

“如果某人因他人的错误而获得财物，并有义务(全部或部分)归还财物或其收益或其价值，则在该义务的范围内，该财物或收益应(对其不利地)被视为属于有权归还的人，而不归还的意图应相应地被视为剥夺该人的财物或收益的意图。” 1306

6-121　误得财物的人何时“有义务返还财物或其收益或其价值”？

该义务可能是作为准合同事项或因衡平法义务而支付金钱，也可能是侵权行为的责任，如欺骗行为的责任。这些都是民法上的问题，这里不需要深入探讨。

准合同责任中最重要的，是收款人因付款人的事实错误而承担的还款责任。为此目的，“事实错误”包括对该笔钱款是否合法到期的错误。[1] 根据该款的规定，收款人有法律义务(通过偿还等值的款项)归还，如果他有悖诚信地决定不这样做，则可构成盗窃罪。虽然《盗窃法》第 5(4) 条在避免可能造成困难的民法问题方面是有用的，但它有些反常，因为它可以使某人盗窃自己的财物，或者盗窃自己财物的价值。在“莫因斯诉库珀案”(*Moynes v. Cooper*)[2]中，工资结算员错误地多付了 1 名员工的工资。该雇员后来在打开工资袋时才发现自己被多付了工资。该雇员最终没有被认定构成盗窃罪，因为法院认为，他在拿走财物时并不具有恶意，而且在他发现多付的工资时，多付的款项的所有权已经转移到了他的名下。

---

[1] *Kleinwort Benson Ltd. (Appellant) v. Lincoln City Council*[1999]2 A. C. 349. *Deutsche Morgan Grenfell Group Plc. v. Inland Revenue Commissioners*[2007]1 A. C. 558；*Fender v. National Westminster Bank Plc.*[2008]EWHC 2242(Ch.).

[2] [1956]1 Q. B. 439.

因此,如果工资员在准备工资袋时出错,而雇员发现其工资包内有太多钱,有悖诚信地决定不说出来,现在根据《盗窃法》第5(4)条,该雇员便属于窃取了多出的款项。文员的错误是在薪资包上写错了名字(收款人身份的错误),[①]或误认为50英镑的纸币是20英镑的纸币而将前者放入工资袋(客体性质错误),或误认为10张50英镑的纸币是9张(客体数量错误)而将前者放入工资袋,[②]并没有区别。事实上,即使结算员清楚地知道他在工资包里装的是什么,但将该员工当周的工作时数搞错(激励性事实的错误),该规则仍然适用。同样,不管该雇员是在收到工资包后立即意识到错误,还是在
1307 回家后才发现错误,该规则都适用。

6-122 但是,这又提出了有悖诚信的老问题。许多员工在发现自己工资包里意外地塞满了纸币时,都只会将其当作意外之财。如果他在超市发现自己被少收了钱,也不会想到说什么。这些家伙在其他各种场合也有过类似行为,无疑是对我们不利的。现在轮到"他们"受罪了。我没有做任何事情导致错误,难道不是吗?

可以很容易认定雇员知道自己有或可能有法律义务将多出的款项归还雇主,而陪审团需要考量的问题是,他是否知道自己不履行义务的决定不符合"目前正派普通人的标准"。[③]

对于这类案件,可以根据《盗窃法》第1(1)条的字面意义起诉,只是因为根本性错误阻止了所有权的转移,但如果被告人被多付了钱,就不会因为该法第1(1)条的字面意义上的适用而被定罪。为什么不呢?因为在金钱的情况下,无论在数量上是否存在错误,所有权都会转移。因此,你是偷窃自己的财物,而该法第1(1)条只保护属于他人的财物。在"女王诉韦伯斯特案"(*R. v. Webster*)中,法院认为,对于被错误地寄给一名陆军上尉的那枚奖章,政府保留了衡平法所有权利益,因为该上尉已经收到了他的奖章。法院认为,这一错误(认为上尉仍被拖欠奖章)是发送第二枚奖章的原因,因此,"政府保留了第5(1)条意义上的第二枚奖章的所有权利益"。[④] 不过,在可适用该法第5(4)条的情况下,刑事法院最好还是不要理会合同法,因为它提供了更明确的解决办法。此外,当错误涉及被多付的"钱"时,该法第5(4)条提供了唯一的解决办法,因为所有权随钱的流转而转移。

6-123 所以,根据《盗窃法》第5(4)条的规定,对劳伦斯的定罪可以成立吗?

答案是肯定的。然而上议院的意见中竟然没有提及该款,这一点令人

① Cf. *The Queen v. Middleton*(1872-75) L. R. 2 C. C. R. 38.

② Attorney-General's Reference(No. 1 of 1983)[1985] Q. B. 182.

③ *R. v. Ghosh*[1982] Q. B. 1053.

④ *R. v. Webster*[2006] EWCA Crim. 2894 at para. 34.

惊讶。劳伦斯有义务归还从乘客那里收到的钱,因为该学生对车费理解有误。

6-124 如果不小心转让了一笔超额的款项,受让人就其应得的部分款项,是否可以不被认定为偷盗?

当然不会;他被给了1张50英镑的纸币,但是他只有权获得其中的20英镑,这并不是最主要的。如果他有悖诚信地保留这张纸币,他便犯了盗窃30英镑的罪行,而这30英镑是他无权获得的名义上的款项。在"女王诉劳伦斯"一案中,应当记得,该的士司机被裁定盗窃"大约6英镑",虽然他收到了7英镑,因为他有权收下他应当索要的正确车费。

6-125 《盗窃法》第5(4)条范围内返还"义务"是否属于道德义务?

不是,那是在"女王诉吉尔克斯案"(*R. v. Gilks*)[①]中决定的。吉尔克斯是根据对《盗窃法》第1(1)条的字面理解而非适用该法第5(4)条被定罪的。法庭明确认为,尽管吉尔克斯有道义上的责任归还款项,但是该法第5(4)条对检方并无帮助。此案的案情是向1名赌徒错误付款。吉尔克斯收到了一笔付款,好像是他通过某项投注所得,而事实上他知道,他在这项投注中只赢了更少的钱。吉尔克斯在收到钱之前或收到钱的一刻就意识到数额出了错误,但却把多出的钱装进了口袋。当他被指控盗窃罪时,有人代表他提出的意见是,尽管庄家犯了错误,但钱的物权还是转移给了他。上诉法院驳回了这个观点,认为没有物权的转移。但仍有进一步的问题。即使该物权确实转移至吉尔克斯手中,他也没有法律责任退还该财物。根据相关立法,赌博协议是无效的,而法律的态度是,这些协议没有价值,不值得占用司法资源。根据该法规,已经有人认为,庄家不能以准合同为由起诉,以追回他错误支付的款项。[②] 上诉法院同意吉尔克斯没有法律义务归还钱款,但认为根 1308
据第1(1)条的字面理解,他被判盗窃罪是正确的。

综上所述,吉尔克斯被定罪的理由是,多付的钱款的物权并没有转移给他,因为在付款时,他知道自己无权得到这笔钱。[③] 他并不是在事后才发现错误的。

6-126 您在前文告诉我,当被害人将其财物的法定所有权和衡平法上的所有权都错误地转移给被告人时,《盗窃法》第5(4)条是适用的,因为被告人不能窃取他现在拥有的财物;需要用该款来推翻标准的所有权规则。但您也告诉我,"根本性错误"阻碍了所有权的转移:那么,为什么不按《盗窃法》第1条的规定起诉呢?

---

① [1972]1 W. L. R. 1341 at 1345D.

② *Ashcroft v. Morgan*[1938]1 K. B. 49.

③ *Ilich v. The Queen*(1987)162 C. L. R. 110 at 127.

当出现“根本性错误”时,财物的所有权通常不会转移。因此,如果被告人基于永久剥夺所有权人财物的意图,扣留了因根本性错误而得到的财物,就符合《盗窃法》第(1)条规定的盗窃罪的所有要件。① 这类行为也被该法第5(4)条规制。

只有当错误足以完全否定转让人的同意时,错误才是“根本性的”。这种错误表明,转让人从未“意图交付所转让的物品,因此从未同意转让”②。由于转让人对受让人的“身份”,③或交付的“东西”的“性质”④或交付的东西的“数量⑤”有认识错误,可能出现基本错误。如果在有悖诚信的侵占行为发生之前或发生时,物权还没有转移到被告人手中,则构成盗窃罪。物权人可能并不意图转移所有权,也可能是有意转移所有权,但他的意图可能因某种根本性的错误而完全失效,无论该错误是否因被告人的欺诈行为而产生。另一方面,如果该错误不是根本性的错误,则不妨碍所有权的转移(无论是可撤销的所有权,还是完全有效的所有权),在这种情况下,如不符合《盗窃法》第5(4)条,受让人将免于被控盗窃罪,前提是只依据盗窃的对象必须是属于他人的财物的规则。

回到最初的问题,什么是根本性错误。为了对此加以解释,必须对民法加以简要介绍,特别是合同法。一般来说,当错误涉及以下方面时,就属于根本性错误:

1. 转移的物品的性质;

1309 2. 转让的资金或贵重物品的数量;

3. 受让方的身份;

4. 交易的条件。

6-127 大多数欺诈行为不会导致根本性错误:它们并不完全否定所有权人转移所有权的意图,而只是使被告人的所有权可撤销。如果错误的存在使人们可以说,转让人事实上并不同意(意图、合意)将该财物转让给此人,错误就是根本性错误。即使在根本性错误的情况下,也有同意的因素。转让人意图将货物寄给特定地址的某一特定名称的人,但该地址的该名称的人不是他认为的交易对象(受让人身份错误)。转让人意图转让一张货币,他给的是一张50英镑的纸币,而他以为那是20英镑的纸币(转让物的性质错误)。此处的错误要件大到可以合理地否定转让人同意转让,尽管存在

① *R. v. Davies*(1982)74 Cr. App. R. 94.

② *Ilich v. The Queen*(1987)162 C. L. R. 110 at 126-128. Glanville Williams, “Mistake in the Law of Theft”, (1977)36 *Cambridge L. J.* 62.

③ *R. v. Middleton*(1873) L. R. 2 C. C. R. 38.

④ *R. v. Ashwell*(1885)16 Q. B. D. 190.

⑤ *Russell v. Smith*[1958]1 Q. B. 27.

少量的同意要件。

当基本错误涉及交付的东西的数量时，就会产生限制，那就是金钱！通常情况下，如果你订购了12瓶高价红酒，而供应商误送了20瓶，那么多出这8瓶酒的所有权就不能一并转移。如果把这些额外的酒占为己有，你将承担盗窃罪的责任。① 因为供应商并不意图给你额外的酒的所有权。② 8瓶高价 1310
红酒的所有权转移自始无效。当可撤销的所有权随货物一并转移，在合同被撤销之前，不必返还货物。当合同被适当宣告无效时，物权自动归位，届时任何有悖诚信的侵占行为都是盗窃行为，而不需要借助《盗窃法》第5(4)条的规定。

6-128 您是不是认为，如果我意图给被告人钱，作为诚实信用交易的一部分，但误打误撞地多付了钱给他，他就会因为技术问题而脱罪？

不是。对其行为可能会适用《盗窃法》第5(4)条，也可能会适用该法第5(1)条。在涉及金钱的案件中，当资金混入被告人的账户或金钱被交给被告人时，法律意义上金钱的所有权就会转移。金钱的所有权与金钱的核心区别在于，一经受让人使用，这种所有权就成为流通货币。因此，当转让人意图将钱款作为善意交易的一部分交给受让人时，意向付款和超额付款的所有权同时转移：

"除了多付的纸币或硬币难以辨识外，交易本身才是付款的特征。申请人与被告人之间的交易是善意的、有价值的。作为该交易的一部分的付款，也具有这种性质。我们认为，不可能将对价分摊到由被转让的纸币或硬币组成的某些动产上，而不分摊到其他动产上。"③

错误多付的钱款并不妨碍全额钱款的所有权转移给债权人。尽管如此，被害人可能会通过推定信托的方式"获得"多付款项上的衡平法利益。如果被告人知道自己只是因"错误"而获得了该笔款项，那么，如果他将这些资金耗尽，就违反了作为推定信托人的义务。④ 这类非明示信托是通过法律的实施而产生的，被称为"推定信托"。在"大通曼哈顿银行诉以色列—英国银行(伦敦)有限公司案"[*Chase Manhattan Bank NA v. Israel-British Bank (London) Ltd.*]⑤中，法院认为，被害人保留对错误转移的金钱的衡平法权益。在"西德土地银行诉L. B. C案"(*Westdeutsche Landesbank Girozentrale*

---

① *Russell v. Smith*[1958]1 Q. B. 27.

② *Ilich v. The Queen*(1987) 162 C. L. R. 110 at 129 citing *R. v. Tideswell*[1905]2 K. B. 273; *Pilgram v. Rice-Smith*[1977]1 W. L. R. 671. Cf. *Lacis v. Cashmarts*[1969]2 Q. B. 400 at 411.

③ *Ilich v. The Queen*(1987)162 C. L. R. 110 at 129.

④ *Muschinski v. Dodds*(1984-5)160 C. L. R. 583. Cf. *Shields v. Westpac Banking Corporation*[2008]N. S. W. C. A. 268.

⑤ [1981]Ch. 105 at 120.

v. Islington L. B. C.)[①]中,法官(我认为是正确的)驳回了这种论点。在“西德土地银行”一案中,银行借钱给地方当局;问题是,根据因错误(或越权)而无效的合同所支付的款项的收款人是否基于信托拥有这些款项。法院表
1311 示:

“据说,由于银行只意图在履行有效合同的过程中放弃其对这些款项的实际所有权,因此,在付款之日,法律所有权和衡平法所有权都没有转移给地方当局。当钱款混入银行账户时,法律所有权因法律的实施而归属地方当局,但据说银行‘保留了衡平法意义上的所有权’……我认为这种说法是错误的。在法律上和衡平法上完全享有金钱或财物的全部实益所有权的人,并不享有该财物的衡平法权益。法律上的所有权伴随着所有的权利。除非并且直到法律上的财物和衡平法上的财物分开,否则就不存在单独的衡平法所有权。因此,认为银行‘保留其衡平法权益’,这是没有意义的。唯一的问题是,在衡平法上,支付这笔钱的情况是否使地方当局成为信托关系中的受托人。如果是这样的话,根据该信托首次产生了衡平法权益。”

认为转让人在这种情况下保留衡平法权益的说法是不成立的。收款人是否作为推定受托人拥有多付的款项是另外的问题。只有当收受人的理性因知道错误而受到影响时,才会出现违反信托的情况。“关于推定信托的实施,最终要解决的问题是,有关财物的法律所有权的拥有者是否‘不能本着善意保留受益利益’”。[②] 仅仅是收到钱款而不知道被害人的过错,并不构成背信行为。[③]

6-129 如果我们接受被害人在错误的多付款项中获得衡平法利益,那么《盗窃法》第5(1)条可以适用。法院已经接受了该主张,尽管它们尚未承认产生这种衡平法利益的正确理由。上诉法院在“女王诉沙德罗克—基加利案”(*R. v. Shadrokh-Cigari*)[④]中的判决和军事法庭上诉法院在“女王诉韦伯斯特案”[⑤]中的判决认为,如果被告人因“根本性错误”而收到财物,被害人保留对该财物的衡平法所有权利益。就金钱而言,被害人并不保留权益。相反,这种衡平法上的权益是随着推定信托的产生而产生的。在这种情况

---

① [1996]A. C. 669 at 706.

② *Beatty v. Guggenheim Exploration Co.* ,122 N. E. 378 at 380(1919)*per* Cardozo C. J. cited with approval in *White City Tennis Club Ltd. v. John Alexander's Clubs Pty Ltd.* [2009]N. S. W. C. A. 114. *Hospital Products Ltd. v. United States Surgical Corporation*(1984)156 C. L. R. 41 at 108;*Baumgartner v. Baumgartner*(1987)164 C. L. R. 137.

③ *Westdeutsche Landesbank Girozentrale v. Islington LBC*[1996]A. C. 669 at 714-714 *per* Lord Browne-Wilkinson.

④ [1988]Crim. L. R. 465 at 466.

⑤ [2006]EWCA Crim. 2894 at paras. 32-33.

下,被告人对资金有合法的控制权,但对被害人的资金是基于信托而拥有。

如果被告人不慎将一笔不经意间的多付款项用掉(例如,他的账户被记入100,100,100英镑,而不是100,000英镑),他的良心可能不会受到影响,因此他不会违反其作为推定受托人的义务。因此,如果被告人知道多付的款项,并故意将其耗尽,根据《盗窃法》第5(1)条,他可能要承担盗窃罪的法律责任。 1312

6-130 所以,您是认为《盗窃法》第5(4)条是多余的?

不。《盗窃法》第5(4)条包罗万象,涵盖了根本性[①]和非根本性错误。鉴于推定信托何时适用的不确定性,刑事法院最好避免在可以适用该法第5(4)条的情况下援引该法第5(1)条。如果客人获得的零钱多于应得的零钱,在经过一段时间他发现错误后,客人是否基于信托而拥有这笔额外的零钱?这种小事会不会成为民事法庭的问题呢?我想不会吧!如果对这类案件提出检控,便应将其归入该法第5(4)条的范围内。

《盗窃法》第5(4)条的真正好处是,不需要刑事法庭就复杂的衡平法和信托问题作出判决。该法第5(4)条属于推定条款,将错误的金钱转移视为无效。它实际上使民法上的错误但合法的转移行为自始至终都是无效的。例如,在检方的参考资料中,[②]被告人的雇主错误地多给其支付了74英镑的工资,他被认为加班了,但他没有加班。这笔款项是从雇主的银行账户直接借记到被告人银行账户上的。被告人是在钱出现在她的账户上一段时间后才知道她的账户上有多出的款项。被告人被控违反该法第1(1)条,偷窃了属于其雇主的74英镑,最终无罪释放。在法庭就法律问题发表意见时,法院方面表示:[③]

1. 首先,被告人得到财物了吗?“得到”这个词是该法的起草者所能采用的最广泛的词。答案是肯定的,被告人确实获得了权利动产。

2. 她是因别人的错误得到的上述财产吗?答案显然是肯定的。

3. 需要返还的权利动产并没有产生任何孳息。她是否有义务返还权利动产本来的价值?在我们看来,答案似乎是肯定的。

4. 因此,到目前为止,控方已经成功地证明,尽管看起来很明显,从被告人知道她的账户被错误地多记入74英镑时,本案中的“财物”就属于1968年《盗窃法》第1条所指的属于他人的财物,并且被告人有义务对其加以返还。 1313

被告人获得的是她自己的权利动产。当这笔钱离开雇主的账户时,相

---

① *R. v. Webster* and *R. v. Shadrokh-Cigari*[1988]Crim. L. R. 465.

② [1985]Q. B. 182.

③ *Attorney-General's Reference*(*No.* 1 *of* 1983)[1985]Q. B. 182 at 188-189 *per* Lane L. J.

应的权利动产就已经丧失。而当这笔钱被转到被告人的账户上时,被告人就获得了新的权利动产,即有权要求她的银行支付这笔钱。① 当这样产生的债务是被告人的银行欠被告人的债务,从而不再属于她的雇主时,情况才是这样。然而,《盗窃法》第5(4)条把相关权利动产视为仍属于雇主银行内的权利动产。该条认为,新产生的权利动产属于因错误导致产生该权利动产的人。此外,无论被告人是否做了导致该错误的事情,该条都适用。②

因此,该款中的"财物"一词是起草人的错误。本应是"金钱",因为这是让该条款获得意义的唯一财物形式。

第24节 代理人的权限

6-131 与存在根本性错误的案件类似的是,代理人的行为超出了他的权限,导致物权无法流转。某超市的收银员有悖诚信地向朋友收取低于正当价格的款项。朋友如果明知是欺诈行为,就构成盗窃商品的犯罪。③ 还有其他若干限制代理人权利的情况,阻碍了物权的流转,但在此不多作考虑。④

第25节 引诱和同意

6-132 在《盗窃法》之前,当盗窃行为被定义为未经所有权人同意而实施的盗窃行为时,法院对被害人同意和"诱使"进行了合理的区分。

如果物主被害人为了抓到小偷,放出一些标注记号的钱,或者不锁门、不锁抽屉,躺在那里等着,他只是为盗窃提供了便利,但并不同意:他只是想找出小偷是谁,或者得到某个犯罪嫌疑人就是小偷的证据。如果店主让员工把作标记的钱拿出来,也是一样的。在这种情况下,如果小偷上钩,他就犯了盗窃罪。

但假设被告人教唆某人与自己一起偷窃被害人的财物;被唆使者将盗窃的计划告诉了被害人,被害人指使该人假装与被告人合作;然后被唆使者将被害人的财物交给被告人,假装从被害人那里偷了财物。在这种情况下,被害人之前被认为是同意被告人偷窃,因此其行为不构成盗窃罪。⑤

6-132 很多学者认为,1968年《盗窃法》已经改变了这一点,因为该法

---

① *R. v. Preddy*[1996]A. C. 815.

② *R. v. Gresham* [2003]EWCA Crim. 2070.

③ *Pilgram v. Rice-Smith*[1977]1 W. L. R. 671.

④ *Attorney-General of Hong Kong v. Nai-Keung*[1987]1 W. L. R. 1339.

⑤ *R. v. Turvey*(1946)31 Cr. App. R. 154.

删除了所有权人未同意条款,一些学者赞同这样的结论,即盗贼现在可以被 1314
判盗窃罪,而不仅仅是未完成罪。我认为这样的定罪是违反原则的,因为被告人在物权人的安排下收受财物的行为是合法的,即使他认为这是不合法的。非法性并不是仅仅因为相信非法性而产生的,除非是在未遂的情况下。在这里,被告人的犯罪行为是怂恿他人去偷窃,或者企图教唆他人去犯罪;并不构成盗窃罪既遂。

如果《盗窃法》改变了法律,不仅违背了原则,而且在某些情况下也是不公正的。认为整件事情是被害人策划的,并不为过。要么是出于恶意,要么是想对被告人的诚实性进行极端考验,被害人让他的员工把钱塞到被告人的手里,假装从被害人那里偷了钱。被告人屈服于诱惑,收下了钱。如果在被告人获得了被害人同意的情况下,这还能使被告人犯下盗窃罪,那么法律显然是严苛的,特别是因为其不承认遭到犯罪引诱的抗辩事由。通过已经提到的方法,可以依据该法达到正确的结果。① 可以认为,被告人要占有钱财的行为是合法的,因此不属于盗窃罪,即使他为了得到钱财做了什么努力,仍然可以以未遂论处。

第26节 盗窃:主观要素

6-134 我们可以从上述关于盗窃的定义中提取一系列规则,并通过其他章节的解释和司法解释对其加以进一步阐述。前两条是关于主观要素的规则。

1. 盗贼在侵占时,必须意图永久剥夺他人的财物。

2. 侵占一定是有悖诚信的。

以前用来形容偷窃中的主观要素的短语是 *animus furandi*。因为说英语的缘故(尽管英语相当奇特),可以把它说成盗窃的意图。而其两个要素是永久剥夺物权人财物的意图,以及有悖诚信。这两个要素相互独立。人可以有悖诚信地侵占财物,目的是暂时剥夺物主的权利(如“借用”他人的割草机,而窃取者知道物主不希望其这样做)。这不属于盗窃。或者有人可能老老实实地占有物品,意在永久地剥夺物主的物品,这也不属于盗窃。在餐馆用餐的人意图永久地剥夺所有权人的食物,但如果他意图付钱,就不构成盗窃罪,因为他是诚实的。如果他在吃完这顿饭后,声明餐馆厨艺不济,不意 1315
图付钱,那么无论他的责任如何,他仍然不构成盗窃罪。如果他的投诉只是

① *R. v. Latif*[1996]2 Cr. App. R. 92;*R. v. Hooper*[2002]EWCA Crim. 621;*R. v. Byrne*[2003]EWCA Crim. 1073.

不给钱的有悖诚信的借口,他就会犯“逃单”罪。[1]

第 27 节 剥夺权利的意图

6-135 盗窃罪需要有剥夺物主财物的意图,而不涉及小偷可能有任何有利于自己的意图。

6-136 但是,小偷肯定不想剥夺物主的财物。他是想自己取得财物。剥夺物主的财物是附带的。那么,为什么《盗窃法》没有规定小偷必须是想自己取得财物?

例外的是,小偷可能只是想剥夺物主的财物——就像邮递员因为懒得送信,把信毁了一样。[2] 他想毁灭对自己不利的证据,为此,他想剥夺物主的财物。[3] 甚至当小偷想获得财物时,这就涉及剥夺物权人的财物,而且他是有意剥夺的,因为他知道这是他想要的东西不可分割的一部分。

6-137 是否存在轻率盗窃他人财物的情况?

这不是普通法上的盗窃,也不属于《盗窃法》规定的盗窃,但该法第 6 条规定的盗窃除外。[4] 共谋欺诈罪在一定程度上堵住了法律的漏洞,即共谋使他人面临如果他知道事实真相就不愿意承担的财务风险。明显的例子是关于公司董事的。他们的地位很特殊,因为他们掌管着公司的财物,但严格来说,他们并不是股东的受托人。虽然他们可能会触犯与公司财物有关的有悖诚信的具体罪行,但没有任何法规宣称他们轻率地使用公司财物属于刑事犯罪。然而在“女王诉辛克莱案”[5]中,董事冒着风险,在没有担保的情况下将公司的全部资产交出,在这种情况下,他们被认定犯了共谋欺诈公司、公司股东和债权人的罪行。上诉法院认为:

“欺诈是指故意有悖诚信,损害他人所有权的行为。在本案中,所指控的共谋欺诈行为是,公司的一名董事和其他人有悖诚信地合意以明知不符合公司最佳利益和损害少数股东利益的方式使用公司的资产从而使公司资
1316 产冒风险。”[6]

本案表明,为了自己的目的,故意拿他人的财物冒险,或以欺诈手段使

---

① *R. v. Aziz*[1993] Crim. L. R. 708.

② *R. v. Lavender*[2007] EWCA Crim. 2679.

③ *R. v. Sweeney*[2009] EWCA Crim. 1733.

④ *R. v. Fernandes*(1996) 1 Cr. App. R. 175 at 188 *per* Auld L. J.

⑤ [1968] 1 W. L. R. 1246.

⑥ *R. v. Sinclair*[1968] 1 W. L. R. 1246 at 1250. *R. v. Rowland*[2007] EWCA Crim. 479. *Peters v. The Queen*(1998) 192 C. L. R. 493 at 525. *R. v. Zlatic* (1993) 79 C. C. C. (3d) 466. American Law Institute: *Model Penal Code*(1985), § 223. 0(1).

他人承担这种风险,可以成立共谋欺诈罪。该罪的本质不在于造成损失(因为是否造成损失并不重要),而在于使他人承受不必要的金钱风险。共谋者在明知的情况下让被害人承担风险。

第28节 永久性剥夺

6-138 传统的盗窃概念涉及永久剥夺所有权人的财物的意图,而不仅仅是为了临时使用其财物。趁邻居外出时"借"邻居的割草机用一天,即使被认为有悖诚信,也不构成盗窃罪。如果店员从雇主的收银机里"借"钱,意图有钱了再还,是否也不构成盗窃呢?不像借用割草机的人,店员意图永久地剥夺雇主的钱币或纸币,即使他有可能在短时间内归还。所以,可以犯有盗窃罪。[①]

6-139 但这种观点不是很有技术含量吗?一枚一镑的硬币和另一枚硬币一样好。如果把口袋里的一镑硬币换成两枚50便士,没有人会觉得被剥夺了什么。

法律人用"种类物"(Fungible)来形容钱。种类物是指任何被认为等同于其同类物品的物——玉米、水泥、汽油、邮票等财物。[②] 在普通生活中,以及为了几乎所有法律上的目的,都是把钱作为种类物,而不是作为若干小金属片或纸片来对待。但在目前的情况下,坚持认为实际借来的钱不意图归还,是有正当的社会理由的。相反的观点会放过任何希望有朝一日能够归还钱财的投机者。诚然,一个女人如果戴了另一个女人的珍珠项链去参加聚会,如果她意图归还,就不构成盗窃罪,尽管她可能会丢失珍珠项链而无法归还。这已经很糟糕了,但如果把同样的规则扩大到"借钱"并意图花钱的专横行为,那就更糟糕了。 1317

但是,在有些情况下,拿了钱意图归还等额钱的人不构成盗窃罪,不是因为他没有永久剥夺物主财物的意图(他有这种意图),而是因为他不是有悖诚信。[③] 侵占什么时候诚实的和什么时候有悖诚信,后面会讨论一下。

6-140 说他意图把东西还回去,岂不是会存在让小偷逃避刑法制裁的危险?

有时是的。如果某人拿着图书馆的一本书或艺术馆的一幅画逃走,他的辩解,即他意图归还,可能有足够的可信度,使他免于被判盗窃罪,即使仍

---

① *Halstead v. Patel*[1972]2 All E. R. 147;*R. v. Velumyl*[1989]Crim. L. R. 299.

② Royston Miles Goode, "The Right to Trace and its Impact on Commercial Transactions", (1976)92*L. Q. R.* 360 at 383.

③ *R. v. O' Connell*[1992]94 Cr. App. R. 39.

然有严重的嫌疑。但当有人拿起一件物品看是否值得偷窃时,就会出现更严重的困难。例如,行为人可能会拿起一位女士的手提包,用手指探触包内的物品,当他发现包内只有口红等物品时,便把包还给她。在"女王诉埃萨姆案"①中,法院认为这种人不能被判盗窃罪,即使他的概括故意十分明显,因为他的行为表明,他并不意图偷包里的东西。

6-141 这样的人可以构成盗窃未遂罪吗?

是的,自1981年《刑事未遂法》颁布后。在该法制定之前,"女王诉埃萨姆案"裁定,由于偷窃者并没有当下实施偷窃的意图,因此不能判定其犯有未遂罪。上诉法院在后来的一个案件中重申了这一意见,斯卡曼法官在判决中说了一句话,事后他对此一定后悔不已(因为这句话导致了后来所谓的"盗贼宪章"),即"一个人只有在发现值得偷的东西的情况下才有立即偷窃的意图"。② "女王诉埃萨姆案"的判决在当时是正确的,不是因为被告人没有偷窃的意图,而是因为当时的法律规定,人不能试图偷取不存在的东西。埃萨姆并没有意图偷手提包里的东西(笔记本、纸巾、化妆品和一支笔,如果你想知道的话),这被他把这些东西都放回去了的事实证明。但他确实是意图把可能有的贵重物品偷出来。在对法律的荒谬性提出广泛的批评之后,上诉法院默默地决定推翻自己的判决,以及甚至是上议院的决定。大法官们认为,在与"女王诉埃萨姆案"类似的情况下,行为人可以被判定为企图偷窃"部分或全部手提包内的东西"。这一点甚至在《刑事未遂法》颁布之前,在上诉法院审理的两起入室盗窃案中(斯卡曼法官的论断实际上被承认是
1318 错误的)就被规定了。法庭认为:

"如果陪审团确信他在偷窃时意图偷楼里的东西,那么我们认为,楼里没有任何东西值得他去偷的事实似乎并不重要。他还是有偷窃的意图。③同样地,法院认为,如果被控企图从没有任何有价值的物品的容器中偷窃,则可判定小偷企图偷窃口袋或柜子中的部分或全部物品(或任何可能的东西)"。④

这些附带意见在发表时与有关不能犯规则的法源存在不可调和之处,但自从1981年《刑事未遂法》颁布后,这些附带意见就成了毫无疑问的法源。如果被告人突袭了被害人的出租车,希望找到被害人的收益,如果被告人设法找到了现金并将其侵占,那么他将犯盗窃罪。但是,如果被告人不知道当天早些时候现金已被存入银行,因此不在出租车上,则应以盗窃未遂罪

---

① [1971]2 Q. B. 315. *Carven v. Quilty*[1998]148 F. L. R. 273.

② *R. v. Husseyn*(1977)67 Cr. App. R. 131 at 132.

③ *R. v. Walkington*[1979]1 W. L. R. 1169 at 1179.

④ *Attorney-General's Reference*(*No.* 1 *and* 2 *of* 1979)[1980]Q. B. 180.

起诉。[1] 起诉书上的内容可能是："被告人意图从出租车上偷（现金）。"也可能更笼统一些："被告人意图从出租车上偷东西。"

如果知道小偷希望找到什么，应该以盗窃未遂罪定罪。[2] 如果他认为手提包里有光之山钻石或左轮手枪或国防秘密情报的微型芯片（军情六处巧妙地让他相信里面有这些东西），那么原则上，他就犯了盗窃未遂罪。他的犯罪记录应该显示他企图偷窃无价的钻石或国防秘密情报等，而不是企图偷口红，这是对的。至于有关物品不存在，甚至不存在这样的物品，并不重要，因为我们现在已经摆脱了未遂中的"不能犯"规则。

6-142　关于最后一个命题，可能会遇到的问题是起诉书的措辞。如果起诉书上写道，"企图偷窃光之山钻石——梅布尔·布洛格斯（手提包的主人）的财物"，那么答案可能是，众所周知，该钻石是伦敦塔中的王室珠宝之一，而不是女王以外的梅布尔·布洛格斯或其他任何人的财物。虽然这种说法在原则上显然是不好的。起诉书中关于所有权的说法并不重要。对于这项反对，更具体而重要的答案是，根据《刑事未遂法》行为人被视为意图，因此企图，如果事实是他认为的那样，他计划实施的行为[3]（因此，生硬地规定了英语语言的一般含义）。如果行为人认为梅布尔·布洛格斯的包里有钻石，他就犯了偷钻石未遂罪。辩护规则必须服从这一立法声明，因此，对 1319
未遂的指控必须始终被解读为对被告人企图实施心目中的行为的指控，而不是对实际事实的指控。

第29节　永久剥夺权利意图的推定

6-143　为了扩大盗窃的范围，1968年《盗窃法》第6条采用了将某些意图视为永久剥夺所有权的意图的推定。如果你喜欢口舌之争，本条第（1）款可能会让你觉得有趣。反之，如果你认为刑事立法的目的是给公民、法官和裁判官的书记员、辩护律师及其法律顾问提供明确的指导，那么它的故意不透明会使你的情绪低落。该法第6（1）条规定：

"一个人侵占属于另一人的财物，不意味着另一人永久地失去该财物本身，但如果侵占者的意图是将该财物作为自己的财物来处置，而不考虑另一人的权利，则应被视为具有永久剥夺另一人的财物的意图；借用或出借该财物相当于将该财物作为自己的财物来处置，当且仅当借用或出借的时间和情况使该财物相当于彻底被拿走或处置。"

---

① Cf. *Garlett v. The Queen*（1987）A. Crim. R. 75.

② Glanville Williams,"Convictions and Fair Labelling",（1983）42 *Cambridge L. J.* 85 at 94-95.

③ *R. v. Tulloch*（1986）83 Cr. App. R. 1; *R. v. Shivpuri*［1985］Q. B. 1029.

6-144 给我解开这个谜题

这是在胡言乱语,但仔细想一想就能从中提取一些意义。这一条有两个部分,用分号隔开,第二部分提供了第一部分中"将……作为……"一词的部分定义。第二部分在其范围内,是凌驾于其之上的(因为有"当且仅当"这几个字)。因此,我们可以将该部分(从第二部分开始)重述如下。

侵占者应被视为意图剥夺物主的所有权,如果侵占者的意图是:

1. 向物主借用该物,条件是借用的期限和情况使借用等同于彻底拿走该物。

2. 将物品出借给第三人,条件是借给第三人的期限和情况使出借相当于彻底处置。

3. 将该物作为自己的财物处理(除上述借用和出借外),而不考虑所有权人的权利①——尽管在这些情况下,并不意味着物主会失去物品本身。

6-145 但是,借用的情况使借用相当于彻底拿走,究竟是什么意思呢?是指真正的借用还是有悖诚信的"偷窃"?

在这种背景下,"借用"必须是指未经授权的"借用"——为使用而临时
1320 取用。此外,在整个条文的背景下,"借用"必须被理解成为临时使用或为其他一些涉及临时保留的目的而取用,不等于处置。如果拿取是为了处置该物,则属于上述主张 3 的范围,而不是主张 1 的范围。

该原则最直接的适用是在"赎金"类案件中,因为即使是对该条款进行非常狭义的解释,也能规制这类案件。在解释盗窃罪的法律时,法院适用的是所谓的赎金原则。

假设被告人注意到被害人的公文包被落在酒店大厅里,就把公文包拿走,然后写信告诉被害人,只要他付了赎金就可以拿回公文包。这被认为是盗窃罪。但是,如果被告人拿了公文包,然后把公文包还给被害人,说是他捡到的,并希望得到报酬,这就不是盗窃,因为被告人无论如何都是想让被害人拿回那件东西。

6-146 "女王诉拉斐尔案"(*R. v. Raphael*)中②,被告人开走了被害人的车,并告诉被害人,除非被害人付给被告人 500 英镑,否则不会归还该车。上诉法院认为:"第 6 条明文规定,确立盗窃罪的犯意所需的主观要素包括盗窃者不顾他人的权利,将该物视为自己的财物而加以处置的意图。"③法院的结论是,没有比行为人提出除非被害人支付"赎金",否则不归还被害人的

---

① *D. P. P. v. Lavender*[1993]Crim. L. R. 279.

② [2008]EWCA Crim. 1014.

③ *R. v. Raphael*[2008]EWCA Crim. 1014 at para. 47. *R. v. Coffey*[1987]Crim. L. R. 498;*R. v. Hall*(1848)1 Den. C. C. 381.

物品更好的违反第6条的例子了,因为这不符合所有权人“占有自己财物的权利”。[1]

没有理由不适用《盗窃法》中的这些主张,作为对“意图永久剥夺物主的所有权”的解释。在“女王诉拉斐尔案”中,除非车主付清款项,否则就会被永久地剥夺物权,而这可以被视为在没有第6(1)条的协助下,永久地剥夺车主所有权的意图。这也会被该款含摄,因为被告人开走车的意图是“暂时剥夺车主的权利”(根据上文主张1)。只有在被告人意图借车一段时间,而且是在等同于彻底开走车的情况下,这才会构成该款所指的盗窃罪。该说法适用于被告人拿走物品,意图长期保留该物品,或在使用年限的大部分时间内保留。但在本案中,我们假设拿取物品及扣押以等待赎金可能是短暂的事情。如果该车只是暂时被取走,没有受到任何损害,那么还是会被一般原则包括,即被告人有意将该车作为自己的财物处理,而不考虑被害人的所有权,这实际上提供了使被告人行为等同于彻底侵占的情形。从总体情况看,保留期限不一定要长。

另一个例子是,有人有悖诚信地从铁路局侵占了火车票,尽管铁路局会在完成行程后取回。[2] 人不能偷火车旅程,也不能偷享火车旅程的权利,但可以偷证明存在这种权利的票据。[3] 如果该案被认为属于主张1的范畴,则 1321
完全可以认为,该票据的取得等同于彻底取得,因为取得者得到了该票据的全部使用权。毕竟当他用完后,该票已没有剩余价值。在“女王诉劳埃德案”(*R. v. Lloyd*)[4]中被告人偷偷地把应该在电影院放映的故事片拿走,这样他们就可以复制(盗版)电影。在被人发现之前这些影片被告人已归还。许多电影的盗版拷贝被制作和出售,但被告人的犯罪活动能否成功,取决于他们能否成功地尽快归还被借来复制的影片。在大多数情况下,这些影片的盗录时间只有几个小时。上诉法院认为,《盗窃法》第6(1)条“要求被告人意图归还已失去了所有用处或功能的物品;借阅的时间或情况使被告人的行为等于完全取走或处置,就成立盗窃罪”。[5]

6-147 您是不是认为,如果我偷了你5000英镑的季票,只用了一半,然后把它偷偷还给你,让你继续使用剩下的一半季票,我就可以引用“女王诉劳埃德案”的原则来避免刑事责任吗?

我希望不是。最近有法源认为,如果借用人实质性降低了所借物品的

---

① *R. v. Raphael*[2008]EWCA Crim. 1014 at para. 47.

② *R. v. Beecham*(1851) Cox C. C. 181. Cf. *R. v. Boulton*(1849) 1 Den. C. C. 508; *R. v. Kilham*(1870) L. R. 1; *R. v. Chapman*(1910) 4 Cr. App. R. 276.

③ Cf. *R. v. Marshall*(1998) 2 Cr. App. R. 282.

④ [1985] Q. B. 829.

⑤ *R. v. Lloyd*[1985] Q. B. 829.

价值,可能会落得个水深火热的下场。正确地说,如果你用完了我 5000 英镑的季票中的 2500 英镑,让你逃避法律的制裁是很荒谬的。在你根据《盗窃法》第 6(1)条的规定处置物品之前,没有必要完全用尽该物品的价值,才可以辩称你已经处置了该物品。[①] 一张已经用了一半的季票,在实质和价值上完全改变了。[②] 该款应解释为"实质性"或"可衡量的价值损失",因为任何其他解释都是毫无意义的。"实质性"不应指 50% 的价值损失,而应指可衡量的损失。没有理由不因用掉他人昂贵的季票的 10% 而受到惩罚。同样,如果你抢走了他人的昂贵手表,并将其砸向岩壁,你就行使了属于手表所有者的权利,即决定如何处理该手表,是使用还是处置。手表是可以维修的,还保持着一半的价值,这无关紧要。[③] 在大多数情况下,所使用的部分可能具有足够的可识别性和可分离性,可以通过《盗窃法》第 1(1)条的字面意义上的适用来打击使用者,因为使用者有永久剥夺所使用的部分的所有权的
1322 意图。

6-148 根据严格的功能分析("已经失去了所有的用处或功能"),只要你的古董书桌升值(因为它很可能会因为它的古色古香而升值),我就可以借 5 年,而不需要承担盗窃的责任,不是吗?

如果我们遵循对该条的这种狭义理解,就会有这样的结果。该款并不限于用处或功能的损失。因此,你要承担法律责任,因为你在一段时期内和在某种情况下占有书桌,使你的拿取行为相当于彻底拿取,借此你将书桌当作自己的物品来处理。你可能会辩称,你的意图只是借用,如果我逼你,你随时都会把它还给我,但这些理由都是无关紧要的。如果你把被害人的财物保留了很长时间,这就满足了该款的要求。在不合理的时间段内[④]剥夺所有权人享受[⑤]和使用财物的权利,就好比拿着他人财物索要赎金,或者临时搭车去兜风。用尽财物的价值或效用是本款适用的情况,[⑥]但它也含摄不合理使用或扣留他人财物的情形。

6-149 假设我把你的门锁拿去找开锁匠,让他配了一把钥匙,以便我进入你家,看你的私人日记。如果我只借用了几个小时的门锁,然后把它完好无损地还给你,我是不是犯了盗窃罪?

你要承担盗窃的责任,因为你把门锁当成自己的东西来处理,而不考虑物权人的权利。此外,由于你为门锁制作了一把钥匙,所以它已经失去了作

---

① *D. P. P. v. SJ*(A Juvenile)[2002]EWHC 291(Admin.).

② Cf. *R. v. Bagshaw* [1988]Crim. L. R. 321..

③ *D. P. P. v. SJ*(*A Juvenile*)[2002]EWHC 291(Admin.).

④ Cf. *State v. Bautista*,948 P 2d 1084(1997).

⑤ *Winkley v. State*,123 S. W. 3d 707(2003).

⑥ *Clinton v. Cahill*[1998]N. I. 200.

为门锁(作为保护物权人财物安全的装置)的所有用处和价值。① 如果这把锁能让你随心所欲地进入,那么它就不再是有用的锁了。② 你并没有永久剥夺被害人的门锁的意图,这无关紧要。

同样地,如果你复制了一张试卷,你可能不构成窃取写有试题的这张试卷,但你会毁掉它作为试卷的所有价值。它不能再作为考试用,因为其内容 1323
已经泄露了,不得不花钱请教授们重新写一份新的试卷。而印刷厂也要花钱重印新的试卷,等等。

6-150 假设我是一名教授,发现院系为行政人员购买了舒适的椅子,却没有给我提供一把好的椅子。我能不能把我的旧木椅换成院系行政办公室的舒适椅?

你可以,但你要冒着盗窃罪的风险。

6-151 但我肯定不是小偷,我只是把椅子搬到了学院的别处——我的办公室。

在最严格的意义上,这把椅子仍然是学院的财物,并且你可能不敢将其带出院系楼,但未经允许擅自使用,可能会被控盗窃罪,因为你意图将学院的椅子视为自己的财物。你这是在行使学院对椅子的所有权,也就是学院选择如何使用其财物的权利[财物所有人有权随意使用、享用和处置其财物(*jus utendi et fruendi*)]。如果没有这样的规定,教工们也可以把大学公共区域的宏伟画作拆下来,搬到自己的私人办公室去。这将导致一个自由放任的局面!

在"检察长诉拉文德尔案"(*D. D. P. v. Lavender*)③中,被告人与他的事实上的伴侣住在英国的廉租房中。被告人及其事实上的伴侣(或其同伙)损坏了他们所居住的廉租房的门,并要求有关部门更换新门。但二人被告知,只能更换因正常磨损而损坏的门。房客们破坏了门,所以被要求支付安装新门的费用。被告人不愿意出钱更换他弄坏的门,于是他沿路将12间同属于该管理机构的廉租房的门拆了下来,用这些门来更换损坏的门。被告人被判犯有盗窃罪,理由是他"在与廉租房管理机关打交道时,意图将这些门当作自己的门,而不顾廉租房管理机关的权力"。④

将他人的财物永久或临时转换据为己用,可能构成盗窃。拉文德尔对廉租房大门的使用侵犯了这一机关的排他使用权,他剥夺了该委员会对其财物的排他性控制和使用权。如果一位教授丢失了她的教员办公室钥匙, 1324

---

① *People v. Kwok*, 63 Cal. App. (4th) 1236(1998); *Dreiman v. State*, 825 P. 2d 758(1992).

② *R. v. Arnold*[1997]4 All E. R. 1 at 15.

③ [1994]Crim. L. R. 297.

④ Section 134 of the Criminal Law Consolidation Act 1935(S. A.).

并决定将门砍成碎片来进入她的办公室,她肯定无权通过永久地将相邻的教员办公室的门拆掉来更换她的门。这样的解释似乎有些苛刻。有些人可能会认为,校董事会应该起诉要求赔偿门的费用,而不是诉诸刑法。但是,在很多情况下,这些租客都身无分文,靠救济金生活。要扣押他们的收入,可能是不可行的。如果教授不把椅子交还给行政部门,可能比较容易以非刑法方式加以处理,因为他有可失去的东西——他的工作。刑法面前人人平等,但在财物仍在产权人处所的情况下,指控犯罪应该是不得已而为之。

6-152 有的情况是,有人擅自借走他人的财物,并将其遗弃在附近,希望物主能找到。这些情况通常会受到《盗窃法》第 6 条的约束。该法第 6 条可能适用,例如,某人有悖诚信地借了一辆自行车去旅行一段距离,然后将其遗弃。故意遗弃的侵占行为可被认为属于主张 3 的范围,即持有者通过遗弃该物,"将其作为自己的财物进行处置"。根据普通法,如果物主有可能取回该物,则取走物品者并没有实施偷窃行为(因为他并没有永久剥夺物主所有权的意图,而只是轻率地剥夺了物主的权利)。[①] 但根据该法第 6(1)条,这显然是盗窃罪。应当注意的是,当物品被遗弃时,无论物主事后是否找回,都属于盗窃行为。如果车辆的受托人(借用人或租用人)错误地遗弃车辆,也是一样的。虽然他可能是该条后半部分中的"借用",但对他的指控不是基于借用,而是基于事后的遗弃——处置,因此根据该条前半部分来裁判。

如果某人错拿了物品,并把该物品交给了别人,以确保物主被告知其物品在哪里,这样就可以取回物品,则这个命题是值得怀疑的。如果物主得到信息后,能够在不需要支付报酬的情况下取回自己的物品,那么被告人似乎是考虑到了物主的权利。他的行为并非完全无视物权人的权利。如果被告人只想暂时剥夺财物,并真心实意地努力确保物主能够取回财物而不受不
1325 当负担,那么控方可能很难证明他把财物当作自己的财物来处置。假设某博士生要腾出大学宿舍飞回法国,却忘记归还属于大学图书馆的 5 本书。现在是凌晨 4 点,而她还有 5 点的航班,所以无法亲自归还这些书。她决定最好的解决办法是把书放在自己腾出的房间里,并在书的前面写了一张纸条。但纸条并没有指示发现者归还书籍,而是写道:"没有书的房间,就像没有灵魂的人一样。"还假设她认识那个即将搬进她房间的博士生,并且认为他会觉得这张纸条很有趣,也会把书还给大学图书馆。

6-153 她可能也猜到了,新的入住者会把书交给门卫。难道她是小偷?(她是否有悖诚信?盗窃罪的定罪也需要被告知道她的行为会被普通

---

① Glanville L. Williams, "Temporary Appropriation Should Be Theft", [1981] *Crim. L. R.* 129 at 134-135.

人认为是有悖诚信的)。[1] 她把书丢弃在校内的一个安全的房间里,所以书仍在大学里。[2] 尽管留下了颇具理想主义色彩的纸条,但难以认为她采取了合理的措施,以保证书被归还(或者可以追回)。毕竟,书是以她的名义拿出来的,而学校的电脑记录也会让她无法毕业,直到书被归还为止。从所有相关情况来看,该博士并没有犯盗窃罪,即使她遗弃了借来的财物。

乍一看,认为像"女王诉艾森姆案"(*R v. Easom*)这样的案件[3]提供了应被视为等同于彻底拿走的有悖诚信地"借用"的另一个例子,似乎是合理的。被告人拿起一件属于他人的物品,如果经检查后认为值得偷,就意图把它偷走。但是,检查后他确信不值得偷,于是将其放回原处。由于被告人已经使自己占有了物品,而只有他自己愿意,他才会把它还给别人,所以这接近于彻底拿走。但是,很难说取物人意图在一定时期内,在使其等同于彻底拿走的情况下"借用"该物品(仅仅是拿起该物品看一看,并不完全属于这些话语的范畴),或者他意图将该物品作为自己的物品来处置(他还没有就此事达成最终的意向)。无论如何,在"女王诉艾森姆案"中,法院拒绝将《盗窃法》第6(1)条适用于本案,我们现在必须认为,艾森姆的行为不构成盗窃罪是无可争议的。

6-154 《盗窃法》第6(2)条涵盖了被告人"在他可能无法归还财物的状况下与财物分离的情况。这相当于将该财物视为他自己的财物进行处置,而不顾对方的权利。该款加上了什么内容?您告诉过我,虽然我可能无意偷盗您的财物,但如果我在明知自己可能无法归还的情况下借了您的财物,就要承担盗窃罪的责任。这是否意味着主观上的轻率,就足以构成盗窃罪的犯意?

是的。 1326

6-155 假设被告人因为需要筹钱来偿还赌债,借了雇主的手提电脑典当或抵押。被告人知道他很难攒够钱(因为赌博成性),在规定的还款时间内从当铺取回该物品。假设到了还钱的时候,他没有能力筹集到资金去赎回财物,是否要承担盗窃罪的责任?

要承担。[4] 推定故意将被告人视为,实际意图永久剥夺其雇主的笔记本电脑。这种扩大的故意定义涵盖了主观轻率地不顾他人财物安危的人。在这种情况下,被告人不仅要不顾所有权人的权利而意图借用或处置该财物,

---

① *R.* v. Ghosh[1982]Q. B. 1053.

② *DDP v. Lavender*[1994]Crim. L. R. 297.

③ [1971]2 Q. B. 315. Cf. *R. v. Vinall* [2012]1 Cr. App. R. 400.

④ Section 6(2) of the Theft Act 1968.

而且必须“意识到”[1]他对该财物的特定借用(或处置)行为会造成重大风险,[2]即所有权人无法取回该财物,或者只有在该财物大幅贬值后才能取回该财物。[3] 但是,行为人如果不小心遗失了图书馆的图书,不需要承担盗窃的刑事责任,尽管他可能需要赔偿图书馆的损失。如果行为人一怒之下将图书馆的书扔进篝火中(或将他人的耳机折断并毁掉),他将被视为小偷,因为他把书当作是自己的“进行处理”。这本书也失去了全部价值。

6-156　如果我当时真诚地确信能返还我所借的财物,并且把该财物私自借给了第三方,在我无法返还的情况下,是否还需要承担责任?

要视情况而定。如果你能证明你有在规定的时间内归还财物的意图,并且你有实际的、实质性的能力这样做,你可以据此对依据《盗窃法》第6(1)条提出的指控进行抗辩。

以年薪60万英镑的银行家为例,由于他刚在肯辛顿买了1栋房子,所以现金非常紧张。假设这位银行家急需筹集2万英镑的现金来支付他祖父的髋关节置换手术费用。为了筹集这笔钱,银行家决定(未经允许)借用一幅属于他妻子姑妈的名画,因为姑妈在海外,暂时不会发现。为了筹集到所需的资金,他把名画作了抵押(质押)。[4] 对于假设的这位银行家来说,2万英镑只是两个星期的工资,所以他真诚地认为,在姑妈回来之前的两个星期内,他就能把画作还上。可是因为信贷紧缩,他第二天就被开除了,而银行也因为破产了,无法给他发最后的工资。

1327 银行家现在无法从出借人(典当行)那里收回那幅名画。“在他可能无法归还财物的状况下与财物分离”,这句话似乎要求借款人预见到他要承担失去所借财物的风险。由于银行家并没有预见到他与该画作所承担的风险(他不知道自己会失去收入丰厚的银行职位),所以他只是存在过失,因此他有悖诚信的借用不应该受《盗窃法》第6(2)条打击。[5]

6-157　在“女王诉费尔南德斯案”(*R. v. Fernandes*)[6]中,作为无良律师的被告人,积欠了大量个人债务。为了克服经济困难,他动用了为2名客户托管的资金,并将这些钱投资于高风险的非法投资计划。费尔南德斯希望能得到比正常回报更多的利息,同时也希望能快速收益。无疑,他期望自己能够在不被发现的情况下将资金归还。他可能并不意图永久地剥夺客户的

---

① *R. v. G.* [2003] 3 W. L. R. 1060.

② *R. v. Fernandes* (1996) 1 Cr. App. R. 175 at 188.

③ *D. P. P. v. SJ*(*A Juvenile*) [2002] EWHC 291(Admin.).

④ A. T. H. Smith, *Property Offences: The Protection of Property Through the Criminal Law*, (London: Sweet & Maxwell, 1994) at 213.

⑤ *R. v. Fernandes*(1996) 1 Cr. App. R. 175 at 188. *R. v. Medland*(1851) 5 Cox. C. C. 292.

⑥ (1996) 1 Cr. App. R. 175 at 177-181.

资金，但他的行为却导致了客户的钱财损失。根据《盗窃法》第6(1)条和第6(2)条，费尔南德斯被判盗窃罪。

未经授权的借用或处置行为发生在其律师事务所为某客户提供离婚诉讼代理服务后。根据法院的命令，客户的房屋被出售，由于当时客户的丈夫在海外，法院命令被告人的律师事务所将其丈夫在出售房屋的收益中的份额投资于一个高息存款账户，直至其丈夫回国。被告人最初将这笔钱投资于一个高息存款账户，但随后关闭了该账户，将资金转入公司的一般客户账户。不久之后，被告人将这笔2万英镑的款项转给了他律师事务所的会计，用于投资于该会计担任合伙人的非法放款公司(有执照)。所有的钱都损失殆尽，或者至少是无法追回。会计声称把钱还给了费尔南德斯，但后者对其加以否认。这名会计被认定是完全不可靠的证人，但事实仍然是费尔南德斯在未经客户授权的情况下借用了钱，然后把钱投资给第三方。

费尔南德斯对其盗窃罪的定罪提出上诉。辩护律师提到"女王诉劳埃德案"[①]中提供的例子，认为《盗窃法》第6(1)条的前半部分只适用于火车票等作为无价值的纸片被返还给车票所有者的案件，以及赎金案件，即行为人拿走他人财物并将其卖回给所有者的案件。此外，辩方认为，该条后半部分 1328
"仅适用于借用人或出借人对财物的处理方式使其在归还时失去价值的情况"。对该法第6条的任何宽泛解释都会使陪审团将"后来证明是不理智的、高风险的投资与行为时永久剥夺这笔钱的意图相提并论"。[②] 对此，法院方面表示：

"我们认为，以一般的措辞表述的第6(1)条，适用范围不限于兰恩法官在'女王诉劳埃德案'中给出的例子。[③] 兰恩法官表示，在大多数情况下，没有必要提及该条款，但他没有建议对该条款加以限制。该条前半部分明文规定了关键的概念，并且后半部分以提及的方式纳入了此概念，即被告人是否有意'将该物视为自己的财物，不考虑他人的权利'。第(1)款的后半部分，以及第(2)款只是具体说明了此概念的适用。我们认为，第6条可适用于持有或控制他人财物，为了自己的目的，有悖诚信地处理该财物，而明知自己有损失该财物的风险的人。"

这种对《盗窃法》第6条范围的分析是值得欢迎的。被告人不是为了客户的利益而投资，而是为了自己的利益而投资，而且是在未经授权的情况下进行的。此外，该笔投资具有很强的投机性。即使被告人能证明自己有意在合理的时间内归还财物，但他对这笔钱的轻率使用，也表明他极有可能无

---

① *R. v. Lloyd*[1985]Q. B. 829 at 836.

② *R. v. Fernandes*(1996)1 Cr. App. R. 175 at 187.

③ *R. v. Lloyd*[1985]Q. B. 829 at 836.

法做到这一点。

6-158 如果费尔南德斯在"雷曼兄弟控股公司"(Lehman Brothers Holdings Inc.)崩盘前将客户的资金投于该公司,且他真的相信该投资没有风险,他是否会犯盗窃罪?

"雷曼兄弟"是一家全球巨头,有158年的历史,申请破产时资产达6390亿美元。即使是谨慎的投资者也无法料到它的破产。《盗窃法》第6(2)条并不包括那些真正相信自己是在做安全投资,以及自己应该很容易就能重新占有自己投入到第三方手中的财物的人。因此,在这种情况下,不可能出现"明知冒着损失该财物的风险"的问题。但是,根据该法第6(1)条的规定,投资是否属于投机性投资并不是问题。即使被告人明智地将客户资金用于投资,也无法避免该法第6(1)条下的法律责任,因为该法第6(2)条的实施"不影响第(1)款的普遍适用性"。被告人不是为了客户的利益,而是为
1329 了自己的利益将借用的钱进行投资,而且是在未经授权的情况下进行的。该法第6(1)条规制这种行为。该法第6(2)条只是补充条款,适用于被告人"在可能无法返还该财物的情况下,与财物分离"。

第30节 有悖诚信

6-159 即使被告人侵占他人财物,但如果被告人没有有悖诚信地侵占他人财物,无法构成盗窃罪(正如下面将看到的那样,2006年《欺诈法》[①]中的欺诈罪也要求有悖诚信)。

盗窃罪中有悖诚信的概念实现了双重功能。

1. 它表达了适用于盗窃的一般犯意原则。被告人必须明知他是在侵占"属于他人的财物",或者(也许)在这方面是轻率的。不仅仅是事实错误,民法上的错误也可以否定有悖诚信。如果你拿了别人的雨伞,以为是你的,就不构成盗窃罪,原因有二:你没有有悖诚信;即使立法者没有在该款中加入有悖诚信的要求,法院无疑会认为你缺乏盗窃罪的主观要素。

2. 有悖诚信的要求也为被告人提供了特殊的道德抗辩。对此的历史性说明:在盗窃法中引入道德概念,似乎很奇怪。相关解释可以追溯到1916年《盗窃法》,该法将普通法以成文法的形式写入了盗窃罪的定义,并在盗窃罪的定义中加入了"在没有善意的权利主张的情况下以欺诈方式行事"的要求。

权利主张,是指被告人认为他拥有该物品或拥有获取该物品的法律权

---

① Cf. *R. v. Wood*[1999] Crim. L. R. 564.

利。这种信念将否定犯意,因此,根据一般原则属于抗辩。因此,对权利主张这一概念并无异议,但这一名称稍有误导性,必须让陪审团明白,问题不在于被告人是否对该财物拥有实际权利,而在于他是否相信自己有权利。

6-160　第二项要求,即该行为是以欺诈手段实施的,遭到了更激烈的反对,因为它既含糊不清,又不合适。不合适,是因为人们通常不会认为提出粗暴要求的强盗是以欺诈方式行事。含糊,是因为没有人知道"以欺诈方式"在盗窃罪中是什么意思。一般来说,没有人认为其对"无权利主张"的含义有任何补充。

刑法修订委员会认为"有悖诚信"一词(抄自美国《模范刑法典》)可以更明确地替代"以欺诈方式"的两部分含义。很明显,扒手的行为是有悖诚信的,而相信拿走的是自己财物的人则并未有悖诚信。

有悖诚信的概念在《盗窃法》第 2 条中已经有部分(但也只有部分)定义。该法第 2(1)条规定: 1330

(1)一个人侵占属于他人的财物,不应被视为有悖诚信的行为——

(a)如果其认为在法律上有权代表自己或第三人剥夺对方的财物;或

(b)如果其认为对方一旦知道该财物的占有及其情况,会同意自己对该财物的占有;或

(c)(除了其以受托人或个人代表的身份占有财物)如果其认为采取合理措施无法找到财物的所有人。

在每个案件中,法官必须指示陪审团,如果被告人符合或可能符合规定的条件,则应宣告被告人无罪。第(a)款的意思是,民法上的错误可以否定有悖诚信[①](当然,这不是刑法上的错误:被告人不知道盗窃法的存在,不是其免责事由。[②] 但这不难,因为除了精神病院里最可怜的患者外,很难想象有谁不知道盗窃被认为是错误的)。该款不仅包括错误地认为自己拥有该财物,而且还包括错误地认为自己对该财物有权利,例如,误认为自己已经签订了购买该财物的合同,并有权根据合同取得该财物。即使是认为自己拥有该财物,如果也知道自己无权占有该财物,也不能作为抗辩理由,例如,所有权人偷偷地从未被付款的修理工那里取回物品,而修理工有权留置该物品,直到他得到报酬为止。

有悖诚信的证明责任由检方承担。[③] 如果被告人使用了欺骗性秘密手段,这便是非常有力的有悖诚信的证据,但并不是决定性的。当行为是公开进行的时候,不容易认定行为人有悖诚信。确信的不合理性对于诚实的抗

---

① Wheatley[1977] *Crim. L. R.* 165.

② Cf. *R. v. Candy*(1990) *The Times*, 10 July(C. A. : Crim. Div.).

③ *R. v. Flynn*[1970] Crim. L. R. 118.

辩并不是致命的,[①]但至少可以从某种程度上证明这种确信未必是真诚的。[②]

6-161 假设某人被欠了钱。由于债务人拒绝付款,债权人就用刀逼迫他,将他的钱包拿走,取走所欠的钱,并将剩下的钱归还。这是否属于盗窃?

不构成,因为这种行为不是有悖诚信的行为。这类行为不是盗窃,是早已确定的规则(自《盗窃法》以来一直得到重申),因为被告人有权利主张。而且因为不是盗窃,所以也不是抢劫,毕竟抢劫是以盗窃为前提的。[③] 法官不得向陪审团询问被告人是否相信他有权使用刀子以获取财物,因为这不
1331 是问题所在。诚实的问题涉及被告人相信他对财物有权利,而不是他相信他有权使用特定的手段获取财物。[④] 你假设中的人,是个诚实的暴徒。

如果被告人承认自己拿走了财物,并且知道自己没有权利这样做,显然案情一目了然。在"女王诉福利斯特案"(*R. v. Forrester*)[⑤]中,被告人拿走了财物以代替他被欠的债务,但他认为自己无权采取这种行为来收回债务的价值。他对自己是否享有权利主张并没有认识错误,因为他知道自己对替代的财物没有请求权。如果被告人明知自己对特定财物没有请求权,就不能认为自己有请求权。因此,该款不适用。如果他误认为自己有这种权利,情况就不一样了。

6-162 但债权人对债务人口袋里的特定票据和硬币并不享有物权。他只是有受偿权而已。

没错。律师们要区分债权和物权,区分对人的权利和对物的权利。外行人可能没有意识到这一点。只要债务人的钱包里有钱,他可能就认为自行救济并不违法。如果是这样的话,他的行为是诚实的。《盗窃法》第2(1)(a)款重申了这一立场,因为其并不限于对所有权的确信。重要的是,被告人相信他有权占有财物。

6-163 假设被告人是律师,他知道债权和物权的区别,但他却用高压手段追讨应得的货款,该怎么处理?

对其不应适用(a)款,因为他缺乏必要的确信,即认为自己的行为是合法的。然而,如果他相信自己的行为符合道义,则可以认定他是诚实的。[⑥]

---

① *R. v. Nundah*(1916) 16 S. R. (N. S. W.) 482 at 489; *R. v. Hemmings*(1864) 176 E. R. 462; *R. v. Wade*(1869) 11 Cox C. C. 549. *R. v. Bailey*[2004] EWCA Crim. 2530.

② *R. v. Holden*[1991] Crim. L. R. 478.

③ *R. v. Hall*[2008] EWCA Crim. 2086; *R. v. Robinson*[1977] Crim. L. R. 173.

④ *R v. Knight*(1781) 2 East. PC 510. In *R. v. Lopatta* (1983) 10 A. Crim. R. 447. *Barker v. The Queen* (1983) 153 C. L. R. 338.

⑤ [1992] Crim. L. R. 792.

⑥ *Harris v. Harrison* [1963] Crim. L. R. 497. Cf. *State v. Savage*, 37 Del. 509 (1936). Martin Wasik, "Mens Rea, Motive, and the Problem of 'Dishonesty' in the Law of Theft", [1979] *Crim. L. R.* 543 at 549.

那是陪审团的问题。

回归到诚实的暴徒：强取豪夺的债权人，虽不构成盗窃罪、抢劫罪，但可能构成攻击罪，[①]以及敲诈勒索罪。 1332

6-164　如果在这种情况下，我相信物权人会同意我拿着他的财物走人，如何处理？

《盗窃法》第2(1)(b)款允许被告人在这些情况下提出抗辩。如果你把雇主的货物交给他的债务人，因为你事实上相信你的雇主会同意（或相信几乎可以肯定他会同意），也许可以证明你的行为是诚实的。"女王诉克鲁斯案"（*R. v. Close*）中，[②]被告人供职的公司，欠克鲁斯400英镑的工资。克鲁斯需要一些油，被告人向克鲁斯提供了雇主的油。被告人的抗辩是，他没有实施有悖诚信的行为。陪审团接受了此抗辩，认为被告人没有实施有悖诚信的行为。同样，如果某人从自助摊位取走货物，他相信店主同意他这样做，并留下正确数额的钱，则能证明他是诚实行事的。

6-165　愿意支付财物的事实是否足以反驳有悖诚信？

《盗窃法》第2(2)条规定：

"侵占属于他人的财物，尽管愿意为该财物付款，但可能是有悖诚信的。"

这条完全无用的规定并没有说侵占有悖诚信，只是说可能是有悖诚信的，易言之，可能是，也可能不是，这让我们无所适从。承诺支付可能会表现出诚信，但要视情况而定。如果你只是因为被抓到了，才提出付款，就很难证明你是诚实的。[③] 同样地，偷偷拿雇主的钱并意图还钱，也是有悖诚信的。[④] 如果是自助服务的话，那就要看客观事实了。如果一般情况是，留下正确的钱后，从自助服务摊位上拿走牛奶、报纸等，那么掏钱后拿走自助服务摊位上的商品就不是有悖诚信的。更为边缘化的情况是，被告人以自己是该场所的熟客和常客为由，自助拿啤酒（有第二天付钱的意图）。[⑤] 1333

一般来说，如果被告人拿了供出售的货物，控方很难说服陪审团相信预付了全部价款的被告人是有悖诚信的。[⑥] 如果货物是非卖品或性质特殊，情

---

① *R. v. Skivington*[1968] 1 Q. B. 166; *R. v. Robinson*[1977] Crim. L. R. 173. Cf. *R. v. Boden*(1844)174 E. R. 863. Cf. *R. v. Bentley*(1850) 4 Cox C. C. 406; *Agnew v. Jobson*(1877) 13 Cox C. C. 625; *R. v. Tolson*(1889) 23 Q. B. D. 168 *per* Stephen J.; *Gelberg v. Miller*[1961] 1 W. L. R. 153.

② [1977] Crim. L. R. 107. *R. v. Werchon*(1896) 3 A. L. R. (C. N.) 3.

③ *Barnes v. State*, 31 Md. App. 25 (1976). *Hugo v. City of Fairbanks*, 658 P. 2d 155 (1983); *People v. Jaso*, 84 Cal. Rptr. 567 (1970).

④ *R. v. Williams*[1953] 1 Q. B. 660. *State v. Wilcox*, 17 Utah 2d 71 (1972). Cf. *State v. Labbitt*, 156 P 2d. 163 (1945); *Commonwealth v. Irvine*, 190 A. 171 (1937).

⑤ *Mason v. State*, 32 Ark. 238 (1877).

⑥ *Gettinger v. State*, 13 Neb. 308 (1882). Cf. *Pylee v. State*, 62 Tex. Crim, 49 (1911).

况可能就不一样了。如果你为朋友的稀有明代花瓶支付了市场价,但该花瓶是非卖品,就不能以支付对价作为抗辩理由。所以说,支付的意图只是在所有情况下需要考虑的另一个因素。

6-166 您刚才说过,如果我强行拿走我认为对方欠我的东西,就不构成抢劫罪。那如果我被拒绝服务,强行拿走我想买的东西呢?如果我付了款,我应该可以主张拿走的权利,是不是?

不,你应该犯了抢劫罪。如果被告人用枪指着有执照的卖家,并从后者手里抢走啤酒,而卖家拒绝卖酒,因为向醉酒的顾客提供服务是违法的,这名顾客就犯了抢劫罪。在"朱庇特诉加利福尼亚州案"(*Jupiter v. State*)①中,在猎了一天的鸭子之后,被告人到一家酒馆要求购买一箱6瓶装啤酒,店主以朱庇特醉酒为由拒绝出售啤酒。朱庇特随后要求店主卖给他一瓶啤酒,但店主也以朱庇特醉酒为由拒绝了。朱庇特走到他的车前,然后拿着猎枪重新进入酒馆内。酒馆老板被迫卖给他一箱6瓶装啤酒。被告人对刑法禁止店主向醉酒的食客出售酒水的规定一无所知。被告人试图以英国古代法源作为权利主张的依据。② 法院认为:"当抢劫引发的交易是"犯罪"的时候,即使存在合意,也不适用权利主张抗辩。"③被害人不同意自己的财物被
1334 侵占,付款不使非合意交易成为合意交易。

6-167 如果我误认为该物已被遗弃,如何处理?

上文《盗窃法》第2(1)(c)款主要是为了涵盖遗失物,特别是在高速公路上的遗失物。④(该用语包括街道和公共广场)。我们没有必要重新审视关于被遗弃财物的规则。你会记得,被遗弃的财物不能被偷窃,除非按照规则该财物因附着在他人的土地上,或被遗弃在准公共区域而他人"对该区域的土地行使了明显的控制权,以至表明有意控制该土地和在该土地上发现的任何东西",而成为他人的财物。⑤ 某人在公园里捡到一枚旧胸针,可能没有意识到这片土地的主人对胸针的权利主张比他的更优越,但民法上的错误,可以否定有悖诚信。如果被告人认为该物已被遗弃,采取合理措施无法找到失主,则不属于有悖诚信。如果被告人在高速公路上发现一个钱包,里面装满了现金(而钱包里没有任何东西表明钱包是谁的),他可能会认为不可能找到真正的失主。

---

① 6616 A. 2d 412(1992).

② *The Fisherman's Case*(1584), cited in Michael Dalton, *The Country Justice*, (London: printed by William Rawlins *et al.*, 1705) at 364. Richard Crompton's 1606 edition of Sir Anthony Fitzherbert's, *L'office et Auctoritie de Iustices de Peace*, (London: Companie of Stationers, 1617) at 35.

③ *Jupiter v. State*, 616 A. 2d 412(1992). *R. v. Smith*[2011]1 Cr. App. R. 30.

④ *R. v. Glyde*(1868) L. R. 1 C. C. R. 139; *Thompson v. Nixon*[1966]1 Q. B. 103.

⑤ *Waverley BC v. Fletcher*[1996] Q. B. 334.

不过,如果钱包内有失主的驾驶证件以及其他证件,则被告人难以说服陪审团相信他真的认为采取合理方法,如到当地的警察局上交钱包,不可能找不到失主。但这仍然是应由陪审团审议的问题。在"女王诉斯迈尔案"[1]中,被告人开走了一辆他声称在他看来被遗弃的车辆,而他的这种声称,似乎完全不合理。上诉法院认为,被告人的确信是否不合理,并不重要;他的信念是否合理,可能会影响对他是否真的持有这种确信的评估,但仅此而已。

6-168 法官会不会对陪审团进行控制,以判定该侵占是否有悖诚信?

作为对一般法律原则的推论,人们可能会认为,被告人应就诚实抗辩承担举证责任[2](就像他对自卫一样),如果没有"可以适当地提交陪审团审议的证据",法官可以从陪审团处撤回这一问题。[3] 刑法修订委员会在提出使用"有悖诚信"一词来界定盗窃罪的定义时,当然没有考虑到陪审团会借此获得完全的自由,以支持被告人是在执行"罗宾汉"政策,即劫富济贫的抗辩;或他的服务很有价值,以至于他在道义上有权获得更高的工资,因而从雇主处偷窃的抗辩;或偷窃某些特定阶层的人(资本家、赌徒等)的钱财,因 1335
为在他看来,这些人应该给钱的抗辩。虽然法官永远不能强迫陪审团定罪,但可以预料的是,他将严格禁止陪审团在这些事实上考虑诚实的可能性。然而,事实的发展似乎让法官丧失了几乎所有的控制,甚至是在像刚才所列出的事项上向陪审团发出坚定指示的口头控制。

这种情况从上诉法院在"女王诉菲力案"(*R. v. Feely*)[4]中的判决开始。在该案中,法院适用了"科曾思诉布鲁图案"(*Cozens v. Brutus*)[5]确立的一般规则,裁定:"有悖诚信"是普通概念,必须由陪审团来解释,法院假定陪审团将适用"普通正派人的标准"来加以评估。

"女王诉菲力案"涉及一家店的经理从收银台上取走30英镑用于自己的目的。这违反了店主的指示,但经理有权对雇主欠他的钱款进行抵销,因此此举没有给雇主带来经济风险。由于主审法官将有悖诚信的问题从陪审团考虑的范围中剔除,因此对他的盗窃罪定罪被撤销。法官不允许陪审团在有悖诚信问题上宣布无罪,是错误的。事实上,如果陪审团在收到法律指示后,按照指示定罪,上诉时有罪判决会变得岌岌可危。但是,上诉法院的判决却让人产生了预感,这并不是因为对具体被告人的实际判决,而是因为

---

① (1988) 86 Cr. App. R. 170.

② *R. v. Flynn* [1970] Crim. L. R. 118.

③ *Bratty v. Attorney-General of Northern Ireland* [1963] A. C. 386 at 416-417.

④ [1973] Q. B. 530.

⑤ [1973] A. C. 854.

法院所说的规则，即诚信问题完全是由陪审团来认定的，陪审团可以运用他们自己的正派人标准进行评估。

6-169 如果一个社会在文化上是同质化的，具有众所周知的共同价值观——英国社会在很大程度上曾经是同质化的——那么将整个问题交给陪审团来处理的做法可能是可行的。但盗窃法的目的是保护物权，而现在不尊重这种权利的现象普遍存在。因为陪审团是随机抽取的，没有理由认为他们的标准会比一般人更老实、更"正派"，事实上，除了在低于平均标准的情况下，他们不可能不取得一致或接近一致的结果。

现在普遍存在的自律性较差的证据比比皆是——这还没有考虑到欠税问题。中小业者尽量收受现金不入账以避税，司空见惯。观察家们一致认为，偷窃的规模非常大：不仅是商店行窃和骗取车费，还包括雇员偷窃雇主的东西，以及雇员对顾客实施的各种欺诈行为。各个阶层的大量受雇者认为，有计划地实施各种有悖诚信的行为是"福利"。许多雇主对这种行为是可以容忍的，只要不超过某种不明确的限制；有些雇主甚至在牺牲顾客利益的情况下鼓励偷工减料，因为这是增加雇员报酬而不给雇主带来损失的方
1336 式。对雇员来说，非法报酬的好处是不征税。偷窃也带来了非物质性的回报：它带来了摆脱常规的快乐，是与被发现的风险作斗争的机会游戏，由于现在被发现的后果不严重，所以效果更好。就连议员们也在进行大规模的偷窃。[①] 下议院的议员，甚至是上议院的非民选议员，偷窃了数百万美元，并将其伪装成合法开支。其中一些所谓的合法开支包括私人抵押贷款、房屋装修等。如果有稳定工作的普通人产生了这种懈怠的物权观念，"女王诉菲力案"中对于盗窃罪的法律解释似乎要自动调整以对其加以应对。这样一来，法律不再提供霍姆斯式的"判断行为的参照标准"。[②]

"女王诉菲力案"所带来的鼓励标准下降的危险，被以下事实部分抵消了：轻微的偷窃罪指控很可能由裁判官而不是陪审团来审理，而裁判官可能比陪审员更能抵制这种下降。此外，虽然陪审团不能对无罪释放提出上诉，但裁判官却受到治安法院的控制；这为制定关于诚信问题的法律规则提供了机会，对治安法官具有约束力。[③]

6-170 但除了对"女王诉菲力案"提出的社会学上的反对意见外，还有哲学上的反对意见，即该案错误地理解了诚实的含义。诚实，这个在《盗窃法》中使用的概念，并不是指当前的行为标准，如此一来，有悖诚信的社会反而成了概念意义上的诚实的社会。诚实至少具有三重含义，并在很大程度

---

① Robert Winnett and Gordon Rayner, *No Expenses Spared* (London: Bantam Press, 2009).

② *Alford v. Magee* (1952) 85 C. L. R. 437 at 466.

③ Halstead v. Patel [1972] 1 W. L. R. 661.

上独立于当时的风俗习惯：

1. 尊重物权。

2. 无论如何，不进行欺诈行为，以避免给他人造成损失。

3. 无论如何，信守承诺，如果受承诺人已经为承诺提供了对价，或者如果承诺不被遵守将遭受损失。①

对于盗窃法来说，最重要的是第一层含义。尊重物权与在特定情况下因正当理由（如在紧急避险的情况下）侵犯财物的权利并不矛盾，但与侵占他人财物以谋取私利的行为是不一致的。因此，法官应当能够裁定，经剥夺者意见认可的剥夺证据不能作为诚实抗辩的证据支持。

完全依赖陪审团的标准，缺乏法官的坚定指导，已经够糟糕了；但“女王诉菲力案”之后的一些判决却使情况变得更糟，其要求陪审团甚至不采用他 1337
们自己的标准，而是采用被告人本人的标准，而被告人的行为是受审查的行为：被告人相信自己的行为是诚实的吗？在“博格伦诉威廉姆斯案”（*Boggeln v. Williams*）②中，博格伦被指控有悖诚信地使用电力，这是1968年《盗窃法》第13条规定的一项罪行（类似于盗窃）。他没有缴纳电费，被切断了电源。然后，他告诉电力局的工作人员说，他意图重新恢复电力供应，并且也这样做了。博格伦被治安法官判定有罪，但成功地向刑事法院提出上诉。刑事法院认为，尽管他知道电力局不同意其使用电力，但他并未有悖诚信，因为他意图支付电费，并真正相信他能够这样做。在向分庭法院提出的进一步上诉中，法院的两名法官高度重视博格伦对自己诚实的确信，维持了无罪释放的判决。

6–171 如果有人问博格伦是否尊重物权，答案是显而易见的。他没有尊重这种权利，因为他确实知道电力委员会不同意他使用其财物，而且没有任何情况使他有权无视这一事实。但从某种意义上说，他确实尊重了物权，因为他意图付款，并认为电力委员会事实上不会遭受损失。对这一判决的反对意见不是针对结果（尽管它当然赋予了诚实的概念以放纵的含义），而是针对法官的假设，即被告人在法律上有权制定自己的标准。

这种态度的危险性在“女王诉吉尔克斯案”③中得到了体现。在这起案件中，赌马业者误将钱付给了一位赌马者，而后者虽然知道自己无权得到这笔钱，但还是收下了这笔钱。那名被控盗窃罪的赌马者在证人席上说，在他看来，赌马业者是理所当然的攻击对象。法官严肃地把这个辩护意见留给了陪审团审议，问他们是否认为被告人相信自己的行为是诚实的。陪审团

---

① *Halstead v. Patel*[1972]1 W. L. R. 661.

② [1978]1 W. L. R. 873.

③ [1972]1 W. L. R. 1341.

非常理智地驳回了辩护意见,在上诉时原判被维持;但上诉法院并没有质疑将辩护意见交给陪审团处理是否恰当,也没有质疑法官这样做的根据。

这给主观主义蒙上了一层恶名。对刑事责任的主观主义的正确理解,是看被告人的犯意和他所认为的事实,而不是看他的价值体系。吉尔克斯只是从庄家的错误中收益;但如果一个被控抢劫或盗窃赌马业者的人说,在他看来,盗窃和抢劫是针对赌马业者的公平游戏,那又如何?同样地,被告人是否可以通过公开宣称自己认为"敲诈"的是"罪有应得"的银行、保险公司、跨国公司、纳税人,逃避刑法制裁?

6-172 诚信辩护到纯粹的主观主义的极端延伸,现在已经略微地,但也仅仅是略微地缩减了,因为出现了一个人们不得不努力控制发音以正确拼读的判例"女王诉高希案"(*R. v. Ghosh*)[①]。在本案中,上诉法院没有放弃"女王诉菲力案"中的理论,也没有完全否定(只是修改了)"女王诉吉尔克斯
1338 案"中被告人的诚实看法很重要的观念。法庭确立的规则包含了对有悖诚信的双重检验标准,兰恩法官表示:

· 陪审团首先必须根据正派且诚实的一般人标准,判断被告人所做的事情是否有悖诚信。如果按照这些标准,其行为不是有悖诚信的,那么事情就结束了,控方败诉。

· 如果按照这些标准其行为是有悖诚信的,那么陪审团必须考虑被告人本人是否一定意识到其行为按照这些标准是有悖诚信的。[②]

如果第二个问题的答案是否定的,则检方的观点再次无法成立,否则,检方的指控成立。

该判决还有一个重要的意义:兰恩法官借此机会确认,对共谋欺诈的有悖诚信的检验标准与对盗窃的检验标准是一样的,而这在以前是有疑问的。[③]

兰恩法官可能认为他的判断是在亡羊补牢。但如果是这样的话,这种拯救行动仍然让这位被告人处于相当大的危险之中。判决书中提出的第二个问题,对诚信标准的威胁比第一个问题更大。如果被告人坚称他认为自己的行为是诚实的,而且他确信他的朋友们(他们都是正直的理性人)都会同意他的做法(我认识的每个人都认为赌马业者是理所当然的攻击对象;我们都认为在开支账上做手脚是可以的,以弥补老板不给我们工资的工作时

① [1982]Q. B. 1053. 被告人的名字发音近似于英语世界表达感叹的上帝一词。——译者注

② *R. v. Skalbania*[1996]109 C. C. C. (3d) 515. *R. v. Théroux*[1993]2 S. C. R. 5 at paras. 33(a fraud case). Kenneth Campbell, "The Test of Dishonesty in *R. v. Ghosh*", (1984) 43 *Cambridge L. J.* 349.

③ *R. v. McIvor*[1982]1 W. L. R. 409.

间;在这份工作中,每个人都在揩油,而这被认为是公平的福利),陪审团可能无法就事实上被告人知道相反事实的认定达成一致意见。即使是法官也会遇到这种困难,因为他们自己可能很清楚什么是有悖诚信,但当上诉法院指示他们对被告人的独特意见进行调查时,他们在应用正确的标准时却受到严重阻碍。

6–173　是对“行为”的道德评价,还是对“行为人”的道德评价?从某种意义上说,两者都是。对行为人的评价是以行为人知道的、相信的、希望的为标准。通过利用物权的规范性理解,来评价行为是有悖诚信的。

评估某类“行为”“举动”“行为过程”客观上有悖诚信性的问题在于,这就像在问它是“坏的”“好的”“对的”还是“错的”。这是一个哲学问题,对于什么是有悖诚信的,众说纷纭。不管法官是否向陪审团作出指示,对于什么是有悖诚信的,都会有不同意见。但大多数人都能理解尊重他人财物的基本理念。所以,除非被告人能证明自己有侵犯他人物权的正当化事由或免 1339
责事由,否则肯定要判定他的行为有悖诚信。注重行为有悖诚信的客观性,只能说明我们的行为有悖诚信,因为侵占只是为了达到有悖诚信或诚实的目的而使用的手段。如果被告人撒了谎,骗小偷归还了财物,那么他的行为是有悖诚信的,是为了达到诚实的目的。如果他意图偷窃他明知自己没有权利的财物,那么他的行为是为了达到有悖诚信的目的,毫无理由地不尊重他人的物权。他之所以有悖诚信,是因为他使用了有悖诚信的手段(偷偷摸摸地侵占)来达到有悖诚信的目的,即剥夺所有权人的财物(他的有悖诚信在于,他知道自己对该财物没有权利,该财物不是礼物,他没有支付任何费用,且不能以社会惯例为由,为自己的侵占行为开脱)。

也许从“女王诉高希案”中可以得到的唯一安慰是,使诚实度取决于被告人对诚实度的看法的规则,必然涉及将证据责任加在被告人身上,否则控方的立场便不能站住脚。因此,应该承认主审法官有权将诚实问题从陪审团处撤回,如果在证据上看对于有悖诚信排除合理怀疑。比方说,他可能会裁定,被告人关于他的工友中普遍存在的行为的证据并不是适合陪审团审议的诚实行为的证据;也不是被告人相信诚实的证据,因为它只针对错误的问题。诚实,即使是在习惯道德的意义上,也是指普通正派人的意见,而不仅仅是指那些与被告人受到同样诱惑而屈服于诱惑的人的意见。此外,即使法官拒绝让陪审团考察有悖诚信问题的做法存在技术上的瑕疵,但如果有悖诚信的证据是压倒性的,也不会影响判决成立。[①]

当治安法院对有悖诚信的评估显失正义的时候,分庭法院可能被请求

① *R. v. Lewis*(1976)62 Cr. App. R. 206. *R. v. Potger*(1971)55 Cr. App. R. 42.

对其加以改正。在“女王诉高希案”[1]中,治安法官认为,被告人为了自己的利益而欺骗雇主,并不是有悖诚信。被告人在一家工具设备租赁公司工作,向市民出租设备。该公司的政策是,如果设备在租用后两小时内因故障或选择了不正确的设备而被退回商店,则不收取任何费用。被告人曾多次允许在两小时内归还可以使用且选择正确的设备,每当他睁一只眼闭一只眼时,就会得到约 10 英镑的小费。随后,被告人篡改了电脑记录,让人觉得设备只是被保留或有故障,以掩盖丢失的收入。治安法院认为,诚实的理性人
1340 也会做同样的事情,因此裁定被告人无罪。分庭法院裁定,治安法院以被告人的行为根据诚实的理性人标准不是有悖诚信的为由,宣告允许工具租赁公司的客户在没有付款的情况下租赁设备的被告不构成盗窃罪和篡改账目罪,是显失公平的。[2]

6-174 维多利亚州最高法院在“女王诉萨尔沃案”(*R. v. Salvo*)[3]中驳回了“女王诉菲力案”设定的规则。在这份直截了当的判决书中(对维多利亚时期成文法的类似条款进行了解释),法院驳斥了英国上诉法院的观点,即未经指导的陪审员会知道该法中出现的有悖诚信的含义(尤其是在与旧《盗窃法》第 15 条相对应的条款中出现的有悖诚信的含义)。审理本案的法官拒绝接受“道德”检验标准,理由是这将会导致刑事责任的不确定性;他认为,“有悖诚信”一词应理解为不相信具有剥夺他人财物的法律(相对于道德)权利。易言之,根据本案的判决,有悖诚信应解释为具有以前“无权利主张”一语所包含的含义。而法官有责任在每个案件中,参照事实,向陪审团说明在这个意义上,什么是构成有悖诚信行为的必要条件。

令人惋惜的是,上述的判词虽然精彩,但在逻辑上却不如之前那样有力。尤其是对“有悖诚信”一词的诠释存在技术性问题,即该解释实际上接纳了《盗窃法》第 2(1)(a)条,以表达这一概念的全部意思。因此,在(b)项和(c)项对该词的含义作了延伸的情况下,该解释使第 2 条对该词的含义作了详尽无遗的解释,而该条则表明,该词的含义并非详尽无遗。不过,这项反对并没有削弱这一判决的批判力量,毕竟英国的做法是把有悖诚信的判断,留给没有受到相关法律指示的陪审团来处理。

可以说,最好的解决办法是立法,实际上是恢复以前的没有权利主张而行为的概念,以取代有悖诚信的概念,即在《盗窃法》第 2(1)条中对权利主

---

[1] [2007] EWHC 239(Admin.).

[2] *D. P. P. v. Gohill* [2007] EWHC 239(Admin.)

[3] [1980] V. R. 401. *R. v. Bonollo* [1981] V. R. 633; *R. v. Lawrence* [1997] 1 V. R. 45. *R. v. Todo* [2004] V. S. C. A. 177 at para. 25. *Peters v. The Queen* (1998) 192 C. L. R. 493 and *McLeod v. The Queen* (2003) 214 C. L. R. 230.

张作出界定(经若干修订)。这样做是在立法上接受"女王诉萨尔沃案"的观点。有人建议增加一项内容,以减轻法律的压力:应规定侵占必须"以实质的实际方式损害他人的利益"才构成盗窃。[①] 然而,这样的规定大概会让被告人主张,他相信自己的侵占不是这样的,这可能会引起麻烦——雇员总是可以相信他所说的"借钱"行为不会对他的雇主产生重大的实际影响。英国国会议员的情况自然也好不到哪儿去。因此,似乎最好是回到普通法的无条件规则。此外,该法第2(2)条应予改写,以确定有悖诚信的行为绝对不会只因有意图支付或偿还所取得的财物或金钱而被否定。不过,在(b)项或第 1341
(1)款适用的情况下,被告人可以提出抗辩。

6-175　在英国提议立法,总让人有无望的感觉,所以应该考虑司法改革的可能性。有悖诚信的含义还没有出现在英国最高法院面前。一旦出现,上述基于"女王诉萨尔沃案"对英国法院的做法进行的批判或许会发挥作用。必须(在《盗窃法》第2条的特定条件之外)找到有悖诚信的定义。[②] 本书建议,将其定义为在缺乏正当化事由或免责事由的情况下无视他人物权的行为。如果被告人不是根据《盗窃法》第2条提出权利主张,就应该提出证据证明自己拿走被害人的财物是可以免责或存在正当根据的。无论权利主张是否属于该法第2条的范围,还是根据一般的有悖诚信标准,陪审团都不应该接受被告人相信他的行为是诚实的抗辩,除非客观证据中的一些东西使人合理地相信被告人事实上确实持有这种信念。相信理性人会认为自己的行为是诚实的,与相信自己的行为没有侵犯他人的物权是有区别的。该法第2条允许被告人将完全不合理的确信归结为权利主张,但该确信的不合理性可以表明事实上被告人并没有持有这种信念。在一般的诚实标准下,对被告人的主观过错的评价,应只关注被告人是否认为自己有侵犯被害人的物权的正当化根据或免责根据,而不是关注他对特定种类行为是否诚
实的主观看法。 1343

---

① D. W. Elliott, "Dishonesty in Theft: A Dispensible Concept", [1982] Crim. L. R. 395.

② Cf. Peter Glazebrook, "Revisting the Theft Acts", (1993) 52 *Cambridge L. J.* 191.

第 7 章　抢劫及类似犯罪

岸上有旱老鼠，水里也有水老鼠，有陆地的强盗，也有海上的强盗。①

《威尼斯商人》

① William Shakespeare, *The Merchant of Venice*, (Leipzig: Bernard Tauchnitz, 1868) at 11. 相关汉译参见[英]威廉·莎士比亚：《威尼斯商人》，朱生豪译，人民文学出版社 1977 年版，第 10 页。——译者注

第1节 抢 劫

7-001 普通人往往把挖地道进入金库说成“抢银行”,但这不是法律用语。在法律意义上,抢劫意味着被告人使用暴力或威胁。作为严重的盗窃行为,抢劫犯罪不适用简易审理。[①]《盗窃法》第 8 条规定:

(1)一个人如果行窃,而在行窃前或作案时,为了顺利实施行窃行为,对任何人使用暴力,或导致或试图使得任何人产生当时当场遭受到暴力的心理恐惧,就构成抢劫罪。

(2)犯有抢劫罪或基于抢劫的意图实施攻击犯罪的被告人,一经定罪,应判处终身监禁。

抢劫的法律含义,主要是通过对其所使用的概念范畴和对晚近判例的仔细研究加以收集整理,当然,对传统判例法提出的一些问题的了解(当犯罪的定义有所不同时),也是有所帮助的。

7-002 抢劫罪侵犯人身还是侵犯财产?

抢劫罪包括标准人身犯罪的各种要件,以及盗窃罪的所有要件。在过去,人们认为抢劫没有盗窃严重,因为抢劫罪中的窃取行为不需要秘密进行。[②] 但现在,抢劫罪被认为比盗窃罪更为严重,因为它既是对财产的侵犯,也是对人身的侵犯。

盗窃为抢劫犯提供了使用暴力的相当强大的动机,而暴力又促进了取财,因此抢劫被认为是非常危险的。正是因为存在人身伤害的危险,所以抢劫罪被视为严重犯罪,最高刑期是终身监禁。然而,从女士的肩膀上拽下手 1344
提包和用枪抢劫银行之间有着显著的区别,但是在英国,抢劫罪包括上述两种情况。抢劫罪的认定不考虑不同犯罪人的危险程度,从事后的角度来看至少不是从客观意义评价。在被告人没有携带危险武器的情况下,也适用无期徒刑。[③]

在“维克斯诉联合王国案”(*Weeks v. United Kingdom*)[④]中,一名 17 岁的男子因使用发令枪抢劫商店而被判终身监禁。抢劫案涉及的金额为 35 便士,而这点钱最终在商店里被寻获。被告人带着装有空弹壳的发令枪去了一家宠物店,指着店主,并索要钱柜内的财物。在实施抢劫后,他对自己所

---

① Section 17 of the *Magistrates' Courts Act* 1980 [Sch 1 para 28(a)].

② Frederick Pollock and Frederick William Maitland, *The History of English Law Before the Time of Edward I* (Cambridge: Cambridge University Press, Vol. I, 1923), 493-494.

③ Cf. *R. v. Bentham* [2005] 1 W. L. R. 1057; *R. v. Morris* (1985) 149 J. P. 60.

④ (1988) 10 E. H. R. R. 293.

犯罪行供认不讳,放弃了为自己辩解。后来据了解,他实施抢劫,是因为他想偿还他欠母亲的3英镑。在那天早些时候,他母亲曾威胁他要将他驱逐出去。然而,欧洲法院认为终身监禁并不违反《欧洲人权与基本自由公约》的第3条。欧洲人权委员会明确指出,上述公约不包含“对适格法院判处的刑期质疑的一般权利”。①

如果罪犯没有使用暴力和危险武器,并且只拿了微不足道数额的钱,那么主审法官可以对其酌情从轻处罚。② 然而,抢劫的定罪应该与它的严重程度成正比。明智的做法是区分一般的抢劫罪与加重的抢劫罪。在美国,很少有州把抢劫行为单独归为一类。区分一般抢劫与加重抢劫的因素包括:抢劫犯是否“携带‘危险的’(或‘致命的’)武器;使用危险的工具;造成严重的身体伤害;以及存在共犯”。③ 考虑所有变量超出了目前我们所讨论的范围,但核心的因素,诸如武器的危险性和暴力程度,似乎提供了明确的起点。公平的标签意味着要区分严重的危害行为,如持械抢劫④和非持械抢包贼。

由于抢劫是使用暴力或以使用暴力相威胁的附加条件的盗窃,“根据法
1345 定定义,被判犯有抢劫罪的人也一定犯了盗窃罪”。⑤ 因此,出发点是确定盗窃罪的所有要件。犯罪人必须将属于他人的财产占为己有。侵占的概念范围很广,这意味着在大多数情况下确定盗窃的要件不会太困难。试图从他人手上拽走手提袋,就《盗窃法》而言,即使未能成功,也构成侵占。⑥ 所有的正常限制都适用。因此,使用暴力获取机密信息不是抢劫。⑦ 同样,使用暴力拿走被害人的支票簿也不是抢劫。⑧ 这里有一个重要的漏洞,值得最高法院注意。

7-003 如果我吓唬被害人,把他吓得掉了钱包,想要拿走它,但没触碰它,我构成抢劫罪吗?

你还没有完成抢劫。如果你站在钱包旁边,意图阻止被害人捡回它,以

---

① Michael Tonry and Richard S. Frase, *Sentencing and Sanctions in Western Countries* (Oxford: Oxford University Press, 2001), 363. Dennis J. Baker, “Constitutionalizing the Harm Principle”, (2008) 27 *Criminal Justice Ethics* 3; Dennis J. Baker, *The Right Not to be Criminalized: Demarcating Criminal Law's Authority*, (Farnham: Ashgate, 2011) at Chap. 2.

② *R. v. Roe*[2010] All E. R. 228; *R. v. Considine*[2008] EWCA Crim. 1407; *R. v. Allen*[2005] EWCA Crim. 667. Andrew Ashworth, “Robbery Re-assessed”, [2002] Crim. L. R. 851.

③ Wayne R. LaFave, *Substantive Criminal Law*, (Thompson/West Publishing, Vol. 3, 2003) at 193-194.

④ *R. v. Turner*(1975) 61 Cr. App. R. 67 at 89 *et seq*.

⑤ *R. v. Guy*(1990) 93 Cr. App. R. 108. *R. v. Tennant*[1976] Crim. L. R. 133.

⑥ *Corcoran v. Anderton*(1980) 71 Cr. App. R. 104. *DPP v. Gomez*[1993] A. C. 442.

⑦ *Oxford v. Moss*(1979) 68 Cr. App. R. 183.

⑧ *R. v. Preddy*[1996] A. C. 815 at 836-837. *Aliter*, *Parsons v. The Queen*(1999) 195 C. L. R. 619 at 633-634.

便你能拿走它,就可以构成抢劫罪的既遂。根据现行盗窃法相对广泛的定义,此行为符合侵占的特征,因为你(在技术上)已经控制了它。你会发现,现行的盗窃法并未真正区分盗窃未遂和盗窃既遂。或者,你可能违反《盗窃法》第 8 条第 2 款(2)的规定,犯有基于抢劫意图的攻击罪。

7-004　如果我抢劫被害人,是为了取回属于我的东西呢?

你应该记得盗窃罪的成立要求有悖诚信。如果你真的相信自己具有权利主张,可以说服陪审团相信你没有犯盗窃罪,因此也不可能犯抢劫罪。[①] 但你的内心确信必须得到法院的支持。[②] 尽管法源与此一贯相反,[③]但令人怀疑的是,被告人是否能够抢劫一家商店,并利用他支付货物价款的事实来提出权利主张。一般来说,如果卖方拒绝向一个人出售货物,对方就不会相信他有权带走这些待售货物。当货物不出售时,所谓权利主张的成立可能性会更低。被告人不能带着他的枪和支票簿去国家美术馆拿走所有他想要的画作,因为画作是非卖品。此外,毒品贩子无权抢劫未支付非法毒品对价的客户,因为毒品买卖属于刑事犯罪。如果向其销售特定物品属于刑事犯 1346
罪,被告人亦无权强迫其他无辜的人将货物卖给他。[④]

7-005　抢劫必须实际使用暴力吗?

不需要实际使用暴力。被告人意图使被害人害怕他当时会当场使用暴力,就足够了。被害人甚至没有必要感到受到威胁或担忧暴力可能会被使用,因为"犯罪者的意图,而不是被害人的坚韧程度,成为犯罪行为是抢劫还是盗窃的试金石"。[⑤] 定罪和量刑的重点是被告人单方面的意图和行动,而不是那些行动如何影响到特定被害人。如果被告人的意图是"让任何人害怕会当时当场遭受暴力",即便没有使用暴力,而被害人实际上并不担心会遭遇暴力,被告人仍然可能犯有抢劫罪。因此,如果被告人用玩具手枪顶住被害人(被告人不知道枪是假的,而被害人是枪支专家,认识到这支枪是假的,因此不担心被告人会使用暴力),就构成了抢劫罪,仅仅是因为他意图让被害人"害怕当时当场遭受暴力"(当然,他还必须侵占相关的财产)。

---

① Section 2 of the *Theft Act* 1968; *R. v. Hall*[2008] EWCA Crim. 2086; *R. v. Robinson*[1977] Crim. L. R. 173; *R. v. Skivington*[1968] 1 Q. B. 166.

② *R. v. Forrester*[1992] Crim. L. R. 792.

③ Michael Dalton, *The Country Justice*, (London: printed by William Rawlins *et al.*, 1705) at 364. William Hawkins, *A Treatise of the Pleas of the Crown*, (London: printed by E. Richardson *et al.*, 4th edn. 1762) at 98; William Blackstone, *Commentaries on the Laws of England*, (Dublin: printed for John Exshaw *et al.*, Vol. IV, 1769) at 242.

④ *Jupiter v. State*, 616 A. 2d 412(1992). *Martin v. State*, 174 Md. App. 510(2007).

⑤ *R. v. D. P. P.* (2007) 171 J. P. 404.

7-006 需要多大程度的暴力?

实际上,第(1)款意味着盗窃必须伴随暴力或暴力威胁。而可能仅仅需要最低程度的暴力。在"女王诉达文森案"(*R. v. Dawson*)[①]中,被告人与另外两人包围被害人;其中一人"轻推"了他一下,使他失去了平衡,在他失去平衡的时候,另一人偷走了他的钱包。对抢劫罪的判决经上诉后维持原判。法官让陪审团判定被告人是否使用了《盗窃法》第8(1)条规定的"暴力",而这被认为是恰当的做法,因为"暴力"是陪审团所理解的常用词。法官曾告诉陪审团,这一力量必须是实质性的,但上诉法院对他用形容词来形容这一行为是否正确未置可否。案件的结果显然是正确的,为使被害人失去平衡而使用的暴力显然在第8条范围内;而使用"实质性"一词是不必要的修饰。与此同时,令人遗憾的是,上诉法院没有就该词的含义提供进一步指导。可以认为,适当的做法是说,除一个例外情况外,任何程度的暴力都足以构成抢劫罪。因此,足以构成抢劫罪,如果使用的暴力将:

1. 防止或压制有意识的抵抗(与物权人的对战,[②]或者将麻醉剂涂在物权人的鼻子上);

1347 2. 使物主身上的物品与身体分离(拉断表带);[③]

3. 造成伤害(拽取耳环时撕裂耳垂)。[④]

上述任何情况下的暴力,都可以被合理地认定为《盗窃法》第8条中的暴力。但是,存在例外——这种力量肯定不仅仅是轻微的力量消耗,不能仅仅是用"镊子"从被害人的口袋里偷偷地拿起被害人的钱包。[⑤] 同样地,用轻微的力量秘密地或出其不意地拿走物品也是不够的;否则,抢劫将包括所有盗窃,而这显然不是该法的意图。[⑥] 从未察觉的女人手中拿走手提包不应该是抢劫,但当她反抗时将手提包拽走就应该是抢劫。[⑦]

这里的界限十分微妙。如果被告人偷偷地从被害人后面拉拽她的钻石项链,想用一切必要的力量把它从她的脖子上取下来,但纯属偶然她的项链夹扣坏掉了,从而项链从脖子上掉了下来,而被害人甚至没有注意到,被告人的罪责和伴随的行为与他用最大的力量把项链取下来没有什么不同。被

---

① (1976)64 Cr. App. R. 170;*R. v. Codsi*[2009] EWCA Crim. 1618. Cf. *R. v. Hale* 68 Cr. App. R. 415.

② *Corcoran v. Anderton*(1980)71 Cr. App. R. 104.

③ *R. v. Mason*(1820)168 E. R. 876.

④ *R. v. Lapier*(1784)168 E. R. 263.

⑤ *People v. Patton*, 389 N. E. 2d 1174(1979). *People v. Taylor*, 129 Ill. 2d 80 at 84(1989); *People v. Davis*, 935 P. 2d 79(1996); *State v. Harris*, 186 N. C. App. 437(2007). Cf. *People v. Thomas*, 119 Ill. App. 3d 464(1983).

⑥ *P v. D. P. P.* [2013] 1 Cr. App. R. 7.

⑦ *R. v. Batchelor*[1977] Crim. L. R. Cf. *R. v. Davis*(1980)144 J. N. P. 707.

告人应该被判处抢劫罪而非盗窃罪。毕竟,这是被告人在有意使用暴力,他试图通过暴力来拉扯女士脖子上的项链,只是很偶然地,并没有如他预期的那样对被害人的脖子造成严重的影响(侵占行为已经完成,而且被告人企图使用暴力,但这不是抢劫未遂,因为我们可以认为,他不是在抢夺之前,而是在抢夺"当时"意图或试图使被害人产生害怕遭受暴力的心理——因为他意图使用最大力量的暴力从她脖子上扯下项链。实际的恐惧是不必要的)。如果被告人在没有任何意图使被害人害怕当时当场受到暴力的情况下设法完成侵占,情况就会不同,但很难想象这样的情况。

7-007 如果被告人把迷药放进被害人的饮料中,以便趁她昏迷时抢到她的钱包,似乎没有实施抢劫,因为他没有借助任何外力来强行让被害人摄入这些药物,他也不意图被害人害怕当时当场遭遇暴力。相反,没有使用暴力强行灌入药物的事实似乎无关紧要,因为被告人间接施加了力,其效果就好像他用木条打了被害人的头一样。被害人不必知道她曾遭受了暴力。如 1348
果被告人偷偷跑到被害人后面,给了对方一重击使他倒地,被害人没有注意到他的到来就不是抗辩事由。问题是,如果被告人秘密地对被害人的身体内部实施危害行为,情况会有不同吗?在"加州诉德雷斯特案"(*People v. Dreast*)①中,法院认为,"展示暴力或制造恐惧"并不(也不能)局限于外部力量,例如用棍棒打被害人或展示致命武器来压制他的意志和反抗。毒药或麻醉剂虽然在人体内部发挥作用,但也可作为达到同样目的的有力手段,还可使侵占个人财产的重罪变成违背被害人意愿的侵占,从而构成抢劫罪。

这似乎完全合理。如果被告人对被害人实施重击,被害人失去意识实际上是因为这一打击对她内部生理过程造成的影响,就像药物中毒的情况一样。我们的假设不是被告人发现了失去知觉的被害人,而是他让被害人失去知觉,这样他就可以拿走她的钱包。不必直接使用暴力。可以通过撕扯附着在被害人身上的财产,②或者把毒品放进他的饮料里,间接施加暴力。不可能想象给某人下药所可能产生的所有生理后果:是否会导致被害人跌倒并与地板发生身体接触?是否有剧烈的身体副作用,比如引起疼痛?最后,应由陪审团来确定间接使用暴力是否实际上构成对被害人使用暴力。③如果被告人设法催眠被害人,使其交出他的财产,情况就会不同,因为这不涉及对被害人的身体内部运转施加压力。它的影响是心理上的,而不是生理上的。鉴于1861年《侵害人身权法》第22条对投放致昏药物的处罚是死刑,对此无须再过多着墨。

---

① 153 Cal. App. 3d 623 at 625-629(1984).

② *R. v. Clouden*[1987]Crim. L. R. 56.

③ *R. v. Clouden*[1987]Crim. L. R. 56.

暴力的威胁可能是由行为所蕴含的。因此,如果有几个人包围着被害人,导致被害人抵抗不仅可能是徒劳的,还会面临人身危险,从他身上偷窃就等于抢劫。同样,如果被告人在深夜乔装打扮后到餐馆要求把钱柜里的东西交给他,他就会含蓄地示意可能会使用暴力。被害人可以合理地推断,被告人可能会使用暴力来得到现金。还值得注意的是,从 1968 年《盗窃法》第 8(1)条的立法目的出发,为压制被害人的抵抗而使用的暴力是足够的。因此,如果被告人试图将被害人的钱包从他的口袋中拿走,而被害人反击,被告人的定罪可能会从盗窃(未遂)提高到抢劫罪。

7-008 威胁对被害人的孩子使用暴力是否就已经足够?

威胁要施加的暴力必须是针对"人"的,破坏财产的威胁[①]不足以构成这一罪行(尽管足以构成勒索)。而且威胁必须是暴力威胁,并且是威胁要对威胁的接受者施加暴力;因此,奇怪的是,如果一个人反抗,就威胁要伤害他的婴儿,并不是抢劫,因为婴儿并不害怕;[②]这种行为应以敲诈罪论处。[③] 但是,不需要对被窃者使用暴力;为了从火车上偷窃而对信号员使用暴力是抢
1349 劫。不一定要对被侵占财产的所有权人或权益人使用暴力。如果被告人正试图闯入被害人的汽车拿走他的手提电脑,而路人被害人因试图阻止他遭到攻击,被告人就犯了抢劫罪。他使用暴力侵占财产。同样,如果被告人为了从仓库取货而对保安使用或威胁使用暴力,他就会犯抢劫罪。无须表明保安对财产具有保管或控制的权利。[④] 保安和见义勇为的路人没有什么区别。

7-009 第(1)款规定"导致或试图使任何人处于恐惧之中",假设被告人并没有基于盗窃的意图使被害人处于恐惧之中,然后利用这种恐惧取财,该如何处理?

该条规定,制造恐惧的目的必须是"为了偷窃"。如果被告人不意图在无意地使被害人陷入恐惧中时盗窃,他就不犯抢劫罪。[⑤] 因此,如果被告人使用暴力意图强奸被害人,而她付钱给他以避免被强奸,根据 1968 年《盗窃法》,他就不会犯抢劫罪。[⑥] 如果商店扒手惊慌失措地冲出商店,不小心撞倒了门卫,他就不算抢劫。小偷没有犯抢劫罪,因为他没打算用暴力来使侵占顺利完成。同样地,如果被告人与被害人发生争执,不小心将其击倒,然后决定(形成故意)拿走被害人的钱包,则他不构成抢劫罪,因为他击倒被害人

---

① Cf. the pre-*Act* position with respect to dwellings: *R. v. Simons*(1773) 2 East P. C. 712.

② *R. v. Taylor*[1996] C. L. Y. 1518. Cf. *Reane's Case*(1794) 168 E. R. 410.

③ Section 21 of the *Theft Act* 1968.

④ Cf. *Smith v. Desmond*[1965] A. C. 960.

⑤ Cf. *R. v. Bruce*[1975] 1 W. L. R. 1252.

⑥ Cf. the pre-*Act* position: *R. v. Blackham*(1787) 2 East P. C. 711.

不是为了偷他的钱包。然而,他可能被指控犯有侵犯人身罪和盗窃罪。

7-010 该款规定,暴力或威胁必须“紧接行窃之前或在行窃之时”。行窃的时间是什么时候?

暴力或威胁必须与侵占同时存在。但是这种行为本身可以跨越一段时间。从理论上讲,无论如何,行窃行为是在侵占完成时完成的。[①] 实施盗窃后使用暴力以携带赃物逃跑不足以构成抢劫罪:(a)因为暴力是在盗窃后使用的;(b)因为使用暴力是为了逃跑,而不是“为了”盗窃。以前的立法包括在行窃后立即使用暴力或威胁;1968年的《盗窃法》特意省略了这些词语。然而,在“女王诉黑尔案”(*R. v. Hale*)[②]中,陪审团被允许认定侵占行为在夺取财物后持续了一段不确定的时间。该解释消除了暴力的限定词,表明司法机关开始对议会无力修改的法律进行某些微调。 1350

在“女王诉罗克利案”(*R. v. Lockley*)[③]中,被告人和另外两个人从某持卖酒执照的店铺拿了几罐啤酒。当店主靠近他们时,他们使用暴力来保住他们的赃物。被告人辩称自己没有犯抢劫罪,因为在他使用暴力之前,盗窃已经既遂。法院认为,当被告人威胁要使用暴力时,侵占仍在进行中。由于侵占仍在进行中,而暴力的目的是促进侵占的完成,因此暴力与侵占行为是同时存在的。如果彻底完成侵占,侵占就不会正在进行(侵占的广义定义没有区分侵占既遂和侵占未遂——因为只要求被告人承担所有者的单一权利),但如果被告人离开商店,在路上跑了1英里,侵占就不是正在进行了。在此阶段使用的任何暴力都不是为了行窃,因为被告人已经携带赃物逃走。因此,如果被告人已经相当明显地逃跑了,但是被害人设法赶上他并且被被告人袭击,这似乎不可能是抢劫。尽管可以认为,如果被害人追赶被告人出了商店,并且一直在他的后面追他,那么侵占仍然在继续,因此没有完成,但这只适用于被害人持续追赶被告人的情况。[④]

威胁必须是以当场使用暴力相威胁,而不是威胁将来使用暴力作为现在未屈服于威胁的报复。被告人通过威胁将来或在一些无关的场合使用暴力来说服被害人交出财产是不够的。[⑤] 未来的威胁是敲诈勒索而已。被告人打电话给被害人并威胁说如果他不寄钱就会在将来杀死他,以此来说服被害人给他寄送现金,这是不足够的,因为即使被害人可能会受到惊吓,他

---

① *R. v. Atakpu* [1994] Q. B. 69 at 79 citing Glanville Williams, “Appropriation: A Single or Continuous Act?” [1978] *Crim. L. R.* 69.

② (1979) 68 Cr. App. R. 415. In *R. v. Vinall* [2012] 1 Cr. App. R. 400 at 406, Pitchford, L. J. *R. v. Smartt* [2004] EWCA Crim. 2072 at para. 24.

③ [1995] Crim. L. R. 656.

④ Cf. *R. v. Jodie* (2000] 1 Cr. App. R. 17.

⑤ *R. v. Kahn* [2001] EWCA Crim. 923.

也不会担心“当时当场遭受暴力”。如果被害人所害怕的暴力“在时间或地点上与威胁分离,则犯罪不是抢劫罪。[①]

7-011 如果被告人使用暴力阻止被害人从被告人的合法占有中取回他的手机,他可能犯抢劫罪。[②] 被认定为符合盗窃罪的要件,是因为被告人的侵占与他为阻止被害人取回他的物品而使用的暴力是同时存在的。被告人并不是在合法占有手机时将其据为已有,而是在拒绝归还手机时将其据为己有,同时使被害人“害怕当时当场遭受暴力”。这是要与被告人占有被害人的金戒指的情况区别开来的,因为金戒指是被告人在前一段时间据为己有的。如果被告人在几周前侵占了被害人的金戒指,被害人发现了并与他对质,想要取回他的戒指,而被告人躲藏起来,不让被害人拿回戒指,被告人没有犯抢劫罪。因为被告人在几周前已经占有戒指,所以他不能再次占有,因为他不可能把戒指交给自己。侵占和藏匿是发生在不同场合的独立
1351 行为。被告人阻止被害人重新占有戒指的力量与他侵占戒指的行为是发生在不同时间的。在这种情况下,恰当的指控是盗窃罪(侵占戒指的行为)和攻击罪(随后的藏匿行为)。

7-012 恐惧的威胁也可以是持续的吗?持续的暴力威胁可能就足够了。

当即使用暴力的威胁很容易被认为会持续对被害人的心理产生影响,尽管这种威胁要到以后的某个时候才会付诸实施。在“女王诉当纳案”(*R.*
1351 *v. Donaghy*)[③]中,被告人跳上出租车,要求司机将其送往伦敦。出租车司机带走了他们,因为他们威胁到了他的生命。当他们到达伦敦时,马歇尔从出租车司机那里偷了22英镑。刑事法院认为,如果陪审团确信“被告人知道威胁的影响在继续,并且故意利用威胁的影响来获取钱财,而且他们的行为方式给人在行窃时威胁在持续的印象”,则可维持对抢劫罪的定罪。

第2节 以抢劫为意图的攻击

7-013 从理性视角看待未遂法,每一次以抢劫为意图的攻击都是抢劫未遂,没有必要再专门制定条款。但在1981年《刑事未遂法》颁布之前,人们担心,根据某些事实,攻击可能仅仅被认为是抢劫的预备;所以《盗窃法》规定了这种特殊形式的加重攻击罪。即使被指控抢劫,也可能会被判盗窃罪(因为抢劫是加重的盗窃罪),或盗窃未遂;但不能定以抢劫为意图的攻击

① *R. v. Kahn*[2001]EWCA Crim. 923.

② *R. v. Smartt*[2004]EWCA Crim. 2072 at para. 24.

③ [1981]Crim. L. R. 644.

罪，这需要特别的罪名。可以想象的情况是，在没有暴力的情况下发生了抢劫，例如小偷从试图阻止他这样做的物主手中扯过物品。拉扯应该是存在足够暴力的抢劫，[①]但它不是攻击罪，除非有暗示的人身攻击威胁。

下面，简要介绍1968年《盗窃法》之外的两种类似于抢劫罪的罪行。

第3节　劫　持

7-014　"劫持"（hijacking）通常不属于海盗行为的定义范围，但它作为国际罪行，受到国际条约的制约。1982年《航空法》（the *Aviation Act* 1982），通过在旁注中规定了一项称为"劫持罪"的罪行（如果我们要接受一个新词的话，它可能被称为"空中劫持"，因为它仅限于劫持飞行中的飞行器），使相关条约在英国生效。一般而言，不论该罪是在何处发生，英国法院均可对其加以审理。该法还规定了各种破坏或危害航空器的罪行，无论在何处发生， 1352
英国法院也都可对其进行审判。然而，空中劫持更有可能与恐怖主义（对人质安全和福祉的威胁）而不是与财产权有关。这可能涉及政治勒索，但通常不是为了偷窃钱财。

然而，"劫车"（carjacking）确实涉及财产权。如果被告人强行抢夺被害人的汽车，他可能犯抢劫罪。这辆汽车内可能还有一些贵重物品，如现金、卫星导航系统和手机。[②] 但如果被告人开车是为了暂时兜风，他就不会犯抢劫罪。[③] 如果被告人不意图永久剥夺被害人的车辆，就不构成盗窃罪，进而不构成抢劫罪。[④]

第4节　海　盗

7-015　海盗行为被描述为海上抢劫。[⑤] 英国法律承认两种形式的海盗行为，即"万民/普遍法"（jure gentium）意义上的海盗行为和国内法意义上海盗行为。前者得到英国法和国际法（旧称 jus gentium）的承认。[⑥] 1982年《联合国海洋法公约》规定的相关罪行是英格兰和威尔士法院可审理（审判）

---

① *R. v. Sherriff*［1969］Crim. L. R. 260.

② *R. v. Meadley*［2009］EWCA Crim. 770；*R. v. Gbedje*［2007］2 Cr. App. R. 89. *R. v. Khan*［2007］2 Cr. App. R. 95.

③ *R. v. Mitchell*［2008］All E. R. 109.

④ *R. v. Raphael*［2008］EWCA Crim. 1014.

⑤ *A-G for Colony of Hong Kong v. Kwok-a-Sing*（1873）L. R. 5 P. C. 179 at 199.

⑥ *Re Piracy Jure Gentium*［1934］A. C. 586.

的罪行。[①] 海盗行为的定义如下：[②]

下列行为中的任何行为构成海盗行为：

(a)私人船舶或私人飞机的船员、全体船员或乘客为私人目的，对下列对象所从事的任何非法的暴力或扣留行为，或任何掠夺行为。

①在公海上对另一船舶或飞机，或对另一船舶或飞机上的人或财物；

②在任何国家管辖范围以外的地方对船舶、飞机、人或财物；

(b)明知船舶或飞机成为海盗船舶或飞机的事实，而自愿参加其活动的任何行为；

1353 (c)教唆或故意便利(a)或(b)项所述行为的任何行为。

---

① Section 26(1) of the *Merchant Shipping and Maritime Security Act* 1997; section 5(1) of the *Aviation Security Act* 1982.

② Schedule 5 of the *Merchant Shipping and Maritime Security Act* 1997.

第8章　勒　索

“这不可能！”爱丽丝说、“这不可能吗？”王后怜悯地说道，“再试一次吧，深吸一口气，然后闭上眼睛。”爱丽丝笑了。“尝试是没用的，”她说，“人不能相信不可能的事。”王后说：“我敢说你没怎么练习，我像你这么大的时候，每天都要练半个小时。哎，有时候我在早饭前就已经相信了多达六件不可能的事。”①

刘易斯·卡罗尔：《爱丽丝梦游仙境2：镜中奇遇记》

---

①　相关译文参考了[英]刘易斯·卡罗尔：《爱丽丝镜中奇遇记》，吴钧陶译，上海译文出版社2012年版。——译者注

第1节 勒索的定义

8-001 “勒索”(blackmail)行为一直被认为是犯罪,[①]但是,人们对该行为是否可被犯罪化有着很深的分歧。范伯格教授曾说:“每个真正的法律哲学家都至少一次尝试过研究未得逞犯罪的惩罚这一古老问题。”[②]对于勒索行为犯罪化而言,也是如此。[③] 有关勒索行为犯罪化的道德性的文献汗牛充栋,无法在脚注中一一列举。反对将此行为犯罪化的常见理由包括:(1)在许多情况下,被告人威胁要做的事(在得知一些私人丑闻后散布谣言)通常不构成犯罪;(2)被告人通过提出保持沉默,不泄露被害人的秘密,向被
1354 害人提供好处(这是假设,讨价还价的筹码是“保密承诺”)。

当然,如果被害人主动提出要为被告人的沉默付出相应的对价,那么被告人收取报酬的行为是合法的。当然,被告人可能还会威胁被害人,如果被害人没有付清款项,就会向警方报告被害人所犯的某些罪行,但这种“保密承诺”可以被独立定为勒索罪。同样值得注意的是,在某些情况下,勒索行为有时在经济效益的取得上无法与特定合法行为相媲美,比如把名人的丑闻卖给小报。但并不是所有的勒索被害人都是名人,所以通常这个秘密只对被害人有价值。

8-002 假设在某个夜晚,某本科生在教员办公室中为耶稣会上要进行的讨论做练习,这时他注意到一间办公室的门微微开着,于是他决定去调查一下。经过调查,他发现某已婚教授与某研究生正在进行不可名状之事。于是这位学生对教授说:“我不会告诉你的丈夫、同事和其他学生关于你和

---

① Glanville Williams,“Blackmail”,[1954] Crim. L. R. 7; W. H. D. Winder,“Development of Blackmail”,(1941) 5 *Mod. L. Rev.* 21 at 24 *et seq.*; James Lindgren,“The Theory, History, and Practice of the Bribery-Extortion Distinction,”(1993) 141 *U. Pa. L. Rev.* 1695; A. L., Goodhart,“Blackmail and Consideration in Contracts”,(1928) 44 *L. Q. Rev.* 436. Offences under section 21 cannot be tried summarily: see section 17 of the *Magistrates' Courts Act* 1980.

② Joel Feinberg, *Problems at the Roots of Law*, (New York: Oxford University Press, 2003) at 77.

③ Leo Katz, *Ill-Gotten Gains: Evasion, Blackmail, Fraud and Kindred Puzzles of the Law*, (Chicago: Chicago University Press, 1998); Russell L. Christopher,“Trilemma of Meta-Blackmail: Is Conditionally Threatening Blackmail Worse, the Same, or Better than Blackmail Itself”,(2006) 94 *Geo. L. J.* 813; Ken Levy,“Solution to the Real Blackmail Paradox: The Common Link between Blackmail and Other Criminal Threats”,(2007) 39 *Conn. L. Rev.* 1051; Walter Block,“Crime of Blackmail: A Libertarian Critique”,(1999) 18 *Crim. Just. Ethics* 3; George P. Fletcher,“Blackmail: the Paradigmatic Crime,”(1993) 141 *U. Pa. L. Rev.* 1617; Richard A. Posner,“Blackmail, Privacy, and Freedom of Contract,”(1993) 141 *U. Pa. L. Rev.* 1817; Henry E. Smith,“Harm in Blackmail,”(1998) 92 *Nw. U. L. Rev.* 861; Jeffrie G. Murphy,“Blackmail: A Preliminary Inquiry”,(1980) 62(2) *The Monist* 156; Joel Feinberg,“The Paradox of Blackmail”,(1988) 1 *Ratio Juris* 83.

情夫的事，但这会让你付出代价。”他为什么要因向教授提议出售好处而被定罪呢？

如果被害人在没有遭到被告人任何勒索的情况下提出支付好处给被告人，是否会与上述行为有区别呢？这会使他们之间的交易合法吗？很明显，如果教授提出付钱给被告人来掩盖事实，而被告人又没有要求教授付钱或对其作出其他任何相关威胁，那么他的行为就不属于勒索罪规制的范围。如果教授的提议是自己主动作出的，那么他们之间的这种交易就没有构成犯罪的依据。如果被告人对钱不感兴趣，而是一个喜欢向所有人讲述自己所见的八卦大王呢？我们不能把每天的八卦定为犯罪！被告人将有权利谈论他所看到的。同样，如果被告人本身有关于名人的秘密，把它卖给小报也不会触犯刑法。言论自由是一项基本价值。被告人仅仅出于对教授的尊重而保持沉默也不是犯罪。

8-003 那么，为什么他要一小笔封口费的行为是犯罪呢？

理由似乎相当清楚：他正利用恐吓性要求试图向教授出售她的私人信息。但事实上被害人不应该为自己的隐私付费：当然也不应该为维护她有权维护的基本隐私而受到任何人索取金钱的威胁。在现实世界，隐私只在有限意义上被保护。言论自由意味着人们可以谈论任何他们想要谈论的内容，可以讲故事，等等。如果一个人不是通过闯入他人家里的方式，而是偶然发现了他人的个人信息，他当然可以通过谈话或其他形式向他人传递该信息。被告人可能有权利对被害人说三道四，但他没有权利为了自己的经济利益而欺侮、胁迫或恐吓被害人。被告人没有权利得到被害人的钱，因为他试图卖掉他没有权利拥有的东西。他可以使用这些信息作为八卦，但是他不能使用强制手段，试图将此信息卖给被害人。如果信息是真实的并且是被合法地发现的，那么被害人无权阻止被告人散播有关于她的流言蜚语，但她有权利不被勒索。事实是，被告人试图强迫被害人付钱（交出她的财 1355
产）去购买被告人不拥有的东西，正是这种恐吓人的威胁，触犯了刑法。被告人没有被害人信息的所有权，因此没有权利收取被害人的现金。他可以利用它作为谈资，只要它发生在“公开场合”，但仅此而已。我们在此将不对这种罪行的理论基础进行更深入的讨论，但显然这种行为可以纳入损害原则的范围。①

有关勒索罪的法条规定曾非常复杂。对其进行修订和简化后的内容，记载于《盗窃法》第21条：

（1）提出恐吓性无理要求，以期为自己或者他人谋取利益，或者意图给

① Dennis J. Baker, *The Right not to be Criminalized: Demarcating Criminal Law's Authority*, (Farnham: Ashgate, 2011).

他人造成损失的,成立勒索罪;为了达到此目的,而提出的恐吓性要求是不正当的,除非该要求是基于以下确信被提出的:

(a)有合理理由提出该项要求;以及

(b)恐吓是加强需求的适当手段。

(2)所要求的行为是作为或不作为是无关紧要的,威胁是否与提出要求的人将要采取的行动有关,也无关紧要。

(3)犯有敲诈勒索罪的人经检控后定罪,判处最高刑不超过 14 年的有期徒刑。

8-004　这种犯罪与抢劫罪有何不同?

1. 抢劫的目的是获得财产,而敲诈勒索的目的则更为广泛,可能是获取利益或造成他人损失,也可能是,例如,获得一份工作。

2. 勒索要求一旦提出,勒索罪即达致既遂;并不要求被害人交付相应的财产(而盗窃意义上的侵占是抢劫罪既遂必不可少的要件)。

3. 勒索仅仅需要恐吓;抢劫则需要暴力威胁(或实际暴力);实际上,暴力威胁几乎总是恐吓。

通过以立即对他使用暴力威胁他人,获得他的财产构成抢劫罪和敲诈勒索罪,然而该行为总是被指控为抢劫罪。在没有威胁的情况下,通过实际使用暴力(不给被害人任何投降的机会而对其实施打击)获得财产是抢劫行为,而不是勒索行为,勒索行为需要威胁的存在。

除对处于恐惧中的人立即使用暴力的威胁外,其他威胁可以构成勒索罪,但不能被评价为抢劫罪。例如:

a."收取保护费的敲诈者"威胁要炸毁建筑物;

b. 威胁要杀害不知情的第三方;

c. 威胁要让被害人被解雇;和

d. 威胁要公布有关被害人的不光彩事实。

劫持人质并勒索赎金通常会构成勒索罪、绑架罪或非法拘禁罪,但如果人质知道发生了什么,并因此处于恐惧之中,这也会被视为抢劫罪。勒索行为通常会受到法院的严厉惩罚(有时还会过于严厉),因为它会带来痛苦,并
1356 且通过使用这种威胁手段可以轻易使被害人交出一大笔钱。[①] 当敲诈勒索的威胁内容是揭露败坏被害人声誉的事实时,法官通常允许被害人以"X"的名义在法庭上作证。

---

① *R. v. Cossington*[1973]Crim.

第2节　实行行为:恐吓性要求

8-005　《盗窃法》第21条要求提出带有恐吓性的要求,[①]如果要求是通过电子邮件或邮政系统传递的,那么无论电子邮件或信件是否到达预期的收件人,要求都视为被完整提出。[②] 可以认为,这种威胁性的要求是该条"存在的理由"(raison d'être),因为不管这种要求是带来了收益还是造成了损失,行为都被犯罪化了。

通常情况下,这种要求的提出是明确的(例如"给我钱或者其他东西"),但如果被包装成了互惠合同,可能就很难认定了。特别是,公开宣布意图写回忆录的行为,可能违背了本条的精神但未违背本条的文字。这种道德敲诈最臭名昭著的例子是19世纪初的交际花哈里特·威尔逊(Harriette Wilson)。她发现仅靠她的魅力已不足以维持她的生活方式,于是她就有了这样的想法:写一篇关于自己诸多情人的故事,如果不想被人发现出现在这本花名册,就要收取那个人一笔酬金。[③] 如果这一计划被其巧妙地执行,那么其很可能逃脱勒索罪的法律制裁。她的某情人听说了其计划出版这本书,就主动提出出钱为她的生活减负,该情人不能主张自己被提出了恐吓性要求。然而,如果事实证明她可能出版这样的书,那么法院将很有可能认定这是默示的恐吓性要求。哈里特甚至将其回忆录以连载的方式出版,这无疑增加了被害人的压力。

敲诈勒索的"恐吓"(menace)和普通的"威胁"(threat)在通常意义上几乎看不出有什么区别。[④] 只不过,前者效果更为强烈,使法院能够忽略非常微不足道的威胁(英语中,menace通常是复数形式menaces,当然,实际上一个恐吓就足够了)。所以恐吓是相当严重的威胁,比如威胁要泄露被害人的敏感信息,[⑤]或对被害人使用暴力,或破坏被害人的财产等。[⑥]

8-006　威胁要造成的恶害针对的是被威胁者以外的人,这是勒索吗?

这种威胁仍然是《盗窃法》第21条中的恐吓。 1357

---

① *Treacy v. D. P. P.* [1971] A. C. 537.

② *Teacy v. D. P. P.* [1971] A. C. 537; *R. v. Moran*(1952) 36 Cr. App. R. 10; *Austin v. The Queen* (1989) 166 C. L. R. 669.

③ Kenneth Bourne, *The Blackmailing of the Chancellor* (London: Lemon Tree Press, 1975).

④ *Thorne v. Motor Trade Association* [1937] A. C. 797 at 817.

⑤ *R. v. Cox*(1979) 1 Cr. App. R. 190; *R. v. Boyle* [1914] 3 K. B. 339; *R. v. Tomlinson* [1895] 1 Q. B. 706; *R. v. Chalmers*(1867) 10 Cox C. C. 450; *R. v. Miard* (1844) 1 Cox C. C. 22.

⑥ *R. v. Taylor*(1859) 175 E. R. 831; *R. v. Smith*(1850) 2 Car. & Kir. 882.

8-007 勒索罪中恐吓必须使被害人恐惧吗?

必然是这样的,即使由于敲诈者所不知道的事实,它对被恐吓方没有起到任何恐吓效果。[①] 勒索者认为他已经或可能已经制造了有效的恐吓,这一事实足以使他构成勒索罪。这一规定对被告人的好处,可以从一个警示性的故事中得到说明:某学生办了一个大学慈善组织(University Rag)[②],他写信给当地的店主,告诉他们,如果每人向小报的基金缴纳5英镑,就可以在活动当日避免"不便"的事情发生。之后这个大学生发现自己站在被告人席上,被指控犯有敲诈勒索罪。幸运的是,他在法官的指示下被判无罪,法官认为这种威胁不是恐吓,因为它不太可能影响"正常稳定的普通人的思想"。[③]

虽然普通人测试可能有一定的效用,但也带来了一些问题:(1)普通人是否会不情愿地同意被提出的要求,不仅取决于威胁的内容,而且取决于要求的严重程度。百万富翁可能会因为年轻时的不检点行为而受到威胁,他可能更愿意付500英镑来掩藏该行为,但具有正常智知和勇气的普通百万富翁不会愿意付100万英镑来掩藏该事实。不可能有这样一条规则:本来应该是敲诈勒索的要求,由于其严重程度而不再是敲诈勒索的要求。规则必须是,能够使普通人感到恐惧从而答应小要求的威胁是恐吓,即使被害人经过利弊权衡最终会拒绝该要求,因为要价如此之高超过了威胁的潜在伤害。(2)明知[④]某人特别敏感或胆怯,并利用他的恐惧的敲诈者,很难以对方的敏感或胆怯为由抗辩。[⑤]

总体来说,可以认为,普通人测试带来的困难比它解决的困难要多。这个问题应该用最简单的话来表达:恐吓是否真正存在?这名学生被无罪释放的理由可以解释为,他显然只是在善意地讨价还价,并没有对店主造成其他任何威胁,而这也是大多数店主的看法。

8-008 一个人威胁说不履行义务,这是勒索罪的恐吓吗?

显然是。威胁不给被绑架者吃东西,无疑是足够的,因为勒索者通常有
1358 义务给被他绑架的人东西吃。

8-009 那么,如果债务人向债权人声称其只能偿还50%的债务,并称如果不给予他这样的折扣,他将不偿还任何债务,这算不算勒索呢?

债务人可能认为他不应该被合理地要求偿还全部债务,在这种情况下,

---

① *R. v. Clear*[1968]1 Q. B. 670.

② University Rag:是学生组建的大学筹集善款组织,在英国和爱尔兰很普遍。Rag是Raising and giving,或Reach out and give的首字母缩写。

③ *R. v. Harry*[1974]L. R. 32;*R. v. Robinson*(1796)168 E. R. 475 at 483.

④ *R. v. Garwood*[1987]1 W. L. R. 319.

⑤ *R. v. Lawrence*[1971]Crim. L. R. 645. L. R. 645. *R. v. Garwood*[1987]1 W. L. R. 319.

他可以在审判中辩称他缺乏不诚实的主观心态。如果债务人承认债务是正当的,而他的行为是不诚实的,那么困难就出现了。显然,必须找到某种办法把这种情况排除在本条讨论内容之外。解决办法是,认为这种特别的威胁不是“恐吓”。对于偿还确有困难的债务人来说,企图让债权人同意减少其债务一直是很常见的现象,而不偿还债务的威胁在一般意义并不能被称为“恐吓”。

8-010 威胁是否是恐吓的决定权在谁的手上?

陪审团;但法官行使一般的控制权。[1] 在本案中,如果法官把案件提交给陪审团,而陪审团认为拒绝支付债务的威胁是恐吓,上诉法院可能会撤销这一定罪,但这绝不是必然的。

8-011 威胁要提起民事诉讼,这会构成恐吓吗?

只有当有证据表明威胁者不相信他有正当理由提起诉讼时,这个问题才具有实际的讨论意义。如果他认为他有正当理由,他就是诚实的。如果他不相信,他就是诚实的[根据《盗窃法》第21(1)条(a)项],从而如果威胁要提起的民事诉讼将涉及被告人的不名誉行为,如起诉被告人的性侵犯行为,陪审团可能就会认定该民事诉讼威胁构成恐吓。不仅是权利主张者,他的律师也会被指控犯有勒索罪。

第3节 经济心态

8-012 在勒索行为中,我们会注意到被害人存在两种主观心态。第一种,可以被称为经济心态,即行为人必须意图获利或给被害人造成损失。第二种,要求必须是没有根据的。但该法案明确指出,什么是合理的,什么是不合理的,取决于被告人的主观认识。该问题与勒索要求的客观性无关,而与被告人对其要求的心理状态有关。由于想寻找更恰当的名称,本书建议称其为“不道德心态”(the unscrupulous mental element),而有道德的被告人应同时相信第(1)款的(a)和(b)项。

勒索行为的目的必须是获得收益或导致被害人遭受损失——《盗窃法》第34(1)条定义了损失,即“金钱或其他财产的收益或损失”。被告人被被害人欠了其要求的数额的金钱,或者有合法的权利主张,都是无关紧要的。 1359
自然人无法像这样提出索赔请求或权利主张。只要被告人认为他的恐吓不是“加强要求的适当手段”,他利用恐吓性要求试图获得他认为自己理应得

① *R. v. Harry*[1974] Crim. L. R. 32.

到的东西,就构成勒索罪。[①] 这一切的核心是被告人"得到被告人所没有的",[②]其中包括欠他的财产、药品等商品。在"女王诉博万斯案"(*R. v. Bevans*)[③]中,被告人因患骨关节炎而疼痛难忍,于是他请了医生。当医生来到被告人的家给他治疗时,被告人拿枪指着他,并要求注射吗啡。他威胁说,如果不注射,他就开枪。上诉法院认为,根据《盗窃法》第34(2)(a)条的含义,被告人获得了"他所没有的",即他得到了"由金钱或其他财产组成的东西"。把物质注射到身体里也是得到财产,"就像把这种物质装在一个安瓿瓶里交给他一样。"

《盗窃法》第21条的目的是排除对不被视为财产的事物的要求,如性交。[④] 这种要求与财产(仅与盗窃行为有关)利益无关。经济精神因素的要求意味着,根据《盗窃法》,多种败坏名誉的压力根本不是犯罪。[⑤] 不存在或可能不存在经济动机的威胁,可以是以揭露有损被害人名誉的行为相威胁,并且目的是:

a. 让被害人给被告人或他人的论文打更高的分数;或

b. 迫使被害人利用其影响力使被告人或他人获得受人尊敬但无薪酬的委任;或

1360 c. 迫使被害人使被告人或他人获得骑士身份;或

d. 敲诈者对子女没有监护权时,获得监护权;或

e. 劝阻被害人因某些罪行而起诉勒索者,或向警方举报勒索者;或

f. 诱使被害人不揭露勒索者过去不光彩的行为;或

g. 诱使被害人将勒索者介绍给上流社会,或提名他为某高级俱乐部的会员。

即使试图通过威胁揭露她曾是色情明星来让已婚公务员泄露军事或政治秘密,也不会构成敲诈,然而根据2007年《严重犯罪法》第44条,这可能是犯罪,因为被告人鼓励被害人去犯1989年《官方保密法》(the *Official Secrets Act* 1989)第2条规定的罪行。

8-013 但在上述某些情况下,威胁者可能希望最终获得财产收获。被介绍到上流社会,或被任命到上议院,可以转变为财产利益。

---

① Bernard Brown, "Claims of Right: Blackmail and Beyond", (1996) *N. Z. L. Rev.* 517. R. H., Helmholz, "The Roman Law of Blackmail," (2001) 30*J. Legal Stud.* 33.

② *Attorney-General's Reference*(*No.* 1 *of* 2001) [2003] 1 Cr. App. R. 131. section 34 of the *Theft Act* 1968.

③ (1988) 87 Cr. App. R. 64.

④ Section 4 of the *Sexual Offences Act* 2003. Cf. the former section 2 of the *Sexual Offences Act* 1956. Cf. *R. v. Davis*[1998] N. J. No. 16.

⑤ Florida Penal Code, F. S. A. § 836. 05. § 9A. 36. 070 of the Revised Code of Washington.

法院不必考虑希望获得间接经济利益(不直接源于被告人所追求的好处)是否足以构成勒索罪。人们可能会认为,希望通过行为人的社会、商业或专业地位的改善而获得利益是不构成勒索罪的,因为这种希望是无法量化的。但是,法官更有可能是让陪审团决定,在任何情况下,行为人的意图是否有很大一部分是获得金钱收益。

8-014 如果被害人起诉被告人索要债务或损害赔偿,那么被告人利用恐吓的手段让被害人停止诉讼,这算是勒索吗?

根据《盗窃法》第34(2)(a)条,"'收益'包括保持已有而收益。因此这种情况是勒索"。[①]

8-015 如果行为人要求对方支付他本应得的钱,那么他的目的是获取利益吗?

是的,[②]毕竟"双鸟在林,不如一鸟在手"。但是,提出这种要求的债权人除非具有不诚实的主观心态,否则不会犯有敲诈罪。我们暂时搁置这件事(在实践中,对采用高压收债方式的债权人提起的检控很可能是侵扰债务人的特殊犯罪,[③]可能还有适用范围更有限的其他罪行,以及对收债机构的许可证管制,这就足够了)。在特殊情况下,行为人会因为以要挟方式强迫债务人偿还到期债务而被判勒索罪,此时法院往往会持非常宽容的态度。[④] 1361

第4节 不道德心态

8-016 现在回到本章提到的两种心态中较难的那个心态。王室检控署必须推翻《盗窃法》第21(1)条(a)项中的或(b)项中的确信,以使陪审团相信:

(a)被告人认为自己没有合理理由提出该项要求;

(b)被告人认为恐吓不是加强要求的适当方法。[⑤]

8-017 假设威胁者知道他没有法律权利要求财产;他是否仍然可以相信他有合理的理由提出要求,从而不具有(a)项中所说的不道德心态?

当然可以。他可能是通过赌博赢了钱,这种赌资在法律上是不被承认所有权的,但通常却获得了道义上的承认。因此,如果庄家没有支付赌博赢

---

① *Attorney-General's Reference*(*No.* 1 *of* 2001)[2003]1 W. L. R. 395.

② *R. v. Parkes*[1973]Crim. L. R. 358.

③ Section 40 of the *Administration of Justice Act* 1970.

④ *R. v. Helal*(1980)2 Cr. App. R. 383;*R. v. Kewell*[2000]2 Cr. App. R.(S.)38;*R. v. Mason*(1995)16 Cr. App. R. 968;*R. v. Shah*(1993)14 Cr. App. R. 503. Cf. *R. v. Simmons*(1991)13 Cr. App. R. 242;*R. v. Killgallon*[1998]1 Cr. App. R. 279.

⑤ *R. v. Harvey*(1980)72 Cr. App. R. 139 at 142;[1974]Crim. L. R. 33.

得的金钱,愤愤不平的下注者很可能会威胁要把事情曝光在社交媒体上并在帖子中提及塔特索尔(at Tattersalls)①,因为这是对违约庄家的公认制裁。男人的情妇可能会追讨对方答应给她的钱,尽管她已经接受了法律咨询,并且知道在法律上她不能取得对方答应给她的钱(法律认为这种钱是不道德的对价)。在这种情况下,我们完全可以理解,威胁者认为其有合理理由提出要求,因此其缺乏(a)项的不道德主观心态,即使其知道这不是法律上可强制执行的要求。

8-018　如果他不付钱,情妇可以威胁向他的妻子揭发二人的偷情行为吗?

这个问题留给陪审团判断。他们很可能会认定,至少在某些情况下,这位女士可以避开勒索罪的责任。在上议院关于盗窃法案的辩论中,斯托·希尔(Stow Hill)大法官对勒索一条作出了如下批评:

"我举个例子,某女士认为她和某已婚先生交往可以使她感到有趣。她要求他为即将到来的新生命做好准备,但他拒绝了。他很富有,她认为他的行为是无可名状的邪恶和自私行为,毫无疑问是这样。她激动地想了想,走过去对他说:'听着,如果你不适当安置这个孩子,我就告诉你的妻子,告诉你的雇主;我要写信给媒体;我将尽我所能使你解决这孩子的问题。'在这种情况下,她犯了敲诈罪吗?

"为了进一步讨论该问题,以及使该例子更加复杂,我假设:这个女人觉得她不幸的婴儿将来出生在这个世界,会一直承受身为私生子的耻辱,但这不是孩子的过错。在这种情况下,对于婚生子而言合理的安置方案显然是不够的,必须有更为慷慨的解决方案。她想要的数额可能会让普通人认为
1362 这是完全不合理的要求。但是,如果陪审员扪心自问,她是怎么想的,她的内心确信是什么,不管可能多么不合理,不管可能使已婚男人的家庭陷入何种困境,难道他们不应该得出她无罪的结论吗?不应该认定这位情妇相信自己:(a)有提出要求的合理理由;(b)恐吓是加强这种要求的适当手段吗?……

"我再加入一些情节,假如她的情况与她的怀疑相反,不是我所说的那种情况。她的情况和她遇到这个已婚男人之前完全一样,但她自己不知道。然后会发生什么?这个女士虽然没有我所描述的那种焦虑,但她相信自己

---

① Cf. *Burden v. Harris*[1937]4 All E. R. 559. *Bubb v. Yelverton*(1870) L. R. 9 Eq. 471. 塔特索尔(Tattersalls):1766年创办,是欧洲最大也是世界上最古老的纯种马拍卖商,位于萨福克郡纽马克特的公园围场。其社交媒体用户名为,Tattersalls 1766。在社交媒体中提到该用户是指,在帖子(如推文)中@ Tattersalls 1766。

有，并坚持要 100 万英镑的赡养费。那么这是敲诈吗？”[1]

8-019　这些问题没有得到答复。21 世纪的家庭法意味着这个情妇有要求适当的儿童抚养费的法律权利。因此，这个女士很有可能被无罪释放。实际上，该法案的意图是将这类索赔要求从勒索罪的范围中删除。在 1968 年早期的一个案例中，某个没受过多少教育的女孩写信给某个有地位的男人，说如果他不给她钱，她就会“揭发”他对她的性侵犯（女孩自己声称发生了性侵犯），并“让镇上的人知道你的行为”，结果她被判敲诈罪，[2]但这引起了若干负面评论。女孩本可以合法地委托律师给该男子写信，说除非他为性侵犯支付了适当的损害赔偿金，否则将对该男子提起损害赔偿诉讼；这个男人很清楚，在这种情况下，威胁起诉的真正意义在于将事情公之于众。然而这个女孩因为没有通过专业渠道提出要求而受到了惩罚。根据《盗窃法》，如果她认为自己被侵犯了，而且她的威胁是正当的，她就不会被定罪。当然，如果能证明她没有受到侵犯，那么她声称自己受到侵犯的说法几乎肯定会遭到怀疑。同样，律师可以很容易地代理有孩子的单身母亲索要孩子抚养费。然而，律师不能要求 100 万英镑的赔偿，以补偿孩子因身为非婚生子女而遭受的任何耻辱。在 21 世纪，许多情侣更愿意不结婚，而非婚生子也不再是耻辱。

还有更多的论据支持将勒索法限制在狭窄的范围内。我们已经习惯了在严酷的经济世界中相当程度的无政府状态。根据目前的安排，在所有人一致同意后，工会不仅有权扣押雇主，而且有权扣押普通公众以索取赎金。也许某个强大的贸易组织或工会会威胁某个小零售商或工厂主将其列入“黑名单”，除非他支付所谓的“罚金”或同意遵守旨在使该组织受益的规则。公共部门雇员工会的领导人威胁称，除非其成员的工资被大幅提高，否则将组织罢工以使公众无法享受旅行、供水、消防、电力、污水处理、医院或学校的服务。例如，由于经济衰退，英国航空公司在 2010 年亏损了 100 亿英镑，但其员工展开罢工，要求这家濒临崩溃的公司支付更高的工资。某工会设立了“临时法庭”来惩罚那些拒绝参加罢工的成员，并威胁说如果他们不支付罚金，工会就会让他们丢掉工作。多亏了撒切尔夫人，许多激进的工会失 1363
去了大部分的勒赎权。在美国，一些勒索法针对的是工会，但在撒切尔改革之后，将勒索法扩展到经济压力似乎并不明智，当然极端情况除外。

8-020　以更糟的情况为例。威胁者在审判中说，他相信自己有合理理由，因为他是穷人，而被威胁的人是以不道德方式赚钱的地产大亨。或者因为受到威胁的人是犹太人，而巴勒斯坦人重建家园需要资金。或者因为需

---

[1] *Parliamentary Debates*, House of Lords, Vol. 289 cols. 248–249 (15 February 1968).

[2] *R. v. Dymond* [1920] 2 K. B. 260.

要资金来资助一场反对"帝国主义"的起义。"有些人扭曲了思想,似乎真的相信完全荒谬的事情。既然《盗窃法》采用纯粹主观的术语来规定所谓的不道德心态,这难道不意味着每个获得爱丽丝梦游仙境中白王后能力的敲诈者都必须被释放吗?

你对该法的批评是有力的。如果现在正在制定《盗窃法》第21条,应对主观测试标准施加一些限制。至少,该法令将创制一类绝对禁止的恐吓,如伤害威胁。[①] 但是,该条不应被理解为规定了纯粹的主观主义规则。(b)项的问题是被告人是否相信他的恐吓是"适当的",而"适当的"根据刑法修订委员会的本意,可理解为"在一般人的心目中是适当的"。根据这种观点,问题在于被告人是否相信普通人会赞成(或不反对)他的行为。该测试符合上诉法院在"女王诉高希案"中对有悖诚信行为的标准规定。[②] 在"女王诉哈利案"(*R. v. Harvey*)[③]中,上诉法院似乎不仅接受对第21条的这一解释,而且沿着这一方向走得更远。

被告人威胁要杀人、重伤或强奸;作为法律问题,法官指示陪审团,威胁犯下如此严重的罪行并不是加强要求的恰当手段——尽管这种要求针对的是在道德上认为行为人应得的金钱。在对定罪提出上诉时,法院表示,被告人是否认为他们威胁要造成的伤害在法律上是合法的,这个问题应该留给陪审团;但由于威胁是要实施任何神志清醒的人都知道是违反每个文明国家法律的行为,因此法院适用了但书,并确认了判决。这一决定显然是正确的,而且似乎将"女王诉高希案"的规则扩展到了勒索罪,尽管法院并没有明确这么说。但法院超越了案件事实,并且(可能强烈认为)走得太远了:法院认为,如果被告人知道他威胁要实施的行为是"非法的",这就足以证明被告
1364 人知道他的威胁不符合(b)款中的"适当的":

"'适当的'显然是含义广泛的词,比(例如)'合法的'含义更广泛。但是前者包含后者,被认为合法的行为都可以被认为符合(b)项中的适当的。"

这种逻辑是有缺陷的。显然,法院的意思是"适当的"是比"合法的"外延更窄的词(尽管它说的是相反的内容)。但是当论点被重写以使其合乎逻辑时,它仍然是不令人信服的,因为大前提是站不住脚的。甚至法官也可能发现自己在某些情况下被迫承认行为虽然非法,但却是正当的,公众舆论比法官更容易承认这一点。说普通公众肯定不赞成以杀人和强奸相威胁是一回事,说他们肯定不赞成工会领袖以促成违反合同或组织非法侵入工厂场地相威胁是另一回事;甚至可以说,公众对这类事情的意见是如此清楚,以

---

① *R. v. Donovan*[2009]EWCA Crim. 1258;*R. v. Robinson*[2009]EWCA Crim. 375.

② [1982]Q. B. 1053.

③ (1981)72 Cr. App. R. 139.

至于被告人,无论他是谁,一定知道公众态度。该法案使被告人的确信成为陪审团的问题,而不是错误地依赖逻辑来解决的问题。

8-022 再举一个例子,假设被告人威胁说,如果债务人不偿还债务,他将继续打电话骚扰债务人(轻微刑事犯罪)。被告人抗辩称他相信这是适当的,该抗辩必须留给陪审团审议。作为规定,初审法官应该总是将判断被告人是否相信适当性的问题留给陪审团。

虽然主观主义在被告人相信社会认为什么是适当的方面进行的修改,解决了若干问题,但它并没有克服判断谁构成社会(由被告人判断),即谁的意见具有决定性的困难。政治流氓可能会意识到,人们通常不会赞成他,但他可能会知道,他得到了和自己一样的亚文化成员的赞同。不管别人怎么想,他和他的朋友们认为,通过扣押富有公司的高管来勒索赎金,或者从航空公司处勒索金钱以确保他们的飞机安全返回,等等,是完全正确的。通过宣称主流文化比亚文化优越来反驳这些主张,将是在《盗窃法》中写入一个测试标准,其现在并不在该法中,尽管如果出现问题,法院可能会觉得有必要这样做。

在勒索案中最重要的因素往往是交易的秘密性或公开性。如果某人认为他的恐吓行为是正当的,他就不会试图掩盖自己的身份,或者要求被勒索的钱必须是用过的英镑而且必须放在电话亭等。同样,在司法实践中,被告人不可能既辩称他没有发出威胁,又辩称如果他发出了威胁,这些威胁是适当的。因此,如果他只是选择否认这些威胁,而陪审团作出对被告人不利的认定,并且这些威胁表面上是不适当的,法官就不需要就不道德的主观心态指导陪审团了。 1365

第5节 敲 诈

8-023 根据普通法,公职人员通过职务便利收取不属于自己的款项或物件,属犯罪。① 1968年的《盗窃法》废除了普通法中"以职务或特权威胁取得财产"的罪行。② 然而,苏格兰仍然将这样的行为称为"敲诈"(extortion),但它在概念上类似于英格兰的勒索罪。在"布莱克诉卡迈克尔案"(*Black v. Carmichael*)中,③法院认为:"夹住他人车轮的行为'机动车辆'意味着要求

---

① Ferdinando Pvlton, *De Pace Regis Et Regni*: *A Treatise Declaring Which be Great and General Offences of the Realm*, (London: Companie of Stationers, 1610) at 80 *et seq.*; J. W. C. Turner, *Russell on Crime*, (London: Stevens & Sons, 1958) at 370.

② Section 32(1)(a) and(b), of the *Theft Act* 1968, Cf. *R. v. Redman*(Henry)(1865-72) L. R. 1 C. C. R. 12.

③ [1992] S. L. T. 897.

付款,同时威胁在付款之前不释放车辆。在挡风玻璃上张贴有关释放条件的便条,明显是威胁,即有关车辆在付款前不能移动。这是意图敲诈,如果
1367 被害人缴纳了款项,就是敲诈。”

第9章　夜　盗

"随着福利的增加,所有的人迟早会感觉到他们有些需要保护。"①

① J. K. Galbraith, *The Affluent Society*, (London: Hamish Hamilton, 1958), 89. 汉译本参见[美]加耳布雷思:《丰裕社会》,徐世平译,上海人民出版社1965年版,第92页。——译者注

第 1 节　夜盗的定义

9-001　1968 年《盗窃法》和其他立法规定了某些具有预备性质的法定犯。可以将"夜盗"(burglary)行为包括在这个列表中,因为夜盗的部分定义使其成为预备犯罪,尽管大多数夜盗者超出了犯罪预备阶段,在建筑物中犯下了罪行。

普通法中的夜盗具有极强的立法技术性,而《盗窃法》则创造了全新开端。其第 9 条内容如下:

(1)下列情况属于夜盗罪:

(a)以侵入者身份进入任何建筑物或建筑物的任何部分,并意图犯本条第(2)款所述的任何罪行;或

(b)以侵入者身份进入任何建筑物或建筑物的任何部分后,偷窃或企图偷窃该建筑物或建筑物的某一部分中的任何物品,或造成或企图造成其中任何人任何严重身体伤害。

(2)上文第(1)(a)款所述罪行,是指偷窃该建筑物或建筑物的某一部分中的任何物品[①]、对其中任何人造成任何严重身体伤害,以及非法毁坏该建筑物或其中任何物品。

(3)夜盗罪经循公诉程序定罪,可判处监禁:

(a)如果在作为住宅的任何建筑物或建筑物的任何部分中犯罪,刑期不超过 14 年;

(b)在任何其他情况下,刑期不超过 10 年。

(4)上文第(1)及(2)款所述建筑物,以及上文第(3)款所述作为住宅的建筑物,亦适用于有人居住的车辆或船只,即使居住者当时并未在场。

《盗窃法》第 10 条规定了夜盗的加重犯,即夜盗时,窃贼随身携带任何火器、任何犯罪武器或任何爆炸物,可处终身监禁。[②] 此外,进入住宅夜盗也被视为夜盗的加重犯。进入住宅夜盗(无论当时是否有人)被视为比进入其
1368 他建筑物实施的简单盗窃要严重得多。[③]

尽管 1968 年的《盗窃法》规定的大多数犯罪都是两可审犯罪,但更严重的犯罪只能循公诉程序定罪:抢劫、基于抢劫意图的攻击、勒索和某些形式的夜盗。[④] 关于夜盗的精确规则有点复杂,只需记住,仅仅为了盗窃目的的

---

① *Low v. Blease*[1975]Crim. L. R. 513.

② *R. v. Francis*[1982]Crim. L. R. 363.

③ Section 26(2) of the *Criminal Justice Act* 1991 amended section 9 of the *Theft Act* 1968.

④ Section 17 of the *Magistrates' Courts Act* 1980.

普通夜盗是两可审案件,而涉及实施只能检控审理的犯罪的意图的夜盗或者涉及暴力的在住宅内的夜盗只能检控审理。

第2节 进入建筑物

9-002 夜盗需要作为非法入侵者而进入。具有夜盗意图的非法侵入者留在建筑物内,不是夜盗。[1] 如果窃贼在进入大楼时不是非法侵入者,那么他在大楼内进行的盗窃不构成夜盗。

9-003 是不是只要求部分躯干越过门槛就可以?

是的。在普通法中,即使意图偷窃者把手指伸进窗户里也足够了。[2] 法案生效后的判例表明,进入必须是更"实质的"(substantial),但不一定是"有效的"(effective)。在"女王诉柯林斯案"(*R. v. Collins*)[3]中,上诉法院要求"实质进入"。身体多大部分必须越过门口才能构成"实质进入"?认为身体的一小部分进入就可以构成夜盗,这并不违背常识。在"女王诉布鲁恩案"(*R. v. Brown*)[4]中,法院认为被告人将身体上半部探入商店橱窗是"实质地"和"有效地"进入。这是否意味着不太实质的进入,如把手放在窗台内侧以把自己拉进建筑物,不构成夜盗的进入?[5] 后者能否被称为实质的,值得怀疑,但被告人已经"有效地"进入了。

但有效进入是否意味着闯入行为还必须有效地促进被告人犯下进一步罪行的能力?似乎不是,因为夜盗是未完成罪。在"女王诉瑞安案"(*R. v. Ryan*)[6]中,被告人被发现头和一只胳膊卡在了别人房子的窗户里。被告人 1369
辩称,由于他被困,必须由消防队转移,其行为不构成《盗窃法》第9(1)条中规定的进入。上诉法院认为,部分进入已足够,不能从房屋中偷窃,无关紧要。

9-004 但可以肯定的是,瑞安意图入室盗窃。您是想要告诉我双重未完成罪的责任可以作为夜盗的依据吗?

夜盗本身是未完成罪,所以无论被告人的企图是否实现,都构成本罪。根据实际情况,夜盗未遂或夜盗既遂均可定罪。在某些情况下,这种企图不会与未完成的盗窃行为重叠(例如,被告人试图闯入建筑物但未成功)。夜盗是未完成罪,不需要出现实际的结果,这种未完成罪可以是未遂(你可能

---

① the *Vagrancy Act* 1824.

② *R. v. Davis*(1823) 168 E. R. 917.

③ [1973] Q. B. 100.

④ [1985] Crim. L. R. 212.

⑤ Cf. *R. v. Davis*(1823) 168 E. R. 917.

⑥ (1996) 160 J. P. 610.

还记得,未遂是未完成罪的一种形式)。瑞安作为具有偷窃意图的非法侵入者进入建筑物,因此犯了夜盗罪,尽管没有造成任何危害(至少没有拿走财产,或者没有造成严重身体伤害或建筑物或其中财产的非法毁坏)。他没有被定罪为夜盗未遂,因为进入本身足以满足作为未完成罪的夜盗罪的要素。如果瑞安被外面的栅栏钩住了(手里拿着盗窃工具),他的行为就属于夜盗未遂。①

9-005 如果我用假肢钩住建筑物中的物品,能避免夜盗的刑事责任吗?

不能,但必须区分直接延长被告人肢体的器械和对射弹物的使用。如果某人站在卧室的窗户前朝街对面房间里的人开枪,这是非法侵入(因为子弹进入),但称之为夜盗是荒谬的。一般说来,神枪手是不会以侵入者的身份进入的。传统的夜盗法中确实有进入的规定,但要求至少身体的一部分或直接延伸身体的工具进入,似乎是合理的。工具必须与身体保持连接,否则就不可能清楚地加以区分。很明显,如果被告人用钩子或其他工具把货物拉出建筑物的信箱,实际上他进入了该建筑物。② 如果某人使用带钩的杆子,用钩子钩住窗户里的物品,这和他直接伸手去拿物品没什么两样。杆子用来伸展他的身体,直接伸入窗户,从而构成进入。以这种方式与建筑物内部接触的被告人,其危险程度不亚于将躯干或手臂伸进窗户抓取物品的被告人。然而,如果被告人从远处发射子弹,这并不构成进入,因为子弹绝不是他本人身体的直接延伸。1968 年《盗窃法》所设想的进入不包括非犯罪
1370 人直接延伸的无生命物体的进入[例如,射击行为导致子弹进入,无论在拟制意义上还是在根本意义上都不是被告人或被告人的任何(延伸)部分进入]。

9-006 根据《盗窃法》,无罪代理原则是否适用于夜盗?

在普通法中,行为人可以通过无辜代理人进入,例如通过被放进房舍盗窃的小孩(未达到责任年龄)。③ 这种对犯罪行为的解释几乎没有社会需要,因为很少有人会对小孩子的进入感到震惊:儿童进入的案件可以被简单地判定为成年人偷窃或企图偷窃。同样的道理也适用于训练(非野生的)狗去偷东西的人。④ 但如果出现问题,法院可能会继续执行传统规则。如果行为人把他的成年同伙送进建筑物,很明显,他们都是夜盗者。

---

① Cf. *R. v. Campbell*[1991]93 Cr. App. R. 350;*Mason v. D. P. P.*[2010]R. T. R. 11.

② *R. v. Sang*[2003]EWCA Crim. 2411. *R. v. Horncastle*[2003]1 Cr. App. R.(S.)39;*R. v. Delaney*[2010]EWCA Crim. 988.

③ Matthew Hale, *Historia Placitorum Coronae*: *The History of the Pleas of the Crown*,(London: printed for F. Gyles, T. Woodward, and C. Davis, Vol. I, 1736) at 555-556.

④ *Pratt v. Martin*[1911]2 K. B. 90.

9-007 进入无人居住的建筑物可能是夜盗吗?

对。建筑物不一定是居住场所,所以包括商店、办公室、仓库和教堂。在普通法中,夜盗只能发生在住宅中,但这可能还包括小型固定结构体,如凉亭和屋外仓房。部分完工的建筑物最好被定义为建筑工地。如果被告人从建筑工地上偷工具,适当的指控似乎是普通偷窃。尽管如此,如果这座建筑接近完工,似乎可以被定义为建筑物。① “建筑物”的概念似乎是连续性的。显然,开放的围场不是建筑,但是没有必要直接到连续性的另一端去识别建筑。就《盗窃法》第9条而言,构筑物是否为建筑物,将视具体情况而定。② 在大多数情况下,建构物是否应被视为建筑物,是非常明显的。没有 1371
人想把夜盗扩大到对汽车或铁路车厢内动产的盗窃。另一方面,该法第9条的建筑物需要包括移动房屋,当其内有人居住时,这些移动房屋显然是建筑物。

9-008 在冬季停泊的无人居住的游艇盗窃是否属于夜盗?

法院可能会认为,如果有人在一年中部分时间内居住于此,而他离开时意图继续居住,那么该游艇这一整年都属于夜盗的适用范围。该法旨在否定非法进入私人住所的行为,因此无须询问被害人访问或使用住所的频率。问题很简单,它是被用作住宅吗?被告人声称被害人每年只使用伦敦的公寓两个星期,这是不构成抗辩的,如此一来,主张被害人每年只访问她的游艇一个月的辩解也无法成立。毕竟,被告人可能正好在被害人暑假到来时实施犯罪。

9-009 所以,在停车场从房车中偷东西的人就是夜盗者,即使车主不在度假,而是在购物?

这看起来很奇怪。法院必须在某处划清界限。因此,当罪犯从兼作居住场所并为此目的断断续续使用的车辆上偷窃时,就有可能被判夜盗罪的加重犯。

第3节 意 图

9-010 《盗窃法》第9条明确规定了夜盗的意图。可能会注意到一些奇怪的措辞。行为人带着非法破坏的意图非法进入建筑物属于夜盗,而行

---

① *The Queen v. Manning*(1871)L. R. 1 C. C. R. 338. *R. v. Ealing LBC Ex p. Zainuddain*[1994]E. G. 130.

② *R. v. Leathley*[1979]Crim. L. R. 314. *Norfolk Constabulary v. Seekings*[1986]Crim. L. R. 167. *Moir v. Williams*[1892]1 Q. B. 264 at 270. *R.* (*on the application of Ghai*) *v. Newcastle City Council*[2010]EWCA Civ. 59 at pars. 20-25. *Windsor Hotel*(*Newquay*)*Ltd. v. Allan* (The Times,2 July 1980).

为人在没有非法破坏意图的情况下进入建筑物，但实际上在进入后造成了某种非法破坏，则不是。另外，建筑物侵入者如果实际上实施了偷窃或造成了严重身体伤害，或企图这样做，就是夜盗，尽管他并不是基于那样的意图进入该建筑物。为了让大家更深刻地理解这一点，可以将五种夜盗分为两类。第一类［《盗窃法》第9(1)(a)条］包括：

· 作为非法侵入者进入，意图盗窃。[①]

· 作为非法侵入者进入，意图造成严重身体伤害。

· 作为非法侵入者进入，意图造成非法毁坏（必须证明，被告人具有实施进一步犯罪的故意，仅仅证明其是轻率地攻击并造成严重身体伤害[②]或非
1372 法毁坏是不够的）。[③]

第二类［《盗窃法》第9(1)(b)条］包括：

· 作为非法侵入者进入后偷窃或企图偷窃。

· 作为非法侵入者进入后造成或企图造成严重身体伤害。

9-011　如果被告人进入建筑物取回他认为自己拥有的物品，是否有可能据此提出抗辩？

任何人闯入他人住所拿走他认为自己有权得到的东西，并非夜盗。在"女王诉卢帕特案"(*R. v. Lopatta*)[④]中，被告人承认闯入了前雇主的仓库，从那里拿走了20桶石油，价值约5000澳元。他说，前雇主欠他工钱，但却不承认并拒绝付款，这些钱大概相当于他的加班费用和其他工资。法院认为，在这种情况下，被告人可以提出权利主张的抗辩。

9-012　大多数人认为"夜盗犯"(Burglars)是特殊的"窃贼"(Thieves)。对其要求其他的犯罪故意不是很奇怪吗？

这些其他意图很少出现，但夜盗的法律从来没有局限于意图盗窃(steal)的案件。这种特殊罪行的历史正当性在于，侵入住宅的犯罪引发的惊恐。即使知道侵入者是来偷窃而不是致残的，占用人的警觉也不会因此而减弱。

9-013　能想当然地认为侵入者是带着某种特定意图进入建筑物的吗？

当然不能。当然，如果这是对可疑行为的唯一合理解释，陪审团可以推断犯意，但指控的意图必须得到证明。[⑤]

9-014　从检察官的角度来看，起诉夜盗要比未遂罪更具优势。但总的

---

① *R. v. Walkington*［1979］1 W. L. R. 1169.

② Cf. *R. v. Watson*［1989］1 W. L. R. 684, Cf. *R. v. Jenkins*(1983)76 Cr. App. R. 313 at 318.

③ *A v. D. P. P.*［2003］EWHC 1676(Q. B.). *R. v. Durante*［1972］1 W. L. R. 1612.

④ (1983)10 A. Crim. R. 447; *R v. Knight*(1781)2 East. P. C. 510. section 2(1)(a) of the *Theft Act* 1968.

⑤ *Jones v. Brooks*(1968)52 Cr. App. R. 614; *A v. D. P. P.*［2003］EWHC 1676(Q. B.).

来说，我不认为有足够理由在《盗窃法》中保留夜盗罪。

诚然，如果夜盗罪被废除，对刑事执法没有什么大的影响。但是，非法进入房屋是加重犯罪的显著特征，将其规定在这类犯罪中是有益的。上诉法院强调，夜盗是严重的犯罪行为，即使是从事夜盗的青少年也应该被判失去自由，[①]而如果实施没有加重特征的盗窃，其将不会失去自由。[②] 在1981 1373
年《刑事未遂法》颁布之前，夜盗罪有一个额外的存在理由，因为传统上未遂法如此受限，以致人们无法确定法院是否会认定每一个夜盗的进入行为都是企图犯计划犯罪的充足行为，即超越了纯粹预备阶段的行为。此外，还有一个刚刚提到的理由，夜盗的指控使控方不必证明其确切意图。这意味着可以将未遂法适用于夜盗本身：可以将企图进入建筑物，等同于夜盗未遂。

第4节 非法侵入

9-015 侵权法中的非法侵入行为包括未经所有人（占有人）同意或法律授权而存在于财产上的任何无合法权利的非法侵入行为。这也是它在当前语境下的意义。

9-016 在因夜盗而被起诉时，建筑物的占有人必须出示所有权证书吗？

非法侵入是对占有权的犯罪，不是对所有权的犯罪。只要提供证据证明建筑物是被告人以外的人占有，且被告人非法出现在建筑物内即可。

9-017 被告人需要知道他是非法侵入吗？

法律似乎对非法侵入的事实规定了客观责任。但法院暗示了对犯意的要求。被告人必须明知自己是非法闯入者，否则就仅仅存在轻率心态。[③] 因此，如果行为人进入房车意图盗窃，除非他相信房车无人居住，否则就属于实施夜盗。这种确信是不可能的，因为如果侵入者知道这可能是私人房车，就一定意识到了，某个家庭有可能已经住在里面，或者如果他们现在不住在车里，即将重新入住这里。

9-018 犯意什么时候必须存在？

在被告人实施犯行的时候。因此，必须作出区分：

如果行为人因意图偷窃等进入建筑物而被指控，他必须在进入时具备充分的犯意，因此他必须明知他在进入的时候没有或可能没有进入的权利。

---

① *R. v. Smith and Woollard*(1978) 67 Cr. App. R. 211.

② Section 26(2) of the *Criminal Justice Act* 1991.

③ *R. v. Collins*[1973] Q. B. 100.

如果行为人因以侵入者身份进入建筑物内偷窃而被指控[见《盗窃法》第9(1)(b)条],他只要知道自己在偷窃时无权在场就足够了。因此,如果行为人误入以为自己有权进入的房子,发现自己的错误后在房子里偷窃,他就犯了夜盗罪,尽管他在进入时并不知道自己是非法侵入的。但他事实上
1374 一定是非法侵入!

9-019 假设顾客溜进商店的收银台,从收银机里取钱呢?

他以侵入者的身份进入建筑物的某部分并在其中偷窃,故属夜盗。他知道他无权出现在收银台。在这种情况下,侵入者在进入建筑物的"该部分"时有夜盗的意图就足够了;首次进入建筑物时不必有夜盗的意图。[①]

9-020 如果店主协助小偷进入以诱捕他呢?

如果这仅仅是不锁门的问题,即使是为了抓小偷,这也不意味着同意进入。但店主可能做得更多。如果被告人试图贿赂被害人的雇员让他进来,而该雇员将此事告诉了雇主,并在其指示下让被告人进入,普通法法源在其是否犯了夜盗上是矛盾的。[②] 原则上,不是夜盗。如果占有人完全了解事实,让他人进入自己所在的房屋,他就无法主张对方对他而言是非法侵入者。任何人不得同时是同一处所的侵入者和非侵入者。[③] 此外,如果被侵入者知道侵入者的犯意,并让后者进入建筑物,建筑物的犯罪侵入者(这是盗窃法的主要关注点)所引起的惊恐就不会出现。但是,如果被告人侵占了该建筑物里的财物,他就犯有盗窃罪。

9-021 假设某男人敲了敲某独居老太太住的房子的门,老太太让他进去,然后他问她要钱,她给了他。这可能是夜盗吗?

是的,如果陪审团认定她感到害怕,而那个男人对此知情。惊恐会使她对被告人进入的同意失效,因此他将是非法侵入者。他不必知道非法侵入的法律,只要知道让他进入的人只是因为受到惊吓才这样做(或可能这样做)就够了。毕竟,被告人进入了陌生人的私人住宅。

9-022 也就是说,欺诈使同意无效的可怕学说又重新抬头了?

在夜盗中,被告人不仅可以利用欺诈手段进入,还可以利用欺诈手段从屋主处获取财物。如果被告人(假装是乐施会的慈善募捐者)欺骗被害人,以进入被害人的房子并且获取被害人的财产,他就是利用欺诈手段获得进入和财物。从技术上讲,这可能属于盗窃罪的范围,因为被告人知道被害人

---

① *R. v. Walkington*[1979] 1 W. L. R. 1169.

② *R. v. Egginton*(1801) 126 E. R. 1410; *R. v. Johnson*(1841) 174 E. R. 479. Glanville Williams, *Criminal Law: The General Part*, (London: Stevens & Sons, 1961) at § § 254, 255.

③ *Healing(Sales) Pty Ltd. v. Inglis Elextrix Pty Ltd.* (1968) 121 C. L. R. 584 at 606.

并不是真的同意他进入。[1] 他以非法侵入者的身份进入，因为他知道被害人只想邀请真正的乐施会募捐者进入。此外，他知道他在利用欺诈手段获取他无权获得的财产。 1375

9-023 某家庭成员可能是非法闯入者吗？或者他是占有者之一吗？

在民法中，占有属于技术概念。如果家庭的父母是房屋的所有者或承租人，他们就是房屋的占有者。但是，其他人可能是基于占有人的默示许可而出现在那里：当然包括孩子（即使是在法律授权下，只要占有人有义务抚养他们，而且他们没有其他的家）、客人、寄宿者和家庭佣工。这些人中的某些或所有都有占有人的默示授权，可以邀请（许可）其他人进入。

9-024 小偷看见5岁的小男孩在开着的门前玩耍。他说："我能进来吗，桑尼？"小男孩同意了，于是小偷进去偷东西。这是夜盗吗？

想必陪审团大概会倾向于认为，这个年龄的孩子没有权利许可该男人进去，而且小偷也不可能相信他有。

9-025 假设儿子某天回家意图偷父亲的东西？或是带来了准备这样做的同伴？

关于这些问题，有两个已决的判例，由于它们似乎存在部分对立，所以它们不能同时表示正确的规则。在第一个案件"女王诉柯林斯案"[2]中，被告人柯林斯爬上梯子，朝敞开的窗户向屋里看去，发现被害人在靠近窗户的床上睡着了，光着身子。于是他下了梯子，脱下所有的衣服，又爬上梯子。他脱衣服是意图强奸他刚看到的赤身裸体躺在床上的年轻女子。被害人醒了，意识到停在窗前的是一个金发裸体的男性，处于明显的勃起状态。她误认为这个人是她的男友，于是向他张开双臂。柯林斯虽然对这次友好的接受无疑感到惊讶，但还是利用了这个机会。后来，女孩打开灯，发现自己认错了人，扇了他一巴掌，咬了他一口，然后跑进了浴室。

柯林斯被指控的罪名并不如他所想是强奸或强奸未遂，而是夜盗，他后来经正当程序被定罪了。但上诉法院认为他无罪，除非他在进入时知道他没有被女孩许可进入，或对这一事实存在轻率。由于陪审团未能证明该事实，他的夜盗罪被撤销。被害人是该家庭的成年女儿，因此不是该房屋的法律上的占有人，年轻女孩的母亲似乎是该房屋的占有人，她无疑会反对陌生人进入该房屋对她18岁的女儿为所欲为。但法院认为：[3] 1376

"有人提出，控诉人[女孩]不是该住宅的房客或占有人，而且她的母亲似乎占有该住宅，所以这名女孩本人在任何意义上都无法发出有效的进入

---

① *D. P. P. v. Gomez*[1993] A. C. 442.

② [1973] 1 Q. B. 100.

③ *R. v. Collins*[1973] 1 Q. B. 100 at 107.

许可……无论侵权法的立场是什么,认为这样的主张在刑法中可以被接受,都是不可想象的。”

这似乎意味着,而且肯定是正确的,家庭中的成年(甚至更年轻)成员具有许可朋友到家中的一般默示权限,以防止这些朋友成为刑法上的非法侵入者,除非父母(合法占有人)撤销了对特定人的该授权。如果授权不被撤销,父母对朋友的出现感到非常不高兴,并不重要。该观点的实际结果得到了犯意学说的支持。人们对法律不甚了解。当家庭成员邀请他的朋友到家里时,朋友自然相信他的进入是合法的。

9-026　家里的女儿肯定不会允许男朋友进来偷东西?

一般原则的合理限制是,占有人的家庭成员,或得到占有人许可的人,不得明知地许可他人以夜盗为目的进入该建筑物。然而,在“女王诉柯林斯案”中,这名年轻女子并不知道柯林斯最初的强奸意图(因为她认为他是她的男朋友)。此外,柯林斯没有使用欺骗手段,因此他没有确凿的理由相信自己没有真的被许可进入。他是否存在轻率是另外的问题。

9-027　柯林斯收到女孩的许可时在哪里?

柯林斯坐在窗台上,但不知是在外窗台上,还是在内窗台上。法院首先表示“这一看似狭隘的观点至关重要”,但后来在判决书中写道:①

“除非陪审团完全相信被告人在控诉人没有做任何或说任何使他相信她同意他进入卧室的事情或话语的情况下,有效而实质地进入了卧室,否则他不应被定罪。”

就进入必须是实质的要求而言,尚不清楚立法者希望形容词“有效的”比“实质的”起到什么更有力的作用。

9-028　假设(正如法庭所认为的)女儿有权准许该年轻男子进入。假设她在该男子进屋之前就意图许可他进入。她对对方的身份认识错误有什么影响?柯林斯知道那个女孩相信他是她的男朋友吗?

1377 法院表示:②“如果她实际上似乎是在欢迎被告人,检方就无法主张,他本应意识到或怀疑她如此行为是因为她认为他是别人(尽管有月光)。”

这可能被认为意味着,女孩对柯林斯身份的认识错误使她对对方进入的同意无效,因此被告人是非法闯入者,如果被告人知道对方出现了认识错误,就有针对非法闯入的犯意。但法院没有对此加以认定。由于柯林斯对该女孩的认识错误既不明知,也不是轻率,所以就没有出现她对身份认识错误的法律效力问题。

现在必须提出一个重要的观点。除了对柯林斯身份认识错误外,这个

---

① *R. v. Collins*[1973]1 Q. B. 100 at 106.

② *R. v. Collins*[1973]1 Q. B. 100 at 106.

女孩还对他的意图认识错误。没有理由认为,当柯林斯发现女孩许可他进入她的卧室时,他已经放弃了在必要时使用暴力与她发生性关系的意图。强奸犯的心态都是,必要时他会使用武力,这是柯林斯的本意。柯林斯因此以潜在强奸犯身份进入房间,但这并不意味着他进入房间时是非法闯入者。得到实际进入许可的人不会因其犯意而成为非法侵入者。任何相信自己得到进入许可的人,也不会因其独立的犯意而对非法侵入有犯意。法院并没有对此加以明确,但在判决中作了相关暗示。

9-029 第二个案件涉及两名被告人,分别叫琼斯和史密斯。[①] 史密斯的父亲有两台电视机被偷了,他向警方报案。然后在史密斯(显然是他自己住的)和他的朋友琼斯的住处发现了电视机。这对朋友在凌晨时分进入了老史密斯的家,偷走了电视机。警方查明事实后,他们因夜盗而被起诉。庭审时,史密斯的父亲提供了证据,大意是他准许儿子不受限制地进入这所房子,而且他的儿子"在任何时候都无法成为这所房子的非法入侵者"。然而,两名被告人都被确认犯有夜盗罪。

认定琼斯的进入行为没有什么困难。由于已经给出的原因,很容易认为史密斯无权允许琼斯为了偷窃而进入。问题在于法院认为史密斯也是非法闯入者。在常识上,除非父亲明确限制儿子的进入权,否则儿子不能"擅自闯入"父亲的房子。即使父亲没有提供证据,也肯定会有一个强有力的假设,即儿子,无论他的意图是什么,是被许可进入的人。父亲的证据应该已经使这一点毋庸置疑。

然而,有一个理由可以证明史密斯的定罪是正确的。既然琼斯是非法闯入者,因此是夜盗者,让他进来的史密斯就是从犯。不幸的是,上诉法院没有考虑这种维持定罪的简单方式。相反,判决是基于事实,或假定事实, 1378
即两名被告人在民法上都构成非法侵入。法院表示:[②]

"'女王诉柯林斯案'的判决将犯意的主观要素加入作为民事不法行为的侵入概念之中,而这对刑事犯罪而言很重要。"

人们可能会怀疑,这一说法是否充分重视了前文已经引述的"女王诉柯林斯案"中关于家里女儿同意的法官附带意见,这似乎认为非法侵入问题在民法和刑法中可能有所不同。如果问普通人,琼斯和儿子史密斯是否是非法侵入者,他肯定会回答说,尽管儿子在电视机方面的行为是错误的,但他并不是非法侵入者。

9-030 上诉法院将下列原则作为其判决的基础:

"任何人如进入他人的处所,而明知他的进入超过已给予他的许可,或

① [1976]1 W. L. R. 672.

② *R. v. Jones and Smith*[1976]1 W. L. R. 672 at 675.

对他的进入是否超过已给予他的许可轻率,就1968年《盗窃法》第9(1)(b)条而言,该人即属非法侵入者。如果被告人知道能够使他意识到自己的行为超出了被给予的许可,或者他在是否超出该许可的问题上轻率行事的事实,陪审团就足以判定他实际上是非法侵入者。”①

法官立法的问题在于,法院有时会制定一项广泛的规则,为其直接目的服务,而不注意该规则在其他应用中可能产生的不良后果。进入“超出已给予他的许可”是有点含糊的短语,但它显然意味着进入的目的不在许可范围之内。实际上,该判决(与“女王诉柯林斯案”判决相矛盾)表明,以夜盗为目的进入他人建筑物的人在进入时始终是非法侵入者。如果该宽泛的主张被接受,其后果是,夜盗罪可以由表面上可能是被许可进入者的各种人实施,如以夜盗目的进入建筑物后盗窃的顾客、房客和管家,然而除了他们的意图,他们出现在那里是合法的。行为人进入电话亭(通常允许他进入)偷窃投币盒的钱,甚至也可能是夜盗。因此,该罪有了很大的扩展。

有充分的理由说这不是正确的法律观念:它使夜盗的范围不必要地扩大;它是建立在对先前判例的误解之上的;它与《盗窃法》第9条的原理不一致。

9-031 以下是反对这项判决的详细论据:

重复一遍,夜盗作为特殊犯罪的基本原理是,建筑物内出现具有犯罪意图的侵入者所造成的危险和惊恐。当侵入者被允许进入时,这是不可能发生的。这就是为什么根据《盗窃法》,被允许进入者在因逗留不受欢迎后犯
1379 下某一特定罪行不构成夜盗罪。因此,同意或准许进入的概念应以其纯粹的事实意义来理解。当然,犯罪可能会引起惊慌,但当罪犯事实上被允许进入时,法官将其描述为非法侵入者并不会增加这种惊慌。

该法遵循了刑法修改委员会的建议,委员会的报告中没有暗示其意图将夜盗罪范围扩大。② 委员会的目的是简化夜盗的法律,但不是完全剥夺其客观违法性要素。因此,夜盗罪要求非法进入。假设有人提议,如果普通扒手被认定在进入商店时就意图偷窃,他应被判夜盗罪,委员会在报告中会作出怎样的回应呢?“女王诉琼斯和史密斯案”的法官附带意见删除了客观要求,因为它使夜盗意图决定了入室的合法性。在事实上的被许可人盗窃的绝大多数案件中,它将盗窃意图和非法进入这两个要求融合为单一要求,即夜盗意图。因此,这违背了《盗窃法》第9条的明确立法意图。

“女王诉琼斯和史密斯案”的法律解释不仅不符合非法侵入的单独要

---

① *R. v. Jones and Smith*[1976]1 W. L. R. 672 at 675.

② *Eighth Report on Theft and Related Offences by the Criminal Law Revision Committee in the United Kingdom*, Cmnd. 2977(1966), paras. 35, 70 and 75.

求,而且不符合作为非法侵入者进入的单独要求。正如我们所看到的,合法进入建筑物者非法停留在里面并意图偷窃,不因此原因成为夜盗者。这意味着该条的目标是打击侵入的陌生人。如果某人在现场是合法的,他不会因为非法逗留而成为夜盗犯。如果“女王诉詹姆斯和史密斯案”的结论是对的,本条将涵盖占有者认识的许多人,这些人的在场为他所知,而且表面来看其进入得到了他的允许。这似乎剥夺了法令坚持要求被告人必须作为非法侵入者进入的大部分实际效果。

该判决与“女王诉柯林斯案”背道而驰,正如我们所看到的,在“女王诉柯林斯案”中,法院认为被告人不是非法侵入者。即使柯林斯意图在必要时实施强奸,这也不会使他成为非法侵入者。在强奸从《盗窃法》第9条中删除之前,以侵入者的身份进入建筑物意图强奸构成夜盗罪,但如果有人作为真正的客人被许可进入,然后强奸许可人,指控通常是强奸罪而不是夜盗罪。因此,如果“女王诉柯林斯案”中的年轻女士许可她真正的男朋友来聊天,而后来男友强奸了她,男友就是强奸犯而不是夜盗犯。强奸的意图必须与非法进入同时存在,夜盗罪才能得到满足。柯林斯的强奸意图在他进入后仍继续存在,在被害人错误地同意性交时才消灭,这是值得怀疑的。柯林 1380
斯进来的时候可能没有强奸的意图:他可能真的相信这个年轻女人许可他来做爱,尽管他是个陌生人(毕竟他们都是裸体的,他处于明显的欲望状态,但她还是许可他进来了)。因此,在他进入房间之前,他强奸的意图可能已经不复存在。但毫无疑问,当他在明显的欲望状态下爬上梯子时,他的意图是什么。但柯林斯不是擅闯者,因为他获准进入,而事实不足以证明他轻率进入。

无法通过指出柯林斯在回顾中发现的情况(被害人并没有真正同意,因为她误认为他是她的男朋友)来确定犯意,因为柯林斯在他进入时没有这个信息,没有回顾性的意图或轻率。仅仅因为他从事后的角度了解到,如果被害人知道他的意图或真实身份,她就不会同意他进入,不能认为他是主观轻率。如果他不意图以侵入者身份进入,那么主观轻率必须建立在他进入时所知道事情的基础上。

如果被告人用欺骗或胁迫手段让被害人同意他进入,他就是以非法侵入者的身份进入,因为被告人知道被害人并没有真正允许他进入。如果那个年轻女人说:“请进比利,我想你了。”(假设比利是她男朋友的名字),柯林斯就会意识到她在他的身份上犯了错误,他没有真的被许可进入。同样地,如果柯林斯知道该女孩很害怕,只是出于害怕才同意他进来,那么他肯定有足够的信息来意识到同意不是真的。这不适用于商店的购物者,如果他在进入时身无分文且不提他意图在商店行窃——他对自己的意图保持沉默,不会使他成为非法闯入者,因为他相信自己有权作为一名公众成员进入商店。他的沉默并不是用来获得进入权(他是依靠“商店”为整个世界提供的一般报价获得进入权),而是仅仅防止商店阻止他使用它向普通公众提供的进入权。

侵权法的法源没有规定,秘密意图可以使被许可人成为非法侵入者。它们表明,在民法中,在许可的默示条件之外行事可以起到这种作用。表面上已获许可的人,在进入时并非侵入者,即使他拟在该许可范围以外行事。他这样行事时,就成了民法上的擅闯者,却没有以擅闯者的身份进入。因此,他不能犯(a)项或(b)项中的夜盗罪,因为这两项均要求以侵入者身份进入。

侵权案件的动机主要是为了防止被许可人针对因其在经营场所的非法行为而受到的伤害要求赔偿损失。这与刑法没有关系。在刑法中,非法侵
1381 入的概念应当作有利于被告人的广义的、常识性的解释。

在某移民案件中法院认为,为获得入境许可而进行的欺诈行为使该许可可撤销,但并非无效,[①]同样的原则也应适用于夜盗。此外,欺诈的前提是:(1)欺诈行为(不是仅仅不披露犯意);(2)欺诈行为对同意者的认识的影响。“暗示”被告人的表示,即他没有非法意图,将纯属虚构,尽管法院现在不幸地予以处理。

法院将犯意纳入其法律主张(见上文引文)。但值得怀疑的是,陪审团认定史密斯知道他的进入可能超过了已给予他的许可,是否合理。如果有人问史密斯这样一个问题,他可能会欣然同意他是在偷电视机,但不会同意他是父亲家的非法侵入者,或他的进入超出了他所得到的许可。他父亲不介意他这样进屋。毫无疑问,他父亲会反对他把电视机拿走,但普通人可能会把以非法侵入房屋表达的问题视为非同寻常的法律主义和无关紧要的问题。

“女王诉琼斯和史密斯案”中的规则引发了特定难题,如果被告人的部分行为明显在许可范围内。扒手进入商店,在戒备森严的酒类销售区购物,并在商店的其他区域偷他能偷的东西。管家进屋是为了工作,也是为了在当天晚些时候拿着勺子走。他是不是非法闯入者?

9-032 两个案件的主要结论如下:

1. 从“女王诉琼斯和史密斯案”来看,通常获得进入房屋许可的人,如果是为了实施盗窃,那么实际上并没有获得进入房屋的许可。可以想象的是,这一规则具有广泛的含义,并可能面对各种法律意义上的反对意见,因

---

① *R. v. Home Secretary*, *Ex p. Khawaja*[1984] A. C. 74.

此可能不会得到遵守，毕竟可以基于下列更狭义的理由对该案的判决进行解读。

2. 即使任何人获占有人许可进入其居所，亦不能授权他所知道的持盗窃目的的其他人进入，或极有可能，他所知道的意图对占有人犯任何罪行的其他人进入。进入并偷窃者成立夜盗罪，而为盗窃目的而让他进来的许可人是夜盗的从犯。

3. 除上文《盗窃法》第2条另有规定外，某些获占有人许可的人可再许可其他人进入，而这对占有人的家庭成员来说尤其如此，除非占有人明确撤回许可，他们一般可许可朋友进入，但不受占有人欢迎的人，可由占有人决定是否允许其进入。这是"女王诉柯林斯案"的结果。这一点只有在非常特殊的情况下才重要。 1382

在"巴克尔诉女王案"（*Barker v. The Queen*）①中，澳大利亚高等法院试图限制"女王诉琼斯和史密斯案"的适用范围，裁定："如果[进入许可]受到实际明示或默示的限制，而这一限制排除了实际进入，则相关进入属于非法侵入。"在本案中，被害人要求被告人在度假期间看护他的房子。被告人拿到了房子的钥匙并借此从房子里偷了东西。法院认为，该钥匙是为保护房屋的特殊目的而提供的，被告人不得为任何其他目的进入，因此被告人以侵入者的身份进入。但这种区别很小。墨菲法官②认为上述论述不够有力，无法提供太多实质性的内容。在以下段落中，布伦南大法官和迪恩大法官（属于多数派）试图确定实质性的区别标准：③

"如前所述，进入土地的许可不必因进入目的而受到限制，除非它被如此限制，否则根据普通法，随后实施非法行为的目的不会将原本在许可范围内的进入转为作为侵入者进入。特别是，以最可靠的情况为例，店主给予公众的默示进入许可通常仅限于商店的公共区域和商店营业的时间；然而，该许可通常不受目的的限制。事实上，在'冲动购买'的背景下，潜在客户仅仅出现在经营场所本身就很可能是许可的对象，并且如果顾客进入时没有任何目的，也是许可的对象。在进入许可不受目的限制的一般情况下，任何人怀着偷窃商品或其他财物的目的或想法进入，然后超出其在该处所内被授权的方式行事，这无法导致实际进入不在邀请范围内，即属于非法侵入。"

9-033 这个学说可以用两种方式来解释。首先，如果扒手进入商店的唯一目的是偷窃，这可能意味着他是以非法侵入者的身份进入的。但在大多数情况下，几乎不可能确定这名扒手进入的唯一目的是偷窃，也不可能确

---

① (1983) 153 C. L. R. 338 at 365.

② *Barker v. The Queen* (1983) 153 C. L. R. 338 at 349 *et seq.* dissenting.

③ *Barker v. The Queen* (1983) 153 C. L. R. 338 at 361–362.

定他是否有混合意图,[①]例如闲逛、购买口香糖和偷窃。[②] 如果必须确定被告人进入商店除了偷窃没有其他原因,那么在许多情况下,几乎不可能证明被告人是作为侵入者进入的。他想偷东西的意图可能是在他进入商店后产生
1383 的。[③] 或者,被告人的偷窃意图可能与购买商品的合法意图共存,而一般允许他进入商店购买商品。店主的概括许可能保护他,只要他进去时心里不只是想着偷盗。

9-034 对学说的这种解释是否意味着,如果被告人进入商店时,贪婪的头脑中除了偷窃以外什么都没有,他就是夜盗犯?

对。正是因为这个原因,才必须对其加以拒绝。"巴克尔诉女王案"的结论只有在人们接受进入商店(及类似场所)的一般权利并非仅仅因为被告人意图进入只是为了偷窃而被否定的情况下才成立。当然,如果他能读懂购物者的思想,许可者会反对这样的购物者进入他的商店,但在现实世界中这是天方夜谭。相反,如果店主认为被告人进入他的商店仅仅是为了偷窃,只要被害人事先警告被告人禁止他进入商店,被告人就是非法侵入者。[④] 因此,如果购物者知道他因为之前在商店行窃而被禁止进入某个商店,他就应该意识到,让普通人进入商店的一般许可不再适用于他。这类案件不同于标准的商店行窃案件,在后者的情况下,小偷没有被告知他不能进入。一般而言,进入商店的唯一目的是偷窃的行为人,除非已获通知他被禁止进入该商店,否则无法成立夜盗罪。如果他的同伴仅仅因为不仅想从商店里偷东西,而且想"浏览"或从商店里买东西,而仅仅被贴上偷窃者的标签,把他这类偷窃者贴上夜盗犯的标签就是荒谬的。同样,旅馆或寄宿房屋的主人如果进入客人的房间,且意图偷窃,则构成盗窃罪,而不是夜盗罪,因为他不是作为侵入者进入的。只有在合同赋予客人"立即独占的权利"时,他才会以非法侵入者的身份进入。[⑤]

这也意味着,下班后到庄园主的住宅去偷银烛台的管家不构成夜盗罪。管家依靠得到的一般许可进入这所房子,以接近他意图盗窃的该物品。有悖诚信的管家没有足够的勇气走进陌生人的房子去偷东西。从获准进入的地方偷窃的人和未经允许明目张胆地进入他人家中的窃贼有很大区别。被告人必须明知他无权进入或对此轻率。该限制性条款似乎为管家和顾客提
1384 供了进一步的保护,因为他们相信他们有权进入。

---

① *R. v. Dhunay*(1986)8 Cr. App. R. 107.

② *Barker v. The Queen*(1983)153 C. L. R. 338 at 348.

③ *Hillen v. I. C. I(Alkali)Ltd.* [1936]A. C. 65.

④ *Barker v. The Queen*(1983)153 C. L. R. 338 at 358 *per* Brennan and Deane J. J.

⑤ *Barker v. The Queen*(1983)153 C. L. R. 338 at 347.

澳大利亚《模范刑法典》(the *Model Criminal Code*)建议,夜盗法应仅限于处罚未经任何许可进入的人,并明确指出,如果自然人被准许进入,他进入是为了某种犯罪目的,是无关紧要的。该法第16.3(2)条规定:

任何人不会仅仅因为获准进入或留在建筑物内的目的并非该人意图的目的,或由于欺诈、虚假表示或对方的错误而成为侵入者。①

9-035 然而,澳大利亚《模范刑法典》宽容过头了。显然,在被告人没有进入的一般许可的情况下,在确定被告人是否知道他无权进入或对此轻率时,应考虑欺诈、错误和虚假表示。② 当然,如果被告人有进入的一般许可,这种问题就不会出现,因为被告人不需要使用欺诈手段来获得进入权。如果购物者有进入商店的一般权利,为什么他会使用欺诈手段进入商店?即使购物者对他从商店偷窃的唯一意图保持沉默,他也不能以此为依据进入商店。他只能避免被禁止进入——如果他对店员说"我只是来偷东西的",将可能被禁止进入。

"巴克尔诉女王案"的结论似乎只适用于被告人没有进入邻居家的一般权利的情况。巴克尔被告知,他可以在紧急情况下进入邻居家,以保护房主的财产。他并非作为雇员或家庭成员而有权进入。"巴克尔诉女王案"的结论也意味着史密斯不是非法闯入者,因为他有权进入他父亲的家。但是,由于史密斯不是单独行动的,而且很明显他的同伙(琼斯)知道他无权在凌晨以盗窃为目的进入该私人住宅,他应该作为从犯承担责任。

9-036 假设行为人作为公众进入博物馆。他躲在厕所里,直到关门时间过后才出来,并偷走了金质雕像。

从这里提出的法律观点来看,这个人进入博物馆不应算是夜盗,尽管这涉及法院更倾向于"女王诉柯林斯案"的观点而不是"女王诉琼斯和史密斯案"的观点。出于同样的原因,他进入厕所并不是夜盗,他获得了进入厕所的许可。同样,当他从里面出来进入公共空间时,认定其是夜盗犯,是非常技术性的。在刑事问题上,法官应该(用培根的话来说),"警惕教条的结论和牵强的推理"。③ 实质上,小偷只是留在建筑物里,这是不够的。④ 如果被告人在合法进入建筑物后留在该建筑物内,则他并非以侵入者的身份进入该建筑物。应修订法律,以处罚那些合法进入建筑物并随后以盗窃为目的 1385

---

① Australian Model Criminal Code, *Theft, Fraud and Bribery Related Offences* (Canberra: 1995), chap. 3.

② Section 168(3) of the South Australian *Criminal Law Consolidation Act* 1935. Cf. *R. v. Boyle* [1954] 3 W. L. R. 364.

③ Francis Bacon, *Bacon's Essays with annotations by Richard Whately*, (Boston: Lee & Shepard, 1868) at 550.

④ *R. v. Laing* [1995] Crim. L. R. 395.

而留下的人。但制定修正案将是立法机关的事,而不是法院的事。[①]

9-037　假设他藏在扫帚柜里?

他可能是“建筑物的某部分”,即扫帚柜的侵入者,但这不是夜盗,因为他不意图在“建筑物的该部分”偷窃[见第9(2)节]。

9-038　假设他去了地下区域偷东西,而公众从来没有机会进入那里呢?

构成夜盗,就好像那个人在营业时间在私人地下室里偷了财物一样。

9-039　假设被告人在营业时间之外(比如说,凌晨1点)闯入某高级购物中心,目的仅仅是从某知名珠宝店偷钻石。他以侵入者的身份进入该中心就犯了夜盗罪,还是必须以侵入者的身份进入珠宝商店?

这座位于伦敦的高级购物中心共有265家店铺,从技术上讲是265个独立的建筑连接在一个总建筑中。被告人至少通过进入连接所有商店的总建筑来意图夜盗,因为他作为侵入者进入封闭中心不仅仅是犯罪预备行为。但法院很可能会将该中心及其商店定义为一栋建筑物,这意味着被告人的最初进入是夜盗行为,无论他是否继续闯入作为目标的珠宝店。根据传统法律,只有当他以非法侵入者的身份怀着偷窃意图进入特定商店时,才会犯夜盗罪。[②] 而这是在住宅内夜盗的关键问题,因为法律对其规定了更高的刑罚。如果被告人进入某大型公寓楼的楼梯间或大堂区,即使他没有继续闯入某个特定的住宅,是否犯了夜盗罪?可能是,因为检方只需要证明被告人闯入了建筑物,且闯入时意图实施进一步的犯罪。根据《盗窃法》,没有必要证明被告人的目标是建筑物的某特定部分或位于总建筑内的子建筑物。[③] 但楼梯间很难被形容为住宅!一栋公寓楼也不是特定住宅。有人认为被告人进入楼梯间应被视为未遂。只有被告人进入某住宅,如该栋公寓楼内的
1386 可居住房屋时,才应承担在住宅内夜盗的法律责任。

第5节　在处所被发现

9-040　为偷窃和夜盗相关立法提供补充的,是1824年《流浪法》(the *Vagrancy Act* 1824)第4条中的罪行,该罪违反“第11条戒律”:你不应被发现,或者说,你不应在当时被发现。只有在“为任何非法目的”在某私人处所而“被发现”时,才构成该罪。该法第4条所规定的该罪行及其他罪行,只可

---

① Section 168(1) of the South Australian *Criminal Law Consolidation Act* 1935.

② Cf. *R. v. Wrigley*[1957] Crim. L. R. 57.

③ *Patrick v. Marley Estates Management* [2007] EWCA Civ. 1176; *Customs and Excise Commissioners v. Royal Exchange Theatre Trust*[1978] V. A. T. T. R. 139.

循简易程序审讯。[①] 具体规定如下。

“地点”。被告人必须“在任何住宅、仓库、房车、外屋之上或之内,或在任何封闭的院落、花园或区域内”。关于这些词的含义有许多判例,这里不需要考虑所有判例,总结要点就已足够。

“在之内或之上”一词包括在某一特定建筑物的屋顶上发现的人。“住宅”可能是指有人习惯性地睡在其中将其作为家的房子或公寓,[②]尽管他可能在案发当时睡在其他地方。

“仓库”可能包括商店被用于储存货物,[③]不向公众开放的那部分,但不包括商店向公众开放的部分。[④] 它不包括在对货物进行处理(如邮件分拣)时临时存放货物的建筑物。[⑤]

“房车”是否包括车库还没有定论。“外屋”必须与房子紧密相连(而且,似乎它必须与房子有物理上的联系,如通过墙);田地里的建筑物不是外屋。[⑥]

9-041 至于“封闭的院落、花园或区域”,不包括非常大的区域(即使它是封闭的),但包括通常被称为庭院的地方,其在建筑物(如房屋或旅馆)的范围内,并在很大程度上封闭(即使留有一些永久性的开口供进出)。[⑦] “萨默塞特宫”(Somerset House)中心的开放空间可能被这座宫殿的四个宏伟建筑包围(其中一个是伦敦国王学院法学院),但是,由于国王学院没有排除公众进入这一区域,因此就1824年《流浪法》第4条而言,该区域并不构成封闭的院子。[⑧] 如果法学院(和其他租户)封锁了该四方形区域,并坚持要求所有访客在安保处签到,那么该空间将构成该法中的封闭的院子。“院落”一 1387
词不包括仅仅被称为“庭院”的土地,如“站台”、“船厂”和“葡萄园”。[⑨]

“被发现”的含义。当嫌疑犯被感官感知时,他被“发现”。警官(在房子外面)听到里面有罪犯,就是发现他在那里,即使罪犯随后逃跑并在外面被捕。如果行为人只是被看见(通过门等)出现在一座建筑物之内,他似乎也是被发现在其之内。[⑩] 看来,除非嫌疑犯非法闯入某场地,否则就不会犯罪。

目的。犯罪嫌疑人必须被发现为了“非法目的”出现在某处所,即任何

---

① Cf. *Gapper v. Chief Constable of Avon and Somerset*[2000]Q. B. 29.

② *Hollyhomes v. Hind*[1944]K. B. 571.

③ *R. v. Hill*(1843)174 L. R. 348.

④ the *Vagrancy Act* 1824.

⑤ *Holloran v. Haughton*[1976]Crim. L. R. 270.

⑥ *R. v. Borley*(1844)8 J. P. 263.

⑦ *Goodhew v. Morton*[1962]1 W. L. R. 210.

⑧ Cf. *Akhurst v. D. P. P.* (2009)173 J. P. 499. *Knott v. Blackburn*[1944]K. B. 77.

⑨ *Quatromini v. Peck*[1972]3 All E. R. 521.

⑩ *L v. Crown Prosecution Service*[2008]1 Cr. App. R. 8.

犯罪目的。警方可以逮捕并起诉罪犯,尽管尚不清楚他究竟持什么非法目的。如果他们得到某一非法目的的证据,他们随后可能会以更具体的罪名起诉他,例如夜盗或意图夜盗。非法目的必须涉及有计划的犯罪,而不是过去的犯罪。因此,如果被告人躲在花园里,以便从已经结束的夜盗中逃脱,就不能说他仍意图犯罪,故他不满足 1824 年《流浪法》第 4 条的规定。① 目的可能是在将来犯罪。② 但是"非法目的"不包括仅仅是不道德的目的或民事违法的目的;因此它不包括窥淫癖者(偷窥狂)。③

与未遂的区别。(1)进入处所,虽然属《流浪法》第 4 条所定罪行,但可被视为"纯粹的准备",而非未遂。如果进入的是院子,且意图在建筑物里偷窃,这种情况尤其可能发生。(2)可能不清楚被告人意图犯什么罪(这将排除对未遂的指控)。

第 6 节 意图实施性犯罪的侵入

9-042 2003 年《性犯罪法》第 63(1)条规定:

(1)任何人属下列情形即属犯罪——

(a)是任何处所的非法侵入者;

(b)意图在该处所内犯有关的性犯罪;

(c)明知自己非法侵入,或者对此持轻率态度。

(2)在本条中——处所包括建筑物或建筑物的某部分;

有关的性犯罪具有与《性犯罪法》第 62 条相同的含义;建筑物包括帐篷、车辆或船只或其他临时或可移动的建筑物。

(3)犯本条所规定的罪行的人——

(a)一经简易程序定罪,可处不超过 6 个月的监禁或不超过法定最高限额的罚金,或并罚;

1388 (b)一经公诉程序定罪,可处不超过 10 年的监禁。

第 7 节 干扰、破坏机动车

9-043 假设无授权者试图打开停着的汽车的门把手。被逮捕后,如果他供认自己意图偷车,或偷窃车内物品,或将其作为交通工具使用,他可以

---

① *L v. Crown Prosecution Service* [2008] 1 Cr. App. R. 8; *Smith v. Chief Superintendent, Woking Police Station* (1983) 76 Cr. App. R. 234.

② *Re Joy* (1853) 22 L. T. Jo. 80.

③ *Hayes v. Stevenson* (1860) 3 L. T. 296. Cf. section 67 of the *Sexual Offences Act* 2003.

被判有关罪行未遂。[1] 为规定这些情况,1981 年《刑事未遂法》第 9 条规定了干扰机动车的简易犯罪。[2] 因为这只是简易罪行,无法接受正常审判,所以不能成为刑事未遂法适用的对象。但该罪行可判处监禁,警察可以在无逮捕令的情况下对任何人加以逮捕,前提是该人犯了该罪行,或警察有合理理由怀疑其犯了该罪行。

必须证明被告人意图实施上述三项罪行中的一项,但控方无须证明是哪一项。假设被告人辩称他只想睡在车里,或他因为对车感兴趣而查看控制装置,如果这在治安法官的心目中引起合理怀疑,即使他明显干扰了车辆,也必须无罪释放。

9-044 警方能否提供关于被告人以前曾被判有悖诚信之罪的证据,来证明意图?

答案是否定的。该法案没有界定"干扰机动车或拖车"的概念。在"雷诺德诉大都会警察局案"(*Reynolds v. Metropolitan Police*)中,法院认为,在没有证据表明两人曾打开车门或用力拉车的门把手的情况下,他们从一辆停着的车移动到另一辆,把手放在门把手上,并往车里看的行为不构成对机动车的干扰。[3] 然而,握住摩托车车把,以便另一个人试图用撬棍来撬动锁住摩托车的链条和挂锁是干扰。[4]

第 8 节 为盗窃准备工具等

9-045 《盗窃法》第 25(1)条规定了重要的预备性犯罪,可简易或检控审理,[5]本节标题即为旁注中本罪名称:

(1)任何人不在其住所时,如随身携带任何物品,以供在任何夜盗或盗窃过程中,或与任何夜盗或盗窃有关时使用,即属犯罪。 1389

一经公诉程序定罪,该罪行可判处 3 年监禁[第(2)款],[6]其严重程度低于拥有进攻性武器罪所规定的 4 年。[7]

因此,尽管控方无法证明被告人的意图是偷车还是只是暂时开车逃走,

---

① *Jones v. Brooks*(1968)52 Cr. App. R. 614.

② *Reynolds v. Metropolitan Police*[1982]Crim. L. R. 831;*M*(*Neil*)(*Juvenile*)*v. D. P. P.*[2000]Crim. L. R. 316.

③ [1982]Crim. L. R. 831.

④ *C.*(*A Minor*)*v. Director of Public Prosecutions*[1994]3 W. L. R. 888.

⑤ Section 17 of the *Magistrates' Courts Act* 1980.

⑥ Section 34 and 97 of the *Road Traffic Offenders Act* 1988.

⑦ Section 1(1)of the *Prevention of Crime Act* 1953 as amended by section 2(1)of the *Offensive Weapons Act* 1996.

但持有汽车钥匙可能是犯罪行为。另一方面,该款不包括为了捕鲑鱼而持有爆炸物,因为偷猎不是盗窃。控方不必证明行为人意图实施的特定夜盗或偷窃。[①] 由于第(1)款中的"夜盗或盗窃"指的是被告人的意图,似乎可以选择用"夜盗或盗窃"来对被告人加以指控,因此,如果某项罪行明显是二者之一,控方甚至不必证明行为人的意图到底是夜盗还是盗窃。"女王诉艾拉莫斯案"(*R. v . Ellames*)[②]的部分判决:

"我们认为,为证明第25(1)条所规定的罪行,检方必须证明被告人持有该物品,并意图将该物品用于将来的某种盗窃、夜盗过程中或意图该物品的使用与之相关。但无须证明他有意在任何特定的夜盗或盗窃过程中或与之有关时使用该物品;证明将其用于某项夜盗或盗窃的一般意图,便已足够……我们认为,无须证明被告人有意亲自使用;只要能够证明他怀着将该物品提供给他人使用的意图对其加以携带即可。"

可以看出,这一罪行的定义非常广泛。虽然主要是针对携带盗窃工具,但它适用于以必要的目的持有各种其他物品,如用于抢劫的汽车、避免留下指纹的手套等。这项罪行之所以有价值,是因为它使职业窃贼对携带诸如撬棍和复制钥匙之类的物品保持警惕;他们试图使用非犯罪物品作案,而这些物品通常对他们的目的不太有效。

9-046 最后这一点并不能完全证明这一法律规定是正当的,因为它涵盖了本身无法证明行为人有罪的物品以及本身证明行为人有罪的物品。例如,扒手带着他意图放赃物的袋子,就属于此类。有人建议,检验标准应当是,要不是为了完成犯罪,该物品是否是被告人不会随身携带的物品。但是,甚至连这一限制也可能会被怀疑是否是该物品所固有的性质。如果购物者携带袋子,一部分是为了装他将要购买的物品(因为偷东西是行不通的),另一部分是为了隐藏他将要偷的物品,那么携带这个袋子似乎仍然属
1390 于犯罪行为(购物者穿的裤子不属于本罪的范畴,不是因为他无论如何都会穿,而是因为他不意图将其用于犯罪。如果他意图把偷来的东西藏在裤子口袋里,穿的裤子在字面意义上就属于本罪的范畴!在这方面,旁注中"为盗窃准备工具等"的名称具有误导性。旁注没有直接的立法效果,在多大程度上可以作为审判的辅助手段是值得怀疑的。[③] 但也许可以以避免荒谬为由,将裤子排除在本条之外)。

与2006年《欺诈法》第6条一样,1968年《盗窃法》第25条在使定罪仅取决于意图证明方面走得很远。有明显的误判风险,所以法庭应该仔细审

---

① *R. v. Ellames*[1974]1 W. L. R. 1391;*R. v. Mansfield*[1975]Crim. L. R. 101.

② [1974]1 W. L. R. 1391 at 1397 *per* Browne J.

③ *D. P. P. v. Schildkamp*[1971]A. C. 1.

查证据。如果罪犯携带物品本身不能证明它有罪,那么他很可能"逍遥法外",只要他在接受警方讯问时,能够提供一些合理的携带理由。[1]

9-047 使用工具进行盗窃的人是否可以同时被指控盗窃罪和本款规定的携带工具?

是的,如果有适当的证据。但这没什么意义。而被告人被裁定使用工具盗窃的事实,并不足以成为构成《盗窃法》第25(1)条犯罪的依据,因为该款(有法源认为)着眼于意图将来使用,而非持有已被使用的物品。[2]

9-048 但如果行为人被发现持有他刚刚用来行窃的物品,他一定是为了行窃而事先随身携带的。

上诉法院在刚才援引的判例中没有对此加以考虑,大概是因为没有对此加以辩论。但据推测,控方必须证明不仅仅是暂时拥有。如果有人捡起一块砖头,意图用它砸碎商店的玻璃,以偷走里面的东西,这不足以构成本款所述罪行。如果无辜携带的物品被行为人一时冲动用于犯罪,也不会构成犯罪。"携带"应被理解为要求更持续的占有。该意见得到了进攻性武器立法中类似用语的司法解释的支持。[3] 1391

9-049 想必"与之相关"比"在过程中"更宽泛?

是的;以至于后一个短语似乎没有必要。上诉法院曾表示:[4]

"很容易想到这样的情况,即意图在与盗窃等有关时使用某件物品,而不是意图在盗窃等'过程中'使用。例如,在意图进行预备行为或犯罪后逃跑时使用的物品。"

尽管该款范围很广,但法院并不将其适用于所谓的远程犯罪准备。因此,法院认为,如果被告人持有属于他人的驾驶执照,意图利用该执照获得司机工作后从其雇主处偷窃,则该被告人持有的驾驶执照与意图的偷窃相距甚远,不属该款适用范围。[5] 然而,这类行为将适用2006年《欺诈法》第6节。[6]

9-050 如果行为人正沿街走着,突然警察逮捕了他,因为他随身携带夜盗工具,他证明他那天不意图使用该工具,只意图在第二天或下周使用,是否属于抗辩事由?

---

① *R. v. Harrison*[1970]Crim. L. R. 415.

② *R. v. Ellames*[1974]1 W. L. R. 1391. Cf. *Minor v. Director of Public Prosecutions*(1988)86 Cr. App. R. 378.

③ *R. v. Dayle*[1974]1 W. L. R. 181;*Ohlson v. Hylton*[1975]1 W. L. R. 724;*R. v. Giles*[1976] Crim. L. R. 253;*R. v. Ellis*[2010]EWCA Crim. 163.

④ *R. v. Ellames*[1974]1 W. L. R. 1391 at 1397.

⑤ *R. v. Mansfield*[1975]Crim. L. R. 101.

⑥ *R. v. Virciglo*[2010]EWCA Crim. 650.

不能。只要他想用,想什么时候用都无所谓。[①]

9-051 那么,如果他携带工具回家,意图在夜盗前好好睡一觉,为什么他不能构成在家里持有夜盗工具的犯罪呢?

该罪行不适用于"住所",因为人们认为适用住所是对隐私的不当侵犯。例如,这样的规定可能会导致过分热心的警察部队定期"搜查"已知罪犯的住所,这看起来就像迫害。[②] 只有家能够获得上述豁免,工作地不行。2006年《欺诈法》第6条规定的持有用于欺诈的物品的犯罪不受此种限制,并且可以由将这些物品存放在私人家中的人实施。1883年《爆炸物法》第4条规定的为非法目的而持有爆炸物的罪行也不受此种限制,而且可以通过在家中持有爆炸物来实施。但后一项法案仅用于起诉那些意图进行大规模爆炸的人,如针对政治目标实施。为炸毁保险箱而持有少量炸药的行为一般不
1392 按此罪加以处罚。

9-052 达特和达斯计划抢劫。他们将在达特家见面。达斯戴着袜子面具按时出现了,达特把自己的面具放在口袋里。他们正要出门时,警察出现了并对他们实施了逮捕。《盗窃法》第25(1)条是否意味着达斯是犯罪而达特不是?

达特不构成实行犯,因为他身处自己的住所;但是,如果(1)他知道达斯基于法律禁止的目的戴上了面具,并且(2)他意图协助达斯完成该目的,就构成了达斯所犯罪行的从犯。目前来看,假设的事实满足了这两个前提条
1393 件。

---

① *R. v. Hargreaves*[1985]Crim. L. R. 243.

② *R. v. Bundy*[1977]1 W. L. R. 914.

第10章　收　赃

暴行对谁有利，就是谁的罪过。[①]

① Lucius Annaeus Seneca, Medea，中译本可参见［古罗马］塞内加：《塞内加》，王焕生译，吉林出版集团股份有限公司2019年版，第162页。——译者注

第 1 节 处理的形式

10-001 将"处理"(handling)与"收受"(receiving)规定为犯罪的原因是,赃物的处理者与收受者为犯罪所得物创造了市场。但盗赃物的善意继受者没有为这个市场加功吗?有加功,但是因为其缺乏可责性,所以他们不属于刑法规制的对象。处置者或收受者只有在明知标的物是他人盗窃所得,仍销售或收购的情况下,才构成犯罪。通过收受或处理只能凭借危害行为才能获得的物品,赃物的持有者选择掩饰或隐瞒盗贼的不法行为。将处理者和收受者纳入刑法的打击范围的核心理由就是,这类人可责地选择分享(或者,至少试图帮助其他人这样做)盗窃、夜盗以及抢劫犯的犯罪收益。只有在处理者和收受者明知或相信标的物是赃物的情况下,才能对其加以定罪。该罪的控诉要旨是明知属于赃物仍处理。被告人乙可责地处理、收受或帮助他人处理盗赃物的行为之所以是不法的,是因为其明知该标的物的来源只有一个,那就是被告人甲实施的危害行为。①

在与盗窃罪作斗争的过程中,警方可以援引特定的辅助性条款,如 1964 年的《金属废料经销商法》(the *Scrap Metal Dealers Act* 1964),该法要求对金属品经销商进行登记管理,并且规定了这类商户的业务运营方式。以前,
1394 处理被盗物品罪只规制"收受"盗赃物的行为。1968 年《盗窃法》扩大了其适用范围,因此现在该罪的犯罪主体不仅包括传统意义上的收受者,还包含被盗物品的经销商(广义上的)。1968 年《盗窃法》第 22(1)条,对"处理"作了如下规定:

"凡(在盗窃过程之外)明知或相信该物品是盗赃物,仍有悖诚信地收受,或为了他人的利益而有悖诚信地从事,或帮助他人实施的对该物品加以保管、转移、出让或变卖的行为者,以及安排实施上述行为者,都是该盗赃物的处理者。"

该罪最高可被判处 14 年有期徒刑,易言之,该罪比盗窃罪更严重。

10-002 所以,收赃罪重于盗窃罪?

是,也不是。轻微的处理罪被视为比盗窃罪轻的犯罪。之所以可以对

---

① Dennis J. Baker, "Collective Criminalization and the Constitutional Right to Endanger Others", (2009) 28 *Crim. Just. Ethics* 168 at 190; Dennis J. Baker, *The Right Not to be Criminalized: Demarcating Criminal Law's Authority*, (Farnham: Ashgate, 2011) at Chap 4. Mike Sutton, "Supply by Theft: Does the Market for Second-hand Goods Play a Role in Keeping Crime Figures High?" (1995) 35 (3) *Brit. J. Criminology* 400; Carl B. Klockars, *The Professional Fence* (New York: Free Press, 1974); Ted Roselius and Douglas Benton, "Marketing Theory and the Fencing of Stolen Goods," (1973-1974) 50 *Denv. L. J.* 177; Jerome Hall, *Theft, Law and Society*, (Bloomington IN: Bobbs-Merrill, 1952) at 164-189.

处理被盗物品罪判处比盗窃罪更重的刑罚,是因为在过去,曾有若干臭名昭著的案件,在这些案件中,专业收赃者,如乔纳森·怀尔德(Jonathan Wild)①成为犯罪网络的中心。如今,最活跃的"销赃犯"是那些买卖手提电脑、移动电话、服饰、DVD 播放机、家用电器、自行车以及工具的人。② 但一切都不像看上去的那样。首先,对收赃的犯罪人的量刑几乎不会超过 7 年有期徒刑。③ 似乎 7 年以上 14 年以下的刑期没有存在的必要。如果认为这部分刑期适用于大规模的处理行为,那么大规模的盗窃呢?盗窃罪不能被判处 7 年以上监禁,除非牵涉夜盗或抢劫。为什么盗窃与处理盗赃物应当存在不同之处呢?

其次,被判定构成处理盗赃物罪的被告人被视为比被判处盗窃罪的被告人获得了更轻的定罪,相应也会受到更轻的惩罚。一般情况下,处理盗赃物者都是道德水平低下的人,他们会因抵挡不住买便宜货的诱惑,于是在明知标的物是盗窃所得物的情况下,有悖诚信地继受该盗赃物。其没有引发盗窃行为,不是(用一个评论者的话来说)"一个促致者——其存在会使实行者得到精神上的鼓励与支持,进而使其更安心地开展盗窃活动"。④ 因为这些原因,处理盗窃物者可以期待获得比盗窃犯更轻的刑罚。所以,被指控犯有盗窃罪和处理盗赃物罪的被告人,会想方设法地争取被定处理被盗物品罪(如果他一定要被定罪的话),而不是盗窃罪。他通常会主动承认自己犯 1395
了处理盗赃物罪,但条件是检方撤回对他的盗窃罪指控。宽容的陪审团,如果要在这两项指控中作出取舍的话,会选择认定处理被盗物罪成立。然而,从逻辑上讲,有悖诚信的处理者几乎难以避免被认定盗窃罪的命运,因为基于处理盗赃物的原因,处理者也是窃贼。

10-003 让我们分解一下《盗窃法》第 22(1)条。仔细阅读该款的规定,最好诵读两到三遍。因而可以得知,检方必须证明以下三件事:

1. 被告人处理了物品。
2. 这些物品是被偷来的。
3. 当被告人在处理这些物品时:

---

① *R. v. Webbe*[2002]1 Cr. App. R. 22.

② Jacqueline L. Schneider, "Stolen Goods Markets: Methods of Disposal," (2005) 45 *Brit. J. Criminology* 129 at 133.

③ Charles Hitchin, *A True Discovery of the Conduct of Receivers and Thief-takers in and about the City of London* (London: printed for the author, 1718); Alexander Smith, *Memoirs of the Life and Times, of the Famous Jonathan Wild Together with the History and Lives of Modern Rogues*, (London: printed for Sam Briscoe, 1726). *Dawson*(1601) Yel. 5.

④ D. W. Elliott, "Dialogues on the Theft Act," in P. R. Glazebrook(ed.), *Reshaping the Criminal Law: Essays in Honour of Glanville Williams*, (London: Stevens, 1978) at 294.

(a)他有悖诚信地行事;

(b)知道或相信它们是盗赃物。

至于第一个要素,有两种主要的处理形式:

(a)收受(如果被告人获得对该物品的占有);

(b)一组涉及各种各样的处理物品的形式的名词(如果被告人不需要获得对该物品的占有)。

安排收受或处理被盗物品也是犯罪既遂,并不是未完成罪。

10-004 但处理者不必触碰盗赃物吗?

不必。在犯罪集团中被称为“处置者”的人,可能仅仅通过电话与对方交谈。如果他通过为盗赃物寻找买家而承销了这些物品,他就犯了处理被盗物品罪。制定该款时,立法者的意图是,该款仅包含一个犯罪,但实施该罪的方式是多种多样的。但是法庭,对该立法原意不以为意,希望将该款解读为规定了能够实现诸多目的的两个犯罪:

“第一个犯罪是……收受……第二个犯罪是新的犯罪……并且该新罪的实施方式有很多种,从从事到该款末尾的词汇,描述的都是实施该罪的方式。如果是这样的话,那么可以并且应当以独立的罪名对这个新犯罪加以起诉,而且该罪名在细节处应尽可能多地体现本款中的相关用语,以及其他适当的行为方式。”①

在这段表述中,布里奇法官总结了上诉法院以前创制的一个规则,尽管其稍微有些误读了这个规则。我们将第一个(或第一类)犯罪命名为通过收受而处理盗赃物罪。第二个(或第二类)犯罪,我们将其统称为,通过交易而处理盗赃物罪。之所以将该款理解为包含两个罪状,上诉法院提供的原因是,比起一项罪状,两项罪状方便控方对被告人加以起诉,但很难理解这将提供多大的方便。更有说服力的理由是,通过将众多行为方式划分为两大
1396 类,明确了陪审团的任务以及需要认定的事实。此外,由于传统的收受者可能获得比提供轻微帮助的人更重的刑罚,所以这样解读有助于陪审团在判决中区分这两种行为。然而,收受与处理之间的法律区别难以反映出被告人提供的帮助程度。“处置者”,虽然仅充当买卖的居间人,但可能是一流的专业罪犯,而收受者可能仅仅是在酒吧买到了一块廉价手表的人,或者甚至是被窃贼男朋友送了他窃得的手表的女孩。法官在量刑时必须综合考虑全案事实,包括被告人的前科。

---

① R. v. Bloxham[1983]A. C. 109 at 113.

第2节 通过收受而处理

10-005 持有或控制被盗物即为通过收受而处理。① 典型的案件就是，窃贼将赃物销售给专业的收受者。② 有时收受者与盗窃犯或其他人共同占有或控制③盗赃物。有法源规定，授权自己的代理人去接收盗赃物，或让人将盗赃物送到自己的物业，都是收受盗赃物。④ 窃贼的妻子如果仅仅是愿意在婚后住所里保管并使用盗赃物，并且认为拥有这些东西是极好的，则不是处理盗赃物罪。⑤ 但如果她接受了丈夫给她的一大笔钱，而这些钱是后者偷 1397
来的，她就可以成立通过收受而处理，⑥并且有时她还会被判协助丈夫保管盗赃物罪。《盗窃法》第22条第(1)款结尾的用语，"安排实施上述行为"，似乎适用于这句话前面的所有词语，不仅仅是"从事"之后的词语。如果这种解读是正确的，那么安排他人收受盗赃物的人，在作出安排时，就构成处理被盗物品罪。

10-006 您认为收受者也是窃贼。这不是在胡乱混淆概念吗？

通过收受而处理盗赃物的人几乎总是盗窃犯⑦（通过交易处理盗赃物的人亦如此）。处理被盗物是新型盗窃，不同于使物品变为"盗赃物"的原始盗窃形式。处理者构成处理被盗物品罪，因为其行为并非发生在原始盗窃过程中——使物品变为"盗赃物"的盗窃；其犯了盗窃罪，因为他有悖诚信地剥夺了他人对财产的占有。⑧ 但起诉明显实施了处理行为的人犯有盗窃罪，不是通常的做法，因为处理盗赃物罪的指控更能凸显其行为性质。

10-007 逆向思考呢？即从得到物品的角度来说，盗窃犯不是收受者吗？

一般来说不是，因为他是在"盗窃的过程中"攫取了该物品。对处理盗

---

① *R. v. Smythe*(1981)72 Cr. App. R. 8 at 13. *R. v. Cain*[1983]Crim. L. R. 802.

② *R. v. Deakin*[1972]1 W. L. R. 1618. *R. v. Coleman*(1986)150 J. P. 175.

③ *R. v. Forsyth*[1997]2 Cr. App. R. 299; *Attorney-General's Reference*(*No.* 1 *of* 1974)[1974]Q. B. 744.

④ *R. v. Lloyd*[1992]Crim. L. R. 361; *R. v. Brook*[1993]Crim. L. R. 455; *R. v. Flynn*[2005] EWCA Crim. 452. the pre-*Act* authorities: *R. v. Frost*(1964)48 Cr. App. R. 284; *R. v. Cavendish*[1961]1 W. L. R. 1083; *R. v. Payne*(1910)3 Cr. App. R. 259; *R. v. Seiga*(1961)45 Cr. App. R. 26; *R. v. Wiley*(1850)4 Cox C. C. 412; *R. v. Gleed*(1917)12 Cr. App. R. 32.

⑤ *R. v. Kanwar*[1982]1 W. L. R. 845.

⑥ *R. v. Dadd*[1974]Crim. L. R. 439.

⑦ *Stapylton v. O' Callaghan*[1973]2 All E. R. 782; *R. v. Dolan*(1976)62. App. R. 36; *R. v. Sainthouse*[1980]Crim. L. R. 506.

⑧ *R. v. Gregory*(1983)77 Cr. App. R. 41.

赃物罪而言,涉案物品必须在处理行为发生前就被窃得。[①]

10-008 假设两个坏蛋侵入某家工厂,将工厂里各种各样的东西统统塞入麻袋。离开作案现场后,他们对这些赃物进行了分配。当他们分赃时,每个人分别成立收受对方窃得的物品罪吗?

不,因为这个麻袋以及内容物已经为他们所共同占有。这些物品是被偷来的,并且他们当然知道——因为他们就是偷这些物品的贼;但在分赃环节,不存在收受行为。可是,这在很大程度上是理论上的答案。因为已经给出的原因,如果这两个家伙因涉嫌处理被盗物罪而被审判,他们很可能不会申辩称自己是盗窃犯;如果一定会被定罪的话,他们更愿意被定处理盗赃物罪。如果他们被判犯有处理盗赃物罪,他们可能会上诉,因为没有证据表明当他们收受这些物品时,这些物品属于盗赃物。我们后面会对此加以重新探讨。

10-009 盗窃犯可以成为其所窃得的物品的处理者吗?

可以,通过盗窃之后实施的行为可以成为。如果犯罪团伙的头子,让手下去实际实施盗窃行为,并且在他们得手后,处理这些盗赃物(如通过收受而处理),他就很可能被指控处理盗赃物罪,尽管他是盗窃罪的从犯,因为在这种情况下,处理盗赃物罪是更严重的罪行。他的处理行为不是发生在"盗
1398 窃的过程中",显然是发生在盗窃行为实施完毕后。[②]

10-010 "盗窃的过程"会持续多久?这似乎是模棱两可的用语。

在实践中,这意味着"盗窃之后",并且如果1968年《盗窃法》如此规定,效果可能会更好。这一点被"女王诉皮特汉姆案"(*R. v. Pitham*)[③]展现得淋漓尽致,在本案中,上诉法院正确地将"盗窃的过程"简化为一个欧几里得点。值得铭记的是,在该案中,法院认为,非所有权人有悖诚信地出售他人的物品,借此剥夺了权利人的占有,因而使该物品变为了盗赃物;受要约人接受要约并收到该标的物时,就犯了处理盗赃物罪,而且他的行为并未发生在"盗窃的过程中"。如果在上述案件中法院的观点是正确的,即当要约人将标的物提供给被告人皮特汉姆时,要约人即构成盗窃罪(请注意我说的是"如果"),那么皮特汉姆对该盗赃物的继受与转移就是收受该盗赃物的行为的观点也必然是正确的(判决没有阐述清楚皮特汉姆是一收到要约就立即转移了该物品,还是在一段时间后才转移该物品,但这一点根本不会有任何影响)。当然,如果皮特汉姆是教唆该盗窃犯实施该盗窃行为的人,那么法院就不可能判其犯了处理盗赃物罪。

---

① *R. v. Park*(1988)87 Cr. App. R. 164.

② *R. v. Dolan*(1976)62 Cr. App. R. 36. *R. v. Shelton*(1986)83 Cr. App. R. 379 at 385.

③ *R. v Pitham* (1977)65 Cr. App. R. 45.

"盗窃是有时间限制的行为"——此行为有起点,也有终点。盗窃行为在哪一刻完成,这个问题应由陪审团结合具体案件的事实加以判断。[①] 但如果被告人仍然还"在工作",那么至少从保留条款的角度考量,陪审团应该认定盗窃行为还在继续。例如,如果被告人非法侵入某座房子,并且顺走了一个金杯,那么当他如此行为之时,盗窃罪就既遂了(恐怕他触摸该物品时,就既遂了)。假设他后来将该物品从窗口扔下,由他的同伙在下面接应。在通常意义上来讲,该同伙在"盗窃的过程中"收受了盗赃物。否则,这一保留条款就丧失了适用空间。"盗窃的过程"在技术性盗取之后必须持续一段时间,哪怕是很短一段时间。[②]

10-011 假设某人被发现持有被盗物品。他会被指控盗窃罪还是处理盗赃物罪?

如果此人显然是盗贼,应指控他犯了盗窃罪;如果他明显是处理者,应指控其犯有处理盗赃物罪,因为这通常是最直接的指控。如果没有证据能够证明此人是如何获得该物品的,一般的做法是指控他同时犯了这两个罪,[③]然后由陪审团对他们认为更可能的那个罪名加以确认。[④] 在这种情况 1399
下,法官对被告人并没有很仁慈,并且通常会避开对究竟构成哪个犯罪加以证明的证明责任问题。但是在存疑案件中,检方要么指控被告人成立两项犯罪,要么仅仅指控其犯了盗窃罪。

10-012 但是如何做到这一点?陪审团不能认定被告人犯了盗窃罪,除非他们确定被告人偷了东西,陪审团也不能认定某人犯了处理盗赃物罪,除非他们确信该人是"在盗窃过程之外"取得该物品。除非陪审团能排除合理怀疑地在这两项罪名中作出抉择,否则陪审团不应该认定被告人成立任何一项罪名。

法院还没有十分清晰地提出解决该问题的方案,但是一个解决办法就在眼前。法院应该指示陪审团,如果他们确信被告人有悖诚信地侵占了他人财产,那么不管被告人是原始窃贼,还是因为被告人有悖诚信地占有了先前被他人窃得的物品,所以被告人盗窃了该物品,陪审团都可以定罪。检控书应如此表达,以便陪审团在盗窃时间的问题上能够行使充分的自由裁量权。

---

① *R. v. Atakpu*[1994]Q. B. 69 at 78 *per* Ward J. Glanville Williams,"Appropriation:A Single or Continuous Act?"[1978]Crim. L. R. 69.

② *R. v. Atakpu*[1994]Q. B. 69.

③ *R. v. Bellman*[1989]A. C. 836;*R. v. Suter*[1997]C. L. Y. 1339. *R. v. Fernandez*[1997]1 Cr. App. R. 123;*R. v. McEvilly*[2008]Crim. L. R. 968.

④ *Gilson v. The Queen*(1991)172 C. L. R. 353;*Police v. Waata*[2006]D. C. R. 738. *R. v. Torney*[2003]141 A. Crim. R. 20.

在被告人仅被指控处理被盗物品罪,而未被指控盗窃罪的场合(这样的检方有些愚蠢,因为检方根据取得的证据无法判断被告人究竟实施了哪项犯罪),上诉法院支持了检方的控告,认为如果没有证据表明被告人偷了东西,就不需要将盗窃的问题移交给陪审团来认定,陪审团彼时可以认定处理盗赃物罪成立。实际上,法庭将举证责任放在了不幸的被告人的身上,要求其证明自己犯了盗窃罪,而被告人显然不愿意这样做。[①] 如果被告人真的是盗贼,他就不应该被判处理盗赃物罪;然而很明显,他将不会提出那种抗辩,因为提出这一辩护事由后,他虽然可以免于被判处理盗赃物罪,但是将会不可避免地被认定成立盗窃罪。

10-013　如果处理者可以被指控为盗窃犯,那么处理盗赃物罪还有存在的意义吗?

对于你的问题,我有四种答案,但每个都不是绝对的终极答案。第一个,可能是最佳答案,即如果被告人处理了盗赃物,那么与盗窃罪的指控相比,处理被盗物品罪的指控更便于陪审团理解。第二个答案,即在理论上,处理行为该当更重的刑罚。但是,正如我们所见,在司法实践中,这种行为人通常得到了更宽缓的处遇。所以,这为诉辩交易提供了契机。第三个答
1400 案,即并非所有的处理者都是盗窃犯。处理盗赃物罪的行为对象被扩展至通过欺诈或敲诈勒索而攫取的财物,即使为了其他目的,这些物品不会被视为被盗物品。在此种情况下,处理者未必是盗窃犯。如果(像通常情况一样)敲诈勒索犯或欺诈犯获得了对标的物的可撤销权利,那么后来处置该财产的人将不构成从原所有权人处盗窃,因为原物主在处置行为发生时,不再是涉案物品的所有权人。然而,这样的行为人可以成立处理盗赃物罪。安排处理的人也是处理者,尽管其不犯有盗窃罪,但是构成共谋盗窃或共谋欺诈罪。这一点同样适用于通过交易而处理的情况。[②] 虽然部分处理者是盗窃犯,但不能毋庸置疑地说所有处理者都是盗窃犯。第四个答案,即如果被告人被指控处理被盗物品罪而非盗窃罪,那么在特定情况下,证明被告人的前科或在其他场合的相似行为,有助于检方证明被告人的主观心态。[③]

一般来说,在检方指控盗窃罪或指控盗窃罪和处理盗赃物罪的情况下,这样做是不被允许的。为了从这一规定中受益,检方可能会倾向于指控处理盗赃物罪,尽管被告人真的应该被控盗窃罪,但明智的法院应阻止检方这样做(帮助检方如此检控并不明智,因为这就像烛台的情况一样)。通常,盗

---

① *R. v. Koene*[1982]V. R. 916. *R. v. Wells*[2004]EWCA Crim 792;*R. v. Cash*[1985]Q. B. 801. *R. v. Henderson*[2009]V. S. C. A. 136;*R. v. Torney*[2003]141 A. Crim. R. 20 at 29.

② *R. v. Slater*[1996]Crim. L. R. 494.

③ Section 27(3) of the *Theft Act* 1968. *R. v. Duffus*(1994)158 J. P. 224.

窃犯、从犯以及处理者[1]被一同审判，从技术上来讲，不同的指控被认为是可选择的。

第3节　通过交易而处理：保管

10-014　我们所谓的通过交易而处置是指保管、转移、出让以及变卖这四种被禁止的行为。通过交易而处理的其他要素（从事或帮助，安排），可以选择性地与上述行为进行排列组合。所以，行为人可以被指控从事保管，帮助保管，安排从事保管或安排帮助保管；至于转移、出让与变卖，也可以如此排列组合。

10-015　为什么在这些方面促进盗贼犯罪计划的人不能被作为盗窃罪的从犯加以处罚？

因为盗窃罪不是继续犯。当处置者登上舞台的那一瞬间，盗取行为即告完成（我认为，被告人在"盗窃的过程中"处理财物的行为，并没有帮助到盗窃犯；如果有帮助作用，被告人就不是处理盗赃物者，而是盗窃罪的从犯。同理，如果被告人与窃贼事先达成合意，承诺会处理后者窃得的物品，那么被告人是盗窃罪的从犯，因为其鼓励了后者实施盗窃行为，并且当被告人后来处理这些赃物时，他又成了处理盗赃物罪的实行犯）。 1401

10-016　这四项禁止的行为背后，有什么共同思想吗？该款的立法目的究竟是什么？

很明显，通过交易而处理的四种形式旨在涵盖使盗贼（或显现出有悖诚信的其他人）能够保留（继续占有）或出让其犯罪所得的行为。暂且认为"出让"大致包含"转移"和"出让"两层含义。同时说明"通过交易而处理"意图排除什么，可能更便于理解。其不意图因盗贼使用了他自己的"战利品"而对其加以惩罚：对于盗贼的这种行为可以用盗窃罪加以规制，并且也不需要给其贴上处理被盗物品罪的标签。如果盗窃犯的朋友或雇员与其共同使用了该盗赃物的话，根据这款规定，他们也不构成处理盗赃物罪。[2]

举一个恰当的例子，让其他人搭乘偷来的车的行为，或者驾驶该车开展盗窃犯的一般业务的行为，不是处理盗赃物的行为。[3] 虽然处理包括盗赃物的"转移"，但这并不意味着驾驶偷来的车——仅仅是按照该物品在被制造时就已经确定的用途来使用它——的行为将被视为转移它的行为。这一行为不应被视为处理行为，除非驾驶该车是为了变卖这辆车或其他盗赃物，或

---

① Section 27(1) and(2) of the *Theft Act* 1968.

② *R. v. Sanders*(1982) 75 Cr. App. R. 84.

③ *R. v. Kanwar*[1982] 1 W. L. R. 845.

者是为了更加安全地继续占有其他盗赃物。无论如何,如果该司机是为自己的目的,而不是为了他人的利益或为了帮助他人而行事,就不应将驾驶行为认定为处理行为。①

那么,被禁止的两种行为就是保管和/或出让盗赃物的行为。每个都有两种行为方式:从事以及帮助。这里的"从事"行为,意味着实施行为。这一点可以稍作展开。在讨论不作为的过失杀人时,我们知道这个词在某些情况下是模棱两可的。在日常用语中,承诺去做某事就是答应要做某事,而从事某事一般是指做这件事("他从事了去罗马的旅程"=他去了罗马)。《盗窃法》第22条第1款中的从事,很自然地被解读为保管等。显而易见,该款通过"从事"一词想要表达的含义是,为了他人的利益而保管、移动、出让或变卖盗赃物的人,成立处理盗赃物罪。

为了支持这一观点,也可以认为,将"从事"解读为"答应"或"承诺"意义不大,因为同意保管等可以更加自然、更加明确地被指控为本款结尾处的安排保管等。显而易见,立法者将"从事"一词放在这一款之中,并不是要让它承载承诺的意思,而是仅仅想用这个词在语法上与"帮助"呼应。法律起
1402 草者通过重新拟定该条文,或许可以更好地避免用语的模糊性。②

10-017 该款中的"为了他人的利益"是什么意思?

很幸运,我们现在可以通过参考布里奇法官的判决,得知这是什么意思。与"从事"一词搭配的,是"为了他人的利益",与"帮助"一词配套使用的,是"他人实施的"。布里奇法官表示:③

"这一犯罪中的四种行为,即保管、转移、出让以及变卖,可以以两种方式中的任意一种方式加以实施。第一种,被告人可以亲自为了他人的利益而从事这些活动。第二种,他人从事上述4种活动,行为人对其加以帮助。"

将该款中的词语再次排列组合一遍,就是处理者可以:(1)为了他人的利益,从事盗赃物的保管或出让(我们用这两个词来代表4项活动),即为了他人的利益,保管或出让盗赃物;或者他可以(2)帮助他人保管或出让盗赃物。做完上述准备工作后,我们就要把注意力限制在保管盗赃物或帮助他人保管盗赃物的问题上。刑法修订委员会建议处理盗赃物罪应保持现在的形式,并解释了原因:

"我们同意扩展该罪的适用范围,以使其不仅包含[收受盗赃物],还涵盖特定的其他类型的对盗赃物加以干涉的行为。这是因为制定该条款的目的在于,通过使盗窃行为更难得逞,以及使处理盗赃物的行为更加无利可

---

① *R. v. Sloggett*[1972]1 Q. B. 430.

② C. L. R. C. ,*Eighth Report*:*Theft and Related Offences*,(London:Cmnd. 29 at para. 128).

③ *R. v. Bloxham*[1983]1 A. C. 109 at 113.

图,来与盗窃行为作斗争。因为不只是购买盗赃物的行为可以帮助到盗窃犯,其他的行为,比如帮助出让该物品的行为,也可以帮助到盗窃犯,所以将该罪加以扩展使其囊括这些帮助行为,是极其正确的。”

上议院援引了“女王诉布洛克瑟姆案”(*R. v. Bloxham*)[①]判决中的这段话,作为解决《盗窃法》第22条第(1)款中可能存在的模糊之处的方法。议员们认为,他们有权利审阅刑法修订委员会的作为1986年《盗窃法》基础的报告,以确定第22条意图打击的危害行为是什么,并且议员们从这份报告中发现,基于他们所关注的特定目的,并没有需要立法干预的危害行为。所以,这张报告对于解释该法案大有裨益。

10-018 委员会讨论了盗窃犯对盗赃物的出让。我不明白“保管”物品与出让物品有什么关系。这是迥然不同的两个行为吧。

“保管”一词没有出现在刑法修订委员会的政策声明中;但可以认为,《盗窃法》第22(1)条所规定的就是挑选出窃贼在盗窃行为得逞后所实施的,或其他人实施的与被盗物品有关的极其重要的特定行为,而对这些行为加以帮助的行为,就是犯罪。保管盗赃物就是其中之一。

10-019 谁是该款规定的“他人”?

除了被指控犯有处理盗赃物罪的人之外的任何人。[②] 1403

10-020 但如果被告人可以为了自己的利益而保管盗赃物,为什么他就不能为了他朋友的利益而保管呢?

虽然该款没有如此规定,但是该款真正的目的是打击为了窃贼的利益(或另一个处理者的利益)而保管(或出让)涉案盗赃物的行为,或者帮助窃贼(或另一个处理者)保管(或出让)相关盗赃物的行为。该法的起草者并不想因为窃贼自己实施的保管盗赃物的行为,就将其规定为处理盗赃物罪的犯罪主体。如果行为人为了自己的利益而明知地保管盗赃物,那么他可以被指控犯有盗窃罪。通过要求被告人不是为了自己的利益而行为,该款极其模糊地说明了这种限制。如果,例如,行为人同意存储盗赃物,或他在明知租赁方意图将车库用于储藏盗赃物的情况下,仍将车库出租给窃贼或者窃贼的父亲(或他的阿姨,如果你喜欢),那么行为人就是处理犯。

10-021 犯罪集团中的角色在一般情况下都不是为了他人的利益而行动。为盗贼存储其盗赃物的家伙会借此得到报酬,所以他是为了自己的利益而行为。

然而,他也是为了窃贼的利益而行动。我们将回到下面这个问题上。

---

① [1983]1 A. C. 109 at 115.

② *R. v. Tokeley-Parry* [1999] Crim. L. R. 578. *R. v. Roberts* (unreported 1993); *R. v. Gingell* [2000]1 Cr. App. R. 88.

比起上述案例,关于本罪的更加出人意料的实例是“女王诉坎瓦尔案”(*R. v. Kanwar*)。[①] 本案中,一名妇女的房屋内储存着她的丈夫窃得的物品,而她明知该物品是盗赃物,她向警方说谎,以期保护自己的丈夫并继续占有该物品。上诉法院认为,该妇女允许在房子(可能她的丈夫是该房子的所有权人或租赁权人)[②]里存储该物品的行为,或未向警方报告这些物品的存在的行为,[③]不构成犯罪。但是她的谎言导致了处理盗赃物罪的认定——她的实行行为是帮助丈夫保管他的盗赃物。尽管警方知道她在撒谎,并且没有被她搪塞过去,她仍然因为说谎的行为而被定了罪,因为法院将“帮助”解释为也包括作出徒劳无益的帮助努力的行为。这不是法院唯一一次将一个用语扩张解释为包括未遂。

认为坎瓦尔女士在与警方交谈的过程中处理了盗赃物,似乎是不切实际的,尽管这可能是赋予一系列犯罪行为一个混合罪名的结果。更加适宜的指控是根据1967年《刑法法》第4(1)条作出的指控,但这个指控将要求获得检察长的同意,并且他可能不赞同因妻子试图庇护丈夫,而对妻子加以指控。用《盗窃法》中的犯罪来避免基于《刑法法》作出的指控面临的限制是否恰当,这一问题并没有为法院所考虑,因为法官们并不认为控制检方行使在起诉方面的自由裁量权是自己职责的一部分。法官们几乎从来没有以滥用
1404 法庭程序为由驳回检方的起诉,即使某一指控真的是滥用起诉权的产物。

10-022 在开始实施保管行为之时,就需要有犯意么?假设被告人同意为窃贼甲存储一些物品,并且在接收到这些物品后,被告人才发现其为盗赃物。在产生这种认知后,他继续为甲保管这些物品。他犯了处理盗赃物罪吗?

《盗窃法》第22(1)条区分了“收受”(这可能是为了被告人自己的利益)与“为了他人利益而保管”。这一区分与需要主观要素的时间有关。“收受”是瞬间性行为,而“保管”是延续性行为:

1. 通过收受而处理(为了自己或他人的利益)要求被告人应该在收受行为发生时,就具有主观心态。[④] 如果某人善意地为了自己的利益而收受某物品,并且当发现该物品是盗赃物时,有悖诚信地决定继续占有它们,那么此人不成立处理盗赃物罪,因为在收受的犯行完成后,才产生犯意(然而,他也不可以被认定构成盗窃罪,因为1986年《盗窃法》第3(2)条给予了善意受让

① [1982]1 W. L. R. 845.

② *R. v. Brown*[1970]1 Q. B. 105.

③ *R. v. Brown*[1970]1 Q. B. 105.

④ *R. v. Alt*(1972)56 Cr. App. R. 45;*R. v. Grainge*[1974]1 W. L. R. 619;*R. v. Smythe*(1981)72 Cr. App. R. 8. *R. v. Figures*[1976]Crim. L. R. 744.

人保护)。

2. 主观要素一出现,通过保管而处理(为了他人的利益)就完成,即使它出现在保管行为开始之后。这是因为保管是持续性动作(并且同理,帮助他人保管物品也是延续性动作)。当行为持续时,即在保管期间,获得的有罪认知,可以成为定罪的基础。所以,你所假设的被告人不会被指控通过收受而处理。他可以被控为了盗窃犯的利益通过保管盗赃物而对其加以处理,并且可以被定处理盗赃物罪。[①] 当你假设的被告人得知货物是盗赃物时,他唯一安全的做法就是通知警察,或者至少通过将这些物品倾倒在某处并报告警察它们的具体下落,金盆洗手。

第4节 通过交易而处理:出让

10-023 请先将保管放在一边,我们接下来讨论一下该款的第二部分,其旨在打击出让盗赃物以及为了出让而转移盗赃物的行为[②]("变卖"一词无存在之必要,因为每个变卖行为,都是出让行为)。所以,该款规制的是"居 1405
间人",即那些帮助盗贼找到购买其盗赃物的买主的人,也规制那些帮助他人运输待售盗赃物的人,如将盗赃物从卡车上卸下(或者,大概,将盗赃物装上卡车)的人。答应提供氧炔焰切割设备,以打开偷来的保险箱,进而使其中的内容物能够被花费或能够被出让的人犯了处理盗赃物罪,因为他安排帮助变卖"战利品"。但是如果目标仅仅是使窃贼能够取得并使用内容物,例如窃贼想保存的重要文件,就不应认定被告人构成此犯罪,因为彼时提供切割设备的行为人不是在帮助出让或帮助保管,仅仅是在取乐。[③]

如我们所见,通过交易而处理(无论是通过保管的方式,还是通过出让的方式交易)存在两种形式:从事(自己做)或帮助。从事或帮助必须是"为了他人的利益或由他人实施的行为",这是一个压缩式说法,具体来讲就是,帮助的对象是他人实施的通过交易而处理的行为,以及从事通过交易而处理的行为必须是为了他人的利益。这些用语对这个罪名施加的限制或许已经厘清了。

拿刚才的保险箱案来举例,假设窃贼自己已经切割开了这个保险箱,拿到了里面装有的钱。在这种情况下,打开保险箱的行为不是《盗窃法》第22(1)条规定之犯罪:该窃贼不是为了他人的利益而行为,并且不是在帮助他

---

① *R. v. Brown*[1970]1 Q. B. 105;*R. v. Pitchley*(1973)57 Cr. App. R. 30. *R. v. Burroughes*(2000) West Law 1791607.

② Edward Griew, *The Theft Acts*, [London: Sweet & Maxwell, 7th edn., (1995) at 247].

③ *R. v. Sanders*(1982)75 Cr. App. R. 84.

人实施的打开保险箱的行为。

10-024　该条款背后的思想,尽管远没有阐述清楚,是通过收受而处理(该条款的第一部分)和通过交易而处理之间(该条款的第二部分)应该存在界分:

·如果(例如)窃贼是盗窃背后的操控者,那么该窃贼应被认定收受型处理盗赃物罪。他属于本条款规定的通过收受而处理,因为该规定包含为了自己利益而收受盗赃物者,前提是收受发生在盗窃得逞后,并且事后收到来自其他盗贼的盗赃物。

·但是立法者没有意图将该窃贼的行为规定为通过交易而处理,因为那样做将模糊盗窃罪与处理盗赃物罪的界限。(从某种意义上来讲)每个窃贼都会"处理"盗赃物,除非盗窃一得逞,他就被逮捕了。因此,该条款的立法意图是,通过交易而处理只能与为了他人的利益而从事搭配。简言之,你为了你自己(或其他人)的利益而收受,但是仅可以为了他人的利益而交易。

这是理解《盗窃法》第22(1)条的关键之所在。处理者可以通过代为保管或以窃贼的名义出让而帮助窃贼。这属于"为了他人的利益而从事行为"(或者"他人"也可以是收受者或其他处理者)。此外,处理者可以不通过亲自从事行为,而是通过对窃贼(或收受者,或其他处理者)实施的行为加以帮助,来帮助窃贼(或收受者)。这就是"对他人实施的保管、出让等行为加以帮助"。不幸的是,立法者们犯了两点错误。第一处,他们只是含糊地规定

1406 了"他人",而他们本应该规定的是"窃贼或(如果指控不是针对窃贼)该盗赃物的其他处置者"。第二处,他们本不应该规定"为了……的利益",而是应该规定"代表……"(或以……的名义),这才是更为精确的表述。所以,我们只能期待法院能理解不严谨的立法语言背后的合理意图。

10-025　假设窃贼将自己窃得的物品卖给了明知该标的物系盗赃物的人。该窃贼的行为是否属于为了他人(买方)的利益而出让,进而成立处理被盗物品罪?

不是。"女王诉布洛克瑟姆案"[①]证明了这一点。布洛克瑟姆买了一台他人窃得的汽车,但不知道该标的物系盗赃物。当他发现真相时,他以较低的价格将该车转卖给了后手,而该买主准备好了在没有文件的情况下继受它。布洛克瑟姆不能被指控犯有盗窃罪,因为他受1986年《盗窃法》第3(2)条之保护,因此,狡猾的检方指控他犯有处理盗赃物罪,因为检方认为其从事了为了他人的利益而出让盗赃物的行为。上诉法院维持了有罪判决,并拒绝批准被告人向上议院上诉。但上议院自己授予了上诉许可,并且推翻

① [1983]1 A. C. 109.

了有罪判决。

这一判决有很强的政策理由。显而易见，《盗窃法》第3(2)条的作用在于，保护最初善意取得盗赃物的人免于在其出卖该物品时被指控犯有盗窃罪，并且如果相同的行为可以被判定为处理盗赃物的行为，那么这将使这种豁免条款丧失实际作用。此外，上诉法院的判决创制了一个规则，其可以适用于窃贼自己出卖盗赃物的案件，甚至是窃贼将自己窃得的物品卖给善意买方的案件，尽管刑法修订委员会在政策陈述（为上议院所援引）中只提及了帮助窃贼出让的人。因为窃贼的偷东西行为一般伴随着出卖盗窃所得物的故意，这一判决使得所有窃贼出售其盗赃物的行为构成处理盗赃物罪——这当然不是第22(1)条的立法目的。

但是，除了这些政策原因，针对这一有罪判决，也有基于该款措辞的反对观点。出卖物品的人不构成帮助买方出让该物品，因为买方没有出让该物品。[1] 此外，在通常意义上，这样的卖方没有为了他人的利益而出让，因为他是为了自己的利益，不是为了买方的利益而出卖。

10-026　但在交易中买方有利可图。否则，他本不会购买该物品，不是吗？

是的。买卖合同有利于卖家，并且也对买方有利，但是买卖双方获得的利益是不同的。卖方得到了金钱的收益，买方得到了标的物的利益。关键点仍然是，一方没有为了另一方的利益而行动，所以不符合《盗窃法》第22(1)条之规定。 1407

10-027　间接故意呢？

在这种情况下，不能适用间接故意的概念，因为如果这样做不能服务于立法目的，故意就不应被视为包括间接故意（本书之前曾提及过这种情况）。如果该款规定的是“代表”其他人，目前遇到的这一困难将被避免。很明显，布洛克瑟姆没有以买方的名义出售。然而，在某种程度上，间接故意原则必须适用于处理盗赃物罪的指控。假设行为人帮助窃贼出让盗赃物，因为他想从窃贼那里获得报酬。显而易见，他将被认定为故意帮助。这种故意要么是直接故意（该人想要去帮助，以赚取报酬），要么至少是间接故意（他想要赚取酬金，但确信，这样做就是在帮助）。无论是哪种，他都成立处理盗赃物罪。

10-028　为了简洁概括，我可以提个问题吗？假设某学生从他的同学那里买了一本书。他善意地付了款，但后来发现，他的这个同学是贼，习惯性地在当地书店偷东西。买书的学生的法律地位是什么？

他不构成处理盗赃物罪，即使他保留这本书，因为在他收受这本书时，

---

[1] [1983] 1 A. C. 109 at 114 *per* Lord Bridge.

他不知道它是偷来的,并且他不是为了他人的利益而继续占有这本书。继续占有这本书的行为也不构成盗窃罪:他受1968年《盗窃法》第3(2)条的保护。

10-029 如果买书的学生把这本书卖掉了或赠送给了他人,那么该学生构成处理盗赃物罪吗?

"女王诉布洛克瑟姆案"表明他的卖书行为不是处理盗赃物的行为,并且《盗窃法》第3(2)条使其免于被判盗窃罪。如果他将书赠与他人,那么这个学生的处境将更危险。他将面临被定处理盗赃物罪的危险,尽管这听起来很荒谬,因为可能会有人认为,送礼物的行为完全是为了他人的利益而为的行为。如果他将书无偿出借给他人,或将书卖给他人但要求买方将钱付给慈善机构或者付给其他无理由的接受者,也可以持上述观点。在所有这些假设中,该学生确实为了他人的利益而出让了这本被偷来的书。可是,法院可能会被说服进而认定,这些情况不在1968年《盗窃法》的适用范围之内。刑法修订委员会政策声明也没有规定这些情况,因为它们不是帮助盗贼出让盗赃物的行为。这些行为根本就不是帮助窃贼的行为。

这些问题再次表明了该款立法用语中存在的缺陷。一个解决办法是对"为了他人的利益"进行限制解释,将其解读为"代表他人",本章前面也提过这个建议。此外,(选择性的)较激进的方案是,对"他人"的内涵进行修改。虽然可能没有太多自信,但我们可以希望法院将上面列举的这些情况视为不在对该款故意的合理理解之内。"他人"应被限制解释为盗窃犯和(如果被告人是盗窃犯以外的人)任何犯了处理盗赃物罪的人。如果某人保管他人的盗赃物的行为不成立处理盗赃物罪,那么仅仅因为其允许绝对无辜的人(可能是他的祖母)使用该物品,或其为了绝对无辜的人的利益而使用该
1408 物品(开偷来的车送其祖母去教堂),就认定其构成该犯罪,这是荒谬的。[1]

上议院本可以在"女王诉布洛克瑟姆案"中解决上述问题(在文件中这些问题已经被公开写明),但其选择将判决限制在呈现在自己面前的有限案件事实上。

你提及的那个不幸运的学生,还面临着其他危险。假设他不是把书卖给了善意受让人,而是卖给了知道书是盗赃物的人。受让方将构成收受型处理被盗物品罪,并且从技术上来讲,这位学生似乎是该罪的从犯[2](他甚至可能是买方盗窃罪的从犯)。幸运的是,在目前的司法实践中似乎没有出现

---

① J. R. Spencer, "The Mishandling of Handling", [1981] Crim. L. R. 682 at 685. *R. v. Bloxham* [1983] 1 A. C. 109.

② *Carter Patersons & Pickfords Carriers Limited v. Wessel* [1947] K. B. 849. *R. v. Bloxham* [1983] 1 A. C. 109 at 115.

过此类指控,并且这种指控看起来会使《盗窃法》负担过重。如果行为人出卖了盗赃物,那么即使行为人是窃贼,也不应该被判为处理盗赃物罪的从犯。这位窃贼的盗窃行为不构成处理盗赃物罪,并且认为他同意出售该盗赃物的事实使他成为处理犯,将是不恰当的(如果,正如前面建议的那样,法律被修改,以避免对双边交易——其中的一方被禁止从事这种交易——的另一方归罪,问题就被解决了)。

第5节 盗赃物

10-030 《盗窃法》提到了"盗赃物",但定义部分规定物品包括货币,以及其他财产,如动产[《盗窃法》第34(2)(b)条]。[①] 所以,行为人把小偷的"赃款"(hot money)换成安全的钱,可能会被判通过收受而处理盗赃物罪。

货物必须是偷来的。这样做的一个后果是,如果某小孩(10岁以下)把他非法"找到"的自行车带回家,他的父母就不能因为留下该自行车而被判收受盗赃物罪,因为孩子年龄太小不构成盗窃。[②] 然而,父母当然可能会犯偷窃罪(作为正犯)。当被告人处理货物时,货物一定已经被"偷"了。他必 1409
须"知道或相信它们是盗赃物",而不是意图被偷的物品。这一点在办理处理盗赃物的案件时很容易被忽视。安排收受或交易日后会被偷的物品的人,不能被判处理盗赃物罪,而可能判处共谋处理盗赃物罪。货物被偷的事实当然可以根据间接证据来确定,包括以极低的价格卖给被告人。[③] 然而,有几项法律规则在妨碍检方证明这一问题方面具有实际效果。例如,根据传闻证据规则,小偷所作的表示(除了在对销赃者的审判中经宣誓的以外)是不能作为对销赃者不利的证据的。[④] 此外,被告人认为货物是被盗物的事实通常也不能证明货物系盗赃物。

10-031 货物推定被盗。

"盗赃物"的概念由《盗窃法》以3种方式加以扩展。首先,如前所述,这一概念涵盖通过勒索或2006年《欺诈法》所指的欺诈获得的财产,[⑤]以及"有悖诚信地从被非法地存入金钱的账户中取出的钱"。其次,该罪行扩大到在

---

① *R. v. Forsyth*[1997]2 Cr. App. R. 299.

② *Walters v. Lunt*(1951)35 Cr. App. R. 94; *D. P. P. v. K*[1997]1 Cr. App. R. 36. *R. v. Clark*[1977]35 C. C. C. (2d)319 citing Glanville Williams, *Criminal Law: The General Part*(London: Stevens & Sons, 2nd edn. 1961) at 391-2. *R. v. A. B.*[1941]1 K. B. 454.

③ *R. v. Overington*[1978] Crim. L. R. 692; *R. v. Hulbert*(1979)69 Cr. App. R. 243; *R. v. MacDonald*(1980)70 Cr. App. R. 288.

④ *R. v. Korniak*(1983)76 Cr. App. R. 145 at 150.

⑤ Section 24(4) of the *Theft Act* 1968.

英国处理的国外犯罪所得的财产。[①] 最后也是最重要的扩展是,“盗赃物”的定义(通常)包括原盗赃物的收益。换言之,与偷窃罪有关的下列原则,在某种程度上也适用于处理盗赃物罪。《盗窃法》第24(2)条中有一项复杂的规定,其主要目的是防止窃贼通过将盗赃物交易成其他财产的方式,有效地对盗赃物进行“洗钱”活动。本款规定,窃贼或(有罪的)销赃者销售赃物,会使所得款项(在窃贼或犯罪的销赃者手中)也成为“被盗的”。这种处置方式并没有减损被盗的财产,而是将其翻倍,就像希腊传说中的“九头蛇”(Hydra)被砍掉脑袋后,立刻又长出了两个。

然而,根据《盗窃法》,最初的被盗物与作为交换而收到的被视为推定被盗物的物品(让我们称其为衍生被盗物)之间有一个重要的区别。只要原物主有要求返还原被盗物的权利,这些物品就仍然是被盗物。同样地,有罪的
1410 占有者(小偷或销赃者)用该物品交换来的物品也是如此。但是,无辜的所有者用上述任何物品换取的物品都不属于“被盗物”。换句话说,“九头蛇效应”不会发生在不知道事实真相的人获得最初被盗物品或衍生被盗物品的收益的情况下。

一些例子可以澄清这一点。“九头蛇效应”(偷来的物品数量加倍)可以通过盗贼用盗窃来的钞票与他的黑社会伙伴交换其他的钞票来实现。最初的钞票仍然是“偷来的”,而在交换过程中收到的钞票也会以同样的方式受到污染。

10-032 如果窃贼将钞票(无论是原来偷来的还是替换的钞票)交给善意收到钞票的卖家,则不会发生“九头蛇效应”。后者作为钞票的善意收购主体,获得了纸币的良好所有权(这是货币和票据财产法的特殊规则),因此这些钞票不再被视为盗赃物。但是小偷从他那里得到的回报将具有盗赃物的属性。

“九头蛇效应”最可怕的时候,是盗窃通常意义上的商品时(而不是金钱)。如果行为人偷了十几部苹果手机后把它们卖了,他手里的钱就是“盗赃物”;所以如果小偷把钱交给他的妻子(她知道案件事实),他的妻子就会因为处理这些收益而被定罪。[②] 如果小偷太太把钱花在苹果笔记本电脑上,任何明知地帮她购买的人都将因帮她处理“偷来的”钱而构成处理盗赃物罪;而买来的笔记本电脑也将成为“盗赃物”。这些苹果手机仍然是盗赃物。因此,如果从小偷那里买到手机的人在买的时候就知道手机是偷来的,他就犯了处理和收受盗赃物罪。犯罪的链条还可以继续,所有这些都取决于最初的盗窃行为。

---

① Section 24(1) of the *Theft Act* 1968. *R. v. Ofori*(1994)99 Cr. App. R. 223.

② *R. v. Dadd*[1974]Crim. L. R. 439.

当“盗赃物”进入不知道它们是偷来的人的手中，如果这个人将该盗赃物交换成了别的物品，而仍处于无知状态，他收到交换财产并不是“盗赃物”，但他最初收到的货物，现在仍然属于盗赃物。因此，狭义上的“盗赃物”，与赃款不同，几乎不可能通过处理来净化。这是因为“善意第三人取得所有权不完整的物品，该善意第三人不得对抗原所有人规则”（the *Nemo date rule*）只适用于狭义的物品，不适用于货币。例如，如果艺术画廊展卖的 1411
康斯特布尔（Constable）的著名画作被盗，辗转几个买家之手，仍然是艺术画廊的财产，仍然是“盗赃物”。如果某商人认出它但有悖诚信地购买它，他将被认为是通过收受处理被盗财产。该商人是从无辜的买家那里购买的这幅画，这一事实无关紧要。

在适当的情况下，资金可以通过银行账户进行追踪。[①] 假设某人通过欺诈获得了一张支票。这张支票，作为一张纸，是“盗赃物”。该人把它存入他的银行账户，借此把它转换成权利动产（该人对他的银行的权利）。然后他从账户开具支票给被告人，被告人拿了该人的支票，并且知道它代表了“被盗”资产的全部或部分。被告人将支票存入自己的银行账户。如果被告人收到的资金（通过其账户的赊账方式）能被证明代表“被盗”的资金，他就会因收受作为“盗赃物”的资金的相关部分被判有罪。但如果不能对此加以证明，被告人可能会被指控有悖诚信地保留非法的存款。[②] 1968 年的《盗窃法》第 24A 条解决了“女王诉普雷迪案”的问题，但是如果支票的出票人在她的支票账户中既有偷取的资金，又有合法的资金，困难仍然存在。[③] 要想让收款人根据该法第 24A 条被定罪，控方就必须证明他的非法存款来自被盗的资金。这可能只有在出票人的混合资金的合法部分不足以支付这笔非法贷记的情况下才有可能。如果开票人在她 10 万英镑的支票账户中，其中只有 5000 英镑代表偷来的钱，并且她给被告人（收款人）开了一张少于 9.5 万英镑的支票，当被告人将支票存入自己的账户时，被告人并未获得可识别的非法存款。[④]

10-033 那么，如果出票人开了一张 9.5001 万英镑的支票，被告人就会收到一笔 1 英镑的可确认的非法存款吗？

是的。收款人从存款中收到的 9.5 万英镑的款项是合法的，而 1 英镑是非法的，因为出票人必须用其支票账户中的至少 1 英镑被盗资金兑现支票。

---

① *Serious Fraud Office v. Lexi Holdings Plc.* (*In Administration*) [2009] Q. B. 376; *Barclays Bank Plc. v. Kalamohan* [2010] EWHC 1383 (Ch.). *Foskett v. McKeown* [2001] 1 A. C. 102. cf. *Parker v. The Queen* (1997) 186 C. L. R. 494.

② Section 24A of the *Theft Act* 1968.

③ [1996] A. C. 815.

④ *Attorney-General's Reference* (*No.* 4 *of* 1979) [1981] 1 W. L. R. 667.

10-034 假设被告人通过欺骗性的行为,安排了一笔电子转账,有悖诚信地为自己获得了贷方余额(权利动产:银行欠他的债务)。他的欺诈行为是否意味着该权利动产(他账户中的额外存款余额)是赃物?

当行为人通过虚假表示获得一笔钱时,他就获得了从未属于被害人的财产。当被害人被欺骗以电子方式将自己的资金转移到被告人的银行账户时,被害人账户中的存款余额所代表的权利动产遭受了某种程度上损失或至少被转移的价值减少,同时新的权利动产在被告人的账户中建立。被告人并未获得被害人的权利动产。因此,他不属于偷别人的财产。[①]

10-035 但是被告人确实损害了被害人的利益而获得了权利动产。这些财产算是盗赃物吗?

《盗窃法》第24(4)条规定,"通过……(2006年《欺诈法》意义上的)欺诈获得的货物应被视为盗赃物"。例如,如果被告人通过虚假表示获得了被害人的车,根据《盗窃法》第22条,该车将被视为被盗物。同样地,如果被告人作了虚假表示来确保资金的电子支付,这笔权利动产(他银行账户的新余
1412 额)就是他手中的赃物。在"女王诉福赛斯案"(*R. v. Forsyth*)中,欺诈犯纳迪尔(Nadir),欺诈性地命令将40万英镑从PPI公司在伦敦米德兰银行(Midland Bank)的账户转移到他在瑞士控制的一个账户上。[②] 纳迪尔的代理人福赛斯从瑞士的银行取了钱,并把钱转到瑞士的另一个账户上(福赛斯也自己留了一些现金)。此后,福赛斯指示瑞士银行将30.7万英镑转到英格兰的一家银行,并将剩余的88,050英镑现金带回英格兰。福赛斯被指控通过协助保留等方式处理被盗动产。福赛斯认为:"根据'女王诉普雷迪案',受让人获得的资金根本没有落入窃贼手中;而受让人,(资金)在他的手中,在确定他处理了该盗赃物之前,不能将其视为经手人。"[③]

上诉法院认为:

"在我们看来,'手中'一词是指被小偷拥有或控制,毫无疑问当纳迪尔发出指令,要求福赛斯取出现金时,(纳迪尔)正对代表PPI对钱的权利的财产行使实际控制权。……(因此)在沃伯格·索迪科(Warburg Soditic)银行的杂项账户的余额在这个意义上是在纳迪尔手中,它直接或间接代表了PPI对米德兰银行的债权。"

这个判决也可以解释为纳迪尔盗窃了这笔权利动产。[④]《盗窃法》第24

---

① *R. v. Preddy*[1996]A. C. 815. *R. v. Kausar*[2009]EWCA Crim. 2242;*R. v. Briggs*[2004]1 Cr. App. R. 34. *R. v. Waya*[2010]EWCA Crim. 412. Cf. *R. v. Dabek*[1973]Crim. L. R. 527.

② [1997]2 Cr. App. R. 299.

③ *R. v. Forsyth*[1997]2 Cr. App. R. 299 at 314.

④ Cf. *R. v. Williams*[2001]1 Cr. App. R. 23.

(2)条和第 24(4)条意味着纳迪尔通过欺诈获得的银行余额是他手中的盗赃物。由于该法第 24(4)条认为他的权利动产是盗赃物,上诉法院没有必要提及认定条款"直接或间接地代表或在任何时候代表了在窃贼手中的盗赃物"。此外,不需要考虑福赛斯将 30.7 万英镑转移回英格兰的银行时所创设的权利动产是否代表了小偷手中的财产,因为通过清空纳迪尔最初欺诈行为使其获得的账户余额,她已经犯有处理盗赃物的罪行。福赛斯通过将纳迪尔的盗赃物中的 30.7 万英镑转移回英国,并将剩余的钱以现金(88,050 英镑,不包括银行费用)形式取出,处理了纳迪尔通过欺诈获取的财产,尽管有"女王诉普雷迪案"设立的规则,这些财产仍属于盗赃物。

10-036 但是,如果纳迪尔通过把资金转给他的赌注登记人,而消耗了他偷来的权利动产,会怎么样呢?

好吧,"女王诉普雷迪案"似乎又抬起了它丑陋的头。假设这笔钱是用来清偿一笔合法的赌债,而赌注登记人只是在转账之后才得知这笔钱来自非法来源(这使我们不必考虑共谋问题)。在做这件事时,纳迪尔把他偷来 1413
的权利动产消耗了,并为赌注登记人创设了一个新的权利动产。如果赌注登记人知道存款余额是用纳迪尔用偷来的资金创建的,那么他保留这些财产的行为是处理盗赃物的行为吗?继"女王诉普雷迪案"之后,法院可能会认定,赌注登记人获得的存款是从未落入纳迪尔手中的物品。[①] 如果是这样,根据《盗窃法》第 22 条和第 24 条该赌注登记人就不会因处理盗赃物而被判有罪。1968 年《盗窃法》第 24A 条处理了这一问题,并将予以援引。该法第 24 条规定:

(1)任何人如符合下列情况将属于有罪——

(a)非法地将款项存入他的账户,或他享有任何权利或利益的账户;

(b)他知道或相信该款项是不合法的;

(c)他有悖诚信地没有采取在当时情况下合理的措施,以确保该存款被取消。

(2A)计入账户的存款是不合法的,因为它来自——

(a)盗窃;

(b)敲诈;

(c)欺诈(违反《2006 年欺诈法》第 1 条)或;

(d)盗赃物。

(5)在确定账户的存款是否不合法时,(尤其是)在存入款项之前或之后是否透支,是无关紧要的。

---

① *Attorney-General's Reference*(*No.* 4 *of* 1979)[1981]1 W. L. R. 667.

(8)所提及的盗赃物包括有悖诚信地从被非法存入款项的账户中提取的资金,但只是在资金来自该账户的意义上。

《盗窃法》第24A条的优点是,如果非法存款的无辜接受者决定有悖诚信地保留它,就可以对其加以规制。这部分内容会让赌注登记人受到惩罚,因为他知道自己账户里的钱"来自纳迪尔的欺诈行为"。"登记人需要做什么来取消存款?"简单的撤销就足够了吗?应该是,但也可能不是。如果登记人指示他的银行把钱转回去,这笔款项将被取消和撤销,但钱将回到骗子纳迪尔的手中。第24A条是否要求庄家将钱退还给初始的被害人?人们认为不会。值得怀疑的是,登记人是否足够了解相关的欺诈细节,从而能够将这笔钱返还给其合法所有者。他也没有义务这样做。他所需要做的就是取消存款,即使撤销意味着将这笔款项返还给欺诈者,也足以达到这一目的。

10-037 《盗窃法》第24A条也适用于像皮奇利(Pitchley)这样的人。记住,如果无辜的盗赃物收受者把盗赃物卖了,从刑法的角度来看,他手中的收益并不是盗赃物。这一点在"女王诉皮奇利案"(*R. v. Pitchley*)中被忽
1414 略了。[①]

皮奇利的儿子偷了一些钱,交给皮奇利保管。据皮奇利说,他不知道钱是被偷的。他把钱存在银行账户里,第二天才知道钱是偷来的。他什么也没做,因为他不想向警察告发他的儿子,也不想把钱还给失主。上诉法院维持了对皮奇利通过协助保留来处理赃款的判决。

人们会注意到,最初偷来的钱已经被皮奇利变成了权利动产(银行欠他的债务)。这一权利动产是财产,因此是这一条中的物品的意思。然而,这个案子的判决是错误的,因为,通过把钱存入他的银行账户,皮奇利无辜地把钱变成了权利动产,该权利动产并不是偷来的那件东西。《盗窃法》第24(2)条规定盗赃物的收益是小偷或犯罪的财产收受人手中的盗赃物,但皮奇利两者都不是。由此得出结论,他不构成处理作为盗赃物的权利动产的犯罪。律师和法庭都忽略了这一点。然而,这笔存款在他的账户中创设了非法的贷记,他没有撤销。皮奇利现在将违反该法第24A条(如果皮奇利的儿子通过敲诈、欺诈或从其他小偷那里得到了钱,情况也一样)。被告人不需要自己存款,但在他意识到存款的存在后,他不能有悖诚信地将其保留。

让我们从"女王诉福赛斯案"的角度来考虑该条款。福赛斯对纳迪尔持有的账户没有任何权利或利益。纳迪尔显然是通过获得非法的汇款并且未取消这笔汇款而犯下罪行。要取消它,他就得安排把它撤销。福赛斯似乎违反了《盗窃法》第24A(8)条,因为其以纳迪尔的名义取了钱,其一取钱,就

① (1973) 57 Cr. App. R. 30.

收受了其为纳迪尔的利益而处理的盗赃物。

10-038 当物品停止被盗时该怎么处理?

物品一旦归还失主或警方,就不再是“被偷”的了。如果一名警官发现了他怀疑是被偷的物品,并决定对其进行监视,这并不意味着他已经占有了这些物品。如果他只是为了抓住潜在的销赃者而意图监视这些物品,他就没有将这些物品“合法扣押”:①

“如果警察看到这些货物在车的后面,且已经下定决心将它们扣押,即决定占有或控制或接管这些物品,以使其不能被移动并且使他自己能够对其加以处置,那么认为他已经占有了这批物品再恰当不过了。另外,如果事情的真相是,他在那个阶段对于货物是否要被扣押持完全开放的态度,并且对于他是否应该占有这些货物持完全开放的态度,只是袖手旁观,以便当汽车司机出现时,他可以向司机询问物品的性质和为什么在那里,就没有任何理由认为他已经占有或控制了这些物品。”② 1415

《盗窃法》第24(3)条规定的规则:

但是当物品被交还给被盗人或者其他合法占有人、保管人后,不得被继续视为盗赃物。

如果盗赃物的主人或警察逮捕小偷,从他那里拿走盗赃物,然后因为听说“销赃犯”即将前来收购货物,就通过对销赃犯隐瞒事情已经发生了意外转变的方式设下陷阱。销赃犯可能会拿走货物,但如果法院认为货物在那时已经失去了盗赃物的性质,那么他将不会犯处理盗赃物罪。③ 在特殊情况下,由于处理的安排是处理盗赃物,如果能够证明他收受这些物品的安排是在物品被偷之后作出的,他就犯了处理盗赃物罪。在任何情况下,他都可以被判定为试图处理盗赃物,这将是完全恰当地适用未遂的案例④(如果货物从来没有被偷过,那么对这种企图提出指控就显得太过严苛了,尽管这种指控在法律上是可能的)。

虽然《盗窃法》第24(3)条所述的一般规则是不容置疑的,但警务人员在发现失窃物品后,如果认为买家即将出现,可不收走该物品,而只是静观其变,等候事态发展,借此回避该款的实施。如果他没有将货物扣押,来取走货物的人将会被判处理盗赃物罪。应由陪审团判定该警官是否意图接管

---

① *Attorney-General's Reference*(*No*. 1 *of* 1974)[1974]Q. B. 744. *R. v. Dolan*(1855)6 Cox C. C. 44;*R. v. Schmidt*(1866)L. R. 1 C. C. R. 15;*R. v. Villensky*[1892]2 Q. B. 597.

② *Attorney-General's Reference*(*No*. 1 *of* 1974)[1974]Q. B. 744 at 753.

③ *Commissioner of Police of the Metropolis v. Streeter*(1980)71 Cr. App. R. 113.

④ *Haughton v. Smith*[1975]A. C. 476. Cf. *R. v. English*(1993)68 A. Crim. R. 96;*Rich v. State*-So. 3d-(2009);*The Queen v. Donnelly*[1970]N. Z. L. R. 980;*R. v. Barbouttis*(1995)82 A. Crim. R. 432.

这些货物,还是只是意图在犯罪嫌疑人出现时询问他,并在嫌疑人的回答不能令人满意的情况下才扣押货物(和嫌疑人)。[①] 显然,这是模糊的问题,但法官可能会鼓励陪审团在任何可疑的情况下认定货物仍然是“偷来的”。

第6节 主观要件

10-039 收受盗赃物罪需要明知或相信涉案物品是盗赃物。过失,甚
1416 至轻率,都是不够的。

10-040 但为什么仅仅是轻率还不够呢?

因为那将是对商业贸易的过度限制。[②] 处理盗赃物的犯罪适用于所有可想到的物品,仅仅通过检查物品本身无法确定其是被偷的。重要的是不应归罪于那些诚实的商人,因为他们没有充分的理由认为他们所购买的货物是偷来的,所以他们不去询问该货物是否是偷来的。人们必须能够自由购买,除非他们知道或确信货物是盗赃物。自由贸易的公众利益大于试图消除盗赃物被出售的任何可能性的公众利益。

《盗窃法》第22(1)条规定了明知的替代选择,即被告人必须明知或相信货物是被偷的。[③] 刑法修订委员会提出了这种替代方案,以包括行为人以荒谬的低价从无知的卖家那里购买货物,并故意不问任何问题的情况。[④] 其目的显然是为了涵盖“故意视而不见”,而这在法律上是属于“明知”的范畴的。但人们对故意无视的确切含义仍有很多疑问。视而不见可以是“故意的”(主观的)或无意的(客观的)。如果被告人意识到货物可能是盗赃物,他就会主观上意识到他因处理或收受盗赃物而冒的风险。他选择不去询问以确认货物是否是偷来的,因此自觉地承担着收受或处理盗赃物的风险。如果他不相信,甚至没有考虑过它们可能是偷来的,那么他的无视是无意的。如果他的无意无视是完全不合理的,可以认为他在处理货物方面客观上是轻率的,因为理性人会意识到货物是盗赃物的风险,但过失责任在这方面的法律中是没有作用的。

被告人应当知道的事实,即他疏忽或客观上不顾后果而不查明的事实,是不够的。尽管陪审团可能会因为被告人那双坦率的蓝眼睛,而轻信令人

---

① Glanville Williams, *Textbook of Criminal Law*, (London: Stevens & Sons, 1st edn. 1978); *Commissioner of Police of the Metropolis v. Streeter*(1980)71 Cr. App. R. 113.

② Glanville Williams,“Handling, Theft and the Purchaser Who Takes a Chance”, [1985] Crim. L. R. 432. Cf. John Spencer,“Handling, Theft and the Mala Fides Purchaser,” [1985] Crim. L. R. 92.

③ *R. v. McCullum*((1973)57 Cr. App. R. 645.

④ C. L. R. C., *Eighth Report: Theft and Related Offences*, (London: Cmnd. 2977, 1966) at para. 128.

难以置信的故事,但他们并不一定会相信。如果所有普通人都会相信物品几乎肯定是被盗的,陪审团就可能推断被告人知道或相信货物是偷来的,仅仅因为他们不会相信在这种情况下被告人对此不知道或不相信。例如,如果被告人花 100 英镑从他认为是小偷的人那里买了一幅普鲁·哈特(Pro Hart)[1]的画,而且他知道这个人是靠救济金生活的,那么陪审团可能会认为这个证据表明被告人实际上认为货物是被偷的。同样,假如被告人以 100 英镑向九龙的一名钟表商购买一只万国手表,交给英国的次被告人,而次被告人如确实相信手表是偷来的,则须负法律责任。[2] 1417

10-041 但是这只不过是被告人轻率地没能获得有关的明知。

我同意。然而,轻率地未能获得明知和有明知的意识是不同的!故意占有盗赃物与轻率占有盗赃物之间也有区别。如果你知道物品为盗赃物,你就是故意占有盗赃物。同样地,如果你认为这些物品确实是被偷的,那么你显然意图占有你认为是盗赃物的东西。但如果你相信它们可能是盗赃物,你只会冒着处理盗赃物的风险。

10-042 行为人可以轻率地未能获得"相信"吗?

不,他的确信是什么就是什么。如果他不相信货物是被偷的,他实际上就不可能相信货物是被偷的。如果他相信货物是被偷的,他就相信货物是被偷的。更有问题的是,在这两者之间存在所有的相信。被告人可能认为有 90%、80%、70%或 60%的可能性为盗赃物,等等。如果被告人相信货物几乎肯定是盗赃物,他将属于本款的范围。然而,任何更低程度的相信都不行。如果他只是相信货物有可能是被偷的,他就不会违反《盗窃法》第 22 条。

法院已经明确表示,仅仅怀疑是不够的。[3] 如果新的销赃者产生了怀疑,但他故意不作任何询问,以免有可能知道真相,他的故意视而不见不能被视为等同于明知——他必须确实知道或相信其为盗赃物。[4] 如果他几乎肯定货物是被偷的,但他是错的,他就构成处理或收受盗赃物未遂。但如果他的相信是正确的,因为货物实际上确实是被偷的,他就属于《盗窃法》第 22

---

① 普鲁·哈特(Pro Hart):澳大利亚著名画家。

② Section 24(1) of the *Theft Act* 1968. *R. v. Ofori*(1994) 99 Cr. App. R. 223.

③ *R. v. Adinga*[2003] EWCA Crim. 3201; *R. v. Toor*(1987) 85 Cr. App. R. 116; *R. v. Smith*(1977) 64 Cr. App. R. 217; *R. v. Ismail*[1977] Crim. L. R. 557; *R. v. Moys*(1984) 79 Cr. App. R. 72; *R. v. Reader*(1978) 66 Cr. App. R. 33; *Atwal v. Massey*(1972) 56 Cr. App. R. 6; *R. v. Grainge*[1974] 1 W. L. R. 619. *R. v. Havard*(1916) 11 Cr. App. R. 2; *R. v. Dykyj*(1993) 66 A. Crim. R. 567; *R. v. Fallon*(1981) 28 S. A. S. R. 394. Wayne R. LaFave, *Substantive Criminal Law*, (St Paul, Minn.: Thomson West Publishing, 2003) Vol. III at 162.

④ *R. v. Forsyth*[1997] 2 Cr. App. R. 299.

条的范围。

10-043 那么你是不是认为“极端主观的轻率”是适用的？

是的，但前提是被告人认为货物几乎一定是被偷的。较可取的观点是，本款将“相信”的概念扩展至被告人虽然缺乏明确的信息，但在他自己心里“确定”货物是被偷的情况。“相信”一词包括了这一点，否则，就会得出结论，本条规定“相信”一词是画蛇添足（因此会引起误解）。换句话说，如果行为人认为所需要的情况，即决定性的事实，并不存在，他的行为就不是故意

1418 的，也不是轻率的。

检方指控收受盗赃物罪，其要想胜诉，就必须证明被告人收受或处理的财产是被盗的，而且他几乎确切地知道或相信该财物是被盗的。如果被告人目睹财产被盗用，他就会知道该财产实际上是被偷的，但在大多数情况下，当财产被盗时，被告人并不会在场。但没有必要证明被告人知道财产实际上是被偷的。只要证明被告人几乎确切地相信该财产是被偷的就行了。

10-044 假设行为人获得了货物，并且知道它们是被偷来的，但意图把它们归还给物主，该怎么办？

他没有“有悖诚信地”行事。此外，对处理盗赃物而言，这个词似乎没有任何有用的作用，但它可能总是有其他实际效果。[①] 如果处理者辩称，他明知在酒吧购买盗赃物并不是有悖诚信的，因为每个人都这么做，那么他的辩护可能不得不被提交给陪审团，他们可能会对此表示支持。

甚至有可能中间人与货主商定，他帮雇主从盗贼处把货物买回来，以换取货主给予的报酬，在这种情况下没人触犯处理盗赃物罪。[②] 但如物主或任何其他人在没有提任何问题的情况下，为找回失窃物品而刊登悬赏广告，或声明为购买失窃物品而支付的金钱会得到偿还，则属法定犯罪。[③] 作出相同

1419 效果的私人安排并不构成犯罪。

---

① *Foskey v. State*, 188 S. E. 2d 825(1972).

② *R. v. Higgins*[1972] Crim. L. R. 213.

③ Section 23 of the *Theft Act* 1968.

第11章 欺 诈

我要说的是，有一个人在这门手艺(变戏法)上比其他人更出色，那是在詹姆士国王时代流传下来的，很久以前，他自称国王陛下，也被称为最杰出的魔术师，因为在玩每个把戏时，他都会说，胡柯斯·普克斯(Hocus pocus)、托图斯·塔龙图斯(Tontus talontus)、瓦德·塞莱特·朱比奥(Vade celeriter jubeo)，阴暗沉着的言语，能够遮蔽观众的目光，使他的把戏更持久不容易被人识破。[①]

---

① Thomas Ady, *A Candle in the Dark: or, A Treatise Concerning the Nature of Witches & Witchcraft: Being advice to Judges, Sheriffes, Justices of the Peace and Grand-Jury-men, what to do, before they passe Sentence on such as are Arraigned for their Lives, as Witches* (London: printed for R. I., 1656) at 29. Ady, of course, was referring to Hocus Pocus (William Vincent), the author of *Hocus Pocus Junior, The Anatomy of Legerdemain*, (London: printed by I. Dawson, 1638).

第1节 2006年《欺诈法》

11-001 无论能否产生预期的效果,2006年《欺诈法》核心规制的是某些欺诈行为。根据这一立法,即使行为人没有成功地获得财产,将货物运出商店等,也构成犯罪(除了构成诸如未遂之类的未完成犯罪)。2006年《欺诈法》重塑了法律,这很大程度上是因为法律委员会提出的建议①(除非明确表示或明确暗示,否则下文中所有引用均为该法)。该法第1条规定了核心实质性犯罪,可以通过三种方式来完成:(1)作出虚假表示;(2)未能披露某些信息;(3)滥用职权或地位。

如果被告人意图谋利或者给他人造成损失或引起给他人造成损失的风险而从事任何上述行为,即构成犯罪。行为无须为行为人"带来"实际收益,或造成潜在被害人的损失,因为这些犯罪是"行为犯"。

《欺诈法》还规定了许多更具体的罪行。该法第6条将持有为了用于欺诈的物品定为犯罪;该法第7条将制造或提供"为了用于欺诈的物品"定为犯罪;该法第9条规定,专营商从事欺诈业务是犯罪;并且该法第11条将有
1420 悖诚信获得服务视为犯罪。与此相伴的是,其他法规也规定了许多欺诈罪。其中一些罪行与2006年《欺诈法》中新的罪行所涵盖的领域相同。例如:

· 公司实施的欺诈交易;②
· 公司董事作出虚假表示;③
· 作出有关金融市场的误导性表示;④和
· 作出有悖诚信的表示以获得福利。⑤

其他欺诈类型的犯罪包括:

· 有悖诚信地隐瞒某些文件;⑥
· 账目作假;⑦
· 伪造和假冒;⑧
· 逃税;⑨和

---

① The Law Commission Report 276, *Fraud*, (London, H. M. S. O., 2002).

② Companies are caught by section 993 of the *Companies Act* 2006. Sole traders are caught by section 9(1) of the *Fraud Act* 2006.

③ Section 19 of the *Theft Act* 1968.

④ Section 397 of the *Financial Services and Markets Act* 2000.

⑤ Section 111A of the *Social Security Administration Act* 1992.

⑥ Section 20 of the *Theft Act* 1968.

⑦ Section 17 of the *Theft Act* 1968.

⑧ Sections 1-5 and 14-19 of *Forgery and Counterfeiting Act* 1981.

⑨ *R. v. Redford*(1989) 89 Cr. App. R. 1; *R. v. Stannard*[2005] B. T. C. 558.

· 内幕交易。[①]

11-002　上述部分罪行将在下一章中处理。本章的重点是 2006 年《欺诈法》中的新罪行。2006 年《欺诈法》用许多新的"行为犯"取代了某些欺诈犯罪。核心例外是该法第 11 条，该条将以欺诈手段获得服务定为犯罪。仅当犯罪者实际获得服务时，才满足该条的要求，而仅获得服务未遂不构成犯罪。因此，该法第 11 条要求作出"欺诈行为""虚假表示"等行为，以使被告人获得服务。如果行为人试图通过将垫圈而不是正确的硬币插入台球桌中的方式来免费玩台球游戏，那么只有他真正玩了游戏后，才是有罪。如果垫圈无法诱骗机器释放球，他将不承担责任。

新法案实施导致的最显著变化具有两面性：

1. 新的犯罪不需要欺骗。

2. 新的犯罪（除《欺诈法》第 11 条外）是行为犯，因此无论其是否为被告人带来收益，或是否给他人造成损失或损失风险，都构成犯罪。被告人仅需 1421
实施以导致犯罪结果为目的（收益或损失）的实行行为（例如，虚假表示）。

传统犯罪行为中对欺骗的要求是有问题的，因为机器无法被骗；[②]除非法律拟制，一个人也不能为向无利益相关的第三方作出的虚假表示所欺骗。[③] 此外，具备可责性的被告人可以通过证明其虚假表示实际上并没有使被害人放弃其财产而脱罪。[④] 欺骗必须让被害人陷入认识错误。即使存在欺骗行为并且获得了财产，被告人也不会根据以前的法律有罪，除非欺骗行为和获得行为之间存在因果关系。该规则意味着欺骗行为必须影响了被害人的行为。大法官罗斯基尔在"女王诉兰比案"（*R. v. Lambie*）[⑤]中表明："检方必须证明的一个要素，便是有悖诚信的表示对表示接受人的思想的影响。""女王诉兰比案"[⑥]这一传统判例就说明了这个问题，在该案中，法院认为，如果被告人试图欺骗的被害人看穿了欺骗，但仍处分了自己的财产，那么欺诈者就不会因欺骗获益而被定罪（尽管可能会因企图欺骗而被定罪）。2006 年《欺诈法》已经废除了因果关系的要求，但将欺诈未遂和欺诈既遂等同视之。

11-003　新规定的欺诈罪对于其规制的有悖诚信行为几乎是无边界限

---

① Section 52 of the *Criminal Justice Act* 1993.

② *Holmes v. Governor of Brixton Prison*［2005］1 W. L. R. 1857 at 1862.

③ See the discussion *infra* vis-à-vis the decisions in *Commissioner of Police of the Metropolis v. Charles*［1977］A. C. 177 and *R. v. Lambie*［1982］A. C. 449.

④ See the discussion in Glanville Williams, *Textbook of Criminal Law*, (London: Stevens & Sons, 2nd edn., 1983) at 789-794.

⑤ ［1982］A. C. 449 at 461.

⑥ (1857) 7 Cox. C. C. 263.

制的。新罪行的一个特殊问题是每个行为人的标签都一样。那些企图欺诈的人被贴上的标签,使人感觉仿佛他们已经完成了欺诈行为。但是,循“女王诉莫里森案”①和“检察长诉戈麦斯案”②,现在许多盗窃未遂都有可能被作为盗窃既遂处理。此外,在小额欺诈和更严重的欺诈之间没有区别。其中一些罪行的最高刑罚为10年监禁,看来所涉及的各种程度的不法行为的分类将留给量刑法官酌情决定。对于盗窃而言也是如此。另一个共同特征是“有悖诚信”要求。由于盗窃罪和欺诈罪均依靠陪审团来判定某项行为是否有悖诚实,而陪审员根据对常规诚实标准的理解,通过考虑自己对诚实的看法对此加以决定,这有可能会使人们受到不公平的警告,即他们可能正在
1422 从事犯罪行为。但是,即使有悖诚信的辩护也无法挽救欣克斯夫人(Mrs. Hinks),因为她一定已经意识到自己是有悖诚信的,即使她没有意识到自己的有悖诚信行为可能导致刑事责任。

第2节 虚假表示型欺诈

11-004 2006年《欺诈法》第1条规定了三项核心欺诈罪:

(1)如果某人违反第(2)款中列出的任何条款(其中规定了不同的犯罪方式),即属欺诈。

(2)这些条款是:

(a)第2条(虚假表示欺诈);

(b)第3条(未披露信息欺诈);

(c)第4条(滥用职权欺诈)。

(3)犯有欺诈罪的人应承担责任:

(a)一经简易程序定罪,可处以不超过12个月的监禁或不超过法定最高金额的罚金(或两者并处);

(b)一经公诉程序定罪,可处以不超过10年的监禁或罚金(或两者并处)。

这些罪行的详细情况在《欺诈法》第2、3、4条中列出。因此,将通过援引该法第1条对这些罪行提出指控。在程序上以虚假表示进行的欺诈行为将被指控为违反2006年《欺诈法》第1(2)(a)条和第2条的欺诈行为。我们对实体法的研究集中在该法第2条的措辞上,其对犯罪行为进行了详细说明。

大多数欺诈行为(如果不是全部)都是由虚假表示造成的。因此,不足

---

① [1984]A.C.320.

② [1993]A.C.442.

为奇的是,2006 年《欺诈法》中的主要罪行是通过虚假表示进行的欺诈。该法第 2 条规定:

(1)任何人违反以下条文,如果——

(a)有悖诚信地作出虚假表示;

(b)意图通过虚假表示——

(i)为自己或他人谋取利益;

(ii)给他人造成损失或使他人遭受损失的风险。

(2)如果满足以下条件,则表示为虚假:

(a)不真实或具有误导性; 1423

(b)作出表示的人知道该表示是,或者可能是不真实或误导性的。[①]

(3)表示是指关于事实或法律的任何表示,包括关于以下主体心理状态的表示:

(a)作出表示的人;

(b)任何其他人。

(4)表示可能是明示或暗示的。

(5)就本条规定而言,如果将表示(或其暗示)以任何形式提交给旨在接收、传达或响应通信(有或没有人的介入)的任何系统或设备,则该表示可被视为作出。

11-005 《欺诈法》第 2 条规定的犯行要素是什么?

该罪的犯行是作出虚假的表示,无论明示或暗示。[②] 通过虚假表示进行欺诈的最直接适例是,被告人对现有事实以明示方法作出虚假表示。如果有悖诚信的珠宝商被告人告诉客户他要购买的钻石是从非洲某著名矿坑开采的粉红色钻石,而事实上被告人知道它是一块氧化锆,则他显然对当前事实作了虚假表示。如果该珠宝商指出他出售的手表不是万国表而是赝品时,很容易确定他对现有事实作了虚假表示。不论被告人的意欲为何,如果手表是假的,表示实际上就是错误的。同样,如果被告人声明自己是"诚实的约翰"(Honest John)[③]而其真实姓名是"弗朗西斯 · 维林"(François Villon)[④],他就对其身份(既存事实)进行了虚假表示。[⑤] 虚假表示也可能与

---

① *R. v. Augunas*[2014]1 Cr. App. R. 17. See generally, David Ormerod, "The Fraud Act 2006—Criminalising Lying?"[2007]Crim. L. R. 193.

② *R. v. Gilbert*[2013]Lloyd's Rep. F. C. 109.

③ 媒体对澳大利亚前总理约翰 · 温斯顿 · 霍华德(John Winston Howard)的昵称。——译者注

④ "弗朗西斯 · 维林"(François Villon),1945 年法国同名电影中的虚拟人物。——译者注

⑤ Cf. *Balcombe v. De Simoni*(1972)126 C. L. R. 576; *R. v. Bryan*(1861)2 F. & F. 567; *Shogun Finance Ltd. v. Hudson*[2004]1 A. C. 919.

现存法律有关。如果被告人谎称相关法律已经改变,以诱使被害人为他的土地支付比目前价值更多的钱,他就虚假地阐述了现行法律。

11-006 针对将来的事实能作出虚假表示吗?旅馆老板接受了我的现金,因为我在他的新馆预订了整个8月的一间房,他说他完全认为到那时新翼楼能完工。实际上,他知道可能性很低,并且新翼楼确实没有竣工。

《欺诈法》第2条明确提到"关于事实和法律"以及"关于心理状态"的虚假表示,包括确信(正如民法长久以来规制的那样)。鲍恩法官(Bowen L. J.)在某民事案件中说道:"自然人的思想状态与他的消化状态一样是事实。"[①]因此,对旅馆老板提出指控的正确方法是,关于确信的欺诈,即让我相
1424 信将来的事实(新馆的完工)会发生。尽管如此,墨守成规是没有好处的,对关于未来的虚假表示的指控通常应该被理解为与被告人当前的心理状态有关。[②] 老板目前认为,新馆完工的可能性很小。换句话说,涉及未来的虚假表示可以被理解为,从现有事实来看,未来事实会发生。[③]

11-007 根据《欺诈法》第2条的规定,行为人是否可能会因虚假"承诺"会做某事而受到惩罚?

如果被告人表示他将或意图做某事来换取被害人的报酬,但无意遵守他的诺言,就虚假地表示了当前意图。他当前的意图是将来不做他承诺做的事。[④] 以打工的油漆工为例。他对雇主说:"明天我会给您的栏杆刷油漆;您能给我支付500英镑的工资吗?"雇主给了他钱。如果油漆工不意图从事该工作并通过这种虚假表示获得了(或试图获得)金钱,则根据该法第2条,他将被判犯有欺诈罪。他虚假地表达了自己的想法。如此一来,很明显,针对承诺的虚假表示与针对意图的虚假表示一样,都是本条的欺诈罪。假设雇主与油漆工之间的对话是这样的:

雇主:"我要把栏杆涂上油漆。你能保证明天为我做这些吗?"

油漆工:"是的,但是我需要500英镑以购买油漆。"

显然,效果与以前相同。换句话说,每个诺言都是承诺者意图遵守诺言的隐含表示,因为若承诺者不意图履行诺言,则诺言是没有意义的。该规则在一定程度上违反了传统原则,即不应使用刑法来规制合同。此外,无论被告人是否成功获得了财产(如预付款),《欺诈法》第2条均适用。

---

① *Edgington v. Fitzmaurice*(1885)29 Ch. D. 459.

② *British Airways Board v. Taylor*[1976]1 W. L. R. 13. Alan R. White,"Trade Descriptions About the Future",(1974)90 *L. Q. R.* 15.

③ *Commissioner of Police of the Metropolis v. Charles*[1977]A. C. 177 at 191;*Lewin v. Barratt Homes Ltd.*(2000)164 J. P. 182;*R. v. Sunair Holidays Ltd.*[1973]1 W. L. R. 1105.

④ *Young v. The King*(1789)100 E. R. 475. Cf. *People v. Abeel*,888 N. Y. S. 2d 696(2009);*People v. Houghtaling*,787 N. Y. S. 2d 733(2005). See also *R. v. Kanaris*[2005]Q. C. A. 473.

11-008 没有明确承诺是否一样？米卡伯(Micawber)在餐厅点餐，或在加油站加油，然后离开而未付费。

这些是立即付款交易，客户暗示他有能力付款并意图这样做。大法官里德表示： 1425

"如果……顾客在餐馆点餐，我们必须认为，他暗示他有能力付款并且结完账后才会离开。"①

这适用于所有通常的立即付款交易。当司机在自助加油站给油箱加油时，他暗示他意图在开车离开前付钱。正是在这个基础上，他才被允许自我服务。同样，如果食客在餐馆里吃东西，则他暗示他意图付钱。如果餐厅的用餐者在用餐后承认他没有现金，并且没有对错误或健忘作出合理解释，这将有力地证明他在用餐时并不意图支付。同样，有悖诚信的意图可以通过紧接着的行为来证明。如果用餐者匆忙离开餐厅而没有付款，他随后的行为就是他在进行交易时有悖诚信意图的证据②(但如果他有钱支付，警察可能不会起诉他，因为警察可能会认为被告人可以提供健忘的证据，以致会被无罪释放)。这些假设是欺诈行为的例证，但在特殊情况下，指控的犯罪将是逃单。③

11-009 如果某人实际上无意实施该计划，那么他是否会因虚假地许诺自己会实施非法的暴富计划而受到《欺诈法》第2条的惩罚？

当然。欺诈者所承诺的事情的"非法性"不是对欺诈指控的辩护。旧法的一个例子是，某妇女因承诺卖淫而获得了预付款，实际上无意提供该预期服务。④

11-010 行为暗示虚假表示。

是否通过行为作出表示是由陪审团审议的事实问题，但能否从被告人的行为中推断出表示是由法官裁决的法律问题。⑤ 合同法、侵权法和刑法的案例说明了虚假表示是如何由行为暗示的。穿制服的人(就像当年牛津和剑桥大学校服足以获得当地商店的赊账)是在暗示，他属于赋予他穿制服的社会权利的组织。⑥ 如果他穿着制服试图获得赊账，无论他是否成功，他可能犯下《欺诈法》第2条规定的欺诈罪。

同样，餐馆侍者在该餐馆卖酒，这暗示他卖的酒属于该餐馆(不属于他

---

① *D. P. P. v. Ray*[1974] A. C. 370 at 379. Cf. *R. v. Nordeng*(1975) 62 Cr. App. R. 123 at 126. *Maple Leaf Macro Volatility Master Fund v. Rouvroy*[2009] 2 All E. R. 287 at 366.

② Cf. *R. v. Aston*[1970] 1 W. L. R. 1584.

③ Section 3 of the *Theft Act* 1978.

④ *R. v. Caslin*[1961] 1 W. L. R. 59; *R. v. B*(1953) 27 A. L. J. 745.

⑤ *Commissioner of Police of the Metropolis v. Charles*[1977] A. C. 177 at 186-187.

⑥ *R. v. Barnard*(1837) 173 E. R. 342; *R. v. Robinson*(1884) 10 V. L. R. 131.

自己)[①],在咖啡馆点了3道菜并吃光的食客,暗示他会付钱,[②]旅馆的客人暗示他会在住宿结束时付房费,[③]庄家暗示他会付钱给赢家,[④]驾驶教练暗示他
1426 是合格的注册驾驶教练,等等。[⑤] 民事法庭认为,农民把牛送去市场,他暗示牛没有病,适合像其他牛一样正常出售,[⑥]但在刑事案件中是否应该承认这样的默示,还有待商榷。

11-011 是否存在有权出售的暗示?艺术品经销商在购得一幅高价值的画后,发现它是被盗物。他将该画出售给一个无辜的购买者,而没有告诉他这是被盗品,后来该购买者不得不将其归还给真正的所有者。该艺术品经销商是否通过不披露绘画是被盗物而构成欺诈?

是的。刑事法院认为,应由陪审团决定卖方行为是否暗示从法律上看卖方是能够转移其意图转移的所有权。[⑦] 因此,构成了通过虚假表示进行欺诈。如果属于《欺诈法》第2条中的罪行,则无须考虑艺术品经销商是否通过不向购买者披露所有权缺陷而实施欺诈。

11-012 但是,当普通人在商店里买画作时,想法是把它带回家。他没有想到某个陌生人出现在现场并主张所有权。那么,被告人保持沉默意图达到什么目的呢?

法院可能会给出的答案是,被告人为了虚假地表示他是这幅画的合法主人而保持沉默,这样做是为了谋取利益。他企图虚假地表明这幅画是他自己的,自己享有无瑕疵的所有权。即使被害人不是法律专业人士,也不从所有权的角度考虑,他会相信自己将有权"永远"享受这幅画作,这意味着没有其他权利人可以合法剥夺他的权利。这是他的错误信念。然而,根据《欺诈法》没有必要证明被害人形成了错误确信(或被欺骗)。被告人为了收益或给他人造成损失或损失风险而保持沉默,故意作出虚假表示就足够定罪。

针对所有权的默示是例外。卖方不得就其所售物品的质量或品质作出默示。民法对与这些事项有关的合同条款有所规定,但没有规定违反相关合同条款构成民事欺诈,刑法也不认为这是欺诈。如果根据《欺诈法》第2

---

① *R. v. Doukas*[1978]1 W. L. R. 372.

② *D. P. P. v. Ray*[1974]A. C. 370.

③ *R. v. Nordeng*(1975)62 Cr. App. R. 123 at 126;*R. v. Harris*(1976)62 Cr. App. R. 28.

④ *The Queen v. Buckmaster*(1887)20 Q. B. D. 182.

⑤ *R. v. Benli*[1998]2[1998]2 V. R. 157;*R. v. Miller*(1992)95 Cr. App. R. 421.

⑥ *Bodger v. Nicholls*(1873)28 L. T. 441. *Ward v. Hobbs*(1874)2 A. C. 13. Cf. *Roberts v. Leonard*(1995)159 J. P. 711.

⑦ Section 12 of the *Sale of Goods Act* 1979;*Eichholz v. Bannister*(1864)144 E. R. 284;*R. v. Timperon*[*No.* 2](1976)15 S. A. S. R. 1. *R. v. Edwards*[1978]Crim. L. R. 49.

条提起的检控的基础仅是所售物品质量不合格，且卖方对此明知，[①]法官原则上应将案件从陪审团处撤回。虚假表示不能仅仅因为买方发现真相时会感到不快而被暗示。但是，在这种情况下，可能有特殊情况表明卖方确实表 1427
示过该物品属于特定类型或处于特定状态，或具有特定的适用性（极端的例子可能是，被告人给车涂了一层新的油漆，以掩盖严重的腐蚀，目的是表示它处于良好的状态）。

尽管行为可以暗示虚假表示是常识（例如，行为人穿着牛津大学或剑桥大学学生制服的情况），但授予陪审团和治安法官判断默示的许可，将使他们在没有法官严格控制时，对于无披露义务情况下的纯粹保密判处刑罚；不幸的是，有时的确缺乏控制。认定真正通过言语或行为暗示的表述是一回事，仅仅因为被告人是流氓，就“认定”并不存在的所谓暗示则是另一回事。上议院的两项判决提供了惊人的例子：“大都会警察局局长诉查尔斯案”[②]（*Commissioner of Police of the Metropolis v. Charles*）和“女王诉兰比案”[③]。这两个判例建立的规则很简单：使用支票卡或信用卡的人向给予信贷的人默示他（持卡人）在与银行的合同条款内行事，尽管给予信贷的人对这个问题不感兴趣。不能否认该规则是政治性的，因为借此将使欺诈者被定罪。但是，是否应该因这种法律解释而被定罪是另一回事，因为这牵涉到将默示的概念延伸到合理范围之外。

11-013 “大都会警察局局长诉查尔斯案”与支票（保付）卡。全世界都知道（或者至少全世界阅读银行支票卡背面的人都知道），银行向支票接收者承诺，只要支票符合支票卡上的某些条件，银行将兑现支票。按照条件开出的支票的收款人与出票人的银行账户状态无关，这只是出票人与银行之间的事情。因此，可以认为，根据支票卡条款有效的支票的出票人不能因此而对提供信贷的人作出虚假表示。这是因为企业不信任客户，他们要求银行提供担保。

在“大都会警察局局长诉查尔斯案”中，被告人在明知总额大大超过了允许透支额的情况下，凭他的支票卡开了一系列支票。一家俱乐部的经理收到了支付筹码的支票，但他对这笔超额款项一无所知，并没有进行任何询问，因为他不认为这件事与俱乐部有关（因为，在财务上，的确无关）。查尔斯被判通过对赌博俱乐部使用默示欺骗手段获得透支（由于银行兑现支

① the *Consumer Protection from Unfair Trading Regulations* 2008. See for example, regulations 5 and 6 and the corresponding offences in regulations 9 and 10. See *R.* (*on the application of Donnachie*) *v. Cardiff Magistrates' Court*[2009] All E. R. 158.

② [1977] A. C. 177.

③ [1982] A. C. 449.

1428 票)。这属于通过欺骗俱乐部经理,从他的银行获得利益(透支)的案例。查尔斯没有被检方根据1968年《盗窃法》第15(1)条的规定指控利用同样的欺骗手段从俱乐部获得筹码,但根据法庭的推理,他显然也构成该罪。

在“查尔斯案”中,上议院认定欺诈是基于查尔斯所作的暗示表示,即他在信用额度内行事。大法官迪普洛克提出:①持卡人“通过向收款人出示支票卡……向收款人表明他具有银行的实际授权,可以代表银行与收款人签订合同,即银行见票就承兑”。

如果这种暗示只是为了使交易具有商业效力,当然应该这样做;但这不是唯一的办法。背面有条款的支票卡是银行直接向凭卡接受支票的人提供的一般要约。持卡人是要约的接受人,但和刊登著名的“卡莱尔和坎伯兰银行公司”(Carlisle and Cumberland Banking Co.)广告的报纸,或是向该银行公司的代理布拉格夫人(Bragg)出售一份报纸的卖报人一样,②不必被视为银行的合同代理人。如果查尔斯的银行将支票卡背面的条款写在信中,然后直接寄信给每一张支票的收款人,情况也是一样的。即使持卡人是银行代表其订立合同的代理人,其代理(使银行对收款人负责任的权利)也不包括他与银行之间的合同中所述的限制。无论持卡人是否遵守其规则,银行都对收款人负有责任。

11-014 “女王诉兰比案”与支票卡无关,涉及的是信用卡,这个判决与“查尔斯案”受到的批评大致相同。这两种卡的主要区别在于,信用卡的发卡银行提前与愿意接受其信用卡的特定供应商签订长期合同。关于滥用信用卡设施是否涉及刑事犯罪的问题,白厅早就有过讨论,但没有人作过任何处理。因此,当兰比女士在一家母婴护理店疯狂购物,使用巴克莱信用卡超过她的信用额度时,有人选择牺牲这位可怜的被告人以澄清法律。尽管兰比违反了银行的规定,但母婴商店不会受到伤害,因为该商店仍然可以根据
1429 与银行的合同向银行索赔。处理此事的母婴护理部经理按照信用卡合同行事得当,没有收到兰比无权使用信用卡的通知。结果,兰比被判犯有以前一项有悖诚信地通过欺骗获得金钱利益的罪行。

上诉法庭在上诉时裁定,兰比没有就她使用该卡的权利向商店作出任何默示。因为受到了与银行签订的合同的保护,这家商店对这个问题不感兴趣。把商品赊销给穿着牛津大学校服的人的超市售货员,一定认为此人是研究生,但母婴商店的经理并没有推定兰比是在信用卡额度范围之外消费,因为她不关心这个问题。事实上,这位经理证实了这一点。“我不在意客户和巴克莱银行之间发生了什么。”上议院撤销了上诉法院的裁决,恢复

① *Commissioner of Police of the Metropolis v. Charles*[1977]A. C. 177 at 182.

② *Carlisle & Cumberland Banking Co. v. Bragg*[1911]1 K. B. 489.

了定罪判决。

大法官给出的理由遵循了“大都会警察局局长诉查尔斯案”的原则。在上议院看来，兰比默示，银行授权自己与商店订立合同（作为银行的代理人），该合同不是兰比的购物合同，而是涉及巴克莱银行向商店承诺付款的从合同。

11-015　这种看待问题的方式比“查尔斯案”要困难得多。在信用卡交易中，银行和母婴用品店之间已经存在一份合同，而兰比没有参与其中（银行方面表示，无论其客户是否有悖诚信，都将支付母婴护理店的费用）。合同只在持卡人购物时生效，这一事实并没有使持卡人成为银行的责任代理人。因此，兰比是银行代理人的见解是多余的且没有根据的。信用卡使用协议是由商业律师精心起草的，这些协议没有任何内容表明持卡人在使用信用卡时作为银行代理人在任何权限内行事。从合同法的角度看，可以赋予信用卡制度安排完全的效力，而不必暗示任何这样的代理。看来，上议院所宣称的这一默示代理的唯一目的，是要将有悖诚信的持卡人定为欺诈罪。在任何其他方面，持卡人都不是银行的代理人。为了在银行和商店之间建立关系，不需要任何默示代理，因为这种关系已经在银行和商店之间的合同中确立。银行之所以对商店负有责任，不是因为持卡人代为签约，而是因为银行直接与商店签约。

如果一定要认为兰比向商店表示，银行将根据现有安排向商店付款，那么她的表示是真实的。银行愿意而且确实支付了商店的货款。对兰比的批评不是她骗了商店，而是她骗了银行；但是，与甲打交道的被告人向甲暗示，他没有骗乙，因为甲在被告人是否实施这一欺诈行为的问题上没有金钱利益，这种说法显然十分有力。2006 年《欺诈法》第 2 条不要求实际欺骗；被告人是否向被害人作出虚假表示，而不是向利益无关的第三方作出虚假表示，也不重要。被告人所要做的就是作出虚假表示，意图获益或造成损失等。 1430
这克服了“女王诉兰比案”中提出的一些问题，但又提出了另一个问题，即兰比是否能够满足虚假表示欺诈罪的犯意要求。毕竟，她“故意”向这个利益无涉的店主暗示什么，是值得怀疑的（下面将很快回到这个问题上）。

11-016　您是不是认为，如果兰比从母亲的钱包中偷走了现金，她花钱的举动就会虚假地表示她没有偷钱，从而使她对欺诈负有法律责任？

适当的指控是盗窃，而不是盗窃后使用这笔钱进行欺诈。显然，如果行为人偷了现金，就不会在每次花费一部分现金时都进行欺诈。在这种情况下，所谓的默示不足以成为欺诈罪的根据，因为《欺诈法》第 2 条要求进行虚假表示是为了收益或给他人造成损失或损失风险。如果兰比偷了现金，则后来默示钱没有被盗（或未作其他披露），不能被认为是意图牟利或对他人造成损失的默示。收益是在最初盗窃钱款时获得的,后来用货币兑换商品的交易不能让她再次从原始被害人那里获得收益,①也不会导致进一步的损失。

以前所有默示的情况,都涉及对所谓表示人重要的事项。虚假表示必须旨在获益或给他人造成损失。被告人的收益与他的虚假表示之间必须有某种可责性的联系。被告人必须意图制造虚假印象,并且意图如此行事的目的必须是获益或给他人造成损失或损失风险。

11-017 您是不是认为,事实上兰比并非为促成购物而意图虚假表示?

她极有可能不意图暗示自己没有欺诈自己的银行,因为她没有必要这样做。

如被告人有意识地选择穿上制服,虚假地表明其身份,以牟取他不能以其他方式获得的利益,则符合《欺诈法》第 2 条的规定,因为他不仅有意借默示作出虚假表示,而且亦有意借该虚假表示牟取利益。看来兰比并不认为自己有必要作默示的虚假表示来获得利益。她很可能认为没有必要为了透支而作出这样的表示,因为是银行而不是店主有权阻止她透支。如果她把信用卡交给店主,说:“我要用未经授权的透支来支付这笔钱,我要花好几个
1431 月才能付清呢。”店主就可能不会为其提供服务了吗?

只要可以证明持卡人有意作出这种表示以获取收益或造成损失等,法院没有理由不认为持卡人暗示其行为得到了银行的授权(无论行为人有无如此行事对所谓的受表示人无关紧要)。如果这种表示在因果关系上不被需要,甚至没被被告人考虑过,就很难证明被告人(明示或默示)作出这种表示的目的是为自己牟取利益,或给他人造成损失。认为兰比谎称她不是为了获得特殊利益而欺骗银行是不合逻辑的。她很可能一直在想,她要为透支的钱付多少利息。她可能真的相信(正如许多破产者所相信的那样),她只是在没有银行事先批准的情况下向银行借款。是否存在故意虚假表示,也值得怀疑。兰比没有必要含蓄地表示,“我没有用赃款”,从而从中收益。

11-018 相反,可以认为,通过允许店主(无辜代理人)在处理信用卡/借记卡付款的机器上挂出商品,并在读卡器中插入个人识别密码以进行付款,被告人错误地向该机器作出表示,即他对磁卡读卡器显示屏上的金额的欠款有权利。她有必要提出这一主张以使交易生效。她知道读卡器屏幕上的商品价值,并且在明知自己没有足够的钱来支付商品的情况下输入自己的个人识别密码,因此可能触犯《欺诈法》第 1(2)(a)条和第 2(5)条。

11-019 在支票的情况下,“故意”(暗示)虚假表示更容易被识别,因为支票的接收者在确定(表面审查)支票是否有可能被兑现方面存在利益。因

---

① Cf. *R. v. Hamilton*(1991)92 Cr. App. R. 54.

此,被告人有必要默示该支票将被兑现。

在“女王诉黑泽尔顿案”①(*R. v. Hazelton*)中一个问题得到了解决,即当某人签发支票时,可以认为他默示地表示该支票是用于支付所述金额的有效命令。该案被裁定时,并没有关于意图的表述,因此必须以这种方式表述默示表示,以使其看起来像是对外部事实的表述。但如果适用《欺诈法》,这就不构成问题,因为可以允许一般性的暗示表示,即出票人意图并期望支票兑现,这现在是指导陪审团的合理方式。

在“检察长诉戈麦斯案”②中,一位熟客要求一家电器商店的副经理戈麦斯提供货物,以换取两张被盗的建筑协会支票。支票的价格分别为7950英镑和9250英镑,并且未注明日期,也没有收款人的名字。戈麦斯同意,准备了一张符合被盗支票金额的货物清单,并将其提交给商店经理吉尔伯德(Gilberd)先生。他告诉吉尔伯德先生,这张支票代表一位名叫杰哈尔(Johal)的先生发出的真实订单,并要求授权出售以换取被盗的支票。吉尔伯德先生指示被告人向银行查询以确认支票的有效性,而戈麦斯当然没有这样做。戈麦斯虚假表示银行已告诉他支票“没有问题”。戈麦斯将支票存入公司的账户,但是两张支票都被银行盖了公章后退还:“不予兑付。被盗支票。” 1432

在这种情况下,戈麦斯明确表示支票可被承兑。他表示自己已经向银行确认支票是有效的,不存在违规行为。同时,他的同伙默示他们拥有为支票付款的账户,有权提取支票单上所载金额,并且支票是要求支付所载金额的有效命令。这些支票是被盗取的,是无效的,因此不可承兑。

11-020 如果支票是有效的支付命令,是否会被承兑?

不一定。出票人可能在开出支票后暗中有停止付款或清空银行账户的意图。支票开出时是有效的指令,但出票人并没有兑现的意图。又或者他可能给出一张支票,但他故意漏签,希望收款人不会注意到;这里所说的支票根本就不是一张支票,所以也许不会涉及“女王诉黑泽尔顿案”。在上述情况下,出票人都会因为其所作出的一般意思表示,犯有欺诈罪。

在刚才所述的各方面,“女王诉黑泽尔顿案”的表述过于狭隘;但有时过于宽泛,或者无论如何都具有误导性。所开具的支票可能是有效的支付命令(账户中没有资金,也没有透支安排),因此给出这张支票似乎是违反了“女王诉黑泽尔顿案”的表述。但假设出票人基于他以前与银行的交易信用,银行事实上会给他足够的透支额度,从而会兑现透支的支票;或者假设他意图在开出支票前将钱存入银行,或者相信第三人(他的雇主)会这样做,

① (1872-75) L. R. 2 C. C. R. 134.

② [1993] A. C. 442 at 453.

以使该支票能被兑现。[①] 在这种情况下，出票人意图并期望支票能兑现的默示表示，是真实的；而且无论如何，出票人不能犯欺诈罪，因为并未有悖诚信。

简言之，正如里德法官所说的那样，现在的法律是"如果没有任何相反的说法，法律意味着支票的给付人表示支票将得到兑现"。[②]

——意思是说，他所表示的意图和期望是，支票将被兑现。

11-021 这些论据显示"女王诉黑泽尔顿案"的表述是对法律的误导性陈述，应予修改。在该案中，[③]被告人开出了一张以他的银行为付款人的远期支票，被告人是否因此触犯以前的欺诈罪的问题，显示了之前的想法仍然
1433 存在。法院认为可以认定为欺诈罪，但提出的理由是，支票的开出意味着表示，即在开出支票之日的事实状况表明，在支票上写明的日期当天或之后，支票将被兑现。这个理由不能令人信服，也不符合事实。开具远期支票的人，承诺支票在所载日期之后出示时，便会兑现，但他并不保证他已经安排银行兑现。虽然支票是远期支票，骗子仍可根据《欺诈法》第 2 条被定罪，其真正理由与一般欺诈者出具无效支票（无论是否是远期支票）违反该条的理由相同，即他不意图兑现支票。

11-022 《欺诈法》第 2 条是否提供了解决"女王诉普雷迪案"相关问题的方案？

旨在诱使他人通过电子方式转移资金的虚假表示显然属于《欺诈法》第 2 条的规制范畴。根据该法第 2 条，被告人无须以获得"属于他人"的财产为意图而作出虚假表示。他只需意图让被害人承受损失风险即可。如果被告人通过谎称自己的年收入为 10 万英镑获得了大笔抵押借款，而事实上他的年收入仅为 1.5 万英镑，那么抵押贷款资金以电子方式转入他的银行账户，从而为被告人创造了新的动产，而这个新的动产从未属于抵押权人，这一点并不重要，因为抵押权人遭受了损失，或者至少面临着损失的风险。[④]

11-023 机器怎么会被误导呢？

《盗窃法》中规制欺骗的条款都是针对人的欺骗而制定的。[⑤]《欺诈法》

---

① *Commissioner of Police of the Metropolis v. Charles*[1977] A. C. 177 at 185, *Commissioner of Police of the Metropolis v. Charles*[1976] 1 W. L. R. 248 at 254.

② *D. P. P. v. Turner*[1974] A. C. 357 at 367. *Commissioner of Police of the Metropolis v. Charles*[1977] A. C. 177 at 182, 186, 191.

③ *R. v. Gilmartin*[1983] 2 W. L. R. 547. Cf. *R. v. Greenstein* [1975] 1 W. L. R. 1353. *R. v. Cabalza*[2002] 172 C. C. C. (3d) 436.

④ *R. v. PS*[2007] EWCA Crim. 2058; *R. v. Preddy* [1996] A. C. 815. Cf. *R. v. White*[2014] 2 Cr. App. R. 14.

⑤ *Davies v. Flackett*[1973] R. T. R. 8; *R. v. Cooper*[1979] Crim. L. R. 42; *Holmes v. Governor of Brixton Prison*[2005] 1 W. L. R. 1857 at 1862.

第2(5)条对这一点作了根本性的改变,引入了一项认定条款。该条规定认为,为牟取利益等目的向机器提供虚假信息,即为欺诈。这项新的罪行,意味着不再存在证明机器"可以被骗"的问题。随着科技的发展,欺诈者无须欺骗人(相对于机器而言)就可以"营业",如网上银行设施、自动提款机等。如果被告人将金属垫片放进香烟自动贩卖机,[①]意图获得免费香烟,他可能会被控犯下《欺诈法》第1(2)(a)条及第2(5)条规定的欺诈罪。如果被告人关闭了自己的银行账户,并使用过期的借记卡继续从自动取款机取钱,因为自动取款机无法辨别他是否有活期账户或账户是否有贷记,取款人将会违反该法第2(5)条。[②] 此外,如果被告人向机器输入虚假信息以获得服务,则可能要对欺诈行为负责。如果被告人到当地的酒馆,将垫片放入台球桌的投币槽中,以获得免费的台球游戏服务,根据该法第11条的规定,可能要承担欺诈责任。 1434

假设被告人受雇于"英国皇家税收与关税局"(H. M. Revenue & Customs),还假设他有资格通过输入用户名和密码进入该办公室的电脑,并有权在电脑中输入"减免代码",以免除某些纳税人的税款,但只有在"由有权减免的人员向纳税人提供减免时,才可以这样做"。[③] "减免"是指纳税人免于缴纳税款。被告人擅自免除纳税人的税款,是否构成欺诈罪?

澳大利亚出现过一个不同寻常的案件,即"吉尔莫诉检察长案"[*Gilmour v. Director of Public Prosecutions*(*Cth.*)][④]。税务局的一名雇员19次在计算机中输入数据,表明某些纳税人已获得减免缴税,尽管他知道事实并非如此。澳大利亚税务局"减免科"负责审议纳税人提出的减免缴纳所得税的申请。但是,只有该部门的专业人员(大概是经过培训的会计师)才能给予减免。一旦有适当资格的人给予减免,纳税人的申请就会被送到数据输入人员手中,让他输入"减免代码"来实现减税。

11-024 被告人曾19次输入减免代码,尽管他无权"给予减免"。被告人持有一个用户名和密码,有权进入税务局的电脑,但只能为了输入数据而进入电脑。他只有在被授权豁免特定纳税人时,才获准输入减免代码"43"。值得注意的是,被告人并不意图为自己牟取利益。相反,他之所以豁免是因为"希望加快进程,工作量大,以及担心在确定减免申请时出现不一致的情况"。[⑤]

---

① *R. v. Hands*(1887)52 J. P. 24;R. v. Mark(1922)18 Tas. L. R. 36.

② *Cf. Kennison v. Daire*(1986)160 C. L. R. 129;*R. v. Baxter*(1988)27 A. Crim. R. 18;*Shields v. New South Wales Crime Commission*(2007)177 A. Crim. R. 130.

③ *Gilmour v. Director of Public Prosecutions* (Cth.)(1995)125 F. L. R. 114 at 116.

④ (1995)125 F. L. R. 114.

⑤ *Gilmour v. Director of Public Prosecutions*(Cth.)(1995)125 F. L. R. 114 at 116.

11-025 他会不会因违反2006年《欺诈法》第2(5)条而获刑?

如果他输入虚假信息的目的是为自己或纳税人牟取利益,或给税务局造成损失或损失风险,他就应当被判刑,但是必须证明他的意图是造成损失或使其雇主面临损失风险。

110-026 虚假的信息没有被机器接收到进而没有造成损失或获得收益,如何处理?

举个例子,被告人拿着室友的借记卡购买飞往澳大利亚的机票,以便参加表哥的婚礼。假设他进入澳洲航空的网页,打开相关的电子表格,输入所有的信息和室友的借记卡信息,但由于他忘记了婚礼的日期,所以没有点击"付款"选项。但是他把表格保存在个人电脑上,同时打电话给他的表哥问询婚礼的日期。他只需将信息保存下来,这样他就不用重新输入所有的数

1435 据。假设他得到结婚日期后,突然感觉很害怕,决定不买了。他已经把资料输入到机器里,但机器不能产生收益,或造成损失。

11-027 在个人电脑中输入虚假信息是否足以成为根据《欺诈法》第2(5)条定罪的理由?

不,这甚至不是未遂。这似乎仅仅是预备行为。① 他必须通过点击澳洲航空公司电子表格中的"支付选项"来实现交易。他的个人电脑不是必须接收该虚假信息才能实现这笔交易的机器,被害人银行的电脑(可能还有澳洲航空公司的电脑)才有能力实现这笔交易,而且只有在接收到该虚假信息的情况下才能实现这笔交易。被告人必须试图将该信息提供给银行电脑。如果被告人在没有将该信息从他的电脑上电子化地传输到银行的电脑上时,就点击了支付选项,因为他忘记输入必需的信息了,如使用的借记卡类型等,那么很有可能是未遂。如果是骗子通过普通邮件邮寄虚假表述的行为被抓到,可能不难证明是诈骗未遂,但如果是他试图以电子方式发送,结果被退回,则难以证明诈骗未遂,因为虚假表示还没有离开他的个人电脑。

被告人将他人的借记卡资料储存在其电脑中,与他利用该资料以电子方式作虚假表示是有区别的。前者与被告人通过将被害人的借记卡资料写在纸上,对其加以记录没有什么区别。即使不需要向被害人传达,也必须作出表示。② 如果没有作出表示,至少应该企图作出表示。不幸的是,电子形式的表示"未遂"(即被退回的电子电文)的记录方式,几乎无法使证明被告人企图作出虚假表示成为可能。

储存信息不是企图作出表示。同样,在私人笔记本上写下谎言,意图在以后的欺诈行为中对其加以使用,并不构成虚假表示,因为这些谎言并没有

---

① *Comer v. Bloomfield* (1971) 55 Cr. App. R. 305; *R. v. Ilyas* (1984) 78 Cr. App. R. 17.

② Section 2(3)(b) of the *Fraud Act*.

向任何人表示，写下这些谎言供将来使用，也不等于企图向他人表示。虚假信息必须向某人或某物表示。如果没有虚假表示，就不符合“犯行”的要求。当被告人邮寄谎言或用电子邮件发送谎言时，他作出了表示，因此构成虚假表示。正是表示信息的行为使其由单纯的储存信息的行为变成了作出虚假表示。然而，存储他人的银行信息可能违反 2006 年《欺诈法》第 6 条，因为该信息将构成可用于实施欺诈的工具。 1436

第 3 节　继续和连续的意思表示

11-028　假设被告人向被害人作出了意思表示，在作出表示时误以为是真的。事后，他知道该表示的不真实性后，又凭借该表示从被害人处获得财产，并且没有向被害人透露真实情况。

被告人的犯意必须与作出虚假表示同时存在。根据现有法源，法院很有可能根据《欺诈法》第 2 条的规定，要求被告人承担法律责任。法律上的问题是，被告人的表示是否可以被视为继续，直至表示的相对方据此采取行动。概括地说，接受持续表示原则将满足此情况，即在作出表示和表示相对方据此采取行动之间的情况中发生重大变化。这个问题可能以两种方式之一出现：

第一种方式是，作出意思表示的主体，在作出表示时错误地认为自己的表示是真实的，但后来得知表示不真实，然后根据表示的内容接受向其提供的财产。

第二种方式是，表示在作出时实际上是真实的，但后来表示人在收到财产之前就发现该表示变得不真实。

在第一种情况下，犯罪行为先于（或似乎先于）犯罪心态。在第二种情况下，犯罪的外在要件之一（表示的虚假性）在表示时或先于表示时缺失。

在这两种情况下，只要认定被告人通过“继续”或“再次”作出某种行为，以暗示的方式作出表示，就可以克服根据《欺诈法》第 2 条定罪的困难。就决定是否可以作出这种暗示而言，区分两类情况可以带来便利：一是被告人在得知真相后接受财产（或试图接受财产）的情况（可以称之为双边取得），二是被害人寄给他财产，被告人被动接受的情况（单方取得）。

11-029　在双边取得中，被告人（如）到被害人那里去接受后者手中的财物。在这里，陪审团很有可能会被鼓励认定被告人在取得时作出默示，以重申其先前的表示。由于当时他是知道真相的，所以他将构成虚假表示欺

诈罪。最主要的案例是“雷伊诉桑珀斯案”(*Ray v. Sempers*)[①],该案涉及以
1437 欺骗手段逃避债务,而这是一项法定罪行,已被《欺诈法》第2条取代。在该案中,学生雷伊进入一家餐馆点了一餐饭菜,其当时的想法是诚实的。吃完饭后,他决定“欺诈”该餐厅。他在餐桌前停留了10分钟,等到服务员暂时离开时逃走。上议院的多数意见裁定,雷伊以欺骗手段逃避债务;欺骗手段包括坐在餐桌前,直到服务员转身离去。当雷伊坐在餐桌前时,服务员认为他是诚实的,并没有催促付款或报警;这种认为是错误的,是雷伊故意为之的,是对他的意图的虚假表示。他是在表示自己即将付款,而实际上他的真实意图是逃避应当支付的债务。

本案仅限于特殊的事实,因为雷伊的虚假表示并不是由他的消费行为,而是由后来在餐桌前停留10分钟的行为默示的。正是该事后行为暗示了他意图付款。如果没有该事后行为,就不能认为他犯了虚假表示欺诈罪,因为他在吃饭时意图付款。正是他的事后行为和他新形成的不为他的餐费付款的意图,使他先前将付款的暗示成为虚假。

11-030 假设被告人在当地的加油站加满了油,后来意识到忘记带钱包而无法付款。假设他决定唯一的解决办法是不付钱就匆匆离开,并在加油站的工作人员注意到他之前这样做了。假设工作人员是在当天晚些时候被其他顾客暗中告知之后,查看店内的监控录像时才发现被告人的犯罪行为。被告人是否构成虚假表示欺诈罪?

不构成,你还记得汽油进入被告人的油箱后所有权立即转移,如果被告人在加油时是诚实的,他就成为了汽油的合法所有者。最重要的是,他在没有作出虚假表示的情况下获得了所有权,因为他在给车加油时意图付钱。他默示的内容是真实的,并且在他形成有悖诚信的意图之前就取得了所有权。《欺诈法》第2条规定,作出虚假表示的目的是牟取利益,或者给他人造成损失或者损失风险。被告人基于诚实意图获得了收益,所以不能认为他作出虚假表示以牟取利益——收益已经被取得。

此外,本案与“雷伊诉桑珀斯案”不同,这位加油的司机并没有为了逃避债务而作事后表示,只是在未被发现时潜逃。如果他在事后作出虚假表示,如承诺返回来支付柴油的费用而其无意这样做,他将构成欺诈。在“雷伊诉桑珀斯案”中,雷伊和其他学生为了使人相信他们意图支付饭钱而在桌前逗留的继续行为暗示了第二种表示,即债务将被偿还。该表示完全独立于雷伊先前的表示,即他将支付这顿饭的费用,而先前的表示是从他吃这顿饭的行为中默示出来的。雷伊的犯意与他意图支付账单的第二次继续虚假表示

① [1974] A. C. 370.

同时存在。

在第二种情况下，即单方取得（或单方取得未遂），被告人为取得财产而作出意思表示，事后发现其虚假性，没有采取任何行动，如果该财产被邮寄给他，就意图从邮递员或其他承运人那里接受该财产。在这里，被告人在订购货物时，由于缺乏犯意，所以不存在虚假的默示。但是，他知道自己的表 1438
示是虚假的后，通过不透露真相而"利用"了该表示，因为他的故意沉默意味着该表示仍然是真实的。正是因为他已经声称某件事情是真的，所以他的默示意味着他的表示仍然是真的。他保持沉默，是为了默示他的表示是真实的；而且这样做的目的是获得收益或给别人造成损失等。例如，在"女王诉莱伊案"（*R. v. Rai*）[①]中，莱伊申请让地方当局为其年迈的母亲安装一个价值 9500 英镑的浴室。地方当局批准了他的申请，并组织了一个承包商来做这项工作。然而，莱伊的母亲在工程开始前就去世了。莱伊并没有告诉地方当局母亲已经去世的消息。相反，莱伊一直保持沉默，而承包商在他的房子里建造了一个新的浴室，费用由地方当局承担。

11-031 莱伊并没有否认他在建筑工程完成后才将其母亲的死讯告诉委员会。但律师为他争辩说："他没有法律或合同上的义务通知委员会，仅仅保持沉默或不行动不能构成这种行为。"[②]上诉法院驳回了这一论点。莱伊保持沉默，是直接作出了虚假的表示："因为他知道，地方当局仍然认为母亲会占用该处所……按常识性和目的性解释，我们认为，'行为'一词确实涵盖了积极的默许，即像本案中的被告人所做的那样，在明知的情况下让工程继续进行。"莱伊通过保持沉默，使他之前的真实表示——要给他的母亲装个浴室——虚假。

这种方法的主要优点是，适用于那些只要被告人作出了某种最初的真实表示，就没有披露真相的法律义务的案件。假设就《欺诈法》第 2 条的目的而言，不承认被告人通过保持沉默以暗示最初的真实表示继续是真实的，使其最初的真实表示虚假的说法，但仍然可以认为，表示人在知道其表示的虚假性后试图接受财产的，可认定为盗窃罪。

11-032 如果被告人作了数次虚假表示，会不会被定多个欺诈罪呢？

不一定。这取决于数个虚假表示是否与同一事件有关。假设被告人声称他的古董劳斯莱斯只行驶了 3 万英里，曾经属于乔治六世，车况良好，而且有人出价 10 万英镑。而事实是，它跑了 35 万英里，从未属于乔治国王，结构有问题，发动机破旧，从来没有人曾经出价购买。尽管存在接二连三的虚假表示，但只有一个欺诈行为。被告人只试图把车卖给一个被害人。如果他

---

① (2000) 1 Cr. App. R. 242 at 244-245.

② *R. v. Rai* (2000) 1 Cr. App. R. 242 at 245.

向几个客户作出同样的表示,那么他可能要为进一步的欺诈行为负责。就某一名被害人而言,陪审团必须就"单一"表示是否属于虚假表示达成一致意见。[①] 仅有一半陪审员同意有关里程的表示是虚假的,而另一半陪审员则认为有关该车属于乔治国王的表示是虚假的,这是不足够的:陪审团必须一
1439 致认为这些"表示"中最少有"一个"是虚假的。

11-033 如果被告人每次都基于获得同一项收益的意图而作多个虚假表示,他是否每次都实施了新的欺诈行为呢?

从技术层面而言是的。以不合格的驾校教练为例,他有100个学员,因为他向每个学员虚假表示自己是合格的教练。毫无疑问,他对每个顾客的虚假表示,都是出于一个获利和给该顾客造成损失的目的。至于每个学员,他只作了一次连续的虚假表示。他谎称自己有资历,从而可以了解每个学员的习惯,然后在每次提供驾驶课程并收取更多费用时,继续进行虚假表示。[②] 至于向独立客户作出的独立表示,是独立的(持续性)[③]虚假表示,每一项均构成虚假表示欺诈罪的犯罪行为。检方可以慈悲为怀,根据2006年《欺诈法》第9(2)(b)条,以"为欺诈性目的"经营业务为由,指控其犯有单一罪行。[④]

11-034 一定要坚持绝对硬性的真理吗?各种轻微的弄虚作假,都是在生意场上常用的伎俩,比如说虚假的名头。这些会不会触犯《欺诈法》第2条?

你可能想到的是"自吹自擂"(puffery)。至于名头,英国的法律规定是自由而简单的。"勋爵"乔治·桑格经营着一个马戏团,他只是纯粹以贵族的头衔来称呼自己。"猫王"的经纪人安德烈亚斯·科内利斯·范·奎克将自己改名为汤姆·帕克上校,但他的"上校"军衔是真的。一个人如果愿意的话,可以给自己起新的名字,或者用事业名、职业名,很多女性在结婚时还会改名。但是,如果能证明是为了试图骗取利益而冒用名字,那么就可以认定这是欺诈行为。一个例子是,人品不好的人为了骗取信任而冒用其他人的名字。

下列意思表示一定是假的。很明显,如果被告人在明知项链是6K金的时候,告诉被害人是15K金,那么他的表示显然是不真实的。[⑤] 这不是纯粹

① *R. v. Brown*(1983)79 Cr. App. Rep. 115. *The Queen v. Lewis*[2010]EWCA Crim. 496 at para. 52.

② *R. v. Benli*[1998]2 V. R. 157.

③ *R. v. Nelson*[2010]2 W. L. R. 788 at 803.

④ *Morphitis v. Bernasconi*[2003]2 WLR 1521; *In Re Gerald Cooper Chemicals Ltd.*(*In Liquidation*)[1978]Ch. 262 at 267.

⑤ *The Queen v. Ardley*(1865-72)L. R. 1 C. C. R. 301.

的吹牛，而是对现有事实的虚假表示。如果巧合的是东西本身没有问题，骗子可能会被控欺诈未遂，但不可能被定为欺诈罪。[①] 他只是虚假表示欺诈罪未遂，并且奇怪的是，他可能犯了盗窃罪。 1440

11-035 模棱两可的话，该怎么处理？

如果说话的人像《麦克白》中的女巫一样，“说话模棱两可”，意图让人以其不真实的意思来理解自己的话，便是虚假表示。

假设被害人进入当地购物中心的“私人”停车场，在那里停车的第一个小时不收费。假设被害人不知道的是，在这里停车超过1小时的人将被处以巨额罚金。[②] 让我们假设他停留了1小时10分钟，违反合同的行为被摄像头发现。在几天之内，他收到了一封邮件，上面写着“停车收费通知”（地方政府发出的罚金通知几乎是一样的，只是它们被称为“罚金收费通知”）。让我们假设通知书上写着，如果14天内没有支付100英镑的款项，将再加罚40英镑。

显然，这种类型的发票（发票，因为在法律上就是发票）会产生误导，尽管它没有明确声称是地方当局的“罚金收费通知”，但给人的印象是它就是“罚金收费通知”。不但使用了相同的“收费通知”的字眼，而且还索要不相称的惩罚性赔偿。声称应支付惩罚性赔偿金，也是虚假表示，因为私人公司不能因为标准的违约行为而要求这种过高的（惩罚性）赔偿金。[③] 过多收费是盗窃行为。[④] 这样的通知是有误导性的，因为给人的印象是不缴费可能会导致刑事诉讼，以及停车公司“以某种官方身份”[⑤]被授权收取和执行惩罚性罚金。很多人都会认为所威胁的诉讼是刑事诉讼，而不是民事诉讼。如果发票的设计是为了给人以私人公司是以某种官方身份行事的印象，显然是有误导性的。

11-036 通知书只是一张发票，但给人的感觉是国家认可的罚单。超时10分钟的费用大概是50便士，而停车公司最多可能要花2英镑，开出一张标准发票[有的人（律师）意识到这些停车收费通知书只是发票，就问停车公司为什么要收100英镑的超时10分钟的费用？对此，该公司通常会声称制作发票的费用为100英镑]。这也是一种虚假的说法。我们经常收到书本和其他物品的发票，我们知道，一家商店如果要花100英镑开具发票，就不可能提供30英镑的书的发票。

---

① *R. v. Deller*(1952) 36 Cr. App. R. 184.

② *Thornton v. Shoe Lane Parking*[1971] 2 Q. B. 163; *Interfoto Picture Library Ltd. v Stiletto Visual Programmes Ltd.* [1989] Q. B. 433.

③ *Dunlop Pneumatic Tyre Co Ltd. v. New Garage & Motor Co Ltd.* [1915] A. C. 79.

④ *R. v. Williams*(2001) 1 Cr. App. R. 23.

⑤ Section 40 of the *Administration of Justice Act* 1970.

这属于合同约定的事情,因此公司的通知只是一张发票,要求对方支付超时停车的费用。这类发票已经误导了成千上万的驾车者,他们毫无疑义
1441 地支付了发票。该公司只有权就超时停车的费用获得合理的赔偿,通常最多也就几英镑。发票上应明确写明这是发票,只要求对超时停车费的合理赔偿。这些公司通常知道自己是在欺诈,因为他们已经在法庭上被揭发,[①]但仍然继续他们的做法。即使他们的错误被指出来,他们仍会继续发出具有威胁性的信件。当停车公司一再威胁要提起法律诉讼,并一再要求支付某人未欠下的惩罚性赔偿金时,可能会被起诉为骚扰行为。[②] 希望这些公司中的一些能够根据 2006 年《欺诈法》被起诉,因为这种做法仍然很普遍。

11-037　如果只是说了一个小小的谎言,算是欺诈行为吗?一个人可能为了使租购交易顺利达成,把自己的周薪夸大一半,或者自己只是租客,却说自己有房子,这算不算犯罪?

是的。从理论上讲,法律要求绝对的真实和充分的诚实;但警察不太可能起诉琐碎的虚假表示。你所举的例子不是小事。你的朋友和谎称自己的收入比实际收入高一倍以获得 50 万英镑抵押贷款的人有什么区别?[③] 虚假性是等价的,不诚信是等价的——唯一的区别在于他所要获得的财产的价值。至少就潜在的危害性而言,后者是更严重的违法行为。

11-038　但用点花言巧语是真的没有问题吗?

刑事法院和民事法院都有过纵容性的判决,大意是,仅"自吹自擂"(模糊的夸大)并不构成虚假表示。[④] 广告商不断暗示某款产品会使人看起来年轻 10 岁;他们知道人们不会相信,但有些人可能会相信。法律不能严格对待任何普通人[⑤]都会意识到是异想天开的表示。即使是 1968 年的《商品说明法》(相当普遍地禁止虚假商品说明),也被认为特定商品有"额外价值"的声
1442 明不违反本法。[⑥]

虽然法律并没有关注这种失实的意见表示,但只有在表示过于浮夸或明显异想天开以致不能被认定为具有欺诈性的情况下,才会如此。现在,法院比以前更愿意认为:

· 即使用夸张和情绪化的语言加以表达,也可以是对事实的陈述;以及

---

① Martin Delgado, "Judge quashes 300 Parking Fine … because it set out to frighten and intimidate the driver", (London: *The Daily Mail*, 22 March 2008).

② *Ferguson v. British Gas Trading Ltd.* [2010] 1 W. L. R. 785 at 799 per Sedley L. J.

③ *R. v. Preddy* [1996] A. C. 815

④ *Wolkind v. Pura Foods* (1987) 151 J. P. 492; *R. v. Bryan* (1857) 21 J. P. 372. K. R. Handley *et al.*, *Actionable Misrepresentation* (London: Butterworths, 2000).

⑤ Regulation 5(2) of the *Consumer Protection from Unfair Trading Regulations* 2008.

⑥ *Cadbury Ltd. v. Halliday* [1975] 1 W. L. R. 649.

· 对特定事项发表意见的人默示地表示他确实持有该意见，因此，如果显然他不可能持有该意见，则属于虚假表示欺诈行为。

“诗意的”语言被解读为事实表示的一个例子：当一辆外观良好的不合格汽车被描述为“漂亮的汽车”时，这被认为是一种虚假的商品描述，因为它很可能被认为意图指汽车的运行，而不仅仅是汽车的外观。[①]

11-039 如果被告人在为一项虚假表示欺诈罪抗辩时说：“我没有说这是一颗钻石，我只是说我认为这是一颗钻石。”那如何处理？

在大多数情况下，如果被告人说“我不确定这是不是钻石，但我认为可能是钻石”，被害人是不会把被告人的话太当回事的。如果是钻石，被害人很可能会要求提供证据或专家意见。然而，如果被告人在明知某块石头不是钻石的情况下，却通过谎称该石头是钻石表示自己的意见，则是对现有事实的虚假表示。[②] 但是，并非所有的虚假意见都会引起责任。如果作为艺术专家的被告人说：“我已经研究过这幅画，并认为这幅画肯定是卡拉瓦乔的作品。”但事后发现自己弄错了，他并不构成欺诈。他可能存在过失，[③]但如果他在作出评估时真的相信这是卡拉瓦乔的作品，那么他就是在没有有悖诚信的情况下作出了虚假表示。他的意见是基于他的真实想法。

11-040 如果在被告人看来，自己的身价比其他工友高，能够多收钱吗？

他可以多收钱，但可能会被控以盗窃罪或欺诈罪。如果他诚实地说：“我的收费是其他工匠的3倍，因为我相信我的工作特别出色。”因为他“诚实地”行事，就不需要对欺诈罪或偷窃罪负责。尽管如此，他不会有太多的客户。在“女王诉西尔维曼案”（*R. v. Silverman*）[④]中，两名年迈未婚女子被一名电工收取了过高的费用。该电工已为他们做了15年的工作，因为两位老人相信高收费反映了他所做工作的市价。事实上，他所收取的费用是市价的3倍以上。法院认为，电工作出虚假表示，内容是所收取的费用是公平 1443
和适当的工作费用；他这样做是有悖诚信的。他知道他所收取的费用事实上并不接近这些服务的市场价值，因此他不可能真正认为他的报价是公平合理的。

11-041 如果被告人公司向顾客收取的费用比市场价高10%，如何处理？他是否有义务告知其潜在客户他的收费比竞争对手高？

根据常识，他没有此种义务。在不太极端的情况下，必须优先考虑“买

---

① *Robertson v. Dicicco*［1972］R. T. R. 431.

② *Cf. The Queen v. Francis*（1872-75）L. R. 2 C. C. R. 128.

③ *Cramaso LLP v. Viscount Reidhaven's Trustees*［2010］CSOH 62 at para. 90. *Food Co. U. K. LLP*（*t/a Muffin Break*）*v. Henry Boot Developments Ltd.*［2010］EWHC 358（Ch）.

④ （1988）86 Cr. App. R. 213.

主购物自行小心原则”。如果超额收取的费用过高,显然引用刑法不会过于严苛。尽管在“女王诉西尔维曼案”中提到了信任关系,但根据《欺诈法》第2条的规定,所需要的只是虚假表示。在“女王诉劳伦斯案”[①]中,劳伦斯与意大利学生之间先前并没有任何交易,但劳伦斯谎称出租车费是公平和适当的乘车费用,这种表示的应受谴责性不亚于西尔维曼对其工作价值的表示。如果一个人的收费比他的竞争者高10%,甚至高20%,这并不一定意味着他虚假地表示他的收费是对工作或货物的公平和适当的收费,因为这种定价差异肯定是在公开市场上合理和公平的范围内。如果是受规制的市场(例如的士收费是受监管的),则可能不是。但在公开市场上,价格确实有10%~20%的差异,甚至更多。这可能是人们货比三家的原因。

一罐印有哈罗兹(Harrods)[②]商标的酥饼要比印有玛莎百货(Mark & Spencer)[③]商标的酥饼贵得多:这到底是营销还是多收钱?当一位女士以4万英镑的价格购买了一个爱马仕铂金包时,她可能会意识到,这款包的生产成本并没有那么高。[④] 很显然,这种情况下不存在虚假表示。设计师产品收费高得离谱是常态,而正是极高的售价,为这类产品提供了大量需求。用来营销这类商品的虚假名人炒作,也不具有误导性,因为普通人都知道这是无稽之谈。像“女王诉劳伦斯案”这样的案件,要证明被告人作了关于公平合理的车费的虚假表示并不难,因为出租车收费是有规定的。只有当被告人的收费显然严重高于市场平均水平时,才有可能出现过度收费的情况,就像“女王诉西尔维曼案”一样。真正的危险将出现在边缘案件中,因为陪审团
1444 将不得不裁定狡猾但有悖诚信的特定做法是否也是违反《欺诈法》的。[⑤]

第4节 收益与损失

11-042 《欺诈法》将那些利用欺诈行为牟取利益或给他人造成损失或损失风险的行为定为刑事犯罪。该法的适用范围非常广泛,因为它对未遂的欺诈行为与已完成的欺诈行为的处理方式没有区别。因此,不论某人是否成功获得利益或导致损失等,均须负欺诈罪的法律责任。此外,被告人的收益不必要与被害人的损失相符。被告人也不必获利或企图获利。只要他

---

① *Lawrence v. Commissioner of Police of the Metropolis*[1971]A. C. 626.

② 哈罗兹(Harrods):英国伦敦的哈罗兹百货商店,已有130多年的历史,如今已经是全欧最有特色的百货商店。

③ 玛莎百货(Mark & Spencer):简称:M&S,是英国最大的跨国商业零售集团,亦是英国代表性企业之一,在英国零售商当中具有最高的盈利能力。

④ *Scoble v. Lee* (1690) 2 Show. K. B. 32.

⑤ *R. v. Mandry*[1973]1W. L. R. 1232.

利用欺诈行为给他人造成损失或使他人面临损失的风险就足够了。例如，如果被告人知道自己的腿有缺陷，在医疗保险申请书上谎称自己的腿是健康的，他就使保险公司面临损失风险。他也获得了收益，因为保险公司方面会认为其理赔概率小，从而让其缴纳更便宜的保费。

但有的情况可能是，某人并不意图获利，而只是意图给他人造成损失或损失风险。

假设被告人因为被害人和他的女朋友有染而对被害人心生不满。被害人拥有一家酒厂，被告人为了报复，便散布谣言，称被害人的葡萄酒受到危险农药的污染。再假设被告人这样做的目的是使人们停止购买被害人生产的葡萄酒。①

由于被告人作出虚假表示的目的是给被害人造成损失或使其面临损失风险②，因此，他可能要承担欺诈责任。

11-043 如果被告人的造谣没有效果，因为被告人有爱撒谎的名声，以及被害人第二天就拿了一个名酒奖，那如何处理？

欺诈罪不要求造成损失。被告人因为意图给被害人造成损失而构成欺诈罪。

收益或损失必须是金钱或其他财产的收益或损失。如果被告人以欺诈手段诱使被害人与他发生性关系，他就没有获得财产利益或导致财产损失。同理，如果医生以虚假表示诱使他人“接受免费医疗服务”③，他不构成欺诈罪，因为该法只保护财产利益。如果某人以欺诈手段取得没有任何金钱价值的秘密资料，例如他室友的裸照，根据2006年《欺诈法》，他并没有犯欺诈罪。不是因为秘密信息不属于盗窃罪意义上的财产，④而是因为他拍摄照片的目的不是谋取金钱利益或造成金钱损失。 1445

秘密资料不被承认为根据《盗窃法》第4(1)条的财产并不重要，因为只要它具有金钱价值，就会受到欺诈条款的保护。必须证明被告人获取秘密信息的目的是获取经济利益，或者给他人造成经济损失或损失风险。如果被告人利用欺诈手段获取秘密信息，以牟取经济利益或造成经济损失，则构成欺诈。在“检察长诉威瑟斯案”(*D. P. P. v. Withers*)⑤中，被告人利用欺诈手段获取第三人的秘密信息。在该案中，被告人明显地获得了经济利益，因

---

① *The King v. De Berenger*(1814) 3 M. S. 67. *The King v. Parsons*(1762) 1 Wm. Bl. 392. *J. W. Cecil Turner*, *Russell on Crime*, (*London*: *Steven & Sons*, *Vol. II*, 1958) at 1689.

② *Mo Yuk Ping v. HKSAR*[2007]3 H. K. L. R. D. 750; *Wai Yu-Tsang v. The Queen*[1992]1 A. C. 269; R. v. Allsop(1977) 64 Cr. App. R. 29.

③ *Cf. Bolitho v. Western Australia*(2007) 171 A. Crim. R. 108, R. 108.

④ Section 4(1) of the *Theft Act* 1968.

⑤ [1974]2W. L. R. 26.

为他们从事的是收集这些资料的业务,并从中获得利润。这类行为现在受《欺诈法》第2条规制。

然而,还是应该有一些限制。如果行为人假装自己被强奸或抢劫,从而浪费了警察的时间和资源,①她就给警察部门造成了损失。但造成纳税人的损失似乎太间接,②不足以证明她的行为构成欺诈。对于这种不法行为,最好通过指控一种更具体的罪行来处理,例如妨碍司法公正。在许多这类案件中,被告人的行为并不是为了获得利益或给警察部门造成损失,因此缺乏相关犯意。

11-044 如果被告人为他所获得的收益(或他所造成的损失)支付了充分的对价,肯定不会犯欺诈罪。

被告人支付全部对价的事实表明,被害人没有遭受金钱损失或损失风险。这也表明被告人没有获得任何金钱利益。在某些情况下,被告人的欺诈行为会使他购得法律禁止他购买的财产。被告人可能谎报年龄购买酒精或伪造处方以获取药品。③ 尽管规定的是未完成罪的犯罪形式,但《欺诈法》旨在保护财产利益。这就提出了一个问题,即当被告人为其试图获得的财产支付充分对价时,欺诈导致的"出售"会被规制。从金钱上讲,当被告人支付所购货物的市场价值时,不会获得净收益。同样地,在金钱方面,当被告人支付货物的市场价值时,不会给对方造成净损失。

假设被告人欺诈性地在处方中增加服药次数以获得他无权获得的药物。同时假定他出示了处方,付了全款,甚至给药剂师留下了一大笔小费。

他是否意图获得财产收益或给药剂师造成财产损失或财产损失风险?看来是这样的。药剂师被骗交出财产(药品)来换取"替代"财产(金钱),要不是被告人的欺诈,他是不会这样做的。被告人作出虚假意思表示,意图获
1446 得药品这一替代财物。④

11-045 根据《欺诈法》,没有必要发生实际的收益或损失。所需要的是,被告人作出虚假意思表示的目的是获取利益或造成损失(或使他人面临损失的风险)。这就是该被告人伪造处方的意图吗?显然,他作出关于药品应得数额的虚假表示,是为了获得他所没有的财物:药品。他可能意图通过支付全额对价对药剂师的财产损失给予充分的补偿,但这确实改变了药剂师不再拥有药品的事实。让我们再举个例子来对此加以说明。

---

① *The King v. Manley*[1933]1 K. B. 529;*R. v. Cotter*[2003]Q. B. 951.

② Dennis J. Baker,"Collective Criminalization and the Constitutional Right to Endanger Others",(2009)28(2)*Criminal Justice Ethics* 3.

③ the *Forgery and Counterfeiting Act* 1981.

④ Section 5(3)of the *Fraud Act* 2006.

假设被告人是毕加索画作的忠实爱好者，他试图从某位老人那里购买一幅毕加索的画作，但他的提议被拒绝了，因为这幅画是传家宝，被害人想把它传给家庭成员。

如果被害人仅仅因被告人谎称自己是被害人失散已久的家庭成员而接受了他的出价，那么他为这幅价值200万英镑的画支付300万英镑是否属于欺诈？

法院很可能会认为被告人意图通过获得毕加索的画作来获利，因为这幅画是他所没有的。慷慨的付款并不能改变该事实。很明显，被告人为了得到毕加索的画作，作了虚假表示。钱被交给了被害人，所以就这幅画的价值而言，被害人并没有受到损失，但他已经失去了他那珍贵的画。被告人的收益是得到了一幅他以前没有的罕见名画。

11-046　在"女王诉帕克斯案"（*R. v. Parkes*）①中，被告人作为债权人，用敲诈手段迫使债务人还清债务。法院认为被告人虽是债权人，但仍然获得了收益，因为他得到了比已经拥有的更多的现金。② 收益意味着获得，无论是否盈利，也不管是否提供了足够的金钱补偿。

一个人可能会作出虚假表示，以收回他所认为的真实债务，或阻止另一个人反驳他所认为的毫无根据的主张。就欺诈罪而言，作出虚假表示以说服债务人不在民事诉讼中答辩以收回债务可能构成一种收益。此外，如果 1447
被告人有悖诚信地试图阻止被害人让一个独立的裁决者来裁决这个问题，他可能很难证明自己的行为是诚实的。法院不仅必须确信被告人认为他有权使用有悖诚信的手段来收回债务，而且还必须确信被告人认为使用这种手段来阻止被害人提起民事诉讼以质疑债务是适当的。③

11-047　如果被告人只导致被害人遭受暂时的财产损失，该如何处理？
《欺诈法》第5(2)(b)条涵盖"任何此类收益或损失，无论是暂时的还是永久的"。这意味着，通过出示无效驾驶证租到汽车，意图在出租结束时归还汽车的人，可以被根据该法第1(2)(a)条和第2条定罪。他暂时获得了财产，而如果不作虚假表示，他将无法获得该财产。同样，如果被告人滥用信托地位，为自己的利益借用信托资金，以将其投资于非法计划，即使设法归还资金，也应承担欺诈责任。④

---

① [1973] Crim. L. R. 358.

② *Attorney-General's Reference* (*No.* 1 *of* 2001) [2002] 3 All E. R. 840 at 849. *R. v. Bennett* (1914) 9 Cr. App. R. 146; *R. v. Potger* (1971) 55 Cr. App. R. 42; *R. v. King* [1987] Q. B. 547. *Balcombe v. De Simoni* (1972) 126 C. L. R. 576.

③ *R. v. Kastratovic* (1985) 42 S. A. S. R. 59 at 65.

④ Cf. *R. v. Fernandes* [1996] 1 Cr. App. R. 175.

第5节 犯 意

11-048 《欺诈法》第2条要求何种主观心态?

如果没有获利或给他人造成损失,或给他人造成损失风险的意图,虚假表示本身就不足以构成欺诈罪。此外,作出虚假表示的被告人必须明知"它是"虚假的或"可能是"虚假的。如果行为人作出虚假表示,意图获得收益或造成损失,有必要证明他事实上知道自己的表示是虚假的或可能是虚假的。

11-049 这是否意味着,如果被告人对相关情况的了解使他"意识到"他的陈述"可能"是虚假的,将适用《欺诈法》第1(2)(a)条和第2条?

是的。这一部分的立法要求被告人实际明知。该款规定:"明知它是或可能是不真实或误导性的。"你怎么能"明知"某事可能是不真实的?"可能是"一词前面有"明知"一词;因此,这不是"可能明知"的问题,而是"一定知道"它"可能是""虚假的"的问题。换言之,目前的事实必须足以让被告人知道他的陈述是虚假的,或者可能是虚假的。[①] 除此之外都不构成对这种盖然
1448 性的实际明知,[②]本部分立法要求对"是"和/或"可能是"的实际明知。

11-050 但不可能确切地明知任何事情,难道不是吗?

"明知"这个词意味着确定。如果被告人(男),谎称自己是女人,他肯定知道自己的表示是假的。同样,如果汽车修理工告诉被害人他在维修被害人的汽车时更换了机油和所有的滤清器,从事后的角度看,他实际上知道他是否真的更换了机油和滤清器。但并不总是能够确切知道一个表示是否是虚假的。如果有人问珠宝专家:"这真的是银茶壶吗?"珠宝商凭借自己在金属和标志方面的专业知识,可能会形成坚定的内心确信,认为这是银茶壶,但除非他把它带到实验室进行检验,否则他无法确定。如果他检验它,他就能说,"我知道它是银的",而不是"我相信它可能是银的"。

11-051 但是人不能"明知"某件事是"很可能的"(probability)或"可能的"(might be),难道不是吗?

好吧,如果你不确定某件事是真的,那么,你肯定明知它可能是虚假的。如果目前的事实使被告人不知道(或不相信)自己的表示事实上是真实的,被告人的行为就可能被该条规制,因为这意味着他明知它可能是虚假的。在许多情况下,被告人肯定自己的表示是虚假的,结果证明他是对的。在某些情况下,他可能认为这是假的,但事实证明是真的。在后一种情况下,他只对欺诈未遂负责。

---

① Actual Knowledge, see the discussion in Chapter 6.

② *R. v. Saik*[2007]1 A. C. 18.

11-052 您是不是认为，对于表示虚假性的主观轻率就足以构成责任的根据？

被告人不因轻率地不核实事实而承担责任；相反，他因作出他知道或相信可能是虚假的表示而承担责任。据认为，“可能是”(might be)意味着他必须明知他的表示“很可能”(probably)是假的，而不仅仅“可能”(possibly)是假的。行为人不应仅仅因为他相信虚假表示的可能性很小而被定罪。如果仅仅因为被告人意识到自己的表示有极小可能是虚假的而追究其责任，那么该条立法的触角就会伸得太远。如果被告人认为他的表示很可能是不真实的，就不应该假装它是绝对真实的，而是应该发出适当的警告。 1449

11-053 如果一个人被要求评估某珍稀手稿，[①]以确定是否是莎士比亚的真迹，如果其对于手稿真实性的错误认识发自内心，那么其是否作出了虚假表示？[②]

如果鉴定人不知道手稿实际上是假的，他就是在不认为它是赝品但不确切明知它是真迹的情况下，作出了虚假表示。不能仅仅因为他完全相信它是真迹，就认为其明知自己的虚假表示是真的，因为他所知道的关于真相的一切都是他的主观心态(因此，他知道他说的是他所相信的真相)。如果评估者错误地认为他的陈述是绝对真实的，那么将对手稿“可能是假的”这一事实缺乏“认识”。因此，不能认为其已经知道手稿可能是假的；理性人是否已经意识到手稿潜在的虚假性也无关紧要。相关立法要求的是行为人实际明知其表示极有可能是虚假的。如果评估员被职业傲慢蒙蔽了双眼，就不能认为其故意作出了可能是虚假的表示。所有的证据都能让陪审团推断被告人不知道他的陈述可能是虚假的。在任何情况下，被告人不是有悖诚信的，都是充分的抗辩事由。

如果评估员对其陈述的绝对真实性有重大怀疑，就是意识到手稿很有可能是虚假的。他只有在此后的表示中包含自己的疑虑，才能作出真实表示。很难想象可信的鉴定人不把自己的疑虑说清楚。如果他这样做的话，他的陈述是真实的，因为他是在陈述关于他的主观心态的真相，“我认为这是真实的，但我不能绝对肯定”。即使他的猜测是错误的，他也诚实地陈述了他的真实确信。古文字学家、古董商、艺术品鉴定师等专家只能作出合理

---

① W. H. Ireland, *The Confessions of William Henry Ireland* (London: Printed by Ellerton and Byworth, for T. Goddard, 1805).

② *R. v Lynn*(1788) 2 Term Rep. 733; *Ralph Morris's Case*(1586) 2 Leo. 53. *Eden v. Whally's Case* (1553) 1 Dyer 88.

的估计,这样的专家比谁都清楚,几乎不可能对古董作品的真伪有绝对明知。①

11-054 能否故意冒险?

是的,一个人可以故意冒险。如果被告人在赔率为 100∶1 的马上下注,他就是意图冒赔钱的风险。如果他用他基于信托持有的钱赌博,那么他一定是意图让他人承担损失的风险。② 同样地,如果被告人散布谣言的唯一目的是让竞争对手失去一些客户,那么毋庸置疑他意图至少让被害人面临损
1450 失的风险。

根据《欺诈法》第 2 条,被告人只需要意图让被害人的财产利益遭受风险即可。没有必要证明他实际上已经使对方的利益岌岌可危(岌岌可危是一种状态,但也可能被视为在被害人的财产利益实际上已经岌岌可危之后的结果),只需要试图这样做即可。你会想起那名税务局雇员,他通过随机输入的减免代码,使雇主面临损失的风险,因为这个代码的作用是随机免除纳税人缴纳所得税。③ 他可能无意造成实际损失的后果,但意图让雇主承担损失的风险。他可以抗辩称他无意拿被害人的财产冒险,只是轻率行事吗?可以,但由于他知道他输入的信息极可能是虚假的,并且可能会造成损失,陪审团很可能推断他意图让雇主面临损失的风险。

这是否意味着可以适用"间接故意"原则?从技术上讲,该原则不应被援引作为实际明知的替代,除非相关成文法明确承认间接故意可以被用来代替实际明知。④ 但如果不援引该原则,许多欺诈者都可能会逍遥法外。在有些情况下,只能说被告人间接故意地使被害人面临损失的风险。⑤ 例如,被告人并不意图使被害人面临损失的风险,但预见到损失的风险是他将被害人的钱投资于非法投资计划后的必然和不可分割的结果,等等。一旦被告人投资了,他一定预见到这笔钱会立即处于风险之中,因此他会立即使被害人面临损失的风险。如果被告人预见到从事特定行为的实际确定效果是被害人将面临损失的风险,他就应该承担责任,因为他意图用被害人的财产承担风险。当然这意味着,如果他仅仅预见到事态(损失的风险)的可能性,即使他已经实施了投资行为,也可能缺乏犯意。他可能预见到风险如此遥

---

① *Story v. Buffum*, 90 Mass. 35(1864) at 38 cited in *Attorney Grievance Com'n of Maryland v. Childress*, 364 Md. 48(2001) at 61. Cited also in Rollin M. Perkins and Ronald N. Boyce, *Criminal Law*, (Mineola, N. Y.: The Foundation Press, 3rd ed., 1982) at 865.

② *R. v. Fernandes*[1996] 1 Cr. App. R. 175.

③ *Gilmour v. Director of Public Prosecutions*(*Cth.*)(1995) 125 F. L. R. 114 at 116.

④ *R. v. Woollin*[1999] 1 A. C. 82 at 96–97. Section 44(2) of the *Serious Crime Act* 2007. Hansard, HC Public Bill Committee, 6th Sitting, 3 July 2007, col. 211.

⑤ *Zobory v. Federal Commissioner of Taxation*(1995) 129 A. L. R. 484.

不可及,以致不能认为他真的意图冒风险;但这也是故意冒险,他意图承担的风险非常低。在犯罪要素中列入损失风险,似乎只是为了使该罪成为行为犯。

11-055 误导性的表示。

在大多数欺诈案件中,如"检察长诉戈麦斯案"①,很明显虚假表示是被告人有悖诚信地作出的。戈麦斯事实上知道自己的表示是不真实的。"明知是虚假的"测试的第一方面,明确针对此类案例。第二个方面似乎是针对被告人知道他的表示极有可能是虚假的或误导性的,并为了自己的利益故意使无辜的一方遭受损失的风险的案件。但是,被告人本应知道自己的表示是虚假的,或者本应知道自己的表示可能是虚假的,还是不够的。被告人"必须明知"自己的表示是虚假的或可能是虚假的。

让复杂性进一步增加的是,该条还包括了对"误导性"陈述的明知。如果被告人故意告诉部分事实来作出误导性的陈述,那么要确定他是否知道这是误导性的就不难了。在复杂的案件中,要证明被告人知道他的真实陈述可能是"误导性的"将更加困难。

11-056 假设我要买一辆二手车,问卖主所有的小配件是否都能用。他回答说:"备用油箱不工作了。"这巧妙地规避了门锁、自动车窗和挡风玻璃雨刷也坏了的事实。

凡并无虚假表示,亦不能推定存在虚假表示,则被告人不构成《欺诈法》第2条所定的欺诈罪,除非其真实的表示具有误导性。如果被告人说出的半真半假的话具有误导性,陪审团或治安法官可能会认定欺诈罪。布莱克本曾经说过,在民事案件中:

"我认为,在任何情况下,这都必须取决于交易的性质,即未披露的事实是否被默示为不存在;而这通常必须是适格陪审团判断的事实问题。"② 1451

或者,正如霍夫曼大法官最近所说:"半真半假的表述,在不透露另一半事实的情况下,和'彻头彻尾的谎言'没有区别。"③一个人的沉默可能是对谈判中对他提出的提议的默认。例如,被害人可能会对销售人员说:"我正在寻找最快的电脑,听说是甲品牌电脑。"假设销售人员点头表示同意,尽管他知道这种电脑将在一周内被速度更快的型号取代。假设销售人员如此行为,是因为他想摆脱存货。显然,销售人员知道他目前的真实陈述是误导性

---

① [1993] A. C. 442.

② *Lee v. Jones*(1864) 144 E. R. 194 at 244.

③ *HIH Casualty and General Insurance Ltd. & Ors. v. Chase Manhattan Bank & Ors.* [2003] 1 C. L. C. 358 at 384 *per* Lord Hoffman citing Lord Macnaghten in *Gluckstein v. Barnes* [1900] A. C. 240 at 251. Cf. the facts in *Park's of Hamilton (Holdings) Ltd. v. Campbell* (2009) G. W. D. 1.

的,或者至少“可能”是误导性的。但刑法不应规制这种狡猾的做法。客户当然应该做些调查,并货比三家。尽管如此,在不太边缘化的案件中,被告人可能因有悖诚信地没有披露他有法律义务披露的信息而违反《欺诈法》第3条。如下所述,许多行为都符合2006年《欺诈法》第2条和第3条的规定。

如果被告人向被害人提供了非常技术性的信息,例如二手小型飞机的机械检查报告,情况可能会更复杂一些。在这种情况下,即使工程师不意图提供误导性的信息,客户也可能对飞机的确切状况以及修理飞机所涉及的潜在费用产生误解。如果工程师知道自己的报告可能会误导未经训练的外行,那么他以每个工程师都会使用的通常技术方式展示事实,就不是有悖诚信的行事。

11-057 被告人能否提出权利主张的抗辩?

2006年《欺诈法》没有明确纳入“权利主张”辩护。因此,权利主张必须作为一般诚实主张的一部分而加以提出。“有悖诚信”的一般概念可以用来否定特定欺诈罪的犯意要素。“女王诉高希案”[①]中阐述的有悖诚信原则适用于所有欺诈犯罪。行为人如果认为他有作出虚假表示以获取利益或给他人造成损失等的善意权利主张,就能够辩称自己并未有悖诚信。“女王诉高希案”确立的规则,包含了有悖诚信的双重测试标准,兰恩法官对其进行了如下表述:

· 陪审团首先必须根据正派且诚实的一般人标准,判断被告人所做的事情是否有悖诚信。如果按照这些标准,这不是有悖诚信,那么事情就结束了,控方败诉。

· 如果按照这些标准来看是有悖诚信的,那么陪审团必须考虑被告人
1452 本人是否一定意识到了他的行为按照这些标准来看是有悖诚信的。[②]

如果第二个问题的答案是否定的,检方的主张就又一次不能成立。该判决另外一个重要意义在于:兰恩法官借此机会确认,有悖诚信的检验,对共谋欺诈而言和对盗窃而言是一样的,而这一点此前一直存在疑问。[③] 在英国立法机关关于欺诈法案[④]的辩论中,“女王诉高希案”的测试标准适用于新的欺诈罪被明确指出。

法官并不总是需要对陪审团给出完整的“女王诉高希案”指示,但如果被告人提出诚实的权利主张,法官必须向陪审团表明,如果他们认为被告人

---

① [1982]Q. B. 1053.

② Kenneth Campbell,“The Test of Dishonesty in *R. v. Ghosh*”,(1984)43 *Cambridge L. J.* 349.

③ *R. v. McIvor*[1982]1 W. L. R. 409.

④ the Explanatory Notes to the *Fraud Bill*[H. L.]as introduced in the House of Lords on 25 May 2005.

的行为是诚实的，就必须对其加以无罪释放。[①] 鉴于《欺诈法》没有纳入权利要求条款，[②]法官必须注意提供明确的指示，以确保在"女王诉高希案"的测试标准中正确考虑有效的权利要求。[③] 1968 年《盗窃法》第 2 条对与盗窃有关的有悖诚信作了部分定义，但该条不适用于《欺诈法》第 2 条规定的犯罪，尽管陪审团不太可能更严格地解释后一种犯罪，因为他们缺乏权利要求条款的协助。尽管如此，最好在新的立法中纳入这样一项规定，因为这将在涉及明确权利要求的案件中提供更坚定的指导原则。

11-058　有一件事困扰着我。我可以看出，即使使用有悖诚信的"手段"（虚假意思表示）来实现财物的取得，也可以诚实地取得财物。怎么会有诚实的说谎者呢？

在欺诈案件中，有悖诚信有两个不同的层次。虚假表示型欺诈就是最好的例证，因为虚假表示的本质是有悖诚信的。无论是在哲学意义上[④]还是在法律意义上，这都属于客观上有悖诚信的行为。虚假表示是试图获取他 1453
人财产的有悖诚信手段。在第二个意义上，有悖诚信指的是被告人使用这种有悖诚信手段的意图。实际上，有悖诚信可以作为抗辩事由，因为法院会考虑被告人是否使用了有悖诚信的手段（虚假表示）以实现头脑中进一步的有悖诚信的目标或目的。这是立法所要求的，因为它规定虚假表示（有悖诚信的手段）必须是"有悖诚信地被作出的"。

因此，欺诈中有悖诚信的两个层次是：

1. 被告人作出虚假表示（即使用有悖诚信手段试图获得财产或给他人造成财产损失或损失风险）。

2. 被告人在作出虚假表示时，考虑到了有悖诚信的目的（获取利益或给他人造成损失或损失风险的目的）。如果他相信自己有权达到这样的目的，那么这个目的就并非有悖诚信。

被告人的有悖诚信的意图必须与被禁止的行为的潜在后果有关。这意味着，他获得收益或给他人造成损失或损失风险的意图，必须是有悖诚信的。这些后果不必发生，因为这是行为犯，但行为人必须希望其发生。这不仅仅是被告人是否故意犯下被禁止的行为（作出虚假意思表示）的问题，而

---

① *R. v. McAleer*[2002]EWCA Crim. 1776；*R. v. Woolven*(1983)77 Cr. App. R. 231.

② Cf. section 2 of the *Theft Act* 1968. Law Commission, Report 276, *Fraud*, (London, H. M. S. O., 2002), at para. 7. 69.

③ *R. v. Sanders*(1991)57 S. A. S. R. 102；*R. v. Timperon*(*No.* 2)(1976)15 S. A. S. R. 1；*Roberts v. Western Australia*[2005]189 F. L. R. 147 at 155.

④ Samuel W. Buell, "Novel Criminal Fraud"(2006)81 *N. Y. U. L. Rev.* 1971；Stuart P. Green, "Lying, Misleading, and Falsely Denying: How Moral Concepts Inform The Law of Perjury, Fraud, and False Statements", (2001)53 *Hastings L. J.* 157.

且是他在明知自己无权如此行事的情况下仍如此行事的意图是否是造成《欺诈法》第1(2)(a)条和第2条所禁止的后果的问题。

11-059 您是不是认为,如果被告人基于从小偷处获得被偷财物以便他可以将其返还给真正的物主的诚实意图,作了虚假表示(使用有悖诚信的手段),[①]他就没有实施有悖诚信的行为?

是的,[②]被告人作出虚假表示,是为了达到诚实的目的,而不是欺骗合法所有者的有悖诚信的目的。换言之,有悖诚信的表示是诚实地作出的,因为作出这种表示的目的不是有悖诚信地牟取利益或给他人造成损失或损失风险。

有悖诚信与被告人的动机有关。例如,"涉及两个或两个以上的人达成协议,以有悖诚信的手段取得他们认为合法有权取得的财产的行动,不属于共谋诈骗"。[③] 换言之,如果被告人作出表示是为了让他获得他认为无权获得的利益,[④]或造成他认为无权造成的损失,等等,并且被告人意识到根据普

1454 通人标准,他的做法是有悖诚信的,他就具备了虚假表示欺诈罪的犯意。[⑤]

这种观点使陪审团能够认定,尽管被告人在作出虚假表示的意义上是有悖诚信的,但他在取得(或试图取得)财物方面并不是有悖诚信的,因为他或者有权得到或者认为自己有权得到相关财产。这意味着法官告诉陪审团考虑被告人是否认为他有权通过欺诈获得相关财物是一种误导。"欺诈"一词必须省略。[⑥] 即使是了解整体法律的律师,如果获得或试图获得他认为他有权获得的财产,也不应根据《欺诈法》第2条被判定有罪。然而,在共谋诈骗案件中,"有悖诚信的手段"(如虚假表示)并没有被列为犯罪的犯行要件;因此,如果陪审团认定行为人的目的有悖诚信,则所使用的任何手段,即使在客观上有悖诚信,也可能足以构成定罪的依据。

11-060 如果行为人意图日后偿还欺诈所得的钱,是否依旧实施的是有悖诚信的行为?

是的。被告人意图偿还通过虚假表示获得的财产,并且实际偿还了,并不一定否定其行为的有悖诚信性。[⑦] 例如,行为人用无效的支票取得货物,并且在明知自己将来有能力付款的情况下意图将来再付款,如果他被认为

---

① *R. v. Williams*(*No.* 3)[1962]Crim. L. R. 111;*R. v. Sanders*(1991)57 S. A. S. R. 102. Cf. *R. v. Williams*(1836)173 E. R. 158.

② *Peters v. The Queen*(1998)192 C. L. R. 493 at 504.

③ *Peters v. The Queen*(1998)192 C. L. R. 493 at 508-509.

④ *R. v. McAleer*[2002]EWCA Crim. 1776;*R. v. Falconer-Atlee*(1974)58 Cr. App. R. 348.

⑤ *R. v. Théroux*[1993]2 S. C. R. 5.

⑥ *R. v. Salvo*[1980]V. R. 401.

⑦ *R. v. Kritz*[1950]1 K. B. 82 at 87.

是诚实的,那就大错特错了。自从"女王诉高希案"以来,这个问题就必须交给陪审团来认定,但如果法庭认为在这种情况下没有证据可以让理性的陪审团认定其行为是诚实的,显然更好。

同样,通过虚假表示获得他明知无权获得的预付款的人,即使意图偿还,也可以根据《欺诈法》第 2 条被定罪。在该法制定前的"哈斯泰德诉帕特尔案"(*Halstead v. Patel*)①中,帕特尔作为邮局直接转账账户持有人,明知该账户没有资金,也不允许支取现金,还是通过该账户开出了一张支票,以换取在邮局柜台收到的现金。法院认为,如果帕特尔意图在支票被出示之前将资金存入账户,这种意图可能会否定有悖诚信;但由于他的意图是要得到这笔钱,然后才通过向账户付款来偿还,因此构成了以欺骗手段获得金钱的欺诈罪,尽管其将该账户变为信用账户也不存在什么难度。 1455

本案说明了这样一个事实,即在需要立即赔偿(在本案中,通过向账户存入信贷)的情况下,延迟赔偿的意图可能无法否定有悖诚信。《欺诈法》第55(2)(b)条规定:"收益或损失……包括任何此类收益或损失,无论是暂时的还是永久的。"诚信的证明责任由被告人承担,在某些情况下,被告人可能提出证据支持他确实认为有权借取财产或金钱的主张。如果该主张得到有力证据的支持,控方可能难以反驳。

11-061　但是您认为如果获取财物的行为并非有悖诚信,被告人的表示有悖诚信并不重要。帕特尔意图偿还,因此取财行为是诚实的。

帕特尔没有权利主张。他知道自己违反了规则。显然,当行为人无权透支或获得临时信贷额度时,无法擅自这样做。

11-062　这不是权利主张的问题,而是诚实信用的问题。

是的:刑法修订委员会并没想到新的概念会比传统概念解释得更宽松。"哈斯泰德诉帕特尔案"由治安法官审理,其按照分庭的指示行事;法庭清楚地表明,帕特尔的行为有悖诚信。在今天,分庭法院无疑依然会持同样的观点。另外,如果案件提交陪审团审理,陪审团可能会得到自由裁量权。在1968 年《盗窃法》颁布之前,法律明确规定,偿还不当取款的意图一般不得被作为权利主张。当行为人通过故意夸大其业务价值而获得预付款时,尽管其真心相信投资者不会损失他们的钱,但会被判通过虚假陈述获得财产;②这在社会上被视为正确的做法。如果行为人利用虚假表示让他人面临损失的风险,那么他需要做的不仅仅是主张因为他乐观地相信他能够归还这笔钱,所以他的行为是诚实的。这种乐观的确信不足以证明诚实。适用"正派

---

①　[1972]1 W. L. R. 661. *R. v. Lewis*(1976)62 Cr. App. R. 206.

②　*R. v. Hamilton*(1845)1 Cox C. C. 244;*R. v. Carpenter*(1911)22 Cox. C. C. 618.

且诚实的一般人标准”，他的行为很可能被认为有悖诚信。[①] 许多欺诈行为是由那些把别人的财产置于危险之中的人所实施。

第6节 不披露信息型欺诈

11-063 2006年《欺诈法》第3条规定：

行为人违反本条，如果他——

(a)有悖诚信地没有向他人披露他有法律义务披露的信息，并且

(b)未能披露信息的目的在于——

(i)为自己或他人牟取利益，或

(ii)给他人造成损失或者使他人面临损失风险。

1456 **11-064 《欺诈法》第3条规定的犯行要素是什么？**

如果被告人不按照法律义务的要求披露信息，就满足了相关的犯行要求。如果没有虚假表示，也不能推定其存在，则一般的规则是，仅仅保持沉默不等于欺诈。这不仅是一项传统刑法原则，也是一项传统民法原则。[②] 欺诈所涉及的不仅仅是未揭示真相。除欺诈之外，还有各种民事补救措施，但沉默并不构成欺诈行为，除非有法律义务披露。沉默和主动欺诈之间的界限比最初可能出现的界限更难划清，特别是因为沉默规则不适用于虚假陈述可以真实被暗示的情况，如上文所述。但问题是，在没有任何明示或暗示的虚假陈述，也没有任何披露的法律义务的情况下，是否存在欺诈行为。

举个例子，某顾客在商店里看到某件商品的标价太低，以致他认为这是一个错误。他要这件商品，然后按标价买了下来。很明显，通过购买这件商品，他没有暗示价格方面没有错误，甚至没有暗示他知道价格有错误。他也没有做任何积极的事情来诱发卖方的错误。他只是把商店自己的错误表示呈现给它。因此，根据《欺诈法》第2条，他不构成欺诈罪(如果购物者自行更改价签，情况就不同了，因为他作出了虚假表示)。

11-065 这位购物者是否会因为没有向店主透露店主的错误而违反《欺诈法》第(2)(b)条和第3条？

不会。纯粹保持沉默，与积极地对货物的价值作出误导或虚假的表示的区别是相关法律的基础，应该得到严格维护，即使有时法院会面临对其加以放弃从而将混蛋送进监狱的诱惑。如果存在任何“推定的虚假表示”，或刑法规定的任何坦诚的道德义务，则应通过立法明确规定何时需要披露。

---

① Cf. *R. v. Fernandes*[1996]1 Cr. App. R. 175.

② *Smith v. Hughes*(1871)19 W. R. 1059；*Statoil ASA v. Louis Dreyfus Energy Services LP*[2009]1 All E. R. 1035. Cf. *People v. Jory*,443 Mich. 403(1993)；*People v. Johnson*,150 N. Y. S. 331(1914).

英国立法机关选择只将那些有法律上的披露义务不披露的人定为犯罪。购物者可能有道德义务披露明显的错误,但他们没有法律义务向店主报告标价错误。因此,在这里不适用《欺诈法》第3条。对于这样的购物者,也不适用第1(2)(a)条和第2条,因为他没有改变价格标签。[①] 把标错价格的物品交给收银员,并不是顾客的虚假表示。实质上,这仅仅是客户未能披露他对卖方自己向全世界作出的虚假表示的了解而已。 1457

11-066 尽管暗示表示原则的适用范围很广,但仍然无法通过该原则或披露义务条款打击某些情况。

如前所述,在某些情况下,如果发生了使一个人最初的真实表示出现错误的事情,该人将有义务对其加以说明。在“女王诉莱伊案”[②]中,被告人向地方议会作出真实的表示,即他年迈的母亲,有权享受纳税人资助的浴室。委员会批准了免费浴室安装申请,但他母亲在此期间去世了。仍然认为他母亲还活着的地方当局为被告人提供了浴室。这不是纯粹的不作为,因为被告人已经积极地作出了最初的真实表示。因此,后续的沉默意味着他最初的真实表示仍然是真实的。但由于上面提到的购物者没有作出最初的表示,因此无法通过保持沉默来使他从未作出的表示变得虚假。

作弊的赌徒将一张王牌藏在袖子里,或抛出一个灌铅的骰子,是通过欺诈赢得赌资吗?有人会这么想;然而,如果认为玩家暗示他没有把王牌放在袖子里,或者没有使用灌铅的骰子,那就太武断了。但他和别人一起玩的行为肯定暗示他不会作弊?[③] 如果不是,就没有人愿意和他一起玩了。如果博彩公司通过贿赂让骑师故意跑输大热的赛马,或者给他的马服用兴奋剂来“搞定”比赛,该怎么办?更加精妙的诡计是,赛马的主人让骑术不佳的选手参加比赛,在他身上下很大的赌注,然后秘密地为他换一匹更快的马。或者给人们最看好的马匹注射麻醉剂来增加自己赛马获胜的机会。在这种情况下,要认定暗示的表示,将对表示理论施加不可承受之重。这些人一般没有法律义务披露自己有悖诚信的行为。根据2005年《博彩法》第42条的规定,这些特殊的不当行为可以作为犯罪处理,这是一项全面的规定,涵盖了与赌博有关的所有欺诈行为。凡涉及两名或两名以上人士,即被控共谋欺诈。

但一般性问题可能会超出这些罪行的范围。在更直截了当的案件中,沉默将与积极的行为相结合,而后者显然是为了呈现虚假的画面。比如在

---

① *Per curiam*in *Kaur v. Chief Constable of Hampshire*[1981]1 W. L. R. 578 at 583D.

② (2000)1 Cr. App. R. 242.

③ Anthony Fitz-Herbert, *The New Natura Brevium*, (London: Printed for Henry Lintot, 1755) at 216.

搞笑的爱尔兰"吉尔诉麦克道尔案"(*Gill v. McDowell*)[1]中,被告人将一头公牛、一头小母牛和一只雌雄同体牛送往市场,巧妙地旋转它们,使买主认为它们都是单一性别(尽管在法庭上被害人说不清他认为自己买了两只公牛
1458 和一头小母牛还是两只小母牛和一头公牛,毕竟当时造成的困惑太大了)。这类案件适用《欺诈法》第3条(因为有义务披露)。如果牛被当作3头公牛卖给他,被害人也许可以提出损害赔偿的诉讼,因为被告人很可能负有披露动物性别的合同义务。鉴于被告人以其行为作出有关动物性别的虚假表示,检方最好根据该法第1(2)(a)条和第2条指控他欺诈,因为本条并未规定法院须指明披露"法律义务"的来源。

11-067 对于历史的回顾可能有助于对此加以阐明。以前,通过虚假表示获得财物的立法规制,[2]至少在理论上是以存在表示为前提的。还有一种常见的欺骗罪(不一定涉及表示),基本上被1968年《盗窃法》第15(1)条废止。《盗窃法》第15(1)条已被2006年《欺诈法》废除。前一项罪行只要求欺骗,没有规定欺骗必须采取明示或暗示的表示形式。很明显,《盗窃法》中这项犯罪的意图是欺骗应在被害人的头脑中植入虚假的确信;如果达到了这一点,那么无论是通过虚假表示的方式,还是通过所谓诡计的方式,都无关紧要——在任何一种情况下,被告人都应实施了积极的欺骗行为,而不仅仅是不披露信息。在上述案件中,欺骗是卖方,球员或赌徒使用的伎俩。这不仅仅是一种不作为,而是一种积极的欺诈行为。但是,除非这些类型的积极欺诈行为也可以适当地概念化为虚假表示,否则将不属于《欺诈法》第2条的规制范围。此外,如果无法确定披露的法律义务,此类案件也将不属于《欺诈法》第3条的范围。

11-068 何时产生法律上的披露义务?

如前所述,法院有时对盗窃法的解释过于宽泛,以致一个人通过有悖诚信地不披露某种信息而获得金钱或其他财物,即使这种不披露不影响交易的有效性,并且他获得了金钱或其他财物的完全有效的所有权,[3]也可能犯下盗窃罪。在这方面,法院没有在盗窃法中引入任何限制。如果适当考虑的话,《欺诈法》第1(2)(b)条和第3条并没有对欺诈责任给予很大的扩展,因为它只适用于有披露相关信息的法律义务的情况。然而,许多民法意义上的错误行为现在可能被纳入刑法的管辖范围。大多数披露的"法定义务"

---

① [1903]2 I. R. 463.

② *Rogers v. People*, 161 Colo. 317(1966); *Stumpff v. People*, 51 Colo. 202(1911); *Griffith v. State*, 3 Ga. App. 476(1908). Cf. *People v. Jory*, 443 Mich. 403, 416(1993). *Groening v. Opsata*, 323 Mich. 73, 84(1948). *United States Fidelity & Guaranty Co. v. Black*, 412 Mich. 99, 124-128(1981); *McMullen v. Joldersma*, 174 Mich. App. 207(1988). *State v. West*, 252 N. W. 2d 457(Iowa, 1977).

③ *R. v. Hinks*[2001]2 A. C. 241.

都可以在民法中找到。有些案件涉及刑法上的披露义务,但违反这类义务本身通常就是犯罪。[①] 如果更具体的罪行涉及不披露,则援引该法第3条就是不必要或不适当的。 1459

法律上的披露义务可能建立在下列原则基础上:[②]

· 受托责任(例如,受托人和受益人;代理人和委托人;律师和委托人;雇主和雇员等)。[③]

· 最大诚信义务(在保险合同中作出适当披露的义务等)。[④]

· 合同明示或暗示的义务。

· 法定义务,如公司承担的与招股说明书有关的义务。[⑤]

· 可被提起法律诉讼的未披露(也就是说,将使被害人有权起诉要求损害赔偿或撤销交易等的未披露)。[⑥]

法院一直不愿在盗窃法中考虑民法概念,但就欺诈罪而言,法院似乎别无选择。法院的出发点是确定法律义务的来源。是否违反法律义务是陪审团审议的事实问题。侵权法中会规定一些法律义务,但大部分法律义务将以"信托"原则和合同法原则为基础。例如,在"女王诉佛斯案"(*R. v.* 1460
Firth)[⑦]中,妇科顾问医生没有告知医院病人是他的私人病人,从而避免该病人为医院服务付费。外科医生承担披露病人是他的私人病人的明确合同义务,但他没有这样做,因此,这种沉默将违反《诈欺法》第3条。此外,在"女王诉莱伊案"[⑧]中作出的这种持续性表示,如果作为合同谈判的一部分作出,也将违反该法第3条:

"在[合同]谈判过程中所作的表示可以被视为持续性的表示。这一现代原则的权威法源是'维斯诉奥弗拉纳甘案'(*With v. O' Flanagan*)。在该案中,合同双方就出售一家医疗机构进行了谈判,卖方向买方表示,该机构的年收入为2000英镑。合同是几个月后签订的,但在此期间情势变更,由于供应商生病,该诊所收入大幅减少。但卖方未将情况的变化向购买者披露,当买主开始占有该医疗机构时,发现该机构几乎没有收入。上诉法院认为,

---

① Section 111A of the *Social Security Administration Act* 1992. *R. v. Lancaster*[2010] EWCA Crim. 370.

② Law Commission, Report 276, *Fraud*, (London, H. M. S. O., 2002) at 64.

③ *Imageview Management Ltd. v. Jack*[2009] Bus. L. R. 1034, where D breached a fiduciary duty by failing to "disclose" a secret commission.

④ *HIH Casualty & General Insurance Ltd. v. Chase Manhattan Bank*[2003] 1 C. L. C. 358.

⑤ the *Financial Services and Markets Act* 2000. Section 119 of the *Companies Act* 2006.

⑥ *Shogun Finance Ltd. v. Hudson*[2004] 1 A. C. 919 at 931 *per* Lord Nicholls. Cf. *Ainscough v. O'shaughnessey*, 346 Mich. 307, 316(1956).

⑦ (1990) 91 Cr. App. R. 217.

⑧ (2000) 1 Cr. App. R. 242.

有关诊所收入的表示属于持续性表示。由于买方在合同签订前没有被告知收入的变化,因此他不受合同的约束。法院方面认为,应当将情势变更及时通知给原告人,好让其有权利结束交易。”①

11-069 这似乎是刑法的大规模扩张,但将其中一些类型纳入刑法的范围显然是适当的。如果把因饥饿而偷面包的扒手关进监狱,那么也应该把通过有悖诚信地隐瞒事实来牟取利益从而使他人遭受损失的人关进监狱。以无良的房地产经纪人为例,他把房子卖给了一对年轻夫妇,却没有透露房子生有白蚁即将倒塌。② 这是做生意还是纯粹的欺诈?假设正在休病假并从雇主那里领取工人补偿金的雇员被发现不再残疾并从事新的工作。鉴于他已经康复并在其他地方谋生,他从前雇主那里为现在不存在的残疾领取赔偿金,这不是欺诈吗?对这类人追究刑事责任没什么不公平。

尽管如此,很难将某些边缘案件与公平警告的基本要求相协调。人们需要提前知道什么是犯罪,什么不是犯罪。许多流氓不仅要承担民事赔偿责任,而且现在还面临被判严重刑事犯罪的风险。似乎只不过是偷奸耍诈的做法,现在可能构成严重刑事犯罪。例如,在“菲茨罗伊·罗宾逊有限公司诉蒙特摩尔塔楼有限公司案”(*Fitzory Robinson Ltd. v. Mentmore Tower Ltd.*)③中,一家建筑师事务所被裁定因欺诈性事实表示而构成犯罪,因为他们没有告知客户,在签订合同前不久,该合同的项目负责人已经辞职。由于该公司的合伙人意图通过不披露重大信息来获利,因此他们的行为现在受到了《欺诈法》第1(2)(b)条和第3条的规制。

1461

11-070 《欺诈法》第3条要求什么主观要素?

与《欺诈法》第2条一样,该法第3条仅要求被告人意图通过不披露信息为自己或他人牟取利益,或给他人造成损失,或使他人面临损失风险。这是一种行为犯:不必出现结果(得或失)。然而,被告人必须有悖诚信地意图造成上述结果。因此,如果被告人能够完成对诚实加以证明的证据责任,而检方不能完成相反的证明责任,被告人将可以据此抗辩。

11-071 假设被告人正在出售位于繁忙道路上的年营业额为200万英镑的加油站。同时假设被告人没有向购买者披露一个悬而未决的计划,即一条绕行公路可能会被建造,这可能将所有交通从加油站实质性地分流出去。需要根据《欺诈法》第3条负法律责任吗?

在标准情况下,被告人肯定有义务披露,因此很可能属于《欺诈法》第3

---

① *Food Co. U. K. LLP (t/a Muffin Break) v. Henry Boot Developments Ltd.* [2010] EWHC 358 (Ch) at para. 208.

② *Sullivan v. Ulrich*, 40 N. W. 2d 126 (1949).

③ [2009] B. L. R. 505.

条规制的范围。但是,民事法院可能会认为,如果政府的旁路修建计划已被公开记录在案,购买者也雇用了注册律师调查这些事实,并且在购买时该旁路只不过是一种可能性,取决于政府批准的资金,没有披露该计划就不构成可诉的欺诈行为。[①] 此外,如果卖方降价以反映这种可能性,将是诚实的进一步证据。在这种情况下,陪审团在刑事听证会上可能会认为被告人不是有悖诚信的。

第7节 滥用特殊地位或身份的欺诈

11-072 2006年《欺诈法》第4条规定:

(1)任何人违反本条之规定,如果他——

(a)处于他被期望保护或不侵犯他人经济利益的地位;

(b)有悖诚信地滥用这种地位;

(c)意图通过滥用该地位;

(i)为自己或他人牟取利益;

(ii)给他人造成损失或使他人面临损失风险。

(2)行为人可以被视为滥用职权,即使他的行为是不作为,而不是作为。

11-073 《欺诈法》第4条要求的行为要素是什么?

只有那些被认为处于其被期望保护被害人经济利益的地位的人才能犯下这种罪行;他们的地位使他们能够"超乎寻常"地利用潜在被害人。当人们审视该新罪行的措辞时,脑海中浮现出传统的贪污罪类型。[②] 一个人不必作虚假表示就可以挪用雇主的资金。尽管如此,如果他利用使他比一般欺 1462
诈者有优势的地位,他可能构成《欺诈法》第1条和第4条规定的欺诈罪。不法的本质是,被告人利用了使他处于"特殊地位的人,凭借这一地位,他被期望维护[该人的]经济利益"。[③] 这种地位不必是正式的法律地位,如信托。如果家庭成员或亲密的朋友被体弱多病者信任为其保管借记卡和密码,那么他就被置于"特殊地位",并被期望不会滥用他的受托人地位。

要准确确定涉及哪些"地位",就必须仔细考虑被告人是否被委托来保护被害人的经济利益。某些类型的被告人由于其与被害人的特殊关系(例如,与被害人有信托关系的人,如律师、受托人、委托人、会计师、公司董事等),自然会属于本条规制的范围。

---

① *McMullen v. Joldersma*, 435 N. W. 2d 428(1988).

② *People v. Whitney*(1953) 121 Cal. App. 2d 515.

③ *Cavell USA Inc & Anor v. Seaton Insurance Co. & Anor*[2009] 2 C. L. C. 991 at 1002-1003.

目前尚不清楚这一犯罪的辐射范围。欣克斯太太滥用信任了吗?① 智障的被害人把自己的钱取出来交给她,有关系吗?他知道当把钱送出去的时候钱就不见了,但证据表明他不了解他的礼物的性质。尽管如此,尚不清楚欣克斯夫人是否拥有特殊的受托人地位。她和其他熟人不一样吗?事实上欣克斯夫人从未被置于她需要保护被告人经济利益的地位上。另外,她的"不侵犯"被害人经济利益的义务,与社会成员相互承担的一般义务没什么区别吗?我们都有责任在没有正当事由和免责事由的情况下不去损害他人的经济利益。陌生人不也会被期望不去侵害他刚刚遇到的弱势群体的经济利益吗?有人可能会争辩说,欣克斯夫人滥用了被信任的地位,因为她是被害人的朋友,知道他智力低下,也知道他不明白他在馈赠自己的大部分流动资产。可以认为,他是没有头脑的工具,而她就好像是在自己取钱,但证据显示的却不是这样。

11-074　但该条款并未明确将其自身局限于此类案件。

被告人必须处于某种"地位",该地位要求他要么"保护"被害人的经济利益,要么要求他"不侵犯"被害人的经济利益。至少可以认为,"不侵犯"的规定包罗万象,因为所有小偷和欺诈者都不应在没有正当事由和免责事由的情况下损害他人的经济利益。同样,所有雇员都不应侵犯雇主的经济利益,但也不一定要通过偷窃进行欺诈。售货员从他工作的地方取货的行为侵犯了雇主的经济利益,因为他的地位要求他维护店主的利益。商店里的扒手可能需要承担不损害店主利益的一般义务,但他没有维护店主经济利益的义务。
1463

对于这类案件,通常可以根据 1968 年《盗窃法》②指控被告人犯有盗窃罪或根据《欺诈法》第 2 条指控被告人犯有欺诈罪。同样,当护士、家庭成员、朋友或看护人将精神障碍者的借记卡和个人身份识别密码用于自己的利益时,他就向机器或银行出纳员作出了虚假表示,因为他声称他有权使用该卡并有权获得他提取的资金。除了涉及类似于"女王诉普雷迪案"③中的问题或秘密牟利问题的情况,④以及可能涉及非受托人受贿的某些情况之外,⑤《欺诈法》第 4 条的适用范围很窄。

11-075　您是认为该条只把那些滥用特殊信任地位的人定为犯罪?

店主允许人们进入他的商店,因为他相信他们不会偷他的商品,但他

① *R. v. Hinks*[2001]2 A. C. 241.

② *R. v. Molcher*[2007]1 Cr. App. R. 48.

③ [1996]A. C. 815.

④ *Attorney-General's Reference*(*No.* 1 *of* 1985)[1986]Q. B. 491.

⑤ *R. v. Gayle*[2008]EWCA Crim. 1344. Section 5(1) of the *Theft Act* 1968. *Attorney-General of Hong Kong v. Reid Privy Council*[1994]1 A. C. 324.

信任顾客的方式,与他信任他的出纳员、簿记员、会计和律师的方式不一样。法律委员会提出这一罪行时考虑到了一种特殊的信托关系。其报告规定:

"在我们看来,这种关系是这种犯罪形式的先决条件,而这种关系的本质在于被害人自愿将被告人置于特殊地位,据此,被告人被期待维护被害人的经济利益或被赋予损害这些利益的权力……(这种关系)可能产生,例如,因为被告人被授权代表被害人行使自由裁量权,或被授权接触被害人的资产、房产、设备或客户……在几乎所有出现这种关系的案件中,民法都承认存在受托义务。"[①]

最直接的案例是被告人违反公认的信托义务,意图获利或造成损失。在"女王诉费尔南德斯案"[②]中,被告人从客户账户中提取资金,以便为自己的利益将钱用于风险投资计划,这显然是滥用了律师地位。费尔南德斯曾将客户的钱投资于高风险计划,并多次从中秘密获利。然而,这次所有钱最终都损失殆尽。即使他只是意图暂时借用这笔钱,也违反了2006年《欺诈法》第1(2)(c)条和第4条,因为他滥用律师职务,意图谋取利益。他可能没有作虚假表示,但他滥用自己的受托人地位显然犯了欺诈罪。同样,如果某高级雇员利用其在银行的职位将资金从真实客户账户转入其持有的账户,他将违反该法第4条的规定构成欺诈。[③] 他被期望为银行的经济利益行事,因为他受雇于这家银行。 1464

在"女王诉巴特案"(*R. v. Butt*)[④]中,被告人滥用了作为投资银行合规官的"信托"职位,因为他从事了违反1993年《刑事司法法》第52(1)条的内幕交易。被告人在一家投资银行工作,他的职位使其有权获得有关接受该银行咨询服务的公司的地位和业绩的高度机密内部信息。他滥用他的职务谋取私利,获利23.7万英镑。银行显然对将机密信息、商业秘密等委托给它的客户负有直接责任。被告人作为银行的雇员,被安排在一个他被期望维护银行客户财务利益的职位上。《欺诈法》第4条仅仅要求被告人滥用其信托地位,以牟取利益或给他人造成损失或损失风险。没有必要证明银行或其客户损失了钱,因为被告人显然有意获利(当然,在可能的情况下,最好依靠内幕交易条款,而不是《欺诈法》第4条)。

11-076 在其他情况下,欺诈行为将影响公司的财务利益,如公司董事

---

① Law Commission Report 276, *Fraud*, (London, H. M. S. O., 2002) at paragraphs 7.37-7.38.

② [1996] 1 Cr. App. R. 175. *R. v. Miles* [2007] 2 Cr. App. R. 5; *Zobory v. Federal Commissioner of Taxation* (1995) 129 A. L. R. 484.

③ Cf. *Attorney-General's Reference* (*No.* 86 *of* 2003) [2004] 2 Cr. App. R. 79.

④ [2006] 2 Cr. App. R. 44.

利用其在公司董事会的职位谋取私利。在“斯派西诉女王案”(*Spies v. The Queen*)①中,被告人滥用了其在甲有限公司的董事职位。“他通过促使该公司用50万美元购买他在乙公司的股份,并使该款项记入自己账户,直接为自己牟取利益。”他利用在甲公司的职务之便,得到了董事会的一项决议——决定甲公司以50万美元收购乙公司所有已发行的股份。乙公司当然破产了,股票一文不值。

如果一个人记住了商业清单或商业秘密的重要方面,并在1年后在新岗位工作时使用,并不会触犯《欺诈法》第4条,除非他利用原来的岗位获取信息,并意图在以后的欺诈中使用这些信息。

11-077 必须存在滥用信托关系?

假设养老院的清洁工在被害人的枕头下发现了精神存在问题的被害人的借记卡和密码(后者写在一张纸上)。

如果清洁工拿走卡片并记住密码,然后使用该卡片和密码以偷取被害人的财物,应该承担盗窃责任。她并没有触犯2006年《欺诈法》第4条规定的罪行,因为借记卡和密码没被委托给她。同样,如果被告人去养老院看望年迈的姑姑,发现一张属于被害人(该养老院的另外一个病人)的借记卡和密码,并加以滥用,就不能说她利用了特殊地位。被害人对被告人来说是个

1465 陌生人,后者发现了卡和密码对她去养老院而言只是巧合。

11-078 《欺诈法》第4条只涉及受托人吗?

不。法律委员会和议会都认为,应该适用于类似于信托人的职位。《欺诈法》的解释性说明明确指出,该法第4条的立法目的在于涵盖与受托人处于类似信托地位的人,无论他们在衡平法中是否可以正式被归类为受托人。该款中使用“保护”一词意味着,该法第4条一般针对那些处于特殊受托地位的人,如那些有权使用弱势群体银行账户的人等。

然而,信托的概念很有启发性。“信托关系的本质……是一方保证自己的行为符合另一方的最佳利益。信托关系的核心是信任,而不是私利,当违约发生时,法律倾向于无过错者。”②在“医疗用品公司诉美利坚手术器械集团案”(*Hospital Products Ltd. v. United States Surgical Corporation*)中,梅森法官(Mason J.)表示:③

---

① *Spies v. The Queen*(2000) 201 C. L. R. 603. For further examples, *Durovic v. The Queen*(1994) 71 A. Crim. R. 33; *Macleod v. The Queen*(2003) 214 C. L. R. 230; *Tarling v. Singapore*(1980) 70 Cr. App. R. 77.

② *Canson Enterprises Ltd. v. Boughton & Co.* [1991] 3 S. C. R. 534 at 543 *per* McLachlin J. *Bristol and West Building Society v. Mothew*[1998] Ch 1 at 18 *per* Millett L. J.

③ (1984) 156 C. L. R. 41 at 97, cited in *Pilmer v. Duke Group Ltd.* (*In Liq.*) (2001) 207 C. L. R. 165 at 196.

“因此，当事人之间的关系给予受托人行使权利或酌处权的特殊机会，从而受托人能够损害容易受到受托人滥用其地位的影响的另一人……

“部分原因在于，受托人行使权利或自由裁量权会对委托人的利益产生不利影响，另一部分原因是后者受前者支配，受托人有义务为委托人的利益行使其权利或自由裁量权。”

出于一致性的考虑，将滥用信托地位的人定为刑事犯罪，同时免除利用相同信任地位的其他人的刑事责任，是不合理的。并非所有雇员都对雇主负有信托责任。[①] 酒店接待员[②]、收银员、清洁工或护理员可能处于非常受信任的地位，即使他们可能与被害人没有信托关系。[③] 在“国家电网运输集团诉麦肯齐案”（*National Grid Electricity Transmission Plc v. McKenzie*）[④]中，被告人的职务为他提供了秘密获利的机会。法院认为，麦肯齐先生的职务层级意味着他有义务“诚实、忠实地（真诚地）行事……并且……不因其职务而获得任何秘密私利”。然而，法院认为，“对麦肯齐先生的正确描述是，他是一名（在某些有限的方面）负有信托义务的雇员；将他称为‘受托人’是错误的。”衡平法院不太可能认定服务生等低级雇员与其雇主存在信托关系，但 1466
是，如果侍者在值班时通过出售自己的葡萄酒来获得秘密利润，那么他应该受到与秘密获利的高级经理一样的处遇。[⑤] 无论是否存在信托关系，均适用《欺诈法》第4条。[⑥]

11-079 在“女王诉哈德维克案”（*R. v. Hardwick*）[⑦]中，一位社会工作者设法从一位患有痴呆症的老太太那里获得了价值6.4万英镑的财产。被告人不仅犯了盗窃罪，而且滥用了对她的信任，获得了一份持久的授权书。她行使代理权卖了被害人的平房。被告人将这笔钱存入被害人的账户，然后从该账户中提取了超过4.7万英镑的款项。根据“女王诉马歇尔案”（*R. v. Marshall*）[⑧]中的类似事实，被告人被判违反了2006年《欺诈法》第1条和第4条，构成欺诈罪。马歇尔是一家养老院的经理。养老院的一名居住者的

---

① Cf. *National Grid Electricity Transmission Plc. v. McKenzie* [2009] EWHC 1817 (Ch.); *Nottingham University v. Fischel* [2000] I. C. R. 1461; *Reading v. A-G* [1951] A. C. 507 at 516.

② *R. v. Cleall* [2009] EWCA Crim. 1807.

③ *National Grid Electricity Transmission Plc. v. McKenzie* [2009] EWHC 1817 (Ch). *Attorney-General's Reference* (*Nos.* 29 *and* 30 *of* 2003) [2003] EWCA Crim. 3065; *R. v. Barrick* (1985) 81 Cr. App. R. 78).

④ [2009] EWHC 1817 (Ch) at para. 26. Cf. *Attorney-General of Hong Kong v. Reid Privy Council* [1994] 1 A. C. 324.

⑤ *R. v. Doukas* [1978] 1 W. L. R. 372. *R. v. Sutcliffe* [1986] A. C. 909.

⑥ *Adams v. The Queen* [1995] 1 W. L. R. 52.

⑦ [2007] 1 Cr. App. R. 11.

⑧ [2009] EWCA Crim. 2076. *R. v. Seepersad* [2007] 2 Cr. App. R. 8.

心理年龄相当于小孩,因此无法控制自己的银行账户。被害人依靠看护人替她办理银行业务。马歇尔被委托处理被害人的银行业务,并利用这一地位为自己的目的提取了大笔款项。即使马歇尔不是受托人,她和被害人之间的关系也给了她特殊的机会,使她能够行使权利或自由裁量权损害被害人的利益。社会工作者和养老院经理可能被认为是信托关系中的受托人,但在养老院工作的清洁工或看护人可能不是,即使后者也可能有机会利用养老院里弱势的老人(委托他人保管财产和提供一般盗窃机会是有区别的)。

11-080　不作为足以作为定罪依据的事实增加了不确定性。

大多数人都会意识到,故意不去寻找被期望得到的机会是有悖诚信的,但可能没有意识到这会引发刑事责任。《欺诈法》第 4 条在这个意义上特别宽泛。这是唯一一个同时针对积极作为和不作为的条文。《欺诈法》解释性说明中提供的例子是"雇员未能把握关键合同的机会,以便同伙或竞争对手公司能够接受合同,而这是以其雇主的利益为代价的"。除了难以确定地界定这类不法行为外,在提供公平的警告——过去的业务现在是欺诈——方面,将这类有悖诚信的做法规定为犯罪没什么不公正的。这类不法分子严重伤害他人,这是该当谴责的[显然,有必要证明被告人故意未能(轻率或过失将不起作用)获得机会,意图获取利益或造成损失,或使他人面临损失的
1467 风险,并且有悖诚信地这样做]。

11-081　谁来判定被告人是否处于信任的地位?

法院很可能会认为,被告人是否与被害人存在信托关系的问题是由法官判决的法律问题。被告人是否有悖诚信地利用了该地位的问题很可能是由陪审团审议的事实问题。法律委员会表示:"所指控的特定事实能否恰当地被认为引起这种关系的问题,将是应由法官作出裁决的问题,如果案件提交陪审团审理,就应成为指示的主题。"①

11-082　是否有可能以代理方式滥用信任地位?

不可能。但雇主可能必须为雇员在某些情况下犯下的错误提供赔偿。②一般来说,刑事责任是个人的。

11-083　《欺诈法》第 4 条是否涉及滥用职务的警官,假设他提出如果交通违法者向他提供性贿赂,就不登记违章?③

这名官员没有犯勒索罪,因为他没有采取行动以获取金钱或其他财产。就滥用职权欺诈而言,他可能属于《欺诈法》的管辖范围。他可能因为为他

---

① Report 276, *Fraud*, (London, H. M. S. O., 2002) at paragraph 7. 38.

② *Ffrench v. Sestili*(2007)98 S. A. S. R. 28.

③ "Traffic PC Jailed for Having Sex With Women in Exchange for Letting Them off Driving Offences", (London, *Daily Mail*, Wednesday, Jun 16 2010).

人牟取利益(通过使被害人免于缴纳交通罚金而为被害人牟取利益),也可能因为他给雇主造成损失而违反该条款。他的工作是执法和发布相关的执法通知,以便罪犯缴纳罚金。他显然滥用了自己的地位,免除了违法者向政府缴纳相关罚金的责任。但法院很可能会认为,该条款不包括间接损失或收益。①

即使法院另有判决,也很难证明被告人意图在这种情况下获利或给雇主造成损失,或使雇主面临损失的风险(这位腐败的警官可能甚至没有考虑到他寻求性贿赂所涉及的财务和财产问题)。最好以"公职不端行为"起诉该官员,因为这一罪行直接针对所涉及的具体错误。② 1468

11-084　《欺诈法》第 3 条要求什么主观心态?

核心要求与上文详细概述的《欺诈法》第 2 条和第 3 条相同。上文指出,根据该法第 3 条,对披露义务的无知不是辩护理由。同样,根据该法第 4 条,被告人对他占据信任地位这一事实的无知也不是抗辩事由。在许多情况下,被告人将充分意识到他正在盗窃或企图盗窃财产,或以其他方式实施欺诈的事实。然而,如果服务员仅仅因为不知道自己滥用了信任的地位,才在他雇主的咖啡馆里卖自己的酒,以此牟取秘密私利,那么对他定罪不会有太大的不公。

第 8 节　持有欺诈的工具

11-085　2006 年《欺诈法》第 6 条规定:

(1)任何人持有或控制任何物品,以供在欺诈过程中使用或与欺诈有关时使用,即属犯罪。

犯本条所定罪行的人——

(a)一经简易程序定罪,可处不超过 12 个月的监禁或不超过法定最高限额的罚金(或并罚);

(b)一经公诉程序定罪,可处 5 年以下监禁或罚金(或者并罚)。

《欺诈法》第 6 条的重点不是取缔自身具有危险性的物品,而是欺诈和尽早提供干预的必要性。可以看出,本罪的定义非常广泛。虽然主要针对持有本身就是用于欺诈的物品,如自动取款机读卡器、假护照、属于他人的

---

① Dennis J. Baker, "The Moral Limits of Criminalizing Remote Harms", (2007) 10 *New Crim. L. Rev.* 370; Dennis J. Baker, "Collective Criminalization and the Constitutional Right to Endanger Others", (2009) 28 *Crim. Just. Ethics* 168 at 189–190.

② Cf. *R. v. W(M)* (2010) 1 Cr. App. R. 28. Cf. *Board of Trade v. Owen* [1957] A. C. 602 at 622; *R. v. Terry* [1984] A. C. 374.

身份证件等,但也适用于出于必要的意图持有大量其他物品,例如用于欺诈的笔记本电脑或欺诈者戴的温切斯特校友旧领带。这种犯罪之所以有存在的价值,是因为它使职业欺诈者对持有诸如自动取款机、假护照等物品保持警惕。如果被告人持有笔记本电脑等自身不能显示他有罪的物品并有必要的意图,他似乎犯了思想犯罪。被告人可能出于合法目的购买了电脑和打印机,但现在他心里想:“我可以用我的电脑来制造假的大学学位证书。”这台电脑最初是出于合法目的而被拥有的,但由于他现在意图将其“用于”欺

1469 诈,他很可能犯了第 6 条的罪行。

11-086 《欺诈法》第 6 条规定的行为要件是什么?

要求被告人持有或控制物品。这些物品不必专门为便利欺诈而设计。该罪行只规定持有该物品“以供在任何欺诈过程中或与任何欺诈有关时使用”。如被告人意图持有手提电脑以供欺诈使用,则他实际上持有该物品以供欺诈使用。他可能将笔记本电脑用于某种合法目的,但如果能证明它也被持有以供欺诈使用,这一点就无关紧要了。[①] 在某些情况下,这项物品将被专门设计用于欺诈,陪审团很可能会推断这项物品是为这种目的而持有的(例如,自动提款机读卡器、假护照等)。[②] 如果这项物品没有什么可证明被告人有罪的地方,那么责任将几乎完全取决于被告人的意图。

11-087 如果物品不适合用于欺诈怎么办?

这项物品是否有助于实施特定的欺诈行为并不重要。如被告人持有拟用于伪造大学学位证书的纸张,[③]但在发现该纸张不适合后放弃,则他须根据《欺诈法》第 6 条承担法律责任。他意图在欺诈中“使用”它,这就是该款的全部要求。这不是未遂:他没有企图占有那张纸,因为他实际上占有了它。他只想取得学位,但那是欺诈未遂而不是持有未遂!如果他订购了纸张但是供应商未发货,他就只是试图持有为了用于欺诈的物品。值得注意的是,如果他意图持有该纸张仅仅是为了给祖母写信,他就不会犯任何罪行。

可以看出,本罪的定义非常广泛。它适用于持有各种各样的物体和文件。物品可能包括自动提款机读卡设备、假护照、信用卡、水电费账单、包含他人银行账户详细信息的文件、工资单以及可能用于欺诈的任何其他文件。[④] 就身份证件而言,2006 年《身份证法》(the *Identity Cards Act* 2006)第 25(1)和(2)条将持有虚假身份证件定为犯罪(但后者不属于财产犯罪)。

---

① *R. v. Omgbwa*[2009]EWCA Crim. 1215.

② *R. v. Ciorba*[2009]EWCA Crim. 1800;*R. v. Virciglo*[2010]EWCA Crim. 650.

③ *R. v. Huang*[2010]EWCA Crim. 375.

④ *R. v. Amusan*[2009]EWCA Crim. 690.

物品还包括以电子形式保存的数据。[1] 1470

如果这些物品在被告人的经营场所内，存储在他的个人电脑上，或者保存在他没有删除的电子邮件中，则可能被认为在被告人的控制范围之内。[2]即使他删除了该电子邮件，如果能够证明他在持有该信息时意图将该信息用于欺诈，他也可能负有责任。如果该电子邮件已被复制给其他人，则复制的电子邮件可能会提供被告人持有的充分证据。如果被告人安排将这些物品存放在朋友家或商业仓库等地方，这些物品也将受到被告人的该当谴责的控制。[3]

11-088　是否包括我记忆中的数据，如被害人银行账户的个人身份识别密码？

《欺诈法》明确规定，信息或数据构成“物品”，并明确规定，信息是否以电子形式储存并不重要。[4] 议会没有明确提到在人脑中存储的数据，但这种存储形式并没有改变这样的事实，即记忆中的“信息”是“物品”。如果以电子形式或笔记本中存储的个人身份识别密码是物品，那么存储在人的记忆中的个人身份识别密码应被视为物品。[5] 个人身份识别密码（机密信息）是物品，其存储形式不会改变其在被告人实施欺诈时的用途。当然，证据的问题意味着，如果仅仅是为了记忆信息，就不会有很多人被抓到。但也可能出现这样的情况，例如，被告人被闭路电视监控抓拍到正在告诉乙被害人银行账户的个人身份识别密码。这段录像可能被用来证明甲持有并控制着个人身份识别密码（物品）。如果乙利用它进行欺诈，他将构成欺诈既遂。甲将是从犯。甲亦可被控该法第6条所规定的罪行，因为他持有该物品，意图将该物品用于欺诈。无须证明被告人有意将物品用于特定欺诈行为。

11-089　《欺诈法》第6条要求什么主观心态？

一般来说，如果被告人知道他持有犯罪物品，并且如果他知道该物品属于他不应该持有的种类，则“持有”罪的犯意要件即得到满足。[6] 更重要的是，被告人必须持有该物品，并意图使其“在任何欺诈过程中，或与任何欺诈有关时”被使用。如果被告人明知持有任何“可以被”用于欺诈的物品，则不 1471
构成本条犯罪。该条明确规定，该物品必须被（为特定目的）持有“以在欺诈过程中，或与欺诈有关时使用”。如果被告人不意图持有该物品用于欺诈，

---

① Section 8 of the *Fraud Act* 2006.

② Cf. *R. v. Porter*［2007］2 All E. R. 625.

③ *R. v. Kousar*［2009］2 Cr. App. R. 5.

④ *R. v. Mafe*［2009］EWCA Crim. 2752.

⑤ Cf. *R. v. Rowe*［2007］Q. B. 975 *R. v. G*［2010］1 A. C. 43 at 47.

⑥ *R. v. Deyemi*［2008］1 Cr. App. R. 25.

则他不属于《欺诈法》第 6 条的管辖范围。[①] 鉴于该罪不包括有悖诚信抗辩或任何其他类型的法定抗辩,而且似乎包括本身无法显示被告人有罪的笔记本电脑和打印机等物品,它必须要求被告人持有该物品,意图将其用于欺诈。[②]

许多持有罪都存在合理性抗辩,但《欺诈法》第 6 条规定的犯罪则没有。例如,2000 年《恐怖主义法》第 58 条规定,持有可能用于恐怖主义的材料是犯罪行为。该条不要求被告人为恐怖主义目的而持有犯罪材料。相反,控方只需证明"被告人(i)控制着一份记录,其中载有可能为实施或准备恐怖主义行为的人提供实际帮助的信息,(ii)知道他有这一记录,以及(iii)知道记录所载的信息种类。如果检方证实了所有 3 个要素,那么就证明了对被告人的指控,如果被告人无法根据 2000 年《恐怖主义法》第 58(3)条提出抗辩,将被定罪"。[③]

根据《恐怖主义法》第 58(3)条,被告人如能就其持有提供合理解释,就可证明其持有与恐怖主义目的无关。例如,他可以证明自己是记者,只是收集了犯罪信息来揭露一个恐怖组织,等等。被告人可以证明,持有显示他有罪的材料不是为了便利恐怖主义,而是为了其他合理的目的,借此为自己辩护。如果控方无法证明被告人知道他持有他也知道可以被用于恐怖主义的材料,被告人就没有必要提出辩护。控方必须证明被告人持有材料并知道材料的性质,被告人才需要提出合理理由抗辩。合理理由实际上是一种辩称持有该文件或记录的目的不是协助实施或准备恐怖主义行为的方式。[④]如果被告人被发现拥有一本化学或物理教科书,其中包含有关制造炸弹的信息,那么他可能会提出法定辩护,辩称他持有这些书是因为他正在读物理
1472 博士学位,与任何恐怖组织都没有联系,等等。

在"女王诉 G 案"(*R. v. G*)[⑤]中,上议院非常明确地指出,严重的持有罪"须遵守一般假定,即刑事责任需要犯意的证明"。这一点对于《欺诈法》第 6 条所述的罪行似乎特别重要,因为它既包括假护照等本身显示被告人有罪的物品,[⑥]也包括笔记本电脑、打印机等本身取法显示被告人有罪的物品。

11-090 被告人是否必须意识到他"持有"一件可以"被用于"实施欺诈的物品?

如果该条要求被告人持有特定物品,意图将其用于欺诈,这个问题是多

---

① *R. v. Ellames*[1974]3 All E. R. 130 at 136 *per* Brown J;*Re. McAngus*[1994]Crim. L. R. 602.

② *B*(*A Child*)*v. D. P. P.*[2000]2 A. C. 428;*R. v. G*[2010]1 A. C. 43.

③ *R. v. G*[2010]1 A. C. 43.

④ *R. v. G*[2010]1 A. C. 43 at 84.

⑤ [2010]1 A. C. 43 at 55.

⑥ *Firearms Act* 1968;*Misuse of Drugs Act* 1971.

余的。如果他不知道某物能够被用于欺诈，他就无法意图持有该物以用于欺诈。如果他不知道自己持有它，他也就无法意图持有它。[①]

11-091　被告人可能知道他持有一件物品，而且该物品"可以被"用于欺诈。这是否意味着他要为持有可以被用于欺诈的物品负责？

不，他知道他持有"可以被"用于欺诈的物品，但他并不"意图持有"这些物品，以便他或其他人实际可能使用这些物品进行欺诈。

假设：被告人买了一幢格鲁吉亚式的大房子，以前租给十几个学生。被告人搬进来几个月后，他就被以前房客的邮件淹没了。很明显，许多信件中都有银行卡和对账单。被告人太忙了，没法把不需要的邮件寄回邮局，所以他在把它们带到当地邮局之前，代为保管了好几个星期。他是检察官，知道银行对账单、借记卡和密码可以用来实施欺诈。

立法机关不能仅仅以一些人可能利用邮件和电脑等进行欺诈为理由，禁止持有这些无害物品。必须证明特定被告人持有这些物品，以便他或其他人可以利用这些物品进行欺诈。没有其他方法可以使这一罪行受到法律制裁。

11-092　"意图持有"用于欺诈的物品是否足以成为定罪依据，或者是否需要实际"持有"？

假设被告人订购了他意图用于欺诈的软件，但在交付之前他就搬到了苏格兰。还假设软件到达收货者的旧地址时返回给发送者。只有在他持有该物品以将其用于欺诈的意图与他对该物品的实际持有与控制同时存在时，他才应承担责任。"意图持有"某物以将其用于欺诈不同于"持有某物意图"将其用于欺诈。这些物品至少要在他的控制之下。 1473

2006 年《欺诈法》第 6 条规定，定罪仅取决于犯罪故意的证明。因此存在明显的误判风险，法院应该仔细审查证据。如果一个人持有一件本身无法显示他有罪的物品，而在接受警方讯问时，他能够提供一些持有它的合理理由，那么他很可能会"不受处罚"。如果该物品（如假护照、大量属于他人的身份证件等）本身显示他有罪，被告人很可能需要向陪审团而不是警方提供合理的解释。

第 9 节　制造或提供欺诈工具

11-093　2006 年《欺诈法》第 7 条规定：

（1）任何人制造、改装、供应或要约供应任何物品，如有下列情况，即属

---

① Cf. *R. v. Lewis*（1988）87 Cr. App. R. 270.

犯罪——

(a)明知该物品被设计或改装以在欺诈过程中,或与欺诈有关时使用;

(b)意图该物品被用于实施或协助实施欺诈。

(2)犯本条所定罪行者——

(a)一经简易程序定罪,可处不超过12个月的监禁或不超过法定最高限额的罚金(或并罚);

(b)一经公诉程序定罪,可处10年以下监禁或罚金(或并罚)。

同样,这一罪行针对的是那些为欺诈提供便利的人。可通过以下五种方式实施犯罪:

1. 制作在欺诈过程中或与其有关时使用的物品。

2. 改装在欺诈过程中或与其有关时使用的物品。

3. 提供在欺诈过程中或与其有关时使用的物品。

4. 提出提供在欺诈过程中或与其有关时使用的物品。

5. 提供未经制作或改装以供欺诈之用之物品。如果该物品是普通物品,如计算机或标准软件,但未经改装或制作以用于欺诈,则不得根据《欺诈法》第7(1)(b)条对其加以指控。本条仅适用于被告人提供的他"意图"被用于欺诈的无害物品。

《欺诈法》第7(1)(a)条规定的主观要件包括:

1. 被告人明知自己改装或制造的物品是为了用于财产或金融欺诈而设计的(如果他对其加以制作或改装以用于欺诈,那么他必然明知其是为这样的目的而制作或改装的)。

或根据《欺诈法》第7(1)(b)条:

1. 被告人提供或提议提供经改装或制造用于欺诈的物品,意图其被用于实施或协助实施欺诈。

2. 被告人提供或提议提供并非被专门设计用于欺诈的物品,意图其被
1474 用于实施或协助实施欺诈。

11-094 《欺诈法》第7条的目标是那些生产或供应物品的人,他们知道这些物品被设计是为了便利欺诈,或者他们意图其被用来便利欺诈。[①] 在《欺诈法》第7(1)(a)条中,犯行的范围更窄,因为必须证明该物品是专门为用于欺诈而制作或改装的。但在第7(1)(a)条中,犯意的范围更广,因为被告人只需要供应或生产明知是用于欺诈的物品。如果被告人制造和/或提供自动取款机读卡器或倒电表装置,他不意图让客户使用这些装置进行欺诈并不重要。主观要素被满足了,因为他知道该物品是为了用于欺诈而"设

---

① Sections 44-46 of the *Serious Crime Act* 2007.

计”的。他不需要制作或改装该物品，但至少必须提供或提出提供它。如果他知道它已经被制造或改装以用于欺诈，那么他将其提供给他人，甚至提出提供给他人，[①]都是犯罪。

在《欺诈法》第 7(1)(b)条中，犯行的范围更广，因为它涵盖了任何物品的供应，而不论该物品是否已制造或改装以用于欺诈。但是，犯意范围较窄，因为需要实际的使用意图。被告人必须“提供”[②]他意图“用于实施或协助实施欺诈”的物品。精神因素比共谋犯罪中的更为严格，因为从犯只需预见到该物品在欺诈中确实有可能被使用。[③] “意图”和“实施”这两个词表明，被告人必须考虑到一种特殊的欺诈行为。

11-095　假设店主向被告人提供笔记本电脑和打印机，他相信被告人确实有可能利用这些物品进行欺诈。假设店主无论如何都提供商品，但希望顾客不要用它们来欺诈。

如果店主出售物品的“意图”只是销售，而不关心顾客做什么，他就不会被《欺诈法》第 7 条规制。

根据所有的证据，店主可能会根据 1861 年《从犯和教唆犯法》[④]第 8 条被指控为从犯。但是，他不能根据 2006 年《欺诈法》第 7(1)(b)条被定罪，因为他没有提供他意图被用于欺诈的物品。由于手提电脑和打印机是标准的日常用品，尚未制造或改装以用于欺诈，因此不适用《欺诈法》第 7(1)(a)条。 1475

11-096　复制用于欺诈的信息是否构成调整或制作信息？

如果信息被专门复制用于欺诈，那么复制可能是调整信息以用于欺诈的方法。根据《欺诈法》第 7(1)(b)条，并不会产生该问题，因为该条只要求被告人提供他意图用于欺诈的物品。

11-097　如果被告人作了假离婚证明让某姑娘嫁给他呢？

被告人犯重婚罪，但“物品”并非用于财物或金融诈骗罪。《欺诈法》第 7 条明显是财产罪行，因此，应参照其所在的成文法则来加以解读。其目的并不是将那些制造未被设计或意图用于财产或金融欺诈的物品的人定为犯罪。因此，被告人必须明知该特定物品可以适用于财产或金融欺诈。当然，根据该法第 7(1)(b)条，任何类型的物品都会被涵盖进来，但被告人必须意图其被用于财产或金融欺诈。如果被告人向他人提供伪造的医疗处方，以

---

① Cf. *R. v. Hollinshead*[1985] A. C. 975; *R. v. Levitz*(1990) 90 Cr. App. R. 33; *R. v. James*(1986) 82 Cr. App. R. 226.

② *R. v. Maginnis*[1987] A. C. 303 at 309 *per* Lord Kinkel.

③ *R. v. Bryce*[2004] 2 Cr. App. R. 35.

④ Sections 44–46 of the *Serious Crime Act* 2007.

便该人能够获得处方药,就将违反该条款,因为他知道自己伪造的是可以用来进行财产欺诈的物品。如果没有该处方,后者就无法获得财物(药品)。

在"女王诉黄案"(*R. v. Huang*)①中,被告人没有制造违法物品,而只是"提供"了这些物品。黄提供了假的大学学位证书,这些学位证书是由第三方制造的。他向学生提供文件,证明其已成功从英国大学毕业。作为供应者,黄只接受潜在客户的指示,然后让第三方制作这些文件。他的顾客通常会给他提供他们想要的东西的模板。警方在黄的家中发现了数百份电子版和纸质版的伪造文件,其中一些电子版存储在电脑和 U 盘中。

黄通过提供上述文件收到了 13 万英镑的现金付款。证据表明他很清楚这些物品是为欺诈而设计的。什么样的欺诈?根据《欺诈法》第 7 条,无须证明假的毕业证书的供应者事实上取得了收益或造成了损失,或证明他的物品帮助证书的接收者取得了收益或造成了损失;但必须证明他知道制造/改装的物品能够被后者用于实施 2006 年《欺诈法》中的欺诈行为。在本案中,学生们想要用学位证书欺骗他们的父母和未来的雇主。学生们是否能够利用这些物品进行该法意义上的欺诈行为?如果这些学位证书纯粹是为了取悦学生家长而设计的,那么这种类型的欺诈就不在该法条规制的范围之内。欺诈法处理的是财产犯罪,而不是一般的撒谎和有悖诚信。而且,如果学生到了毕业阶段,父母可能已经支付了所有的费用和生活费。假学位
1476 可以被用于对父母实施财务欺诈,这一点值得怀疑。

11-098　学生通过假学位获得工作算是获得经济收益吗?

唯一的法源是"女王诉刘易斯案"(*R. v. Lewis*)②。这个判例虽然层级较低(只是巡回法院的判决),但影响重大。该案的事实是,一名妇女通过伪造的教师证书获得了女教师的职位。据裁定,她并非以虚假表示获得工资;工资是作为对她的服务的回报而支付的。然而,如果不是因为虚假表示,刘易斯不可能得到这份工作。她作虚假表示当然是为了得到薪水。假设如果她的谎言未对雇主的认识产生影响,后者就不会向她支付任何工资,那么谎言与获得工资之间肯定存在事实上的因果关系。

为什么不应该是法律上的因果关系呢?无论答案是什么,这一点基本上已成为理论,因为在不太可能提出指控的情况下,类似的行为现在将构成违反 2006 年《欺诈法》第 1(a)条和第 2 条的犯罪。后一种罪行只要求有悖诚信的被告人作出虚假表示,意图获得或造成损失等(但这并不能适用于假学位证书的提供者)。

---

①　[2010]EWCA Crim. 375.

②　(1922)Somerset Assizes, cited in J. W. C. Turner, *Russell on Crime*, (London: Stevens & Sons, Vol. II, 1964) at 1186.

如果黄明知假学位可用于财物或金融欺诈,其提供假学位证书的行为即属违反《欺诈法》第7(1)(a)条的犯罪。他清楚地知道这些物品是专门为欺诈而制作和变造的,而且很可能明知学位证书将被提交给未来的雇主。因此,他知道这些物品属于可以“在欺诈过程中或与欺诈有关时使用”的物品。被告人利用假学位证书获得他没有资格担任的职位会给雇主造成经济损失。不仅在生产力方面,而且在发现欺诈行为后不得不重新登广告等方面。在司法管辖权上,也可以假定一些学生会利用假学位证书在联合王国获得职位。在某种程度上,我们可以认为,他知道这些物品可以被用于财物欺诈,并且可谴责地选择“供应”这些物品。

11-099 是否包括“制作物品”以将其用于涉及服务的欺诈?

是的。法院很可能会认为是这样。制造者只需知道该物品被专门改装以用于金融或财物欺诈,这包括免费或降价获得服务。如果被告人从事制造假火车优惠卡的业务,那么他必然明知客户会利用这些卡来获得打折的铁路票。类似地,如果被告人改装金属垫圈并通过将其插入台球桌获得免费台球游戏(服务),也适用《欺诈法》第7条。 1477

11-100 “在欺诈过程中或与欺诈有关时使用”与“实施或协助实施欺诈”之间有何区别?

涉及一些预备行为。此外,还可能会延伸到事后所作的行为,但需要在某个地方划清界限。假设被告人甲向被告人乙提供假护照,以便犯下重大财产欺诈案的乙可以逃离英国,是否可以适用《欺诈法》第7(1)(a)条?出境行为很难说与早些时候的财产欺诈有关。同时,“实施”一词似乎要求该物品被用于对某一特定财物实施的欺诈。

第10节 有悖诚信地获取服务

11-101 2006年《欺诈法》第11条规定:

(1)任何人如有本款下列情况,从而为自己或他人获得服务,构成本条所定之罪——

(a)实施了有悖诚信的行为;

(b)违反第(2)款;

(2)任何人违反本款规定获得服务——

(a)是在已经、正在或将要为其或就其支付款项的基础上提供的服务;

(b)该人取得该等服务时,并无为其或就其缴付任何款项,或未缴付全部款项;

(c)得到服务时明知;

(i)服务是在(a)款所述的基础上提供的;

(ii)意图不付款,或不全额付款。

(3)犯本条所定罪行者——

(a)一经简易程序定罪,可处不超过12个月的监禁或不超过法定最高限额的罚金(或并罚);

(b)一经公诉程序定罪,可处5年以下监禁或罚金(或并罚)。

1968年《盗窃法》原第15条(通过欺骗获得财物)中存在两个特别的缺陷,即本罪不包括通过欺骗获得财产的租用或服务的提供。因此,它没有规定,或没有充分规定在餐馆、旅馆、铁路、出租车司机、汽车租赁公司等各种情况下,什么是通俗的所谓"赖账"(检察官自然认为在前两种语境下,即餐厅和酒店骗吃的行为,并不是真正的犯罪行为)。1978年《盗窃法》第1条的出台填补了这一空白,[①]但作为一种"欺骗"犯罪,它没有涉及那些有悖诚信地从机器上获取服务的人。在经历了一些立法变迁之后,有悖诚信地从机
1478 器或其他地方获得服务现在已被《欺诈法》第11条规制。

与之前的罪行不同的是,《欺诈法》第11条并不要求实际欺骗。之前犯罪中的欺骗规定意味着,如果有人通过出口溜进电影院,以便在没有付款的情况下观看电影,不构成犯罪。然而,根据该法第11条该被告人须承担法律责任,因为他事实上已获得该项服务。广义的"服务"意味着该罪包括以租用或租赁的方式获取物品或房产以供临时使用。这项罪行不需要行为人意图永久剥夺物主的任何东西,但毕竟服务不能用两次,因此这样的立法只能说聊胜于无!

11-102 《欺诈法》第11条的行为要素是什么?

《欺诈法》第11条规定的是结果犯。因此,被告人必须真正成功地获得服务。必须在收到付款的基础上提供服务。此外,被告人必须要么不支付,要么不全额支付。如果他已全额支付服务费,就不适用该法第11条的规制。

11-103 假设行为人租了一辆车,付了全部费用,但他没有驾驶执照,却出示了属于别人的执照。属于违法吗?

你要问的问题是,欺诈行为是否必须与付款或付款承诺有关。租车人已为用车支付了全部对价,无意逃避缴费。[②] 因此,你的问题中的被告人并不违背《欺诈法》第11条的规定。

以下是进一步的例证,表明被告人需要采取行动以避免支付服务费用:

被告人租了某大厅,声称为英国某教会组织准备会场;实际上他意图把它用于恐怖主义组织的会议。

---

① *R. v. Sofroniou*[2004]Q. B. 1218.

② *R. v. Waterfall*[1970]1 Q. B. 148.

在某次传染病流行期间,被告人走进某家酒店,谎称自己曾接触过这种疾病。

被告人谎报自己存在特殊需要,插队获得廉租房。

被告人,身为报社记者,冒充探视病人的家属,以便进入医院采访护士。

未成年被告人使用假身份证进入夜总会,但支付全套费用。

在所有上述情况中,都不存在犯罪,因为被告人的行为虽然有悖诚信,但无意逃避支付服务费。在所有这些情况中,被告人已按要求支付了全部费用。如该项交易无涉付款问题,则不构成《欺诈法》第 11 条所规定的罪行。与旧罪不同的是,该法第 11 条不包括如果欺诈涉及付款以外的其他事项,被害人需要知道自己正确地得到付款的情况。如果服务是在知道已经或将要支付费用的情况下提供的,则全额支付费用的事实是重要的。 1479

11-104 您的意思是不是,欺诈与免费获得服务有关,而不是与获得服务本身有关?

看来是这样。被告人在通过作出虚假表示获得服务方面可能有悖诚信,但《欺诈法》第 11 条仅限于与另一人可能获得服务报酬有关的案件。犯意要求也明确了这一点,因为被告人必须避免支付服务费。本罪比旧罪更为严格,旧罪不限于"付款"型欺诈。

11-105 出租没有服务的房间是"服务"吗?剧院或博物馆提供服务吗?

是的,就立法目的而言是这样的。服务的含义比通常意义上的"服务"窄,因为它不包括无偿服务。如果是针对服务中包含的事项,那么就没有理由专门针对特定服务付款。因此,这项规定将涵盖欺诈者假扮缴足会费的会员,进入牛津剑桥俱乐部或英国皇家汽车俱乐部等,或获得这些场所的服务的情况(事实上,立法以复数形式提及服务没有任何意义;单一行为即可充分说明问题)。

11-106 《欺诈法》第 11 条是否涵盖通常不需要支付费用的服务的某些方面?

当客人登记入住酒店时,职员会将其姓名输入酒店电脑,但就第 11 条而言,仅凭此项福利并不构成服务。与 1978 年《盗窃法》第 1 条不同,《欺诈法》第 11 条并未提及"福利"。《欺诈法》第 11 条应理解为仅涵盖在已支付或将支付费用的基础上提供的服务的某些方面。[①] 一般来说,办理入住酒店手续不需要另外收费。开设银行账户通常也不收取费用,但如果申请商业贷款,则可能收取费用。同样,如果行为人向建筑商寻求报价,并且计划如

---

① *R. v. Dekson*[2005]1 Cr. App. R. 114;*R. v. Sofroniou*[2004]Q. B. 1218.

果后者继续从事这项工作就不向他付款，那么如果他所得到的只是报价，除非建筑商通常对报价收取费用，否则很难说他获得了一项他意图不付款的服务。根据《欺诈法》第11条，这只不过是获得服务未遂。在这类情况下，如果客户改变主意，不雇佣该建筑商或决定不入住该酒店，通常不收取报价或将其姓名录入酒店电脑的费用。如果要违反《欺诈法》第11条，被告人将不得不获得建筑商的服务（让他建造一些东西）或实际获得酒店房间的使用权。

另一个例子涉及租车。这里重要的“服务”是汽车的使用；但从技术上讲，将汽车钥匙交给欺诈者，甚至在电脑中输入他的名字作为租车人（从而订立租车合同），都是服务的一部分。但除非对服务的这些初步方面另行收费，否则不应将其纳入《欺诈法》第11条的范围。当一个人去租车中心时，如果职员填写了所有的文件，然后他决定不租车，他就不会被收取费用（如
1480 果其他要素被证明了，则这类行为应被视为未遂）。同样，如果被告人试图通过谎报前夫的现役军人身份和在医院登记来使自己获得军队医院的怀孕医疗服务，仅仅通过登记这些服务并不能获得任何医疗服务。她需要获得超声波检查、会诊等才能进入该法第11条的规制范围。[①]

11-107 如果服务是被告人的工作附带的呢？

在“美利坚合众国诉梅案”（*United States v. May*）[②]中，一名空军军官乘坐军用飞机从他的基地出发前去看望一位女性朋友。他辩称，“无论如何，军用飞机必须用于训练飞行，他获得的任何好处都是训练飞行附带的”。如果他没有选择训练飞行的目的地，情况肯定会是这样的。例如，如果一名英国航空公司的飞行员被安排驾驶一架客机从伦敦飞往纽约，如果他在做他的工作，就很难说他获得了服务。如果他因为每次因工作飞往纽约都会去探望他在那里的家人而受益，也无关紧要。但在“美利坚合众国诉梅案”中，被告人没有被命令飞往他女朋友居住的特定城市。尽管如此，像梅这样的人是否能满足《欺诈法》第11条的犯意要求，仍值得怀疑。我们需要更多的信息：他所花的时间是否比他飞到另一个城市的时间要多？飞行训练员只要保持在规定的飞行时间内，就对飞去哪里有一定的自由裁量权，这是否属于常态？

还有一个问题就是，这项服务是否是在已经支付或将支付费用的基础上提供的。商业航空公司的正常航班是在已支付或将支付费用的基础上提供的服务。如果一个人拿着薪水参加作为工作组成部分的培训飞行，就不可能会认为自己应该为这些飞行付钱。考虑到梅认为飞往女友家乡是他的

---

① *U. S. v. Lewis*, 938 F. Supp. 683 at 685-686(1996).

② 625 F. 2d 186(8th Cir. 1980).

培训工作附带的,可能很难证明他知道这是或知道这可能是一项以付费为基础提供的服务。

11-108 有没有可能通过不做某件事而不付费就获得服务?

被告人必须作出有悖诚信的行为。《欺诈法》明确规定,必须采取积极行动。很难理解可能被恰当地概念化为本法意义上积极行为的不作为。尽管如此,根据该法第1~4条,某些不作为可能构成犯罪。

11-109 所谓服务不一定是普通的商业服务或可转让的服务。

通过承诺付款而骗取妓女服务的人可能会违反《欺诈法》第11条。[①]

11-110 但是,如果被告人通过对自己的身份作虚假表示而获得非妓女的同意,这一规定就不适用了? 1481

完全正确。如上所述,《欺诈法》仅限于有偿服务,因为立法的主要目的是保护不涉及对个人本身的犯罪的财产和交易。此外,根据可履行的合同,不必当场付款。[②]

11-111 如果服务是非法的呢?

你们大多数人会跳起来为妓女辩护,因为她并没有因为提供服务而得到报酬。此外,你可能会争辩说,"她的错误至少可以说是微不足道的"。你会支持把有悖诚信的嫖客纳入《欺诈法》第11条的规制范围。

但是,这不意味着必须将那些没有支付杀手暗杀费用的人定为犯罪吗?毕竟,当被告人让人暗杀对手时,就获得了非法服务。用刑法鼓励人们付钱给打手显然完全不能容忍。同样,被害人可能会付给杀手钱,让他欺骗雇凶者已经实施了暗杀行为。如果刺客不是真正的杀手,也不打算杀人,而只是打算通过虚假表示赚取一些钱,从立法政策的角度考虑,他就不应承担欺诈责任,因为这样的起诉将事实上惩罚没有犯下更严重的伤害,即暗杀的所谓刺客。此外,鼓励他人实施暗杀的人涉及非常严重的犯罪行为,不能让其利用刑法保护自己免受自己犯罪行为的有害副作用。

如果要用法律将那些没有支付非法服务费用的人定为犯罪,则只应在所涉罪行极其轻微时才可援引,卖淫就是一例。

11-112 《欺诈法》提到的服务是在已经或将要支付费用的基础上提供的。这是指现金吗?

它不仅限于现金支付。"已付"是指以货币或其法律等价物(如支票、借记卡、信用卡等)支付。承诺转让金钱以外的财产或其他服务(所谓"实物支付")不是出于法律目的的承诺。尽管如此,根据可履行的合同,付款不必到期。同样,本条不要求被告人支付或承诺他将支付费用。如果欺诈者预订

---

① Cf. *R. v. Linekar*[1995]2 Cr. App. R. 49.

② Cf. section 3(3) of the *Theft Act* 1978. Cf. *Martin v. State*, 174 Md. App. 510(2007).

酒店时说他的公司会付款,如果他的公司不付款的话,这就属于该法规制的范畴。

11-113 如果被告人用偷来的信用卡或未经授权的透支全额支付服务
1482 **费,怎么办?**

在这种情况下,因为已全额缴付服务费,被告人不违反《欺诈法》第11条。被告人用偷来的钱付服务费并不重要。这似乎有些奇怪,但考虑到他盗窃信用卡或未经授权使用自己的信用卡会被其他罪行打击,因此这样做是明智的。他并没有不付钱就得到服务。没有必要将本条的含义加以延伸以至涵盖违反其他法条的行为。偷信用卡并用它来购买服务等的指控要旨在于,原卡主,或者至少是他的银行,将自掏腰包(这一点同样适用于未经银行授权透支的情况,即银行,而不是接受赃款支付的人是被害人)。从甲处偷取现金用于在乙处购买服务的效果是,甲是被害人,而乙是受益人(如果资金以电子方式转移到服务者的账户,如使用信用卡或借记卡时,同样适用)。由于服务提供商没有受害,因此没有必要将使用赃款或未经授权的信贷购买服务的人纳入第11条的范围。第1~4条中已经有足够多的重复性规定来涵盖这种行为。此外,鉴于盗窃法的适用范围非常广泛,很难想象这样的罪犯能够在其他地方逃避适当的定罪。

如果由于某种原因电子支付没有完成,而被告人已经获得服务,则可能会适用《欺诈法》第11条。但有必要证明他不打算全额支付服务费,而不是意图用别人的钱支付服务费。

11-114 《欺诈法》第11条要求什么主观要素?

第11条规定了两种将被告人定罪的方法。第一种选择最直接,基于被告人是否事实上明知服务是基于支付对价而被提供的。如果出现以下情况,被告人将受到刑事处罚:

1. 他“明知”服务是基于已经、正在或将要为其或就其付款而被提供的,而获得这些服务;以及

2. 他意图不付款或不全额付款;及

3. 他的行为有悖诚信。

替代性方案的犯意要求比较宽松。其依据是,被告人是否事实上明知服务“可能是”在为其支付费用的基础上而被提供的:

1. 被告人“明知”服务“可能是”基于已经、正在或将要为其或就其付款而被提供的;及

2. 他意图不付款或者不全额付款;

1483 3. 他的行为有悖诚信。

第一种方案不会带来太多困难。其将涉及一些标准案件,在这些案件

中,被告人相当清楚地知道,提供服务的依据是支付服务费,而且他故意避免支付服务费。如果被告人知道他已经为某项服务支付了费用,并且"相信"这项服务是他应得的,他可能会提出缺乏有悖诚信作为抗辩事由。

11-115 假设被告人已经全额支付了从伦敦到剑桥的火车票。假设他把票放进检票机,检票机把票吞了,他于是丢了票。但幸运的是,他有一张收据,可以证明他买的服务。再假设,当他试图向列车长解释情况时,列车长告诉他无能为力,被告人不得不购买一张新车票。而被告人已经没有钱了,他决定偷偷上火车,因为他相信自己已经付了钱,并且有权享受这段旅程(他还认为,这是铁路的错,因为当他以正常方式进入检票口时,铁路的机器吞下了他的车票)。

他的行为是否有悖诚信?那将是陪审团判断的问题。如果他有足够的证据证明自己的购买行为和铁路部门的失职,就可以履行证明自己行为诚实的举证责任。陪审团可能会认为,按照正派和诚实的普通人的标准,他没有有悖诚信地行事。

11-116 真正的铁路卡持有者,忘了将该卡带上火车呢?假设他可以选择买一张全价的新票,或者在下一站下车。他选择了后者,但他跑下站台后,又溜回该列火车的另一节车厢。他这样做是因为他相信他已经支付了正确的车费,是真正的铁路卡持有人,因此不应该支付全额车费。

同样,他也许能够通过提供证据证明他当时有有效的铁路卡来满足证明自己没有有悖诚信的证明责任。[①] 虽然他偷偷摸摸地回到火车上是有悖诚信的行为,而这样做是为了避免支付"全额车费",但陪审团可能会接受这样的事实,即他确信自己有权使用自己支付的折扣票,因此按照正派和诚实的普通人标准,这并不是有悖诚信的行为。

如果行为人不是铁路卡持有者,但通过选择学生铁路卡选项从机器上购买打折的火车票,他属于虚假表示他有权支付低于全额的价款来购得该车票。如果他这样做是为了避免支付全额车票,就可以属于《欺诈法》第11条规制的范围(实践中,他只被要求购买一张新票)。

11-117 如何"知道"这项服务是否是"可能"需要付款的服务?

在大多数情况下,服务需要正常到期付款是显而易见的。每个人都知道,理发师、园丁、律师、会计师、牙医、修鞋匠、出租车司机等都会根据他们的报酬提供服务。服务是否可能在付款的基础上被提供,将通过审查被告人获得服务的背景来确定。重要的是要确定被告人是否"知道"服务是"可能"需要付款的服务。

---

① John Spencer, "'Fare-dodging'—Strict Liability for Fraud?" (2014) *Arch. Rev.* 5.

在“纽约州诉维格案”(*People v. Weg*)①中,被告人被控为个人利益而使用雇主的电脑的盗窃服务犯罪。法院裁定,被告人在将教育委员会的电脑用于他私人的用途时,没有犯获得服务的罪行,因为教育委员会并非从事提供这种(电脑)服务的业务。根据2006年《欺诈法》第11条,被告人可以辩称,他不知道使用雇主电脑“可能”需要付款。他还可以提出自己的行为没
1484 有有悖诚信的辩护。

如果被告人在一家网吧工作,但每天都泡在自己的社交账号上,他会知道他使用的是雇主通常要求付款的服务,但他会知道它“是”或“可能是”以此为基础提供给他的吗?考虑到他获得服务的背景,他可能并不把自己看作客户,也很可能没有意识到在这种背景下“可能”需要付款。同样,陆军上尉命令三名下级军官在他们为陆军部队执勤期间粉刷他的房子,不能认为他“知道”他为自己要求的服务是在付费的基础上提供的。② 军队不干粉刷房屋的事。尽管如此,他可能会被《欺诈法》第4条规制,因为他打算滥用自己的职务给他人造成损失。

一些无赖为了获得残疾人停车许可证而谎报自己的健康状况,这也会引发棘手的问题。停车许可证允许他们免费获得通常需要付费的服务。每次他们使用停车许可证从而避免支付“计量”停车费,他们都获得了如果他们没有作出虚假表示,就将为其付款的服务。有悖诚信地使用停车许可证很可能会被《欺诈法》第11条规制。否则,他们的虚假表示可能需要适用该法第1(2)(a)条和第2条(他们通过虚假表示获得许可证;每次利用许可证获得免费停车,他们都能从中获利)。

第11节　从事欺诈经营

11-118　2006年《欺诈法》第9条规定:

(1)任何人如明知而参与经营本条适用的业务,即属犯罪。

(2)本条适用于以下业务:

(a)由不在[2006年《公司法》第993条](欺诈交易罪)规制范围内的人经营,以及

(b)意图欺诈任何人的债权人或为任何其他欺诈目的。

1485 (3)以下内容在[该条]的规制范围内:

(a)公司[定义见2006年《公司法》第1(1)条];

① 450 N. Y. S. (2d) 957 (1982).

② *Chappell v. United States*, 270 F. 2d. 274 (9th Cir. 1959). Cf. *U. S. v. Delano*, 55 F. 3d 720 (1995).

(b)该条所适用的一人公司(不论是否有变通或修改);

(c)豁免适用该条的人。

11-119 《欺诈法》第9(1)条要求什么行为要素?

仅要求被告人经营未注册为公司的业务。

11-120 信用交易怎么办?两个骗子设立企业,开始时向批发商支付订单。然后,在积累了大量的大额未付订单后,低价贱卖相关货物然后卷款跑路。警察会对其开展调查吗?

出于某种不可知的原因,律师们将上述行为称为"长线欺诈"(Long firm fraud)。[①] 普通人把这种现象称为"皮包公司"。过去一般的做法是指控被告人共谋诈骗。然而,现在将根据《欺诈法》第9条对其加以起诉,或者,如果涉及公司,则指控欺诈交易罪[②](需提供被欺诈的各个被害人的详细资料)。检方逐个将被害人放进证人席,问他:"你为什么赊账给这些人?"回答:"因为我认为他们是一家诚信的公司。"订购货物本身就暗含着诚信交易的表示。

11-121 每个公司都保证自己的偿付能力吗?以财务状况不佳的银行或旅行代理人为例。某旅行代理人这一季损失了很多钱,资不抵债。如果继续交易,情况可能会好转,一切都会好起来。但也有可能情况变得更糟,在这种情况下,当他收取客户的度假旅游预付款时,可能无法提供旅游,也无法退还现金。面对这一困境,也许这位非常谨慎的代理人会关上百叶窗。但这样一来,他的客户肯定会损失一部分钱,而如果他什么也不说,继续交易,大家都会高兴的。

你谈到了一个非常困难的问题。在判例中,曾有法官裁定,破产银行的董事们在明知该银行资不抵债的情况下从客户手中拿走现金,可能被指控共谋欺诈。[③] 该法官把此意见限制在拿别人钱交易的银行家身上,并主张这条规则不适用于普通贸易商。但另一个判例中,被告人在明知自己无力偿债的情况下通过一家公司进行交易,被判欺诈交易罪。[④] 一般来说,只要交易者经营业务的目的是诈骗他人,任何类型的交易者或交易都可受本条款规制。[⑤]

就你的问题而言,困难在于边缘案例的处理。如果一家公司只是处于轻微的资不抵债状态,而且有希望恢复业务,那么仅仅因为经营者没有立刻

---

① Michael Levi, *The Phantom Capitalists: The Organisation and Control of Long-firm Fraud*, (London: Heinemann, 1981).

② Section 993 of the *Companies Act* 2006.

③ *R. v. Parker*(1916) 25 Cox C. C. 145. *R. v. Smith*[1996] 2 Cr. App. R. 1.

④ *R. v. Inman*[1967] 1 Q. B. 140.

⑤ *R. v. Kemp*[1988] Q. B. 645.

关门停业,就认为成立欺诈罪,显然是严厉的。尽管如此,《欺诈法》第9条
1486 明确指出,轻率是不行的:被告人必须以"欺诈意图"经营业务。

与《欺诈法》第2~4条所述罪行不同,该法第9条所述罪行未提及"收益或损失"。相反,被告人必须以"欺诈"为意图经营业务。而"欺诈"的概念确实概括了"收益或损失"。"[欺诈]通常意味着……有悖诚信地剥夺他人所有的财物,或要不是因为被告人的欺诈行为,他现在或将要或可能有权得到的财物。"[①]在"金斯顿国际公司诉刚果案"(*Kensington International Ltd. v. Congo*)[②]中,摩尔·比克法官(Moore Bick L. J.)表示:

"2006年《欺诈法》没有对欺诈或欺诈行为作出简单的定义;相反,它通过提及违反第2、3、4条来界定欺诈的法定罪行,每一条都对违反该条的行为进行了描述。此外,第9条规定,明知而参与经营业务,意图欺诈债权人或为任何其他欺诈目的,即属犯罪。在这种背景下,我认为第13条中任何形式的欺诈行为或目的,其用意必须是指具有第2、3、4条所述欺诈基本特征的欺诈行为或目的……就我个人而言,我认为欺诈的本质是某种欺骗,加上由此导致的危害或意图通过这种欺骗使另一个人面临危害的危险。"

11-122 例如,卖给某人一张毫无价值的大学毕业证会使他蒙受损失。供应商是否打算提供某种服务作为回报并不重要。[③] 假设被告人在明知自己没有合法资质提供驾驶课程的情况下创办了一家驾驶学校,但他提供了驾驶课程。[④] 尽管他提供了训练,但根据《欺诈法》第9条还是会被定罪。他没有告知顾客自己不是合格的驾驶教练,以此欺骗顾客。如果事先告知,这些学员很可能会去寻找其他合格的教练学习开车。同样,在"女王诉斯冒曼案"(*R. v. Smallman*)[⑤]中,被告人被指控为欺诈目的经营企业,即意图通过有悖诚信的方式欺骗学生:"(i)向上述学生伪装[企业]提供的课程得到了公认教育机构的认可;(ii)假称上述学生在完成课程后会获得被认可的资格;
1487 及(iii)将学生自己或他人代学生向公司缴付的学费从公司转移出来。"

被告人不仅要意图诈骗被害人,而且要为此目的经营业务。该款不针对从事孤立欺诈行为的合法企业。该企业的部分客户在与被告人做生意的过程中被诈骗是不够的;该企业一定是为了达到这样的目的而被经营的。[⑥]

在一个判决[⑦]中,法官如此谈及这一条款:

---

① *R. v. Scott*[1975]A. C. 819 at 839 *per* Viscount Dilhorne.

② [2008]1 W. L. R. 1144 at 1163.

③ *Welham v. D. P. P.*[1961]A. C. 103 at 131 *per* Lord Denning.

④ *R. v. Benli*[1998]2[1998]2 V. R. 157.

⑤ [2010]EWCA Crim. 548.

⑥ *Morphitis v. Bernasconi*[2003]2 W. L. R. 1521.

⑦ *Re Gerald Cooper Chemicals Ltd.* (*In Liquidation*)[1978]Ch. 262 at 267.

“旨在规制业务经营……而不是在经营该项业务的过程中执行个别[欺诈性]交易。我不认为‘经营’一词可以被视为‘从事’的同义词,也不认为‘任何业务’一词是‘任何交易或买卖’的同义词。一家二手汽车买卖公司的董事故意虚报车辆的车龄和性能,他无疑是一个欺诈的流氓,但我不认为他是为了欺诈目的而经营公司的业务,尽管毫无疑问他从事的是特定的商业交易。”

第 12 节 共谋欺诈

11-123 共谋诈骗作为共谋的开放式形式之一,历经各种批判,但依旧充满活力,甚至在 2006 年《欺诈法》引发的改革中幸存下来,尽管该法的影响力令人难以置信。在严重案件中,共谋诈骗的指控对检方来说很有吸引力,不仅因为其适用范围很广,而且因为其惩罚力度很大。对于普通案件而言,障碍在于无法简易审理。此外,共谋罪的指控可能会让被告人义愤填膺。一般来说,共谋的指控只是权宜之计,但可以在很大程度上弥补漏洞。因此,在实践中,共谋诈骗罪的指控只能作为绝对的最后手段。如果有任何行为不属于任何实质性的有悖诚信犯罪,检察官可以考虑是否可能用共谋欺诈罪将其绳之以法。

该罪有两点令人瞩目之处。首先,从欺诈概念的广度来看,在日常用语中,这个词通常指的是欺骗——在被害人头脑中起作用的虚假表示或诡计,或者有时指受托人侵占信托财产。但法官们一心想抓住骗子,对语言的精妙毫不在意,认为不加欺骗地偷盗或强行抢夺财物,在普通法上也是一种诈骗。因此,强盗、夜盗者和扒手都对被害人实施了欺诈行为。[①] 即使共谋者的精神状态在日常用语中被称为欺诈性的,也可能不存在《欺诈法》所规定的虚假表示、不披露或滥地位,但他们可能犯有共谋欺诈罪。 1488

其次,共谋者的目的可能具有不同的性质。目的不一定是犯罪,可以是实施某种侵权行为。目的不一定是盈利,可以只是造成损失。[②] 目的不必涉及对财产的有悖诚信,但可能是为了获得某些行为或宽容而作出有悖诚信的努力,如为了获得政府许可证或批文。[③]

所有形式的共谋欺诈,面临的主要限制因素是必须证明存在有悖诚信。如果告诉陪审团,被告人意图实施损害他人权利的行为就是意图欺诈,显然

① *Scott v. Commissioner of Police of the Metropolis*[1975] A. C. 819 at 837-838 *per* Viscount Dilhorne.

② *Scott v. Commissioner of Police of the Metropolis*[1975] A. C. 819 at 837-839.

③ *Board of Trade v. Owen*[1957] A. C. 602 at 622; *R. v. Terry*[1984] A. C. 374.

是有缺陷的。这种意图只有在有悖诚信的情况下才足以构成犯罪,必须向陪审团强调这一点。[①]

11-124 共谋欺诈仍然属于普通法犯罪,不能作为法定共谋被起诉。两种共谋的区别重要吗?

除法定共谋必须是共谋去犯罪外,而不仅仅是去实施一般的错误行为之外,二者没有明显的区别。除此之外,主要的区别在于,普通法上的共谋以及因此而产生的欺诈共谋不属于可逮捕的罪行,[②]而法定共谋则属于可逮捕的罪行。还有一个程序问题,即应根据 1977 年《刑法法》指控法定共谋,而指控共谋欺诈需要依据普通法。

例如,有人共谋通过虚假表示以获取财物。这是违反了 2006 年《欺诈法》第 2 条的法定共谋,还是违反了普通法的欺诈共谋?或者两者都是?对此可能会出现麻烦,因为刑法的起草存在缺陷。法院就《盗窃法》原第 15 条所给出的解决办法是,这种共谋可以而且至少一般而言应当被指控为去犯特定罪行(一项或数项)的法定共谋。[③] 在判例中,法院明确,共谋(如果存在的话)无疑是共谋去实施法定罪行,应将其作为法定共谋进行起诉。[④] 共谋诈骗罪的指控应保留在共谋的目标中至少有一部分是不构成任何具体罪行
1489 的欺诈目的的情况下。[⑤]

第 13 节 欺诈共谋的分类

11-125 上述概括略显消极,并无太大启发性。可以将大多数欺诈共谋更为积极地分为以下几类:

1. 共谋有悖诚信地获取财物。在某些方面,共谋欺诈比共谋盗窃指控的覆盖面更广。最好就是像这样对明确的共谋盗窃加以指控,而不是将共谋盗窃指控为共谋欺诈。[⑥]

2. 共谋有悖诚信地获取财物以外的金钱利益。虽然共谋获取金钱利益的行为现在应被 2006 年《欺诈法》第 1~4 条规制,但共谋获取此类利益的行为可作为共谋欺诈提起公诉。例如(涉及两个或两个以上的不法分子)从他人的财产中有悖诚信地获得(或企图获得)利润。如果从法律上来讲,被告

---

① *R. v. Landy*[1981]1 W. L. R. 355 at 365-366. *R. v. Rowland*[2007]EWCA Crim. 479.

② *R. v. Spicer*(1970)114 S. J. 824.

③ *R. v. Duncalf*[1979]1 W. L. R. 918;*R. v. K.* [2007]1 W. L. R. 3190 at 3205;*R. v. Evans*[2014]1 W. L. R. 2817.

④ *R. v. Levitz*(1990)90 Cr. App. R. 33;*R. v. Pickford*[1995]Q. B. 203.

⑤ *R. v. Levitz*(1990)90 Cr. App. R. 33. section 12 of the *Criminal Justice Act* 1987.

⑥ *R. v. Ascroft*[2003]Crim. L. R. 894.

人没有意图永久剥夺财产所有人的所有权,侵占所用财产就将不构成对该财产的盗窃罪。“斯科特诉大都会警察局局长案”(*Scott v. Commissioner of Police of the Metropolis*)①就是例证。

本案涉及一场大规模的共谋:贿赂电影院员工交出正在放映的电影。这些电影被非法复制并投入商业发行。这相当于侵犯版权及贿赂雇员的罪行,但并非盗窃版权,亦不涉及欺骗。上议院认为,对共谋欺诈版权所有人的指控是不成立的。

法官认为被告人不仅为自己牟利,而且给著作权人造成了损失,这在案件事实上无疑是正确的。但可以想象,有时情况并非如此。例如,这些盗版电影可能在博拉博拉岛等地上映,而在那里版权的合法拥有者可能无法正式发行自己的作品。被告人的共谋无疑是欺诈性的,因为其目的是从未被授权使用的财产中获利,而作为利用方式的发行也是该财产权的一部分。②

3. 仅仅出于恶意而造成损失的共谋。几乎不为人所知:共谋对财产造成刑事损害被指控为此种共谋,而不是共谋欺诈。有时法院强调造成损失的意图是欺诈阴谋的象征,但骗子并非出于传统的恶意。造成损失是他们为自己赚取利润的衍生结果。 1490

4. 共谋使他人违反职责地行事(包括共谋欺骗他人使其不按其职责行事,如果不是对他进行欺骗的话,他会履行职责)。尽管检方并没有太多地使用这类指控,但其无疑具有巨大的潜力。无数的法规对公职人员和机构规定了“职责”,比如收集统计信息或提供教育或医疗服务,任何防止此类职责被严格履行的联合行动,理论上都是可以被提起公诉的犯罪行为。

在最后一点上法律还有些不确定之处。它当然适用于共谋利用欺骗手段取得政府执照或许可,使公职人员在违反职责的情况下从事其他作为或不作为,但疑问在于,它是否适用于仅就私人职责而欺骗私人的行为。由于上议院的观点模糊不清,相互矛盾,因此出现了一些司法适用上的困难。现状是,一些上议院法官表示,共谋可能旨在导致私人行为违背其职责,而其他人对此加以否认。了解这些就已经足够。下面的总结为那些感兴趣的人指出了不一致的观点。

11-126 在“贸易委员会诉欧文案”(*Board of Trade v. Owen*)③中,塔克(Tucker)法官表示,共谋通过欺诈手段从政府部门获得出口许可证是犯罪行为,主要表现为共谋欺诈政府。他随后试探性地主张,他准备考虑将共谋诈骗任何人(即使是私人)使其实施损害其利益的行为视为犯罪。拉德克里

---

① [1975] A. C. 819.

② Cf. *R. v. Shadrokh-Cigari*[1988] Crim. L. R. 465.

③ [1957] A. C. 602 at 622. *R. v. Terry*[1984] A. C. 374.

夫(Radcliffe)法官在“韦勒姆诉检察长案”(*Welham v. D. P. P.*)①中对此表示赞同。在这起关于伪造的案件中,该法官将伪造的主观要素与共谋欺诈的主观要素等同视之。总体来说,“韦勒姆诉检察长案”的判决基本沿用了丹尼勋爵的观点,即不区分公共和私人义务。

拉德克里夫法官的高深莫测言论可能误导了“检察长诉威瑟斯案”(*D. P. P. v. Withers*)②中的一些上议院议员,而此案与现在的话题更直接相关。该判决结束了英国法律中的“危害社会”原则。调查代理人通过欺诈手段获得机密信息。他们通过伪装成银行雇员从银行雇员那里获得信息,通过伪装成政府官员从政府官员那里获得信息。上议院撤销了对共谋欺诈的定罪,但除了两位大法官之外,没有人明确表示,共谋欺诈银行的行为可能会受到如此指控。还有法官明确指出,根据“韦勒姆诉检察长案”,银行家不能
1491 被视为公职人员。

在“斯科特诉大都会警察局局长案”中,只有迪普洛克大法官认为,就共谋欺诈个人的指控而言,共谋者的目的必须是剥夺被害人的财物以给他造成经济损失。只有在被害人是公职人员的情况下,指控才涉及造成违反职责的行为。他的补充意见,可能是受“韦勒姆诉检察长案”的误导,就像在“检察长诉威瑟斯案”中发生的那样。多数派观点没有如此武断地表达自己的看法,尽管有一段言论提到“韦勒姆诉检察长案”,而这体现出同样的误解。

11-127 订立协议欺骗私人去犯罪,是否构成共谋欺诈?

犯罪是违背义务的行为,所以该问题正是刚刚讨论过的,共谋欺诈个人使其实施违背义务的行为是否应受到惩罚。如前所述,③法院现在似乎已经准备好认定,导致犯罪或犯行的人仅仅基于因果关系也可构成犯罪。但此论点涉及严重的困难。

11-128 在共谋一章中,本书认为共谋的成立一般要求意图与后果有关。如果让他人承担经济风险,而该人如果知道事实就不会希望面临此风险,是一种共谋欺诈吗?

共谋欺诈只需要共谋从事不法冒险的行为。④ 典型的例子涉及公司董事。他们处于特殊的地位,因为他们掌管着公司的财产,但从技术上讲,他们并不是股东的受托人。尽管他们可能对公司财产犯下有悖诚信的具体罪

---

① [1961] A. C. 103 at 129.

② [1975] A. C. 842.

③ *Attorney-General's Reference*(*No*. 1 *of* 1975) [1975] Q. B. 773; *R. v. Millward*(1994) 158 J. P. 1091.

④ *Wai Yu-Tsang v. The Queen*[1992] 1 A. C. 269; *Adams v. The Queen*[1995] 1 W. L. R. 52.

行,但没有任何法规宣布他们因轻率地使用公司财产构成刑事犯罪。然而,在“女王诉辛克莱案”[1]中,董事们冒着风险,在没有担保的情况下让渡了公司的全部资产,在这种情况下,他们被判犯有共谋欺诈公司、股东和债权人的罪行。上诉法院表示:[2]

“欺骗和欺诈就是故意有悖诚信地损害他人的所有权。在本案中,所谓的共谋欺诈是指公司的一个董事和其他人有悖诚信地同意以不符合公司最佳利益和损害少数股东利益的方式使用公司的资产,从而使公司资产面临风险。”

本案表明,意图为自己目的以欺诈手段用他人的财产冒险,或使他人冒这种风险,构成共谋欺诈。犯罪的本质不是造成损失(因为造成或不造成损失无关紧要),而是使他人遭受不必要的金钱风险。[3] 共谋者明知地让被害人冒险。 1492

欺诈可能涉及以下合意:

1. “剥夺他人拥有的或他将有权或可能有权获得的东西,或损害他人的某项所有权。”被告人不必有意造成实际损失,但必须证明他已经预见到这种损失或损害可能会发生。

2. 但是,共谋欺诈并不局限于意图给被害人造成经济损失的案件;如果某个人或多个人同意他们应该欺骗公职人员以阻止他履行公务,也可能犯共谋欺诈罪。

第14节 有悖诚信与共谋欺诈

11-129 共谋欺诈的指控是否能够适当地告知被告人指控的内容?

起诉书应当载有所指控的欺诈行为的详细情况,足以以合理的准确度查明该欺诈行为;[4]如果缺乏详细情况,则可以下令补充。尽管《欺诈法》已达到一定程度的精确性,但可以基于下列两个理由加以反对:

没有理由让责任取决于两个人的行为。如果其中一个人的反对有效,那么另外一个人的反对也应该有效。如果其中的一个人反对无效,那么对两个人来说都不可以反对。

欺诈的概念本来就十分模糊。就其本身而言,这仅仅是给法院认为的

---

① [1968]1 W. L. R. 1246.

② *R. v. Sinclair*[1968]1 W. L. R. 1246 at 1250.

③ *Wai Yu-Tsang v. The Queen*[1992]1 A. C. 269;*Adams v. The Queen*[1995]1 W. L. R. 52;*R. v. Allsop*(1976)64 Cr. App. R. 29.

④ *R. v. Landy*[1981]1 W. L. R. 355.

有悖诚信行为贴上标签。法律应该比这更确定,应该更准确地说明什么是允许的,什么是不允许的。

11-130 但盗窃和欺诈的定义都包括有悖诚信。① 如果在共谋欺诈罪中反对这一要求,那么在其他犯罪中也必须反对。

第一句话是正确的,但结论是错误的。在盗窃和欺诈中,有悖诚信仅仅是对责任的限制。正如一位哲学家所说,这是必要条件,但不是充分条件。对于盗窃,行为人必须侵占他人的财物,有悖诚信的要求是额外的。对于欺诈,行为人必须作出虚假表示、不披露信息或滥用信任地位。在共谋欺诈的情况下,除合意外,似乎没有其他要求。任何被陪审团贴上(并被允许贴上)有悖诚信标签的行为,都将作为共谋欺诈的对象受到惩罚。这个过于模糊的检验标准,便是刑事责任的基础。

你或许会记得欺诈案中的有悖诚信有两种含义。以虚假表示型欺诈为例,虚假表示是为了达到获取他人财产的有悖诚信目的而使用的有悖诚信的手段。如果被告人用有悖诚信的手段获得他认为是他自己的财产,在结果意义上可能是诚实的。在"彼得斯诉女王案"(*Peters v. The Queen*)②中,麦克休法官表示:"在大多数共谋欺诈案件中,证明有悖诚信意味着检方必
1493 须证明被告人意图通过以下方式损害他人的权利或利益或履行公共职责:

"·作出或者利用明知虚假或者不履行的陈述或者承诺;

"·隐瞒有义务披露的事实;

"·从事无权从事的行为。"

我们可以把滥用信任地位的行为列入该名单。③ 但是,有悖诚信并不是由使用了有悖诚信的手段来决定的。重点应放在共谋者是否有诚实的"意图"。如果共谋者仅仅计划从事违法行动以"获得他们认为有权合法获得的财产",那么他们就没有有悖诚信的意图(非法动机)。④ 如果共谋欺诈,则合意本身并不是用来达到有悖诚信目的的手段。仅当共谋者的目的有悖诚信时,其意图才是有悖诚信的。如果共谋者意图获得自己认为无权获得的属于他人的财产,那么他们将采取的就是有悖诚信的行为。如果共谋者认为自己无权获得他人的财产而达成合意获得该财产,那么他们就是合意导致有悖诚信的结果。如果他们同意获得的财产是之前被他人从他们手中偷走的,则他们达成的合意就不属于有悖诚信(换句话说,他们的意图是诚实的,因为他们的目的是引发自己有权引发的后果)。

---

① The *R. v. Ghosh*[1982]QB 1053.

② (1998)192 C. L. R. 493 at 529.

③ *R. v. Darwin*[2009]EWCA Crim.(860).

④ *Peters v. The Queen*(1998)192 C. L. R. 493 at 508-509.

11-131　有悖诚信的"手段"在《欺诈法》中很重要,因为它们明确规定了欺诈犯罪的行为,如虚假表示欺诈、不披露欺诈和滥用地位欺诈:这些犯罪意味着欺诈罪定罪的标准不仅仅是有悖诚信。但正如上面提到的那样,有悖诚信的手段可以用来达到诚实的目的,就像被告人使用虚假表示从小偷那里拿回自己的财产一样。因此,有悖诚信总是通过考虑被告人为产生特定结果而具有的意图或合法理由(或在认识错误的情况下具有的推定合法理由)来确定的:他是诚实地打算获得自己的财产还是有悖诚信地打算获得属于他人的财产? 有悖诚信的手段构成《欺诈法》第 1~4 条所述欺诈犯罪的行为,在考虑行为人提出的没有有悖诚信抗辩时无须进行分析。

11-132　除虚假表示、不披露和滥用地位之外,是否还有其他"有悖诚信"的手段可以用来欺骗他人? 如果没有,普通法上共谋欺诈罪扮演什么角色?

这些法定的共谋本身就是犯罪,难道不是吗? 共谋法规定的未完成犯罪形式将适用于两名被告人合意通过作出虚假表示的方式获取利益或造成损失的情况,而无论他们是否作出此类表示。但是,如果两个人同意通过作 1494
出表示来获取金钱(这种陈述可能是真的,也可能不是真的),且他们对该表示的真假存在轻率,那么,如果他们在作出表示以及获取金钱的时候,陈述是不真实的,他们就犯了虚假表示型欺诈罪,但他们没有犯共谋罪。如果两人中有一人知道陈述是虚假的,结果也一样;双方都必须知道表示是虚假的或将是虚假的,才能构成共谋犯罪。如果当事人被发现对虚假的可能性"故意视而不见",他们可能会被认为知道这种陈述是虚假的,但这种有意无视的学说不能被用来将明知的要求扩大到纯粹轻率的情况。[①] 换言之,如果犯罪人在对所需情况无须明知的情况下就可以实施犯罪(例如,他应对相关情况的轻率行为负责),则除那些意图在犯罪时存在这种情况或明知这种情况会存在的人之间外,不可能存在共谋。

同样,如果两名被告人合意滥用信托地位,利用其雇主的财产牟取利益,就将为达成上述合意承担责任。没有必要证明他们实际上滥用了 2006 年《欺诈法》第 4 条规定的信托地位。共谋针对的是实施行为要素的合意。没有必要证明这一行为已经发生,只需要表明双方同意这样做即可。责任取决于两名被告人合意作出虚假表示,或滥用信托地位,或不披露信息,而无论他们是否实际这样做了。[②]

---

① *R. v. Saik*[2007]1 A. C. 18.

② Douglas N. Husak, "The Nature and Justifiability of Non-consummate Offences", (1995) 37 *Ariz. L. Rev.* 151; Ira P. Robbins, "Double Inchoate Crimes", (1989) 26 *Harv. J. on Legis.* 1.

第15节 不支付对价而逃单

11-133 随着1978年《盗窃法》第3条的颁布，一个新的技术术语进入法律中——“逃单”，以对付在加油站、餐馆或其他一般认为应该当场付款的地方恶意消费后偷跑的债务人：

(1)任何人明知须或被预期就所供应的货品或所提供的服务当场付款，而在没有按规定或预期付款的情况下，不诚实地逃走，并意图逃避缴付应付款额，即属犯罪。

(2)当场支付包括收到货品时或工作被完成时或服务被提供时支付。

(3)如果提供货物或提供服务违反法律，或所提供的服务使付款在法律

1495 上不可强制执行，则上述第(1)款不适用。

这项规定的好处是，即使没有证据证明被告人在订购物品或服务时或在获得物品或服务时有不诚实的意图，也可以定罪。

因此，尽管被告人主张直到汽油加进油箱里或饭进入肚子里后才形成欺诈意图，有一定的可信度，开着加满汽油的汽车“逃走”的司机，和饭后从餐馆溜出来消失在人群中的食客，都可以被定罪。这项规定的适用对象还包括酒店和出租车的逃单者，以及公共交通上的无票乘客。

11-134 但能说货物是在自助加油站“供应”的吗？

尖锐的问题。答案是肯定的，因为顾客按了一个按钮，它会在顾客加满之前提醒加油站职员。另外，在超市里偷偷摸摸的小偷很可能没有被“供应”，他只是拿走。

11-135 如果餐馆的顾客，在被招待后，悄悄离开，但打算稍后付款怎么办？

在上述立法中，似乎存在理论上的漏洞，这些漏洞是由“意图逃避缴付应付款项”的规定造成的。根据此规定，即使债务人在没有按要求或预期支付款项的情况下不诚实地逃走，如果被告人能以某种似是而非的方式证明自己打算以后支付，便将无罪。[①] 然而，这些词语可能被理解为“意图避免按要求或预期付款，而不论通常在何处付款”。[②]

11-136 如果用餐者在餐厅外被抓住时，试图逃跑该怎么办？

必须要求陪审团考虑应当支付款项的“地点”的范围。据推测，一旦被告人离开餐厅、加油站等，即构成犯罪。如果她只是向餐厅门口走去，原则

---

① *R. v. Allen*[1985]A. C. 1029.

② *R. v. Aziz*[1993]Crim. L. R. 708.

上应该只是未遂。[1] 餐厅老板也许不可能知道被告人形成不付款意向的确切时间点，但只要其觉得食客明显要在不付款的情况下离开，就可以使用合理的武力扣留食客。[2]

11-137　假设用餐者向侍者解释说他要去他的车里取钱包但再也没有回来，或者给了一张支票但支票不能被兑现，该如何处理？

在这两个假设中，债务人都获得了债权人的同意，但这种同意是通过欺诈获得的。因此，他可能被指控通过虚假表示进行欺诈。 1496

在“女王诉文森特案”(*R. v. Vincent*)[3]中，被告人先后住在两个旅馆里，没有付清全部账单就离开了。他被指控犯有两项违反 1978 年《盗窃法》第 3(1)条的罪名。通常情况下，账单必须在客户离开酒店前付清。但本案的被告人告诉旅馆老板，他在等应得的工钱，在拿到工资之前，他无法支付账单。初审法官指示陪审团，如果被告人在让经营者同意延期付款方面有悖诚信，就应被视为未当场付款就逃单。被告人的两项罪名都成立。

上诉时，上诉法院认为：

“问题是，当被告人离开该处所时，是否‘被要求或期望’付款……(没有用‘逃单’一词，因为该词给人的印象是，其通常意味着暗中离开)。在这种情况下，我们认为本条不要求或不允许分析实际达成的协议是否通过欺骗获得。本条的措辞和目的并未考虑对所指控的导致协议的欺诈进行何种复杂调查。如果通过合意阻止了当场付款的预期，就不能再主张存在此类预期。有悖诚信地获得合意的事实并不能恢复经营者的期望。虽然顾客可能会被指控以欺骗手段获得服务，但如果他以这种有悖诚信的意图继续留在酒店，并不会违反《盗窃法》第 3 条。”

11-138　根据《盗窃法》第 3 条，租客不付租金就逃跑是否构成犯罪？

不构成。本条中的“服务”一词，无论如何显然要符合其一般含义。没有家具的公寓或房子的承租人没有支付房东的租金，但他没有得到服务，而且普通租约也没有要求应当场支付租金。 1497

---

① *R. v. Brooks*(1983)76 Cr. App. R. 66.

② *R. v. Morris*[2014]1 W. L. R. 16.

③ [2001]1 W. L. R. 1172.

第12章 损害与侵入

对历史荒谬且过于简化的误读，成功地将人类所有的进步，都表现为自由与禁止之间的斗争，前者被认为是好的，后者被认为是坏的。当然，事实上，文明既得益于限制自由的人，又得益于扩张自由的人。阻止人们做事是第一需要，而自由只是次要奢侈品。

皮列格内·沃索恩(Peregrine Worsthorne)①

① 皮列格内·沃索恩(Peregrine Worsthorne)，1932年，英国著名评论家。——译者注

第 1 节　刑事损害

12-001　刑事损害罪（曾称为“恶意损害”）现规定在 1971 年《刑事损害法》中，除非另有说明，本章所指均为该法。该法规定的主要罪行有三种，次要罪行有两种。三种主要的犯罪行为，简言之，可称为：（1）“单纯损害”（Simple damage）；（2）“危险损害”（Dangerous damage）；（3）纵火。两种次要罪行分别为“威胁”及“蓄意监禁”。

除纵火和危险损害之外，其余犯罪均可被判处最高 10 年监禁，前两种犯罪一经公诉程序定罪可判处终身监禁。除第 1(2) 条及第 3 条的罪行外，所有罪行均可以简易或检控方式审理。如果某人被控犯有第 1(1) 条罪行（纵火罪除外），且涉案金额低于 5000 英镑，则可对其进行简易审理。[①] “法院被要求‘只能简易审理’，当且仅当‘在法院看来，很明显它即将审议的案件所涉金额低’。如果这一点尚不清楚，则必须对其加以正常审理，且涉案金额也不能再被考虑。”[②]其他危险损害案件（以及符合危险损害定义的纵火案件）只能通过公诉审理。事实上，绝大多数破坏公物的案件都被简易审理。

单纯损害定义见《刑事损害法》第 1(1) 条： 1498

（1）任何人无合法理由而毁坏或损害属于他人的任何财物，意图毁坏或损害任何此财物，或对毁坏或损害任何此财物持轻率态度，即属犯罪。

第 2 节　损　害

12-002　尽管《刑事损害法》谨慎地规定了“毁坏或损害”，但所有毁坏型案件都必须出现损害。需要有实际损害，所以法院可能会拒绝在没有直接故意且造成最低程度损害的情况下认定损害——例如少数人在用于放牧的草地上踢足球。[③] 但相当小程度的可证明的损害就足以使法院认定损害。[④]

12-003　张贴无处不在的“小广告”根据《刑事损害法》会被起诉吗？

未经授权的行为，通常会根据地方法令或细则受到指控；[⑤]但在原则上，

---

① Section 22 of the *Magistrates' Courts Act* 1980.

② *R. v. Bristol Magistrates Court Ex p. E*[1999] 1 W. L. R. 390 at 39; *R. v. Fennell*[2000] 1 W. L. R. 2011 at 2017; *R. v. Alden*[2002] 2 Cr. App. R. (S.) 74.

③ *Eley v. Lytle*(1885) 50 J. P. 308.

④ *R. v. Foster*(1852) 6 Cox C*Gardner v. Mansbridge*[1887] 19 Q. B. D. 217; cf. *Gayford v. Chouler*[1898] 1 Q. B. 316; *Laws v. Eltringham*(1881-82) 8 Q. B. D. 2. C. 25.

⑤ Section 54(10) of the *Metropolitan Police Act* 1839.

行为人可能会被控刑事损害。[①] 污物被戏谑地定义为"附着物质",将物质附着在不需要的地方则会被认为是损害。[②] 其他的例子还有:在别人的汽车座位上涂果酱、在别人的汽油里放糖、用气溶胶涂料在别人的墙上涂鸦。[③] 在"女王诉菲亚克案"(*R. v. Fiak*)[④]中,被告人用毯子塞住了看守所的盥洗室下水道。法官表示:[⑤]

"的确,上诉人的行为对毯子和盥洗室造成的影响都是可补救的,但简单的现实是,毛毯暂时不能被其他囚犯使用,直到它变干(我们相信,也会清理),被淹的盥洗室暂时无法使用,直到水被清除。根据我们的判断,依据
1499 1971 年《刑事损害法》,毯子和盥洗室都遭受了损害。"

刑事法院对来自治安法官的"A 案"(涉及未成年人)[⑥]作出的上诉裁决使轻微损害问题的相关法律规定受到一些质疑。[⑦] 被告人因朝一位穿警官制服的人后背吐痰而被判刑事损害罪。有罪判决被推翻,理由是,唾沫很容易用湿布抹掉,且雨衣也不会因此"丧失功能"。然而,在丝绸衣服上吐唾沫,如果擦掉唾沫后留下痕迹,就可能是损害。

该判决的权威性不高,并且似乎对法律的适用过于宽松。在本案中,警官的雨衣上已经沾满了类似的唾沫,如果接受审讯的这位吐唾沫的年轻人不构成损害罪,那么其他的人也无法构成损害罪;然而,他的行为作为整体来看,却导致该外衣必须接受清洗(在清洗的过程中,这件衣服将被称为"丧失功能")。为了使机器暂时无法运转而替换零件,虽然这些零件没有被损害,但却足以损害机器。[⑧] 同样地,将固定装置与建筑物分开也会造成损害。[⑨]

放走某人的宠物无疑是对宠物的推定性破坏!爱尔兰共和国最高法院认为,将繁殖中的水貂从笼中放生会造成损害,虽然这些水貂已被找回,而且没有受到身体伤害,但它们的价值却降低了。[⑩] 给别人的轮胎放气,最好

---

① *R. v. Austin*[2009]2 Cr. App. R. (S.) 74. *Roe v. Kingerlee*[1986] Crim. L. R. 735.

② *Henderson & Battley*(November 29, 1984) quoted in *Cox v. Riley*(1986) 83 Cr. App. R. 54 at 56-57.

③ *Roper v. Knott*[1898]1 Q. B. 868; *King v. Lees*(1949) 65 T. L. R. 21. *R. v. Fancy*[1980] Crim. L. R. 171.

④ [2005] Po. L. R. 211.

⑤ *R. v. Fiak*[2005] Po. L. R. 21

⑥ [1978] Crim. L. R. 689.

⑦ [1978] Crim. L. R. 689.

⑧ *Cox v. Riley*(1986) 83 Cr. App. R. 54. *R. v. Fisher*(1865-72) L. R. 1 C. C. R. 7; *R. v. Tacey*(1821) Russ. & R. 452.

⑨ *R. v. Woolstock*[1977] Crim. L. R. 104. *Johnson v. D. P. P.* [1994] Crim. L. R. 673.

⑩ *Rexi Irish Mink Ltd. v. Dublin County Council*[1972] I. R. 123.

被视为破坏车辆的罪行,[①]但它也应该被认定为损害和理论上的盗窃空气的行为。

12-004　如果我用车轮夹钳夹住他人的车,使车主不能使用它怎么办?如果我用松开夹钳来换取金钱上的回报,会有什么不同吗?

你应该对刑事损害负责,但是存在一个异乎寻常的判决。[②] 的确,扣留本身不会损害汽车或降低其价值,但汽车在被释放之前不能作为汽车使用。这种对"使用"的干涉已经被认为构成刑事损害。[③] "该法要求证明的是有形财产受到了损害,而不一定是损害本身应该是有形的……如果上诉人被证明故意且无合法免责事由以这种方式[干扰],以至于损害了物主的[财产]的价值或效用,则属第 1 条所指的损害。"[④]如果物权人花钱请人修理或清洗,财产的价值就会受到损害。如果有人因为裙子上被倒了红酒而不得不 1500
干洗,裙子的价值就会降低。同样地,如果被告人在被害人的草坪上倾倒了 5 吨废钢,他就破坏了被害人的土地,因为被害人将不得不付出自己的劳动来移除它,或者付钱让其他人来这样做。[⑤] 当财产被扣押或被暂时停止使用时,其效用可能会受到损害。如果用车轮夹钳卸掉汽车上的某个零件以致车主无法使用,安放夹钳者将承担刑事损害的责任。如果用车轮夹钳将汽车抬起,取下其中一个轮子以防止车主使用,那么即使他没有对汽车或车轮造成任何损害,也要承担刑事损害的责任。他扣留车轮损坏了汽车的效用,用夹钳固定住车轮或将车轮卸掉并无任何区别。

使用车轮夹钳也可能要承担盗窃[⑥]或敲诈的责任。在"布莱克诉卡迈克尔案"[⑦]中,法院认为,停车场经营者扣留他人车辆勒索赎金是敲诈罪。这是苏格兰的判决,但勒索罪应适用于英格兰和威尔士。停车场经营者在其停车场的招牌上用小字印上"罚款"条款,但这些"罚款"条款在民法上是非法的。[⑧] 私人组织无权对公民进行罚款,他们只有在失去使用停车场空间的情况下才有权获得合理的补偿。对价值 1 英镑的未付停车费提出 100 英镑的索赔,这是对罚款金额的非法主张,而使用车轮夹钳迫使他人付钱,从理论

---

① Section 25 of the *Road Traffic Act* 1988.

② *Drake v. D. P. P.* [1994] R. T. R. 411 at 418. *Morphitis v. Salmon* (1990) 154 J. P. 365.

③ *R. v. Fiak* [2005] Po. L. R. 211; *Morphitis v. Salmon* [1990] Crim. L. R. 48; *R. v. Fisher* (1865-72) L. R. 1 C. C. R. 7.

④ *R. v. Whiteley* [1991] 93 Cr. App. R. 25 at 28 *per* Lord Lane C. J.

⑤ *Henderson & Battley* (November 29, 1984) quoted in *Cox v. Riley* (1986) 83 Cr. App. R. 54 at 56-57.

⑥ Section 6 of the *Theft Act* 1968 as discussed in *R. v. Raphael* [2008] EWCA Crim. 1014. See also sections 12 and 12A of the *Theft Act* 1968.

⑦ [1992] S. L. T. 897.

⑧ *Dunlop Pneumatic Tyre Co Ltd. v. New Garage & Motor Co Ltd.* [1915] A. C. 7.

上讲,构成勒索。刑法应当尽可能惩罚那些从事这类欺骗消费者行为的人。[①] 不幸的是,事实并非如此,因为检察官们接受的训练使其专注于街头犯罪。[②]

12-005 如果某心怀不满的员工通过操作电脑清除了公司的电脑程序和文件,从而破坏了公司的业务,是否构成损害?

所举的例子表明,损害的概念必须包括财产状况方面的任何有害的变化。[③] 1971 年《刑事损害法》第 10(5)条规定:"基于本法的立法目的,修改计算机内容不得视为损害任何计算机或计算机存储介质,除非其对该计算机或计算机存储介质产生了损害其物理状况的影响。"[④]
1501

第3节 财 物

12-006 《刑事损害法》第 10 条刑事损害中的财物的定义大体上遵循了 1968 年《盗窃法》的有关规定,但存在两个重要分歧:

1. 在通常情况下,不能盗窃土地或建筑物等,但存在对土地或建筑物的刑事损害罪。[⑤]

2. 出于商业目的,摘取野生蘑菇、野生花卉、"野生植物"的果实或枝叶,可能构成盗窃罪。但是,故意压碎野生蘑菇或破坏野生植物的枝叶等,无论出于什么目的,都不构成刑事损害罪。商业目的的检验没有被纳入《刑事损害法》,因为这样做并不合适。

砍伐别人的树木可能构成刑事损害,[⑥]因为树可能不仅仅是植物,同时砍伐也不仅仅是对枝叶的损害,等等。焚烧金雀花被认为属于土壤改进措施。[⑦] 基于上述责任排除条款,从灌木上折取"树枝"不构成刑事损害(如果是从树上折取,则存疑)。但这种免责不能扩大到破坏整个灌木丛。把整个植株拿走是对土地的刑事损害,并且即使不是出于商业目的,也是对植株的盗窃。人们可能会对"野生"的含义产生疑问。如果灌木是人工种植的,就不是"野生"的。然而,如果植物是天然播种的,但已经后天施肥或修剪过

---

① Sections 3 and 4A of the *Private Security Industry Act* 2001.

② See the comments of Sedley L. J. in *Ferguson v. British Gas Trading Ltd.* [2010] 1 W. L. R. 785 at 799. Jeffrey H. Reiman and Paul Leighton, *The Rich Get Richer and the Poor Get Prison: Ideology, Class, and Criminal Justice*, (Boston: Allyn & Bacon, 9th edn. 2010).

③ *Cox v. Riley* (1986) 83 Cr. App. R. 54; *R. v. Whiteley* (1991) 93 Cr. App. R. 25.

④ the offence in section 3 of the *Computer Misuse Act* 1990.

⑤ *Henderson & Battley* (November 29, 1984) quoted in *Cox v. Riley* (1986) 83 Cr. App. R. 54 at 56-57.

⑥ *Unsworth v. D. P. P.* [2010] EWHC 3037 (Admin).

⑦ *R. v. Fancy* [1980] Crim. L. R. 1.

呢？原则上，控方必须证明被告人知道该植物是被栽培的，或在这方面存在轻率心态。 1502

第4节　属于他人

12-007　第(1)款限定于“属于他人的财物”，[①]因此，其并不惩罚对自己财产的反社会破坏。[②] 但是，这有时构成第(2)款的犯罪，需要对其进行处理。

过去，为了欺骗保险公司而放火焚烧自家房屋构成纵火；但1971年的立法规定并不是这样的，[③]虽然这可能违反第(2)款，或在适当情况下成立欺诈罪。

《刑事损害法》第10(2)条规定：

(1)本法所称财物，系指有形财产，无论是不动产或个人财物，包括货币——

(a)包括已被驯服或通常被圈养的野生动物，以及任何其他野生动物或其尸体，当且仅当其已被人据为己有且该占有并没有被放弃、丧失，或正在被人据为己有；

(b)不包括在任何土地上生长的野生蘑菇或在任何土地上生长的野生植物的花朵、果实或枝叶。

就本款而言，“蘑菇”包括任何真菌，“植物”包括任何灌木或树木。

(2)就本法而言，财物应被视为属于下列任何人——

(a)对其加以保管或控制的人；

(b)拥有其上所有权或相关权益(非仅因转让或授予权益的协议而产生的衡平法权益)的人；

(c)对其有担保权的人。

(3)信托财物，属于任何有权执行信托者。

(4)独资公司的财物，即使法人空缺，也应视为属于该公司。

这项规定不言自明。很明显，即使被告人拥有该财产，但如果有其他共同所有人，或者如果他人拥有该财产的物权利益，他也可能要为损害该财产承担责任。如果银行对被告人的动产(油画等)有“抵押权”[④]或者对他的房

---

① *Pike v. Morrison*[1981]1 All E.R. 65.

② Thomas Wurtenberger, “Criminal Damage to Art -A Criminological Study”, (1965) 14 *DePaul L. Rev*. 83.

③ *R. v. Denton*[1981]1 W.L.R. 1446.

④ *Scottish & Newcastle Plc. v. Lancashire Mortgage Corp Ltd.* [2007] N. P. C. 84. *Re ASRS Establishment Ltd.* [2002] B. C. C. 64 at 70; *In Re Bond Worth Ltd.* [1980] Ch. 228 at 249.

子有"抵押权",就对其财产享有权益。虽然丈夫可以因损害妻子的财产而被判有罪,反之亦然,但就偷窃而言,指控必须得到检察长的同意。① 如果没有人对被告人的财产享有财产利益,被告人将是绝对所有权人。在这种情
1503 况下,他的财产不属于他人。

12-008 行为人对他所占有的财物造成刑事损害能够被判有罪吗?

是的,如果他对该财物无所有权的话。放火烧房子的房客是有罪的;如果行为人先开走了别人的车,然后故意损害它,也会构成犯罪。

12-009 业主如果放火焚烧其租客租住的住宅,是否会触犯法律?

《刑事损害法》规定由他人保管财物等同于该他人对该物享有所有权,②因此房东犯有刑事损害罪。

存在若干关于损害或毁坏财物的法定犯,即使该财物可能归行为人自己所有或占有——砍伐《树木保护令》规定的树、拆毁列入名单的建筑物、捕杀受保护的野生动物。这些罪行与我们社会中过去曾失控和未受惩罚的巨大浪费相比是微不足道的。当存在可替代资源的情况下,依旧大量开发矿藏,这些不可再生的资源被使用,然后作为垃圾丢弃,根本没有办法恢复原状。如果海上的天然气开采出了问题,尽管可以封顶,但有时还是会被吹走,这样,埋在地下数百万年的天然气就会被浪费掉。现在法律已经规制这些行为,但是对相关条款的讨论超出了本书的范围。

根据2006年《动物福利法》(the *Animal Welfare Act* 2006)或其他动物保护法,无论动物是否属于被告人,伤害动物都属于犯罪。但是,这项立法存在的理由当然不是为了防止浪费,而是为了制止残酷的行为。

第5节 主观心态

12-010 要求的主观要素是故意或轻率。如前所述,轻率的要求是在主观意义上解释的。③ 不存在对财物的过失损害,但是在过失驾驶罪中包含
1504 这一点,并且有若干相关法律条款。④

12-011 转移故意原则是否适用于《刑事损害法》?

几乎可以肯定是的。在普通法上,只要法律措辞允许,只要可以确定所指控的犯罪的犯意和犯行,就可以适用转移故意原则,尽管是不同的财产。

---

① Section 30(4) of the *Theft Act* 1968.

② Section 10(2). See *R. v. Judge*(1974) 138 J. P. N. 649.

③ *R. v. G*[2004] 1 A. C. 1034.

④ Section 3 of the *Submarine Telegraph Act* 1885 as amended; section 1 of the *Dogs*(*Protection of Livestock*) *Act* 1953.

该问题涉及《刑事损害法》第1(1)条中“任何此财物”的含义。

这可能意味着“属于他人的任何财物”(“此”指的是前半句话中“属于他人的”)。[①] 如果是这样,“任何”一词就导致了转移故意学说的适用。如果《刑事损害法》只规定“此财物”,那么很明显,该原则就被排除在外了。

12-012 另外一种解释是,“任何此财物”指的是“任何此类财物”。这将需要法院设定无数的财物种类。除其他手表之外,什么东西与一只手表是同一类别的呢?手表和汽车是同一类东西吗?马和狗是同一类的吗?这样的询问,结果不仅是不确定和复杂的,而且可能意味着故意可以从被告人自己的财物转移到他人的财物上,这将是反常的。显然(1)是更好的解释。“任何此财物”不是指“任何此类财物”,而是指“任何属于他人的财物”。[②]

然而,转移故意原则不应成为增加刑罚的理由。如果被告人试图打破他知道的一个廉价花瓶,但不小心(无意或轻率)碰倒了一个十分有价值的花瓶,他可以被判对昂贵的花瓶的刑事损害罪,但显然应该根据他的实际意图来判刑。[③]

第6节 缺乏合法免责事由

12-013 损害他人财物的几种免责事由,均是被一般法律规则承认的。例如,土地所有者(或占有者,或可能被许可人)可以驱逐非法侵入的财物,尽管这不可避免地涉及对财物的某种损害(例如,他拆除了以非法侵入方式安置在他土地上的棚子)。可以通过消除对公共或私人通行权的任何非法 1505
阻碍来减轻妨害。[④] 在紧急避险的情况下,财物可能会被损害,当然,财物可能在所有者同意的情况下被损害。此外,《刑事损害法》第5条对“合法免责事由”作了不详尽的定义。为了实现本法目的,该法第5(2)条规定了两种特殊类型的合法免责事由,即同意的确信和防卫的确信。

同意的确信:

(a)在实施被指控构成犯罪的一项行为或多项行为时,行为人相信他认

---

① Cf. the wording of section 1(2), where "such" is omitted because under that subsection the property need not belong to another.

② Law Commission, *Report on Offences of Damage to Property*, (Law Com. No. 29 of 1970) at para. 45.

③ Andrew Ashworth, "Transferred Malice and Punishment for Unforeseen Consequences", in Peter Glazebrook (ed.), *Reshaping the Criminal Law: Essays in Honour of Glanville Williams*, (London: Steven & Sons, 1978) at 77 *et seq.* Glanville Williams, "Convictions and Fair Labelling", (1983) 42 *Cambridge L. J.* 85 at 86-87.

④ *Chamberlain v. Lindon* [1998] 1 W. L. R. 1252. *Unsworth v. D. P. P.* [2010] EWHC 3037 (Admin).

为有权同意破坏或损害该财物的人对此表示同意,或者如果知道破坏或损害及其具体情节就会表示同意。

防卫的确信:

(b)行为人毁坏或损害或威胁毁坏或损害有关财产,或被依据《刑事损害法》第3条提出指控,意图使用或致使或准许他人使用某物去毁坏或损害该财产,以保护属于他自己或他人的财物,或他认为属于他自己或他人的财产权利或权益,并且在实施被指控构成犯罪的一项或多项行为时,他相信——

(i)该财物、权利或利益立即需要保护;以及

(ii)考虑到所有情节,实施或拟实施的保护手段是或将是合理的。

(3)就本条而言,如果确信符合诚信原则,是否合理就无关紧要。

(4)就本条第(2)款而言,财产权利或权益包括任何由批准、特许或其他方式设立的对土地或土地之上的权利或特权。

(5)本条的解释不得用来质疑任何获法律承认刑事控罪的抗辩事由。

这两种免责事由适用于被告人明知物主同意,[①]或被告人明知有保护财物的实际必要,或被告人在这些事项上有认识错误的情形。很明显,原则上否定抗辩的责任在于控方。

12-014 例如,根据(b)款的含义,如果某牧羊人射杀了猎狗,并认为这样做对保护他的羊是立即、必要且合理的,就不构成刑事损害。[②] 必须相信财物"立即需要保护"的规定是令人遗憾的。保护财物的行为可能是必要合理的,即使威胁不是危急的。山里的农夫不会和他的羊群住在一起,即使只要他和他的羊群在一起,羊群就是安全的,他也有理由杀死猎狗。尽管(b)款有此限制,但在这种情况下,被告人应获得紧急避险抗辩。然而,必须指出的是,这些已决案件并没有对"紧急避险可以补充私人防卫权"的论点起
1506 到很大的鼓励作用。[③]

目前尚不清楚,当采取静态威慑形式时,预期行为在什么程度上是合理的。农民用带刺的铁丝围着他的田地,侵入者被铁丝刮破了衣服。农民是故意还是轻率地损害了他的衣服?根据之前提到的因果关系原理,可以认为并不是农民,而是侵入者试图越过这一明显危险的行为导致衣服破损。但是,假定法院初步认定农民的轻率行为造成了刑事损害,问题是(b)款下的抗辩是否适用。这取决于紧迫危险的要求是否排除了采取静态防御形式的预期措施。控方可能会提出这样的论点:当反侵入装置运行时,保护就是

---

① *R. v. Denton*[1981]1 W. L. R. 1446.

② Section 3 of *Dogs Act* 1906 and section 2(2) of the *Dogs*(*Protection of Livestock*)*Act* 1953.

③ *Workman v. Cowper*[1961]2 Q. B. 143. See also *Monsanto Plc. v. Tilly*[2000]Env. L. R. 313.

立即必要的。但问题在于时机。如果"被指控构成犯罪的一项或多项行为的时间"是铺设带刺的铁丝网时,农民显然认为不需要立即的保护。如果时间是损害由侵入者造成时,那么农民可能已经睡着了,并且不相信他的财物"立即需要保护"。因此,除依据(b)款外,农民最好设法将"合法免责事由"抗辩确立为私人防卫。带刺铁丝网是惯用的和合理的静态防御侵入者的形式。

12-015　难道(b)款的极端主观主义没有引发与敲诈勒索相同的问题吗?

确实,(b)款被广泛引用,因为它使问题取决于被告人本人是否认为该行为是合理的。这意味着他一定认为思维正常的人会认为他的行为是合理的。当然,被告人的行为在客观意义上越不合理,法庭就越不可能相信他认为自己的行为合理的主张。1971年《刑事损害法》之前的若干判决对权利主张抗辩采取了极为谨慎的态度。1971年《刑事损害法》的目的,是从刑法中消除在权利假设下所造成的任何损害,因为民法对这种行为已经作了充分的规定。因此,向警方传达的信息是:在这种情况下不要起诉。

(b)款草案中的另一项宽容不仅适用于为保护财物而采取的行为,而且也适用于为保护被告人认为的"财产权利或利益"而采取的行为。因此,不仅包括通常所说的私人防卫,而且包括诸如消除妨害等事项。 1507

如果某人错误地认为他有权在别人的土地上通行,移动他认为是障碍的东西,他不是在保护物质财物不受攻击,而是认为自己在保护自己的权利或道路。此时,本款适用。同样,如果某人,拥有或相信他有某些无形利益,做了他认为合理且必要的事情来保护该利益,即使法律没有授权以这种方式保护该利益,该条款也适用。对他人的土地享有在其上进行运动比赛权利的人,无权射杀妨碍比赛和破坏运动的陌生犬只;[①]但如果他这样做,且相信这是合理的,就可以根据《刑事损害法》第5条进行抗辩。

12-016　因此,假设某人有自己的停车位,如果他在设法将一辆非法停放的汽车移出该停车位时损害了它,则应适用(b)款规定的抗辩。[②] 这可能是法律赋予他采取合理措施将汽车逐出的权利(当然,如果他是车位的承租人,他也有权这么做);[③]即使不是这样,但如果他相信他的停车权赋予他财产权利或利益,且他的行为是合理的,他也享有辩护的理由。[④] 值得注意的是,第(4)条明确将保护范围扩展到被许可方。的确,即使被告人不认为他

---

① *Gott v. Measures*[1948]1 K. B. 234.

② *Chamberlain v. Lindon*[1998]1 W. L. R. 1252.

③ *Hall v. Davis*(1825)172 E. R. 16;cf. *R. v. Tao*[1977]Q. B. 141.

④ *Chamberlain v. Lindon*[1998]1 W. L. R. 1252.

有权为自己行事,但如果他认为他的行为是为了保护土地所有权人的财产权,该款也为他提供了抗辩事由。该条款将抗辩置于主观基础上的意图是明确的。使人产生怀疑的是,法院经常倾向于不相信主观表达的抗辩,事实上,只要有可能,法院就会对这种抗辩进行狭义解释。①

法官已经对(b)款的抗辩施加了一项限制。当行为(引起一场小火灾以证明火灾警报不起作用)仅仅是为了引起当局的注意以证明存在某种危险情况时,即使被告人的目的是减少这种危险,法定抗辩也不适用。此防卫行为显然被认为与避免危险关系不大。在"女王诉亨特案"(*R. v. Hunt*)中,被告人认为市议会没有采取任何措施来修理养老院所在街区有故障的火警警报,所以他把居住者赶出了公寓,在街区一个相当偏僻的地方放火烧了一张床。之后,他把消防队叫来,并打破了警报,以证明它不起作用。上诉法院认为,被告人的行为是否符合《刑事损害法》第5(2)条规定的"为了保护属于他人的财物"的问题是客观的,但因为被告人的"行为本身并不是能够保
1508 护财物的行为",因此不成立(b)款的抗辩。

在"女王诉希尔案"②中,被告人打算用钢锯刀片切断环绕在美国海军布劳迪基地周围的一根铁链围栏。他对持有意图用来损害财物的钢锯刀片的指控的抗辩是,他们的目的是保护属于他们自己或别人的财物,且这些财物立即需要保护。他们断言,如果不关闭海军基地,财物就有被苏联突发的核攻击毁坏的危险。兰恩法官认为:③

"这种类型的问题应从两个方面加以考量。第一个方面是确定被告人头脑中的想法是什么。此前的法官断言,从本案的判决角度出发,被告人所说的关于其推理的一切都是真实的,我们也这样认为。我也许已经大致说明了被告人所相信的证明了什么。到此为止,测试标准都是主观的。换句话说,我们在解读上诉人的想法。这样做了以后,本案的法官们就转到本案的第二个方面。也就是他不得不决定作为法律上的问题,客观地说,是否可以根据上诉人所相信的事实认定,其意图切断铁丝网是为了保护上诉人的家或在彭布罗克郡的其他邻居的家。"

12-017 根据上述判决的说法,如果从客观判断刑事损害不能保护被告人的财物,那么被告人是否打算损害财物以保护她自己的财物并不重要。但是,行为的目的并不取决于所采取的手段是否能够达到想实现的目的。

---

① *R. v. Hunt*(1978)66 Cr. App. R. 105;*R. v. Hill*(1989)89 Cr. App. R. 74;*Unsworth v. D. P. P.* [2010]EWHC 3037(Admin).

② (1989)89 Cr. App. R. 74.

③ *R. v. Hill*(1989)89 Cr. App. R. 74 at 79.

另外，审理“贾加尔诉迪金森案”（*Jaggard v. Dickinson*）[①]的分庭法院对（a）款作了完全主观主义的解释。

在“女王诉亨特案”和“女王诉希尔案”中，真正的问题是被告人是否采取行为来保护财物，而不是他们的行为是否能够保护财物。亨特自己也承认，他的首要目标是让市议会对有问题的火警警报采取措施。换句话说，他承认他采取行动并不是为了保护特定财物不受直接威胁。如果在证据不足以支持抗辩的情况下，将其交给陪审团，他们很可能会对其加以否定。被告人声称其行为是为了保护其财物或他人财物的说法在客观意义上越不合理，法庭就越不可能相信被告人的这种主张。从证据中推断被告人没有说真话是一回事，相信被告人说的是实话，然后仅仅因为他的行为不能保护有关财物就否定他的抗辩，是另一回事。然而，如果没有证据支持他的主张，抗辩就不需要交给陪审团审议。[②]

12-018　“需要立即保护”是否包含客观认定？

该款清楚表明，如果被告人确实认为该财物需要立即保护，则应提供抗辩。“如果确信是诚实持有的，那么它是否是正当的则无关紧要。”该款的抗辩适用于确实需要保护财物的情况，也适用于被告人在这方面犯了认识错误的情况。因此，如果有证据支持被告人的错误认识，则应由事实法庭审议 1509
被告人的辩护。如果客观证据显示被告人认为财物受到直接威胁是完全不合理的，陪审团则可以推断被告人实际上并不相信财物受到威胁。如果事实法庭认为被告人确实相信财物需要立即保护，则不能仅仅因为被告人的认识不合理就忽视此发现。

或者，如果没有证据支持财物需要立即保护的主张，则无须向陪审团提交辩护。在“女王诉亨特案”中，几乎没有证据支持被告人的说法，即他相信公寓里有需要立即保护的地方。这些公寓没有着火，也没有迹象表明它们在不久的将来会着火。相反，证据清楚显示，被告人认为须由市议会而非他本人采取预防措施，以确保有关房屋在未来某个阶段不会受到火灾威胁。可以认为，这正是“女王诉希尔案”中兰恩法官的想法，即“必须证明被告人相信必须立即实施行为，以防止发生更糟糕的事情的直接风险，而该行为在其他情况下构成犯罪”。[③] 这并不意味着《刑事损害法》第 5（2）（b）（i）条之下的问题在一定程度上是客观的，他只是认为，如果没有证据支持根据该款提出的主张，则无须将抗辩提交陪审团审议。

---

① ［1981］Q. B. 527. See 19. 6. See also Glanville Williams, “Two Nocturnal Blunders”, (1990) 140 *N. L. J.* 1564.

② *R. v. Hunt*(1989) 89 Cr. App. R. 74 at 79; see also *Ayliffe v. D. P. P.* ［2006］Q. B. 227.

③ *R. v. Hill*(1989) 89 Cr. App. R. 74.

12-019 被告人的刑事损害行为必须是避免对其财物的威胁的适当或合理的方式吗?

不需要。只要被告人认为用于保护其财物的手段是合理的,这就足够了。[①] 如上所述,该款被广泛引用,因为它使问题不取决于被告人的行为实际上是否合理(经陪审团或治安法官评估是合理的),而取决于被告人本人是否认为它是合理的(问题是被告人是否相信思维正常的人会认为他的行为是合理的)。当然,被告人的行为在客观意义上越不合理,法庭就越不可能相信他认为自己的行为合理的主张。因此,主观不合理的概念虽然很深奥,但并不是不可行的。

12-020 这两段论述漏掉了一些内容。一个人可能因为诚实但错误地认为财物是他自己的而毁坏财物。

显然,基于犯意的普遍问题,他会被判无罪。这两段举例说明了没有犯意的情况,但不排除以此理由为其他案件辩护。根据《刑事损害法》第1(1)条,被告人必须具有与他人财物有关的必要主观要素。你也许还记得,这一点是在"女王诉史密斯案"[②]中确立的。法院不是根据该法的措辞,而是根据"犯意的一般原则"进行判决,该法在这一点上没有作出规定。

12-021 如果被告人认为他拥有该财物,是由民法认识错误而非事实
1510 **认识错误造成的呢?**

以上就是"女王诉史密斯案"的情况。史密斯之所以认为财物属于他自己的,是因为他是该套公寓的房客,并且在公寓里做了一些改进措施。但是,根据法律规定,土地上的附着物归属于土地所有者(这个原则也有例外,但都与本案无关),所以这些添附属于房东。在搬出公寓时,史密斯在移除附着物的过程中,损害了其中一些(他在法律上无权这样做)。在刑事损害的指控中,他主张附着物是他自己的抗辩成立。然而,让他产生认识错误的,是附着物的一般财物法则,而不是显而易见的事实。

12-022 如果被告人错误地认为不被视为财物的东西属于他人的财物怎么办?

如果该错误属于民法认识错误,则可以援引(b)款进行抗辩。同样,如果被告人错误地认为被遗弃的财物属于他人,也可以援引该款进行抗辩。如果是刑法认识错误,那就不算数。例如,1971年《刑事损害法》第10条规定:

(1)本法所称财物,系指有形财产,无论不动产或个人财物,包括货币和——

---

① *Chamberlain v. Lindon*[1998]1 W. L. R. 1252 at 1262.

② [1974]Q. B. 354.

（a）已被驯服或通常被圈养的野生动物，以及任何其他野生动物或其尸体，当且仅当其已被人据为己有且该占有并没有被放弃、丧失，或正在被人据为己有。

《刑事损害法》并没有将损害“尚未被任何人据为己有”的野生动物定为犯罪。合乎逻辑的推论是，只有当被告人实施行为以保护该法所承认的财物时，才可以适用《刑事损害法》第 5（2）（b）条所述的抗辩。什么是财物或什么不是财物这一更广泛的问题属于民法范畴，但根据该法第 10 条的明确规定，就该法的目的而言，尚未被任何人据为己有的野生动物不是财物。“不明知该规定”不能作为抗辩事由。

如果没有被任何人占有的野生动物不是财物，在这种背景下，人们就无法为了保护野生动物而破坏其他财物（属于政府部门的陷阱）。在“克雷斯韦尔诉检察长案”（*Cresswell v. D. P. P.*）①中，被告人错误地认为野生獾属于“环境、食品和乡村事务部”（DEFRA）的财物。该部门在特定的地点设置了若干陷阱来捕捉獾，因为獾被认为是该地区牛结核病的源头。上诉人是动物维权人士，他们真诚而狂热地相信獾并没有导致当地的牛感染牛结核病，而且为了解决这个问题，扑杀獾是不必要的。上诉人带着螺栓切割机进入农田，并用这些机器破坏了政府部门设置的 4 个捕獾陷阱。毫无疑问，他们破坏了属于他人（陷阱）的财物，而且他们打算这样做。上诉人试图适用《刑事损害法》第 5（2）（b）条的抗辩，但因为野生獾不是财物而未能成功。 1511

12-023　如果他们的错误仅仅是民法认识错误，那么可以提出（b）款抗辩事由，因为上诉人确实认为獾属于他人的财物。《刑事损害法》明确规定，如果行为人破坏了非财物，则不得提出（b）款的辩护事由，第 10 条明确规定，野生动物除非被人据为己有，否则不是财物。

12-024　**（b）款规定为保护财物而损害财物，但如果是为保护个人而损害财物呢？**

保护人的行为通常是那些对人造成伤害的行为，但你是对的：在保护人的时候完全有可能损害财物，如杀死攻击人的狗。② 显然由于疏忽，《刑事损害法》将这种行为归入合法免责理由的一般类别。

这可能会产生两个后果，其在原则上很特殊，但在实践中不大可能造成困难：

1.（b）款允许行为人保护对他而言的陌生人的财物。但这只适用于他损害财物的情况。如果他伤害了攻击者的人身，他在普通法上就无法证明

---

① ［2006］EWHC 3379（Admin）.

② *Morris v. Nugent*（1836）173 E. R. 252.

他保护陌生人的财物是正当的,[1]除非可以援引紧急避险原则。

2. 起草1971年《刑事损害法》的法律委员会采取了强烈的主观主义立场,在(b)款中将被告人对权利存在的确信规定为抗辩事由。如前所述,普通法一般认为自卫的确信可以是不合理的,但必须是真实的。这适用于为保护自然人而损害财物的情况,1971年立法将其留给普通法处理。在这方面,这两种抗辩现在是相容的。[2] 如果某人攻击并伤害了咆哮的狗,并因为伤害这只狗而被起诉,那么他认为这只狗会撕破他衣服的想法就是抗辩事由,尽管这种想法是不合理的。同样地,他认为狗会咬他的腿的不合理想法也是普通法上的抗辩事由,如果他事实上确实这样认为的话。

现在可以明确的是,在某些涉及土地所有权的案件中,普通法规则排除了治安法官的管辖权。该规则的理由是,土地所有权可能涉及复杂的问题,而这些问题被认为不适宜由治安法官决定。尽管如此,该规则还是造成了很大的困难,1971年《刑事损害法》第7(2)条将其排除在刑事损害指控之
1512 外,从而解决了该问题。

第7节 危险刑事损害

12-025 此处使用危险刑事损害只是为了方便,这并非法律原文之表述。相关犯罪的定义载于《刑事损害法》第1(2)条:

任何人若无合法免责事由而毁坏或损害任何财物,无论是属于他自己的还是属于他人的——

(a)故意毁坏或损害任何财物或对任何财物是否会被毁坏或损害持轻率态度;及

(b)故意通过毁坏或损害危及他人生命或对他人生命是否会因此受到危害持轻率态度,即属犯罪。

该犯罪类似前文的单纯损害罪,但下列情况除外:

1. 危险刑事损害适用于行为人损害自己的财物,[3]以及损害他人的财物。

2. 危险刑事损害仅限于故意或轻率地危害生命的情况。[4] 该要件被认为是将最高刑罚增加到终身监禁的正当理由。应当注意的是,虽然实际上

---

① *Hall v. Davis*(1825)172 E. R. 16;cf. *R. v. Tao*[1977]Q. B. 141.

② *R. v. Williams*(1984)78 Cr. App. R. 276 at 281-282. section 76(4)of the *Criminal Justice and Immigration Act* 2008.

③ *R. v. Harding*[2000]1 Cr. App. R.(S.)327;*Attorney-General's Reference*(*No.* 98 *of* 2001)[2002]2 Cr. App. R.(S.)25;*R. v. Brewis*[2004]EWCA Crim. 1919.

④ *R. v. Steer*[1988]A. C. 111;*R. v. Webster*[1995]2 All E. R. 168.

没有人受到危害（如实际上没有人在建筑物内），但仍然可以犯本罪。[①]

3. 虽然“合法免责事由”是一项抗辩，但《刑事损害法》第 5 条中“合法免责事由”的部分定义并不适用。据推测，“合法免责事由”必须不仅是财物损害的免责理由，而且是生命危险的免责理由。私人防卫以及（或许）紧急避险有时可以用来证明行为人造成生命危险是正当的。

虽然正在讨论该措施，但有人批评将该犯罪包括在内是不合逻辑的（无济于事的），因为该罪实际上是对人的犯罪，而不是对财物的犯罪。如果被告人破坏自己的车的刹车，因为他知道他的父亲将使用，并希望父亲将被杀害或受伤，那么将此案视为刑事损害是很奇怪的［如果被告人出于同样的目的制造了一辆刹车不灵的汽车，就不能被认为是损害了汽车，因此不能根据《刑事损害法》第 1（1）条受到惩罚，但他的目的和造成的危险是一样的］。

12-026　刑事损害是否需要成为危险源？

被告人必须故意“通过毁坏或损害危及他人生命”，或者至少预见到“损害”将危及他人生命。在“女王诉斯蒂尔案”（*R. v. Steer*）中，[②]被告人去了他以前的生意伙伴的家，他对他们怀恨在心。按过门铃后，他朝卧室、客厅的窗户和前门分别开了枪。房屋内的占用人没有受伤。除其他外，被告人被指控故意损害财物，对他人生命是否会因此受到威胁持轻率心态，违反了 1971 年《刑事损害法》第 1(2) 条。被告人的律师认为诉由不成立，因为危险不是由对房屋造成的损害引起的，而是由步枪射出的流弹造成的。法官表示：[③] 1513

“当然，很明显，本案中任何生命危险都是来自步枪本身的射击，而不是对卧室窗户或卧室中任何财物的轻微损害……根据第（1）款，被告人必须对他所造成的财物损害有故意或轻率的心态，才有罪。根据第（2）款，他必须另外故意危害生命或对于他所造成的财物损害是否会危及生命持轻率态度。必须在此语境下解释‘通过损害’，在我看来，不可能将该短语解读为‘通过损害或造成损害的行为’。”

被告人对刑事损害不承担责任，因为他不以危及占用人的生命为目的去故意损害房屋（门窗上的弹孔），而是打算通过向占用人开枪来危及占用人的生命。这些弹孔本身不会危及任何人。整天站在有弹孔的门或窗口附近也可能不会受到危害。门上的弹孔并不比钥匙孔更危险。危险的根源是步枪枪管的流弹。也不能认为被告人预见到这种损害会危及占用人，因为这种损害显然不会危及占用人的生命。被告人故意危害占用人，但他并不

---

① *R. v. Steer*［1988］A. C. 111 at 116；*R. v. Parker*［1993］Crim. L. R. 856.

② ［1988］A. C. 111.

③ *R. v. Steer*［1988］A. C. 111 at 116-117.

意图利用刑事损害作为实现该目的的手段。他意图用步枪作为实现该目的的手段。

在“女王诉温顿案”(*R. v. Wenton*)①中,被告人用砖头砸破了一座房子的一扇窗户,把玻璃窗砸了下来。之后,他从开口处扔了一个汽油弹。汽油洒在地板上,但没有点燃,所以没有起火。被告人认为有两个不同的独立行为:(1)用砖头打破窗户;(2)将汽油罐投射到房子里。被告人还声称,造成刑事损害的行为(打破窗玻璃)并未危及占用人的生命,而且由于第二个行为(投掷毒气罐)并未造成任何损害,因此不能以此作为定严重刑事损害罪的依据。

对此,法官表示:②

“无论如何,都不能认为窗户的损害威胁到占用人。事实上,这个案件与“女王诉斯蒂尔案”相去甚远,因为在那个案件中,实际上是同一个行为既造成了损害,也造成了风险,也就是用步枪将子弹射进房子里的行为。在本案中,造成损害的行为是透过窗户投掷砖块。造成威胁和危害的行为是在
1514 打破窗户之后向房屋投掷汽油弹。”

如果被告人向被害人的海滨别墅的一面大玻璃墙发射一颗子弹,并预见到巨大的玻璃板会落在被害人身上并将他切成碎片,情况就不同了。③ 在这种情况下,被告人预见到损害本身将危害被害人的生命。

第8节 纵 火

12-027 1971年《刑事损害法》第1条,在第(1)款规定了简单损害罪、第(2)款规定了危险损害罪之后,第(3)款规定如下。第1(2)款和第(3)款规定的纵火罪仅在提起公诉时可以审理。根据第1(1)及(3)条被控的纵火罪可以以任何方式审理:

“根据本条规定,以火烧毁或损害财物者,应认定为纵火罪。”

由此可见,纵火有两种形式:上述第(1)款和第(2)款的规定,分别与第(3)款相结合。④ 所谓的单纯纵火和危险纵火之间的实质性区别(除了定义上的不同)在于,危险纵火可能发生在自己的财物上。

12-028 纵火是单独的犯罪,还是仅仅属于指控刑事损害的方式?

这似乎是独立的犯罪。因此,如果意外造成火灾,则以纵火以外的方式

---

① (2010)174 J. P. 577.

② (2010)174 J. P. 577 at para. 10.

③ Cf. *R. v. Webster*[1995]1 Cr. App. R. 492.

④ *R. v. Aylesbury Crown Court Ex p. Simons*(1972)56 Cr. App. R. 818.

造成财物损害的故意无法被转移以使行为人构成对其他物品的纵火罪。①

普通法中有纵火罪，在颁布该法的讨论中，对于纵火损害财物的特殊犯罪是否值得保留出现了分歧。法律委员会对占上风的观点（虽然不是他们自己的观点）陈述如下：

"应当区别对待纵火造成财物损害与以其他方式造成财物损害，这存在两个主要原因。首先，火灾造成的损害，特别是对建筑物和堆栈的损害，是一种一直令人憎恶的犯罪行为。有人认为，这本身就是允许更高的最高刑罚的一个理由。其次，更有说服力的是，许多通过火灾造成损害的人精神失衡，需要治疗，但往往没有资格住院。如果焚烧造成的损害最高可处以无期徒刑，那么被定罪的人可以被拘留以在被证明必要的时间段内接受精神病治疗。"② 1515

12-029　如果被告人未经允许点燃了别人的雪茄，这肯定不算纵火吧？

从技术上来讲，算。以前有关纵火罪的判例确定，虽然没有实际的火焰，但如果在炽热的高温下闷燃该物，即属犯罪。③ 毫无疑问，同样的解释仍然适用。但毋庸置疑，你想象中的案子永远不会上法庭。

可以提出严重损害和严重纵火的指控意味着，如果定罪（通过判决或抗辩）仅仅是单纯损害或单纯纵火，则法官在判刑时一定认为被告人既没有故意危害生命，甚至对此也不存在轻率——无论法官认为风险多么明显。④

在指控危险损害或危险纵火时，法院认为检察官必须在不同罪名中对故意和轻率分别指控，而不是可替代地在同一罪名中进行指控。主要原因是，如果这两种过错被指控在同一罪名中，基于认罪的定罪将无法指导法官确定被告人是否故意危害生命或者轻率行事。法官可以听取证据来确定被告人的过错程度，但如果他忽略了这一点，他就必须根据认罪所隐含的最低程度的过错来判刑，即轻率。

请注意，1883 年《爆炸物法》第 2 条规定的与危险纵火罪相并列的犯罪（引起可能危及生命或严重损害财物的爆炸）。

---

① Glanville Williams, "Convictions and Fair Labelling", (1983) 42 *Cambridge L. J.* 85. *Contra*, Andrew Ashworth, "Transferred Malice and Punishment for Unforeseen Consequences", in Peter Glazebrook (ed.), *Reshaping the Criminal Law: Essays in Honour of Glanville Williams*, (London: Steven & Sons, 1978) at 92.

② Law Commission, *Report on Offences of Damage to Property*, (London: H. M. S. O., Law Com. No. 29, 1970) at para. 29.

③ *R. v. Parker* (1839) 173 E. R. 733; cf. *R. v. Russell* (1842) 174 E. R. 626.

④ *R. v. Booker* [1982] Crim. L. R. 378.

第9节 威 胁

12-030 《刑事损害法》第2条规定：

任何人无合法免责事由而对他人作出威胁,故意使该他人担心这种威胁会被实施,如威胁的内容是——

(a)毁坏或损害属于该他人或第三人的任何财物;或

(b)以明知有可能危及该他人或第三人的生命的方式,毁坏或损害其自己的财物;即属犯罪。

人们会注意到,威胁可能以任何方式进行,如通过电话。这种威胁不必直接针对受威胁攻击的被害人,也不必构成立即损害的威胁。如果与被害人处于同样地位的理性人会相信被告人威胁要损害被害人的财物(或者在危及生命的情况下,他自己的财物),被告人的行为就可能暗示了这种威胁。① 然而,必须证明,被告人故意让对方担心暗示的威胁会实施。轻率是行不通的。②《刑事损害法》第5条中"合法免责事由"的部分定义适用于本条规定的犯罪(经适当修改),除非威胁者威胁以他知道可能危及他人生命
1516 的方式去损害财物。

第10节 保管者意图毁坏或损害财产

12-031 《刑事损害法》第3条规定：

保管或控制任何物品的人,无合法免责事由而打算使用或促使或允许他人使用该物品——

(a)去毁坏或损害属于他人的任何财物:或

(b)去毁坏或损害其自己或该使用者的财物,而且明知这种毁坏或损害方式可能危及他人生命;即属犯罪。

本条规定创造了一种法定的未遂罪。其适用范围很大,因为"物品"可能是相当普通的东西,如气溶胶喷漆、钢锯刀片,③甚至火柴,而且没有要求故意立即使用它。④ "合法免责事由"的部分定义再次适用(经适当修改),除非被告人故意以他知道可能危及他人生命的方式损害财物。

可以注意到,1883年《爆炸物法》第3、4条也规定了持有爆炸物的罪行。

---

① Cf. *R. v. Cakmak*[2002]2 Cr. App. R. 158.

② *R. v. Cakmak*[2002]2 Cr. App. R. 158.

③ *R. v. Hill*(1989)89 Cr. App. R. 74.

④ *R. v. Buckingham*(1976)63 Cr. App. R. 159.

第11节 侵 入

12-032 传统上,除例外情况,侵入土地是一种只有民法才会关注的错误行为。原因很难说清楚。当然,与侵入别人的头部或内脏相比,侵入他人的土地并不是什么严重的事情。但是也有很多轻微的罪行,有点令人吃惊的是这些轻微的罪行当中没有这个。

刑法不仅对穿越农田和森林的漫步者视而不见,而且通常来说,在别人的花园里自娱自乐,悄悄躲在客人中间"闯入"聚会(除非闯入者吃食物或饮料是盗窃或欺诈);偷偷摸摸地进入房子窃听,或者睡在最好的床上;甚至闯入白金汉宫,坐在女王的床上,和她进行不受欢迎的谈话;不付钱而溜进电影院或者爬上栅栏去看足球比赛;[①]未经土地所有者许可举办"流行音乐节";将自己的车停在别人的停车位上;报社记者通过"诡计"(欺骗)或秘密获准进入私人住宅或会议;在医院里闲逛,制造麻烦;狩猎和射击破坏者侵入,以扰乱运动者的目标;或者示威者在比赛期间侵入足球场或板球场,以进行政治抗议,都不是犯罪。法律的空白状态曾一度被认为是合理的,理由是这些事件太少,不可能成为严重的社会罪恶,但是当这些合法性形式司空见惯时,该理由在今天已经无法经受考验。 1517

最严重的后果是,当警察想要介入时,他们没有法律理由进行干预。无论如何,他们经常以破坏治安为由逮捕或者至少拘留侵入者,[②]并且责令他维持秩序。在许多情况下,根据1986年《公共秩序法》第1~5条所列罪行之一提出的指控是合理的。在涉及多人的严重案件中,警方可以考虑根据1986年《公共秩序法》第14A(2)条控告非法集会。[③] 在其他情况下,当占用人驱逐侵入者时,警察可以袖手旁观,如果侵入者进行强行抵抗,他们可以控告他攻击罪。不过,如果警察代表占用人送他出去,那就更明智了。但是有一些非法侵入的罪行是值得注意的。

1994年《刑事司法和公共秩序法》第68条载有加重非法侵入罪。第68(1)条规定:

(1)任何人如果侵入土地,并且与他人正在或即将在该土地或其毗邻土地上从事的任何合法活动有关,并且该人在那里做任何事,意图借此产生下列效果,即构成加重非法侵入罪——

(a)恐吓这些人或其中任何人,以阻止他们或其中任何人从事该活动;

---

① Section 11(1) of the *Fraud Act* 2006.

② *R.* (*on the application of Laporte*) *v. Chief Constable of Gloucestershire*[2007]2 A. C. 105.

③ *D. P. P. v. Jones*[1999]2 A. C. 240. Cf. *Mayor of London v. Hall*[2011]1 W. L. R. 504.

(b)妨碍该活动;

(c)中断该活动。[①]

12-033 很多法规针对非法侵入规定了特殊的罪行。例如,2005年《严重有组织犯罪和警察法》(the *Serious Organised Crime and Police Act* 2005)第128条规定:

(1)任何人以非法入侵者的身份进入或在英格兰、威尔士或北爱尔兰的任何受保护地点,即属犯罪。

(1A)在本条中,“受保护地点”是指——

(a)核场地;

(b)指定地点。

1518 (1B)在本条中,“核场地”是指——

(a)核场所许可证(1965年《核设施法》意义内的)目前有效的任何场所中,位于为这些场所提供的保护的外围范围内的部分;和

(b)属于(a)款范围内的场所构成其一部分的任何其他场所中,位于其外围范围内的部分。

(1C)为此目的——

(a)为任何场所提供的保护的外围是为保护这些场所免受入侵而提供或依靠的最外围围栏、墙壁或其他障碍物的界线;和

(b)该界线的确定须假设穿过围栏、墙壁或其他障碍物的每一道门,出入口或其他屏障都已关闭。

2(2)“指定地点”是指——

(a)按照国务大臣的命令(以任何方式)指定或描述的地点,以及

(b)按照该命令为本条的目的指定的地点。

(3)国务大臣只有在下列情况下才可为本条的目的指定一个地点:

(a)该地点属于王室土地;或

(b)该地点属于女王陛下以私人身份拥有的土地,或者属于王位直接继承人以私人身份拥有的土地;或

(c)在国务大臣看来,为了国家安全的利益而指定该地点是适当的。

(4)根据本条被控犯罪的人可以凭借证明他不知道而且没有合理理由怀疑被指控的犯罪涉及的地点是[受保护]地点,来为自己辩护。

(5)犯有本条所述罪行的人,一经简易程序定罪,可处以——

(a)不超过51周的监禁,或

(b)不超过标准等级5级的罚款,或两者并处。

---

① *Richardson v. D. P. P.* [2014] A. C. 635 at 650.

此外,非法侵入军事用地[1],军营[2],外国使馆的处所[3],或公共花园[4],也属犯罪行为。任何人擅自闯入教育场所,造成(或准许)滋扰或干扰[5](学生示威者要当心!);干扰指定的沉船残骸[6];或者弃置废弃物(包括弃置在陆地上的废弃车辆)[7];或者未经合法授权在"任何公共土地、沼泽地或者任何类型的其他土地"上驾驶机动车驶离道路(为停车目的在距离道路15码范围内行驶除外),都是犯罪。[8] 曾经,未经授权的尼尔森纵队登山者可能会被判有罪,[9]但现在已经大不相同了。同样地,圣保罗的圆顶上或者皮卡迪利广 1519
场的厄洛斯雕像上的攀岩者似乎没有构成具体罪行。但是,如果可以对此加以认定,他可能会受到刑事损害的指控,未能认定的话,他将被责令维持治安(治安法官在行使最后这项权力方面拥有显著的全权[10],并且不时以破坏治安为由责令侵入者保持秩序,而这种破坏治安只是他们的想象)。

有时,非法侵入由于故意而成为犯罪行为,例如,在追逐猎物时非法侵入(可以通过在乡间小路上开枪来构成)[11],窃贼闯入建筑物[12],和1911年《官方保密法》第1条禁止的非法侵入。[13] 此外,亦禁止任何建筑物(或附属建筑物的土地)内的入侵者携带违法武器[14],或入侵者携带火器[15],或(如我们现时所见)某些人以暴力方式进入房屋。[16]

---

① Sections 14,17(2) of the *Military Lands Act* 1892.

② Section 8 of the *Manoeuvres Act* 1958.

③ Section 9 of the *Criminal Law Act* 1977.

④ Section 5 of the *Town Gardens Protection Act* 1863.

⑤ Section 547 of the *Education Act* 1996(as amended).

⑥ Section 1 of the *Protection of Wrecks Act* 1973.

⑦ Section 3 of the *Refuse Disposal(Amenity)Act* 1978;cf. Part IV *et passim* of the *Environmental Protection Act* 1990. section 3 of the *Control of Pollution Act* 1974.

⑧ Section 34 of the *Road Traffic Act* 1988. Section 193(4) of the *Property Law Act* 1925(as amended). *Phillips v. D. P. P.* [2003] L. L. R. 98; *Bakewell Management Ltd. v. Brandwood*[2004] 2 A. C. 519.

⑨ See the revoked *Trafalgar Square Regulations* 1952(*SI* 1952/776). *Allmond & "Negotiate Now" v. United Kingdom*(1995) 19 E. H. R. R. CD93.

⑩ Cf. *R.* (*on the application of Laporte*) *v. Chief Constable of Gloucestershire*[2007] 2 A. C. 105.

⑪ *R. v. Pratt*(1855) 119 E. R. 319.

⑫ Section 9 of the *Theft Act* 1968.

⑬ *Chandler v. D. P. P.* [1964] A. C. 763.

⑭ Section 8 of the *Criminal Law Act* 1977.

⑮ Section 20 of the *Firearms Act* 1968.

⑯ Section 6 of the *Criminal Law Act* 1977.

第12节 侵入建筑物

12-034 最严重的侵入形式是非法侵入建筑物,特别是住宅,尤其是鸠占鹊巢的行为,涉及驱逐合法拥有者或其他占有者。即便如此,和平侵入建筑物也不是犯罪行为。[①]

在这里警察再次普遍对不幸业主的问题采取了漠不关心的态度。[②] 除此之外,业主必须面对法庭诉讼的费用——他不可能从被纵容的侵入者那里得到这笔钱。如果他能辨认出侵入者的身份,可以起诉申请禁制令来阻止威胁占有。[③] 在非法占有发生后,业主可以起诉要求损害赔偿(但这种补偿费不可能强制执行);更重要的是,他可以请求法院下令收回他的财产。目前英国已经设计出了一套快速的简易程序,借此可以在几天之内——甚至一天之内——下达命令。[④] 该命令将由治安官及其官员(对于高等法院)执行,或由法警及其官员(对于郡县法院)执行。根据1887年《治安官法》第8条,治安官可以要求警察协助他。法警级别太低,无法享有这一权力。但是,根据1977年《刑法法》第10条,妨碍任何法院官员执行收回房地的命令的行为都是犯罪,警察如果被说服与法院官员一同前往,就可以对犯罪者加
1520 以逮捕,从而实际上协助驱逐侵入者。

然而,刑法的规定确实涉及暴力进入建筑物(以及与建筑物有关的其他构造物)。在1977年《刑法法》出台之前,禁止非法暴力侵入取决于传统的《强行进入法》。法律委员会决定对该过时的立法进行现代化改造,因此,用1977年《刑事损害法》第6条的一项新的简易犯罪取而代之。新罪包括使用暴力或威胁使用暴力,以确保进入有反对者在场的建筑物(没有进入并不重要)。

12-035 《刑事损害法》第6(1)条规定:

(1)在不违反后两款规定的情况下,任何人未经合法授权,使用或威胁使用暴力以便为其本人或任何其他人进入任何处所,如符合下列条件,即属犯罪——

(a)当时在该处所内的某人反对使用暴力以确保进入该处所;和

---

① Tom Whitehead, "Squatting to be made illegal, vows Clarke", (London: *The Telegraph*, 18 March 2011).

② Michael Dalton, *The Country Justice*, (London: William Rawlins et al., 1697) at 297-818.

③ A. M. Prichard, *Squatting*, (London: Sweet & Maxwell, 1981) at 42-45.

④ *Civil Procedure Rules*(1998/3132), rules 55.20-55.28. See also *Rules of the Supreme Court*, Or. 113; *County Court Rules*, Ord. 24, rules 1-7. *Secretary of State for the Environment, Food and Rural Affairs v. Meier*[2009] 1 W. L. R. 2780 at 2785, 2791, 2797-2799.

(b)使用或威胁使用暴力的人对此明知。

(1A)上述第(1)款不适用于“被驱逐的住宅占用人”(Displaced residential occupier)或“受保护的意向占用人”(Protected intending occupier),或代表该占用人行事的人;如果被告人提供足够证据证明他曾是占用人或曾代表该占用人行事,则应推定他是占用人或代表该占用人行事,除非控方有相反证据。①

(2)除上述第(1A)款另有规定外,②任何人对任何处所拥有任何权益或有权拥有或占用该处所的事实,就上述第(1)款而言,不得构成对该人或任何其他人为确保其进入该处所而使用或威胁使用暴力的合法授权。

12-036　但是为什么这种犯罪需要使用暴力呢?在房屋主人暂时不在家而没有使用暴力的情况下,擅自搬进别人的房子,这难道不是同样令人愤慨吗?

对于 1977 年法案的制定者来说,政治考虑是最重要的。一些非法占用人得到了公众的一定程度的同情。此外,闯入者可能不是擅自占用者;他们可能是工人(得到其工会的支持),因抗议关闭工厂或裁员决定而“静坐”或“工作”;或者他们可能是出于政治原因和平占用大学校园的行政区以阻碍大学工作的学生。因此,为了减少反对意见,立法者认为罪行必须限于暴力案件。然而,“被驱逐的占用人”③和“受保护的意向占用人”④则不受《刑事损害法》第 6 条的约束。 1521

12-037　“暴力”一词是指对占用人的暴力,还是指对建筑物的暴力——打碎窗户,等等?

均可。第 4 款:

“对于本条的目的来说,这无关紧要——(a)有关的暴力行为是针对人还是针对财产。”

12-038　我不明白为什么合法占用人需要这项法律的保护。如果入侵者对占用人使用暴力,他们就犯了攻击罪,等等;如果他们破门而入,他们就构成了刑事损害。

是的。《刑事损害法》第 6 条对合法占用人没有什么用处。有时候,如果只是怀疑发生了攻击,它可以澄清立场,而且它的好处是,检方可以指控一项简易犯罪,借此排除被告人的接受审判权。但无论如何,可能遇到的非法入侵者很可能不会触犯第 6 条。擅自占用人和示威者在没有人的情况下

---

① *Criminal Justice and Public Order Act* 1994, Pt V section 72(2).

② *Criminal Justice and Public Order Act* 1994, Pt V section 72(3).

③ Section 12(3) of the *Criminal Act* 1977.

④ Section 12A of the *Criminal Law Act* 1977.

溜进房屋,或在合法进入后非法逗留,或乱动锁具,在这些情况下,第 6 条都不适用。

12-039 那么《刑事损害法》第 6 条是不是用处不大呢?

如果用词正确的话,它的主要"用途"是阻止业主在被非法驱逐出大楼后,强行重新进入大楼。法律委员会决定,所有者(有些例外待会儿再讨论)将被控犯有该罪行,就像是侵入者一样。第(2)款规定,"任何人对……处所拥有任何权益的事实……不构成合法授权……"因此,大学雇员面临静坐时可能犯罪;当地方当局发现其空房屋被擅自占用时也可能犯罪。除非他们采用即将被提及的战术,否则这些业主如果想把闯入者赶出去,就必须被送上法庭。因此,我们认为第(1)款并不是主要出于对被侵占财产的所有者的关心而制定的法律。在实际效果上,它是一项关于援助和保护违法者的立法规定,尽管其目的当然是维护和平。

这项政策的决定是否正确可能会受到质疑。没有证据表明被驱逐的业主使用合理的暴力行使其进入的权利造成了严重的混乱。在通常情况下,被驱逐的业主会去法院,不管他是否有自助的选择权。尽管《刑事损害法》第 6(1)条犯罪的本意是要在所有者和侵犯者之间保持中立,但实际上,正如我们将看到的那样,作用是不对称的——不是倾向反对侵略者,而是倾向反
1522 对所有者。

但《刑事损害法》为"被驱逐的住宅占用人"或"受保护的意向占用人"规定了一个重要的例外。如果你被非法入侵者非法驱逐出你已经占有的住宅或公寓,或如果你是意向占用人,你就会被赋予被驱逐的住宅占用人或受保护的意向占用人的特权地位,并可以借助暴力进入该处所,以驱逐入侵者;这项权利在普通法中是有限的,其要求你对入侵者使用的暴力必须是必要和合理的。

12-040 我们从上述人员以外的人员开始。以第(2)款为例,表面上看(并且暂时撇开某些论点,稍后再讨论,这些论点可能被用来转移对其的注意力,但没有出现在法庭上),它意味着所有者被允许做的仅仅是继续战斗(使用合理的暴力),直到他被驱逐出去;一旦他精疲力尽,他一般必须接受失败,直到法律的力量把他放回原处。如果所有者无视此条并且反击,他很有可能犯下攻击罪和此条的罪行,无论如何,直到他回到原处为止。

该条涵盖所有建筑物及其附属土地。但这并不适用于其他土地;[①]因此,被驱逐出自己的任何一部分土地的农民(如被正在扎营的吉卜赛人驱逐出去)可以使用暴力返回该土地,并按照普通法驱逐侵占者。

---

① Section 12 of the *Act of* 1977.

“使用或威胁使用暴力。”暴力威胁似乎属于犯罪行为，尽管这种威胁是在预计进入之前的一段时间作出的。这种威胁可能是默示的，如果入侵的暴徒企图非法进入房舍，在抵抗的情况下，仅其人数就可能对占用人构成暴力威胁。但是，如果起诉某入侵者，就必须证明，首先他打算进入，其次他故意以暴力相威胁或对这种威胁被如此理解持轻率态度。

12-041　虽然这些立法的主要目的是维护和平，但并没有始终如一地追求这一目标。立法并不禁止所有者和平进入，然后使用暴力把擅自占用者再次驱逐出去。被驱逐的所有者可以秘密进入，或通过欺诈说服而进入；一旦进入，他就可以允许他的朋友进入，于是他们可以一起［就第(1)款而言］攻击入侵者(关于什么时候可以认为所有者已经进入，可能会有争论；如果他或他的朋友只是在没有使用暴力的情况下一只脚踏进了门，他是否可以使用暴力驱逐侵占者呢？似乎不行)。

根据以上所述，你可能会认为，对于被驱逐的所有者来说，一个好的计划就是带上他的朋友，在深夜破窗而入，加入战斗。但事实并非如此：禁止对财产使用“暴力”以进入的规定既适用于被驱逐的所有者，也适用于侵入者。这是值得注意的，因为窗户是所有者的。这种异常现象的解释在于该条目的的双重性。如果该条规定了两项不同的罪行，一项是非法侵入者非法进入，另一项是所有人使用暴力重新进入，那么每项罪行都可以用适当的措辞起草。相反，那些法案起草者决定将所有行为归为一项犯罪。他们希望防止通过打破窗户进入的侵入者，由于他们(愚蠢地)决定像对待侵入者一样来对待所有者，他们对所有者也规定同样的规则。没有合理理由可以认为，房主可以用自己的钥匙回来，但不能打破自己的窗户回来。 1523

另一个奇怪的地方是对财产的暴力。如果铁匠在铁砧上锤马掌，人们不会称为“暴力”。大概这个词在本条中的意思是破坏性的暴力。可以区分拧开锁的技术力量(这不是暴力)和砸碎门或窗玻璃的技术力量(这是暴力)。可能会出现棘手的中间情况，如轻轻地把门从铰链上撬开。但是区分的原因是什么呢？我们可以给出答案：没有。即使一个人只是想到入侵者的入侵，合法居住者当看到入侵者拧开他的门锁时，就好像看到他们正在砸碎他的窗户一样，会感到同样的害怕。无论哪种情况，侵入者的目的显然是进入。或者居住者起初一点也不害怕，因为他不知道自己的窗户被打破了，或者自己的门锁被拧开了，只有当他发现有人闯进来的时候，他才害怕。如果他们非法进入大楼，他们是怎么进去的又有什么关系呢？法律上是这样的；但这只能说明法律是多么容易变得荒谬。

12-042　假设所有者被入侵者推出或者锁在门外，但是房屋里还有一个盟友(例如，屋主的儿子或者看门人)。屋主可以使用暴力回来吗？一般的答案是否定的。这一条显然是为了制定一项明确的规则。它没有使用像"占有"这样含糊的词语,但明确表示任何人都不得使用暴力来确保进入。因此,任何一个曾经被赶走的人都不能仅仅因为他是所有者并且已经被驱逐了就合法地借助暴力返回。

但这个问题的完整答案取决于室内发生了什么。如果盟友已经接受失败,并且冷静地坐在椅子上,正如刚才所说,如果所有者使用暴力再次进入,他将犯本条之罪。他可以从后门偷偷溜进去,因为那仍然是他的财产。但他不能闯进去(除非在不太可能的情况下,即入侵者离开了并且在短时间内不占领这里。如果他们犯了这个错误,所有者可以破门而入——他不犯使用暴力进入的罪行,因为没有人在里面反对他进入。他也不犯刑事损害罪,因为这是他自己的财产)。

另一方面,如果盟友继续战斗,因为他有权这样做,或者即使他继续要求侵略者撤退,但如果他们对他使用武力,他们就犯有攻击他的罪行,察觉这种情况发生的所有者可以使用合理的暴力重新进入,以保护他的盟友免受攻击。该条否认所有者有作为所有者进入的合法权利,但并不否认他或任何其他人有合法权利进入,以阻止里面的犯罪。的确,《刑事损害法》第6(4)(b)条规定,"无论意图用暴力确保的进入的目的是获得对房舍的占有,还是任何其他目的……都无关紧要"。这一规定影响没有进入房舍的合法权利的强行闯入者,但不应影响房舍所有人或警官,他们不是依据对房舍的所有权,而是依据被授予的权力而进入的,即为了保护他人以及防止罪行继
1524 续,他们有权进入。进入以后,他可以自己重新开始与入侵者的斗争。

12-043 如果所有者为了防止任何其他犯罪而进入(例如,如果非法入侵者在晚上点着灯,显然是在偷取电力),则适用相同的论点。

在《刑事损害法》第6条显然对非法进入者提供的保护方面,可能还存在另一个缺漏。在普通法中,动产所有人可以从非法占有动产的人手中夺回(收回)动产。[1] 因此,有人建议,[2]被驱逐的所有者可以使用合理的暴力进入他自己的建筑物,以便收回他被非法扣留的私人文件或任何其他物品;第(2)款没有排除这种进入的权利(可能存在争议)。如果所有者为了取回物品而进入,取回其物品后,他可能再次转身驱逐入侵者。只有空房子的入侵者才不会受到这些争论的影响。这个论点,如果被接受,可能使第(2)款实际无效,但如果是这样,这将是它的"命中注定"。

警察去哪儿了?如果他们愿意的话,难道他们不能站在所有者一边吗?

---

[1] *American Discount Co. v. Wyckroff*(1939)29 Ala App 82;*Cole v. State*(1926)104 Tex. Crim. Rep. 533;*People v. Rogan*(1934)1 Cal. 2d 615.

[2] Prichard, *op. cit. supra*, note 108 at 63 *et seq*.

答案是肯定的,如果(但仅限于)入侵者已经犯下了可以使其被逮捕的罪行,或者正在犯下警察有权制止的罪行,或者如果根据上述论点,警察正在应所有者的请求采取行动,协助他夺回一个动产(可能是他的iPad,其中可能包含有价值的商业秘密)。[①] 如果入侵者使用暴力进入并因此触犯了该条文,警察最有可能采取行动;警察可以因其犯了罪而对其加以逮捕,并可以使用暴力进入。[②] 当入侵者被逮捕时,这个地方自然就被清空了。

12-044 如果闯入者在没有使用暴力的情况下进入,只是把主人挡在外面,他们就不会仅仅因夺取和保持占有而犯罪。所有权人不能授权警察代表他使用暴力(除非作为他的代理人夺回动产,如果所有权人本人拥有这种权利);一般而言,警察也没有任何其他"合法权力"采取行动。所有权人可以提起民事诉讼,但与此同时,入侵者可能破坏他的财产,在上面涂抹污物或留下细菌,或偷看他办公室的机密文件。的确,如前所述,如果警方有理由怀疑实施了可逮捕的犯罪行为,如刑事损害或偷取电力,他们就可以使用暴力进入,以便为此实施逮捕。但是,在损害的情况下,如果有许多侵入者,就可能无法确定损害是由其中任何一个侵入者造成的,此时除非可以从情况中推断所有侵入者具有造成该损害的共同目的,否则不能依法逮捕。

我们现在讨论被驱逐的"住宅"占用人和受保护的意向占用人的例外情况。首先,如果重新进入的人居住在以入侵者身份进入的人将他排除在外的住所内,则不构成犯罪。这样的"被驱逐的住宅占用人"可以自助。例如,某人工作日住在他自己位于伦敦的公寓里,但周末却在自己的乡间别墅度过。如果他在某个星期一的早晨来到这里,发现了侵占者,作为现居住者,他被认为占有该处所。即使他整个夏天都不在公寓,只要那是他居住的主要住所之一,他仍然占有这里。他将成为被驱逐的住宅占用人,所以如果他的公寓被非法入侵者占领,他将能够使用合理的暴力驱逐他们。

禁止所有者暴力进入的规定甚至适用于擅自占用房屋或公寓的情况,如果这个地方因为待售或待租而无人居住,或因为它是度假住宅而当时无人居住。因此,如果你发现自己的海边小屋(自上次出租以来,这里一直无人居住)被擅自占住者占领,你必须恭敬地让他们留在那里,直到你采取了正确的步骤。对于这种类型的住房,该法是"擅自占住者大宪章",使他们能够居住在那里而不用担心被驱逐,而居住时间的长短取决于地方郡县法院的拥挤状况和业主提起诉讼的经济能力。 1525

---

① Cr. *R. v. Burns* [2010] 1 W. L. R. 2694 at 2697; *R. v. Mitchell* [2004] R. T. R. 14; *Lloyd v. D. P. P.* [1992] R. T. R. 215.

② Section 2(6) of the *Criminal Law Act* 1967.

12-045　1977 年《刑事损害法》第 12A 条的范围略宽：

(1)就本法的本部分而言,任何人如在当时属于下文第(2)(4)(6)款所述范围,即为任何处所的任何时间的受保护的意向占用人。

(2)任何人是任何处所的受保护的意向占用人,如果——

(a)他对该处所拥有终身保有权益或租赁权益,而该等权益仍有不少于两年有效期;

(b)他将该处所作为他本人住所而占有;

(c)他被进入该处所或通向该处所的任何道路的非法入侵者排除了对该处所的占有。

这更加广泛,因为意向占用人通常有两年以上的租期。《刑事损害法》第 7 条进一步保护住宅场所。无论何时入侵此类场所,无论入侵是否伴有暴力,均应在一定范围内适用。

《刑事损害法》第 7(1)条规定：

(1)在符合本条其他款的规定及下文第 12A(9)条的规定之情况下,任何人以非法入侵者身份进入任何处所后,如果他未能按以下人员或其代表的要求离开该处所,即属犯罪——

(a)该处所的被驱逐的住宅占用人;或

(b)该处所的受保护的意向占用人。

(d)他或代表他行事的人持有一份书面陈述——

(i)指明他对该处所的权益;

(ii)述明他将该处所作为自己的住所而占有;和

(iii)符合下文第(3)款的要求。

后一种表述(受保护的意向占用人)在《刑事损害法》中有详细的定义;大致上,它是指购买者或地方当局、住房公司或住房协会允许进入的人,并带有其权利的书面证据。

12-046　基于极为审慎的态度,以上部分立法仅限于住宅场所。《刑事损害法》第 7(3)条规定：

(3)在本条所述罪行的任何法律程序中,被告人可通过证明如下内容来抗辩——

(a)该处所是主要用于非住宅用途的处所或其组成部分;和

1526 (b)他没有在该处所的完全或主要用于居住目的的任何部分。

该定义适合工会,并确保不存在政治上的反对该措施的意见。这意味着,不能根据《刑事损害法》第 7 条强制要求堵住大门禁止雇主进入工厂的工人离开,而如果雇主试图驱逐他们,则应根据该法第 6 条受到起诉。同样,发现其办公室被忙于查阅其档案的示威者占据的公司,不受该法第 7 条的保护，而示威者受到第 6 条的保护。即使场所是住宅而业主被排除在外，如果业主在入侵发生时不在住宅内，则侵入者不构成该法第 7 条的犯罪。例如，他可能因为打算出租或出售房屋而搬出了房子，在这种情况下，侵入者不构成犯罪，除非（对于私人业主而言）他实际出售了房子，因为在这种情况下，买方是“受保护的意向占用人”。如果潜在的买主因为房子现在在擅自占领人手中而推迟购买，因此拒绝购买，或者如果房主已经同意定期租赁而不是出售，那么无论擅自占领人停留多久，他们都可以免受刑法的制裁，除非他们犯了其他罪行。

同样，如果房主未被驱逐，《刑事损害法》第 7 条不适用于一般擅入者（即使是住宅的侵入者），因为该所有者并非被驱逐的住宅占用人或受保护的意向占用人。[①] 尽管房主被排除在外，但该侵入者不是作为侵入者进入，而是在进入后才成为侵入者，则本条也不适用于侵入者。因此，如果房主的客人（或儿子或情妇）把他锁在自己的房子外面，该法不能为他提供任何救济。他不是被驱逐的住宅占用人（因为他不是被以侵入者身份进入住宅的人关在门外），而且他不能根据该法第 7 条发出通知（也是因为侵入者没有作为侵入者进入）。

12-047　《刑事损害法》第 7 条的好处是，通过设立一项罪名，增加了警察主动介入的可能性。如果他们这样做，业主很可能会收回自己的财产，而不需要诉诸法院。如果该条不适用，警方很可能对此事不感兴趣，甚至不愿意帮助法警执行法院关于收回占用的命令。

这就是立法机构为调和所有者的主张与维护和平之间的矛盾所做出的努力。总而言之，与其说《刑事损害法》第 7 条是一条明智的立法，不如说它是一份社会文件，其证明了政府在社会动荡的事实面前的无力，以及政客对非法行为的同情。法律虽然不承认擅自占用土地者有任何权利，却使他们基本上不受刑法控制。擅自占用者有时处于悲惨的困境，由于个人的不幸和无能而变得无家可归。但是，允许擅自占用者或示威者在不受刑事制裁的情况下侵占他人财产的做法是错误的。法律使业主能够通过申请法院命令在几天内（如果他幸运的话）将非法侵入者驱逐出住宅，但这将花费业主的金钱和时间，而且很难理解为什么不赋予警察在第一时间协助业主的一般许可。

---

① Sections 12 and 12A of the *Act of* 1977.

译后记

本书付梓，如释重负。

完成了对丹尼斯教授的承诺，将这本鸿篇巨制尽可能完整地还原并介绍给中国的读者。英美刑法及相关研究，在中国刑法学界自然绝非主流，对此现状虽感慨良多，但普通法秩序的存在与运行，却是不争的现实。希望借由这本在普通法体系享有盛名、地位卓然的刑法学巨著的引入，为那些抱持开放心态与自省态度的学人，提供某种可供随手翻阅参考的可靠资料。

本书付梓，如履薄冰。

虽然颇为自诩，但译文中的错愕之处必不能免。另外，英语作为世界通用语言之一，熟练运用者自然不在少数，但中英文本的互译，自然有其价值与必要。无论如何，都希望各位读者秉持开放心态，不吝争鸣指摘，也希望这本译稿能够得到机会再版，与原著同频共振，更可修正此间暴露的各种问题。

本书付梓，如响应声。

无论是作为原书编著者的丹尼斯教授，还是为本书出版提供资助的吉林大学法学院，抑或幕后操刀的编辑老师，还有太多太多亲友师朋，因本书结缘，汇聚成一张智识之网，个中交流与互动，凝聚在译文的字里行间，成为学术交流、学人相交的最好注解。

李立丰

2020 年 12 月 31 日于沈阳

图书在版编目(CIP)数据

格兰维尔·威廉姆斯刑法学教科书. Ⅲ，典型罪编 /（英）丹尼斯·贝克著；李立丰译. -- 北京：法律出版社，2023

书名原文：Glanville Williams Textbook of Criminal Law

ISBN 978-7-5197-7332-8

Ⅰ. ①格… Ⅱ. ①丹… ②李… Ⅲ. ①刑法－法学－教材 Ⅳ. ①D914.01

中国版本图书馆 CIP 数据核字（2022）第 224366 号

格兰维尔·威廉姆斯刑法学教科书. Ⅲ，典型罪编
GELANWEIER · WEILIANMUSI XINGFAXUE JIAOKESHU. Ⅲ，DIANXINGZUI BIAN

［英］丹尼斯·贝克编 著
李立丰 译

责任编辑 屈 瑶 刘梦瑀
装帧设计 臧晓飞

出版发行 法律出版社
编辑统筹 学术·对外出版分社
责任校对 王 丰 郭艳萍
责任印制 陶 松
经 销 新华书店

开本 710 毫米×1000 毫米 1/16
印张 31.25 **字数** 533 千
版本 2023 年 6 月第 1 版
印次 2023 年 6 月第 1 次印刷
印刷 三河市龙大印装有限公司

地址：北京市丰台区莲花池西里 7 号（100073）
网址：www.lawpress.com.cn
投稿邮箱：info@lawpress.com.cn
举报盗版邮箱：jbwq@lawpress.com.cn

销售电话：010-83938349
客服电话：010-83938350
咨询电话：010-63939796

书号：ISBN 978-7-5197-7332-8
定价：119.00 元

凡购买本社图书，如有印装错误，我社负责退换。电话：010-83938349